Understanding
the Book
of Revelation

서헌철 지음

요한계시록 이해

쿰란출판사

머리말

사람들은 세기가 더 할수록 세상은 혼란과 어두움으로 깊어간다고 생각하며, 미래의 불확실성에 재앙, 저주, 심판, 공포의 두려움 등에 사로잡혀 갈피를 잡지 못하고 살아갑니다.

그러므로 '요한계시록' 역시 수 세기에 걸쳐 학자들에 의해 해석되고 연구되기도 하지만, 종말에 대한 예언, 상징이 가득 차 있어 이해하기 어려운 신비로운 말씀이라고 하며, 두려움에 자유롭지 못한 삶을 살아가는 이들이 많습니다.

그러나 요한계시록은 이미 이기신 '예수 그리스도'께서 선택받은 자기 백성(성도)들을 이기게 하신다(성도의 견인)는 언약의 성취에 관한 복음으로써 '예수 그리스도' 안에서 삼위일체 하나님과 관계(교제, 교통)하며 '주 예수 그리스도'의 재림을 갈망하는 삶의 은혜와 평안을 누리게 하는 하나님의 말씀입니다.

물론 요한계시록은 독자들에게 많은 궁금증과 논증을 일으키기도 합니다. 그러나 그러한 논증의 말씀까지도 성도들의 삶의 의미와 어떻게 살아야 하는가에 대한 방향을 제시하며, 삶을 살아가는 방식에 도전하게 하고, 더 깊은 신앙적 성찰을 하도록 합니다.

따라서 본서 《요한계시록 이해》는 비판, 갈등, 저주, 진노, 심판, 공포와 두려움보다는 독자들이 요한계시록의 핵심, 해석, 질문, 주장, 논증을 비교 연구하며, 복음에 더욱 관심을 기울이고, 언약의 성취와 삶의 지향점을 이해하면서, '주 예수 그리스도'의 재림을 갈망하는 성화의 복(은혜)을 누리도록 합니다.

또한 '요한계시록'을 해석하고, 설명하는 등 이해에 충족된다 해도 복음의 삶, 복음 선포인 설교와의 조화에 어려움이 있거나, 당혹스러운 부분도 있을 수 있다는 생각에서 '도움 말씀'을 첨가하였습니다.

끝으로 생성형 AI 등의 개발로 "내일은 또 무엇이" 할 정도로 급속히 변화하는 세상에 신학 서적을 출간해야 할까 하는 망설임이 매우 컸습니다. 그러나 성도, 제자, 후배, 동료 목사님의 권유, 격려, 기도가 있었기에 결단하고 준비하여 미력하나마 《요한계시록 이해》라는 책을 독자들 앞에 내놓게 되었기에, 그 모든 분에게 진심으로 감사하며 하나님의 은혜와 평안이 있기를 기도합니다.

2024년 5월 30일

서 헌 철 목사

목차

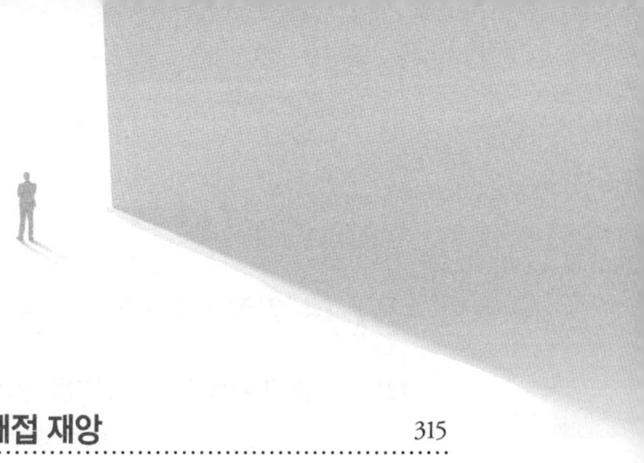

PART 01

서문

목적, 방향성

계시(啓示) ΑΠΟΚΑΛΥΨΙΣ[Ἀποκάλυψις 아포칼륖시스]는 성경이 그러하듯 언약(言約) 곧 명령(命令)과 약속(約束)으로 이루어져 있으며, 주 예수 그리스도의 계시(啓示)를 그 천사, 제자 요한 등 종들을 통해 예언하게 하여 속히 될 일인 주 예수 그리스도의 재림으로 완성되는 언약(言約)의 성취를 선포한다.

그러므로 요한계시록을 이해하려면 성경 전체를 통일적으로 상고하되 이사야, 예레미야, 다니엘, 스가랴 등과 함께 '사복음서'의 예수님께서 말씀하신 종말의 내용 등을 소홀히 하지 않도록 한다.

또한 '해석방법'은 성경 해석학을 기반으로 하되 언약(명령과 약속), 구속사(작정, 예정, 섭리), 역사적[사실적(과거, 현재, 미래)], 신학적[통일성(신약, 구약의 연관성)], 영석(상징, 모형), 상응적(성경을 성경으로) 방법 등을 참고한다.

나아가 요한계시록은 심판, 공포, 두려움 등을 주기 위한 말씀이 아니라, 지상교회(성도. 하나님 나라 백성, 하나님의 자녀 등)로 하여금 삼위일체 하나님께서 경배 받으시며(4~5장, 21~22장 등 참조), 하나님께서 작정(作定)하시고, 창조(創造)하시고, 경륜(經綸)과 섭리(攝理)로 구속(救贖)하신 성도(聖徒)로 하여금 성화(聖化)의 복(은혜)을 누리게 한다 (계 1:3, 14:12, 22:7; 요 1:12-13; 롬 16:26-27; 벧전 1:22-23 등 참조)

따라서 성도(聖徒)는 지상교회(地上教會) 곧 지상에서도 하나님 나라 백성의 복(은혜)를 누리며, '주 예수 그리스도'의 재림을 갈망하며,

'거룩하고도 영원한 하나님 나라'에 소망을 두고 살아야 하며 아직 주 예수 그리스도를 믿지 못한 자들 가운데도 구원의 대상인 선택받은 이들이 있음을 알고 그들도 주 예수 그리스도가 믿어져 구원받도록 돕는 은혜를 누리게 한다(계 1:1-2, 3:1-6; 요 1:7-12; 마 28:19-20 등 참조)

❁ 저술(著述) 목적, 방향

《요한계시록 이해》는 여러 해석과 주장 등 다양성을 비교, 상고하게 하여 혼란에 빠지지 않고 '주 예수 그리스도'의 재림을 갈망하며 성화의 복(은혜)을 누리게 한다.

그러므로 《요한계시록 이해》는 주석이 아니다. 주해도 아니다. 주장도 아니다. 논문도 아니다. 비판도 아니다. 갈등도 아니다. 진노와 심판도 아니다.

《요한계시록 이해》는 핵심이 있다. 해석이 있다. 질문이 있다. 논증이 있다. 복음이 있다. 갈망이 있다. 은혜와 평강이 있다.

요한계시록을 열면서 주목할 말씀은 1장 3절 "이 예언(豫言)의 말씀을 읽는 자(者)와 듣는 자(者)들과 그 가운데 기록(記錄)한 것을 지키는 자(者)들이 복(福)이 있나니 때가 가까움이라"라는 말씀으로 시작하여 22장 7절 "보라 내가 속(速)히 오리니 이 책(冊)의 예언(豫言)의 말씀을 지키는 자(者)가 복(福)이 있으리라 하더라"이다(계 14:12, 22:9, 17-18 등 참조).

또한 요한계시록 2~3장의 일곱 교회에 주시는 "회개하라"는 말씀은 주 예수 그리스도께서 재림하시는 날까지, 성도(聖徒)가 구원(救援)의 은혜(恩惠)를 누리는 과정에서의 회개(悔改) 곧 성화의 회개(聖化의

悔改)의 삶을 누리게 하는 데 있으므로 일곱 교회에 관한 모든 말씀은 하나님을 향한 경배와 찬양의 기록이다. 그러므로 '이기는 자'의 삶 곧 성화의 은혜(聖化의 恩惠)를 누리게 하여, 십자가상에서 죽으시기까지 고난을 겪으시고, 부활하시어, 제자들을 찾아 만나주시고, 가르쳐 지키게 하라고 분부하시고, 보는 데서 승천하시며 재림을 언약하신 주 예수 그리스도를 경배하며 찬양하는 은혜를 누리라고 한다.

따라서 "하나님의 자녀 된 권세를 받은"(요 1:12 등 참조) 거룩한 백성 곧 성도는 "나라와 제사장들로 삼으신 하나님 아버지께 영광이 있도록"(계 1:6), 하나님의 경륜과 섭리에 따라 이 세상의 정욕을 버리고(엡 4:20-24; 딤전 6:3-19; 딛 2:11-12; 요일 2:16-17 등 참조) 삶으로 기도하고, 삶으로 경배하고, 삶으로 찬양하는 등의 은혜를 누리게 한다[마 25:1-45(비유 = 열 처녀, 달란트, 양과 염소). 롬 12:1~3; 계 1:3, 22:7 등 참조].

❄ 설교(說敎)에 참고할 도움 말씀

요한계시록을 이해(理解)한다 해도 막상 설교(說敎)에 적용하기란 그리 만만치 않다. 그러므로 이해(理解)와 함께 설교(說敎)에도 응용할 수 있도록 제목, 부제, 대지 등의 '도움 말씀'을 첨가(添價)하였다.

이 '도움 말씀'은 저자가 저술한 《십자가 설교 작성법》과 《동사에 춤을 춥시다》 등을 참고로 하나님의 언약[言約(약속 + 명령)]에 의한 구속(救贖)의 소명의식(召命意識)을 고양(高陽)하며, 이 세상에서도 선택(選擇) 받은 하나님의 자녀[성도(聖徒)]답게 성화의 복(은혜)를 누리다가, 거룩하고도 영원한 하나님 나라에 들어가 영화[성안(聖安)]의 은혜(恩惠)를 누리도록 하는 방향으로 '도움 말씀'을 첨가(添價)하였다. 따라서 독자(설교자)들은 자신이 받은 은혜의 말씀 등을 부가(附加)하여 복음을 선포하기 바란다.

❄ 연구(硏究)

1. 어려울까?

성경을 상고(詳考)하며 연구하면, 행위로 구원받는 것이 아니라, 믿음으로만 가능하다는 것을 잘 알게 된다(롬 1:16-17; 엡 2:1-10 등 참조). 그러나 구원받은 성도(하나님의 자녀)라면, 이 세상에서도 주 예수 그리스도 안에서 성령 하나님의 도우심으로 경건한 삶(롬 12:1-2; 딤전 3:14-16; 딛 2:11-15; 시 50:4-6, 86:1-4 등 참조), 곧 하라는 것은 하는 은혜(복)를 누리고, 하지 말라는 것은 하지 않는 은혜(복)를 누리게 되는 하나님 나라의 백성으로서의 은혜를 누리기 때문에 결코 어렵게 생각할 이유가 없다(계 1:3, 14:12, 22:7, 9, 17-18; 마 5-7장, 10:32-39, 11:28-30, 13:1-52, 16:21-28; 롬 6:1-23; 갈 5:16-26; 엡 2:1-10; 히 11:1-12:3; 벧전 1:15-16; 요일 2:4-6; 약 1;19-27; 창 2:6-17; 출 19:5-6; 레 11:44-45; 신 4:5-6, 6:4-5 등 참조).

2. 자세

요한계시록에 대해 그 누구도 완벽한 해석을 한 사람은 없다. '하나님의 불가해성'을 알고 있다면 말씀을 상고(詳考)하고 연구하되, 미혹에 빠지지 않도록 주의해야 한다. 끊임없이 기도하며 성령 하나님의 도우심을 받는 겸손이 요구된다.

루터는 "성경의 단어 수만큼 모르겠다"라고 했다. 이는 "하나도 모르겠다"라는 말로 전해지지만 필자는 루터가 겸손을 보인 것이라고 생각한다.

칼빈은 3장까지 해석하다가 모르겠다고 하면서 펜을 던져 버렸다고 전해지지만 칼빈 역시 하나님 말씀 앞에 겸손해야 함을 강조한 것이라 생각한다.

그러므로 자기의 주장만이 완벽하고 절대적이라 주장하는 교만은 경계해야 한다(창 3:1-4; 요 8:43-44; 요일 3:8-9 등 참조). 따라서 "영광, 존귀, 능력을 세세토록 돌릴지어다"(계 4:1-11), "삼위일체 하나님만 경배하며 섬겨라"(마 4:1-11; 계 4:10-11, 5:13-14, 7:1-17, 19:1-10; 신 6:10; 삼상 7:3; 마 4:10-11 등 참조) 하신 말씀에 순종하는 자세를 지니도록 하자.

이에 저자는 요한계시록을 "성화(聖化)의 복(은혜)을 누려라" 하는 말씀으로 이해하여 '오직 성경, 오직 그리스도, 오직 은혜, 오직 믿음, 오직 하나님께 영광'을 위해 '주 예수 그리스도' 안에서, '성령님'의 도우심으로, 위로, 소망, 보람, 감사의 은혜를 누리기를 기도한다(롬 12:1-2; 고전 13:12-13; 엡 2:1-10; 살전 5:12-24; 계 3:1-6 등 참조).

또한 성경에 기초한 '5대 정신'인 "생동적 보수(生動的 保守), 화합적 일치(和合的 一致), 자애적 애린(自愛的 愛隣), 자주적 자립(自主的 自立), 순교적 봉사(殉敎的 奉仕)" 등 스승님의 가르침을 잊지 않고 살아가는 은혜를 기도한다.

3. 하나님 나라(하늘나라, 천국, 낙원)

현재적(마 1:22-23, 12:28; 눅 11;20, 17:20-21; 고전 6:8-11 등)

미래적(마 4:17, 12:31-32, 24:29-30; 막 1:12-15; 눅 9:62, 18:29-30; 행 1:7-8, 14:22; 계 17:14 등)

이미와 아직[마 12-17(막 1:14-15; 눅 4:14-15), 5:1-12(눅 6:20-23), 6:9-13(눅 11:1-4); 엡 1:20-23 등 참조]

마 13:1-52 : 지상천국(地上天國)에 대한 비유(比喩)

시 119:1-176 : 지상천국에서의 삶

요한계시록 4장 2절의 하늘 보좌(시 11:4 등 참조)는 물론 하나님 나라(Kingdom of God), 천국(Kingdom of Heaven) 등에 대한 이해는 하나님 나라 백성답게 사는 복을 누리게 하는 데 목적이 있다(요 1:12-13;

엡 1:3-6; 계 22:11). 사람의 첫째 되는 목적(대·소요리 문1). 산상보훈(마 5:-7:). 작은 소자에게 행한 것(마 25:31-46; 막 9:41-50). 마귀를 대적하라(마 4:1-11; 약 4:7 등 참조)

낙원(παράδεισος, Paradise)

바사어 Pairi-daeza에서 온 외래어인데, 원래는 울(enclosure)을 의미하고, 과수나 기타 나무를 심은 동산(園, garden)을 가리켰다. 후대의 랍비 문학과 묵시 문학에서 파라다이스는 음부의 일부이며 의인의 영혼이 사후에 옮겨져 심판을 기다리는 장소라고 한다.

신약에는 파라다이스라는 말이 세 번 인용되어 있다. 누가복음 23장 43절에서 회개한 강도에게 하신 예수님의 유명한 말씀은 이 후대의 랍비적 신앙과 같은 것이라고 생각된다. 어떤 주석가는 이 표현은 단순히 '사후'의 의미라고 주장한다. 고린도후서 12장 2-4절에서 바울은 이 말로 하늘의 하나를 의미하고 있다(유대인은 일곱 하늘을 상정하고 있었다). 요한계시록 2장 7절에서 저자는 '에덴동산'의 회복으로서 낙원을 묘사하고 있다. 이것은 종국적인 구원의 완성에 의해 실현된다.[1)]

저자 견해

낙원(樂園. 눅 23:42-43; 고후 12:1-4; 계 2:7; 시 21:1-6, 43:3-4; 겔 28:13-14 등 참조)이 용어상으로는 구별이 된다. 낙원(樂園)은 부활체가 아닌 영혼이 성안(聖安) 곧 거룩한 안식에 들어갔을 때의 하늘나라(하나님 나라, 국)를 말하며, 주 예수 그리스도의 재림 때에 생명의 부활로 나아오는 성도들이 부활체(復活體)로 거룩하고도 영원한 하늘나라(하나님 나라, 천국)에서의 영화를 누리는 것과는 달리 표현한다[낙원(눅 23:42-43; 계

1) 기독교성서대백과사전. 성경대사전(디럭스바이블. 슈퍼바이블)

2:7 등 참조) = 하나님 나라(막 1:14-15 등 참조) = 천국(마 4:17, 5:3, 7 등 참조)].

"주 예수여 오시옵소서"

ἔρχου(에룩스) 오시옵소서 come

κύριε(퀴리에) 주 Lord

'Ιησοῦ.(예수) 예수여 Jesus

고전 16:22(아람어 표현) = 주께서 임하시느니라(바른성경 : 우리 주님, 오시옵소서. 개역개정 : 우리 주여, 오시옵소서)

μαράν(마란) ἀθά(아타) (Greek Text of Stephens.1550 스테판 헬라어)

Μαράνἀ(마라나) θά(타) (Nestle 네슬판 헬라어)

PART 02

도형

도형1. 다니엘의 70이레(단 9:24-27)

다니엘의 70이레(단 9:24-27)

기름부음 받은 자가 끊어짐

[십자가에 죽으심 A.D.30(26?, 32?)]

<table>
<tr>
<td>70이레(49년)
느 2:5-10
스 1:1-4
학 1:14-15</td>
<td>62이레
(434년)</td>
<td colspan="2">신약(교회)시대
(이방인의 때)
눅 21:24.
롬 11:25-27</td>
<td colspan="2">1이레(대환란)</td>
<td rowspan="2">(40)
1
2
9
0
일</td>
<td rowspan="2">(35)
1
3
3
5
일</td>
<td rowspan="3">천
년
왕
국
계
20:
4-6.
책?
20:12
단7:
18.
22</td>
<td rowspan="3">곡과
마곡
전쟁
20:
1-3.
7-10
백
보
좌
심
판
20:
11-15</td>
<td rowspan="3">무
궁
세
계</td>
</tr>
<tr>
<td rowspan="2">성전
중건령
(B.C.457)
B.C.457~
B.C.408
= 49년</td>
<td rowspan="2">메시아
탄생과 고난
(B.C.26년)
49+434
= 483
=
A.D.26</td>
<td rowspan="2">성
소
가
훼
파
됨
AD
70년</td>
<td rowspan="2">끝까지 전쟁이
계속됨
1차 대전 =
1914.7~
1918.11
2차 대전 =
1939.9~
1945.8
(단 9:26-27?)
한 왕?</td>
<td rowspan="2">전 삼년반
(1,260일)
계 11:1-12,
계 12:1-6
첫째 화
둘째 화
3차 대전
= ?</td>
<td rowspan="2">후 삼년반
(42개월)
계 13:1-18
롬 11:25-27
셋째 화
〈참고〉
눅 18:1-8?</td>
</tr>
<tr>
<td colspan="2">단 12:7 =
7:25 ?
단12:11 =
7:25 ?</td>
</tr>
</table>

도형2. '적그리스도'의 '다니엘'과 '요한계시록' 비교

단 2: 31–45	단 7:1–12, 15–28	계 13장	계 17장
우상(偶像)	네 짐승(1–12) 네 왕(17) 또 하나(23–26)	짐승 = 666	짐승 = 제 팔 왕
		1수(1왕)	애굽
		2수(2왕)	앗수르
정금(精金)	첫째 = 사자(4)	3수(3왕)	바벨론
은(銀)	둘째 = 곰(5) 숫양(단 8:3–4)	4수(4왕)	메대 파사
놋[동(銅)]	다른 짐승 = 새의 날개 넷, 머리 넷이 있는 표범(6) 숫염소(단 8:5–8)	5수(5왕)	헬라
철(鐵) 얼마는 = 철 얼마는 = 진흙	넷째 짐승 = 작은 뿔(1–12, 19–22) = 넷째 나라(23–25) 1. 열 뿔이 있고, 그 사이에서 작은 뿔이 나옴(7–8a) 2. 세 뿔이 뿌리까지 뽑힘(8b) 3. 작은 뿔에는 눈과 입이 있음(8c) 4. 심판을 받음(9–12) 5. 성도들로 더불어 싸워 이김(21) 6. 하나님을 대적하며, 성도를 괴롭게 하는 자(23–25) 7. 심판을 받음(22, 26–28)	6수(6왕)	6왕 = 로마?
		7수(7왕)	7왕 = 교황?
		바다에서 나오는 짐승(1–10) 1. 뿔이 열이요 머리가 일곱 2. 용에게 큰 권세를 받음 3. 머리 하나가 상하여 죽게 되었다가 나음 4. 42달 동안 일할 권세를 받음 5. 하나님을 훼방함 6. 성도들과 싸워 이기고, 각 나라를 다스림	여덟째 왕 일곱 머리와 열 뿔 가진 짐승 = 전에 있다가 시방 없으나 장차 나올 짐승 = 7중에 속한 자 = 멸망으로 들어갈 자(7–11)
		땅에서 올라오는 짐승(11–18) 1. 두 뿔이 있고 용처럼 말함 2. 처음 짐승에게 경배하게 함 3. 죽게 되었던 상처가 나은 자 4. 큰 이적으로 땅에 거하는 자들을 미혹하여 우상을 만들라 함 5. 짐승의 우상으로 말하게 함 6. 짐승의 우상에게 경배하지 않는 자들을 죽임 7. 짐승의 이름 666표를 받게 함	음녀(淫女)를 소멸(消滅)시키는, 열 뿔과 짐승(12–18)

도형3 '적그리스도'의 신상국가들

1설

단 2:31–45 (신상국가)	단 7:1–8 (네 바람 = 네 짐승)	단 8:20–21 (숫양, 숫염소)	계 13 (일곱 머리 열 뿔)	계 17 (제팔 왕)
			애굽(1왕) 1수	애굽
			앗수르(2왕) 2수	앗수르
머리 = 정금	사자		바벨론(3왕) 3수	바벨론
가슴 = 은	곰	숫양	메데 파사(4왕) 4수	메데 파사
배와 넓적다리 = 동	표범	숫염소	헬라(5왕) 5수	헬라
발 = 철(로마) 반 = 철 반 = 진흙	열 뿔 가진 짐승 (로마) 작은 뿔 (적그리스도) = 단 7:8 1. 열 뿔 중에서 나옴 2. 세 뿔을 꺾음 3. 하나님을 훼방 4. 성도를 이김 (한 때, 두 때, 반 때)		로마(6왕) 6수 ------------ 로마 교황(7왕) 7수 ------------ 칼에 상한 짐승 (계 13:14) ------------ 죽게 되었던 상처가 나음(계 13:3, 12–13)	로마(6왕) ----------- 로마 교황(7왕) ----------- 전에 있다가 시방 없음(계 17:11) ----------- 제팔 왕 = 짐승 (계 17:17)

2설

단 2:31–45 (신상국가)	단 7:2–8, 17 (네 바람 = 네 짐승))	단 8:20–21 (숫양, 숫염소)	계 13 (일곱 머리 열뿔)	계 17 (제팔 왕)
			애굽(1왕) 1수	애굽
			앗수르(2왕) 2수	앗수르
머리 = 정금			바벨론(3왕) 3수	바벨론
가슴 = 은		숫양	메데 파사(4왕) 4수	메데 파사
배와 넓적다리 = 동		숫염소	헬라(5왕) 5수	헬라

단 2:31–45 (신상국가)	단 7:2–8, 17 (네 바람 = 네 짐승))	단 8:20–21 (숫양, 숫염소)	계 13 (일곱 머리 열뿔)	계 17 (제팔 왕)
종아리 = 철 (로마)			로마(6왕) 6수	로마(6왕)
철과 진흙 발 반 = 철 반 = 진흙 = 인류의 종말시대에 나타날 열 뿔 곧 적그리스도 국	1. 사자 2. 곰 3. 표범 4. 짐승(단 7:23-27) = 열 뿔이 이 나라에서 일어나고, 후에 작은 뿔(적그리스도)이 나옴 단 7:7–12, 계 13:1–8 (슥 6:1–5, 1:8–11; 계 7:1, 9:13–15)		칼에 상한 짐승 (계 13:14) 죽게 되었던 상처가 나음 (계 13:3, 12–13)	전에 있다가 시방 없음(계 17:11) 제팔 왕 = 짐승(계 17:17)

도형4. 천년기설

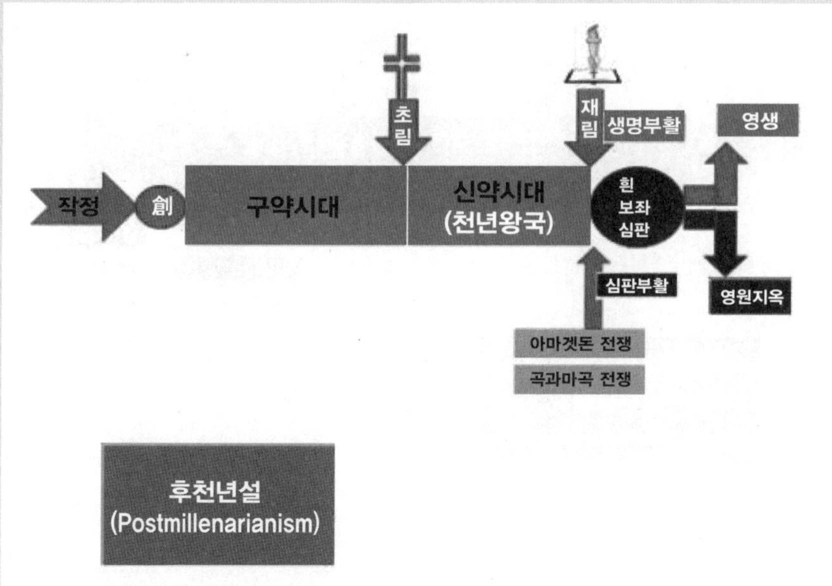

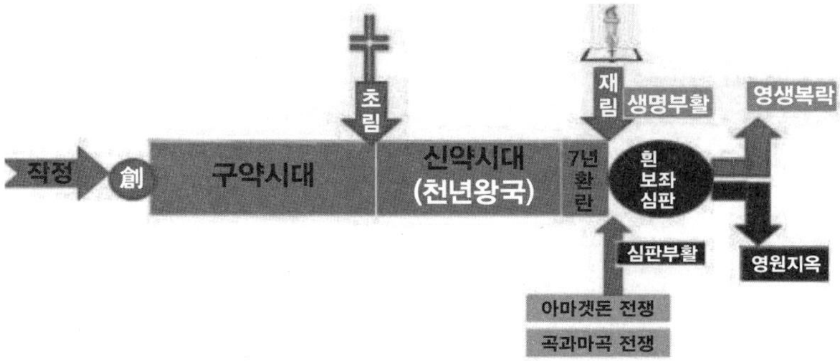

무천년설
(Amillenarianism)

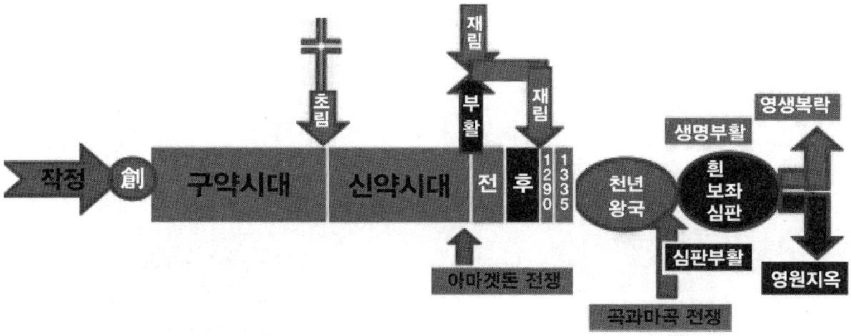

세대주의
전천년설
(Premillenarianism)

도형5. 일곱 인(印)

<table>
<tr><td>첫째 인</td><td colspan="3">흰 말의 등장 = 1,260일 동안 복음을 전할 두 증인의 등장(계 6:1-2)</td></tr>
<tr><td>둘째 인</td><td colspan="3">붉은 말의 등장 = 전쟁과 테러, 살인으로 평화를 깨트림(계 6:3-4)</td></tr>
<tr><td>셋째 인</td><td colspan="3">검은 말의 등장 = 극심한 기근과 인플레로 경제 공황이 옴(계 6:5-6)</td></tr>
<tr><td>넷째 인</td><td colspan="3">청황색 말의 등장 = 적그리스도의 등장, 전쟁, 기근 무자비한 살상(계 6:7-8)</td></tr>
<tr><td>다섯째 인</td><td colspan="3">순교자의 호소 = 순교자의 영혼들이 하나님께 호소(계 6:9-11)</td></tr>
<tr><td>여섯째 인</td><td colspan="3">큰 진노의 날 = 천재지변이 일어나며, 큰 진노가 임함(계 6:12-17)</td></tr>
<tr><td rowspan="13">일곱째 인
8:-19:

일곱 나팔
재앙</td><td>첫째 나팔</td><td colspan="2">피 섞인 우박과 불이 내려 땅과 수목의 1/3이 불탐(계 8:1-7)</td></tr>
<tr><td>둘째 나팔</td><td colspan="2">불붙는 큰 산이 바다에 던져져 바다의 생물과 선박의 1/3이 소멸됨(계 8:8-9)</td></tr>
<tr><td>셋째 나팔</td><td colspan="2">쑥이란 이름의 큰 별로 인하여 강과 물 샘의 1/3이 쑥처럼 쓰게 됨으로 그 쑥물을 먹은 사람들이 죽게 됨(계 8:10-11)</td></tr>
<tr><td>넷째 나팔</td><td colspan="2">낮과 밤의 1/3이 어둠에 묻힘(계 8:12-13)</td></tr>
<tr><td>다섯째
나팔</td><td colspan="2">황충들이 5달 동안 사람들을 괴롭게 함 = 첫째 화(계 9:1-11) = 성전 밖 마당은 척량(尺量)하지 말고 ~ 이방인이 거룩한 성을 42달 짓밟음(11:1-2)</td></tr>
<tr><td>여섯째
나팔</td><td colspan="2">네 천사와 2만의 마병대가 사람의 1/3을 죽임 = 유브라데 전쟁(계 9:13-21). 두 증인의 부활 승천(계 11;1-14), 지진 = 둘째 화.
예비처(계 12:5-6. 3:10)?</td></tr>
<tr><td rowspan="7">셋째 화
(마지막재앙)

일곱째
나팔
10:1-7
11:15-19

일곱 대접
재앙
15:-19:</td><td>첫째
대접</td><td>악하고 독한 헌데가 짐승의 표를 받은 자들과
우상에게 경배한 자들에게 남(계 16:2)</td></tr>
<tr><td>둘째
대접</td><td>바다가 죽은 자의 피같이 되어
바다 가운데 모든 생물이 죽음(계 16:3)</td></tr>
<tr><td>셋째
대접</td><td>강과 물의 근원이 피가 되어
악인들이 그 피를 마시게 됨(계 16:4-7)</td></tr>
<tr><td>넷째
대접</td><td>해(태양)가 사람들을 태움에 악인들은 발악을 함(계 16:8-9)
= 12:1. 21:22-23의 해(ἥλιον) 의미와 배치(背馳)됨.</td></tr>
<tr><td>다섯째
대접</td><td>짐승의 나라가 어두움과 질병으로
큰 고통을 당하면서 발악을 함(계 16:10-11)</td></tr>
<tr><td>여섯째
대접</td><td>이때 아마겟돈 전쟁과, 예수님의 재림, 성도들(예비처의 성도, 후 삼년 반에 구원받은 자) 등의 영접(휴거)이 있다(계 16:12-16, 19:11-16; 마 24:31; 살전 4:14-16) (계 17-19)</td></tr>
<tr><td>일곱째
대접</td><td>번개, 우박, 지진으로 천체가 불에 타 없어짐
= 이 세상은 끝이 남(계 11:19, 16:17-21; 벧후 3:10-13)</td></tr>
</table>

※ 구원(救援)은 유대인(猶太人) 중심으로만 보아서는 안 된다.

도형6. 7년 환란(일곱째 인)

"주 예수여 오시옵소서!"

ἔρχου 오시옵소서 come κύριε 주 Lord 'Ιησοῦ. 예수여 Jesus

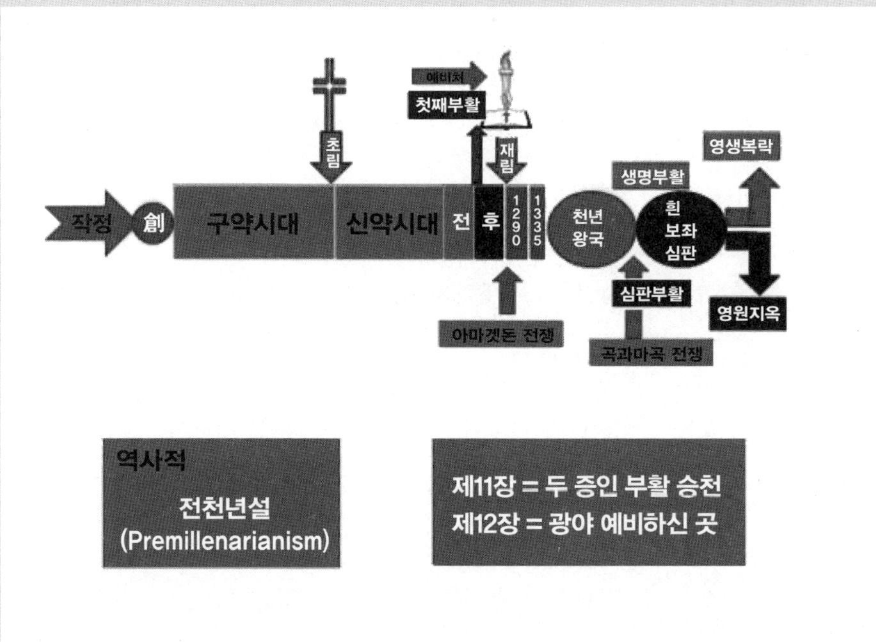

고전 16:22(아람어 표현) = 주께서 임하시느니라(바른성경: 우리 주님, 오시옵소서. 개역개정: 우리 주여, 오시옵소서)

μαράν ἀθά((Stephens) = μαράνἀ θά(Nestle)

7년 환란에 있을 사건들

제사와 예물 금지(단 11:31-35. 45, 12:11-12)

두 증인의 부활 승천함
계 11:1-12, 12:5, 14:1-3
첫째 부활(계 20:5)

↑

예수님의 재림

주님과 함께 오는 자들(계 19:14; 살전 4:13-18)
마 24:29-31, 살전 4:14-17
성도들의 영접(휴거)

↑↓↓

<table>
<tr><th colspan="3">전 삼 년 반</th><th>후 삼 년 반</th><th>1290일</th><th>1335일</th></tr>
<tr><td colspan="3">두 증인의 예언 기간
(1,260일)
= 흰 말(계 6:2) = 두 증인
계 11:1-12, 12:1-6
(단 12:7 = 7:25 ?)</td><td>붉은 짐승의 통치기간
(42개월간)
적그리스도 = 666
계 15:-19; 마 24:15-31
(단 12:11 = 7:25 ?)</td><td>단 12:11</td><td>단 12:12</td></tr>
<tr><td rowspan="2">1.2.3.4.
나팔
자연재해
등의
심판?

계 8:1-13</td><td rowspan="2">첫째화
(다섯째 나팔)
계 9:1-12
황충환란</td><td rowspan="2">둘째화
(여섯째 나팔)
유브라데
전쟁
계 9:13-21
단 11:40-45

두 증인의
부활 승천,
지진
11:1-14,
12:4-5,
20:4-5
(첫째부활)</td><td>셋째화
(일곱째 나팔 = 첫째~일곱째
대접 심판)
계 10:7(복음의 성취)
11:15-19,
13:1-18,
15:5-8, 18:1-24.
17:1-18(11:8-10); 습 1:1-6

아마겟돈전쟁
계 16:12-1, 19:11-21

계 7:9-17(흰 옷 입은 큰 무리)?
마 24:15-31(유대민족 구원)?
마 25:1-13(미련한 다섯 처녀)?</td><td>?
'유대'와
'바벨론'의
월력에 30
일의 차이
가 있다?

일곱째
대접 심판?
계 11:19,
16:17-21

벧후
3:10-13

재앙
마무리?</td><td>?

천년왕국
건설?

기타
등등?</td></tr>
<tr><td colspan="3">광야 자기 곳(예비처) = 계 12:5-6, 13-17</td></tr>
</table>

↳ 후 3년 반(교회는 예비처에서 양육 받음)
(계 12:5-6, 13-14, 15:2-4; 시 27:5; 사 26:20)

후 3년 반에 구원받을 자 = 계 7:9-17, 11:13(남은 자들)

계 15:8 = 일곱 천사의 일곱 재앙이 마치기까지는 성전(聖殿)에 능히 들어갈 자가 없더라.

여섯째 대접 심판은 아마겟돈 전쟁(계 16:12-16), 후 삼년 반에 30일을 더한 1290일은 셋째 화의 일곱째 대접 심판으로 보는 이들도 있다. 1335일은 천년왕국 건설? 글쎄요? = 단 11:32b-35 = 아는(32b); 12:1-13 = 돌아오게 한 자(3) = 마 5:10-12(단 7:22; 계 20:4-7) = 성도들이 하나님 나라 누림이 영원함(단 7:18-25; 계 21:1-22:7)? = 마 25:31-40

※ 살전 4:13-18 = 고전 15:20-24, 50-52.

PART 03

4복음서 종말론

사복음서(四福音書)의 종말론(終末論) 참고

요한계시록을 이해하는 데는 예수님께서 종말에 관해 말씀하신 '4복음서'의 내용들을 먼저 관찰(觀察)할 필요성이 있다. 특히 구원(救援), 천국(天國, 하늘나라, 하나님 나라) 등의 종말에 관한 말씀은 '이미'와 '아직'의 이해가 선행되어야 하므로 간단히 정리해 둔다.

죄가 관영함으로 노아의 때 = 물로 소멸

죄가 관영함으로 마지막 때 = 불로 소멸

마 21:1~ = 성전에서 가르치시고 행하신 일 참고?

마 23:1-39(막 7:1-13, 12:35-44; 눅 11:37-52, 20:45-21:4).

막 12:41-44(눅 21:1-4)

마 1:18-25 = 예수라 하라(21). (눅 2:1-7)

마 3:1-12 = 회개하라 천국이 가까이 왔느니라(2). (막 1:1-8; 눅 3:1-9; 요 1:19-20)

마 4:12-17 = 회개하라 천국이 가까이 왔느니라(17). (막 1:14-15; 눅 4:14-15)

마 5:2 = 천국이 저희 것임이라

마 6:10 = 나라이 임하옵시며

마 10:16-25 = 핍박(23). (막 13:9-13; 눅 21:12-17) = 16: ? 23: ? 24: ? 26: ?

마 12:15-21 = 심판으로부터의 구원(18-20)

마 13:31-50 = 겨자씨 비유(31-33), 가라지 비유(마 13:36-43), 감추인 보화 비유(마 13:44-50). (막 4:30-34; 눅 13:18-19)

마 16:21-28 = 왕권을 갖고 오심(28), (막 8:31-9:1; 눅 9:22-27 = 26)

마 19:27-30 = 인자가 자기 영광의 보좌에 앉을 때, 제자들이 심판(28). (막 10:17-31; 눅 18:18-30)

마 20:20-28 = 주님의 나라의(21). (막 10:35-45)

마 21:33-46 = 포도원 농부의 비유(43-44). (막 12:1-12; 눅 20:9-19)

마 22:1-10 = 혼인잔치를 베푼 어떤 임금. (눅 14:15-24)

마 23:37-39 = 주님의 이름으로 오심(39). (눅 13:34-35)

마 24:1-51 = 세상 끝의 징조(3-14). 멸망의 가증한 것이 거룩한 곳에 섬(15-31). 무화과나무의 비유(32-35). 그날과 그때는 모름(36-44). 충성되고 지혜있는 종(41-51). (막 13:1-37; 눅 17:20-37, 21:1-48)

마 25:1-13 = 열 처녀의 비유

마 25:14-30 = 충성된 종과 무익한 종. (눅 19:11-27)

마 25:31-46 = 양과 염소.

마 26:26-30 = 아버지 나라[성찬 (29)]. (막 14:22-26; 눅 22:14-23; 고전 11:23-35)

마 26:57-75 = 하늘 구름을 타고 오심(63-64). (막 14:53-65; 눅 22:54-55. 63-71; 요 18:13-14, 19-20)

요한은 고별강화 앞부분인 요한복음 14장 1-3절과 23절에서 공통적으로 '집' 이미지를 사용한다.

전자 = 예수님이 하늘로 올라가셔서 제자들을 위해서 지을 집을 의미한다.

후자 = 보혜사 성령을 통해서 성부와 성자가 생존해 있던 제자들을 거처로 삼는 것을 의미하는가?[2)]

후자에 대해서는 이견이 별로 없지만, 전자는 거처를 여러 가지 표현으로 언급하기에(2a의 아버지 집의 거주할 곳, 2b의 제자들이 있을 곳, 3절의 예수님이 계신 곳 참고. 28절의 예수님이 제자들에게 오심) 두루뭉술하

---

2) 이런 전통적인 해석은 최근에 R. A. Peterson. "Union with Christ in the Gospel of John." Presbyterion 39 (2013):22에서 볼 수 있다.

게 재림 이후에 성도가 들어갈 천상의 거주지라고 단정하기 전에 전후 문맥과 해당 단어의 의미에 주의하며 석의(釋義)해야 한다.[3)]

막 4:26-29 = 추수? 눅 1:26-38 = 그 나라가 무궁하리라?(32-33) 눅 10:1-12 = 하나님 나라가 가까이 온 줄?((11) 눅 18:1-8 = 과부와 재판관 = 인자가 올 때에?(8) 눅 22:24-30 = 열두 지파를 심판할 자들(30) 행 1:6-11 = 예수님의 하늘로 올라가심과 재림? = 우리의 신앙자세?	요 5:19-30 = 부활(21-29)? 요 6:35-59 = 부활(30, 40, 44, 54)? 요 11:17-27 = 부활(23-26)? 요 14:1-31 = 재림 목적(3, 18-23, 28, 29)? 요 16:1-15 = 성령께서 장래 일을 알리심(13)? 요 16:16-22 = 성령을 통한 그리스도의 오심? 요 18:28-38 = 그리스도의 나라(36)? 요 21;20-25 = 사도요한의 죽음과 재림(21-23)?

종말론: Eschatology

구약에 나타난 종말론	신약에 나타난 종말론
1. 미래의 부활 1) 내가 알기에는 나의 구속자가 살아 계시니 후일에 그가 땅 위에 서실 것이라 나의 이 가죽, 이것이 썩은 후에 내가 육체 밖에서 하나님을 보리라(욥 19:25,26). 2) 주의 죽은 자들은 살아나고 우리의 시체들은 일어나리이다 티끌에 거하는 자들아 너희는 깨어 노래하라 주의 이슬은 빛난 이슬이니 땅이 죽은 자를 내어 놓으리로다(사 26:19).	4. 그리스도의 재림에 대한 강조 1) 아담의 칠세 손 에녹이 사람들에게 대하여도 예언하여 이르되 보라 주께서 그 수만의 거룩한 자와 함께 임하셨나니(유 1:14). 2) 주께서 호령과 천사장의 소리와 하나님의 나팔로 친히 하늘로 좇아 강림하시리니 그리스도 안에서 죽은 자들이 먼저 일어나고(살전 4:16). 3) 마 24:1-51. 4) 눅 21:5-36.

3) 송영목 기고. 교회와 문화 제37호. 나눔과 섬김. 2016. pp 112-113

구약에 나타난 종말론	신약에 나타난 종말론
3) 사망을 영원히 멸하실 것이라 주 여호와께서 모든 얼굴에서 눈물을 씻기시며 그 백성의 수치를 온 천하에서 제하시리라 여호와께서 이같이 말씀하셨느니라(사 25:8). 4) 땅의 티끌 가운데서 자는 자 중에 많이 깨어 영생을 얻는 자도 있겠고 수욕을 받아서 무궁히 부끄러움을 입을 자도 있을 것이며(단 12:2).	5. 죽은 자의 부활 1) 예수를 죽은 자 가운데서 살리신 이의 영이 너희 안에 거하시면 그리스도 예수를 죽은 자 가운데서 살리신 이가 너희 안에 거하시는 그의 영으로 말미암아 너희 죽을 몸도 살리시리라(롬 8:11). 2) 살전 4:16 3) 보라 내가 너희에게 비밀을 말하노니 우리가 다 잠잘 것이 아니요 마지막 나팔에 순식간에 홀연히 다 변화하리니 나팔 소리가 나매 죽은 자들이 썩지 아니할 것으로 다시 살고 우리도 변화하리라(고전 15:51-52).
2. 심판 대저 만군의 여호와의 한 날이 모든 교만자와 거만자와 자고한 자에게 임하여 그들로 낮아지게 하고(사 2:12;2:12-21).	
3. 메시아 왕국 1) 나 여호와가 말하노라 보라 때가 이르리니 내가 다윗에게 한 의로운 가지를 일으킬 것이라 그가 왕이 되어 지혜롭게 행사하며 세상에서 공평과 정의를 행할 것이며 그의 날에 유다는 구원을 얻겠고 이스라엘은 평안히 거할 것이며 그 이름은 여호와 우리의 의라 일컬음을 받으리라(렘 23:5,6). 2) 그날 그때에 내가 다윗에게 한 의로운 가지가 나게 하리니 그가 이 땅에 공평과 정의를 실행할 것이라 그날에 유다가 구원을 얻겠고 예루살렘이 안전히 거할 것이며 그 성은 여호와 우리의 의라 일컬음을 입으리라(렘 33:15,16).	6. 최후 심판 1) 이에 임금이 대답하여 가라사대 내가 진실로 너희에게 이르노니 이 지극히 작은 자 하나에게 하지 아니한 것이 곧 내게 하지 아니한 것이니라 하시리니 저희는 영벌에, 의인들은 영생에 들어가리라 하시니라(마 25:45-46). 2) 또 내가 보니 죽은 자들이 무론대소하고 그 보좌 앞에 섰는데 책들이 펴 있고 또 다른 책이 펴졌으니 곧 생명책이라 죽은 자들이 자기 행위를 따라 책들이 기록된 대로 심판을 받으니(계 20:12).
2) 이 열 왕의 때에 하늘의 하나님이 한 나라를 세우시리니 이것은 영원히 망하지도 아니할 것이요 그 국권이 다른 백성에게로 돌아가지도 아니할 것이요 도리어 이 모든 나라를 쳐서 멸하고 영원히 설 것이라(단 2:44).	7. 세상의 멸망 그러나 주의 날이 도적 같이 오리니 그날에는 하늘이 큰 소리로 떠나가고 체질이 뜨거운 불에 풀어지고 땅과 그 중에 있는 모든 일이 드러나리로다(벧후 3:10).

구약에 나타난 종말론	신약에 나타난 종말론
4) 내가 또 밤 이상 중에 보았는데 인자같은 이가 하늘 구름을 타고 와서 옛적부터 항상 계신 자에게 나아와 그 앞에 인도되매 그에게 권세와 영광과 나라를 주고 모든 백성과 나라들과 각 방언하는 자로 그를 섬기게 하였으니 그 권세는 영원한 권세라 옮기지 아니할 것이요 그 나라는 폐하지 아니할 것이니라(단 7:13,14).	8. 하나님 나라의 완성 또 내가 새 하늘과 새 땅을 보니 처음 하늘과 처음 땅이 없어졌고 바다도 다시 있지 않더라 또 내가 보매 거룩한 성 새 예루살렘이 하나님께로부터 하늘에서 내려오니 그 예비한 것이 신부가 남편을 위하여 단장한 것 같더라(계 21:1-2).

천국: Kingdom of God, Kingdom of Heaven

천국에 들어갈 자	천국에 들어가지 못할 자
11. 심령이 가난한 자 심령이 가난한 자는 복이 있나니 천국이 저희 것임이요(마 5:3). 12. 의를 위하여 핍박을 받는 자 의를 위하여 핍박을 받은 자는 복이 있나니 천국이 저희 것임이라(마 5:10). 13. 거듭난 자 예수께서 대답하시되 진실로 진실로 네게 이르노니 사람이 물과 성령으로 나지 아니하면 하나님 나라에 들어갈 수 없느니라(요 3:5). 14. 회개하는 자 회개하라 천국이 가까왔느니라 하였으니(마 3:2). 15. 믿는 자 하나님이 세상을 이처럼 사랑하사 독생자를 주셨으니 이는 저를 믿는 자마다 멸망치 않고 영생을 얻게 하려 하심이니라(요 3:16).	27. 음행하는 자 1) 너희도 이것을 정녕히 알거니와 음행하는 자나 더러운 자나 탐하는 자 곧 우상 숭배자는 다 그리스도와 하나님 나라에서 기업을 얻지 못하리니(엡 5:5). 2) 모든 사람은 혼인을 귀히 여기고 침소를 더럽히지 않게 하라 음행하는 자들과 간음하는 자들을 하나님이 심판하시리라(히 13:4). 3) 개들과 술객들과 행음자들과 살인자들과 우상숭배자들과 및 거짓말을 좋아하며 지어내는 자마다 성 밖에 있으리라(계 22:11) 28. 더러운 자 1) 회당에 더러운 귀신 들린 사람이 있어 크게 소리질러 가로되 (눅 4:33). 2) 음행, 탐욕, 우상숭배 하는 자(엡 5:5).

천국에 들어갈 자	천국에 들어가지 못할 자
16. 세상의 것에 미련이 없는 자 예수께서 이르시되 손에 쟁기를 잡고 뒤를 돌아보는 자는 하나님의 나라에 합당치 아니하니라 하시니라(눅 9:62). 17. 남을 위해 봉사하는 자 그때에 임금이 그 오른편에 있는 자들에게 이르시되 내 아버지께 복 받을 자들이여 나아와 창세로부터 너희를 위하여 예비 된 나라를 상속하라 내가 주릴 때에 너희가 먹을 것을 주었고 목마를 때에 마시게 하였고 나그네 되었을 때에 영접하였고(마 25:34-35). 18. 믿음으로 환란을 이기는 자 제자들의 마음을 굳게 하여 이 믿음에 거하라 권하고 또 우리가 하나님 나라에 들어가려면 많은 환난을 겪어야 할 것이라 하고(행 14:22). 19. 하나님을 사랑하는 자 내 사랑하는 형제들아 들을지어다 하나님이 세상에 대하여는 가난한 자를 택하사 믿음에 부요하게 하시고 또 자기를 사랑하는 자들에게 약속하신 나라를 유업으로 받게 아니하셨느냐(약 2:5). 20. 의를 행하는 자 내가 너희에게 이르노니 너희 의가 서기관과 바리새인보다 더 낫지 못하면 결단코 천국에 들어가지 못하리라(마 5:20). 21. 아버지의 뜻대로 행하는 자 나더러 주여 주여 하는 자마다 천국에 다 들어갈 것이 아니요 다만 하늘에 계신 내 아버지의 뜻대로 행하는 자라야 들어가리라(마 7:21).	29. 탐하는 자 1) 저희에게 이르시되 삼가 모든 탐심을 물리치라 사람의 생명이 그 소유의 넉넉한 데 있지 아니하니라 하시고(눅 12:15) 2) 음행, 탐욕, 우상숭배하는 자(엡 5:5). 3) 이것들을 인하여 하나님의 진노가 임하느니라(골 3:6). 30. 우상숭배자 엡 5:5 31. 두려워하는 자 그러나 두려워하는 자들과 믿지 아니하는 자들과 흉악한 자들과 살인자들과 행음자들과 술객들과 우상 숭배자들과 모든 거짓말하는 자들은 불과 유황으로 타는 못에 참예하리니 이것이 둘째 사망이라(계 21:8). 32. 믿지 아니하는 자 계 21:8 33. 술객들 계 21:8 34. 모든 거짓말하는 자들 계 21:8 35. 유혹하는 자 큰 용이 내어 쫓기니 옛 뱀 곧 마귀라고도 하고 사탄이라고도 하는 온 천하를 꾀는 자라 땅으로 내어 쫓기니 그의 사자들도 저와 함께 내어 쫓기니라(계 12:9).

천국에 들어갈 자	천국에 들어가지 못할 자
22. 침노하는 자 세례(침례) 요한의 때부터 지금까지 천국은 침노를 당하나니 침노하는 자는 빼앗느니라(마 11:12). 23. 어린아이와 같이 순진무구한 자 가라사대 진실로 너희에게 이르노니 너희가 돌이켜 어린아이들과 같이 되지 아니하면 결단코 천국에 들어가지 못하리라(마 18:3). 24. 가난한 자 예수께서 제자들에게 이르시되 내가 진실로 너희에게 이르노니 부자는 천국에 들어가기가 어려우니라 다시 너희에게 말하노니 약대가 바늘귀로 들어가는 것이 부자가 하나님의 나라에 들어가는 것보다 쉬우니라 하신대(마 19:23-24). 25. 아브라함, 이삭, 야곱 및 모든 선지자 너희가 아브라함과 이삭과 야곱과 모든 선지자는 하나님 나라에 있고 오직 너희는 밖에 쫓겨난 것을 볼 때에 거기서 슬피 울며 이를 갊이 있으리라(눅 13:28). 26. 하나님의 나라를 위해 세상의 것을 버린 자 이르시되 내가 진실로 너희에게 이르노니 하나님의 나라를 위하여 집이나 아내나 형제나 부모나 자녀를 버린 자는 금세에 있어 여러 배를 받고 내세에 영생을 받지 못할 자가 없느니라 하시니라(눅 18:29-30).	36. 성령을 거스르는 자 그러므로 내가 너희에게 이르노니 사람의 모든 죄와 훼방은 사하심을 얻되 성령을 훼방하는 것은 사하심을 얻지 못하겠고 또 누구든지 말로 인자를 거역하면 사하심을 얻되 누구든지 말로 성령을 거역하면 이 세상과 오는 세상에도 사하심을 얻지 못하리라(마 12:31-32). 37. 불의한 자 불의한 자가 하나님의 나라를 유업으로 받지 못할 줄을 알지 못하느냐 미혹을 받지 말라 음란하는 자나 우상 숭배하는 자나 간음하는 자나 탐색하는 자나 남색하는 자나(고전 6:9). 38. 남색하는 자 고전 6:9 39. 탐색하는 자 고전 6:9 40.음란한 자 고전 6:9 41. 도적 도적이나 탐람하는 자나 술 취하는 자나 후욕하는 자나 토색하는 자들은 하나님의 나라를 유업으로 받지 못하리라(고전 6:10). 42.탐람하는 자 고전 6:10 43. 술 취하는 자 고전 6:10

천국에 들어갈 자	천국에 들어가지 못할 자
	44. 후욕하는 자 고전 6:10 45. 토색하는 자 고전 6:10 46. 혈과 육에 속한 자 형제들아 내가 이것을 말하노니 혈과 육은 하나님 나라를 유업으로 받을 수 없고 또한 썩은 것은 썩지 아니한 것을 유업으로 받지 못하느니라(고전 15:50). 47. 투기하는 자 투기와 술 취함과 방탕함과 또 그와 같은 것들이라 전에 너희에게 경계한 것같이 경계하노니 이런 일을 하는 자들은 하나님의 나라를 유업으로 받지 못할 것이요(갈 5:21).

천국이 임하는 시기

48. 왕이 영광으로부터 돌아오실 때

1) 마 25:31-46.

2) 이는 한 아이가 우리에게 났고 한 아들을 우리에게 주신 바 되었는데 그 어깨에는 정사를 메었고 그 이름은 기묘자라, 모사라, 전능하신 하나님이라, 영존하시는 아버지라, 평강의 왕이라 할 것임이라 그 정사와 평강의 더함이 무궁하며 또 다윗의 위에 앉아서 그 나라를 굳게 세우고 자금 이후 영원토록 공평과 정의로 그것을 보존하실 것이라 만군의 여호와의 열심이 이를 이루시리라(사 9:6,7).

3) 내가 열국을 모아 예루살렘과 싸우게 하리니 성읍이 함락되며 가옥이 약탈되며 부녀가 욕을 보며 성읍 백성이 절반이나 사로잡혀 가려니와 남은 백성은 성읍에서 끊쳐지지 아니하리라(슥 14:2) .

4) 환난 받는 너희에게는 우리와 함께 안식으로 갚으시는 것이 하나님의 공의시니 주 예수께서 저의 능력의 천사들과 함께 하늘로 부터 불꽃 중에 나타나실 때에(살후 1:7)

5) 아담의 칠세 손 에녹이 사람들에게 대하여도 예언하여 이르되 보라 주께서 그 수만의 거룩한 자와 함께 임하셨나니(유 1:14)
6) 저희가 어린 양으로 더불어 싸우려니와 어린 양은 만주의 주시요 만왕의 왕이시므로 저희를 이기실 터이요 또 그와 함께 있는 자들 곧 부르심을 입고 빼내심을 얻고 진실한 자들은 이기리로다(계 17:14).

49. 예루살렘이 군대들에게 포위될 때
슥 14장.

50. 휴거 후
1) 고전 15:51-58. 2) 살전 4:13-17.

51. 대 배교사건 후
살후 2:1-12.

52. 적그리스도와 사탄이 멸망당할 때
1) 계 5:10. 2) 계 20:1-7.

53. 첫 부활 후
1) 새 노래를 노래하여 가로되 책을 가지시고 그 인봉을 떼기에 합당하시도다 일찍 죽임을 당하사 각 족속과 방언과 백성과 나라 가운데서 사람들을 피로 사서 하나님께 드리시고 저희로 우리 하나님 앞에서 나라와 제사장을 삼으셨으니 저희가 땅에서 왕 노릇 하리로다 하더라(계 5:9,10)
2) 계 20:1-6.

54. 에스겔의 성전이 건축될 때
겔 40:1-43:7.

55. 이스라엘이 만국으로부터 귀환한 후
1) 나 주 여호와가 말하노라 내가 나의 삶을 두고 맹세하노니 내가 능한 손과 편 팔로 분노를 쏟아 너희를 단정코 다스릴지라 능한 손과 편 팔로 분노를 쏟아 너희를 열국 중에서 나오게 하며 너희의 흩어진 열방 중에서 모아내고 너희를 인도하여 열국 광야에 이르러 거기서 너희를 대면하여 국문하되 내가 애굽 땅 광야에서 너희 열조를 국문한 것같이 너희를 국문하리라 나 주 여호와의 말이니라(겔 20:33-36).
2) 겔 36:17-38. 3) 겔 37:1-28.
4) 이스라엘 자손들이 많은 날 동안 왕도 없고 군도 없고 제사도 없고 주상도 없고 에봇도 없고 드라빔도 없이 지내다가 그 후에 저희가 돌아와서 그 하나님 여호와와 그 왕 다윗을 구하고 말일에는 경외하므로 여호와께로 와 그 은총으로 나아가리라(호 3:4-5)

5) 그가 장차 많은 사람으로 더불어 한 이레 동안의 언약을 굳게 정하겠고 그가 그 이레의 절반에 제사와 예물을 금지할 것이며 또 잔포하여 미운 물건이 날개를 의지하여 설 것이며 또 이미 정한 종말까지 진노가 황폐케 하는 자에게 쏟아지리라 하였느니라(단 9:27) .

56. 유대인들이 구원받고 모든 민족에게 축복이 될 때

1) 여호와께서 아브람에게 이르시되 너는 너의 본토 친척 아비 집을 떠나 내가 네게 지시할 땅으로 가라 내가 너로 큰 민족을 이루고 네게 복을 주어 네 이름을 창대케 하리니 너는 복의 근원이 될지라 너를 축복하는 자에게는 내가 복을 내리고 너를 저주하는 자에게는 내가 저주하리니 땅의 모든 족속이 너를 인하여 복을 얻을 것이니라 하신지라(창 12:1-3)

2) 내가 나의 왕을 내 거룩한 산 시온에 세웠다 하시리로다 내가 영을 전하노라 여호와께서 내게 이르시되 너는 내 아들이라 오늘날 내가 너를 낳았도다 내게 구하라 내가 열방을 유업으로 주리니 네 소유가 땅 끝까지 이르리로다(시 2:6-8).

3) 사 9:6-7.

4) 만군의 여호와께서 이 산에서 만민을 위하여 기름진 것과 오래 저장하였던 포도주로 연회를 베푸시리니 곧 골수가 가득한 기름진 것과 오래 저장하였던 맑은 포도주로 하실 것이며 또 이 산에서 모든 민족의 그 가리워진 면박과 열방의 그 덮인 휘장을 제하시며 사망을 영원히 멸하실 것이라 주 여호와께서 모든 얼굴에서 눈물을 씻기시며 그 백성의 수치를 온 천하에서 제하시리라 여호와께서 이같이 말씀하셨느니라 그날에 말하기를 이는 우리의 하나님이시라 우리가 그를 기다렸으니 그가 우리를 구원하시리로다 이는 여호와시라 우리가 그를 기다렸으니 우리는 그 구원을 기뻐하며 즐거워하리라 할 것이며(사 25:6-9) .

5) 시온의 딸아 크게 기뻐할지어다 예루살렘의 딸아 즐거이 부를지어다 보라 네 왕이 네게 임하나니 그는 공의로우며 구원을 베풀며 겸손하여서 나귀를 타나니 나귀의 작은 것 곧 나귀새끼니라 내가 에브라임의 병거와 예루살렘의 말을 끊겠고 전쟁하는 활도 끊으리니 그가 이방 사람에게 화평을 전할 것이요 그의 정권은 바다에서 바다까지 이르고 유브라데강에서 땅 끝까지 이르리라 또 너로 말할진대 네 언약의 피를 인하여 내가 너의 갇힌 자들을 물 없는 구덩이에서 놓았나니(슥 9:9-11)

6) 행 5:13-18.

57. 이방인의 때가 끝날 때

1) 눅 21:20-24. 2) 롬 11:25-29. 3) 행 15:13-17.

58. 느부갓네살의 신상에 나타난 열 왕의 시대

이 열 왕의 때에 하늘의 하나님이 한 나라를 세우시리니 이것은 영원히 망하지도 아니할 것이요 그 국권이 다른 백성에게로 돌아가지도 아니할 것이요 도리어 이 모든 나라를 쳐서 멸하고 영원히 설 것이라(단 2:44).

59. 귀신을 쫓아낼 때
1) 그러나 내가 하나님의 성령을 힘입어 귀신을 쫓아내는 것이면 하나님의 나라가 이미 너희에게 임하였느니라(마 12:28) .
2) 그러나 내가 만일 하나님의 손을 힘입어 귀신을 쫓아내는 것이면 하나님의 나라가 이미 너희에게 임하였느니라(눅 11:20)

60. 환란 후
그날 환난 후에 즉시 해가 어두워지며 달이 빛을 내지 아니하며 별들이 하늘에서 떨어지며 하늘의 권능들이 흔들리리라 그때에 인자의 징조가 하늘에서 보이겠고 그때에 땅의 모든 족속들이 통곡하며 그들이 인자가 구름을 타고 능력과 큰 영광으로 오는 것을 보리라(마 24:29-30) .

61. 하나님만이 아심
1) 무화과나무의 비유를 배우라 그 가지가 연하여지고 잎사귀를 내면 여름이 가까운 줄을 아나니(마 24:32; 막 13:32) .
2) 가라사대 때와 기한은 아버지께서 자기의 권한에 두셨으니 너희의 알 바 아니요(행 1:7).

천국이 임하는 방법

62. 볼 수 있게 임하지 않음
바리새인들이 하나님의 나라가 어느 때에 임하나이까 묻거늘 예수께서 대답하여 가라사대 하나님의 나라는 볼 수 있게 임하는 것이 아니요(눅 17:20).

63. 권능으로 임함
또 저희에게 이르시되 내가 진실로 너희에게 이르노니 여기 섰는 사람 중에 죽기 전에 하나님의 나라가 권능으로 임하는 것을 볼 자들도 있느니라 하시니라(막 9:1).

64. 표적이 뒤따름
믿는 자들에게는 이런 표적이 따르리니 곧 저희가 내 이름으로 귀신을 쫓아내며 새 방언을 말하며 뱀을 집으며 무슨 독을 마실지라도 해를 받지 아니하며 병든 사람에게 손을 얹은즉 나으리라 하시더라(막 16:17-18).

하늘나라와 하나님의 나라의 차이 = 우주에 대한 하나님의 주권은 하늘나라를 포함한다. 하나님의 주권(The Sovereignty of God)이 72회 언급되고 있는 반면 하늘나라는 33회 언급되었다. 왜냐하면 하늘나라는 하나님의 나라의 부분이기 때문이다. 하늘나라와 하나님의 나라를 같은 것으로 볼 수 있는 점이 있긴 하지만 양자를 같은 것으로 볼 수 없는 점들이 있다.

하늘나라	하나님의 나라
1) 왕이신 메시아 요 18:37; 계 20:6 2) 그리스도의 통치 시 2:6; 눅 1:32, 33 3) 정치적 사 9:7; 단 7:14 4) 지상의 도성(지상적) 사 2:3, 9:7 5) 땅 위에만 요 18:37; 계 5:10 6) 재림 때에 시작함 (시간적, 미래적) 슥 14:2; 마 6:10; 딤후 4:1 7) 한시적으로 존재함 고전 15:24-28 8) 현재 가라지들이 있음 마 13:38-50 9) 외적인 징조를 수반함 마 24:29-31, 25:31-46; 살후 1:7-10; 유 1:14; 슥 14:15; 단 7:1-14; 계 19:11-21 10) 혈과 육으로써 유업으로 받음 시 37:11; 겔 43:7; 단 7:18, 28; 마 5:5, 25:34	1) 왕이신 하나님 고전 15:28 2) 하나님의 통치 시 10:16, 103:19 3) 도덕적, 영적 롬 14:17 4) 하늘의 도성 히 12:22; 계 5:11 5) 하늘과 땅에서 고전 15:28 6) 현재 존재함(무시간적, 과거, 현재, 미래) 시 90:2 7) 영원히 존재함 엡 3:11 8) 거듭나야 들어감 요 3:5 9) 징조를 수반치 않음 눅 17:20; 롬 14:17; 고전 4:20 10) 혈과 육으로써 유업으로 받지 못함 롬 8:17; 고전 15:50-58; 계 21:7 하나님의 나라를 보라.

PART 04

계시(예언)의 말씀

제1장
하나님 나라(천국)의 복(은혜)을 누려라

מַלְכוּת שָׁמַיִם(말쿠트 샤마임. 하늘나라, 천국). ἡ βασιλεια του θεου(헤 바실레이아 투 데우. 하나님 나라) [- ατων οὐρανον(아톤 우라논. 천국) Kingdom of God 하나님 나라[현재적(今生), 미래적(來世 = 나라가 임하옵시며)]?

• **성경을 참고한 시대 분류**

창조(창 1:-2:)
타락 시대(창 3:1-6:8)
노아 시대(창 6:8-11:32)
족장 시대[신민(창 12:1- 50:26; 벧전 2:9-10 등 참조)]
모세 시대(출 1:1-신 34:12)
여호수아 시대(수 1:1-24:33)
사사 시대(삿 1:1-삼상 8:22)
왕정(선지)시대(삼상 9:1-대하 36:23; 시 1:1-애 5:22)
멸망 시대[귀환 (스 1:1-에 10:3; 겔 1:1-말 4:6)]
로마 정복시대(메시아 대망)
예수님 초림(하나님 나라 = 이미(마 1:21-23, 6:10, 12:28; 요 1:14, 39 등 참조)
예수님 부활 승천(마 28:16-20; 행 1:1-26 등)
사도 시대(행 2:1-계 22:21)
거룩하고도 영원한 하나님 나라[하늘나라, 천국 = 아직(마 28:16-20; 계 21:1-7 등 참조)

하나님 주권[구속(救贖) = 선택(選擇)]에 의해 구원(구속)받은 자는 하나님의 통치(함께하심, 다스림, 보호, 인도 등)를 받는다(요 1:14, 39; 계 7:15-17, 21:1-7 등 참조).

하나님 나라는 이미 곧 현재적(마 1:21-23, 6:10 등 참조)이며, 아직 곧 미래적(마 25:12; 행 1:6-8 등 참조)이다.

❋ 1-3절. 하나님 말씀에 순종하라 = 예언의 말씀을 지키라

- **1절. 예수 그리스도의 계시 = 계시. 'ΑΠΟΚΑΛΥΨΙΣ(아포칼립시스.The Revelation) = 롬 16:25-27; 히 11:1-12:3 등 참조**

계시(啓示) [그] ἀποκάλυψις(apokalupsis) [영] Revelation

하나님께서 친히 인간에게 열어 보여주시는 일이다. 즉 감추어져 있고, 덮어져 있는 하나님의 진리, 하나님의 사랑 등을 하나님 편에서 밝히 나타내 주시는 일이다(롬 16:25).

인간 측에서 하나님을 보거나 알 수는 없고, 또한 하나님은 초월적 존재이시므로 사람의 노력으로는 알 수 없다. 그러므로 하나님은 율법을 통하여 그 뜻(意義)을 나타내시고, 선지자를 통하여 말씀하셨다(히 1:1-2). 그러나 결정적으로 예수 그리스도에 있어서 그 참뜻(眞意)을 분명히 보여주신 것이다(요 1:18).

예수 그리스도께서 하나님의 아들로서 아버지이신 하나님의 뜻을 계시하셨고, 그 말씀 및 역사를 통하여, 특히 십자가와 부활에 의해, 인간에 대한 하나님의 구속이 분명해진 것이다. 따라서 그리스도교는 그리스도의 계시에 의해 성립된 것이고, 인간의 깨달음이나 노력에 좌우된 것이 아니다.

그리스도교가 하나님으로부터의 계시에 기초한 것에 대응(對應)하여, 인간 측에서의 신앙도 하나님의 인도하심이 없이는 성립되는 것이 아니고, 성령으로 아니하고는 누구든지 예수를 주라고 할 수 없는 것이다(고전 12:3).

계시로 번역된 그리스어 명사는 '아포칼륍시스'(갈 1:12 기타)로서, '나타남'(딤전 6:14 기타, appearing)으로도 번역되어 있다. 이 명사는 동사 '아포칼륍토, ἀποκαλύπτω'(마 11:25, 16:17; 롬 1:17, 1:18 기디, reveal)에서 파생된 것으로, 동사는 '계시한다, 계시된다, 나타난다, 보여주다' 등으로 번역되고 있다. 히브리어에는 그리스어 '아포칼륍시스'에 해당되는 명사는 없고, 예레미야 14장 14절에서 '계시'로 번역된 히브리어 명사 '하-존-חָזוֹן'은 '보는 일, 특히 응시(凝視)하는 일'을 뜻하는 말이고, 일반적으로 이상(異象)으로 번역되는 말이다(삼상 3:1; 시 89:19 기타, 단 1:17 기타).[4)]

반드시 속히 될 일을 = 계 22:6-9, 20 참조

그 종들에게 = 소아시아 7교회(계 1:4, 11, 20)와 그 사자[使者(계 2:1, 8, 12, 18, 3:1, 7, 14)들. = 하나님의 종 곧 선지자들(10:7, 11:18, 22:6 등 참조)이라고도 함.

하나님의 종 곧 선지자들(10:7, 11:18, 22:6 참조)이라고도 함.

선택받은 하나님의 종들(계 7:3, 19:5, 22:3 참조)을 지칭하기도 함.

선택받은 모든 성도들과 교회(22:14-17, 19:5-9 참조)를 지칭하기도 함.

따라서 소아시아 일곱 교회는 물론, 주님께서 재림하시는 날까지의 7현상(現狀)의 신약시대 모든 교회(성도들)와 교회 지도자들(1:4, 11, 20)을 지칭한다.

하나님께서는 선지자를 통하여 말씀하셨다(히 1:1-2)

곧 계시에 대하여는 "주 여호와께서는 자기의 비밀을 그 종 선지자

---

4) 기독교성서대백과, 기독지혜사(디럭스바이블. 슈퍼바이블)

들에게 보이지 아니하시고는 결코 행하심이 없으시리라"(암 3:7) 하였다.

누가(계시자)? = 계시의 출처

1) 하나님께로부터 '예수 그리스도'에게.

2) '예수 그리스도'로부터 '천사'(아마도 '가브리엘' 또는 '미가엘'인 듯하다)에게.

3) '천사'로부터 '사도 요한'에게.

4) 요한이 교회의 사자(종, 성도)에게.

삼위일체 하나님(계 1:1-2, 4, 10; 2:7, 11, 17, 27-29, 3:6, 13, 22, 19:10, 22:6 등 참조)

성령 = 일곱 영(사 11:2; 계 1:4, 10, 22:6 등 참조) = 딤후 3:16-17

천사(天使) = [계 1:1, 4(눅 1:19, 28; 행 5:19-20, 8:26, 10:4-5 등 참조)]

누구에게(수신자들)?

1) 그 종들(1:1, 22:6, 9) = 하나님의 종들

2) 복 있는 자들(1:3, 22:7, 14)] = 그리스도인(성도들)

3) 일곱 교회(1:4, 11, 20, 2:7, 11, 17, 29, 3:6, 13, 22, 22:16; 슥 4:1-14 참조)

4) 교회의 사자(1:1, 16, 20; 2:1, 8, 12, 18, 3:1, 7, 14, 22:6, 16)

무엇을(계시의 목적)?

1) 속히 될 일(계 1:1, 22:7, 12, 20), 장차 될 일(계 1:19, 22:12. 6~17 등 참조)?을 성취하신다.

2) 복(은혜)을 받아 누리게 한다(계 1:3, 5, 14:12-13, 22:7~14; 눅 11:27-28; 요 8:48-59; 요일 2:1-6 등 참조)

3) 하나님께서 경배 받으신다(4장~5장, 21장~22장 등 참조).

- **2절. 자기의 본 것을 다 증거하였느니라 = "속히 될 일"**(계 22:6, 10 등 참조)

- **3절. 이 예언의 말씀을 = 예언**

  προφητείας(프로페테이아스) = 계 22:7 등 참조

예언(豫言)[히] נְבוּאָה(nebûw'âh, 네부아) [그] προφήτεια(propheteia)
[영] Prophecy

하나님으로부터 직접 계시된 진리를 사람들에게 전하는 일. 예언은 고대 오리엔트 세계에 널리 행해져 있던 현상이고, 거의는 악기를 매개로 하여 황홀한 상태에 들어가, 입신상태(入神狀態)에서 말하는 것이었다. 그러나 이스라엘에서는 하나님으로부터 들은 사신(使信)을 백성에게 전한다는 기능이 예언의 본질이 되어 이스라엘 정신사에 그 정화(精華)라고도 할 수 있는 예언자(선지자)의 거대한 발자취를 남기게 되었다.

신약에서는 "사무엘 때부터 말한 모든 선지자도 이때를 가리켜 말하노라"(행 3:24)고 기록되어 있는 대로, 도처에서 그들이 그리스도의 생애와 죽으심과 부활을 예언한 것으로 상정하고 있다. 특히 그리스도의 고난의 예언은 중요시되었다(눅 24:21-27; 행 3:18; 고전 15:3 기타). 모든 예언은 그리스도에 있어서 실현되었다는 것이 신약 기자의 신념이고, 따라서 그리스도의 증명의 근거는 구약의 예언에서 구해졌다(마 2:15,17; 호 11:2; 렘 31:15 비교, 또한 막 14:21; 요 5:39). 초대교회에서는, 그리스도교의 선지자의 활동이 중요한 지위를 차지하고 있었지만(행 11:28, 13:1; 고전 14:1-5), 사도의 하위(下位)에 있었다(고전 14:29-32, 37-40). '예언' 또는 '예언자'(개역에서는 전부 선지자)로 번역된 주요 원어는 다음과 같다.

1) '하-존-חָזוֹן'(chazon)-'본 자'를 뜻하는 말로 구약에 35회 쓰여 있다. 일반적으로 [이상(異像 vision)]으로 번역되는 히브리어 명사로

(시 89:19; 사 1:1 기타), 무아의 경지에 있어서의 하나님의 계시를 가리켜서 쓰여지고(삼상 3:1), '계시'(vision)로도 번역되어 있다(렘 14:14).

2) '네부-아-'-히브리어 명사로 후대의 용어인데(대하 9:29, 15:8; 느 6:12), 조기의 '하-존'(묵시, 잠 29:18), '이상'(사 1:1; 삼상 3:1), '예언'(렘 14:14)의 동의어이다. 아람어의 동일한 어형 '네부-아- נְבוּאָה'(νβûαη)는 '권면'으로 번역되어 있다(스 6:14).

3) '프로페-테리아'-헬라어 명사로, 칠십인 역이 히브리어 '네부-아', 또는 '하-존'의 역으로 쓰고 있는 말이다. 구약에 있어서의 예언에 대하여(마 13:14; 벧후 1:20, 21), 신약에 있어서의 예언에 대하여 인용하고 있다(롬 12:6; 고전 12:10, 13:2, 8, 14:6, 22; 살전 5:20; 딤전 1:18, 4:14; 계 1:3, 11:6, 19:10, 22:7, 10, 18, 19).

4) '프로 페-테우오-[動] προφητεύω(propheteuo)'-칠십인 역이 히브리어 '나-바 נָבָא(naba'), niph, hithp.'의 역어로 쓴 동사인데, '예언한다'(to prophecy)로 번역하고 있다. 구약의 선지자가 메시아에 대해 예언한 것에 대해(마 11:13; 벧전 1:10), 또는 선지자의 일반적인 예언에 대해(마 15:7; 막 7:6) 인용되어 있다. 신약에도 장래의 일을 예언하는 일에 인용되어 있는데(계 10:11, 11:3), 대개의 경우는 성령의 감동을 받아 하나님의 뜻, 구원에 관한 하나님의 경륜을 사람들에게 말하는 일에 대해 쓰여 있다(행 2:17, 18, 19:6; 고전 11:4, 13:9, 14:1-5, 24, 31, 39).[5)]

---

5) 기독교성서대백과(디럭스바이블. 슈퍼바이블)

지키는 자들이 복이 있나니 = 복(福)을 누리는 자들?

- **1장 3절**

때가 가까움이라 = 시간을 나타내는 일반적인 용어인 '크로노스'(χρόνοi, Chronos or Chronicus)가 아니라 "일정한 때"를 나타내는 '카이로스'(καιρόi, Kairos)이다.

이 "일정한 때"(고정된 시기)는 다니엘 9장 24~27절에 묘사되어 있다. 미래의 어느 날 '유대인'들 가운데 혹자는 '다니엘'과 '요한계시록'을 비교함으로써 "정해진 시기"가 바로 그들의 문 앞에 당도해 있음을 깨달을 수 있다. 이와 더불어 하나님께서는 "속히 될 일을 그 종들에게" 보이고 싶어 하셨다(계 1:1; 벧후 3:9; 롬 16:20 등 참조).

(참고)

"때가 가까움이라"(계 22:10) = καιρὸς 명주남단 때가 the time
2540 καιρός kairos 불확실한 유사어에서 유래; '기회', 즉 '정해진', 또는 '적당한 때', 항상, (평안한, 적당한)시기, (적당한, 짧은)때, 동안.

시간(때)을 헬라어에서는 아이온[αἰών (Aeon)], 카이로스[καιρόi (Kairos)], 크로노스[χρόνοi (Chronos or Chronicus)], 호라[ὥρα hora)] 등으로 표현한다.
αἰών = 165(aion, 아이온). 영원(eternity), 끝이 없는 시간[세대(generation)], 시대(an age), 생명[수명(life-span)], 신기원(epoch), 오랜 시간(long time), 영원(eternity) = 시간의 영원성을 증거할 때 사용한다. = 마 6:13; 막 3:29; 눅 18:30; 롬 9:5; 갈 1:5; 엡 3:21; 딤전 1:17; 골 1:26.

καιρόi = 2540(kairos, 카이로스). 시간[때(time)], 계절(season), 시점(a point of time), 기회(chance / opportunity), 순간(moment). 정해진 때, 특정한 시기, 예정된 시간, 어떤 시점, 기회 = 하나님의 시간(때), 하나님 안에서 이뤄지는 창조적인 시간 = 히브리인들의 시간개념을 나타낼 때 쓰는 말로, 어떤 목적이나 결과 등 성취적 시간 등, 창조주 하나님과의 관계 속에서의 시간으로 수직적(vertical)인 의미를 지닌다. = 마 8:29; 막 1:15; 눅 13:1; 행 13:11; 롬 11:5; 골 4:5; 딤전 6:15; 딤후 4:6; 고후 6:2; 갈 4:10; 엡 6:18; 요 5:4; 갈 6:10; 히 11:15; 살전 2:17; 계 1:3, 22:10.

χρόνοi = 5550(chronos, 크로노스) 시간(time), 시대[연대 (an era), 기간(period of time), 시기, 때, 기한 = 피조물의 시간, 인간의 주관적인 시간(과거, 현재, 미래 등)을 역사적, 자연적 시간 = 그리스인들의 시간개념을 나타내는 사용되는 것으로, 하나님과 전혀 관계 없는 자신(피조물)만을 위하는 시간을 뜻하고 = 해가 뜨고 지는 시간. 지구의 공전과 자전을 통해 결정되는 시간. 피조물의 생존을 위한 24시간, 365일 등의 시간 = 마 2:7; 행 1:7; 갈 4:4; 유 1:18; 막 2:19; 눅 1:57; 히 11;32; 롬 16:25; 벧전 1:20; 계 2:21.

ὥρα = 5610(hora, 호라), 시간, 때[한 시간 (hour, time)], 시점(Point of time) = 관습적으로 정해진 시간을 의미하는 것으로, 시간의 특정한 구분 특히 '한 시간' an hour을 나타낸다. 그러나 호라(헬5610)는 년, 일, 및 순간을(p.2-537*) 뜻하거나 계절 혹은 청춘과 같은(인간의) 생의 단계를 나타낼 수도 있다(Mimnermos in Griechische Lyrik, RK 140-142, 84 참조). = 마 8:13, 15:28, 24:42; 막 6:35, 14:37; 요 2:4, 4:52, 5:35; 고전 4:11; 고후 7:8; 갈 2:5; 몬 1:15; 요일 2:18; 계 14:7.

신약성경에는 종말론과 연관된 미래의 카이로스(καιρός)가 두드러지게 나타나 있는 반면에, 신약성경의 중심적인 카이로스(καιρός)는 성육신하신 그리스도의 생애와 죽으심, 부활과 연관한다. 이 그리스도의 생애와 죽으심과 부활은 하나님 나라를 위해서는 결정적으로 중요한 것이다.

'주의 날', '시간', '지금(이제)', 오늘 등과 같은 용어들은 영원한 질서, 구속사, 모든 평범한 사건들이 충돌될 때에는 언제나 신약성경 문맥에 있어서 극적인 중요성을 지니게 되며, 상호 연관된 구속사의 줄거리가 형성된다. 그러나 동시에 모든 세속적인 시간의 운동들은 하나님의 궁극적인 목적들의 성취를 위해서(때로는, 뜻밖에) 하나님의 시간들 속에 비밀히 내포되어 있다.

"카이로스(καιρός)"가 영원한 것들을 특정한 순간에 드러내듯이,
"아이온(αἰών)"은 자신의 목적에 따라 모든 시간을 주관하시는 주님을 계시해 준다.
"카이로스(καιρός)"는 결정적인 전환점들을 가리키는 것으로서 보다 더 긴 "아이온(αἰών)" 속에 내포된다.
성경은 역사를 '약속의 세대', '성취의 세대', '다가올 세대'라는 관점에서 구분한다.

〈도움 말씀〉

하나님 말씀에 순종하라(3. 1-3) = 예언의 말씀을 지키라

- 서론

계 22:6-9 = 지키는 자(6)

(6)또 그가 내게 말하기를 이 말은 신실하고 참된지라 주 곧 선지자들의 영의 하나님이 그의 종들에게 결코 속히 될 일을 보이시려고 그의 천사를 보내셨도다
(7)보라 내가 속히 오리니 이 책의 예언의 말씀을 지키는 자가 복이 있으리라 하더라
(8)이것들을 보고 들은 자는 나 요한이니 내가 듣고 볼 때에 이 일을 내게 보이던 천사의 발 앞에 경배하려고 엎드렸더니
(9)저가 내게 말하기를 나는 너와 네 형제 선지자들과 또 이 책의 말을 지키는 자들과 함께 된 종이니 그리

하지 말고 오직 하나님께 경배하라 하더라

계 2:20 = 이것들을 증거하신 이가 가라사대 내가 진실로 속히 오리라 하시거늘 아멘 주 예수여 오시옵소서

전 12:13-14 = 지킬지어다(13)

(13)일의 결국을 다 들었으니 하나님을 경외하고 그 명령을 지킬지어다 이것이 사람의 본분이니라 (14)하나님은 모든 행위와 모든 은밀한 일을 선악간에 심판하시리라

딤후 3:12-17 = 거하라(14)

(12)무릇 그리스도 예수 안에서 경건(敬虔)하게 살고자 하는 자(者)는 핍박(逼迫)을 받으리라 (13)악(惡)한 사람들과 속이는 자(者)들은 더욱 악(惡)하여져서 속이기도 하고 속기도 하나니 (14)그러나 너는 배우고 확신(確信)한 일에 거(居)하라 네가 뉘게서 배운 것을 알며 (15)또 네가 어려서부터 성경(聖經)을 알았나니 성경(聖經)은 능(能)히 너로 하여금 그리스도 예수 안에 있는 믿음으로 말미암아 구원(救援)에 이르는 지혜(智慧)가 있게 하느니라 (16)모든 성경(聖經)은 하나님의 감동(感動)으로 된 것으로 교훈(教訓)과 책망(責望)과 바르게 함과 의(義)로 교육(教育)하기에 유익(有益)하니 (17)이는 하나님의 사람으로 온전(穩全)케 하며 모든 선(善)한 일을 행(行)하기에 온전(穩全)케 하려 함이니라

렘 5:1-31 = 구하는(1)

(1)너희는 예루살렘 거리로 빨리 왕래(往來)하며 그 넓은 거리에서 찾아보고 알라 너희가 만일(萬一) 공의를 행(行)하며 진리(眞理)를 구(求)하는 자(者)를 한 사람이라도 찾으면 내가 이 성(城)을 사하리라…
(26)내 백성(百姓) 너희 중(中)에 악인(惡人)이 있어서 새 사냥군(軍)의

매복(埋伏)함같이 지키며 덫을 놓아 사람을 잡으며 (27)조롱(嘲弄)에 새들이 가득함같이 너희 집들에 속임이 가득하도다 그러므로 너희가 창대(昌大)하고 거부(巨富)가 되어 (28)살지고 윤택(潤澤)하며 또 행위(行爲)가 심(甚)히 악(惡)하여 자기(自己) 이익(利益)을 얻으려고 송사(訟事) 곧 고아(孤兒)의 송사(訟事)를 공정히 하지 아니하며 빈민의 송사(訟事)를 공평(公平)히 판결(判決)치 아니하니 (29)내가 이 일들을 인(因)하여 벌(罰)하지 아니하겠으며 내 마음이 이같은 나라에 보수(報讐)하지 않겠느냐 여호와의 말이니라 (30)이 땅에 기괴(奇怪)하고 놀라운 일이 있도다 (31)선지자(先知者)들은 거짓을 예언(豫言)하며 제사장(祭司長)들은 자기(自己) 권력(權力)으로 다스리며 내 백성(百姓)은 그것을 좋게 여기니 그 결국(結局)에는 너희가 어찌 하려느냐

1. 하나님의 말씀을 증거하라(2. 1–2) = 하나님의 계시를 증거하라

마 25:1–13 = 깨어 있으라(13)

(13)그런즉 깨어 있으라 너희는 그날과 그 시를 알지 못하느니라

계 1:11 = 가로되 너 보는 것을 책에 써서 에베소, 서머나, 버가모, 두아디라, 사데, 빌라델비아, 라오디게아 일곱 교회에 보내라 하시기로

계 1:19 = 그러므로 네 본 것과 이제 있는 일과 장차 될 일을 기록하라

계 22:6–14 = 지키는 자(7)

(6)또 그가 내게 말하기를 이 말은 신실하고 참된지라 주 곧 선지자들의 영의 하나님이 그의 종들에게 결코 속히 될 일을 보이시려고 그의 천사를 보내셨도다 (7)보라 내가 속(速)히 오리니 이 책(冊)의 예언(豫言)의 말씀을 지키는 자(者)가 복(福)이 있으리라 하더라 (8)이것

들을 보고 들은 자(者)는 나 요한이니 내가 듣고 볼 때에 이 일을 내게 보이던 천사(天使)의 발앞에 경배(敬拜)하려고 엎드렸더니 (9)저가 내게 말하기를 나는 너와 네 형제(兄弟) 선지자(先知者)들과 또 이 책(冊)의 말을 지키는 자(者)들과 함께된 종이니 그리하지 말고 오직 하나님께 경배(敬拜)하라 하더라 (10)또 내게 말하되 이 책의 예언의 말씀을 인봉하지 말라 때가 가까우니라 (11)불의를 하는 자는 그대로 불의를 하고 더러운 자는 그대로 더럽고 의로운 자는 그대로 의를 행하고 거룩한 자는 그대로 거룩되게 하라 (12)보라 내가 속히 오리니 내가 줄 상이 내게 있어 각 사람에게 그의 일한 대로 갚아 주리라 (12)보라 내가 속(速)히 오리니 내가 줄 상(賞)이 내게 있어 각(各) 사람에게 그의 일한대로 갚아 주리라 (13)나는 알파와 오메가요 처음과 나중이요 시작과 끝이라 (14)그 두루마기를 빠는 자(者)들은 복(福)이 있으니 이는 저희가 생명(生命) 나무에 나아가며 문(門)들을 통하여 성(城)에 들어갈 권세(權勢)를 얻으려 함이로다

2. 예언의 말씀을 지키라는 것(3) = 하나님의 명령에 순종하는 복을 누리라는 것

신 6:1-9 = 들으라(4)

(1)이는 곧 너희 하나님 여호와께서 너희에게 가르치라 명하신 바 명령과 규례와 법도라 너희가 건너가서 얻을 땅에서 행할 것이니 (2)곧 너와 네 아들과 네 손자로 평생에 네 하나님 여호와를 경외하며 내가 너희에게 명한 그 모든 규례와 명령을 지키게 하기 위한 것이며 또 네 날을 장구케 하기 위한 것이라 (3)이스라엘아 듣고 삼가 그것을 행하라 그리하면 네가 복을 얻고 네 열조의 하나님 여호와께서 네게 허락하심같이 젖과 꿀이 흐르는 땅에서 너의 수효가 심히 번성하리라 (4)이스라엘아 들으라 우리 하나님 여호와는 오직 하나인 여호와시니 (5)너는 마음을 다하고 성품을 다하고 힘을 다하여 네 하나

님 여호와를 사랑하라 (6)오늘날 내가 네게 명하는 이 말씀을 너는 마음에 새기고 (7)네 자녀에게 부지런히 가르치며 집에 앉았을 때에든지 길에 행할 때에든지 누웠을 때에든지 일어날 때에든지 이 말씀을 강론할 것이며 (8)너는 또 그것을 네 손목에 매어 기호를 삼으며 네 미간에 붙여 표를 삼고 (9)또 네 집 문설주와 바깥 문에 기록할지니라(신 11:26-32, 28:1-14 참조)

계 22:7 = 보라 내가 속히 오리니 이 책의 예언의 말씀을 지키는 자가 복이 있으리라 하더라(22:12, 12:17-18 참조)

눅 11:27-28 = 지키는(28)

(27)이 말씀하실 때에 무리 중에서 한 여자가 음성을 높여 가로되 당신을 밴 태와 당신을 먹인 젖이 복이 있도소이다 하니 (28)예수께서 가라사대 오히려 하나님의 말씀을 듣고 지키는 자가 복이 있느니라 하시니라

요 8:48-59 = 지키면(51)

(51)진실로 진실로 너희에게 이르노니 사람이 내 말을 지키면 죽음을 영원히 보지 아니하리라

요일 2:1-6 = 행할지니라(6)

(1)나의 자녀들아 내가 이것을 너희에게 씀은 너희로 죄를 범치 않게 하려 함이라 만일 누가 죄를 범하면 아버지 앞에서 우리에게 대언자가 있으니 곧 의로우신 예수 그리스도시라 (2)저는 우리 죄를 위한 화목제물이니 우리만 위할 뿐 아니요 온 세상의 죄를 위하심이라 (3)우리가 그의 계명을 지키면 이로써 우리가 저를 아는 줄로 알 것이요 (4)저를 아노라 하고 그의 계명을 지키지 아니하는 자는 거짓말

하는 자요 진리가 그 속에 있지 아니하되 (5)누구든지 그의 말씀을
지키는 자는 하나님의 사랑이 참으로 그 속에서 온전케 되었나니 이
로써 우리가 저 안에 있는 줄을 아노라 (6)저 안에 거한다 하는 자는
그의 행하시는 대로 자기도 행할지니라

롬 13:8-14 = 입자(12)

(8)피차 사랑의 빚 외에는 아무에게든지 아무 빚도 지지 말라 남
을 사랑하는 자는 율법을 다 이루었느니라 (9)간음하지 말라, 살인하
지 말라, 도적질하지 말라, 탐내지 말라 한 것과 그 외에 다른 계명
이 있을지라도 네 이웃을 네 자신과 같이 사랑하라 하신 그 말씀 가
운데 다 들었느니라 (10)사랑은 이웃에게 악을 행치 아니하나니 그러
므로 사랑은 율법의 완성이니라 (11)또한 너희가 이 시기를 알거니와
자다가 깰 때가 벌써 되었으니 이는 이제 우리의 구원이 처음 믿을
때보다 가까왔음이니라 (12)밤이 깊고 낮이 가까왔으니 그러므로 우
리가 어두움의 일을 벗고 빛의 갑옷을 입자 (13)낮에와 같이 단정히
행하고 방탕과 술 취하지 말며 음란과 호색하지 밀며 쟁투와 시기하
지 말고 (14)오직 주 예수 그리스도로 옷 입고 정욕을 위하여 육신의
일을 도모하지 말라

요 15:9-12 = 사랑하라(12)

(9)아버지께서 나를 사랑하신 것같이 나도 너희를 사랑하였으니
나의 사랑 안에 거하라 (10)내가 아버지의 계명을 지켜 그의 사랑 안
에 거하는 것같이 너희도 내 계명을 지키면 내 사랑 안에 거하리라
(11)내가 이것을 너희에게 이름은 내 기쁨이 너희 안에 있어 너희 기
쁨을 충만하게 하려 함이니라 (12)내 계명은 곧 내가 너희를 사랑한
것같이 너희도 서로 사랑하라 하는 이것이니라

• **결론**

계 20:15 = 누구든지 생명책에 기록되지 못한 자는 불 못에 던지우더라

딤후 4:1-8 = 전파하라(2)

(1)하나님 앞과 산 자와 죽은 자를 심판하실 그리스도 예수 앞에서 그의 나타나실 것과 그의 나라를 두고 엄히 명하노니 (2)너는 말씀을 전파하라 때를 얻든지 못 얻든지 항상 힘쓰라 범사에 오래 참음과 가르침으로 경책하며 경계하며 권하라 (3)때가 이르리니 사람이 바른 교훈을 받지 아니하며 귀가 가려워서 자기의 사욕을 좇을 스승을 많이 두고 (4)또 그 귀를 진리에서 돌이켜 허탄한 이야기를 좇으리라 (5)그러나 너는 모든 일에 근신하여 고난을 받으며 전도인의 일을 하며 네 직무를 다하라 (6)관제와 같이 벌써 내가 부음이 되고 나의 떠날 기약이 가까왔도다 (7)내가 선한 싸움을 싸우고 나의 달려갈 길을 마치고 믿음을 지켰으니 (8)이제 후로는 나를 위하여 의의 면류관이 예비되었으므로 주 곧 의로우신 재판장이 그 날에 내게 주실 것이니 내게만 아니라 주의 나타나심을 사모하는 모든 자에게니라

시 128:1-6 = 행하는(1)

(1)여호와를 경외하며 그 도에 행하는 자마다 복이 있도다 (2)네가 네 손이 수고한 대로 먹을 것이라 네가 복되고 형통하리로다 (3)네 집 내실에 있는 네 아내는 결실한 포도나무 같으며 네 상에 둘린 자식은 어린 감람나무 같으리로다 (4)여호와를 경외하는 자는 이같이 복을 얻으리로다 (5)여호와께서 시온에서 네게 복을 주실지어다 너는 평생에 예루살렘의 복을 보며 (6)네 자식의 자식을 볼지어다 이스라엘에게 평강이 있을지로다

왕하 22:11 = 찢으니라

왕(王)이 율법책(律法冊)의 말을 듣자 곧 그 옷을 찢으니라

요 5:24 = 내가 진실(眞實)로 진실(眞實)로 너희에게 이르노니 내 말을 듣고 또 나 보내신 이를 믿는 자(者)는 영생(永生)을 얻었고 심판(審判)에 이르지 아니하나니 사망(死亡)에서 생명(生命)으로 옮겼느니라

계 21:5-8 = 이기는 자(7)

(5)보좌에 앉으신 이가 가라사대 보라 내가 만물을 새롭게 하노라 하시고 또 가라사대 이 말은 신실하고 참되니 기록하라 하시고 (6)또 내게 말씀하시되 이루었도다 나는 알파와 오메가요 처음과 나중이라 내가 생명수 샘물로 목마른 자에게 값없이 주리니 (7)이기는 자는 이것들을 유업으로 얻으리라 나는 저의 하나님이 되고 그는 내 아들이 되리라 (8)그러나 두려워하는 자들과 믿지 아니하는 자들과 흉악한 자들과 살인자들과 행음 자들과 술객들과 우상 숭배자들과 모든 거짓말하는 자들은 불과 유황으로 타는 못에 참예하리니 이것이 둘째 사망이라

계 22:10-12 = 일한 대로(12)

(10)또 내게 말하되 이 책의 예언의 말씀을 인봉하지 말라 때가 가까우니라 (11)불의를 하는 자는 그대로 불의를 하고 더러운 자는 그대로 더럽고 의로운 자는 그대로 의를 행하고 거룩한 자는 그대로 거룩되게 하라 (12)보라 내가 속히 오리니 내가 줄 상이 내게 있어 각 사람에게 그의 일한 대로 갚아 주리라

마 25:31-46 = 상속하라(34)

(34)그때에 임금이 그 오른편에 있는 자들에게 이르시되 내 아버

지께 복받을 자들이여 나아와 창세로부터 너희를 위하여 예비된 나라를 상속하라

마 5:1-16 = 비취게 하여(16)

(15)사람이 등불을 켜서 말 아래 두지 아니하고 등경 위에 두나니 이러므로 집 안 모든 사람에게 비취느니라 (16)이같이 너희 빛을 사람 앞에 비취게 하여 저희로 너희 착한 행실을 보고 하늘에 계신 너희 아버지께 영광을 돌리게 하라

벧후 3:10-13 = 사모하라(12)

(10)그러나 주의 날이 도적같이 오리니 그날에는 하늘이 큰 소리로 떠나가고 체질이 뜨거운 불에 풀어지고 땅과 그 중에 있는 모든 일이 드러나리로다 (11)이 모든 것이 이렇게 풀어지리니 너희가 어떠한 사람이 되어야 마땅하뇨 거룩한 행실과 경건함으로 (12)하나님의 날이 임하기를 바라보고 간절히 사모하라 그날에 하늘이 불에 타서 풀어지고 체질이 뜨거운 불에 녹아지려니와 (13)우리는 그의 약속대로 의의 거하는 바 새 하늘과 새 땅을 바라보도다

❅ 4-8절. 구원의 복(은혜)을 누려라 = 섬김의 복(은혜)을 누려라

삼위일체 하나님의 구원 완성을 선포한다.

전에도 계시고(이미): 예수 그리스도의 과거 역사, 그의 피로 우리를 죄에서 자유케 하셨다[구속. (깨끗이, 말끔히 씻어 주셨다)].

이제도 계시고(지금): 충성된 증인으로 죽은 자 가운데서 먼저 나시고(부활), 우리를 변함없이 계속 사랑하고 계신다[현현(顯現). 은혜와 평강].

장차 오실 이(아직): '심판 주'로 영광을 드러내신다(거두신다. 받으신다).

• **4절. 일곱 교회 = 1:11~20 등 참조**

〈여러 견해〉

김상훈 = 소아시아 지역교회인 동시에 신약시대의 많은 교회를 대표하며, 동시에 이후의 모든 교회, 즉 미래 교회들을 대표한다.[6)]

박영식 = 시간과 공간을 초월하는 하나님 교회의 영원한 특성을 강조한다. 교회는 그리스도께서 현존하시는 지상의 전례 모임일 뿐 아니라(2:1, 일곱 황금 등잔대), 천상의 모임이기도 하다(1:20, 일곱 교회의 천사들)[7)]

박윤선 = 신약시대의 모든 교회를 대표한다.[8)]

송영목 = 역사상의 전체 교회를 상징.[9)]

신성종 = 대표적인 교회로 보며, 일곱이란 수에 큰 의미를 둠[10)]

이병규 = 신약시대의 모든 교회를 대표한다.[11)]

이상근 = 모든 시대의 모든 교회의 대표로 보여진다.[12)]

조용기 = 일곱 가지 유형의 교회. 2천년 교회사를 일곱 등분하여 주신 예언의 말씀.[13)]

천정웅 = 신약시대(초림부터 재림까지) 모든 교회를 뜻하고 있다.[14)]

랑코 스테파노비치 = 소아시아에 실제로 있었던 교회들이다.

'무라토리 정경'(2세기)은 요한계시록에 관하여 이렇게 말한다. "요한은 또한 요한계시록에서 일곱 교회에게 편지하는 것이 사실이지만 실상은 모두에게 말하고 있는 것이다." 요한이 "귀 있는 자는 성

---

6) 김상훈, 요한계시록 7:1-22:21, 감은사, 2022, p. 203
7) 박영식, 오늘 읽는 요한묵시록, 바오로딸, 2012, p. 45
8) 박윤선, 신약주석 요한계시록, 영음사, 1985, p. 45
9) 송영목, 신약주석, 쿰란출판사, 2011, p. 1307
10) 신성종, 요한계시록강해, 도서출판 엠마오, 1989, p. 17
11) 이병규, 요한계시록, 영광출판사, 1992, p. 18
12) 이상, 신약주해 요한계시록, 대한예수교장로회 총회교육부, 신일정판사, 1986, p. 48
13) 조용기, 요한계시록 강해, 영산출판사, 198, p. 37
14) 천정웅, 요한계시록, 말씀의 집, 1990, p. 34

령이 교회들에게 하시는 말씀을 들을지어다"(2:7, 11, 17, 29, 3:6, 13, 22, 13:9)라는 말을 반복하는 것을 상기할 때, 이 주장은 옳다고 생각된다.[15)]

어거스틴 = 교회의 완전성[16)]

제임스 칼라스 = 7은 충만함과 총체(totality)의 표이다. 그 수는 그 지방에 있는 모든 교회를 나타내고 있다.[17)]

피터 럭크만 = 일곱이라는 숫자에 의미를 두었다.[18)]

팀 라하이 = 오순절 이후로 63개에 이르는 수많은 교회 중에서 일곱 교회만을 택한 것은 교회사를 근본적으로 일곱 부분으로 나눈다는 의미가 아닐까 생각된다.[19)]

헨드릭슨 = 현 세대 전체를 포괄하는 모든 교회를 나타낸다.[20)]

이광복 = 교회의 일곱 가지 특징으로 본다.[21)]

이광복 목사의 《요한계시록》 책에 소개된 견해들[22)]

1) 김재준 = 전 세계 교회 시대

2) 김응조 = 각 시대의 교회를 예표

3) 석원태 = 전 세기 전 교회

4) 박수암 = 전 세계 교회

5) 데이크 = 전체 모든 교회

6) 존슨 = 모든 시대의 교회

7) 비더울프 = 교회사의 시대를 구분

---

15) Ranko Stefanovic, 하홍팔, 도현석 공동번역, 예수 그리스도의 계시, 미주시조사, 2011, p. 85

16) 풀핏주석, 최창수 역, 요한계시록, 보문출판사, 1983, p. 54

17) James Kallas, 박창환 옮김, 요한계시록, 컨콜디아사, 2002, p. 79

18) Peter S. Ruckman, 김형덕 옮김, 말씀보존학회, 1993, p. 25

19) Tim Lahaye, 김의자 옮김, 요한계시록해설, 보이스사, 1980, p. 41

20) 윌렴 헨드릭슨, 김영익, 문영탁 옮김, 요한계시록 주석, 아가페출판사, 1988, p. 58

21) 이광복, 요한계시록 설교노트, 도서출판 흰돌, 1997, p. 32

22) 위의 책, pp. 31-32

8) 렌스키 = 여러 교회의 상징적 형태
9) 왈부르드 = 교회 역사의 연대기
10) 래드 = 전체 교회를 대표함
11) 기타 견해 = 교회사의 일곱 시대를 예표한다. 각 교회가 일곱 중의 하나에 속한다. ■전 세계 교회 시대의 말씀으로 본다.

저자 견해 = 예수님의 초림 시 형성된 이후부터 예수님의 재림 때까지, 세계에 분포되어 있는 일곱(7) 현상(現狀)의 모든 교회들[성도(聖徒) = 신자들]

일곱 영?

〈여러 견해〉(1:4. 3:1. 4:5. 5:6)

김상훈 = 성령을 가리킨다(참고, wilson, 2019b: 84-89) 일곱이라는 복수로 표현된 이유는 성령께서 일곱 교회 모두에 보냄을 받았다는 점을 강조하려는 것이다.[23]

김여진 = 성령의 완전하심과 사역의 신속한 성취를 강조한 표현이다(사 11:2 참조). 또 한 영이 아닌 일곱 영이라 함은 그 사역과 능력과 은사의 다양성을 나타내기 위해서다.[24]

박윤선 = 성령을 가리킨다. '일곱' 수로 말한 이유는, 스가랴 예언서에 벌써 성령님을 여호와의 일곱 눈으로 비유했기 때문이다(슥 3:9) = 계 5:6 참조[25]

송영목 = 성령 하나님은 하늘 보좌 앞에서 계시는 '일곱 영'(the Seven Spirits: 온 세상에 복음을 전파하시는 분)[26]

---

23) 김상훈, 요한계시록 7:1-22:21, 감은사, 2022, p. 229
24) 김여진, 주의 사랑의 계시라, 쿰란출판사, 2016, p. 103
25) 박윤선, 성경주석 요한계시록, 영음사, 1985, p. 48
26) 송영목, 신약주석, 쿰란출판사, 2011, p. 1305

신성종 = 성령의 완전성을 뜻하는 것으로 이사야 1:2에는 성령의 성격을 7가지로 묘사하고 있다.[27)]

이상근 = 성령을 가리킨다. 성령을 일곱 신이라 부른 것은 그의 완전성을 표시한 것으로 본다.[28)]

이광복 = 성령 하나님[29)]

천정웅 = 성령의 네 가지 표현

1) 7영(Seven Spirits): 7은 하나님의 완전 수이므로 성령의 완전성을 의미한다.
2) 7등불(Seven Lamps): 완전한 빛의 사명을 뜻하고 보좌 앞에는 어두움이 조금도 있을 수 없다.
3) 7뿔(Seven Horns): 완전한 권세를 의미하고 하나님의 보좌는 완전한 권세와 주권을 가지고 있다.
4) 7눈(Seven Eyes): 완전한 지체를 뜻한다. 하나님의 보좌 앞에는 숨길 수 없고 모든 것을 다 통찰하시며 꿰뚫어 보신다.
5) 7영의 다른 성경적 의미는 다음과 같다.
   ① 지혜의 영(Spirits of Wisdom): 사 11:2
   ② 살리는 영(Quickeing Spirits): 요 6:63
   ③ 진리의 영(Spirits of Truth): 요 16:13
   ④ 성결의 영(Spirits of Holiness): 롬 1:4
   ⑤ 양자의 영(Spirits of Adoption): 롬 8:15
   ⑥ 영원한 영(Eternal Spirits): 히 9:14
   ⑦ 은혜의 영(Spirits of Grace): 히 10:29

※ 7영은 하나님의 영이고 그리스도의 영이며 또한 성령이다.[30)]

---

27) 신성종, 요한계시록강해, 엠마오, 1989, p. 18
28) 이상근, 요한계시록 주해, 대한예수교장로회 총회교육부, 신일정판사, 1986, p. 48
29) 이광복, 요한계시록 설교노트, 도서출판 흰돌, 1997, p. 21
30) 천정웅, 요한계시록, 말씀의 집, 1990, pp. 35-36

윌리엄 헨드릭슨 = 일곱 영이라는 표현은 세상과 교회에 영향을 끼치고 역사하시는 충만한 성령을 말한다.[31)]

팀 라하이 = 이사야 11장 2절에 나타난 성령의 일곱 가지 역사를 가리킨다.[32)]

윌리엄 E. 비더울프 = 이 영은 완전한 충만함 속에 있고 다양한 사역을 하는 성령을 뜻한다(사 11:2)[33)]

풀핏성경주석 = 이것은 성령인데 그의 사역의 칠중성을 말한다.(5-6장)[34)]

박영식 = '일곱 영'은 하느님의 영이다(3:1, 4:5, 5:6) 일곱 영이 하느님과 예수 그리스도와 함께 서술된 것은 하느님과 그리스도를 일치시키는 영이라는 암시다. 영이 하느님과 그리스도와 함께 은총과 평화의 원천이라고 보는 것이 적절하다.[35)]

랑코 스테파노비치 = (어구해설) 요한계시록 22장 6절에도 성령은 복수(複數)로 사용되었다. "하나님의 보좌 앞에 일곱 영"은 3장 1절의 "하나님의 일곱 영"이다. 이 곳 외에 "하나님의 일곱 영"은 보좌 앞에서 타고 있는 "일곱 등불"(4:5). "온 땅에 보내심을 입은 하나님의 일곱 영"(5:6) 등으로 묘사되어 있다. 이 비유적 표현에 대한 구약의 배경은 먼저 이사야 11장 2절의 70인역에서 발견된다. 이는 하나님의 신실한 백성을 위한 성령의 활동의 충만과 보편성을 뜻하는 것 같다.[36)] = (주해) 이곳에서 말하는 일곱 영에 관한 개념은 하나님께

---

31) 윌리엄 헨드릭슨, 김영익, 문영탁 옮김, 요한계시록 주석, 아가페출판사, 1988, p. 59
32) Tim Lahaye, 김의자 역, 요한계시록 해설, 보이스사, 1980, p. 31
33) William E. Biederwolf 김재순 책임번역, 종말론 주해주석, 가브리엘 출판사, 1986, p. 321
34) 풀핏성경주석, 최창수 역, 요한계시록(상), 보문출판사, 1983, p. 55
35) 박영식 저, 오늘 읽는 요한묵시록, 바오로딸, 2012, p. 46.
36) Ranko Stefanovic, 하홍팔, 도현석 역, 예수 그리스도의 계시, 미주시조사, 2011, p. 84

서 일곱 교회에게 나누어 주신 성령을 의미하는 것으로 볼 수 있다(Barclay. The Revelation of John, 1:4 인용).[37]

'피터 럭크만' = 이사야 11:1-2에 언급되어 있다.[38]

간혹 일곱 영을 일곱 천사들 또는 일곱 천사장으로 말하는 이들도 있다.

그러나 요한계시록 5장 6절은 "어린 양의 일곱 눈", "땅에 보내심을 입은 하나님의 일곱 영"이라 한다.

- **6절. 우리를 나라와 제사장으로 삼으신 = '예수 그리스도'의 현재적 역사로 구원의 목적을 이루시기 위하여, 거룩하게 하신다.**

- **7절. 구름을 타고 오시리라 = '예수 그리스도'의 미래 역사로 재림의 상황과 일어날 일에 대한 예고이다(단 7:13–14; 마 24:30; 행 1:9 등 참조).**

1) 구름 타고 오시리라(마 24:30; 행 1:9-11; 단 7:13 등 참조)
2) 각인의 눈이 그를 보겠고(마 24:30 등 참조)
3) 그를 찌른 자들도 볼 터이요(요 19:37; 슥 12:10 등 참조)
4) 땅에 있는 모든 족속이 그를 인하여 애곡하리니(마 24:30; 슥 12:10; 계 6:12-17 등 참조)

- **8절. 주 예수님이 가라사대 = 주 예수 그리스도의 신격과 사역으로 심판주로 오시는 주님을 증거한다.**

주 예수 그리스도의 신격과 사역.

---

37) Barclay, The Revelation of John, 1976, p. 86
38) Perter S. Ruckman, 김형덕 옮김, 요한계시록 주석, 말씀보존학회, 1993, p. 26

1) 그분의 과거 역사 = 구속. “우리를 사랑하사(아직도 계속 사랑하고 계신다) 그의 피로 우리 죄에서 우리를 해방하시고(깨끗히, 말끔히 우리를 씻기시고)”(계 1:5).
2) 그분의 현재 역사 = 거룩하게 함. “그 아버지 하나님을 위하여 우리를 나라와 제사장으로 삼으심”(계 1:6).
3) 그분의 미래 역사 = 영광스럽게 함. “볼지어다 구름을 타고 오시리라 각인의 눈이 그를 보겠고 그를 찌른 자들도 볼 터이요 땅에 있는 모든 구속이 그를 인하여 애곡하리니”(계 1:7; 마 24:30; 행 1:9; 단 7:13-14 등 참조).

〈도움 말씀〉

구원의 복(은혜)을 누려라(6. 4-8) = 섬김의 복(은혜)을 누려라

• 서론

히 1:1-2 = 말씀하셨으니(2)

“(1)옛적에 선지자(先知者)들로 여러 부분과 여러 모양(貌樣)으로 우리 조상(祖上)들에게 말씀하신 하나님이 (2)이 모든 날 마지막에 아들로 우리에게 말씀하셨으니 이 아들을 만유(萬有)의 후사(後嗣)로 세우시고 또 저로 말미암아 모든 세계(世界)를 지으셨느니라”

시 11:1-7 = 피하였거늘(1)

(1)내가 여호와께 피하였거늘 너희가 내 영혼더러 새같이 네 산으로 도망하라 함은 어찜인고 (2)악인이 활을 당기고 살을 시위에 먹임이여 마음이 바른 자를 어두운 데서 쏘려 하는도다 (3)터가 무너지면 의인이 무엇을 할꼬 (4)여호와께서 그 성전에 계시니 여호와의 보좌는 하늘에 있음이여 그 눈이 인생을 통촉하시고 그 안목이 저희를 감찰하시도다 (5)여호와는 의인을 감찰하시고 악인과 강포함을 좋아하

는 자를 마음에 미워하시도다 (6)악인에게 그물을 내려치시리니 불과 유황과 태우는 바람이 저희 잔의 소득이 되리로다 (7)여호와는 의로우사 의로운 일을 좋아하시나니 정직한 자는 그 얼굴을 뵈오리로다

마 22:34-40 = 가라사대(37)

(34)예수께서 사두개인(人)들로 대답(對答)할 수 없게 하셨다 함을 바리새인(人)들이 듣고 모였는데 (35)그 중(中)에 한 율법사(律法士)가 예수를 시험(試驗)하여 묻되 (36)선생(先生)님이여 율법(律法) 중(中)에 어느 계명(誡命)이 크니이까 (37)예수께서 가라사대 네 마음을 다하고 목숨을 다하고 뜻을 다하여 주(主) 너의 하나님을 사랑하라 하셨으니 (38)이것이 크고 첫째 되는 계명(誡命)이요 (39)둘째는 그와 같으니 네 이웃을 네 몸과 같이 사랑하라 하셨으니 (40)이 두 계명(誡命)이 온 율법(律法)과 선지자(先知者)의 강령(綱領)이니라

벧전 4:7-11 = 기도하라(7)

(7)만물(萬物)의 마지막이 가까왔으니 그러므로 너희는 정신(精神)을 차리고 근신(謹愼)하여 기도(祈禱)하라 (8)무엇보다도 열심(熱心)으로 서로 사랑할지니 사랑은 허다(許多)한 죄(罪)를 덮느니라 (9)서로 대접(待接)하기를 원망(怨望) 없이 하고 (10)각각(各各) 은사(恩賜)를 받은 대로 하나님의 각양(各樣) 은혜(恩惠)를 맡은 선(善)한 청지기같이 서로 봉사(奉事)하라 (11)만일(萬一) 누가 말하려면 하나님의 말씀을 하는 것같이 하고 누가 봉사(奉事)하려면 하나님의 공급(供給)하시는 힘으로 하는 것같이 하라 이는 범사(凡事)에 예수 그리스도로 말미암아 하나님이 영광(榮光)을 받으시게 하려 함이니 그에게 영광(榮光)과 권능(權能)이 세세(世世)에 무궁(無窮)토록 있느니라 아멘

1. 섬김의 복을 누리자 함(6. 4-6) = 신분에 어울리는 복을 누리자 함

출 19:1-6 = 고할지니라(6)

(1)이스라엘 자손이 애굽 땅에서 나올 때부터 제 삼 월 곧 그때에 그들이 시내 광야에 이르니라 (2)그들이 르비딤을 떠나 시내 광야에 이르러 그 광야에 장막을 치되 산 앞에 장막을 치니라 (3)모세가 하나님 앞에 올라가니 여호와께서 산에서 그를 불러 가라사대 너는 이같이 야곱 족속에게 이르고 이스라엘 자손에게 고하라 (4)나의 애굽 사람에게 어떻게 행하였음과 내가 어떻게 독수리 날개로 너희를 업어 내게로 인도하였음을 너희가 보았느니라 (5)세계가 다 내게 속하였나니 너희가 내 말을 잘 듣고 내 언약을 지키면 너희는 열국 중에서 내 소유가 되겠고 (6)너희가 내게 대하여 제사장 나라가 되며 거룩한 백성이 되리라 너는 이 말을 이스라엘 자손에게 고할지니라

마 23:1-12 = 낮추는(12)

(12)누구든지 자기를 높이는 자는 낮아지고 누구든지 자기를 낮추는 자는 높아지리라

계 5:6-10 = 삼으셨으니(10)

(6)내가 또 보니 보좌와 네 생물과 장로들 사이에 어린 양이 섰는데 일찍 죽임을 당한 것 같더라 일곱 뿔과 일곱 눈이 있으니 이 눈은 온 땅에 보내심을 입은 하나님의 일곱 영이더라 (7)어린 양이 나아와서 보좌에 앉으신 이의 오른손에서 책을 취하시니라 (8)책을 취하시매 네 생물과 이십사 장로들이 어린 양 앞에 엎드려 각각 거문고와 향이 가득한 금대접을 가졌으니 이 향은 성도의 기도들이라 (9)새 노래를 노래하여 가로되 책을 가지시고 그 인봉을 떼기에 합당하시도다 일찍 죽임을 당하사 각 족속과 방언과 백성과 나라 가운데서 사람들을 피로 사서 하나님께 드리시고 (10)저희로 우리 하나님 앞에서 나라와 제사장을 삼으셨으니 저희가 땅에서 왕 노릇 하리로다 하더라

요 1:12 = 영접하는 자 곧 그 이름을 믿는 자들에게는 하나님의 자녀가 되는 권세를 주셨으니

요일 3:1-24 = 사랑할지니(11)

(10)이러므로 하나님의 자녀(子女)들과 마귀(魔鬼)의 자녀(子女)들이 나타나나니 무릇 의(義)를 행(行)치 아니하는 자(者)나 또는 그 형제(兄弟)를 사랑치 아니하는 자(者)는 하나님께 속(屬)하지 아니하니라 (11) 우리가 서로 사랑할지니 이는 너희가 처음부터 들은 소식(消息)이라 (12)가인같이 하지 말라 저는 악(惡)한 자(者)에게 속(屬)하여 그 아우를 죽였으니 어찐 연고(緣故)로 죽였느뇨 자기(自己)의 행위(行爲)는 악(惡)하고 그 아우의 행위(行爲)는 의(義)로움이니라

벧전 2:9-10 = 선전하게(9)

(9)오직 너희는 택하신 족속이요 왕 같은 제사장들이요 거룩한 나라요 그의 소유 된 백성이니 이는 너희를 어두운 데서 불러내어 그의 기이한 빛에 들어가게 하신 자의 아름다운 덕을 선전하게 하려 하심이라 = 마 5:12-16 참고

롬 11:36 = 돌아감이라

이는 만물이 주에게서 나오고 주로 말미암고 주에게로 돌아감이라 영광이 그에게 세세에 있으리로다 아멘

2. 주 하나님 재림을 갈망하라(8. 7-8) = 주 예수 그리스도 재림을 갈망하라

슥 12:10 = 내가 다윗의 집과 예루살렘 거민에게 은총과 간구하는 심령을 부어 주리니 그들이 그 찌른 바 그를 바라보고 그를 위하여 애통하기를 독자를 위하여 애통하듯 하며 그를 위하여 통곡하기

를 장자를 위하여 통곡하듯 하리로다

계 6:15-17 = 이르되(16)

(15)땅의 임금들과 왕족들과 장군들과 부자들과 강한 자들과 각 종과 자주자가 굴과 산 바위틈에 숨어 (16)산과 바위에게 이르되 우리 위에 떨어져 보좌에 앉으신 이의 낯에서와 어린 양의 진노에서 우리를 가리우라 (17)그들의 진노의 큰 날이 이르렀으니 누가 능히 서리요 하더라

마 26:37-69 = 가라사대(64)

(64)예수께서 가라사대 네가 말하였느니라 그러나 내가 너희에게 이르노니 이 후에 인자가 권능의 우편에 앉은 것과 하늘 구름을 타고 오는 것을 너희가 보리라 하시니

시 12:5-6 = 두리라(5)

(5)여호와의 말씀에 가련한 자의 눌림과 궁핍한 자의 탄식을 인하여 내가 이제 일어나 저를 그 원하는 안전지대에 두리라 하시도다 (6)여호와의 말씀은 순결함이여 흙 도가니에 일곱 번 단련한 은 같도다

계 21:6-7 = 이기는(7)

(6)또 내게 말씀하시되 이루었도다 나는 알파와 오메가요 처음과 나중이라 내가 생명수 샘물로 목마른 자에게 값없이 주리니 (7)이기는 자는 이것들을 유업으로 얻으리라 나는 저의 하나님이 되고 그는 내 아들이 되리라(요 1:12; 고전 1:2 참조)

계 22:10-12 = 거룩되게(11)

(10)또 내게 말하되 이 책의 예언의 말씀을 인봉하지 말라 때가 가

까우니라 (11)불의를 하는 자는 그대로 불의를 하고 더러운 자는 그대로 더럽고 의로운 자는 그대로 의를 행하고 거룩한 자는 그대로 거룩되게 하라 (12)보라 내가 속히 오리니 내가 줄 상이 내게 있어 각 사람에게 그의 일한 대로 갚아 주리라

행 1:6-11 = 되리라(8)

(6)저희가 모였을 때에 예수께 묻자와 가로되 주(主)께서 이스라엘 나라를 회복하심이 이때니이까 하니 (7)가라사대 때와 기한은 아버지께서 자기(自己)의 권한(權限)에 두셨으니 너희의 알 바 아니요 (8)오직 성령(聖靈)이 너희에게 임(臨)하시면 너희가 권능(權能)을 받고 예루살렘과 온 유대와 사마리아와 땅끝까지 이르러 내 증인(證人)이 되리라 하시니라 (9)이 말씀을 마치시고 저희 보는 데서 올리워 가시니 구름이 저를 가리워 보이지 않게 하더라 (10)올라가실 때에 제자(弟子)들이 자세(仔細)히 하늘을 쳐다보고 있는데 흰옷 입은 두 사람이 저희 곁에 서서 (11)가로되 갈릴리 사람들아 어찌하여 서서 하늘을 쳐다보느냐 너희 가운데서 하늘로 올리우신 이 예수는 하늘로 가심을 본 그대로 오시리라 하였느니라

- **결론**

마 24:1-52 = 나눠 줄(45)

(44)이러므로 너희도 예비(豫備)하고 있으라 생각지 않은 때에 인자(人子)가 오리라 (45)충성(忠誠)되고 지혜(智慧) 있는 종이 되어 주인(主人)에게 그 집 사람들을 맡아 때를 따라 양식(糧食)을 나눠 줄 자(者)가 누구뇨 (46)주인(主人)이 올 때에 그 종의 이렇게 하는 것을 보면 그 종이 복(福)이 있으리로다(눅 12: 참조)

눅 12:40 = 있으라

이러므로 너희도 예비하고 있으라 생각지 않은 때에 인자가 오리라 하시니라(마 24:44)

히 13:12-13 = 나아가자(13)

(12)그러므로 예수도 자기 피로써 백성을 거룩케 하려고 성문 밖에서 고난을 받으셨느니라 (13)그런즉 우리는 그 능욕을 지고 영문 밖으로 그에게 나아가자

롬 12:1-2 = 드리라(1)

(1)그러므로 형제들아 내가 하나님의 모든 자비하심으로 너희를 권하노니 너희 몸을 하나님이 기뻐하시는 거룩한 산 제사로 드리라 이는 너희의 드릴 영적 예배니라 (2)너희는 이 세대를 본받지 말고 오직 마음을 새롭게 함으로 변화를 받아 하나님의 선하시고 기뻐하시고 온전하신 뜻이 무엇인지 분별하도록 하라

❆ 9-20절. 재림을 선포하라 = 일곱 교회에 보내라

• 9절. 증거를 인하여 = 예수님에 대한 증언 때문에(바른성경)

밧모(Πάτμος, Patmos)「송진」에베소의 서남쪽 90km, 에게해의 스포라데스 군도(Sporades)에 속하는 작은 섬이다. 남북 16km, 동서 9km, 면적 40km^{2}로서 전라남도의 압해도(40.2km^2)나 고금도(40.1km^2)만 하다. 세 산괴(山塊)가 지협(地峽)으로 이어져 있기 때문에 해안은 길다(60km). 지표는 완전히 화산암으로 되어 있으며, 겨우 밀이나 포도가 재배되고 있을 정도이다. 산은 최고봉 일리아스(ProphitisIlias, 예언자 엘리아)라 할지라도 269m에 불과하다. 그러나 전망은 아름답다. 조기(早期)에는 도리안인, 다음에 이오니아인에 의해 식민이 진행되

었지만, 로마 시대에는 범죄자의 유형지로 사용되고 있었다.

전설에 의하면 요한은 도미티아누스(Domitianus, 81-96 재위) 때에 여기에 유형되었다고 한다. 그는 여기서 계시록을 썼다(계 1:9). 섬의 남쪽은 전부 성요한 수도원에 속해 있다. 그것은 1088년, 비잔틴 황제 알렉시우스 콤메누스(AlexiusCommenus)의 허가에 따라 성 크리스토둘로스(St. Christodulos)가 일리아스 산정의 고대 신전 자리에 세운 것이다. 그 아래쪽에는 '계시의 굴'이 있는데, 요한이 계시를 받았다고 하는 작은 교회당이 있다.[39)]

요한은 왜 그가 이 섬에 있게 되었는가를 설명한다. 그는 대략 기원 후 86-96년 사이에 그곳으로 추방당했다. 아마도 그는 로마 황제 '도미티안'에 의해 그곳에 감금된 것 같다. '도미티안'은 예루살렘을 파괴했던 '티투스'(Titus)의 형제였다. 이처럼 하나님께서는 한 이교도로 하여금 지상 도성을 파괴하도록 허락하셨으나, 그의 형제로 하여금 새로운 천상의 예루살렘을 최초로 기술하도록 허락하셨다.

- **11절. 가로되 너 보는 것을 책에 써서 = 반드시 속히 될 일?**(1:1, 20:6, 12)**, 이제 있는 일, 장차 될 일**(19)

일곱 교회에 보내라(11)
금 촛대 사이에 인자 같은 이(12-13)
발에 끌리는 옷을 입고(13)
가슴에 금띠를 띠고(13)
그의 머리와 털의 희기가 흰 양털 같고 눈 같으며(14)
그의 눈은 불꽃 같고(14)
그의 발은 풀무에 연단한 빛난 주석 같고(15)
그의 음성은 많은 물소리와 같으며(15)

---

39) 기독교성서대백과, 기독지혜사(바이블 디럭스. 슈퍼바이블)

그 오른 손에 일곱 별이 있고(16)
그 입에서 좌우에 날선 검이 나오고(16)
그 얼굴은 해가 힘 있게 비취는 것 같더라(16)
처음이요 나중이니(17)
곧 산 자라(18)
세세토록 살아있어 사망과 음부의 열쇠를 가진 자(19)

• 12–16절. 재림하시는 '예수 그리스도'의 모습

1) 몸 = 일곱 금촛대 사이에 계심 = 교회를 보살핌.
2) 옷 = 발에 끌리는 옷을 입고 계심 = 만왕의 왕 만주의 주(계 19:16; 사 6:1).
3) 가슴 = 금띠를 띠고 = 왕의 권위.
4) 머리와 머리카락 = 흰 양털 같고 눈 같음. = 거룩성, 성결
5) 눈 = 불꽃같고 = 교회를 감찰하심(2:18).
6) 발 = 풀무에 단 주석 같고 = 심판의 권위(2:18).
7) 목소리 = 많은 물소리와 같으며 = 영광과 경배를 받으시는 분(1:6, 4:11, 5:13, 7:12; 시 29:3-9).
8) 오른손 = 일곱별이 있고 = 하나님의 사자들을 주장하심(2:1-)
9) 입 = 좌우에 날선 검이 나옴(히 4:12) = 심판의 무기(2:16).
10) 얼굴 = 해가 힘차게 비취는 것 같음 = 그의 영광(마 17:2).

• 17–18절. 사망과 음부의 열쇠를 가졌노라 = 세세토록 살아계시는 주님의 권세를 말씀한다.

신약성경에는 다섯 개의 열쇠가 언급된다.
천국열쇠(마 16:19)
지식의 열쇠(눅 11:52).
다윗의 보좌에 이르는 열쇠(계 3:7).

무저갱 열쇠(계 9:1, 20:1).

계 1:12-18 = 단 10:5-12
인자 같은 이 = 어떤 사람
발에 끌리는 옷을 입고 = 세마포를 입고
금띠를 띠고 = 정금 띠를 띠었고
그의 눈은 불꽃 같고 = 그의 눈은 횃불 같고
그의 발은 빛난 주석 같고 = 그의 발은 빛난 놋과 같고
그의 음성은 많은 물소리 같으며 = 그 말소리는 무리의 소리와 같고
엎드려져 죽은 자같이 되매 = 힘이 빠졌고, 얼굴을 땅에 대고
오른손을 내게 얹고 = 한 손이 다니엘을 만짐
두려워 말라 = 두려워하지 말라

하나님 나라[현재적(今生)이며, 미래적(來世)이다. 나라가 임하옵시며]?
מַלְכוּת שָׁמַיִם(말라쿠트 샤마임. malkuth shamayim. = 하늘나라, 천국)
[그] ἡ βασιλεια του θεου. 헤 바실레이아 투 데우 = 하나님 나라).
– ατων οὐρανον(아톤 우라논 = 천국) Kingdom of God

구속[救贖. 선택(選擇)]받은 자는 '주 예수 그리스도' 안에서 하나님의 통치를 받는 자로(사 52:7-10 등 참조), 하나님의 자녀 된 권세를 누리는 자이다(요 1:12 등 참조). 하나님의 거룩한 백성 곧 성도로서(요 17:19; 고전 1:2-3, 6:11; 살전 4:7; 벧전 1:15-16; 레 11:45 등 참조) 영화의 복(은혜)를 누린다(요 17:22-23; 롬 8:28-30; 히 2:10-12 등 참조)

하나님 나라 백성?
주 예수 그리스도 안에서 하나님의 주권적 통치를 받고 있는 자.
구속(救贖) 받은 자 = 선택(選擇) 받은 자.

거듭난 자 = 주 예수 그리스도를 믿는 자

성 안에 들어간 자 = 거룩하고도 영원한 하늘나라[낙원(樂園)]에 들어간 자

• **19절. 기록하라 = 계 1장 2절에서 말씀하신 "반드시 속히 될 일"에 대한 기록을 전하라**(계 1:2, 11, 2:1, 8, 12. 18, 3:1, 7, 14) **지키게 하라**(계 1:3, 22:7)

네가 본 것 = 11절 - 16절, 20절 등 요한에게 보여 준 모든 것으로 '예수 그리스도'(계 1:12-18), "반드시 속히 될 일"(계 1:1, 19-20, 22:6, 12 등 참조), 예수 그리스도의 오른 손에 있는 일곱 별과 일곱 금 촛대(계 1:20)

이제 있는 일 = 7년 환란 전의 일곱 교회에 있을 일(2:1-3:22)

장차 될 일 = 4장~22장에 기록들로, 일곱 교회(선택받은 자들)와 사자들(7:3-12, 14:1-5, 11:1-14 참조)과. 7년 환란 때에 있을 일(4:1~20:3) 곧 일곱 인, 일곱 나팔, 일곱 대섭재앙과 7년 환란 후에 있을 일 등(20:4~22:7)과 거룩하고도 영원한 본향에서의 경배 등.

• **20절. 네가 본 것은 = 예수 그리스도의 오른 손에 있는 일곱 별의 비밀과 일곱 금 촛대**

일곱 별 = 일곱 교회의 사자

일곱 금 촛대 = 일곱 교회

비밀(秘密) = 복음과 같이 성취된다(계 10:7; 암 3:7 등 참조)

비밀(秘密): [히] סוד(sod) [그] μυστήριον(musterion) [영] Mystery 일반적 의미로는, 숨기고 공개치 않는 일.

성서에 있어서 하나님의 계시에 의하지 않고서 알려지지 않는 일

로서 하나님의 구원 계획을 가리킨다. 하나님의 구원 계획은 때가 차서 그리스도의 내림(來臨)에 의해 실현되기에 이르렀다. 이 그리스도야말로 하나님의 비밀이신 것이다(골 1:27, 2:2).

비밀이나 비의(秘義)라는 말은, 이교, 특히 그리스 세계의 신비주의 종교의 용어에서 성서에 취해 들여진 말인데, 바울이 가장 많이 쓰고 있다. 신약에서는 일정한 때까지 은닉되어 있던 비밀(롬 16:25; 고전 2:7), 하나님의 계시에 의해 비로소 밝혀진 일이고(엡 3:3-6), 그 내용은 하나님의 구원의 계획으로서의 복음이다. 이 구원은, 하나님의 성업(聖業)의 목적으로서 영원 전부터 정해져 있었는데(엡 3:11), 예수 그리스도에 의해 실현되고, 동시에 명시(明示)되었다. 그러므로 그리스도야말로 하나님의 비밀이시다(골 1:27, 2:2).

그리스어 명사인 [무스테리온 μυστήριον](musterion 비밀, 오의)의 어원은 분명치 않으나, [무에인 muvein(muein 입을 닫다)]의 파생어일 것으로 본다.

종교에 있어서의 비밀(오의 奧義)이란, 다른 종교에는 없고 그 종교에만 있는 독특한 비밀의 교리를 말하는 것으로, 그 비밀(오의)은 그 전수(傳授)를 받는 자(入會가 許諾된 자)에게만 참석하게 하는 의식(儀式, 福拜)에 의해 표시되고, 또 가르쳐졌다.

신약에서는 정(定)해진 때까지(롬 16:25), 혹은 성령에 의해 사람이 그것을 받고, 이해되는 준비가 되기까지(막 4:11) 감추어져 있는 비밀을 의미한다. 그것은 그리스도교의 특징적, 본질적 교리이고, 생활 내에 표현된다(딤전 3:16).

비밀(오의 μυστήριον)이란, 신약성서에 있어서 기이한 표현이기는 하지만, 바울은 '이방세계에 대한 구원의 제공'이 그것임을 시사(示唆)하여, 하나님의 오의란 유대인이나 그리스인을 막론하고 '하나님의 백성에 계시된 그리스도'(골 1:27)이시라고 한다. 즉 신약은 요약하여 십자가에 달리신 그리스도를 '하나님의 오의'라고 하는데, 그것은 계시록의 그것대로(골 1:27, 2:2; 계 1:20, 10:17, 17:5, 7) '그리스도 그 자신'

이시라는 것이다. 골로새서 1장 2절 이하에 있어서 바울은, 이 그리스도, 즉 그리스도에 의한 구원과 이에 동반하여 약속된 영광의 소망이야말로 비밀인 것으로서, 이것을 만민에게 전하는 것이 그가 애쓰는 선교임을 천명했다(골 1:24, 2:7).

이렇듯 우리들의 구원에 필요한, 하나님의 권능과 지혜와 사랑의 구체화이신 그리스도는, 일반 사람에게는 감추어져 있는데, 그리스도인에게는 영에 의해 계시되어 있으므로 믿는 자는 그리스도의 비밀을 이해하고 신앙의 길을 걸을 수 있는 것이다. 그리스도의 십자가의 말씀은 비밀(오의)이다.

그리스도가 인류의 구원을 위해 십자가상에서 죽으셨다는 복음이 일반 사람들에게는 미련한 것이고 거리끼는 것임은(고전 1:18), 그것이 믿음으로 받아야 할 하나님의 오의(비밀)이기 때문이다. 이 비밀이 선교의 중심이므로 사도들은 '하나님의 비밀을 받은 자'로서(고전 4:1) 그것을 사람들에게 전하는 것이다.

사도들이 말하는 것은 '비밀 한가운데 있는 하나님의 지혜'로서(고전 2:7), 이 경우에는 특히 신앙이 진보된 '신령한 자'(영의 사람, 고전 2:15, 3:1)에게만 이해되는 복음의 깊이를 비밀(오의)이라 부르고 있다. 그것은 영에 의해 계시되고 가르쳐져 비로소 이해에 달한다. 그러나 초보의 신자도 비밀에 대하여 어느 정도의 지식을 가지고 있는 것으로 보아야 할 것이다. 신앙에 의해 영을 받고 있는 것은, 모든 신자에게 공통이기 때문이다(골 1:26).

바울이 비밀(오의)로서 지적하고 있는 것은, 종말(말세)에 관한 일이 많다. 거기서 묵시문학의 영향을 보게 된다. 고린도전서 15장 51절에는 "마지막 나팔에 순식간에 홀연히 다 변화하리니"에 서 최후의 날의 부활을 비밀이라 부르고, 로마서 11장 25절에는 구원될 이방인의 구원이 차는 때, 전 유대인이 구원되는 마지막 말일의 사건을 비밀(오의)이라 말하고 있다. 바울은 특별한 영의 은사에 의해,

이 비밀을 교시받은 것이다.

또한 에베소서 5장 32절에서는 결혼을 그리스도와 교회와의 결합에 비유하여, 그 진리를 비밀(오의)이라 부르고 있다. 이 경우, 일반 신도가 그 받은 영에 의해 쉽게 알 수 있는 지식을, 비밀이라 부른 것이다.

복음서에는 비밀은 다만 1회, 하나님 나라의 설명에 대해 사용되고 있다(막 4:11, 병행). 일반인에게는 해득되지 못하는 예수의 하나님 나라의 가르치심이 비밀이다. 계시록에는 여러 번 이 말이 나오고 있는데, 그것들은 종말의 사건에 대해서이다(계 17:5, 7). 그것은 지상에서 번영한 대 바벨론의 멸망에 대한 예언의 대상이 되어, 그리스도의 계시에 의해 요한에게 보여졌던 것이다.

구약의 선지자는 하나님의 명에 의해 계시된 것을 말했으나, 그들은 하나님의 뜻을 전한 것이고, 감추어져 있는 지식을 말한 것은 아니다. 다니엘 5장 12절에 '은밀한 말'(אחידן)로 1회 번역되어 있는 아람어 [아히단} ('achidan)]은, 비밀을 뜻하는 말로서, 이것도 하나님의 계시의 신비에 관련되어 있는 말이다(참고문헌: K. Th. W.:IV. s 809-834; G Bornkamm: "musthvrion", TWNT, Bd. Ⅳ; W.D. Davis: "Paul andRabbinic Judaism." Interp. D. vol. 3. pp. 86-110; 山谷省吾, 舊新約聖書, 神學辭典, 奧義, 86-88面)[40].

요한계시록에는 모두 7회에 걸쳐 영광송 장면이 등장하고 있다.

1:4-8 = 첫 번째 영광송

4:1-5:14 = 두 번째 영광송

7:9-17 = 세 번째 영광송

11:15-19 = 네 번째 영광송

40) 기독교선서대백과(디럭스바이블, 슈퍼바이블, 사전, 성서대전, 비밀)

14:1-5 = 다섯 번째 영광송
15:1-4 = 여섯 번째 영광송
19:1-10 = 일곱 번째 영광송
무엇보다 이 영광송들은 예배의 모습을 나타내고 있다.[41)]

〈도움 말씀〉

재림을 선포하라(11. 9-20) = 일곱 교회에 보내라

• 서론

계 1:1 = 예수 그리스도의 계시(啓示)라 이는 하나님이 그에게 주사 반드시 속(速)히 될 일을 그 종들에게 보이시려고 그 천사(天使)를 그 종 요한에게 보내어 지시(指示)하신 것이라

계 2:7 = 귀 있는 자(者)는 성령(聖靈)이 교회(敎會)들에게 하시는 말씀을 들을지어다 이기는 그에게는 내가 하나님의 낙원(樂園)에 있는 생명(生命)나무의 과실(果實)을 주어 먹게 하리라(2:11, 17, 26, 3:5, 12, 21)

1. 일곱 교회에 보내라 함(11. 9-11) = 교회에 알리라고 함

요 16:1-4 = 실족지(1)

(1)내가 이것을 너희에게 이름은 너희로 실족(失足)지 않게 하려 함이니 (2)사람들이 너희를 출회할 뿐아니라 때가 이르면 무릇 너희를 죽이는 자(者)가 생각하기를 이것이 하나님을 섬기는 예라 하리라 (3)저희가 이런 일을 할 것은 아버지와 나를 알지 못함이라 (4)오직 너희에게 이 말을 이른 것은 너희로 그때를 당(當)하면 내가 너희에게 이 말한 것을 기억(記憶)나게 하려 함이요 처음부터 이 말을 하지

41) 김추성, 하나님과 어린양의 보좌, 이레서원, 2015, p. 75

아니한 것은 내가 너희와 함께 있었음이니라

요 16:33 = 이것을 너희에게 이름은 너희로 내 안에서 평안을 누리게 하려 함이라 세상에서는 너희가 환난을 당하나 담대하라 내가 세상을 이기었노라 하시니라

신 6:4-9 = 들으라(4)

(4)이스라엘아 들으라 우리 하나님 여호와는 오직 하나인 여호와시니 (5)너는 마음을 다하고 성품(性稟)을 다하고 힘을 다하여 네 하나님 여호와를 사랑하라 (6)오늘날 내가 네게 명(命)하는 이 말씀을 너는 마음에 새기고 (7)네 자녀(子女)에게 부지런히 가르치며 집에 앉았을 때에든지 길에 행(行)할 때에든지 누웠을 때에든지 일어날 때에든지 이 말씀을 강론(講論)할 것이며 (8)너는 또 그것을 네 손목에 매어 기호(記號)를 삼으며 네 미간(眉間)에 붙여 표(標)를 삼고 (9)또 네 집 문설주(門楔柱)와 바깥 문(門)에 기록(記錄)할지니라

엡 1:1 = 편지하노니(1)

(1)하나님의 뜻으로 말미암아 그리스도 예수의 사도 된 바울은 에베소에 있는 성도들과 그리스도 예수 안의 신실한 자들에게 편지하노니 (2)하나님 우리 아버지와 주(主) 예수 그리스도로 좇아 은혜(恩惠)와 평강(平康)이 너희에게 있을지어다

계 1:1-3 = 지키는(3)

(1)예수 그리스도의 계시(啓示)라 이는 하나님이 그에게 주사 반드시 속(速)히 될 일을 그 종들에게 보이시려고 그 천사(天使)를 그 종 요한에게 보내어 지시(指示)하신 것이라 (2)요한은 하나님의 말씀과 예수 그리스도의 증거(證據) 곧 자기(自己)의 본 것을 다 증거(證據)하

였느니라 (3)이 예언(豫言)의 말씀을 읽는 자(者)와 듣는 자(者)들과 그 가운데 기록(記錄)한 것을 지키는 자(者)들이 복(福)이 있나니 때가 가까움이라(계 22:7 참조)

2. 장차 될 일을 기록하라 함(19, 12-20) = 장차 될 일을 알려라 함

렘 30:2-3 = 기록하라(2)

(2)이스라엘의 하나님 여호와께서 이같이 일러 가라사대 내가 네게 이른 모든 말을 책(冊)에 기록(記錄)하라 (3)나 여호와가 말하노라 내가 내 백성(百姓) 이스라엘과 유다의 포로(捕虜)를 돌이킬 때가 이르리니 내가 그들을 그 열조(列祖)에게 준 땅으로 돌아오게 할 것이라 그들이 그것을 차지하리라 여호와의 말이니라

사 30:1-22 = 기다리라(18)

(18)그러나 여호와께서 기다리시나니 이는 너희에게 은혜(恩惠)를 베풀려 하심이요 일어나시리니 이는 너희를 긍휼(矜恤)히 여기려 하심이라 대저(大抵) 여호와는 공의(公義)의 하나님이심이라 무릇 그를 기다리는 자(者)는 복(福)이 있도다

합 2:1-3 = 새기되(2)

(1)내가 내 파수(把守)하는 곳에 서며 성루(城루)에 서리라 그가 내게 무엇이라 말씀하실는지 기다리고 바라보며 나의 질문(質問)에 대(對)하여 어떻게 대답(對答)하실는지 보리라 그리하였더니 (2)여호와께서 내게 대답(對答)하여 가라사대 너는 이 묵시를 기록(記錄)하여 판(板)에 명백히 새기되 달려가면서도 읽을 수 있게 하라 (3)이 묵시는 정한 때가 있나니 그 종말(終末)이 속(速)히 이르겠고 결(決)코 거짓되지 아니하리라 비록 더딜지라도 기다리라 지체(遲滯)되지 않고 정녕(丁寧) 응(應)하리라

계 14:13 = 또 내가 들으니 하늘에서 음성이 나서 가로되 기록하라 자금 이후로 주 안에서 죽는 자들은 복이 있도다 하시매 성령이 가라사대 그러하다 저희 수고를 그치고 쉬리니 이는 저희의 행한 일이 따름이라 하시더라

• **결론**

마 24:1-51 = 나눠 줄(45)

(45)충성(忠誠)되고 지혜(智慧) 있는 종이 되어 주인(主人)에게 그 집 사람들을 맡아 때를 따라 양식(糧食)을 나눠 줄 자(者)가 누구뇨 (46) 주인(主人)이 올 때에 그 종의 이렇게 하는 것을 보면 그 종이 복(福)이 있으리로다

신 4:1-2 = 지키라(2)

(1)이스라엘아 이제 내가 너희에게 가르치는 규례(規例)와 법도(法度)를 듣고 준행(遵行)하라 그리하면 너희가 살 것이요 너희의 열조(列祖)의 하나님 여호와께서 너희에게 주시는 땅에 들어가서 그것을 얻게 되리라 (2)내가 너희에게 명(命)하는 말을 너희는 가감(加減)하지 말고 내가 너희에게 명(命)하는 너희 하나님 여호와의 명령(命令)을 지키라

딤후 3:1-17 = 온전케(17)

(15)또 네가 어려서부터 성경(聖經)을 알았나니 성경(聖經)은 능(能)히 너로 하여금 그리스도 예수 안에 있는 믿음으로 말미암아 구원(救援)에 이르는 지혜(智慧)가 있게 하느니라 (16)모든 성경(聖經)은 하나님의 감동(感動)으로 된 것으로 교훈(敎訓)과 책망(責望)과 바르게 함과 의(義)로 교육(敎育)하기에 유익(有益)하니 (17)이는 하나님의 사람으로 온전(穩全)케 하며 모든 선(善)한 일을 행(行)하기에 온전(穩全)케 하려 함이니라

PART 05

교회를 향한 언약

제2~3장
말씀을 듣고 지켜 행하라

수신 = 교회의 사자.

대상 = 하나님의 자녀(요 1:12 참조) 된 교회(성도).

일곱 교회 = 주 예수 그리스도께서 재림하실 때까지 실존하는 모든 교회(성도).

❁ 성경의 (소)아시아는 어디인가?

아시아라는 말은 로마가 기존의 헬라제국을 붕괴시킨 후 드넓은 제국을 효과적으로 통치하기 위해 권역별로 분할한 여러 속주 가운데 하나다. 현재의 아시아라는 대륙명도 거기에서 유래했고, 기원 후 400년경엔 소아시아라고 부른 기록이 있다. 로마시대의 아시아는 지금의 터키 일부로 서쪽엔 에게해, 북으로는 흑해, 남으로는 지중해와 맞닿는 서부 지역이었고, 고대엔 이 지역이 아나톨리아 왕국이었다. 광활한 내륙에 비옥한 농토와 목초지를 끼고 있던 아시아의 수도는 바로 서쪽 해안에 위치한 에베소였다. 에베소는 기독교의 해외 선교역사에서 그 가치와 중요성을 논할 때 절대로 빼놓을 수 없는 곳이다.

❁ 요한계시록의 일곱 교회와 현대 지명과 상황?

에베소(Ephesus) = 소아시아의 상업과 종교의 중심지로 알려져 있다. 또한 에페소스(Efes)라고도 불리며, 유명한 유적지인 아르테미스 신전이 위치해 있다.

서머나(Smyrna) = 소아시아에서 중요한 해양 도시로 알려져 있으며, 현대 이름으로는 이즈미르(Izmir)라고 불리고 있다.

버가모(Pergamum) = 소아시아 서쪽의 무시아 지방에 위치한 성읍으로 알려져 있다.

두아디라(Thyatira) = 소아시아 서쪽의 고대 루디아 지방에 위치한 성읍으로 알려져 있다.

사데(Sardis) = 로마와 비잔틴 시대에는 루디아도의 수도로 알려져 있다.

빌라델비아(Philadelphia) = 소아시아 서부의 루디아 지방에 위치한 성읍으로 알려져 있다.

라오디게아(Laodicea) = 소아시아 서부의 브루기아 지방에 위치한 주요한 성읍으로 알려져 있다.

이들 도시는 모두 터키 서부에 위치하고 있으며, 2022년 12월 2일, 영어식 표현인 '터키(Turkey)'를 '튀르크인의 땅'이라는 뜻의 튀르키예(Türkiye)로 나라 명을 변경했다.

일곱 교회를 향한 말씀 정리[수신: 교회의 사자. 대상: 교회(성도)]

	'예수 그리스도'의 묘사(描寫)	특징(特徵)	경고(警告)
에베소 (2:1-7)	오른손에 일곱 별을 붙잡고 일곱 금 촛대 사이에 다니시는 이 = 교회의 머리이신 주님(엡 1:22-23)	수고, 인내, 악한 자들을 불용, 거짓된 것을 드러냄, 주님의 이름을 위하여 견디고 게으르지 아니함, 니골라당의 행위를 미워함.	처음 사랑을 버렸느니라

	'예수 그리스도'의 묘사(描寫)	특징(特徵)	경고(警告)
서머나 (2:8-11)	처음이요 나중이요 죽었다가 살아나신 이 = 부활(생명)의 주님(롬 6:8-11, 14:7-9)	네 환란과 궁핍을 안다. 그러나 실상은 부요한 자다. 사탄의 회인 유대인 훼방도 안다.	
버가모 (2:12-17)	좌우에 날선 검을 가지신 이 = 말씀이신 주님(계 19:13)	사탄이 거하는(권위) 곳에서 충성된 증인 "안디바"가 죽임을 당할 때에도, 믿음을 저버리지 않았다.	발람과 니골라당의 교훈을 지키는 자들이 있다
두아디라 (2:18-29)	눈이 불꽃같고 그 발이 빛난 주석과 같은 하나님의 아들 = 하나님의 아들이신 주님(마 16-21; 요 3:1; 요일 5:12)	사업과 사랑과 섬김과 인내를 아노니 네 나중 행위가 처음 것보다 많도다.	자칭 선지자라 하는 여자 이세벨을 용납함으로, 행음하게 하고 우상의 제물을 먹게 함. 회개할 기회를 주었으되 그 음행을 회개하지 아니함
사데 (3:1-6)	하나님의 일곱 영과 일곱 별을 가지신 이 = 구원의 주님 (딤후 1:9-11; 계 22:10-16 참조)	그 옷을 더럽히지 아니한 자 몇 명이 네게 있어 흰 옷을 입고 나와 함께 다니리니 그들은 합당한 자인 연고라(4)	살았다 하는 이름은 가졌으나 죽은 자로다 내 하나님 앞에 네 행위의 온전한 것을 찾지 못하였노니
빌라델비아 (3:7-13)	거룩하고 진실하사다윗의 열쇠를 가지신 이. 닫으면 열 사람이 없고 열면 닫을 사람이 없는 그이 = 만왕이 왕이신 주님(딤전 6:11-16; 계 17:14)	적은 능력을 가지고도 내 말을 지키며 내 이름을 배반치 아니하였도다. 인내의 말씀을 지켰은즉 내가 또한 너를 지키어 시험의 때를 면케 하리라.	
라오디게아 (3:14-22)	아멘이시요 충성되고 참된 증인이시며, 하나님의 창조의 근본이신 이 = 창조주이신 주님(요 1:1-3)		미지근하여 더웁지도 차지도 아니하니 내 입에서 너를 토하여 내치리라. 나는 부자라 부요하여 부족한 것이 없다 하나니 네 곤고한 것과 가련한 것과 가난한 것과 눈먼 것을 알지 못하도다.

	명령(命令)	보응(報應)	권면(勸勉)	약속(約束) 선택(選擇) 받은 자?
에베소 (2:1-7)	회개하여 처음 행위를 가지라	내가 네게 임하여 네 촛대를 그 자리에서 옮기리라.	성령이 교회들에게 하시는 말씀을 들을 지어다.	이기는 그에게는 내가 하나님의 낙원에 있는 생명나무 과실을 주어 먹게 하리라 = 천상의 복(창 3:22)
서머나 (2:8-11)	마귀에게 10일간의 환란을 받으나, 죽도록 충성하라	생명의 면류관을 주리라.	성령이 교회들에게 하시는 말씀을 들을지어다.	이기는 자는 둘째 사망의 해를 받지 아니하리라 = 생명의 부활 복
버가모 (2:12-17)	회개하라	내가 속히 임하여 내 입의 검으로 그들과 싸우리라.	성령이 교회들에게 하시는 말씀을 들을 지어다.	이기는 그에게는 감추었던 만나를 주고 또 흰 돌을 줄 터인데 그 돌 위에 새 이름이 기록되리라 = 순교의 복
두아디라 (2:18-29)	회개하라(22) 사탄의 교훈을 받지 말라(24). 너희에게 있는 것을 내가 올 때까지 굳게 잡으라	큰 환란 가운데 던지고, 사망으로 그 여자를 죽이리니, 각 사람의 행위대로 갚아 주리라.	성령이 교회들에게 하시는 말씀을 들을지어다.	이기는 자와 끝까지 내 일을 지키는 그에게 만국을 다스리는 권세를 주리니. 또 그에게 새벽 별을 주리라 = 하나님 자녀의 복
사데 (3:1-6)	너는 일깨워 그 남은 바 죽게 된 것을 굳게 하라. 생각하고 지키라. 회개하라.	일깨지(깨어 있지) 아니하면, 어느 시에 네게 임할런지 네가 알지 못하리라	성령이 교회들에게 하시는 말씀을 들을지어다.	이기는 자는 흰 옷을 입을 것이요, 생명책에서 반드시 흐리지 아니하고, 그 이름을 내 아버지 앞과 천사들 앞에서 시인하리라 = 구원의 복 (롬 10:9-10)

	명령(命令)	보응(報應)	권면(勸勉)	약속(約束) 선택(選擇) 받은 자?
빌라델비아 (3:7-13)	내가 속히 임하리니 네가 가진 것을 굳게 잡아 아무나 네 면류관을 빼앗지 못하게 하라.	사탄의 회 곧 거짓말하는 자들 중에 몇을 네게 주어 저희로 와서 네 발 앞에 절하게 하고, 내가 너를 사랑하는 줄 알게 하리라.	성령이 교회들에게 하시는 말씀을 들을지어다.	이기는 자는 내 하나님 성전에 기둥이 되게 하리니, 새 예루살렘의 이름과, 나의 새 이름을 그 위에 기록하리라 = 유업의 복(계 22:1)
라오디게아 (3:14-22)	내가 사랑하는 자를 책망하여 징계하노니 열심을 내라 회개하라.	내 음성을 듣고 문을 열면 내가 그에게로 들어가 그로 더불어 먹고 그는 나로 더불어 먹으리라.	성령이 교회들에게 하시는 말씀을 들을 지어다.	이기는 그에게는 내 보좌에 함께 앉게 하리라. = 영화의 복

❀ 구원에 대한 이해?

'사데 교회'는 구원받지 못했으며, 구원받지 못하는 교회일까?

"이기는 자"란? = 행위가 온전한 자(1-2)를 말하는데, 3절에서는 "~생각하고 일깨어 회개하며 일깨라" 하셨고, 4절은 "그러나 사데에 그 옷을 더럽히지 아니한 자(者) 몇 명(名)이 네게 있어 흰 옷을 입고 나와 함께 다니리니 그들은 합당(合當)한 자(者)인 연고라" 하셨고, 5절에는 "이기는 자(者)는 이와 같이 흰 옷을 입을 것이요 내가 그 이름을 생명책(生命冊)에서 반드시 흐리지 아니하고 그 이름을 내 아버지 앞과 그 천사(天使)들 앞에서 시인(是認)하리라" 하셨으니 사데 교회에도 생명책(生命冊)에 기록된 구원받은 성도가 있음을 명확히 해주시며 6절에서도 "귀 있는 자(者)는 성령(聖靈)이 교회(教會)들에게 하시는 말씀을 들을지어다"라고 하셨으니, 성도의 구원(救援)에 대하여 함부로 판단하지 말아야 한다.

그러므로 구원(救援)에 대해 무분별한 판단은 선악을 판단하는 죄를 범할 수 있다(마 7:1-6, 16:15-18, 28:16-20; 요 10:22-30, 13:1-10, 16:25-33; 롬 8:31-39; 엡 2:19-22; 요일 5:1-12; 계 21:6-7; 창 2:15-17, 3:1-7 등 참조).

2장

❃ 1-7절. 에베소 교회

에베소는 항구 도시로서 소아시아 모든 교역로의 중심지인 아시아주 최대의 도시였다. 그래서 이 도시는 '아시아의 시장이며 문명의 빛'이라는 별칭을 얻기도 하였다. 또한 에베소가 교통의 요지였던 만큼 이곳은 이교의 중심지이기도 하였다. 이곳에는 오늘날 세계 7대 신비의 하나인 '아데미' 신전(행 19:35 참조)이 있었고, 황제 숭배와 신비 종교, 마술 등이 성행하였다. 또한 에베소는 정치적으로도 특권이 부여된 '자유시'였다.

이 자유 도시는 로마에게 충성하는 도시에게 수여되는 칭호였는데 그 경계 내에서는 자치가 인정되었고 군대도 상시 주둔하지 않았다. 따라서 이곳은 자유로운 상거래와 종교의 자유가 허락된 곳이었다. 그러나 에베소가 얻은 명성은 이방 교도들의 문란한 종교 의식과 어디서나 행해지는 부도덕 등으로 땅에 떨어지고 에베소는 향락과 퇴폐의 도시로 몰락하였다(출처: 레마 주석).

• 1-5절. 회개하라

1절. 오른손에 일곱 별을 붙잡고 일곱 금 촛대 사이에 다니시는 이 = 교회의 머리이신 예수 그리스도(엡 1:22-23 참조)

일곱 별 = 일곱 교회의 사자(1:20)

일곱 금 촛대 = 일곱 교회(1:20) = 금같이 귀하고 소중함, 일곱 교회는 귀하지 않은 교회가 없다. 그 이유는 삼위일체 하나님께서 세우신 교회이며, 주 예수 그리스도께서 머리가 되시기 때문이다. 따라서 '사데 교회' 역시 하나님께는 귀한 교회이다.

4절. 처음 사랑을 버렸다 = 그 어떠한 행위와 수고와 인내가 있다 해도(1-3) 하나님과 단절된 상태로는 천국에 못 간다. 따라서 아무리 자기가 정직하고 진실하고 선하며 바르게 복음을 전한다고 해도, 자기의지에 의한 것이 아닌, 하나님의 사랑을 회복한 회개의 은혜를 받아 누려야 한다.

아가페(ἀγάπη) 사랑 = 요 15:12; 롬 5:8; 요일 3:16, 4:10 등 참조.

인간을 향한 하나님의 사랑, 인간의 하나님을 향한 사랑, 인간의 인간에 관한 사랑으로 나눌 수가 있다.

에로스(ἔρως) = 성적인 사랑

스트로게(στρογή) = 가족, 혈족에 대한 자연적인 사랑

필리아(φίλια) = 친구에 대한 우정의 사랑

아가페(ἀγάπη, 아가페의 사랑)

에로스(ἔρως)가 자연적 내적 가치 추구적이라면,

아가페(ἀγάπη) = 자기 부정적이고, 기꺼이 자기를 남에게 주는 사랑이다. 구약성경의 그리스어 역(칠십인 역)에도 히브리어의 사랑 [אַהֲבָה(ahabah 아하바)]의 역어에는, 아가페(ἀγάπη)가 쓰여 있다. 이것은 모든 사랑을 다른 유사한 사랑과 구별하기 위해서이다.

하나님을 향한 인간의 사랑은, 사죄의 사랑에 대한 응답이다.

빚진 자(롬 1:14-15, 8:12-17, 13:8-10) = 많이 사함을 받은 자일수록, 그 보답의 은혜도 크다(사 1:16-17; 신 6:5; 마 22:34-40, 24:44-45, 25:40; 롬 12:1-2 등 참조).

5절. 회개하여 처음 행위를 가지라 = 2~3절을 기반으로 하는 격려의 말씀이다.

1) 네 행위와 수고와 인내

2) 악한 자들을 용납지 아니한 것

3) 자칭 사도라 하되 아닌 자들의 거짓된 것을 드러낸 것

4) 네가 참고 내 이름을 위하여 견디고 낙심하지 아니한 것

6절. 네가 니골라당의 행위를 미워하는도다 = '니골라'가 예루살렘 교회의 집사 니골라(행 6:5)라고 이레나에우스(Irenaeus, Against Heresies I. 26. 3, Ⅲ. 11.1) 및 히폴뤼투스(Hippolytus, Philosophoumena Ⅶ. 36)는 주장하고 있으나, 알렉산드리아의 신학자 클레멘스(ClemensAlexandrinus Titus Flavins, 150-211 경)는 이것은 잘못된 견해라고 지적하고 있다.

7절. 이기는 자 = 처음 사랑을 회복하는 자(4) = "내가 하나님의 낙원(樂園)에 있는 생명(生命)나무의 과실(果實)을 주어 먹게 하리라"(7) = 구원을 약속하심(눅 23:39-43 참조) = 영생 복락을 누림(영화)

〈도움 말씀〉

말씀을 듣고 지켜 행하라(7. 1–7) = 이기는 자의 복(은혜)을 누려라

• 서론

계 1:13–16 = 보내라(11)

(11)가로되 너 보는 것을 책(冊)에 써서 에베소, 서머나, 버가모, 두아디라, 사데, 빌라델비아, 라오디게아 일곱 교회(教會)에 보내라 하시기로 (12)몸을 돌이켜 나더러 말한 음성(音聲)을 알아보려고 하여 돌이킬 때에 일곱 금(金)촛대를 보았는데 (13)촛대 사이에 인자(人子) 같은

이가 발에 끌리는 옷을 입고 가슴에 금(金)띠를 띠고 (14)그 머리와 털의 희기가 흰 양(羊)털 같고 눈 같으며 그의 눈은 불꽃 같고 (15)그의 발은 풀무에 단련(鍛鍊)한 빛난 주석 같고 그의 음성(音聲)은 많은 물소리와 같으며 (16)그 오른손에 일곱 별이 있고 그 입에서 좌우(左右)에 날선 검이 나오고 그 얼굴은 해가 힘 있게 비취는 것 같더라

창 3:22-24 = 가라사대(22)

(22)여호와 하나님이 가라사대 보라 이 사람이 선악(善惡)을 아는 일에 우리 중(中) 하나같이 되었으니 그가 그 손을 들어 생명(生命)나무 실과(實果)도 따먹고 영생(永生)할까 하노라 하시고 (23)여호와 하나님이 에덴 동산에서 그 사람을 내어 보내어 그의 근본된 토지(土地)를 갈게 하시니라 (24)이같이 하나님이 그 사람을 쫓아내시고 에덴 동산 동편(東便)에 그룹들과 두루 도는 화염검(火焰劍)을 두어 생명(生命)나무의 길을 지키게 하시니라

마 16:13-18 = 가라사대(13)

(13)예수께서 가이사랴 빌립보 지방(地方)에 이르러 제자(弟子)들에게 물어 가라사대 사람들이 인자(人子)를 누구라 하느냐 (14)가로되 더러는 세례(洗禮) 요한, 더러는 엘리야, 어떤 이는 예레미야나 선지자(先知者) 중(中)의 하나라 하나이다 (15)가라사대 너희는 나를 누구라 하느냐 (16)시몬 베드로가 대답(對答)하여 가로되 주(主)는 그리스도시요 살아계신 하나님의 아들이시니이다 (17)예수께서 대답(對答)하여 가라사대 바요나 시몬아 네가 복(福)이 있도다 이를 네게 알게 한 이는 혈육(血肉)이 아니요 하늘에 계신 내 아버지시니라 (18)또 내가 네게 이르노니 너는 베드로라 내가 이 반석(磐石) 위에 내 교회(敎會)를 세우리니 음부(陰府)의 권세(權勢)가 이기지 못하리라

1. 회개하라(5. 1–5) = 처음 사랑을 회복하라

고후 11:11–15 = 끊어(12)

(11)어떠한 연고뇨 내가 너희를 사랑하지 아니함이냐 하나님이 아시느니라 (12)내가 하는 것을 또 하리니 기회(機會)를 찾는 자(者)들의 그 기회(機會)를 끊어 저희로 하여금 그 자랑하는 일에 대(對)하여 우리와 같이 되게 하려 함이로라 (13)저런 사람들은 거짓 사도(使徒)요 궤휼(詭譎)의 역군(役軍)이니 자기(自己)를 그리스도의 사도(使徒)로 가장하는 자(者)들이니라 (14)이것이 이상한 일이 아니라 사탄도 자기(自己)를 광명(光明)의 천사(天使)로 가장하나니 (15)그러므로 사탄의 일꾼들도 자기(自己)를 의(義)의 일꾼으로 가장하는 것이 또한 큰 일이 아니라 저희의 결국(結局)은 그 행위(行爲)대로 되리라

벧후 2:1–2 = 취하는(1)

(1)그러나 민간에 또한 거짓 선지자들이 일어났었나니 이와 같이 너희 중에도 거짓 선생들이 있으리라 저희는 멸망케 할 이단을 가만히 끌어들여 자기들을 사신 주를 부인하고 임박한 멸망을 스스로 취하는 자들이라 (2)여럿이 저희 호색하는 것을 좇으리니 이로 인하여 진리의 도가 훼방을 받을 것이요 (3)저희가 탐심을 인하여 지은 말을 가지고 너희로 이를 삼으니 저희 심판은 옛적부터 지체하지 아니하며 저희 멸망은 자지 아니하느니라

마 4:17 = 이때부터 예수께서 비로소 전파하여 가라사대 회개하라 천국이 가까왔느니라 하시더라

행 2:37–40 = 회개하여(38)

(37)저희가 이 말을 듣고 마음에 찔려 베드로와 다른 사도들에게 물어 가로되 형제들아 우리가 어찌할꼬 하거늘 (38)베드로가 가로되

너희가 회개하여 각각 예수 그리스도의 이름으로 세례를 받고 죄 사함을 얻으라 그리하면 성령을 선물로 받으리니 (39)이 약속은 너희와 너희 자녀와 모든 먼 데 사람 곧 주 우리 하나님이 얼마든지 부르시는 자들에게 하신 것이라 하고 (40)또 여러 말로 확증하며 권하여 가로되 너희가 이 패역한 세대에서 구원을 받으라 하니

행 17:30-31 = 회개하라(30)

(30)알지 못하던 시대에는 하나님이 허물치 아니하셨거니와 이제는 어디든지 사람을 다 명(命)하사 회개(悔改)하라 하셨으니 (31)이는 정(定)하신 사람으로 하여금 천하(天下)를 공의(公義)로 심판(審判)할 날을 작정(作定)하시고 이에 저를 죽은 자(者) 가운데서 다시 살리신 것으로 모든 사람에게 믿을 만한 증거(證據)를 주셨음이니라 하니라

시 32:1-6 = 숨기지(5)

(1)허물의 사(赦)함을 얻고 그 죄(罪)의 가리움을 받은 자(者)는 복(福)이 있도다 (2)마음에 간사(奸詐)가 없고 여호와께 정죄(定罪)를 당(當)치 않은 자(者)는 복(福)이 있도다 (3)내가 토설(吐說)치 아니할 때에 종일(終日) 신음(呻吟)하므로 내 뼈가 쇠하였도다 (4)주(主)의 손이 주야(晝夜)로 나를 누르시오니 내 진액(津液)이 화하여 여름 가물에 마름같이 되었나이다{셀라} (5)내가 이르기를 내 허물을 여호와께 자복(自服)하리라 하고 주(主)께 내 죄(罪)를 아뢰고 내 죄악(罪惡)을 숨기지 아니하였더니 곧 주(主)께서 내 죄(罪)의 악(惡)을 사하셨나이다{셀라} (6)이로 인(因)하여 무릇 경건(敬虔)한 자(者)는 주(主)를 만날 기회를 타서 주(主)께 기도(祈禱)할지라 진실(眞實)로 홍수(洪水)가 범람(汎濫)할지라도 저에게 미치지 못하리이다

마 24:45-51 = 나눠줄(45)

(45)충성(忠誠)되고 지혜(智慧) 있는 종이 되어 주인(主人)에게 그 집 사람들을 맡아 때를 따라 양식(糧食)을 나눠 줄 자(者)가 누구뇨 (46)주인(主人)이 올 때에 그 종의 이렇게 하는 것을 보면 그 종이 복(福)이 있으리로다 (47)내가 진실(眞實)로 너희에게 이르노니 주인(主人)이 그 모든 소유(所有)를 저에게 맡기리라 (48)만일(萬一) 그 악(惡)한 종이 마음에 생각하기를 주인(主人)이 더디 오리라 하여 (49)동무들을 때리며 술친구(親舊)들로 더불어 먹고 마시게 되면 (50)생각지 않은 날 알지 못하는 시간(時間)에 그 종의 주인(主人)이 이르러 (51)엄히 때리고 외식(外飾)하는 자(者)의 받는 율에 처하리니 거기서 슬피 울며 이를 갊이 있으리라

렘 2:1-3 = 말할지니라(2)

(1)여호와의 말씀이 내게 임(臨)하니라 이르시되 (2)가서 예루살렘 거민(居民)의 귀에 외쳐 말할지니라 여호와께서 이같이 말씀하시기를 네 소년(少年) 때의 우의(友誼)와 네 결혼(結婚) 때의 사랑 곧 씨 뿌리지 못하는 땅, 광야(曠野)에서 어떻게 나를 좇았음을 내가 너를 위(爲)하여 기억(記憶)하노라 (3)그때에 이스라엘은 나 여호와의 성물(聖物) 곧 나의 소산(所産) 중(中) 처음 열매가 되었나니 그를 삼키는 자(者)면 다 벌(罰)을 받아 재앙(災殃)을 만났으리라 여호와의 말이니라

히 10:31-39 = 생각하라(32)

(31)살아계신 하나님의 손에 빠져 들어가는 것이 무서울진저 (32)전(前)날에 너희가 빛을 받은 후(後)에 고난(苦難)의 큰 싸움에 참은 것을 생각하라 (33)혹(或) 비방(誹謗)과 환난(患難)으로써 사람에게 구경거리가 되고 혹(或) 이런 형편(形便)에 있는 자(者)들로 사귀는 자(者) 되었으니 (34)너희가 갇힌 자(者)를 동정(同情)하고 너희 산업(産

業)을 빼앗기는 것도 기쁘게 당한 것은 더 낫고 영구(永久)한 산업(産業)이 있는 줄 앎이라 (35)그러므로 너희 담대(膽大)함을 버리지 말라 이것이 큰 상(賞)을 얻느니라 (36)너희에게 인내(忍耐)가 필요함은 너희가 하나님의 뜻을 행(行)한 후(後)에 약속(約束)을 받기 위(爲)함이라 (37)잠시 잠깐 후(後)면 오실 이가 오시리니 지체(遲滯)하지 아니하시리라 (38)오직 나의 의인(義人)은 믿음으로 말미암아 살리라 또한 뒤로 물러가면 내 마음이 저를 기뻐하지 아니하리라 하셨느니라 (39)우리는 뒤로 물러가 침륜(沈淪)에 빠질 자(者)가 아니요 오직 영혼(靈魂)을 구원(救援)함에 이르는 믿음을 가진 자(者)니라

엡 4:11-12 = 세우려(12)

(11)그가 혹은 사도로, 혹은 선지자로, 혹은 복음 전하는 자로, 혹은 목사와 교사로 주셨으니 (12)이는 성도를 온전케 하며 봉사의 일을 하게 하며 그리스도의 몸을 세우려 하심이라

요 17:23 = 곧 내가 저희 안에, 아버지께서 내 안에 계셔 저희로 온전함을 이루어 하나가 되게 하려 함은 아버지께서 나를 보내신 것과 또 나를 사랑하심같이 저희도 사랑하신 것을 세상으로 알게 하려 함이로소이다

요일 3:4-10 = 사랑치(10)

(4)죄를 짓는 자마다 불법을 행하나니 죄는 불법이라 (5)그가 우리 죄를 없이 하려고 나타내신 바 된 것을 너희가 아나니 그에게는 죄가 없느니라 (6)그 안에 거하는 자마다 범죄하지 아니하나니 범죄하는 자마다 그를 보지도 못하였고 그를 알지도 못하였느니라 (7)자녀들아 아무도 너희를 미혹하지 못하게 하라 의를 행하는 자는 그의 의로우심과 같이 의롭고 (8)죄를 짓는 자는 마귀에게 속하나니 마귀

는 처음부터 범죄함이니라 하나님의 아들이 나타나신 것은 마귀의
일을 멸하려 하심이니라 (9)하나님께로서 난 자마다 죄를 짓지 아니
하나니 이는 하나님의 씨가 그의 속에 거함이요 저도 범죄치 못하는
것은 하나님께로서 났음이라 (10)이러므로 하나님의 자녀들과 마귀
의 자녀들이 나타나나니 무릇 의를 행치 아니하는 자나 또는 그 형
제를 사랑치 아니하는 자는 하나님께 속하지 아니하니라

요일 4:1-12 = 사랑하는(11)

(7)사랑하는 자(者)들아 우리가 서로 사랑하자 사랑은 하나님께
속한 것이니 사랑하는 자(者)마다 하나님께로 나서 하나님을 알고 (8)
사랑하지 아니하는 자(者)는 하나님을 알지 못하나니 이는 하나님은
사랑이심이라 (9)하나님의 사랑이 우리에게 이렇게 나타난 바 되었
으니 하나님이 자기(自己)의 독생자(獨生子)를 세상(世上)에 보내심은
저로 말미암아 우리를 살리려 하심이니라 (10)사랑은 여기 있으니 우
리가 하나님을 사랑한 것이 아니요 오직 하나님이 우리를 사랑하사
우리 죄(罪)를 위(爲)하여 화목제(和睦祭)로 그 아들을 보내셨음이니라
(11)사랑하는 자(者)들아 하나님이 이같이 우리를 사랑하셨은즉 우리
도 서로 사랑하는 것이 마땅하도다 (12)어느 때나 하나님을 본 사람
이 없으되 만일(萬一) 우리가 서로 사랑하면 하나님이 우리 안에 거
(居)하시고 그의 사랑이 우리 안에 온전(穩全)히 이루느니라

2. 니골라당을 미워하라(6) = 우상숭배를 배격하라

계 2:14-16 = 회개하라(16)

(14)그러나 네게 두어 가지 책망(責望)할 것이 있나니 거기 네게 발
람의 교훈(敎訓)을 지키는 자(者)들이 있도다 발람이 발락을 가르쳐
이스라엘 앞에 올무를 놓아 우상(偶像)의 제물(祭物)을 먹게 하였고
또 행음(行淫)하게 하였느니라 (15)이와 같이 네게도 니골라당의 교훈

(敎訓)을 지키는 자(者)들이 있도다 (16)그러므로 회개(悔改)하라 그리하지 아니하면 내가 네게 속(速)히 임(臨)하여 내 입의 검으로 그들과 싸우리라

호 14:1-3 = 돌아오라(1)

(1)이스라엘아 네 하나님 여호와께로 돌아오라 네가 불의(不義)함을 인(因)하여 엎드러졌느니라 (2)너는 말씀을 가지고 여호와께로 돌아와서 아뢰기를 모든 불의(不義)를 제(除)하시고 선(善)한 바를 받으소서 우리가 입술로 수송아지를 대신하여 주(主)께 드리리이다 (3)우리가 앗수르의 구원(救援)을 의지(依支)하지 아니하며 말을 타지 아니하며 다시는 우리의 손으로 지은 것을 향(向)하여 너희는 우리 신(神)이라 하지 아니하오리니 이는 고아(孤兒)가 주(主)께로 말미암아 긍휼(矜恤)을 얻음이니이다 할지니라

요 7:1-9 = 증거함이라(7)

(1)이후(以後)에 예수께서 갈릴리에서 다니시고 유대에서 다니려 아니하심은 유대인(人)들이 죽이려 함이러라 (2)유대인(人)의 명절(名節)인 초막절(草幕節)이 가까운지라 (3)그 형제(兄弟)들이 예수께 이르되 당신(當身)의 행(行)하는 일을 제자(弟子)들도 보게 여기를 떠나 유대로 가소서 (4)스스로 나타나기를 구(求)하면서 묻혀서 일하는 사람이 없나니 이 일을 행(行)하려 하거든 자신(自身)을 세상(世上)에 나타내소서 하니 (5)이는 그 형제(兄弟)들이라도 예수를 믿지 아니함이러라 (6)예수께서 가라사대 내 때는 아직 이르지 아니하였거니와 너희 때는 늘 준비(準備)되어 있느니라 (7)세상(世上)이 너희를 미워하지 못하되 나를 미워하나니 이는 내가 세상(世上)의 행사(行事)를 악(惡)하다 증거(證據)함이라 (8)너희는 명절(名節)에 올라가라 나는 내 때가 아직 차지 못하였으니 이 명절(名節)에 아직 올라가지 아니하노라 (9)이

말씀을 하시고 갈릴리에 머물러 계시니라

3. 이기는 복(은혜)을 누려라(7) = 말씀을 듣고 순종하라

마 13:1-9 = 들으라(9)

(1)그날에 예수께서 집에서 나가사 바닷가에 앉으시매 (2)큰 무리
가 그에게로 모여들거늘 예수께서 배에 올라가 앉으시고 온 무리는
해변(海邊)에 섰더니 (3)예수께서 비유(譬喩)로 여러 가지를 저희에게
말씀하여 가라사대 씨를 뿌리는 자(者)가 뿌리러 나가서 (4)뿌릴새 더
러는 길가에 떨어지매 새들이 와서 먹어 버렸고 (5)더러는 흙이 얇은
돌밭에 떨어지매 흙이 깊지 아니하므로 곧 싹이 나오나 (6)해가 돋은
후(後)에 타져서 뿌리가 없으므로 말랐고 (7)더러는 가시떨기 위에 떨
어지매 가시가 자라서 기운(氣運)을 막았고 (8)더러는 좋은 땅에 떨어
지매 혹 백 배, 혹 육십 배, 혹 삼십 배의 결실(結實)을 하였느니라 (9)
귀 있는 자(者)는 들으라 하시니라

마 13:36-43 = 들으라(43)

(36)이에 예수께서 무리를 떠나사 집에 들어가시니 제자(弟子)들이
나아와 가로되 밭의 가라지의 비유(譬喩)를 우리에게 설명하여 주소
서 (37)대답(對答)하여 가라사대 좋은 씨를 뿌리는 이는 인자(人子)요
(38)밭은 세상(世上)이요 좋은 씨는 천국(天國)의 아들들이요 가라지
는 악(惡)한 자(者)의 아들들이요 (39)가라지를 심은 원수(怨讐)는 마
귀(魔鬼)요 추수(秋收)때는 세상(世上) 끝이요 추수꾼은 천사(天使)들
이니 (40)그런즉 가라지를 거두어 불에 사르는 것같이 세상(世上)끝
에도 그러하리라 (41)인자(人子)가 그 천사(天使)들을 보내리니 저희가
그 나라에서 모든 넘어지게 하는 것과 또 불법(不法)을 행(行)하는 자
(者)들을 거두어 내어 (42)풀무불에 던져 넣으리니 거기서 울며 이를
갊이 있으리라 (43)그때에 의인(義人)들은 자기(自己) 아버지 나라에서

해와 같이 빛나리라 귀 있는 자(者)는 들으라

계 21:1-7 = 이기는(7)

(1)또 내가 새 하늘과 새 땅을 보니 처음 하늘과 처음 땅이 없어졌고 바다도 다시 있지 않더라 (2)또 내가 보매 거룩한 성(城) 새 예루살렘이 하나님께로부터 하늘에서 내려오니 그 예비(豫備)한 것이 신부(新婦)가 남편(男便)을 위(爲)하여 단장(丹粧)한 것 같더라 (3)내가 들으니 보좌(寶座)에서 큰 음성(音聲)이 나서 가로되 보라 하나님의 장막(帳幕)이 사람들과 함께 있으매 하나님이 저희와 함께 거(居)하시리니 저희는 하나님의 백성(百姓)이 되고 하나님은 친(親)히 저희와 함께 계셔서 (4)모든 눈물을 그 눈에서 씻기시매 다시 사망(死亡)이 없고 애통(哀痛)하는 것이나 곡(哭)하는 것이나 아픈 것이 다시 있지 아니하리니 처음 것들이 다 지나갔음이러라 (5)보좌(寶座)에 앉으신 이가 가라사대 보라 내가 만물(萬物)을 새롭게 하노라 하시고 또 가라사대 이 말은 신실(信實)하고 참되니 기록(記錄)하라 하시고 (6)또 내게 말씀하시되 이루었도다 나는 알파와 오메가요 처음과 나중이라 내가 생명수(生命水) 샘물로 목마른 자(者)에게 값 없이 주리니 (7)이기는 자(者)는 이것들을 유업(遺業)으로 얻으리라 나는 저의 하나님이 되고 그는 내 아들이 되리라

계 22:12-19 = 빠는 자(14)

(12)보라 내가 속(速)히 오리니 내가 줄 상(賞)이 내게 있어 각(各) 사람에게 그의 일한 대로 갚아 주리라 (13)나는 알파와 오메가요 처음과 나중이요 시작과 끝이라 (14)그 두루마기를 빠는 자(者)들은 복(福)이 있으니 이는 저희가 생명(生命) 나무에 나아가며 문(門)들을 통하여 성(城)에 들어갈 권세(權勢)를 얻으려 함이로다 (15)개들과 술객들과 행음(行淫)자들과 살인자(殺人者)들과 우상(偶象) 숭배(崇拜)자들

과 및 거짓말을 좋아하며 지어내는 자(者)마다 성(城)밖에 있으리라 (16)나 예수는 교회(敎會)들을 위(爲)하여 내 사자(使者)를 보내어 이것들을 너희에게 증거(證據)하게 하였노라 나는 다윗의 뿌리요 자손(子孫)이니 곧 광명(光明)한 새벽별이라 하시더라 (17)성령(聖靈)과 신부(新婦)가 말씀하시기를 오라 하시는도다 듣는 자(者)도 오라 할 것이요 목마른 자(者)도 올 것이요 또 원(願)하는 자(者)는 값없이 생명수(生命水)를 받으라 하시더라 (18)내가 이 책(冊)의 예언(豫言)의 말씀을 듣는 각인(各人)에게 증거(證據)하노니 만일(萬一) 누구든지 이것들 외(外)에 더하면 하나님이 이 책(冊)에 기록(記錄)된 재앙(災殃)들을 그에게 더하실 터이요 (19)만일(萬一) 누구든지 이 책(冊)의 예언(豫言)의 말씀에서 제(除)하여 버리면 하나님이 이 책(冊)에 기록(記錄)된 생명(生命) 나무와 및 거룩한 성(城)에 참예(參與)함을 제(除)하여 버리시리라

- **결론**

롬 8:35-39 = 확신하노니(38)

(35)누가 우리를 그리스도의 사랑에서 끊으리요 환난(患難)이나 곤고나 핍박(逼迫)이나 기근(饑饉)이나 적신이나 위험이나 칼이랴 (36)기록(記錄)된 바 우리가 종일 주(主)를 위(爲)하여 죽임을 당케 되며 도살할 양(羊) 같이 여김을 받았나이다 함과 같으니라 (37)그러나 이 모든 일에 우리를 사랑하시는 이로 말미암아 우리가 넉넉히 이기느니라 (38)내가 확신(確信)하노니 사망(死亡)이나 생명(生命)이나 천사(天使)들이나 권세자들이나 현재(現在) 일이나 장래(將來) 일이나 능력(能力)이나 (39)높음이나 깊음이나 다른 아무 피조물(被造物)이라도 우리를 우리 주(主) 그리스도 예수 안에 있는 하나님의 사랑에서 끊을 수 없으리라

요 16:31-33 = 담대하라(33)

(31)예수께서 대답(對答)하시되 이제는 너희가 믿느냐 (32)보라 너
희가 다 각각(各各) 제 곳으로 흩어지고 나를 혼자 둘 때가 오나니 벌
써 왔도다 그러나 내가 혼자 있는 것이 아니라 아버지께서 나와 함
께 계시느니라 (33)이것을 너희에게 이름은 너희로 내 안에서 평안
(平安)을 누리게 하려 함이라 세상(世上)에서는 너희가 환난(患難)을
당(當)하나 담대(膽大)하라 내가 세상(世上)을 이기었노라 하시니라

요 19:28-30 = 다 이루었다(30)

(28)이후(以後)에 예수께서 모든 일이 이미 이룬 줄 아시고 성경(聖
經)으로 응(應)하게 하려 하사 가라사대 내가 목마르다 하시니 (29)거
기 신 포도주(葡萄酒)가 가득히 담긴 그릇이 있는지라 사람들이 신
포도주(葡萄酒)를 머금은 해융을 우슬초(牛膝草)에 매어 예수의 입에
대니 (30)예수께서 신 포도주(葡萄酒)를 받으신 후(後) 가라사대 다 이
루었다 하시고 머리를 숙이시고 영혼(靈魂)이 돌아가시니라

고전 15:50-18 = 힘쓰는(58)

(50)형제(兄弟)들아 내가 이것을 말하노니 혈과 육(肉)은 하나님 나
라를 유업(遺業)으로 받을 수 없고 또한 썩은 것은 썩지 아니한 것을
유업(遺業)으로 받지 못하느니라 (51)보라 내가 너희에게 비밀(秘密)을
말하노니 우리가 다 잠잘 것이 아니요 마지막 나팔에 순식간에 홀
연(忽然)히 다 변화하리니 (52)나팔 소리가 나매 죽은 자(者)들이 썩
지 아니할 것으로 다시 살고 우리도 변화하리라 (53)이 썩을 것이 불
가불 썩지 아니할 것을 입겠고 이 죽을 것이 죽지 아니함을 입으리
로다 (54)이 썩을 것이 썩지 아니함을 입고 이 죽을 것이 죽지 아니함
을 입을 때에는 사망(死亡)이 이김의 삼킨 바 되리라고 기록(記錄)된
말씀이 응(應)하리라 (55)사망(死亡)아 너의 이기는 것이 어디 있느냐

사망(死亡)아 너의 쏘는 것이 어디 있느냐 (56)사망(死亡)의 쏘는 것은 죄(罪)요 죄(罪)의 권능(權能)은 율법(律法)이라 (57)우리 주(主) 예수 그리스도로 말미암아 우리에게 이김을 주시는 하나님께 감사(感謝)하노니 (58)그러므로 내 사랑하는 형제(兄弟)들아 견고(堅固)하며 흔들리지 말며 항상(恒常) 주(主)의 일에 더욱 힘쓰는 자(者)들이 되라 이는 너희 수고(受苦)가 주(主) 안에서 헛되지 않은 줄을 앎이니라

요일 5:1-5 = 지키는(3)

(1)예수께서 그리스도이심을 믿는 자(者)마다 하나님께로서 난 자(者)니 또한 내신 이를 사랑하는 자(者)마다 그에게 난 자(者)를 사랑하느니라 (2)우리가 하나님을 사랑하고 그의 계명(誡命)들을 지킬 때에 이로써 우리가 하나님의 자녀(子女) 사랑하는 줄을 아느니라 (3)하나님을 사랑하는 것은 이것이니 우리가 그의 계명(誡命)들을 지키는 것이라 그의 계명(誡命)들은 무거운 것이 아니로다 (4)대저 하나님께로서 난 자(者)마다 세상(世上)을 이기느니라 세상(世上)을 이긴 이김은 이것이니 우리의 믿음이니라 (5)예수께서 하나님의 아들이심을 믿는 자(者)가 아니면 세상(世上)을 이기는 자(者)가 누구뇨(마 11:28-30 = 수고하고 무거운 짐진 자들아~ 참고)

❄ 8-11절. 서머나 교회

'서머나'는 에베소 북방에 위치한 항구 도시로 '아시아의 왕관', '아시아의 꽃', '이오니아에서 가장 아름다운 도시' 등의 칭찬을 받았다. 로마에 대하여는 처음부터 충성을 바쳤으며 원정군들을 원조하였다. 이러한 충성의 결과로 한때 로마의 보호와 호의를 받아 황제 숭배의 중심지가 되기도 하였으며, 자유시가 되었다. 한편 서머나는 유

대인들이 많이 이주하여 살던 곳으로 유대인들이 기독교인들을 모함하고 핍박한 지역이기도 하다(출처: 레마 주석).

• 8-10절. 죽도록 충성하라(10)

8절. 처음이요 나중이요 죽었다가 살아나신 이 = 성자 하나님이며, 부활(생명)의 주님(롬 6:8-11, 14:7-9 참조)

10절. 죽도록 충성하라 = 계명을 지켜라. 순교 신앙으로 본이 되라는 것

생명의 면류관을 네게 주리라 = 영생복락(생명의 부활)과 지옥형벌을 대칭적으로 증언한다. 면류관은 '서머나 교회'와 '빌라델비아 교회'(3:11)에서만 거론한다.

11절. 이기는 자 = 죽도록 충성하는 자(단 1:1-15 참조?) = 이들이 생명의 면류관의 복을 누리는 자(10) = 둘째 사망의 해를 받지 아니함(11) = 부활과 사망(지옥형벌)을 증언한다(순교자?).

> 선지자들 = 그러므로 내가 너희에게 선지자들과 지혜 있는 자들과 서기관들을 보내매 너희가 그 중에서 더러는 죽이고 십자가에 못 박고 그 중에 더러는 너희 회당에서 채찍질하고 이 동네에서 저 동네로 구박하리라 그러므로 의인 아벨의 피로부터 성전과 제단 사이에서 너희가 죽인 바라갸의 아들 사가랴의 피까지 땅 위에서 흘린 의로운 피가 다 너희에게 돌아가리라(마 23:34-35 = 눅 11:50-51).

세례 요한(막 6:18-29)

스데반 = 저희가 큰 소리를 지르며 귀를 막고 일심으로 그에게 달려들어 성밖에 내치고 돌로 칠새 증인들이 옷을 벗어 사울이라 하는 청년의 발 앞에 두니라 저희가 돌로 스데반을 치니 스데반이 부르짖어 가로되 주 예수여 내 영혼을 받으시옵소서 하고 무릎을 꿇고 크게 불러 가로되 주여 이 죄를 저들에게 돌리지 마옵소서 이 말을 하고 자니라(행 7:57-60).

야고보의 순교와 베드로 = 요한의 형제 야고보를 칼로 죽이니(행 12:1-19).

버가모 교회의 안디바(계 2:12-13 참조)

감옥에 수감된 바울(행 5:17-42), 바울과 실라(행 16:16-40)

폭스의 순교사 ? = 로마의 10대 박해 ?

네로(A.D. 54-68) 64년(박해 명령을 내린 연도)

도미티아누스(91-96) 95년

트라야누스(98-117) 107년

하드리누아스(117-138) 118년

세베루스(193-211) 202년

맥시미누스(235-238) 235년

데키우스(249-251) 250년

에밀리아누스(153)

오-렐리아누스(270-275) 272년

디오클레티아누스(284-305) 303년

히 11: ~ ?

〈도움 말씀〉

이기는 복(은혜)을 누려라(11. 8-11) = 생명의 은혜를 누려라

• 서론

사 44:6 = 말하노라

이스라엘의 왕(王)인 여호와, 이스라엘의 구속자(救贖者)인 만군(萬軍)의 여호와가 말하노라 나는 처음이요 나는 마지막이라 나 외(外)에 다른 신(神)이 없느니라

계 1:17-18 = 기록하라(19)

(17)내가 볼 때에 그 발 앞에 엎드러져 죽은 자(者)같이 되매 그가
오른손을 내게 얹고 가라사대 두려워 말라 나는 처음이요 나중이니
(18)곧 산 자(者)라 내가 전(前)에 죽었었노라 볼지어다 이제 세세(世
世)토록 살아 있어 사망(死亡)과 음부(陰府)의 열쇠를 가졌노니 (19)그
러므로 네 본 것과 이제 있는 일과 장차(將次) 될 일을 기록(記錄)하라

롬 14:7-9 = 사는(7)

(7)우리 중(中)에 누구든지 자기(自己)를 위(爲)하여 사는 자(者)가 없
고 자기(自己)를 위(爲)하여 죽는 자(者)도 없도다 (8)우리가 살아도 주
(主)를 위(爲)하여 살고 죽어도 주(主)를 위(爲)하여 죽나니 그러므로
사나 죽으나 우리가 주(主)의 것이로라 (9)이를 위(爲)하여 그리스도
께서 죽었다가 다시 살으셨으니 곧 죽은 자(者)와 산 자(者)의 주(主)
가 되려 하심이니라

1. 죽도록 충성하라(10. 8-10) = 충성하는 복(은혜)을 누려라

계 3;11 = 내가 속히 임하리니 네가 가진 것을 굳게 잡아 아무나 네 면류관을 빼앗지 못하게 하라

마 24:3-14 = 견디는(13)

(3)예수께서 감람산 위에 앉으셨을 때에 제자(弟子)들이 종용히 와

서 가로되 우리에게 이르소서 어느 때에 이런 일이 있겠사오며 또 주(主)의 임(臨)하심과 세상(世上) 끝에는 무슨 징조(徵兆)가 있사오리이까 (4)예수께서 대답(對答)하여 가라사대 너희가 사람의 미혹(迷惑)을 받지 않도록 주의(注意)하라 (5)많은 사람이 내 이름으로 와서 이르되 나는 그리스도라 하여 많은 사람을 미혹(迷惑)게 하리라 (6)난리와 난리 소문을 듣겠으나 너희는 삼가 두려워 말라 이런 일이 있어야 하되 끝은 아직 아니니라 (7)민족(民族)이 민족(民族)을, 나라가 나라를 대적(對敵)하여 일어나겠고 처처에 기근(饑饉)과 지진(地震)이 있으리니 (8)이 모든 것이 재난의 시작이니라 (9)그때에 사람들이 너희를 환난(患難)에 넘겨주겠으며 너희를 죽이리니 너희가 내 이름을 위(爲)하여 모든 민족(民族)에게 미움을 받으리라 (10)그때에 많은 사람이 시험(試驗)에 빠져 서로 잡아 주고 서로 미워하겠으며 (11)거짓 선지자(先知者)가 많이 일어나 많은 사람을 미혹(迷惑)하게 하겠으며 (12)불법(不法)이 성하므로 많은 사람의 사랑이 식어지리라 (13)그러나 끝까지 견디는 자(者)는 구원(救援)을 얻으리라 (14)이 천국(天國) 복음(福音)이 모든 민족(民族)에게 증거(證據)되기 위(爲)하여 온 세상(世上)에 전파(傳播)되리니 그제야 끝이 오리라

단 1:1-21 = 정하여(8)

(8)다니엘은 뜻을 정(定)하여 왕(王)의 진미(珍味)와 그의 마시는 포도주(葡萄酒)로 자기(自己)를 더럽히지 아니하리라 하고 자기(自己)를 더럽히지 않게 하기를 환관장(宦官長)에게 구(求)하니 (9)하나님이 다니엘로 환관장(宦官長)에게 은혜(恩惠)와 긍휼(矜恤)을 얻게 하신지라 (10)환관장(宦官長)이 다니엘에게 이르되 내가 내 주(主) 왕(王)을 두려워하노라 그가 너희 먹을 것과 너희 마실 것을 지정(指定)하셨거늘 너희의 얼굴이 초췌(焦悴)하여 동무 소년(少年)들만 못한 것을 그로 보시게 할 것이 무엇이냐 그렇게 되면 너희 까닭에 내 머리가 왕(王)

앞에서 위태(危殆)하게 되리라 하니라 (11)환관장(宦官長)이 세워 다니엘과 하나냐와 미사엘과 아사랴를 감독(監督)하게 한 자(者)에게 다니엘이 말하되 (12)청(請)하오니 당신(當身)의 종들을 열흘 동안 시험(試驗)하여 채식(菜食)을 주어 먹게 하고 물을 주어 마시게 한 후(後)에 (13)당신(當身) 앞에서 우리의 얼굴과 왕(王)의 진미(珍味)를 먹는 소년(少年)들의 얼굴을 비교(比較)하여 보아서 보이는 대로 종들에게 처분(處分)하소서 하매 (14)그가 그들의 말을 좇아 열흘을 시험(試驗)하더니 (15)열흘 후(後)에 그들의 얼굴이 더욱 아름답고 살이 더욱 윤택(潤澤)하여 왕(王)의 진미(珍味)를 먹는 모든 소년(少年)보다 나아 보인지라 (16)이러므로 감독(監督)하는 자(者)가 그들에게 분정(分定)된 진미(珍味)와 마실 포도주(葡萄酒)를 제(除)하고 채식(菜食)을 주니라

벧전 5:8-11 = 대적하라(9)

(8)근신(謹愼)하라 깨어라 너희 대적(對敵) 마귀(魔鬼)가 우는 사자(獅子)같이 두루 다니며 삼킬 자(者)를 찾나니 (9)너희는 믿음을 굳게 하여 저를 대적(對敵)하라 이는 세상(世上)에 있는 너희 형제(兄弟)들도 동일(同一)한 고난(苦難)을 당(當)하는 줄을 앎이니라 (10)모든 은혜(恩惠)의 하나님 곧 그리스도 안에서 너희를 부르사 자기(自己)의 영원(永遠)한 영광(榮光)에 들어가게 하신 이가 잠깐 고난(苦難)을 받은 너희를 친(親)히 온전(穩全)케 하시며 굳게 하시며 강(强)하게 하시며 터를 견고(堅固)케 하시리라 (11)권력(權力)이 세세(世世) 무궁(無窮)토록 그에게 있을지어다 아멘

마 10:24-33 = 두려워하라(28)

(24)제자(弟子)가 그 선생(先生)보다, 또는 종이 그 상전(上典)보다 높지 못하나니 (25)제자(弟子)가 그 선생(先生) 같고 종이 그 상전(上典) 같으면 족(足)하도다 집 주인(主人)을 바알세불이라 하였거든 하물

며 그 집 사람들이랴 (26)그런즉 저희를 두려워하지 말라 감추인 것
이 드러나지 않을 것이 없고 숨은 것이 알려지지 않을 것이 없느니라
(27)내가 너희에게 어두운 데서 이르는 것을 광명(光明)한 데서 말하
며 너희가 귓속으로 듣는 것을 집 위에서 전파(傳播)하라 (28)몸은 죽
여도 영혼(靈魂)은 능(能)히 죽이지 못하는 자(者)들을 두려워하지 말
고 오직 몸과 영혼(靈魂)을 능(能)히 지옥(地獄)에 멸(滅)하시는 자(者)
를 두려워하라 (29)참새 두 마리가 한 앗사리온에 팔리는 것이 아니
냐 그러나 너희 아버지께서 허락(許諾)지 아니하시면 그 하나라도 땅
에 떨어지지 아니하리라 (30)너희에게는 머리털까지 다 세신 바 되었
나니 (31)두려워하지 말라 너희는 많은 참새보다 귀하니라 (32)누구든
지 사람 앞에서 나를 시인(是認)하면 나도 하늘에 계신 내 아버지 앞
에서 저를 시인(是認)할 것이요 (33)누구든지 사람 앞에서 나를 부인
(否認)하면 나도 하늘에 계신 내 아버지 앞에서 저를 부인(否認)하리라

계 12:11-12 = 아끼지(11)

(11)또 여러 형제(兄弟)가 어린 양(羊)의 피와 자기(自己)의 증거(證據)
하는 말을 인(因)하여 저를 이기었으니 그들은 죽기까지 자기(自己) 생
명(生命)을 아끼지 아니하였도다 (12)그러므로 하늘과 그 가운데 거
(居)하는 자(者)들은 즐거워하라 그러나 땅과 바다는 화(禍)있을진저
이는 마귀(魔鬼)가 자기(自己)의 때가 얼마 못 된 줄을 알므로 크게 분
내어 너희에게 내려갔음이라 하더라

눅 10:25-28 = 행하라(28)

(25)어떤 율법사(律法士)가 일어나 예수를 시험(試驗)하여 가로되 선
생(先生)님 내가 무엇을 하여야 영생(永生)을 얻으리이까 (26)예수께서
이르시되 율법(律法)에 무엇이라 기록(記錄)되었으며 네가 어떻게 읽느
냐 (27)대답(對答)하여 가로되 네 마음을 다하며 목숨을 다하며 힘을

다하며 뜻을 다하여 주(主) 너의 하나님을 사랑하고 또한 네 이웃을 네 몸과 같이 사랑하라 하였나이다 (28)예수께서 이르시되 네 대답(對答)이 옳도다 이를 행(行)하라 그러면 살리라 하시니(신 6:1-9 참조)

마 10:16-25 = 견디는(22)

(16)보라 내가 너희를 보냄이 양(羊)을 이리 가운데 보냄과 같도다 그러므로 너희는 뱀같이 지혜(智慧)롭고 비둘기같이 순결하라 (17)사람들을 삼가라 저희가 너희를 공회(公會)에 넘겨주겠고 저희 회당(會堂)에서 채찍질하리라 (18)또 너희가 나를 인(因)하여 총독(總督)들과 임금들 앞에 끌려가리니 이는 저희와 이방인(異邦人)들에게 증거(證據)가 되게 하려 하심이라 (19)너희를 넘겨줄 때에 어떻게 또는 무엇을 말할까 염려(念慮)치 말라 그때에 무슨 말할 것을 주시리니 (20)말하는 이는 너희가 아니라 너희 속에서 말씀하시는 자(者) 곧 너희 아버지의 성령(聖靈)이시니라 (21)장차(將次) 형제(兄弟)가 형제(兄弟)를, 아비가 자식(子息)을 죽는 데 내어 주며 자식(子息)들이 부모(父母)를 대적(對敵)하여 죽게 하리라 (22)또 너희가 내 이름을 인(因)하여 모든 사람에게 미움을 받을 것이나 나중까지 견디는 자(者)는 구원(救援)을 얻으리라 (23)이 동네(洞里)에서 너희를 핍박(逼迫)하거든 저 동네(洞里)로 피(避)하라 내가 진실(眞實)로 너희에게 이르노니 이스라엘의 모든 동네(洞里)를 다 다니지 못하여서 인자(人子)가 오리라 (24)제자(弟子)가 그 선생(先生)보다, 또는 종이 그 상전(上典)보다 높지 못하나니 (25)제자(弟子)가 그 선생(先生) 같고 종이 그 상전(上典) 같으면 족(足)하도다 집 주인(主人)을 바알세불이라 하였거든 하물며 그 집 사람들이랴

히 3:1-6 = 생각하라(1)

(1)그러므로 함께 하늘의 부르심을 입은 거룩한 형제(兄弟)들아 우

리의 믿는 도리(道理)의 사도(使徒)시며 대제사장(大祭司長)이신 예수를 깊이 생각하라 (2)저가 자기(自己)를 세우신 이에게 충성(忠誠)하시기를 모세가 하나님의 온 집에서 한 것과 같으니 (3)저는 모세보다 더욱 영광(榮光)을 받을 만한 것이 마치 집 지은 자(者)가 그 집보다 더욱 존귀(尊貴)함 같으니라 (4)집마다 지은 이가 있으니 만물(萬物)을 지으신 이는 하나님이시라 (5)또한 모세는 장래(將來)의 말할 것을 증거(證據)하기 위(爲)하여 하나님의 온 집에서 사환(使喚)으로 충성(忠誠)하였고 (6)그리스도는 그의 집 맡은 아들로 충성(忠誠)하였으니 우리가 소망(所望)의 담대(膽大)함과 자랑을 끝까지 견고(堅固)히 잡으면 그의 집이라

계 20:1-15 = 참여하는(6)

(6)이 첫째 부활(復活)에 참여하는 자(者)들은 복(福)이 있고 거룩하도다 둘째 사망(死亡)이 그들을 다스리는 권세(權勢)가 없고 도리어 그들이 하나님과 그리스도의 제사장(祭司長)이 되어 천년(千年) 동안 그리스도로 더불어 왕(王)노릇 하리라

2. 생명의 은혜를 누려라(11) = 이기는 복(은혜)을 누려라

계 21:8 = 믿지(8)

(8)그러나 두려워하는 자(者)들과 믿지 아니하는 자(者)들과 흉악(凶惡)한 자(者)들과 살인자(殺人者)들과 행음(行淫)자들과 술객(術客)들과 우상(偶象) 숭배(崇拜)자들과 모든 거짓말하는 자(者)들은 불과 유황(硫黃)으로 타는 못에 참예(參與)하리니 이것이 둘째 사망(死亡)이라

막 9:42-50 = 화목하라(50)

(42)또 누구든지 나를 믿는 이 소자(小子) 중(中) 하나를 실족(失足)케 하면 차라리 연자(硏子) 맷돌을 그 목에 달리우고 바다에 던지움

이 나으리라 (43)만일(萬一) 네 손이 너를 범죄(犯罪)케 하거든 찍어버리라 불구자로 영생(永生)에 들어가는 것이 두 손을 가지고 지옥(地獄) 꺼지지 않는 불에 들어가는 것보다 나으니라 (44)(없음) (45)만일(萬一) 네 발이 너를 범죄(犯罪)케 하거든 찍어 버리라 절뚝발이로 영생(永生)에 들어가는 것이 두 발을 가지고 지옥(地獄)에 던지우는 것보다 나으니라 (46)(없음) (47)만일(萬一) 네 눈이 너를 범죄(犯罪)케 하거든 빼어버리라 한 눈으로 하나님의 나라에 들어가는 것이 두 눈을 가지고 지옥(地獄)에 던지우는 것보다 나으니라 (48)거기는 구더기도 죽지 않고 불도 꺼지지 아니하느니라 (49)사람마다 불로써 소금 치듯 함을 받으리라 (50)소금은 좋은 것이로되 만일(萬一) 소금이 그 맛을 잃으면 무엇으로 이를 짜게 하리요 너희 속에 소금을 두고 서로 화목(和睦)하라 하시니라(마 5:29; 눅 12:5 참조)

계 20:1-15 = (6, 14)

(6)이 첫째 부활(復活)에 참여하는 자(者)들은 복(福)이 있고 거룩하도다 둘째 사망(死亡)이 그들을 다스리는 권세(權勢)가 없고 도리어 그들이 하나님과 그리스도의 제사장(祭司長)이 되어 천년(千年) 동안 그리스도로 더불어 왕(王)노릇 하리라…(14)사망(死亡)과 음부(陰府)도 불못에 던지우니 이것은 둘째 사망(死亡) 곧 불못이라 (15)누구든지 생명책에 기록되지 못한 자는 불못에 던지우더라 (15)누구든지 생명책에 기록되지 못한 자는 불못에 던지우더라

롬 6:1-11 = 행하게(4)

(1)그런즉 우리가 무슨 말 하리요 은혜(恩惠)를 더하게 하려고 죄(罪)에 거(居)하겠느뇨 (2)그럴 수 없느니라 죄(罪)에 대(對)하여 죽은 우리가 어찌 그 가운데 더 살리요 (3)무릇 그리스도 예수와 합(合)하여 세례(洗禮)를 받은 우리는 그의 죽으심과 합(合)하여 세례(洗禮) 받

은 줄을 알지 못하느뇨 (4)그러므로 우리가 그의 죽으심과 합(合)하여 세례(洗禮)를 받음으로 그와 함께 장사(葬事)되었나니 이는 아버지의 영광(榮光)으로 말미암아 그리스도를 죽은 자 가운데서 살리심과 같이 우리로 또한 새 생명 가운데서 행하게 하려 함이니라 (5)만일(萬一) 우리가 그의 죽으심을 본받아 연합(聯合)한 자(者)가 되었으면 또한 그의 부활(復活)을 본받아 연합(聯合)한 자(者)가 되리라 (6)우리가 알거니와 우리 옛 사람이 예수와 함께 십자가(十字架)에 못 박힌 것은 죄(罪)의 몸이 멸(滅)하여 다시는 우리가 죄(罪)에게 종노릇하지 아니하려 함이니 (7)이는 죽은 자(者)가 죄(罪)에서 벗어나 의(義)롭다 하심을 얻었음이니라 (8)만일(萬一) 우리가 그리스도와 함께 죽었으면 또한 그와 함께 살 줄을 믿노니 (9)이는 그리스도께서 죽은 자(者) 가운데서 사셨으매 다시 죽지 아니하시고 사망(死亡)이 다시 그를 주장(主掌)하지 못할 줄을 앎이로라 (10)그의 죽으심은 죄(罪)에 대(對)하여 단번(單番)에 죽으심이요 그의 살으심은 하나님께 대(對)하여 살으심이니 (11)이와 같이 너희도 너희 자신(自身)을 죄(罪)에 대(對)하여는 죽은 자(者)요 그리스도 예수 안에서 하나님을 대(對)하여는 산 자(者)로 여길지어다

- **결론**

요 16:31-33 = 담대하라(33)

(31)예수께서 대답(對答)하시되 이제는 너희가 믿느냐 (32)보라 너희가 다 각각(各各) 제 곳으로 흩어지고 나를 혼자 둘 때가 오나니 벌써 왔도다 그러나 내가 혼자 있는 것이 아니라 아버지께서 나와 함께 계시느니라 (33)이것을 너희에게 이름은 너희로 내 안에서 평안(平安)을 누리게 하려 함이라 세상(世上)에서는 너희가 환난(患難)을 당(當)하나 담대(膽大)하라 내가 세상(世上)을 이기었노라 하시니라

롬 8:35-39 = 확신하노니(38)

(35)누가 우리를 그리스도의 사랑에서 끊으리요 환난(患難)이나 곤
고나 핍박(逼迫)이나 기근(饑饉)이나 적신이나 위험이나 칼이랴 (36)기
록(記錄)된 바 우리가 종일 주(主)를 위(爲)하여 죽임을 당케 되며 도
살할 양(羊)같이 여김을 받았나이다 함과 같으니라 (37)그러나 이 모
든 일에 우리를 사랑하시는 이로 말미암아 우리가 넉넉히 이기느니
라 (38)내가 확신(確信)하노니 사망(死亡)이나 생명(生命)이나 천사(天
使)들이나 권세자들이나 현재(現在) 일이나 장래(將來) 일이나 능력(能
力)이나 (39)높음이나 깊음이나 다른 아무 피조물(被造物)이라도 우리
를 우리 주(主) 그리스도 예수 안에 있는 하나님의 사랑에서 끊을 수
없으리라

딛 2:11-14 = 열심(14)

(11)모든 사람에게 구원(救援)을 주시는 하나님의 은혜(恩惠)가 나
타나 (12)우리를 양육(養育)하시되 경건(敬虔)치 않은 것과 이 세상(世
上) 정욕(情欲)을 다 버리고 근신(謹愼)함과 의(義)로움과 경건(敬虔)함
으로 이 세상(世上)에 살고 (13)복(福)스러운 소망(所望)과 우리의 크신
하나님 구주(救主) 예수 그리스도의 영광(榮光)이 나타나심을 기다리
게 하셨으니 (14)그가 우리를 대신(代身)하여 자신(自身)을 주심은 모
든 불법(不法)에서 우리를 구속하시고 우리를 깨끗하게 하사 선(善)한
일에 열심하는 친 백성(百姓)이 되게 하려 하심이니라

히 11:32-12:2 = 예수를 바라보자(12:2)

(32)내가 무슨 말을 더 하리요 기드온, 바락, 삼손, 입다와 다윗
과 사무엘과 및 선지자들의 일을 말하려면 내게 시간이 부족하리로
다 (33)저희가 믿음으로 나라들을 이기기도 하며 의를 행하기도 하
며 약속을 받기도 하며 사자들의 입을 막기도 하며 (34)불의 세력을

멸하기도 하며 칼날을 피하기도 하며 연약한 가운데서 강하게 되기도 하며 전쟁에 용맹되어 이방 사람들의 진을 물리치기도 하며 (35)여자들은 자기의 죽은 자를 부활로 받기도 하며 또 어떤 이들은 더 좋은 부활을 얻고자 하여 악형을 받되 구차히 면하지 아니하였으며 (36)또 어떤 이들은 희롱과 채찍질뿐 아니라 결박과 옥에 갇히는 시험도 받았으며 (37)돌로 치는 것과 톱으로 켜는 것과 시험과 칼에 죽는 것을 당하고 양과 염소의 가죽을 입고 유리하여 궁핍과 환난과 학대를 받았으니…12: (1)이러므로 우리에게 구름같이 둘러싼 허다한 증인들이 있으니 모든 무거운 것과 얽매이기 쉬운 죄를 벗어 버리고 인내로써 우리 앞에 당한 경주를 경주하며 (2)믿음의 주요 또 온전케 하시는 이인 예수를 바라보자 저는 그 앞에 있는 즐거움을 위하여 십자가를 참으사 부끄러움을 개의치 아니하시더니 하나님 보좌 우편에 앉으셨느니라

❀ 12-17절. 버가모 교회

버가모는 서머나 북방 100km 지점에 위치한 도시로 B.C. 5세기에 이미 잘 알려졌다. 이 도시는 B.C. 133년에 로마의 식민지가 된 이후로 로마의 총독이 주재하는 도시가 되었다. 그래서 버가모는 권력과 정치의 도시로 상징되었다. 또한 이 도시는 문화의 도시로도 잘 알려졌는데 이곳에는 알렉산드리아 다음으로 유명한 도서관이 있었고, 20만 권 이상의 양피지 두루마리가 소장되어 있었다. 그리고 이곳은 종교의 중심지로서 주신인 '제우스'(Zeus)를 비롯하여 승리자 '아테네'(Athene), 지도자 '디오니소스'(Dionysos) 등의 신전이 있었다. 더구나 이곳은 황제 숭배까지 성행하는 곳으로 각지에서부터 오는 순례객들로 언제나 번잡한 곳이었다. 그러므로 이곳에 위치한 버가

모 교회도 이 도시의 영향을 받지 않을 수 없었다. 즉 교회의 구성원들 중에는 신실한 자도 있었지만 니골라당에 가입한 자들도 있었고 우상 숭배자들도 포함되어 있었다(출처: 레마 주석).

• **12–13절. 예수님 이름을 굳게 잡으라**

12절. 좌우에 날선 검을 가지신 이 = 말씀이신 주님(계 19:13 참조) = 계 1:16(입에서 좌우에 날선 검이) 참조

박윤선 = 하나님의 말씀

이상근 = 선악과 정사를 가지신 모습으로, 세상을 심판하시는 메시아의 심판권

피터 럭크만 = 히 4장, 엡 6장, 계 1장의 하나님 말씀

13절. 사탄의 위가 있는 데라 = 곧 우상숭배의 중심지로 지칭함

안디바(Antivpa, Antipas) = 반대자. '버가모' 교회의 순교한 성도인 듯하다(계 2:13). 제3세기에 버가모의 어떤 조각에 이 이름이 있는데, 터툴리안(Tertullian)은 이 사람을 실제적 버가모의 순교자로 여긴다. 그러나 그가 어떤 사람이었는지에 대한 상세한 기록은 없다. 어떤 전설에 의하면, 안디바는 버가모 교회의 강직한 감독이었는데, 그의 명성이 높으므로 로마 황제 예배 종파에게 잡혀 놋으로 만든 황소 속에서 태워 죽임을 당했다고 한다.[42]

14절. 발람의 교훈을 지키는 자들이 있도다 = '안디바'(13)와 대칭적으로, '버가모' 교인 전체를 말함이 아니다. 또한 사데 교회의 '이기는 자'와도 반대되는 표현이다(계 3:4 참조)

---

42) 기독교성서대백과(디럭스바이블, 슈퍼바이블)

16절. 회개하라 = 발람의 교훈, 니골라당의 교훈을 배격하라 (14-15)

17절. 이기는 자 = '안디바'와 같이 주님의 이름을 굳게 잡은 자(13). = 감추었던 만나를 주고 또 흰 돌을 주심(17)

'베드로'와 '그의 부인', 그의 제자 '이그나티우스'의 순교
막 6:18-29 = 세례 요한
행 12:2 = 요한의 형제 야고보
행 7:57-60 = 스데반

〈도움 말씀〉

말씀을 듣고 순종하라(17. 12-17) = 이기는 복(은혜)을 누려라

- 서론

살전 2:13-16 = 믿는(13)

(13)이러므로 우리가 하나님께 쉬지 않고 감사(感謝)함은 너희가 우리에게 들은 바 하나님의 말씀을 받을 때에 사람의 말로 아니하고 하나님의 말씀으로 받음이니 진실(眞實)로 그러하다 이 말씀이 또한 너희 믿는 자(者) 속에서 역사하느니라 (14)형제(兄弟)들아 너희가 그리스도 예수 안에서 유대에 있는 하나님의 교회(敎會)들을 본받은 자(者) 되었으니 저희가 유대인(人)들에게 고난(苦難)을 받음과 같이 너희도 너희 나라 사람들에게 동일(同一)한 것을 받았느니라 (15)유대인(人)은 주(主) 예수와 선지자(先知者)들을 죽이고 우리를 쫓아내고 하나님을 기쁘시게 아니하고 모든 사람에게 대적(對敵)이 되어 (16)우리가 이방인(異邦人)에게 말하여 구원(救援) 얻게 함을 저희가 금(禁)하여 자기(自己) 죄(罪)를 항상(恒常) 채우매 노(怒)하심이 끝까지 저희에게 임(臨)하였느니라

눅 22:31-34 = 굳게 하라(32)

(31)시몬아, 시몬아 보라 사탄이 밀 까부르듯 하려고 너희를 청구
(請求)하였으나 (32)그러나 내가 너를 위(爲)하여 네 믿음이 떨어지지
않기를 기도(祈禱)하였노니 너는 돌이킨 후(後)에 네 형제(兄弟)를 굳
게 하라 (33)저가 말하되 주(主)여 내가 주(主)와 함께 옥(獄)에도, 죽
는 데도 가기를 준비(準備)하였나이다 (34)가라사대 베드로야 내가 네
게 말하노니 오늘 닭 울기 전(前)에 네가 세 번 나를 모른다고 부인(否
認)하리라 하시니라

벧전 5:7-10 = 맡겨 버리라(7)

(7)너희 염려(念慮)를 다 주(主)께 맡겨 버리라 이는 저가 너희를 권
고(眷顧)하심이니라 (8)근신(謹愼)하라 깨어라 너희 대적(對敵) 마귀(魔
鬼)가 우는 사자(獅子)같이 두루 다니며 삼킬 자(者)를 찾나니 (9)너희
는 믿음을 굳게 하여 저를 대적(對敵)하라 이는 세상(世上)에 있는 너
희 형제(兄弟)들도 동일(同一)한 고난(苦難)을 당(當)하는 줄을 앎이니
라 (10)모든 은혜(恩惠)의 하나님 곧 그리스도 안에서 너희를 부르사
자기(自己)의 영원(永遠)한 영광(榮光)에 들어가게 하신 이가 잠깐 고난
(苦難)을 받은 너희를 친(親)히 온전(穩全)케 하시며 굳게 하시며 강(强)
하게 하시며 터를 견고(堅固)케 하시리라

1. 예수님 이름을 굳게 잡으라(13. 12-13) = 순교도 각오하라

행 7:54-60 = 말하기를(56) = 사도 바울은 '스데반'을 주의 증인
이라 함(행 22:20)

(54)저희가 이말을 듣고 마음에 찔려 저를 향(向)하여 이를 갈거늘
(55)스데반이 성령(聖靈)이 충만(充滿)하여 하늘을 우러러 주목(注目)
하여 하나님의 영광(榮光)과 및 예수께서 하나님 우편(右便)에 서신
것을 보고 (56)말하되 보라 하늘이 열리고 인자가 하나님 우편(右便)

에 서신 것을 보노라 한대 (57)저희가 큰 소리를 지르며 귀를 막고 일심(一心)으로 그에게 달려들어 (58)성(城) 밖에 내치고 돌로 칠새 증인(證人)들이 옷을 벗어 사울이라 하는 청년(靑年)의 발앞에 두니라 (59)저희가 돌로 스데반을 치니 스데반이 부르짖어 가로되 주(主) 예수여 내 영혼(靈魂)을 받으시옵소서 하고 (60)무릎을 꿇고 크게 불러 가로되 주(主)여 이 죄(罪)를 저들에게 돌리지 마옵소서 이 말을 하고 자(者)니라

계 17:1-18 = 취한지라(6)

(6)또 내가 보매 이 여자(女子)가 성도(聖徒)들의 피와 예수의 증인(證人)들의 피에 취한지라 내가 그 여자(女子)를 보고 기이(奇異)히 여기고 크게 기이(奇異)히 여기니

계 11:1-14 = 말하기를(1)

(1)또 내게 지팡이 같은 갈대를 주며 말하기를 일어나서 하나님의 성전(聖殿)과 제단(祭壇)과 그 안에서 경배(敬拜)하는 자(者)들을 척량(尺量)하되 (2)성전(聖殿) 밖 마당은 척량(尺量)하지 말고 그냥 두라 이것을 이방인(異邦人)에게 주었은즉 저희가 거룩한 성(城)을 마흔두 달 동안 짓밟으리라 (3)내가 나의 두 증인(證人)에게 권세(權勢)를 주리니 저희가 굵은 베옷을 입고 일천(一千) 이백(二百) 육십일(六十日)을 예언(豫言)하리라

계 1:4-6 = 삼으신(6)

(4)요한은 아시아에 있는 일곱 교회(敎會)에 편지(便紙)하노니 이제도 계시고 전(前)에도 계시고 장차(將次) 오실 이와 그 보좌(寶座) 앞에 일곱 영(靈)과 (5)또 충성(忠誠)된 증인(證人)으로 죽은 자(者)들 가운데서 먼저 나시고 땅의 임금들의 머리가 되신 예수 그리스도로 말

미암아 은혜(恩惠)와 평강(平康)이 너희에게 있기를 원(願)하노라 우리를 사랑하사 그의 피로 우리 죄(罪)에서 우리를 해방(解放)하시고 (6)그 아버지 하나님을 위(爲)하여 우리를 나라와 제사장(祭司長)으로 삼으신 그에게 영광(榮光)과 능력(能力)이 세세(世世)토록 있기를 원(願)하노라 아멘

계 6:9-11 = 가라사대(11)

(9)다섯째 인(印)을 떼실 때에 내가 보니 하나님의 말씀과 저희의 가진 증거(證據)를 인(因)하여 죽임을 당한 영혼(靈魂)들이 제단(祭壇)아래 있어 (10)큰 소리로 불러 가로되 거룩하고 참되신 대 주재여 땅에 거(居)하는 자(者)들을 심판(審判)하여 우리 피를 신원(伸寃)하여 주지 아니하시기를 어느 때까지 하시려나이까 하니 (11)각각(各各) 저희에게 흰 두루마기를 주시며 가라사대 아직 잠시 동안 쉬되 저희 동무 종들과 형제(兄弟)들도 자기(自己)처럼 죽임을 받아 그 수(數)가 차기까지 하라 하시더라

마 5:1-12 = 즐거워하라(12)

(10)의(義)를 위(爲)하여 핍박(逼迫)을 받은 자(者)는 복(福)이 있나니 천국(天國)이 저희 것임이라 (11)나를 인(因)하여 너희를 욕(辱)하고 핍박(逼迫)하고 거짓으로 너희를 거스려 모든 악(惡)한 말을 할 때에는 너희에게 복(福)이 있나니 (12)기뻐하고 즐거워하라 하늘에서 너희의 상(賞)이 큼이라 너희 전(前)에 있던 선지자(先知者)들을 이같이 핍박(逼迫)하였느니라

2. 회개하라(16. 14-16) = 우상숭배 하지 말라

계 22:7 = 보라 내가 속(速)히 오리니 이 책(冊)의 예언(豫言)의 말씀을 지키는 자(者)가 복(福)이 있으리라 하더라(1:3 참조)

벧후 2:1-22 = 따라가는(15) = 거짓 선생들

(12)그러나 이 사람들은 본래(本來) 잡혀 죽기 위(爲)하여 난 이성(理性) 없는 짐승 같아서 그 알지 못한 것을 훼방(毁謗)하고 저희 멸망(滅亡) 가운데서 멸망(滅亡)을 당(當)하며 (13)불의(不義)의 값으로 불의(不義)를 당(當)하며 낮에 연락(宴樂)을 기쁘게 여기는 자(者)들이니 점(店)과 흠(欠)이라 너희와 함께 연회(宴會)할 때에 저희 간사(奸詐)한 가운데 연락(宴樂)하며 (14)음심(淫心)이 가득한 눈을 가지고 범죄(犯罪)하기를 쉬지 아니하고 굳세지 못한 영혼(靈魂)들을 유혹(誘惑)하며 탐욕(貪慾)에 연단(鍊鍛)된 마음을 가진 자(者)들이니 저주(詛呪)의 자식(子息)이라 (15)저희가 바른 길을 떠나 미혹(迷惑)하여 브올의 아들 발람의 길을 좇는도다 그는 불의(不義)의 삯을 사랑하다가 (16)자기(自己)의 불법(不法)을 인(因)하여 책망(責望)을 받되 말 못하는 나귀가 사람의 소리로 말하여 이 선지자(先知者)의 미친 것을 금지(禁止)하였느니라

계 2:6 = 오직 네게 이것이 있으니 네가 니골라당의 행위(行爲)를 미워하는도다 나도 이것을 미워하노라 = 에베소 교회?

마 4:17 = 이때부터 예수께서 비로소 전파하여 가라사대 회개하라 천국이 가까왔느니라 하시더라

행 2:37-38 = 회개하여(38)

(37)저희가 이 말을 듣고 마음에 찔려 베드로와 다른 사도들에게 물어 가로되 형제들아 우리가 어찌할꼬 하거늘 (38)베드로가 가로되 너희가 회개하여 각각 예수 그리스도의 이름으로 세례를 받고 죄 사함을 얻으라 그리하면 성령을 선물로 받으리니 (39)이 약속은 너희와 너희 자녀와 모든 먼 데 사람 곧 주 우리 하나님이 얼마든지 부르시

는 자들에게 하신 것이라 하고 (40)또 여러 말로 확증하며 권하여 가
로되 너희가 이 패역한 세대에서 구원을 받으라 하니

살전 2:1-12 = 받게(12)

(8)우리가 이같이 너희를 사모(思慕)하여 하나님의 복음(福音)으로
만 아니라 우리 목숨까지 너희에게 주기를 즐겨함은 너희가 우리의
사랑하는 자 됨이니라 (9)형제(兄弟)들아 우리의 수고(受苦)와 애쓴 것
을 너희가 기억(記憶)하리니 너희 아무에게도 누(累)를 끼치지 아니하
려고 밤과 낮으로 일하면서 너희에게 하나님의 복음(福音)을 전파(傳
播)하였노라 (10)우리가 너희 믿는 자(者)들을 향(向)하여 어떻게 거룩
하고 옳고 흠없이 행(行)한 것에 대(對)하여 너희가 증인(證人)이요 하
나님도 그러하시도다 (11)너희도 아는 바와 같이 우리가 너희 각(各)
사람에게 아비가 자기(自己) 자녀(子女)에게 하듯 권면(勸勉)하고 위로
하고 경계(警戒)하노니 (12)이는 너희를 부르사 자기(自己) 나라와 영
광(榮光)에 이르게 하시는 하나님께 합당(合當)히 행(行)하게 하려 함
이니라

3. 이기는 삶을 살아라(17) = 말씀을 듣고 순종하라

마 23:33-36 = 돌아가리라(35) = 23:1-39 = 낮추는 자(12)

(33)뱀들아 독사(毒蛇)의 새끼들아 너희가 어떻게 지옥(地獄)의 판
결(判決)을 피(避)하겠느냐 (34)그러므로 내가 너희에게 선지자(先知者)
들과 지혜(智慧) 있는 자(者)들과 서기관(書記官)들을 보내매 너희가 그
중(中)에서 더러는 죽이고 십자가(十字架)에 못 박고 그 중(中)에 더러
는 너희 회당(會堂)에서 채찍질하고 이 동네(洞里)에서 저 동네(洞里)로
구박하리라 (35)그러므로 의인(義人) 아벨의 피로부터 성전(聖殿)과
제단(祭壇) 사이에서 너희가 죽인 바라갸의 아들 사가랴의 피까지 땅
위에서 흘린 의(義)로운 피가 다 너희에게 돌아가리라 (36)내가 진실

(眞實)로 너희에게 이르노니 이것이 다 이 세대(世代)에게 돌아가리라

히 11:32-40 = 예비하셨은즉(40)

(32)내가 무슨 말을 더 하리요 기드온, 바락, 삼손, 입다와 다윗과 사무엘과 및 선지자(先知者)들의 일을 말하려면 내게 시간(時間)이 부족(不足)하리로다 (33)저희가 믿음으로 나라들을 이기기도 하며 의(義)를 행(行)하기도 하며 약속(約束)을 받기도 하며 사자(獅子)들의 입을 막기도 하며 (34)불의(不義) 세력(勢力)을 멸(滅)하기도 하며 칼날을 피(避)하기도 하며 연약(軟弱)한 가운데서 강(强)하게 되기도 하며 전쟁(戰爭)에 용맹(勇猛)되어 이방(異邦) 사람들의 진을 물리치기도 하며 (35)여자(女子)들은 자기(自己)의 죽은 자(者)를 부활(復活)로 받기도 하며 또 어떤 이들은 더 좋은 부활(復活)을 얻고자 하여 악형(惡形)을 받되 구차(苟且)히 면(免)하지 아니하였으며 (36)또 어떤 이들은 희롱(戲弄)과 채찍질뿐 아니라 결박(結縛)과 옥(獄)에 갇히는 시험(試驗)도 받았으며 (37)돌로 치는 것과 톱으로 켜는 것과 시험(試驗)과 칼에 죽는 것을 당(當)하고 양(羊)과 염소의 가죽을 입고 유리(流離)하여 궁핍(窮乏)과 환난(患難)과 학대(虐待)를 받았으니 (38)이런 사람은 세상(世上)이 감당(堪當)치 못하도다 저희가 광야(曠野)와 산중(山中)과 암혈(岩穴)과 토굴(土窟)에 유리(流離)하였느니라 (39)이 사람들이 다 믿음으로 말미암아 증거(證據)를 받았으나 약속(約束)을 받지 못하였으니 (40)이는 하나님이 우리를 위(爲)하여 더 좋은 것을 예비(豫備)하셨은 즉 우리가 아니면 저희로 온전(穩全)함을 이루지 못하게 하려 하심이니라

요일 5:1-5 = 믿는 자(5)

(1)예수께서 그리스도이심을 믿는 자(者)마다 하나님께로서 난 자(者)니 또한 내신 이를 사랑하는 자(者)마다 그에게 난 자(者)를 사랑하느니라 (2)우리가 하나님을 사랑하고 그의 계명(誡命)들을 지킬 때

에 이로써 우리가 하나님의 자녀(子女) 사랑하는 줄을 아느니라 (3)
하나님을 사랑하는 것은 이것이니 우리가 그의 계명(誡命)들을 지키
는 것이라 그의 계명(誡命)들은 무거운 것이 아니로다 (4)대저 하나님
께로서 난 자(者)마다 세상(世上)을 이기느니라 세상(世上)을 이긴 이
김은 이것이니 우리의 믿음이니라 (5)예수께서 하나님의 아들이심을
믿는 자(者)가 아니면 세상(世上)을 이기는 자(者)가 누구뇨

잠 30:1-6 = 의지하는 자(5)

(1)이 말씀은 야게의 아들 아굴의 잠언(箴言)이니 그가 이디엘과
우갈에게 이른 것이니라 (2)나는 다른 사람에게 비하면 짐승이라 내
게는 사람의 총명(聰明)이 있지 아니하니라 (3)나는 지혜(智慧)를 배우
지 못하였고 또 거룩하신 자(者)를 아는 지식(知識)이 없거니와 (4)하
늘에 올라갔다가 내려온 자(者)가 누구인지, 바람을 그 장중(掌中)에
모은 자가 누구인지, 물을 옷에 싼 자가 누구인지, 땅의 모든 끝을
정(定)한 자(者)가 누구인지, 그 이름이 무엇인지 그 아들의 이름이 무
엇인지 너는 아느냐 (5)하나님의 말씀은 다 순전(純全)하며 하나님은
그를 의지(依支)하는 자(者)의 방패(防牌)시니라 (6)너는 그 말씀에 더
하지 말라 그가 너를 책망(責望)하시겠고 너는 거짓말하는 자(者)가
될까 두려우니라

계 19:11-16 = 있으니(11)

(11)또 내가 하늘이 열린 것을 보니 보라 백마(白馬)와 탄 자(者)가
있으니 그 이름은 충신(忠信)과 진실(眞實)이라 그가 공의(公義)로 심
판(審判)하며 싸우더라 (12)그 눈이 불꽃 같고 그 머리에 많은 면류관
(冕旒冠)이 있고 또 이름 쓴 것이 하나가 있으니 자기(自己)밖에 아는
자(者)가 없고 (13)또 그가 피 뿌린 옷을 입었는데 그 이름은 하나님
의 말씀이라 칭(稱)하더라 (14)하늘에 있는 군대(軍隊)들이 희고 깨끗

한 세마포(細麻布)를 입고 백마(白馬)를 타고 그를 따르더라 (15)그의 입에서 이한 검이 나오니 그것으로 만국(萬國)을 치겠고 친(親)히 저희를 철장(鐵杖)으로 다스리며 또 친(親)히 하나님 곧 전능(全能)하신 이의 맹렬(猛烈)한 진노(震怒)의 포도주(葡萄酒) 틀을 밟겠고 (16)그 옷과 그 다리에 이름 쓴 것이 있으니 만왕(萬王)의 왕(王)이요 만주(萬主)의 주(主)라 하였더라

• **결론**

마 24:1-14 = 견디는(13)

(1)예수께서 성전에서 나와서 가실 때에 제자들이 성전 건물들을 가리켜 보이려고 나아오니 (2)대답하여 가라사대 너희가 이 모든 것을 보지 못하느냐 내가 진실로 너희에게 이르노니 돌 하나도 돌 위에 남지 않고 다 무너뜨리우리라 (3)예수께서 감람 산 위에 앉으셨을 때에 제자들이 종용히 와서 가로되 우리에게 이르소서 어느 때에 이런 일이 있겠사오며 또 주의 임하심과 세상 끝에는 무슨 징조가 있사오리이까 (4)예수께서 대답하여 가라사대 너희가 사람의 미혹을 받지 않도록 주의하라 (5)많은 사람이 내 이름으로 와서 이르되 나는 그리스도라 하여 많은 사람을 미혹게 하리라 (6)난리와 난리 소문을 듣겠으나 너희는 삼가 두려워 말라 이런 일이 있어야 하되 끝은 아직 아니니라 (7)민족이 민족을, 나라가 나라를 대적하여 일어나겠고 처처에 기근과 지진이 있으리니 (8)이 모든 것이 재난의 시작이니라 (9)그때에 사람들이 너희를 환난에 넘겨주겠으며 너희를 죽이리니 너희가 내 이름을 위하여 모든 민족에게 미움을 받으리라 (10)그때에 많은 사람이 시험에 빠져 서로 잡아 주고 서로 미워하겠으며 (11)거짓 선지자가 많이 일어나 많은 사람을 미혹하게 하겠으며 (12)불법이 성하므로 많은 사람의 사랑이 식어지리라 (13)그러나 끝까지 견디는 자는 구원을 얻으리라 (14)이 천국 복음이 모든 민족에게 증거되

기 위하여 온 세상에 전파되리니 그제야 끝이 오리라(막 13;1-13; 눅 21:5-19)

딤전 6:3-10 = 착념치(3)

(3)누구든지 다른 교훈(敎訓)을 하며 바른 말 곧 우리 주(主) 예수 그리스도의 말씀과 경건(敬虔)에 관(關)한 교훈(敎訓)에 착념(着念)치 아니 하면 (4)저는 교만(驕慢)하여 아무것도 알지 못하고 변론(辯論)과 언쟁(言爭)을 좋아하는 자(者)니 이로써 투기와 분쟁(紛爭)과 훼방(毁謗)과 악(惡)한 생각이 나며 (5)마음이 부패(腐敗)하여지고 진리(眞理)를 잃어버려 경건(敬虔)을 이익(利益)의 재료로 생각하는 자(者)들의 다툼이 일어나느니라 (6)그러나 지족(知足)하는 마음이 있으면 경건(敬虔)이 큰 이익(利益)이 되느니라 (7)우리가 세상(世上)에 아무것도 가지고 온 것이 없으매 또한 아무것도 가지고 가지 못하리니 (8)우리가 먹을 것과 입을 것이 있은즉 족(足)한 줄로 알 것이니라 (9)부(富)하려 하는 자(者)들은 시험(試驗)과 올무와 여러 가지 어리석고 해로운 정욕(情慾)에 떨어지나니 곧 사람으로 침륜(沈淪)과 멸망(滅亡)에 빠지게 하는 것이라 (10)돈을 사랑함이 일만(一萬) 악(惡)의 뿌리가 되나니 이것을 사모(思慕)하는 자(者)들이 미혹(迷惑)을 받아 믿음에서 떠나 많은 근심으로써 자기(自己)를 찔렀도다

계 16:4-7 = 마시게(6)

(4)셋째가 그 대접을 강(江)과 물 근원(根源)에 쏟으매 피가 되더라 (5)내가 들으니 물을 차지한 천사(天使)가 가로되 전(前)에도 계셨고 시방(時方)도 계신 거룩하신 이여 이렇게 심판(審判)하시니 의(義)로우시도다 (6)저희가 성도(聖徒)들과 선지자(先知者)들의 피를 흘렸으므로 저희로 피를 마시게 하신 것이 합당(合當)하니이다 하더라 (7)또 내가 들으니 제단(祭壇)이 말하기를 그러하다 주(主) 하나님 곧 전능(全

能)하신 이시여 심판(審判)하시는 것이 참되시고 의(義)로우시도다 하더라

계 13:8-10 = 들을지어다(9)

(8)죽임을 당한 어린 양(羊)의 생명책(生命冊)에 창세(創世) 이후(以後)로 녹명되지 못하고 이 땅에 사는 자(者)들은 다 짐승에게 경배(敬拜)하리라 (9)누구든지 귀가 있거든 들을지어다 (10)사로잡는 자(者)는 사로잡힐 것이요 칼로 죽이는 자(者)는 자기(自己)도 마땅히 칼에 죽으리니 성도(聖徒)들의 인내(忍耐)와 믿음이 여기 있느니라

❄ 18-29절. 두아디라 교회

두아디라는 버가모와 사데 사이에 위치한 조그마한 공업 도시로 요한계시록에 소개된 일곱 도시 중에서 가장 작고 보잘것없는 도시이다. 하지만 이 도시는 소아시아의 수도격인 버가모로 들어가는 길목에 위치했기 때문에 수비대가 주둔했고, 염색 공장으로도 유명했던 곳이다. 그래서 이 도시의 주민도 직공들과 상인들, 그리고 군인 등 여러 부류로 구성되었고 이 때문에 두아디라 교회의 회원들은 거의가 이방인들로 이루어져 있었다. 교회의 기원에 대해서는 분명치 않으나 서머나나 버가모의 경우처럼 바울이 에베소 체재 중에 전도한 것으로 추측된다. '그 눈이 불꽃 같고…하나님의 아들' 이 구절은 '하나님의 아들'의 위엄을 묘사한 것으로 태양신이나 로마 황제 위에 초월한 위엄을 나타낸다. 두아디라에는 '제우스'(Zeus)의 아들 '아폴로'(Apollo)의 신당이 있었으며, 아폴로가 두아디라의 주신으로 숭배를 받았다. 그 외에도 두아디라에는 '아데미'(Artemis)와 '삼바다'(Sambatha) 등의 신전이 있었다(출처: 레마 주석).

• **18–19절. 믿음과 섬김의 인내(성화)**

18절. 교회의 사자 = '이세벨'을 따르지 아니하고, 사탄의 계략에 빠지지 않는 자(24)

눈이 불꽃 같고 발이 빛난 주석 같은 하나님의 아들 = 하나님의 아들이신 예수 그리스도(마 16:16; 요 3:16-21; 롬 8:32 등 참조)

• **20–23절. 회개하라**

20절 책망할 것 = 주님의 종을 가르쳐 꾀어 행음하게 하고, 우상의 제물을 먹게 하는 '이세벨'을 용납함

22절. 회개치 아니하면 = '이세벨'을 용납하는 것(20)

• **24–29절. 재림을 갈망하는 은혜**

26절. 이기는 자와 끝까지 내일을 지키는 자 = 예수 그리스도의 재림을 갈망하며 사랑과 믿음과 섬김으로 인내하는 자(19, 6:22, 19:11-16 등 참조)

〈도움 말씀〉

재림을 갈망하는 삶을 살라(26, 18–29) = 이기는 삶의 은혜를 누려라

• 서론

계 22:7 = 보라 내가 속(速)히 오리니 이 책(冊)의 예언(豫言)의 말씀을 지키는 자(者)가 복(福)이 있으리라 하더라(1:3 참조)

사 30:8–14 = 있게 하라(8)

(8)이제 가서 백성(百姓) 앞에서 서판(書板)에 기록(記錄)하며 책(冊)

에 써서 후세(後世)에 영영(永永)히 있게 하라 (9)대저(大抵) 이는 패역(悖逆)한 백성(百姓)이요 거짓말 하는 자식(子息)이요 여호와의 법(法)을 듣기 싫어하는 자식(子息)이라 (10)그들이 선견자(先見者)에게 이르기를 선견(先見)하지 말라 선지자(先知者)에게 이르기를 우리에게 정직(正直)한 것을 보이지 말라 부드러운 말을 하라 거짓된 것을 보이라 (11)너희는 정로(正路)를 버리며 첩경(捷徑)에서 돌이키라 이스라엘의 거룩하신 자(者)로 우리 앞에서 떠나시게 하라 하는도다 (12)이러므로 이스라엘의 거룩하신 자(者)가 말씀하시되 너희가 이 말을 업신여기고 압박(壓迫)과 허망(虛妄)을 믿어 그것에 의뢰(依賴)하니 (13)이 죄악(罪惡)이 너희로 마치 무너지게 된 높은 담이 불쑥 나와 경각간에 홀연(忽然)히 무너짐 같게 하리라 하셨은즉 (14)그가 이 나라를 훼파(毁破)하시되 토기장(土器匠)이가 그릇을 훼파(毁破)함 같이 아낌이 없이 파쇄하시리니 그 조각 중(中)에서, 아궁이에서 불을 취(取)하거나 물 웅덩이에서 물을 뜰 것도 얻지 못하리라

렘 19:10-15 = 듣지(15)

(10)너는 함께 가는 자(者)의 목전(目前)에서 그 오지병을 깨뜨리고 (11)그들에게 이르기를 만군(萬軍)의 여호와께서 이같이 말씀하시되 사람이 토기장(土器匠)이의 그릇을 한번 깨뜨리면 다시 완전(完全)하게 할 수 없나니 이와 같이 내가 이 백성(百姓)과 이 성(城)을 파(破)하리니 그들을 매장(埋葬)할 자리가 없도록 도벳에 장사(葬事)하리라 (12)나 여호와가 말하노라 내가 이곳과 그 중(中) 거민(居民)에게 이같이 행(行)하여 이 성(城)으로 도벳 같게 할 것이라 (13)예루살렘 집들과 유다 왕(王)들의 집들 곧 그 집들이 그 집 위에서 하늘의 만상(萬象)에 분향(焚香)하고 다른 신(神)들에게 전제(奠祭)를 부음으로 더러워졌은즉 도벳 땅처럼 되리라 하셨다 하라 (14)예레미야가 여호와께서 자기(自己)를 보내사 예언(豫言)하게 하신 도벳에서 돌아와 여호와의

집 뜰에 서서 모든 백성(百姓)에게 말하되 (15)만군(萬軍)의 여호와 이스라엘의 하나님이 말씀하시되 보라 내가 이 성(城)에 대(對)하여 선언(宣言)한 모든 재앙(災殃)을 이 성(城)과 그 모든 촌락(村落)에 내리리니 이는 그 목을 곧게 하여 내 말을 듣지 아니함이니라 하셨다 하라

1. 하나님 아들의 말씀을 들으라(18. 18-19) = 성화의 은혜를 누려라

계 2:1-3 = 가라사대(1)

(1)에베소 교회(敎會)의 사자(使者)에게 편지(便紙)하기를 오른손에 일곱 별을 붙잡고 일곱 금(金)촛대 사이에 다니시는 이가 가라사대 (2)내가 네 행위(行爲)와 수고(受苦)와 네 인내(忍耐)를 알고 또 악(惡)한 자(者)들을 용납(容納)지 아니한 것과 자칭(自稱) 사도(使徒)라 하되 아닌 자(者)들을 시험(試驗)하여 그 거짓된 것을 네가 드러낸 것과 (3)또 네가 참고 내 이름을 위(爲)하여 견디고 게으르지 아니한 것을 아노라

계 1:9-19 = 기록하라(19)

(13)촛대 사이에 인자(人子) 같은 이가 발에 끌리는 옷을 입고 가슴에 금(金)띠를 띠고 (14)그 머리와 털의 희기가 흰 양(羊)털 같고 눈 같으며 그의 눈은 불꽃 같고 (15)그의 발은 풀무에 단련(鍛鍊)한 빛난 주석 같고 그의 음성(音聲)은 많은 물소리와 같으며 (16)그 오른손에 일곱 별이 있고 그 입에서 좌우(左右)에 날선 검이 나오고 그 얼굴은 해가 힘있게 비취는 것 같더라 (17)내가 볼 때에 그 발 앞에 엎드러져 죽은 자(者)같이 되매 그가 오른손을 내게 얹고 가라사대 두려워 말라 나는 처음이요 나중이니 (18)곧 산 자(者)라 내가 전(前)에 죽었었노라 볼지어다 이제 세세(世世)토록 살아 있어 사망(死亡)과 음부(陰府)의 열쇠를 가졌노니 (19)그러므로 네 본 것과 이제 있는 일과 장차(將次) 될 일을 기록(記錄)하라

계 1:4-6 = 삼으신(6)

(4)요한은 아시아에 있는 일곱 교회(敎會)에 편지(便紙)하노니 이제
도 계시고 전(前)에도 계시고 장차(將次) 오실 이와 그 보좌(寶座) 앞
에 일곱 영(靈)과 (5)또 충성(忠誠)된 증인(證人)으로 죽은 자(者)들 가
운데서 먼저 나시고 땅의 임금들의 머리가 되신 예수 그리스도로 말
미암아 은혜(恩惠)와 평강(平康)이 너희에게 있기를 원(願)하노라 우리
를 사랑하사 그의 피로 우리 죄(罪)에서 우리를 해방(解放)하시고 (6)
그 아버지 하나님을 위(爲)하여 우리를 나라와 제사장(祭司長)으로 삼
으신 그에게 영광(榮光)과 능력(能力)이 세세(世世)토록 있기를 원(願)
하노라 아멘

시 55:19-23 = 맡겨 버리라(22)

(19)태고(太古)부터 계신 하나님이 들으시고 {셀라} 변(變)치 아니하
며 하나님을 경외(敬畏)치 아니하는 자(者)에게 보응(報應)하시리로다
(20)저는 손을 들어 자기(自己)와 화목(和睦)한 자(者)를 치고 그 언약
(言約)을 배반(背叛)하였도다 (21)그 입은 우유(牛乳)기름보다 미끄러워
도 그 마음은 전쟁(戰爭)이요 그 말은 기름보다 유(柔)하여도 실상(實
狀)은 뽑힌 칼이로다 (22)네 짐을 여호와께 맡겨버리라 너를 붙드시
고 의인(義人)의 요동(搖動)함을 영영(永永)히 허락(許諾)지 아니하시리
로다 (23)하나님이여 주(主)께서 저희로 파멸(破滅)의 웅덩이에 빠지게
하시리이다 피를 흘리게 하며 속이는 자(者)들은 저희 날의 반도 살
지 못할 것이나 나는 주(主)를 의지(依支)하리이다

시 60:11-12 = 행하리니(12)

(11)우리를 도와 대적을 치게 하소서 사람의 구원은 헛됨이니이다
(12)우리가 하나님을 의지하고 용감히 행하리니 저는 우리의 대적을
밟으실 자심이로다

약 2:14-26 = 보이리라(18)

(14)내 형제들아 만일 사람이 믿음이 있노라 하고 행함이 없으면
무슨 이익이 있으리요 그 믿음이 능히 자기를 구원하겠느냐 (15)만일
형제나 자매가 헐벗고 일용할 양식이 없는데 (16)너희 중에 누구든지
그에게 이르되 평안히 가라, 더웁게 하라, 배부르게 하라 하며 그 몸
에 쓸 것을 주지 아니하면 무슨 이익이 있으리요 (17)이와 같이 행함
이 없는 믿음은 그 자체가 죽은 것이라 (18)혹이 가로되 너는 믿음이
있고 나는 행함이 있으니 행함이 없는 네 믿음을 내게 보이라 나는
행함으로 내 믿음을 네게 보이리라 (19)네가 하나님은 한 분이신 줄
을 믿느냐 잘 하는도다 귀신들도 믿고 떠느니라 (20)아아 허탄한 사
람아 행함이 없는 믿음이 헛것인 줄 알고자 하느냐 (21)우리 조상 아
브라함이 그 아들 이삭을 제단에 드릴 때에 행함으로 의롭다 하심
을 받은 것이 아니냐 (22)네가 보거니와 믿음이 그의 행함과 함께 일
하고 행함으로 믿음이 온전케 되었느니라 (23)이에 경에 이른 바 이
브라함이 하나님을 믿으니 이것을 의로 여기셨다는 말씀이 응하였
고 그는 하나님의 벗이라 칭함을 받았나니 (24)이로 보건대 사람이
행함으로 의롭다 하심을 받고 믿음으로만 아니니라 (25)또 이와 같
이 기생 라합이 사자를 접대하여 다른 길로 나가게 할 때에 행함으
로 의롭다 하심을 받은 것이 아니냐 (26)영혼 없는 몸이 죽은 것같이
행함이 없는 믿음은 죽은 것이니라

2. 회개해라(22. 20-23) = '이세벨'의 행위를 회개하라

왕상 16:29-34 = 숭배하고(31)

(29)유다 왕(王) 아사 제(第) 삼십팔년(三十八年)에 오므리의 아들 아
합이 이스라엘 왕(王)이 되니라 오므리의 아들 아합이 사마리아에서
이십이년(二十二年)을 이스라엘을 다스리니라 (30)오므리의 아들 아
합이 그 전의 모든 사람보다 여호와 보시기에 악(惡)을 더욱 행(行)하

여 (31)느밧의 아들 여로보암의 죄(罪)를 따라 행(行)하는 것을 오히려 가볍게 여기며 시돈 사람의 왕(王) 엣바알의 딸 이세벨로 아내를 삼고 가서 바알을 섬겨 숭배(崇拜)하고 (32)사마리아에 건축(建築)한 바알의 사당 속에 바알을 위(爲)하여 단(壇)을 쌓으며 (33)또 아세라 목상(木像)을 만들었으니 저는 그 전의 모든 이스라엘 왕(王)보다 심(甚)히 이스라엘 하나님 여호와의 노(怒)를 격발(激發)하였더라 (34)그 시대(時代)에 벧엘 사람 히엘이 여리고를 건축(建築)하였는데 저가 그 터를 쌓을 때에 맏아들 아비람을 잃었고 그 문(門)을 세울 때에 말째 아들 스굽을 잃었으니 여호와께서 눈의 아들 여호수아로 하신 말씀과 같이 되었더라(수 6:26 참조)

왕상 21:17-29 = 행하였으므로(20)

(17)여호와의 말씀이 디셉 사람 엘리야에게 임(臨)하여 가라사대 (18)너는 일어나 내려가서 사마리아에 거(居)하는 이스라엘 왕(王) 아합을 만나라 저가 나봇의 포도원(葡萄園)을 취(取)하러 그리로 내려갔나니 (19)너는 저에게 말하여 이르기를 여호와의 말씀이 네가 죽이고 또 빼앗았느냐 하셨다 하고 또 저에게 이르기를 여호와의 말씀이 개들이 나봇의 피를 핥은 곳에서 개들이 네 피 곧 네 몸의 피도 핥으리라 하셨다 하라 (20)아합이 엘리야에게 이르되 나의 대적(對敵)이여 네가 나를 찾았느냐 대답(對答)하되 내가 찾았노라 네가 스스로 팔려 여호와 보시기에 악(惡)을 행(行)하였으므로 (21)여호와의 말씀이 내가 재앙(災殃)을 네게 내려 너를 쓸어버리되 네게 속(贖)한 남자(男子)는 이스라엘 가운데 매인 자(者)나 놓인 자(者)를 다 멸(滅)할 것이요 (22)또 네 집으로 느밧의 아들 여로보암의 집처럼 되게 하고 아히야의 아들 바아사의 집처럼 되게 하리니 이는 네가 나의 노(怒)를 격동(激動)하고 이스라엘로 범죄(犯罪)케 한 까닭이니라 하셨고 (23)이세벨에게 대(對)하여도 여호와께서 말씀하여 가라사대 개들

이 이스르엘 성(城) 곁에서 이세벨을 먹을지라 (24)아합에게 속(屬)한 자(者)로서 성읍(城邑)에서 죽은 자(者)는 개들이 먹고 들에서 죽은 자(者)는 공중(空中)의 새가 먹으리라 하셨느니라 하니 (25)예로부터 아합과 같이 스스로 팔려 여호와 보시기에 악(惡)을 행(行)한 자(者)가 없음은 저가 그 아내 이세벨에게 충동(衝動)되었음이라 (26)저가 여호와께서 이스라엘 자손(子孫) 앞에서 쫓아내신 아모리 사람의 모든 행(行)한 것같이 우상(偶像)에게 복종(服從)하여 심(甚)히 가증(可憎)하게 행(行)하였더라 (27)아합이 이 모든 말씀을 들을 때에 그 옷을 찢고 굵은 베로 몸을 동이고 금식(禁食)하고 굵은 베에 누우며 행보(行步)도 천천히 한지라 (28)여호와의 말씀이 디셉 사람 엘리야에게 임(臨)하여 가라사대 (29)아합이 내 앞에서 겸비(謙卑)함을 네가 보느냐 저가 내 앞에서 겸비(謙卑)함을 인(因)하여 내가 재앙(災殃)을 저의 시대에 내리지 아니하고 그 아들의 시대에야 그 집에 재앙(災殃)을 내리리라 하셨더라

왕하 9:6-10 = 이르되(6)

(6)예후가 일어나 집으로 들어가니 소년(少年)이 그 머리에 기름을 부으며 이르되 이스라엘 하나님 여호와의 말씀이 내가 네게 기름을 부어 여호와의 백성(百姓) 곧 이스라엘의 왕(王)을 삼노니 (7)너는 네 주 아합의 집을 치라 내가 나의 종 곧 선지자(先知者)들의 피와 여호와의 종들의 피를 이세벨에게 갚아주리라 (8)아합의 온 집이 멸망(滅亡)하리니 이스라엘 중(中)에 매인 자(者)나 놓인 자(者)나 아합에게 속(屬)한 모든 남자(男子)는 내가 다 멸절(滅絕)하되 (9)아합의 집을 느밧의 아들 여로보암의 집과 같게 하며 또 아히야의 아들 바아사의 집과 같게 할지라 (10)이스르엘 지방(地方)에서 개들이 이세벨을 먹으리니 저를 장사(葬事)할 사람이 없으리라 하셨느니라 하고 곧 문(門)을 열고 도망(逃亡)하니라

계 17:1-18 = 취한지라(6)

(6)또 내가 보매 이 여자(女子)가 성도(聖徒)들의 피와 예수의 증인(證人)들의 피에 취한지라 내가 그 여자(女子)를 보고 기이(奇異)히 여기고 크게 기이(奇異)히 여기니

마 4:17 = 예수께서 비로소 전파하여 가라사대 회개하라 천국이 가까왔느니라 하시더라

행 2:37-38 = 회개하여(38)

(37)저희가 이 말을 듣고 마음에 찔려 베드로와 다른 사도들에게 물어 가로되 형제들아 우리가 어찌할꼬 하거늘 (38)베드로가 가로되 너희가 회개하여 각각 예수 그리스도의 이름으로 세례를 받고 죄 사함을 얻으라 그리하면 성령을 선물로 받으리니 (39)이 약속은 너희와 너희 자녀와 모든 먼 데 사람 곧 주 우리 하나님이 얼마든지 부르시는 자들에게 하신 것이라 하고 (40)또 여러 말로 확증하며 권하여 가로되 너희가 이 패역한 세대에서 구원을 받으라 하니

행 3:17-21 = 돌이켜(19)

(17)형제들아 너희가 알지 못하여서 그리하였으며 너희 관원들도 그리한 줄 아노라 (18)그러나 하나님이 모든 선지자의 입을 의탁하사 자기의 그리스도의 해 받으실 일을 미리 알게 하신 것을 이와 같이 이루셨느니라 (19)그러므로 너희가 회개하고 돌이켜 너희 죄 없이 함을 받으라 이같이 하면 유쾌하게 되는 날이 주 앞으로부터 이를 것이요 (20)또 주께서 너희를 위하여 예정하신 그리스도 곧 예수를 보내시리니 (21)하나님이 영원 전부터 거룩한 선지자의 입을 의탁하여 말씀하신 바 만유를 회복하실 때까지는 하늘이 마땅히 그를 받아 두리라

살전 2:1-12 = 행하게(12)

(8)우리가 이같이 너희를 사모(思慕)하여 하나님의 복음(福音)으로만 아니라 우리 목숨까지 너희에게 주기를 즐겨함은 너희가 우리의 사랑하는 자 됨이니라 (9)형제(兄弟)들아 우리의 수고(受苦)와 애쓴 것을 너희가 기억(記憶)하리니 너희 아무에게도 누(累)를 끼치지 아니하려고 밤과 낮으로 일하면서 너희에게 하나님의 복음(福音)을 전파(傳播)하였노라 (10)우리가 너희 믿는 자(者)들을 향(向)하여 어떻게 거룩하고 옳고 흠 없이 행(行)한 것에 대(對)하여 너희가 증인(證人)이요 하나님도 그러하시도다 (11)너희도 아는 바와 같이 우리가 너희 각(各) 사람에게 아비가 자기(自己) 자녀(子女)에게 하듯 권면(勸勉)하고 위로하고 경계(警戒)하노니 (12)이는 너희를 부르사 자기(自己) 나라와 영광(榮光)에 이르게 하시는 하나님께 합당(合當)히 행(行)하게 하려 함이니라

3. 이기는 삶의 은혜를 누려라(26. 24-29) = 복음 전도자의 삶을 살라

시 2:7-9 = 이르시되(7)

(7)내가 영(靈)을 전(傳)하노라 여호와께서 내게 이르시되 너는 내 아들이라 오늘날 내가 너를 낳았도다 (8)내게 구(求)하라 내가 열방(列邦)을 유업(遺業)으로 주리니 네 소유(所有)가 땅끝까지 이르리로다 (9)네가 철장(鐵杖)으로 저희를 깨뜨림이여 질그릇 같이 부수리라 하시도다(히 1:5 참조 = 메시아로 증거)

계 20:4-6 = 참여하는(6)

(4)또 내가 보좌(寶座)들을 보니 거기 앉은 자(者)들이 있어 심판(審判)하는 권세(權勢)를 받았더라 또 내가 보니 예수의 증거(證據)와 하나님의 말씀을 인(因)하여 목 베임을 받은 자(者)의 영혼(靈魂)들과 또 짐승과 그의 우상(偶象)에게 경배(敬拜)하지도 아니하고 이마와 손에 그의 표(標)를 받지도 아니한 자(者)들이 살아서 그리스도로 더불어

천년(千年) 동안 왕(王)노릇 하니 (5){그 나머지 죽은 자(者)들은 그 천년(千年)이 차기까지 살지 못하더라} 이는 첫째 부활(復活)이라 (6)이 첫째 부활(復活)에 참여하는 자(者)들은 복(福)이 있고 거룩하도다 둘째 사망(死亡)이 그들을 다스리는 권세(權勢)가 없고 도리어 그들이 하나님과 그리스도의 제사장(祭司長)이 되어 천년(千年) 동안 그리스도로 더불어 왕(王) 노릇 하리라

계 19:11-16 = 따르더라(14)

(11)또 내가 하늘이 열린 것을 보니 보라 백마(白馬)와 탄 자(者)가 있으니 그 이름은 충신(忠信)과 진실(眞實)이라 그가 공의(公義)로 심판(審判)하며 싸우더라 (12)그 눈이 불꽃 같고 그 머리에 많은 면류관(冕旒冠)이 있고 또 이름 쓴 것이 하나가 있으니 자기(自己)밖에 아는 자(者)가 없고 (13)또 그가 피 뿌린 옷을 입었는데 그 이름은 하나님의 말씀이라 칭(稱)하더라 (14)하늘에 있는 군대(軍隊)들이 희고 깨끗한 세마포(細麻布)를 입고 백마(白馬)를 타고 그를 따르더라 (15)그의 입에서 이한 검이 나오니 그것으로 만국(萬國)을 치겠고 친(親)히 저희를 철장(鐵杖)으로 다스리며 또 친(親)히 하나님 곧 전능(全能)하신 이의 맹렬(猛烈)한 진노(震怒)의 포도주(葡萄酒) 틀을 밟겠고 (16)그 옷과 그 다리에 이름 쓴 것이 있으니 만왕(萬王)의 왕(王)이요 만주(萬主)의 주(主)라 하였더라

계 22:16 = 나 예수는 교회(敎會)들을 위(爲)하여 내 사자(使者)를 보내어 이것들을 너희에게 증거(證據)하게 하였노라 나는 다윗의 뿌리요 자손(子孫)이니 곧 광명(光明)한 새벽별이라 하시더라

벧후 1:16-21 = 알다(20)

(16)우리 주(主) 예수 그리스도의 능력(能力)과 강림(降臨)하심을 너

희에게 알게 한 것이 공교(工巧)히 만든 이야기를 좇은 것이 아니요
우리는 그의 크신 위엄(威嚴)을 친(親)히 본 자(者)라 (17)지극(至極)히
큰 영광(榮光) 중(中)에서 이러한 소리가 그에게 나기를 이는 내 사랑
하는 아들이요 내 기뻐하는 자(者)라 하실 때에 저가 하나님 아버지
께 존귀(尊貴)와 영광(榮光)을 받으셨느니라 (18)이 소리는 우리가 저
와 함께 거룩한 산(山)에 있을 때에 하늘로서 나옴을 들은 것이라
(19)또 우리에게 더 확실(確實)한 예언(豫言)이 있어 어두운 데 비취는
등(燈)불과 같으니 날이 새어 샛별이 너희 마음에 떠오르기까지 너
희가 이것을 주의(注意)하는 것이 가하니라 (20)먼저 알 것은 경(經)의
모든 예언(豫言)은 사사(私私)로이 풀 것이 아니니 (21)예언(豫言)은 언
제든지 사람의 뜻으로 낸 것이 아니요 오직 성령(聖靈)의 감동(感動)
하심을 입은 사람들이 하나님께 받아 말한 것임이니라

요일 5:1-5 = 믿는 자(5)

(1)예수께서 그리스도이심을 믿는 자(者)마다 하나님께로서 난 자
(者)니 또한 내신 이를 사랑하는 자(者)마다 그에게 난 자(者)를 사랑
하느니라 (2)우리가 하나님을 사랑하고 그의 계명(誡命)들을 지킬 때
에 이로써 우리가 하나님의 자녀(子女) 사랑하는 줄을 아느니라 (3)
하나님을 사랑하는 것은 이것이니 우리가 그의 계명(誡命)들을 지키
는 것이라 그의 계명(誡命)들은 무거운 것이 아니로다 (4)대저 하나님
께로서 난 자(者)마다 세상(世上)을 이기느니라 세상(世上)을 이긴 이
김은 이것이니 우리의 믿음이니라 (5)예수께서 하나님의 아들이심을
믿는 자(者)가 아니면 세상(世上)을 이기는 자(者)가 누구뇨

- **결론**

왕하 9:30-37 = 이르시기를(36)

(30)예후가 이스르엘에 이르니 이세벨이 듣고 눈을 그리고 머리를

꾸미고 창(窓)에서 바라보다가 (31)예후가 문(門)에 들어오매 가로되 주인(主人)을 죽인 너 시므리여 평안(平安)하냐 (32)예후가 얼굴을 들어 창(窓)을 향(向)하고 가로되 내 편이 될 자(者)가 누구냐 하니 두어 내시(內侍)가 예후를 내다보는지라 (33)가로되 저를 내려던지라 하니 내려던지매 그 피가 담과 말에게 뛰더라 예후가 그 시체(屍體)를 밟으니라 (34)예후가 들어가서 먹고 마시고 가로되 가서 이 저주(詛呪) 받은 계집을 찾아 장사(葬事)하라 저는 왕(王)의 딸이니라 하매 (35)가서 장사(葬事)하려 한즉 그 두골과 발과 손바닥 외(外)에는 찾지 못한지라 (36)돌아와서 고한대 예후가 가로되 이는 여호와께서 그 종 디셉 사람 엘리야로 말씀하신 바라 이르시기를 이스르엘 토지(土地)에서 개들이 이세벨의 고기를 먹을지라 (37)그 시체(屍體)가 이스르엘 토지(土地)에서 거름같이 밭 면(面)에 있으리니 이것이 이세벨이라고 가리켜 말하지 못하게 되리라 하셨느니라

히 3:1-6 = 견고히 잡으면(6)

(1)그러므로 함께 하늘의 부르심을 입은 거룩한 형제(兄弟)들아 우리의 믿는 도리(道理)의 사도(使徒)시며 대제사장(大祭司長)이신 예수를 깊이 생각하라 (2)저가 자기(自己)를 세우신 이에게 충성(忠誠)하시기를 모세가 하나님의 온 집에서 한 것과 같으니 (3)저는 모세보다 더욱 영광(榮光)을 받을 만한 것이 마치 집 지은 자(者)가 그 집보다 더욱 존귀(尊貴)함 같으니라 (4)집마다 지은 이가 있으니 만물(萬物)을 지으신 이는 하나님이시라 (5)또한 모세는 장래(將來)의 말할 것을 증거(證據)하기 위(爲)하여 하나님의 온 집에서 사환(使喚)으로 충성(忠誠)하였고 (6)그리스도는 그의 집 맡은 아들로 충성(忠誠)하였으니 우리가 소망(所望)의 담대(膽大)함과 자랑을 끝까지 견고(堅固)히 잡으면 그의 집이라

딤전 6:3-10 = 착념치(3)

(3)누구든지 다른 교훈(敎訓)을 하며 바른 말 곧 우리 주(主) 예수 그리스도의 말씀과 경건(敬虔)에 관(關)한 교훈(敎訓)에 착념(着念)치 아니하면 (4)저는 교만(驕慢)하여 아무것도 알지 못하고 변론(辯論)과 언쟁(言爭)을 좋아하는 자(者)니 이로써 투기와 분쟁(紛爭)과 훼방(毁謗)과 악(惡)한 생각이 나며 (5)마음이 부패(腐敗)하여지고 진리(眞理)를 잃어버려 경건(敬虔)을 이익(利益)의 재료로 생각하는 자(者)들의 다툼이 일어나느니라 (6)그러나 지족(知足)하는 마음이 있으면 경건(敬虔)이 큰 이익(利益)이 되느니라 (7)우리가 세상(世上)에 아무것도 가지고 온 것이 없으매 또한 아무것도 가지고 가지 못하리니 (8)우리가 먹을 것과 입을 것이 있은즉 족(足)한 줄로 알 것이니라 (9)부(富)하려 하는 자(者)들은 시험(試驗)과 올무와 여러 가지 어리석고 해로운 정욕(情慾)에 떨어지나니 곧 사람으로 침륜(沈淪)과 멸망(滅亡)에 빠지게 하는 것이라 (10)돈을 사랑함이 일만(一萬) 악(惡)의 뿌리가 되나니 이것을 사모(思慕)하는 자(者)들이 미혹(迷惑)을 받아 믿음에서 떠나 많은 근심으로써 자기(自己)를 찔렀도다

딤후 4:7-8 = 사모하는(8)

(7)내가 선한 싸움을 싸우고 나의 달려갈 길을 마치고 믿음을 지켰으니 (8)이제 후로는 나를 위하여 의의 면류관이 예비되었으므로 주 곧 의로우신 재판장이 그날에 내게 주실 것이니 내게만 아니라 주의 나타나심을 사모하는 모든 자에게니라

3장

❋ 1–6절. 사데 교회

'사데'는 두아디라 동남쪽 48km 헤르무스강과 트몰루스산 사이 해발 약 450m 고지에 위치하고 있는 요새형 도시였다. 이 도시는 B.C. 6세기경에는 리디아(Lydia)의 수도로 세계적인 대도시였으나 그 후 페르시아, 헬라 제국에 차례로 점령되었고, 결국에는 로마의 속국이 되었다. 사금천인 팍톨루스 시내가 부의 원천이기도 하였으나 이는 사데가 도덕적으로 타락하는 원인이 되기도 하였다. 한편 '사데 교회'의 기원은 분명치 않다. 그렇지만 본서가 기록될 당시에는 소아시아 지역에 어느 정도 알려진 교회였던 것 같다. 그러나 그 도시의 퇴폐풍조가 교회에도 숨어들어 사데 교회는 안일과 부도덕으로 타락한 교회라는 책망을 피할 수가 없게 되었다(이상근)(출처: 레마 주석).

• 1–3절. 회개하라

1절. 하나님의 일곱 영과 일곱 별을 가지신 이 = 구원의 주님(딤후 1:9-11; 계 22:10-16 참조)

일곱 영 = 일곱 교회를 견인(堅忍 Perseverance)하게(온전케) 하시는 성령 하나님[계 1:4, 4:5, 5:6, 1:20, 2:1; 히 12:23(온전케 된 의인의 영들) 등 참조]

일곱 별 = 일곱 교회의 사자(계 1:4, 1:16, 20, 2:1 등 참조)

> 요한은 아시아에 있는 일곱 교회에 편지하노니 이제도 계시고 전에도 계시고 장차 오실 이와 그 보좌 앞에 일곱 영과(계 1:4), 보좌로부터 번개와

> 음성과 뇌성이 나고 보좌 앞에 일곱 등불 켠 것이 있으니 이는 하나님의 일곱 영이라(계 4:5), 내가 또 보니 보좌와 네 생물과 장로들 사이에 어린 양이 섰는데 일찍 죽임을 당한 것 같더라 일곱 뿔과 일곱 눈이 있으니 이 눈은 온 땅에 보내심을 입은 하나님의 일곱 영이더라(계 5:6).

> 네 본 것은 내 오른손에 일곱 별의 비밀과 일곱 금 촛대라 일곱 별은 일곱 교회의 사자요 일곱 촛대는 일곱 교회니라(계 1:20)

내가 네 행위를 아노니 네가 살았다 하나 죽은 자로다 = 죄의 생애(히 6:1; 갈 5:19-21; 롬 8:5-6), 또는 죄의 행실 등으로 "죽음의 그늘진 땅"으로 부른다(욥 10:21). 인간 사회의 비밀(암흑면)도 그렇게 부르고 있다(욥 12:22). 시편 23편 4절에서는 "사망의 음침한 골짜기"라는 말로서 위험의 형용으로 쓰고 있고, 시편 44편 19절의 "사망의 그늘", 예레미야 2장 6절의 "사망의 음침한 땅" 등도 같은 맥락이다 = 네가 구원받았다 하나 죽은 자와 별반 다를 바 없이 살고 있다. 곧 잠자는 자와 같으니, 일깨라 곧 깨어 있으라 함.

2절. 생각하고 지키어 회개하라 = '사데 교회'에 촉구하는 회개의 특징은 죄명을 나열하고 있지 않다는 것이다. 다만 지금까지는 살았다 하나(교회라는 명성만 있을 뿐) 실상은 하나님 앞에 행위의 온전함이 보이지 않으니, "~네가 어떻게 받았으며, 어떻게 들었는지" 생각하고 지키지 않음을 회개하라 하신다 = 그나마 실낱 같은 구원의 믿음을 확고히 하여 행위의 온전함을 보이라 한다[딤후 3:16-17, 2:20-22; 히 12:1-29(28-29) 등 참조]

3절. 회개하라 = 깨어 있어 복음에서 이탈하지 말라는 것.

• **4–6절. 이기는 은혜를 누려라.**

4절. 그 옷을 더럽히지 아니한 몇 명 = '사데 교회'에도 구원받는 자가 있음을 증거한다.

5절. 이기는 자 = 행위가 온전한 자(2). 그 옷을 더럽히지 아니한, 합당한 자(4)로 주님께서 인정받는 자(6)

〈도움 말씀〉

복음에 합당한 삶의 은혜를 누려라(5. 1–6) = 이기는 삶의 은혜를 누려라

• 서론

딤후 1:13–14 = 지키라(14)

(13)너는 그리스도 예수 안에 있는 믿음과 사랑으로써 내게 들은 바 바른 말을 본받아 지키고 (14)우리 안에 거하시는 성령으로 말미암아 네게 부탁한 아름다운 것을 지키라

사 52:1–6 = 깰지어다(1)

(1)시온이여 깰지어다 깰지어다 네 힘을 입을지어다 거룩한 성 예루살렘이여 네 아름다운 옷을 입을지어다 이제부터 할례받지 않은 자와 부정한 자가 다시는 네게로 들어옴이 없을 것임이니라 (2)너는 티끌을 떨어버릴지어다 예루살렘이여 일어나 보좌에 앉을지어다 사로잡힌 딸 시온이여 네 목의 줄을 스스로 풀지어다 (3)여호와께서 이같이 말씀하시되 너희가 값없이 팔렸으니 돈 없이 속량되리라 (4)주 여호와께서 이같이 말씀하시되 내 백성이 이왕에 애굽에 내려가서 거기 우거하였었고 앗수르인은 공연히 그들을 압박하였도다 (5)여호

와께서 말씀하시되 내 백성이 까닭없이 잡혀갔으니 내가 여기서 어떻게 할꼬 여호와께서 말씀하시되 그들을 관할하는 자들이 떠들며 내 이름을 항상 종일 더럽히도다 (6)그러므로 내 백성은 내 이름을 알리라 그러므로 그날에는 그들이 이 말을 하는 자가 나인 줄 알리라 곧 내니라

눅 15:25-32 = 이르되(31)

(25)맏아들은 밭에 있다가 돌아와 집에 가까왔을 때에 풍류와 춤추는 소리를 듣고 (26)한 종을 불러 이 무슨 일인가 물은대 (27)대답하되 당신의 동생이 돌아왔으매 당신의 아버지가 그의 건강한 몸을 다시 맞아들이게 됨을 인하여 살진 송아지를 잡았나이다 하니 (28)저가 노하여 들어가기를 즐겨 아니하거늘 아버지가 나와서 권한대 (29)아버지께 대답하여 가로되 내가 여러 해 아버지를 섬겨 명을 어김이 없거늘 내게는 염소 새끼라도 주어 나와 내 벗으로 즐기게 하신 일이 없더니 (30)아버지의 살림을 창기와 함께 먹어 버린 이 아들이 돌아오매 이를 위하여 살진 송아지를 잡으셨나이다 (31)아버지가 이르되 얘 너는 항상 나와 함께 있으니 내 것이 다 네 것이로되 (32)이 네 동생은 죽었다가 살았으며 내가 잃었다가 얻었기로 우리가 즐거워하고 기뻐하는 것이 마땅하다 하니라

1. 회개하라(3. 1-3). = 깨어 있으라

딤전 5:6-7 = 좋아하는(6)

(6)일락을 좋아하는 이는 살았으나 죽었느니라 (7)네가 또한 이것을 명하여 그들로 책망 받을 것이 없게 하라

잠 2:7 = 그는 정직한 자를 위하여 완전한 지혜를 예비하시며 행실이 온전한 자에게 방패가 되시나니

엡 5:8-20 = 행하라(8)

(8)너희가 전에는 어두움이더니 이제는 주 안에서 빛이라 빛의 자
녀들처럼 행하라 (9)빛의 열매는 모든 착함과 의로움과 진실함에 있
느니라 (10)주께 기쁘시게 할 것이 무엇인가 시험하여 보라 (11)너희
는 열매 없는 어두움의 일에 참여하지 말고 도리어 책망하라 (12)저
희의 은밀히 행하는 것들은 말하기도 부끄러움이라 (13)그러나 책망
을 받는 모든 것이 빛으로 나타나나니 나타나지는 것마다 빛이니라
(14)그러므로 이르시기를 잠자는 자여 깨어서 죽은 자들 가운데서
일어나라 그리스도께서 네게 비취시리라 하셨느니라 (15)그런즉 너
희가 어떻게 행할 것을 자세히 주의하여 지혜 없는 자같이 말고 오
직 지혜 있는 자같이 하여 (16)세월을 아끼라 때가 악하니라 (17)그
러므로 어리석은 자가 되지 말고 오직 주의 뜻이 무엇인가 이해하라
(18)술 취하지 말라 이는 방탕한 것이니 오직 성령의 충만을 받으라
(19)시와 찬미와 신령한 노래들로 서로 화답하며 너희의 마음으로
주께 노래하며 찬송하며 (20)범사에 우리 주 예수 그리스도의 이름
으로 항상 아버지 하나님께 감사하며

약 2:14-26 = 보이리라(18)

(14)내 형제들아 만일 사람이 믿음이 있노라 하고 행함이 없으면
무슨 이익이 있으리요 그 믿음이 능히 자기를 구원하겠느냐 (15)만일
형제나 자매가 헐벗고 일용할 양식이 없는데 (16)너희 중에 누구든지
그에게 이르되 평안히 가라, 더웁게 하라, 배부르게 하라 하며 그 몸
에 쓸 것을 주지 아니하면 무슨 이익이 있으리요 (17)이와 같이 행함
이 없는 믿음은 그 자체가 죽은 것이라 (18)혹이 가로되 너는 믿음이
있고 나는 행함이 있으니 행함이 없는 네 믿음을 내게 보이라 나는
행함으로 내 믿음을 네게 보이리라 (19)네가 하나님은 한 분이신 줄
을 믿느냐 잘하는도다 귀신들도 믿고 떠느니라 (20)아아 허탄한 사

람아 행함이 없는 믿음이 헛것인 줄 알고자 하느냐 (21)우리 조상 아
브라함이 그 아들 이삭을 제단에 드릴 때에 행함으로 의롭다 하심
을 받은 것이 아니냐 (22)네가 보거니와 믿음이 그의 행함과 함께 일
하고 행함으로 믿음이 온전케 되었느니라 (23)이에 경에 이른 바 아
브라함이 하나님을 믿으니 이것을 의로 여기셨다는 말씀이 응하였
고 그는 하나님의 벗이라 칭함을 받았나니 (24)이로 보건대 사람이
행함으로 의롭다 하심을 받고 믿음으로만 아니니라 (25)또 이와 같
이 기생 라합이 사자를 접대하여 다른 길로 나가게 할 때에 행함으
로 의롭다 하심을 받은 것이 아니냐 (26)영혼 없는 몸이 죽은 것같이
행함이 없는 믿음은 죽은 것이니라

히 13:20-21 = 행하게(21)

(20)양의 큰 목자이신 우리 주 예수를 영원한 언약의 피로 죽은
자 가운데서 이끌어 내신 평강의 하나님이 (21)모든 선한 일에 너희
를 온전케 하사 자기 뜻을 행하게 하시고 그 앞에 즐거운 것을 예수
그리스도로 말미암아 우리 속에 이루시기를 원하노라 영광이 그에
게 세세 무궁토록 있을지어다 아멘

눅 12:35-48 = 서 있으라(35)

(35)허리에 띠를 띠고 등불을 켜고 서 있으라 (36)너희는 마치 그
주인이 혼인집에서 돌아와 문을 두드리면 곧 열어 주려고 기다리
는 사람과 같이 되라 (37)주인이 와서 깨어 있는 것을 보면 그 종들
은 복이 있으리로다 내가 진실로 너희에게 이르노니 주인이 띠를 띠
고 그 종들을 자리에 앉히고 나아와 수종하리라 (38)주인이 혹 이경
에나 혹 삼경에 이르러서도 종들의 이같이 하는 것을 보면 그 종들
은 복이 있으리로다 (39)너희도 아는 바니 집주인이 만일 도적이 어
느 때에 이를 줄 알았더면 그 집을 뚫지 못하게 하였으리라 (40)이러

므로 너희도 예비하고 있으라 생각지 않은 때에 인자가 오리라 하시니라 (41)베드로가 여짜오되 주께서 이 비유를 우리에게 하심이니이까 모든 사람에게 하심이니이까 (42)주께서 가라사대 지혜 있고 진실한 청지기가 되어 주인에게 그 집 종들을 맡아 때를 따라 양식을 나누어 줄 자가 누구냐 (43)주인이 이를 때에 그 종의 이렇게 하는 것을 보면 그 종이 복이 있으리로다 (44)내가 참으로 너희에게 이르노니 주인이 그 모든 소유를 저에게 맡기리라 (45)만일 그 종이 마음에 생각하기를 주인이 더디 오리라 하여 노비를 때리며 먹고 마시고 취하게 되면 (46)생각지 않은 날 알지 못하는 시간에 이 종의 주인이 이르러 엄히 때리고 신실치 아니한 자의 받는 율에 처하리니 (47)주인의 뜻을 알고도 예비치 아니하고 그 뜻대로 행치 아니한 종은 많이 맞을 것이요 (48)알지 못하고 맞을 일을 행한 종은 적게 맞으리라 무릇 많이 받은 자에게는 많이 찾을 것이요 많이 맡은 자에게는 많이 달라 할 것이니라

막 13:28-32 = 깨어 있으라(35)

(28)무화과나무의 비유를 배우라 그 가지가 연하여지고 잎사귀를 내면 여름이 가까운 줄을 아나니 (29)이와 같이 너희가 이런 일이 나는 것을 보거든 인자가 가까이 곧 문 앞에 이른 줄을 알라 (30)내가 진실로 너희에게 말하노니 이 세대가 지나가기 전에 이 일이 다 이루리라 (31)천지는 없어지겠으나 내 말은 없어지지 아니하리라 (32)그러나 그날과 그때는 아무도 모르나니 하늘에 있는 천사들도 아들도 모르고 아버지만 아시느니라 (33)주의하라 깨어 있으라 그때가 언제인지 알지 못함이니라 (34)가령 사람이 집을 떠나 타국으로 갈 때에 그 종들에게 권한을 주어 각각 사무를 맡기며 문지기에게 깨어 있으라 명함과 같으니 (35)그러므로 깨어 있으라 집주인이 언제 올는지 혹 저물 때엘는지, 밤중엘는지, 닭 울 때엘는지, 새벽엘는지 너희가 알

지 못함이라 (36)그가 홀연히 와서 너희의 자는 것을 보지 않도록 하
라 (37)깨어 있으라 내가 너희에게 하는 이 말이 모든 사람에게 하는
말이니라 하시니라(마 24:32-36; 눅 21:29-33 참조)

막 14:32-42 = 함께 가자(42)

(32)저희가 겟세마네라 하는 곳에 이르매 예수께서 제자들에게 이
르시되 나의 기도할 동안에 너희는 여기 앉았으라 하시고 (33)베드
로와 야고보와 요한을 데리고 가실새 심히 놀라시며 슬퍼하사 (34)
말씀하시되 내 마음이 심히 고민하여 죽게 되었으니 너희는 여기 머
물러 깨어 있으라 하시고 (35)조금 나아가사 땅에 엎드리어 될 수 있
는 대로 이때가 자기에게서 지나가기를 구하여 (36)가라사대 아바 아
버지여 아버지께는 모든 것이 가능하오니 이 잔을 내게서 옮기시옵
소서 그러나 나의 원대로 마옵시고 아버지의 원대로 하옵소서 하시
고 (37)돌아오사 제자들의 자는 것을 보시고 베드로에게 말씀하시되
시몬아 자느냐 네가 한 시 동안도 깨어 있을 수 없더냐 (38)시험에 들
지 않게 깨어 있어 기도하라 마음에는 원이로되 육신이 약하도다 하
시고 (39)다시 나아가 동일한 말씀으로 기도하시고 (40)다시 오사 보
신즉 저희가 자니 이는 저희 눈이 심히 피곤함이라 저희가 예수께
무엇으로 대답할 줄을 알지 못하더라 (41)세 번째 오사 저희에게 이
르시되 이제는 자고 쉬라 그만이다 때가 왔도다 보라 인자가 죄인의
손에 팔리우느니라 (42)일어나라 함께 가자 보라 나를 파는 자가 가
까이 왔느니라(마 26:36-46; 눅 22:39-46 참조)

벧전 5:6-11 = 대적하라(9)

(6)그러므로 하나님의 능하신 손 아래서 겸손하라 때가 되면 너희
를 높이시리라 (7)너희 염려를 다 주께 맡겨 버리라 이는 저가 너희
를 권고하심이니라 (8)근신하라 깨어라 너희 대적 마귀가 우는 사자

같이 두루 다니며 삼킬 자를 찾나니 (9)너희는 믿음을 굳게 하여 저를 대적하라 이는 세상에 있는 너희 형제들도 동일한 고난을 당하는 줄을 앎이니라 (10)모든 은혜의 하나님 곧 그리스도 안에서 너희를 부르사 자기의 영원한 영광에 들어가게 하신 이가 잠깐 고난을 받은 너희를 친히 온전케 하시며 굳게 하시며 강하게 하시며 터를 견고케 하시리라 (11)권력이 세세 무궁토록 그에게 있을지어다 아멘

골 3:1-11 = 찾으라(1)

(1)그러므로 너희가 그리스도와 함께 다시 살리심을 받았으면 위의 것을 찾으라 거기는 그리스도께서 하나님 우편에 앉아 계시느니라 (2)위의 것을 생각하고 땅의 것을 생각지 말라 (3)이는 너희가 죽었고 너희 생명이 그리스도와 함께 하나님 안에 감취었음이니라 (4)우리 생명이신 그리스도께서 나타나실 그때에 너희도 그와 함께 영광 중에 나타나리라 (5)그러므로 땅에 있는 지체를 죽이라 곧 음란과 부정과 사욕과 악한 정욕과 탐심이니 탐심은 우상 숭배니라 (6)이것들을 인하여 하나님의 진노가 임하느니라 (7)너희도 전에 그 가운데 살 때에는 그 가운데서 행하였으나 (8)이제는 너희가 이 모든 것을 벗어버리라 곧 분과 악의와 훼방과 너희 입의 부끄러운 말이라 (9)너희가 서로 거짓말을 말라 옛사람과 그 행위를 벗어버리고 (10)새 사람을 입었으니 이는 자기를 창조하신 자의 형상을 좇아 지식에까지 새롭게 하심을 받는 자니라 (11)거기는 헬라인과 유대인이나 할례당과 무할례당이나 야인이나 스구디아인이나 종이나 자유인이 분별이 있을 수 없나니 오직 그리스도는 만유시요 만유 안에 계시니라

고전 10:31-33 = 구원을 얻게(33)

(31)그런즉 너희가 먹든지 마시든지 무엇을 하든지 다 하나님의 영광을 위하여 하라 (32)유대인에게나 헬라인에게나 하나님의 교회에

나 거치는 자가 되지 말고 (33)나와 같이 모든 일에 모든 사람을 기쁘게 하여 나의 유익을 구치 아니하고 많은 사람의 유익을 구하여 저희로 구원을 얻게 하라

2. 이기는 삶의 은혜를 누려라(5. 4-6) = 복음에 합당한 삶의 은혜를 누려라

마 24:3-14 = 그러나 끝까지 견디는 자는 구원을 얻으리라

왕상 19:9-18 = 맞추지(18)

(9)엘리야가 그곳 굴에 들어가 거기서 유하더니 여호와의 말씀이
저에게 임하여 이르시되 엘리야야 네가 어찌하여 여기 있느냐 (10)
저가 대답하되 내가 만군의 하나님 여호와를 위하여 열심이 특심하
오니 이는 이스라엘 자손이 주의 언약을 버리고 주의 단을 헐며 칼
로 주의 선지자들을 죽였음이오며 오직 나만 남았거늘 저희가 내 생
명을 찾아 취하려 하나이다 (11)여호와께서 가라사대 너는 나가서 여
호와의 앞에서 산에 섰으라 하시더니 여호와께서 지나가시는데 여
호와의 앞에 크고 강한 바람이 산을 가르고 바위를 부수나 바람 가
운데 여호와께서 계시지 아니하며 바람 후에 지진이 있으나 지진 가
운데도 여호와께서 계시지 아니하며 (12)또 지진 후에 불이 있으나
불 가운데도 여호와께서 계시지 아니하더니 불 후에 세미한 소리가
있는지라 (13)엘리야가 듣고 겉옷으로 얼굴을 가리우고 나가 굴 어귀
에 서매 소리가 있어 저에게 임하여 가라사대 엘리야야 네가 어찌하
여 여기 있느냐 (14)저가 대답하되 내가 만군의 하나님 여호와를 위
하여 열심이 특심하오니 이는 이스라엘 자손이 주의 언약을 버리고
주의 단을 헐며 칼로 주의 선지자들을 죽였음이오며 오직 나만 남았
거늘 저희가 내 생명을 찾아 취하려 하나이다 (15)여호와께서 저에
게 이르시되 너는 네 길을 돌이켜 광야로 말미암아 다메섹에 가서

이르거든 하사엘에게 기름을 부어 아람 왕이 되게 하고 (16)너는 또 님시의 아들 예후에게 기름을 부어 이스라엘 왕이 되게 하고 또 아벨므홀라 사밧의 아들 엘리사에게 기름을 부어 너를 대신하여 선지자가 되게 하라 (17)하사엘의 칼을 피하는 자를 예후가 죽일 것이요 예후의 칼을 피하는 자를 엘리사가 죽이리라 (18)그러나 내가 이스라엘 가운데 칠천 인을 남기리니 다 무릎을 바알에게 꿇지 아니하고 다 그 입을 바알에게 맞추지 아니한 자니라

겔 16:49-50 = 행하였음이라(50)

(49)네 아우 소돔의 죄악은 이러하니 그와 그 딸들에게 교만함과 식물의 풍족함과 태평함이 있음이며 또 그가 가난하고 궁핍한 자를 도와주지 아니하며 (50)거만하여 가증한 일을 내 앞에서 행하였음이라 그러므로 내가 보고 곧 그들을 없이 하였느니라

골 3:12-17 = 감사하라(17)

(12)그러므로 너희는 하나님의 택하신 거룩하고 사랑하신 자처럼 긍휼과 자비와 겸손과 온유와 오래 참음을 옷 입고 (13)누가 뉘게 혐의가 있거든 서로 용납하여 피차 용서하되 주께서 너희를 용서하신 것과 같이 너희도 그리하고 (14)이 모든 것 위에 사랑을 더하라 이는 온전하게 매는 띠니라 (15)그리스도의 평강이 너희 마음을 주장하게 하라 평강을 위하여 너희가 한 몸으로 부르심을 받았나니 또한 너희는 감사하는 자가 되라 (16)그리스도의 말씀이 너희 속에 풍성히 거하여 모든 지혜로 피차 가르치며 권면하고 시와 찬미와 신령한 노래를 부르며 마음에 감사함으로 하나님을 찬양하고 (17)또 무엇을 하든지 말에나 일에나 다 주 예수의 이름으로 하고 그를 힘입어 하나님 아버지께 감사하라

살전 5:23-24 = 보전되기를(23)

(23)평강의 하나님이 친히 너희로 온전히 거룩하게 하시고 또 너희 온 영과 혼과 몸이 우리 주 예수 그리스도 강림하실 때에 흠 없게 보전되기를 원하노라 (24)너희를 부르시는 이는 미쁘시니 그가 또한 이루시리라

빌 4:1-3 = 서라(1)

(1)그러므로 나의 사랑하고 사모하는 형제들, 나의 기쁨이요 면류관인 사랑하는 자들아 이와 같이 주 안에 서라 (2)내가 유오디아를 권하고 순두게를 권하노니 주 안에서 같은 마음을 품으라 (3)또 참으로 나와 멍에를 같이한 자 네게 구하노니 복음에 나와 함께 힘쓰던 저 부녀들을 돕고 또한 글레멘드와 그 위에 나의 동역자들을 도우라 그 이름들이 생명책에 있느니라

계 14:1-5 = 따라가는(4)

(1)또 내가 보니 보라 어린 양이 시온산에 섰고 그와 함께 십사만 사천이 섰는데 그 이마에 어린 양의 이름과 그 아버지의 이름을 쓴 것이 있도다 (2)내가 하늘에서 나는 소리를 들으니 많은 물 소리도 같고 큰 뇌성도 같은데 내게 들리는 소리는 거문고 타는 자들의 그 거문고 타는 것 같더라 (3)저희가 보좌와 네 생물과 장로들 앞에서 새 노래를 부르니 땅에서 구속함을 얻은 십사만 사천 인밖에는 능히 이 노래를 배울 자가 없더라 (4)이 사람들은 여자로 더불어 더럽히지 아니하고 정절이 있는 자라 어린 양이 어디로 인도하든지 따라가는 자며 사람 가운데서 구속을 받아 처음 익은 열매로 하나님과 어린 양에게 속한 자들이니 (5)그 입에 거짓말이 없고 흠이 없는 자들이더라

- **결론**

유 1:17-23 = 기억하라(17)

(17)사랑하는 자들아 너희는 우리 주 예수 그리스도의 사도들의 미리 한 말을 기억하라 (18)그들이 너희에게 말하기를 마지막 때에 자기의 경건치 않은 정욕대로 행하며 기롱하는 자들이 있으리라 하였나니 (19)이 사람들은 당을 짓는 자며 육에 속한 자며 성령은 없는 자니라 (20)사랑하는 자들아 너희는 너희의 지극히 거룩한 믿음 위에 자기를 건축하며 성령으로 기도하며 (21)하나님의 사랑 안에서 자기를 지키며 영생에 이르도록 우리 주 예수 그리스도의 긍휼을 기다리라 (22)어떤 의심하는 자들을 긍휼히 여기라 (23)또 어떤 자를 불에서 끌어내어 구원하라 또 어떤 자를 그 육체로 더럽힌 옷이라도 싫어하여 두려움으로 긍휼히 여기라

마 24:36-44 = 깨어 있으라(42)

(36)그러나 그날과 그때는 아무도 모르나니 하늘의 천사들도, 아들도 모르고 오직 아버지만 아시느니라 (37)노아의 때와 같이 인자의 임함도 그러하리라 (38)홍수 전에 노아가 방주에 들어가던 날까지 사람들이 먹고 마시고 장가들고 시집가고 있으면서 (39)홍수가 나서 저희를 다 멸하기까지 깨닫지 못하였으니 인자의 임함도 이와 같으리라 (40)그때에 두 사람이 밭에 있으매 하나는 데려감을 당하고 하나는 버려둠을 당할 것이요 (41)두 여자가 매를 갈고 있으매 하나는 데려감을 당하고 하나는 버려둠을 당할 것이니라 (42)그러므로 깨어 있으라 어느 날에 너희 주가 임할는지 (43)너희가 알지 못함이니라 너희도 아는 바니 만일 집주인이 도적이 어느 경점에 올 줄을 알았더면 깨어 있어 그 집을 뚫지 못하게 하였으리라 (44)이러므로 너희도 예비하고 있으라 생각지 않은 때에 인자가 오리라

딤후 3:13-17 = 거하라(14)

(13)악한 사람들과 속이는 자들은 더욱 악하여져서 속이기도 하고 속기도 하나니 (14)그러나 너는 배우고 확신한 일에 거하라 네가 뉘게서 배운 것을 알며 (15)또 네가 어려서부터 성경을 알았나니 성경은 능히 너로 하여금 그리스도 예수 안에 있는 믿음으로 말미암아 구원에 이르는 지혜가 있게 하느니라 (16)모든 성경은 하나님의 감동으로 된 것으로 교훈과 책망과 바르게 함과 의로 교육하기에 유익하니 (17)이는 하나님의 사람으로 온전케 하며 모든 선한 일을 행하기에 온전케 하려 함이니라

❄ 7–13절. 빌라델비아 교회

당시에 서머나가 가장 번성한 상업 중심지 중 하나였다면, 빌라델비아 시민들은 대부분 성벽 밖에 움막을 세우거나 천막을 치고 살았다.

7-8절. 하나님 말씀을 지키는 자

7절. 거룩하고 진실하사 다윗의 열쇠를 가지신 이 = 구원자 예수 그리스도(계 1:18; 사 22:22; 마 16:19; 욥 12:13-14 등 참조)

9-10절. 인내의 말씀을 지켜라.

10절. 네가 나의 인내의 말씀을 지켰은즉 = 성도의 견인 (Perseverance of Saint)?

11-13절. 가진 것을 굳게 잡으라

12절 이기는 자 = 예수님의 재림에 대한(11) 언약(약속)을 믿는 신앙을 굳게 잡은 자 = 대적자들을 네 발 앞에 절하게 하고, 하나님께서 사랑하는 줄을 알게 하심(9), 시험의 때를 면케 하심(10), 받은 면류관(구원)의 복을 누림, 성전의 기둥이 됨(11-12) = 면류관은 '서머나 교회'와 '빌라델비아 교회'에만 거론함

〈도움 말씀〉

면류관(구원)을 빼앗지 못하게 하라(11. 7–13) = 이기는 복(은혜)을 누려라

• 서론

시 21:1–13 = 의지하오니(7)

(1)여호와여 왕이 주의 힘을 인하여 기뻐하며 주의 구원을 인하여 크게 즐거워하리이다 (2)그 마음의 소원을 주셨으며 그 입술의 구함을 거절치 아니하셨나이다 (셀라) (3)주의 아름다운 복으로 저를 영접하시고 정금 면류관을 그 머리에 씌우셨나이다 (4)저가 생명을 구하매 주께서 주셨으니 곧 영영한 장수로소이다 (5)주의 구원으로 그 영광을 크게 하시고 존귀와 위엄으로 저에게 입히시나이다 (6)저로 영영토록 지극한 복을 받게 하시며 주의 앞에서 기쁘고 즐겁게 하시나이다 (7)왕이 여호와를 의지하오니 지극히 높으신 자의 인자함으로 요동치 아니하리이다

단 10:12 = 깨달으리라

많은 사람이 연단을 받아 스스로 정결케 하며 희게 할 것이나 악한 사람은 악을 행하리니 악한 자는 아무도 깨닫지 못하되 오직 지혜 있는 자는 깨달으리라

슥 13:9 = 말하기를

내가 그 삼분지 일을 불 가운데 던져 은같이 연단하며 금같이 시험할 것이라 그들이 내 이름을 부르리니 내가 들을 것이며 나는 말하기를 이는 내 백성이라 할 것이요 그들은 말하기를 여호와는 내 하나님이시라 하리라

1. 하나님 말씀을 지켜라(8. 7-8) = 하나님 말씀에 순복하라

계 4:1 = 이 일 후에 내가 보니 하늘에 열린 문이 있는데 내가 들은 바 처음에 내게 말하던 나팔 소리 같은 그 음성이 가로되 이리로 올라오라 이후에 마땅히 될 일을 내가 네게 보이리라 하시더라

엡 2:1-10 = 행하게(10)

(1)너희의 허물과 죄로 죽었던 너희를 살리셨도다 (2)그때에 너희가 그 가운데서 행하여 이 세상 풍속을 좇고 공중의 권세 잡은 자를 따랐으니 곧 지금 불순종의 아들들 가운데서 역사하는 영이라 (3)전에는 우리도 다 그 가운데서 우리 육체의 욕심을 따라 지내며 육체와 마음의 원하는 것을 하여 다른 이들과 같이 본질상 진노의 자녀이었더니 (4)긍휼에 풍성하신 하나님이 우리를 사랑하신 그 큰 사랑을 인하여 (5)허물로 죽은 우리를 그리스도와 함께 살리셨고 (너희가 은혜로 구원을 얻은 것이라) (6)또 함께 일으키사 그리스도 예수 안에서 함께 하늘에 앉히시니 (7)이는 그리스도 예수 안에서 우리에게 자비하심으로써 그 은혜의 지극히 풍성함을 오는 여러 세대에 나타내려 하심이니라 (8)너희가 그 은혜를 인하여 믿음으로 말미암아 구원을 얻었나니 이것이 너희에게서 난 것이 아니요 하나님의 선물이라 (9)행위에서 난 것이 아니니 이는 누구든지 자랑치 못하게 함이니라 (10)우리는 그의 만드신 바라 그리스도 예수 안에서 선한 일을 위하여 지으심을 받은 자니 이 일은 하나님이 전에 예비하사 우리로 그

가운데서 행하게 하려 하심이니라

고전 9:24-27 = 달음질하라(24)

(24)운동장에서 달음질하는 자들이 다 달아날지라도 오직 상 얻는 자는 하나인 줄을 너희가 알지 못하느냐 너희도 얻도록 이와 같이 달음질하라 (25)이기기를 다투는 자마다 모든 일에 절제하나니 저희는 썩을 면류관을 얻고자 하되 우리는 썩지 아니할 것을 얻고자 하노라 (26)그러므로 내가 달음질하기를 향방 없는 것같이 아니하고 싸우기를 허공을 치는 것같이 아니하여 (27)내가 내 몸을 쳐 복종하게 함은 내가 남에게 전파한 후에 자기가 도리어 버림이 될까 두려워함이로라

요 14:21-14 = 지키는(21)

(21)나의 계명을 가지고 지키는 자라야 나를 사랑하는 자니 나를 사랑하는 자는 내 아버지께 사랑을 받을 것이요 나도 그를 사랑하여 그에게 나를 나타내리라 (22)가룟인 아닌 유다가 가로되 주여 어찌하여 자기를 우리에게는 나타내시고 세상에게는 아니하려 하시나이까 (23)예수께서 대답하여 가라사대 사람이 나를 사랑하면 내 말을 지키리니 내 아버지께서 저를 사랑하실 것이요 우리가 저에게 와서 거처를 저와 함께 하리라 (24)나를 사랑하지 아니하는 자는 내 말을 지키지 아니하나니 너희의 듣는 말은 내 말이 아니요 나를 보내신 아버지의 말씀이니라

요 17:6-10 = 지키었나이다(6)

(6)세상 중에서 내게 주신 사람들에게 내가 아버지의 이름을 나타내었나이다 저희는 아버지의 것이었는데 내게 주셨으며 저희는 아버지의 말씀을 지키었나이다 (7)지금 저희는 아버지께서 내게 주신 것

이 다 아버지께로서 온 것인 줄 알았나이다 (8)나는 아버지께서 내게 주신 말씀들을 저희에게 주었사오며 저희는 이것을 받고 내가 아버지께로부터 나온 줄을 참으로 아오며 아버지께서 나를 보내신 줄도 믿었사옵나이다 (9)내가 저희를 위하여 비옵나니 내가 비옵는 것은 세상을 위함이 아니요 내게 주신 자들을 위함이니이다 저희는 아버지의 것이로소이다 (10)내 것은 다 아버지의 것이요 아버지의 것은 내 것이온데 내가 저희로 말미암아 영광을 받았나이다

계 1:3 = 이 예언의 말씀을 읽는 자와 듣는 자들과 그 가운데 기록한 것을 지키는 자들이 복이 있나니 때가 가까움이라

계 22:7 = 보라 내가 속히 오리니 이 책의 예언의 말씀을 지키는 자가 복이 있으리라 하더라

2. 인내의 말씀을 지켜라(10. 9–10) = 인내하라(성도의 견인?)

눅 22:1–6 = 찾더라(6)

(1)유월절이라 하는 무교절이 가까우매 (2)대제사장들과 서기관들이 예수를 무슨 방책으로 죽일꼬 연구하니 이는 저희가 백성을 두려워함이더라 (3)열둘 중에 하나인 가룟인이라 부르는 유다에게 사탄이 들어가니 (4)이에 유다가 대제사장들과 군관들에게 가서 예수를 넘겨 줄 방책을 의논하매 (5)저희가 기뻐하여 돈을 주기로 언약하는지라 (6)유다가 허락하고 예수를 무리가 없을 때에 넘겨줄 기회를 찾더라(마 26:14–15; 막 14:10–11 참조).

눅 22:31–34 = 굳게 하라(32) 베드로

(31)시몬아, 시몬아, 보라 사탄이 밀 까부르듯 하려고 너희를 청구하였으나 (32)그러나 내가 너를 위하여 네 믿음이 떨어지지 않기를

기도하였노니 너는 돌이킨 후에 네 형제를 굳게 하라 (33)저가 말하되 주여 내가 주와 함께 옥에도, 죽는 데도 가기를 준비하였나이다 (34)가라사대 베드로야 내가 네게 말하노니 오늘 닭 울기 전에 네가 세 번 나를 모른다고 부인하리라 하시니라

요 13:1-11 = 가라사대(10)

(1)유월절 전에 예수께서 자기가 세상을 떠나 아버지께로 돌아가실 때가 이른 줄 아시고 세상에 있는 자기 사람들을 사랑하시되 끝까지 사랑하시니라 (2)마귀가 벌써 시몬의 아들 가룟 유다의 마음에 예수를 팔려는 생각을 넣었더니 (3)저녁 먹는 중 예수는 아버지께서 모든 것을 자기 손에 맡기신 것과 또 자기가 하나님께로부터 오셨다가 하나님께로 돌아가실 것을 아시고 (4)저녁 잡수시던 자리에서 일어나 겉옷을 벗고 수건을 가져다가 허리에 두르시고 (5)이에 대야에 물을 담아 제자들의 발을 씻기시고 그 두르신 수건으로 씻기기를 시작하여 (6)시몬 베드로에게 이르시니 가로되 주여 주께서 내 발을 씻기시나이까 (7)예수께서 대답하여 가라사대 나의 하는 것을 네가 이제는 알지 못하나 이후에는 알리라 (8)베드로가 가로되 내 발을 절대로 씻기지 못하시리이다 예수께서 대답하시되 내가 너를 씻기지 아니하면 네가 나와 상관이 없느니라 (9)시몬 베드로가 가로되 주여 내 발뿐 아니라 손과 머리도 씻겨 주옵소서 (10)예수께서 가라사대 이미 목욕한 자는 발밖에 씻을 필요가 없느니라 온몸이 깨끗하니라 너희가 깨끗하나 다는 아니니라 하시니 (11)이는 자기를 팔 자가 누구인지 아심이라 그러므로 다는 깨끗지 아니하다 하시니라

마 26:69-75 = 통곡하니라(75)

약 1:12 = 시험을 참는 자는 복이 있도다 이것에 옳다 인정하심을

받은 후에 주께서 자기를 사랑하는 자들에게 약속하신 생명의 면류관을 얻을 것임이니라

시 73:1-28 = 전파하리이다(28)

(26)내 육체와 마음은 쇠잔하나 하나님은 내 마음의 반석이시요 영원한 분깃이시라 (27)대저 주를 멀리하는 자는 망하리니 음녀같이 주를 떠난 자를 주께서 다 멸하셨나이다 (28)하나님께 가까이 함이 내게 복이라 내가 주 여호와를 나의 피난처로 삼아 주의 모든 행사를 전파하리이다(참조 74편)

계 14:9-12 = 지키는(12)

(9)또 다른 천사 곧 셋째가 그 뒤를 따라 큰 음성으로 가로되 만일 누구든지 짐승과 그의 우상에게 경배하고 이마에나 손에 표를 받으면 (10)그도 하나님의 진노의 포도주를 마시리니 그 진노의 잔에 섞인 것이 없이 부은 포도주라 거룩한 천사들 앞과 어린 양 앞에서 불과 유황으로 고난을 받으리니 (11)그 고난의 연기가 세세토록 올라가리로다 짐승과 그의 우상에게 경배하고 그 이름의 표를 받는 자는 누구든지 밤낮 쉼을 얻지 못하리라 하더라 (12)성도들의 인내가 여기 있나니 저희는 하나님의 계명과 예수 믿음을 지키는 자니라

엡 6:13 = 그러므로 하나님의 전신갑주를 취하라 이는 악한 날에 너희가 능히 대적하고 모든 일을 행한 후에 서기 위함이라

벧전 4:12-13 = 즐거워하라(13)

(12)사랑하는 자들아 너희를 시련하려고 오는 불 시험을 이상한 일 당하는 것같이 이상히 여기지 말고 (13)오직 너희가 그리스도의 고난에 참여하는 것으로 즐거워하라 이는 그의 영광을 나타내실 때

에 너희로 즐거워하고 기뻐하게 하려 함이라

3. 이기는 복(은혜)을 누려라(11. 11-13) = 면류관(구원)을 빼앗지 못하게 하라

계 2:10 = 충성하라

네가 장차 받을 고난을 두려워 말라 볼지어다 마귀가 장차 너희 가운데서 몇 사람을 옥에 던져 시험을 받게 하리니 너희가 십 일 동안 환난을 받으리라 네가 죽도록 충성하라 그리하면 내가 생명의 면류관을 네게 주리라

계 1:8-9 = 동참하는(9)

(8)주(主) 하나님이 가라사대 나는 알파와 오메가라 이제도 있고 전(前)에도 있었고 장차(將次) 올 자(者)요 전능(全能)한 자(者)라 하시더라 (9)나 요한은 너희 형제(兄弟)요 예수의 환난(患難)과 나라와 참음에 동참(同參)하는 자(者)라 하나님의 말씀과 예수의 증거(證據)를 인(因)하여 밧모라 하는 섬에 있었더니

살전 2:14-16 = 채우매(16)

(14)형제(兄弟)들아 너희가 그리스도 예수 안에서 유대에 있는 하나님의 교회(教會)들을 본받은 자(者) 되었으니 저희가 유대인(人)들에게 고난(苦難)을 받음과 같이 너희도 너희 나라 사람들에게 동일(同一)한 것을 받았느니라 (15)유대인(人)은 주(主) 예수와 선지자(先知者)들을 죽이고 우리를 쫓아내고 하나님을 기쁘시게 아니하고 모든 사람에게 대적(對敵)이 되어 (16)우리가 이방인(異邦人)에게 말하여 구원(救援) 얻게 함을 저희가 금(禁)하여 자기(自己) 죄(罪)를 항상(恒常) 채우매 노(怒)하심이 끝까지 저희에게 임(臨)하였느니라

살후 3:1-5 = 행하고(4)

(1)종말로 형제들아 너희는 우리를 위하여 기도하기를 주의 말씀이 너희 가운데서와 같이 달음질하여 영광스럽게 되고 (2)또한 우리를 무리하고 악한 사람들에게서 건지옵소서 하라 믿음은 모든 사람의 것이 아님이라 (3)주는 미쁘사 너희를 굳게 하시고 악한 자에게서 지키시리라 (4)너희에게 대하여는 우리의 명한 것을 너희가 행하고 또 행할 줄을 우리가 주 안에서 확신하노니 (5)주께서 너희 마음을 인도하여 하나님의 사랑과 그리스도의 인내에 들어가게 하시기를 원하노라

계 14:12 = 성도들의 인내가 여기 있나니 저희는 하나님의 계명과 예수 믿음을 지키는 자니라

요 16:31-33 = 담대하라(33)

(31)예수께서 대답(對答)하시되 이제는 너희가 믿느냐 (32)보라 너희가 다 각각(各各) 제 곳으로 흩어지고 나를 혼자 둘 때가 오나니 벌써 왔도다 그러나 내가 혼자 있는 것이 아니라 아버지께서 나와 함께 계시느니라 (33)이것을 너희에게 이름은 너희로 내 안에서 평안(平安)을 누리게 하려 함이라 세상(世上)에서는 너희가 환난(患難)을 당(當)하나 담대(膽大)하라 내가 세상(世上)을 이기었노라 하시니라

- **결론**

벧전 2:1-10 = 선전하게(9)

(1)그러므로 모든 악독과 모든 궤휼과 외식과 시기와 모든 비방하는 말을 버리고 (2)갓난 아이들같이 순전하고 신령한 젖을 사모하라 이는 이로 말미암아 너희로 구원에 이르도록 자라게 하려 함이라 (3)너희가 주의 인자하심을 맛보았으면 그리하라 (4)사람에게는 버린 바

가 되었으나 하나님께는 택하심을 입은 보배로운 산 돌이신 예수에게 나아와 (5)너희도 산 돌같이 신령한 집으로 세워지고 예수 그리스도로 말미암아 하나님이 기쁘게 받으실 신령한 제사를 드릴 거룩한 제사장이 될지니라 (6)경에 기록하였으되 보라 내가 택한 보배롭고 요긴한 모퉁잇돌을 시온에 두노니 저를 믿는 자는 부끄러움을 당치 아니하리라 하였으니 (7)그러므로 믿는 너희에게는 보배이나 믿지 아니하는 자에게는 건축자들의 버린 그 돌이 모퉁이의 머릿돌이 되고 (8)또한 부딪히는 돌과 거치는 반석이 되었다 하니라 저희가 말씀을 순종치 아니하므로 넘어지나니 이는 저희를 이렇게 정하신 것이라 (9)오직 너희는 택하신 족속이요 왕 같은 제사장들이요 거룩한 나라요 그의 소유 된 백성이니 이는 너희를 어두운 데서 불러내어 그의 기이한 빛에 들어가게 하신 자의 아름다운 덕을 선전하게 하려 하심이라 (10)너희가 전에는 백성이 아니더니 이제는 하나님의 백성이요 전에는 긍휼을 얻지 못하였더니 이제는 긍휼을 얻은 자니라

히 6:15 = 오래 참아(15)

(13)하나님이 아브라함에게 약속하실 때에 가리켜 맹세할 자가 자기보다 더 큰 이가 없으므로 자기를 가리켜 맹세하여 (14)가라사대 내가 반드시 너를 복주고 복주며 너를 번성케 하고 번성케 하리라 하셨더니 (15)저가 이같이 오래 참아 약속을 받았느니라

약 5:10-11 = 삼으라(10)

(10)형제들아 주의 이름으로 말한 선지자들로 고난과 오래 참음의 본을 삼으라 (11)보라 인내하는 자를 우리가 복되다 하나니 너희가 욥의 인내를 들었고 주께서 주신 결말을 보았거니와 주는 가장 자비하시고 긍휼히 여기는 자시니라

롬 8:35-39 = 확신하노니(38)

(35)누가 우리를 그리스도의 사랑에서 끊으리요 환난(患難)이나 곤
고나 핍박(逼迫)이나 기근(饑饉)이나 적신이나 위험이나 칼이랴 (36)기
록(記錄)된 바 우리가 종일 주(主)를 위(爲)하여 죽임을 당케 되며 도
살할 양(羊)같이 여김을 받았나이다 함과 같으니라 (37)그러나 이 모
든 일에 우리를 사랑하시는 이로 말미암아 우리가 넉넉히 이기느니
라 (38)내가 확신(確信)하노니 사망(死亡)이나 생명(生命)이나 천사(天
使)들이나 권세자들이나 현재(現在) 일이나 장래(將來) 일이나 능력(能
力)이나 (39)높음이나 깊음이나 다른 아무 피조물(被造物)이라도 우리
를 우리 주(主) 그리스도 예수 안에 있는 하나님의 사랑에서 끊을 수
없으리라

❄ 14-22절. 라오디게아 교회

14-19절. 열심을 내라

15절. 네가 차든지 더웁든지 하기를 원하노라 = 열심히 하지 않는 이유를 책망한다 = 하나님의 말씀에 대한 무관심(Indifference)에 대한 징계가 있다.

20-22절. 이기게 하시는 은혜

20절. 이기는 그 = 신사가복(信使可覆 = 믿음이 움직일 수 없는 진실한 진리라는 것을 알면 마땅히 되풀이하여 행하라) = 주시(主恃 = 믿을 시, 의지할 시)하자 = 주시(主侍 = 모실 시, 좇을 시)하자.

〈도움 말씀〉

주님과 동거하는 복을 누리자 함은(21. 14-22)? = 이기는 복을 누리자 함은?

• 서론

눅 16:19-31 = 듣지(31)

(19)한 부자가 있어 자색 옷과 고운 베옷을 입고 날마다 호화로
이 연락하는데 (20)나사로라 이름한 한 거지가 헌데를 앓으며 그 부
자의 대문에 누워 (21)부자의 상에서 떨어지는 것으로 배불리려 하
매 심지어 개들이 와서 그 헌데를 핥더라 (22)이에 그 거지가 죽어 천
사들에게 받들려 아브라함의 품에 들어가고 부자도 죽어 장사되매
(23)저가 음부에서 고통 중에 눈을 들어 멀리 아브라함과 그의 품에
있는 나사로를 보고 (24)불러 가로되 아버지 아브라함이여 나를 긍
휼히 여기사 나사로를 보내어 그 손가락 끝에 물을 찍어 내 혀를 서
늘하게 하소서 내가 이 불꽃 가운데서 고민하나이다 (25)아브라함
이 가로되 얘 너는 살았을 때에 네 좋은 것을 받았고 나사로는 고난
을 받았으니 이것을 기억하라 이제 저는 여기서 위로를 받고 너는
고민을 받느니라 (26)이뿐 아니라 너희와 우리 사이에 큰 구렁이 끼
어 있어 여기서 너희에게 건너가고자 하되 할 수 없고 거기서 우리에
게 건너올 수도 없게 하였느니라 (27)가로되 그러면 구하노니 아버지
여 나사로를 내 아버지의 집에 보내소서 (28)내 형제 다섯이 있으니
저희에게 증거하게 하여 저희로 이 고통 받는 곳에 오지 않게 하소
서 (29)아브라함이 가로되 저희에게 모세와 선지자들이 있으니 그들
에게 들을지니라 (30)가로되 그렇지 아니하니이다 아버지 아브라함
이여 만일 죽은 자에게서 저희에게 가는 자가 있으면 회개하리이다
(31)가로되 모세와 선지자들에게 듣지 아니하면 비록 죽은 자 가운
데서 살아나는 자가 있을지라도 권함을 받지 아니하리라 하였다 하
시니라

시 24:1-10 = 찾는(6)

(1)땅과 거기 충만한 것과 세계와 그 중에 거하는 자가 다 여호와의 것이로다 (2)여호와께서 그 터를 바다 위에 세우심이여 강들 위에 건설하셨도다 (3)여호와의 산에 오를 자 누구며 그 거룩한 곳에 설 자가 누군고 (4)곧 손이 깨끗하며 마음이 청결하며 뜻을 허탄한 데 두지 아니하며 거짓 맹세치 아니하는 자로다 (5)저는 여호와께 복을 받고 구원의 하나님께 의를 얻으리니 (6)이는 여호와를 찾는 족속이요 야곱의 하나님의 얼굴을 구하는 자로다 (셀라) (7)문들아 너희 머리를 들지어다 영원한 문들아 들릴지어다 영광의 왕이 들어가시리로다 (8)영광의 왕이 뉘시뇨 강하고 능한 여호와시요 전쟁에 능한 여호와시로다 (9)문들아 너희 머리를 들지어다 영원한 문들아 들릴지어다 영광의 왕이 들어가시리로다 (10)영광의 왕이 뉘시뇨 만군의 여호와께서 곧 영광의 왕이시로다 (셀라)

1. 열심을 내라는 것(14. 14-19) = 회개하라는 것

요일 2:15-17 = 사랑치(15)

(15)이 세상이나 세상에 있는 것들을 사랑치 말라 누구든지 세상을 사랑하면 아버지의 사랑이 그 속에 있지 아니하니 (16)이는 세상에 있는 모든 것이 육신의 정욕과 안목의 정욕과 이생의 자랑이니 다 아버지께로 좇아온 것이 아니요 세상으로 좇아온 것이라 (17)이 세상도, 그 정욕도 지나가되 오직 하나님의 뜻을 행하는 이는 영원히 거하느니라

벧전 4:1-6 = 삼으라(1)

(1)그리스도께서 이미 육체의 고난을 받으셨으니 너희도 같은 마음으로 갑옷을 삼으라 이는 육체의 고난을 받은 자가 죄를 그쳤음이니 (2)그 후로는 다시 사람의 정욕을 좇지 않고 오직 하나님의 뜻을

좇아 육체의 남은 때를 살게 하려 함이라 (3)너희가 음란과 정욕과 술 취함과 방탕과 연락과 무법한 우상 숭배를 하여 이방인의 뜻을 좇아 행한 것이 지나간 때가 족하도다 (4)이러므로 너희가 저희와 함께 그런 극한 방탕에 달음질하지 아니하는 것을 저희가 이상히 여겨 비방하나 (5)저희가 산 자와 죽은 자 심판하기를 예비하신 자에게 직고하리라 (6)이를 위하여 죽은 자들에게도 복음이 전파되었으니 이는 육체로는 사람처럼 심판을 받으나 영으로는 하나님처럼 살게 하려 함이니라

롬 11:33-12:21 = 섬기라(11)

(9)사랑엔 거짓이 없나니 악을 미워하고 선에 속하라 (10)형제를 사랑하여 서로 우애하고 존경하기를 서로 먼저 하며 (11)부지런하여 게으르지 말고 열심을 품고 주를 섬기라

롬 13:11-14 = 옷 입고(14)

(11)또한 너희가 이 시기를 알거니와 자다가 깰 때가 벌써 되었으니 이는 이제 우리의 구원이 처음 믿을 때보다 가까왔음이니라 (12)밤이 깊고 낮이 가까왔으니 그러므로 우리가 어두움의 일을 벗고 빛의 갑옷을 입자 (13)낮에와 같이 단정히 행하고 방탕과 술 취하지 말며 음란과 호색하지 말며 쟁투와 시기하지 말고 (14)오직 주 예수 그리스도로 옷 입고 정욕을 위하여 육신의 일을 도모하지 말라

히 12:1-13 = 바라보자(2)

(1)이러므로 우리에게 구름같이 둘러싼 허다한 증인들이 있으니 모든 무거운 것과 얽매이기 쉬운 죄를 벗어 버리고 인내로써 우리 앞에 당한 경주를 경주하며 (2)믿음의 주요 또 온전케 하시는 이인 예수를 바라보자 저는 그 앞에 있는 즐거움을 위하여 십자가를 참으

사 부끄러움을 개의치 아니하시더니 하나님 보좌 우편에 앉으셨느니라 (3)너희가 피곤하여 낙심치 않기 위하여 죄인들의 이같이 자기에게 거역한 일을 참으신 자를 생각하라 (4)너희가 죄와 싸우되 아직 피 흘리기까지는 대항치 아니하고 (5)또 아들들에게 권하는 것같이 너희에게 권면하신 말씀을 잊었도다 일렀으되 내 아들아 주의 징계하심을 경히 여기지 말며 그에게 꾸지람을 받을 때에 낙심하지 말라 (6)주께서 그 사랑하시는 자를 징계하시고 그의 받으시는 아들마다 채찍질하심이니라 하였으니 (7)너희가 참음은 징계를 받기 위함이라 하나님이 아들과 같이 너희를 대우하시나니 어찌 아비가 징계하지 않는 아들이 있으리요 (8)징계는 다 받는 것이거늘 너희에게 없으면 사생자요 참 아들이 아니니라 (9)또 우리 육체의 아버지가 우리를 징계하여도 공경하였거늘 하물며 모든 영의 아버지께 더욱 복종하여 살려 하지 않겠느냐 (10)저희는 잠시 자기의 뜻대로 우리를 징계하였거니와 오직 하나님은 우리의 유익을 위하여 그의 거룩하심에 참여케 하시느니라 (11)무릇 징계가 당시에는 즐거워 보이지 않고 슬퍼 보이나 후에 그로 말미암아 연달한 자에게는 의의 평강한 열매를 맺나니 (12)그러므로 피곤한 손과 연약한 무릎을 일으켜 세우고 (13)너희 발을 위하여 곧은 길을 만들어 저는 다리로 하여금 어그러지지 않고 고침을 받게 하라

눅 12:35-40 = 서 있으라(35)

(35)허리에 띠를 띠고 등불을 켜고 서있으라 (36)너희는 마치 그 주인이 혼인집에서 돌아와 문을 두드리면 곧 열어 주려고 기다리는 사람과 같이 되라 (37)주인이 와서 깨어 있는 것을 보면 그 종들은 복이 있으리로다 내가 진실로 너희에게 이르노니 주인이 띠를 띠고 그 종들을 자리에 앉히고 나아와 수종하리라 (38)주인이 혹 이경에나 혹 삼경에 이르러서도 종들의 이같이 하는 것을 보면 그 종들은 복이 있

으리로다 (39)너희도 아는 바니 집주인이 만일 도적이 어느 때에 이를 줄 알았더면 그 집을 뚫지 못하게 하였으리라 (40)이러므로 너희도 예비하고 있으라 생각지 않은 때에 인자가 오리라 하시니라

요 14:22-24 = 지키리니(23)

(22)가룟인 아닌 유다가 가로되 주여 어찌하여 자기를 우리에게는 나타내시고 세상에게는 아니하려 하시나이까 (23)예수께서 대답하여 가라사대 사람이 나를 사랑하면 내 말을 지키리니 내 아버지께서 저를 사랑하실 것이요 우리가 저에게 와서 거처를 저와 함께 하리라 (24)나를 사랑하지 아니하는 자는 내 말을 지키지 아니하나니 너희의 듣는 말은 내 말이 아니요 나를 보내신 아버지의 말씀이니라

2. 이기라는 것(21. 20-22) = 하나님의 말씀을 지키라는 것

신 4:1-2 = 지키라(2)

(1)이스라엘아 이제 내가 너희에게 가르치는 규례와 법도를 듣고 준행하라 그리하면 너희가 살 것이요 너희의 열조의 하나님 여호와께서 너희에게 주시는 땅에 들어가서 그것을 얻게 되리라 (2)내가 너희에게 명하는 말을 너희는 가감하지 말고 내가 너희에게 명하는 너희 하나님 여호와의 명령을 지키라

삼상 15:22-23 = 버렸으므로(23)

(22)사무엘이 가로되 여호와께서 번제와 다른 제사를 그 목소리 순종하는 것을 좋아하심같이 좋아하시겠나이까 순종이 제사보다 낫고 듣는 것이 숫양의 기름보다 나으니 (23)이는 거역하는 것은 사술의 죄와 같고 완고한 것은 사신 우상에게 절하는 죄와 같음이라 왕이 여호와의 말씀을 버렸으므로 여호와께서도 왕을 버려 왕이 되지 못하게 하셨나이다

요일 5:1-3 = 지키는(3)

(1)예수께서 그리스도이심을 믿는 자마다 하나님께로서 난 자니 또한 내신 이를 사랑하는 자마다 그에게 난 자를 사랑하느니라 (2) 우리가 하나님을 사랑하고 그의 계명들을 지킬 때에 이로써 우리가 하나님의 자녀 사랑하는 줄을 아느니라 (3)하나님을 사랑하는 것은 이것이니 우리가 그의 계명들을 지키는 것이라 그의 계명들은 무거운 것이 아니로다

요 15:1-17 = 사랑하라(12)

(1)내가 참 포도나무요 내 아버지는 그 농부라 (2)무릇 내게 있어 과실을 맺지 아니하는 가지는 아버지께서 이를 제해 버리시고 무릇 과실을 맺는 가지는 더 과실을 맺게 하려 하여 이를 깨끗게 하시느니라 (3)너희는 내가 일러 준 말로 이미 깨끗하였으니 (4)내 안에 거하라 나도 너희 안에 거하리라 가지가 포도나무에 붙어 있지 아니하면 절로 과실을 맺을 수 없음같이 너희도 내 안에 있지 아니하면 그러하리라 (5)나는 포도나무요 너희는 가지니 저가 내 안에, 내가 저 안에 있으면 이 사람은 과실을 많이 맺나니 나를 떠나서는 너희가 아무것도 할 수 없음이라 (6)사람이 내 안에 거하지 아니하면 가지처럼 밖에 버리워 말라지나니 사람들이 이것을 모아다가 불에 던져 사르느니라 (7)너희가 내 안에 거하고 내 말이 너희 안에 거하면 무엇이든지 원하는 대로 구하라 그리하면 이루리라 (8)너희가 과실을 많이 맺으면 내 아버지께서 영광을 받으실 것이요 너희가 내 제자가 되리라 (9)아버지께서 나를 사랑하신 것같이 나도 너희를 사랑하였으니 나의 사랑 안에 거하라 (10)내가 아버지의 계명을 지켜 그의 사랑 안에 거하는 것같이 너희도 내 계명을 지키면 내 사랑 안에 거하리라 (11)내가 이것을 너희에게 이름은 내 기쁨이 너희 안에 있어 너희 기쁨을 충만하게 하려 함이니라 (12)내 계명은 곧 내가 너희를 사랑

한 것같이 너희도 서로 사랑하라 하는 이것이니라 (13)사람이 친구를 위하여 자기 목숨을 버리면 이에서 더 큰 사랑이 없나니 (14)너희가 나의 명하는 대로 행하면 곧 나의 친구라 (15)이제부터는 너희를 종이라 하지 아니하리니 종은 주인의 하는 것을 알지 못함이라 너희를 친구라 하였노니 내가 내 아버지께 들은 것을 다 너희에게 알게 하였음이니라 (16)너희가 나를 택한 것이 아니요 내가 너희를 택하여 세웠나니 이는 너희로 가서 과실을 맺게 하고 또 너희 과실이 항상 있게 하여 내 이름으로 아버지께 무엇을 구하든지 다 받게 하려 함이니라 (17)내가 이것을 너희에게 명함은 너희로 서로 사랑하게 하려 함이로라

계 20:4-6 = 참여하는(6)

(4)또 내가 보좌들을 보니 거기 앉은 자들이 있어 심판하는 권세를 받았더라 또 내가 보니 예수의 증거와 하나님의 말씀을 인하여 목 베임을 받은 자의 영혼들과 또 짐승과 그의 우상에게 경배하지도 아니하고 이마와 손에 그의 표를 받지도 아니한 자들이 살아서 그리스도로 더불어 천 년 동안 왕 노릇 하니 (5)(그 나머지 죽은 자들은 그 천 년이 차기까지 살지 못하더라) 이는 첫째 부활이라 (6)이 첫째 부활에 참여하는 자들은 복이 있고 거룩하도다 둘째 사망이 그들을 다스리는 권세가 없고 도리어 그들이 하나님과 그리스도의 제사장이 되어 천 년 동안 그리스도로 더불어 왕 노릇 하리라

마 19:16-30 = 좇는(28)

(23)예수께서 제자들에게 이르시되 내가 진실로 너희에게 이르노니 부자는 천국에 들어가기가 어려우니라 (24)다시 너희에게 말하노니 약대가 바늘귀로 들어가는 것이 부자가 하나님의 나라에 들어가는 것보다 쉬우니라 하신대 (25)제자들이 듣고 심히 놀라 가로되 그

런즉 누가 구원을 얻을 수 있으리이까 (26)예수께서 저희를 보시며 가라사대 사람으로는 할 수 없으되 하나님으로서는 다 할 수 있느니라 (27)이에 베드로가 대답하여 가로되 보소서 우리가 모든 것을 버리고 주를 좇았사오니 그런즉 우리가 무엇을 얻으리이까 (28)예수께서 가라사대 내가 진실로 너희에게 이르노니 세상이 새롭게 되어 인자가 자기 영광의 보좌에 앉을 때에 나를 좇는 너희도 열두 보좌에 앉아 이스라엘 열두 지파를 심판하리라 (29)또 내 이름을 위하여 집이나 형제나 자매나 부모나 자식이나 전토를 버린 자마다 여러 배를 받고 또 영생을 상속하리라 (30)그러나 먼저 된 자로서 나중 되고 나중 된 자로서 먼저 될 자가 많으니라

- **결론**

요 1:1-5 = 깨닫지(5)

(1)태초에 말씀이 계시니라 이 말씀이 하나님과 함께 계셨으니 이 말씀은 곧 하나님이시니라 (2)그가 태초에 하나님과 함께 계셨고 (3)만물이 그로 말미암아 지은 바 되었으니 지은 것이 하나도 그가 없이는 된 것이 없느니라 (4)그 안에 생명이 있었으니 이 생명은 사람들의 빛이라 (5)빛이 어두움에 비취되 어두움이 깨닫지 못하더라

빌 2:9-16 = 복종하여(12)

(9)이러므로 하나님이 그를 지극히 높여 모든 이름 위에 뛰어난 이름을 주사 (10)하늘에 있는 자들과 땅에 있는 자들과 땅 아래 있는 자들로 모든 무릎을 예수의 이름에 꿇게 하시고 (11)모든 입으로 예수 그리스도를 주라 시인하여 하나님 아버지께 영광을 돌리게 하셨느니라 (12)그러므로 나의 사랑하는 자들아 너희가 나 있을 때뿐 아니라 더욱 지금 나 없을 때에도 항상 복종하여 두렵고 떨림으로 너희 구원을 이루라 (13)너희 안에서 행하시는 이는 하나님이시니 자기

의 기쁘신 뜻을 위하여 너희로 소원을 두고 행하게 하시나니 (14)모
든 일을 원망과 시비가 없이 하라 (15)이는 너희가 흠이 없고 순전하
여 어그러지고 거스리는 세대 가운데서 하나님의 흠 없는 자녀로 세
상에서 그들 가운데 빛들로 나타내며 (16)생명의 말씀을 밝혀 나의
달음질도 헛되지 아니하고 수고도 헛되지 아니함으로 그리스도의
날에 나로 자랑할 것이 있게 하려 함이라

PART 06

하나님께 경배하라

제4~5장
삼위일체 하나님께 경배하라

4~5장, 7장, 22장 등은 하나님께서 창조, 구속, 재림 언약 등 성경의 모든 기록이 삼위일체 하나님께서 경배 받으심과 성도의 생존(삶)이 목적임을 증거한다.

4장

4장은 먼저 "종말"과 "하나님 나라"[Kingdom of God, 천국(天國 Kingdom of heaven)]에 관한 이해 = "하나님 나라" 백성답게 사는 "복(福)을 누리자!"[요 1:12-13; 엡 1:3-6; 계 22:11, 산상보훈(마 5:-7:), 작은 소자(마 25:31-46; 막 9:41-50), 본서 서론 참고]

마 13:1-52 = 지상천국에 관한 비유 참고.
시 119:1-176 = 지상천국에서의 삶

하늘보좌(寶座 4~5, 21~22) = 사람의 첫째 되는 목적? = 대요리 문1(소요리 문1)

지옥행과 천국행(20:~21:)

"천국 간증 집회들"이 난무하는 것에 대하여? = 개인의 신앙 경험은 될 수 있으나, 성경보다 간증에 더 관심을 기울이거나 신뢰하는 일이 없도록 주의해야 한다('펄시 콜레' 등의 사기극, 각각 보았다는 것이 모두 다르다).

비밀을 알아냈다, 찾아냈다 등에 현혹되지 말라? = 오직 성경, 오직 성령 하나님의 조명을 구하라!

지옥행과 천국행(20~21)

"천국, 지옥 등의 간증"의 책이나 집회 등이 많으나, 그러한 것들은 개개인의 신앙적 경험에 국한된 것으로, 성경 말씀보다 더 신뢰하는 일이 없도록 주의해야 한다.

그 대표적인 사례로 한국 교회가 '펄시 콜레'의 《내가 본 천국》[43]이라는 책과 순회 집회 등의 광풍에 매몰되었으나 결국 그 모든 것이 사기였음이 보도로 밝혀졌다. 그러나 그에게 열광했던 교회 지도자 등 그 누구도 교회 앞에 사과 한마디 한 자가 없다. 도리어 경쟁적으로 천국, 지옥 간증 책들을 너나 할 것 없이 출판해 성도들을 혼란과 혼잡에 빠지게 하는 일이 늘었다.

따라서 비밀을 알아냈다, 찾아냈다, 뭐가 보인다, 뭐를 보았다 등에 현혹되지 말고, 오직 성경, 오직 성령 하나님의 조명(도우심)을 구하라!

종말의 때?

현재적(눅 17:20-21; 행 2:17; 고전 10:11; 딤후 3:1-5; 히 1:1 등 참조)이며, 미래적(막 1:12-15; 마 25:45-46, 28:20; 고전 15:51-52; 살전 4:16; 벧전 4:7; 벧후 3:10 등 참조)이다.

하나님 나라(막 1:14-15 등 참조)?

천국(마 4:17, 5:3, 7 등 참조) = 하늘[사 63:15; 신 26:15; 엡 1:3 = 하나님(눅 15:11-32; 단 4:26 등 참조)]

---

43) 펄시 콜레 박사(Dr. Percy Collett), 홍의봉 역, 내가 본 천국, 일신출판사, 1987.

마 6:10-11; 엡 1:20-23 등은 현재적이며, 미래적임을 증거한다.

현재적(마 1:22-23, 12:28 = 눅 11:20, 17:20-21; 고전 6:8-11 등 참조)

미래적(마 4:17; 막 1:12-15; 마 12:31-32, 24:29-30; 눅 9:62, 18:29-30; 행 1:7-8, 14:22; 계 17:14 등 참조)

현재적으로는 "노아 시대의 홍수"(창 6:9-8:22), "유라굴로 광풍이 대작하는 현장"(행 27:21-16) 등도 하나님께서 함께하신 현장은 "하늘 나라"라는 신앙고백의 은혜를 누려야 한다[통 495(새 438) 내 영혼이 은총 입어].

❁ 1–5절. 성령 하나님의 보호를 받으라

• 1절. 하늘에 열린 문이 있는데

요한이 성령에 의해 하늘로 이끌림을 받아 갔을 때 통과했던 문으로 이 문이 열리는 것을 보았다는 것이 아니라, 완료시제(완료분사)로 기록된 것으로 보아 그 문은 열려 있었다[빌라델비아 교회(계 3:7-8 참조)]

1) 홍수 시 = 하늘의 창이 열려 심판하심(창 7:11)
2) 야곱에게 언약 시(창 28:10-22)
3) 에스겔에게 이상을 보이실 때(겔 1:1)
4) 예수님이 세례 받으실 때(마 3:16; 막 1:10; 눅 3:21)
5) 나다나엘에게 약속(요 1:51)
6) 스데반이 돌에 맞아 순교할 때(행 7:55-56)
7) 베드로가 기도하는 중에(행 10:9-16)
8) 사도 바울의 셋째 하늘(고후 12:1-4)
9) 빌라델비아 교회(계 3:8)

10) 하늘보좌(계 4:1)

11) 예수님이 재림하실 때(계 19:11)

12) 두 증인이 휴거할 때(계 11:12)

13) 24장로가 경배할 때(계 11:16-19)

14) 7재앙이 내릴 때(계 15:5-8, 16:1-21)

문(門)? = 믿음의 문(행 14:27). 공효의 문(고전 16:9). 전도의 문(고후 2:12; 골 4:3)

(功效 = 어떠한 일을 한 뒤에 돌아오는 좋은 결과)

사도 바울의 셋째 하늘(고후 12:1-4)에 대한 주석

스코필드(Scofield) = 살전 4:14-17의 성취를 암시한다고 한다.

토레이(Torrey) = 4장 1절 이후의 내용을 교회가 들림 받은 이후의 때에 관한 것이라고 말한다.

팀 라하이 = 천사들

Peter S. Ruckman = 요한계시록 1장 10절에도 "성령 안에"라는 표현이 있다. 이것은 거듭난 성도가 그리스도 안에 있는 것처럼 성도가 성령 안에 있다는 의미가 아니다. 이것은 다른 차원으로써 형태나 구조의 기적적인 변형을 의미하는 "성령 안에"이다. 이것을 고린도전서 15장 49-52절과 비교해 보면 그리스도(인?)의 몸이 "휴거되는" 또는 "들림 받는" 것임을 알 것이다. 바울은 이 신비가 "나팔소리 날 때" "눈 깜짝할 순간에" 일어날 것이라고 말한다. 우리는 데살로니가전서 4장에서 그것이 "천사장의 음성과 하나님의 나팔소리와 함께" 일어난다는 것을 알 수 있는데 요한계시록 4장 1-2절에서 우리는 모든 요소가 나타나는 것을 본다. 즉 음성, 나팔 부르는 소리, 영적인 체질(spiritual condition)로의 변화, 그리고 "순간에" 요한은 즉각적으로 셋째 하늘에 올라간다. 필자가 "셋째 하늘"이라고 말하는 까닭은

고린도후서 12장 1-4절에서 하늘을 분명하게 셋으로 구분하기 때문이다. 거듭 말하지만 요한은 '셋째 하늘에 올라갔다'라고 하여 요한이 휴거했던 것으로 주장한다.

그러나 데살로니가전서 4장 16-17절의 하나님의 나팔은 재림의 나팔로써, 고린도전서 15장 51-52절의 부활의 나팔과 구별되며 4장 1절은 앞으로 될 일에 앞서 하늘보좌를 사도 요한에게 보여 주심으로 하나님 나라에 소망을 갖게 하기 위한 것으로 보며, 따라서 이 증거는 교회의 휴거와도 다른 것이다. 또한 요한은 몸은 밧모섬에 있고, 그의 영의 하늘보좌를 보게 된 것이다.[44)]

이리로 올라오라 = 이 후에 마땅히 될 일을 보이신다(계 1:1 참조).

요한계시록 11장 12절은 두 증인의 부활 승천(첫째부활)을 증거한 것으로 요한에게 "이리로 올라오라" 한 목적과는 다른 의미이다. 보이시는 목적은 경배와 신앙 고백(계 4:6-21)과 이기는 자의 은혜(계 2~3) 등에 있다.

팀 라하이 = 부르신 혹은 하늘로 들림 받은 사건이다. 이것은 환난 이전 교회가 들림 받은 것을 강력히 시사해 주고 있다.[45)]

김형중 = "성령에 감동되었더니"(2)라는 고백으로 환상 중에 직접 보고 체험한 것(김형중, 요한계시록, 솔로몬, 2010, p. 117)

그러나 고린도전서 12장 1-4절을 참조하여 "환상 중"이라 한 것으로 보이나, 본문에는 "환상 중"이란 기록은 없다. 따라서 참고할 수 있으나 "성령의 교통하심"(고후 13:13 참조)의 계시로 보았음을 알 수 있다.

---

44) 민병석, 요한계시록 노트 참고

45) Tim Lahaye, 김의자 옮김, 요한계시록 해설, 보이스사, 1980, p. 150

• **2절. 내가 곧 성령에 감동하였더니**

보이신 방법(方法)은 '휴거'가 아닌 "성령에 감동으로 목도"하게 된다(계 4:2, 1:10, 17:3, 21:3; 고후 12:1-4; 겔 3:12-16 참조)

William E. Biederwolf = 요한이 황홀경에 빠져서[46]

이상근 = 영감으로 하나님의 계시를 바라본 것이다.[47]

이필찬 = 이들이 앉은 보좌는 하나님의 보좌와 동일하다(계 3:21)[48]

그러나 10절에서 "보좌에 앉으신 이 앞에 엎드려 세세토록 사시는 이에게 경배하고 자기의 면류관을 보좌 앞에 던지며…"라는 말씀을 보면 하나님과 동일한 보좌에 앉았다는 것이 아니라 예수 그리스도 안에서 하나님을 경배하며 찬양하는 은혜의 영화를 누리게 된다는 함의이며, 요한계시록 3장 21절 역시 이 같은 영화를 누리게 된다는 의미를 담고 있다.

보좌에 앉으신 이(계 5:1 참조) = '성부 하나님'일까? '성자 하나님'일까?

1) 계 4:8-9의 '장차 오실 이'와 계 22:20의 '내가 속히 오리라', 계 1:1의 '예수 그리스도의 계시라' 등을 참고하면 성자 하나님.
2) 계 5:1-13의 '어린양'이 '보좌에 앉으신 이의 손에서 책을 취하였으니'(7) 등을 보면 성부 하나님.
3) 계 1:4-5까지를 참조하면 삼위일체 하나님(헨드릭슨).

---

46) William E. Biederwolf, 김재순 책임번역, 종말론 주해주석, 가브리엘 출판사, 1986, p. 334
47) 이상근, 신약주해 요한계시록, 대한예수교장로회 총회교육부, 신일정판사, 1986, p. 97
48) 이필찬, 요한계시록 40일 묵상여행, 이레서원, 2018, p. 51

• **3절. 앉으신 이의 모양(貌樣)**

계시의 말씀이지만 피조물이 창조주 하나님에 대하여 표현할 수 있는 데는 한계가 있음을 인정하는 겸손함이 필요하다.

하나님의 신격, 속성, 하나님의 영광 등의 완전성은 상징적 표현이므로 완벽하게 해석하려고 하지 않아야 한다(참고: 하나님의 불가해성).

무지개 = 하나님의 영광의 모양(겔 1:26-28; 계 10:1; 창 9:12-17 등 참조)

이상근 = 하나님의 은혜 언약이 그 보좌에 엄존해 있다. 영감으로 하나님의 계시를 바라본 곳이다 [49]

• **4절. 24장로들(계 4:10-11)**

24장로들은 누구일까?(계 4:1-5, 10-11, 5:5, 8-11, 7:11, 11:16-18, 21:12-14 등 참조)

〈여러 견해〉

이상근 = 계 21:12-14에 표시된 바, 구약의 12족장과, 신약의 12사도(Victorius, Alford, Weiss, Plummer, Vincent)

공중 재림 때 들려 올릴 교회(Walvoord)

유대인과 이방인의 전 교회의 대표 반영(Eleek, De Wette, Swete, Barclay)

대상 24:1-19의 제사장의 24반열(Ewald, Hilgenfeld, Wellhausen)

천상의 제사장인 천사장들(Ewald, Reuss, Spitta)

천사들(Rinck, Hoffmann)

---

49) 이상근, 신약주해 요한계시록, 대한예수교장로회 총회교육부, 신일정판사, 1986, p. 98

출 24:11의 이스라엘의 장로들(Clarke, Rist)

유대인 교회(Wordworth)

대소 선지자들(St, Hippolytus)

인류의 가장 뛰어난 인물들 즉 아담, 셋, 에노스, 제난, 마하랄렐, 야벳, 에녹, 므두셀라, 라멕, 노아, 셈, 아르박삿, 셀라, 에벨, 벨렉, 르우, 스룩, 나홀, 데라, 아브람, 이삭, 야곱(Bengel)

바벨론의 24성좌(Moffatt), 단순히 상징적 환상(Greijdanus) 등 처음 세 학설은 조화될 수 있고 또 거기에 해답이 있는 듯하다. 그렇다면 이는 신구약의 모든 성도들의 대표로 하나님의 보좌를 호위하고 있는 것이다. 지상의 환난을 보이기 전에 이제부터 천상에 성도들이 있는 것을 나타낸 것은 그들이 환난에 포함되지 않는 것을 뜻한다. 즉 전 환난설의 한 근거를 제시한 것이다. 24장로는 앞으로 자주 등장하여 계시 진행에 중요한 역할을 한다.[50)]

박윤선 = 교회의 대표자들[51)]

Peter S. Ruckman = 구원받아 "피로 씻김 받고" 교회 시대 사람을 대표한다.[52)]

헨드릭슨 = 구약과 신약의 전 세대를 포함한 전체 교회를 표시[53)]

종말론 주해 주석 = 24장로에 대하여는 개인적 특성보다는 대표적 특성이 있는 것으로 계 15:2-4, 21:12-14에서 증거하는 대로 이스라엘 열두 지파의 법정적 수와 12사도를 가리키는 것으로 볼 수 있다.[54)]

---

50) 이상근, 신약주해 요한계시록, 대한예수교장로회 총회교육부, 신일정판사, 1986, pp. 98-99

51) 박윤선, 요한계시록, 영음사, p. 117

52) Peter S. Ruckman, 김형덕 옮김, 요한계시록 주석, 말씀보존학회, 1993, p. 103

53) 윌리엄 헨드릭슨, 김영익, 문영탁 옮김, 요한계시록 주석, 아가페출판사, 1988, p. 101

54) William E. Biederwolf, 김재순 책임번역, 종말론 주해 주석, 가브리엘출판사, 1986, p. 337

그러나 24장로가 누구냐 하는 것에 집중하기보다는 그들이 무엇을 하고 있는가에 주목해야 한다[마 4:10; 요 4:23-24; 엡 1:3-6; 마 2:1-2, 11(동방 박사들); 빌 2:10-11(만민들); 히 1:6(모든 천사); 계 7:9-12(큰 무리와 모든 천사); 시 103:19-22 등 참조].

24장로들에 관한 요한계시록의 기록(계 4:4, 10-11, 5:5, 8-11, 7:11, 11:16-18, 21:12-14 등 참조)

금 면류관 = '승리자'만 쓰는 면류관이다.

στεφάνους(스테파누스)명목남복 면류관을 χρυσοῦς(크뤼수스)형목남복 금

4735 στέφανος(stephanos 스테파노스) 기본어 stepho〈스텝호〉(이마에 장식하다, 또는 화관을 쓰다)에서 유래된 듯하다. '화관'(영광의 상징, 대중적 게임에서의 상징, 영예의 상징, 단순한 면류관【1238】보다 눈에 띄고 정성들인 것), 문자적으로 혹은 상징적으로 '면류관'(요 19:2)

- **5절. 번개와 음성과 뇌성**

심판 때에 행사되는 전능성과 이제 머지않아 하나님의 보좌로부터 나올 진노를 나타내는 표현이다.

일곱 등불 켠 것이 있으니 = "이는 하나님의 일곱 영이라"

박윤선, 이상근 = 성령님을 가리키는 상징

팀 라하이 = 사 11:2에 나타나신 성령의 7가지 특성을 말하고 있다(주의 신, 지혜의 신, 총명의 신, 모략의 신, 재능의 신, 지식의 신, 여호와를 경외하는 신)

계 1:4의 일곱 영 곧(계 5:6 등 참조).

그러나 계 5:6은 "어린양의 일곱 눈", "땅에 보내심을 입은 하나님의 일곱 영"이라 하며, 일곱 교회에 역사하시는 성령을 말씀한다(계 1:4, 3:1, 4:5 등 참조)

❋ 6–9절. 전능하신 하나님께 경배드려라

- **6절. 보좌 앞에 수정과 같은 유리 바다 = 수정과 같음 = 맑고 깨끗한 것을 표현한다**

"보좌 가운데와 보좌 주위에 '네 생물'이 있는데"(6-9절)?

1) 복음서들이다(Vic)
2) 네 가지 요소들(Al)
3) 우두머리격인 네 천사들(Lap)
4) 네 가지 기본 덕목들(Ar)
5) 하나님이 중요한 네 가지 속성(St)
6) 하나님의 통치의 네 가지 기본 형식(L.)
7) 초대 시대인 훌륭한 네 교회들인 예루살렘 교회, 안디옥 교회, 알렉산드리아 교회, 콘스탄티노플 교회 등이다(Ly)
8) 4명의 위대한 사도들인 베드로, 야고보, 마태, 바울이다(Gro). 어떤 이들은 다른 사도들을 열거하기도 한다
9) 성육신, 수난, 부활, 승천 등 네 가지 구원의 중요한 사건들이다(Ar)
10) 구약 교회에서 네 지파가 네 표준이 되었듯이 신약 교회의 네 대표들을 말한다(Me)
11) 부활하여 특별히 높은 지위에 오른 영화로움을 입은 성도들(Lord)

12) 지상에 있는 교회의 사역자들((Dau)

13) 모든 시대의 교회의 사역자들과 교사들(V.)

14) 심판 때에 하나님의 수종을 드는 자로서 그 심판에 참여하는 성도들(Ham)

15) 투쟁하는 교회들(E.)

16) 승리한 교회들(Bush)

17) 하나님의 창조의 능력(Eb)

18) 생명을 얻은 피조물들(A. D. B. Dus. Hen. Rei. Vau). 알포드는 "그래서 하나님의 보좌는 그분의 생명을 부여 받은 세상에 의해 둘러싸이게 되는데, 여기서 교회는 장로들로 표현되었고, 세상은 네 생물로 표현되었다"라고 말한다

19) 네 생물들은 상징들이 결코 아니며, 이들은 인격적인 존재이나 인간이 아닌 보좌 종들이다(Crav)

20) 영의 네 가지 능력

21) 네 명의 훌륭한 교회의 창시자들

22) "여기에 상징된 특성들은 두려움을 자아내게 하는 것들이다. 즉 사자는 사나움을, 송아지는 힘과 분노를, 그리고 독수리는 먹이를 재빨리 채가는 탐욕을 뜻한다"라고 말한다. 이 네 생물들은 하나님이 보좌를 수종드는 자들이다(Milligan 등)[55)]

23) 이상근 = 피조물의 대표[56)]

24) Peter S. Ruckman = 이 생물들은 겔 1장과 10장에 "그룹들"로 불리는 실제적인 모습으로 나타난다[57)]

25) 팀 라하이 = 이사야가 본 하나님의 보좌에 대한 환상 속의

---

55) 종말론 주해 주석, 가브리엘, 1986, pp. 338-341

56) 이상근, 신약주해 요한계시록, 대한예수교장로회 총회교육부, 신일정판사, 1986 pp. 100-101

57) Peter S. Ruckman, 김형덕 옮김, 말씀보존학회, 1993, p. 110

"스랍"(사 6:1-3)[58]

26) 박윤선 = 천계(天界)에 있는 실존들이나 혹은 기타 영물들의 상징[59]

27) 천정웅 = 예수님의 4대 성품(지상에서)인 동시에 성도의 4대 성품이다[60]

28) 이병규, 헨드릭슨 = 그룹(천사)의 일종이다(겔 10:14)[61]

29) 손기태 = 24장로가 하나님께 대한 사람의 대표인 것처럼 네 생물은 사람들에 대한 하나님의 대표들인 것이다. 또한 24장로는 하늘성소에서 하나님을 섬기고 있는 데 반해, 네 생물은 하나님을 위한 관찰자들로 거룩한 명령을 집행하고 있는 것이다[62]

30) 천사밖에 다른 존재를 생각할 수 없다[63]

31) 에스겔의 묵시에서 끌어왔다(겔 1:6-10, 10:12-14, 20-22). 하나님을 섬기며 하나님의 보좌의 수호자들임을 분명히 가리킨다[64]

32) '넷'이라는 수는 사방, 온 우주를 상징한다. 이는 하느님이 네 생물을 이용하여 온 피조물을 다스리신다는 뜻이다[65]

33) 네 생물은 하나님의 심판을 진행하는 수종자[66]

34) 24보좌와 24장로는 신약과 구약의 구원받은 모든 백성이다. 7절의 '네 생물'은 보좌 주위에서 시중드는 천사가 아니라, 각

---

58) Tim Lahaye, 김의자 옮김, 요한계시록해설, 보이스사, 1980, p. 165
59) 박윤선, 요한계시록, 영음사 1985, p. 119
60) 천정웅, 요한계시록, 말씀의 집, 1990, p. 119
61) 이병규, 요한계시록, 염광출판사, 1992, p. 117
62) 손기태, 일곱 영의 비밀, 바른성경선교회, 2001, p. 94
63) 김형, 요한계시록, 솔로몬, 2010, p. 120
64) Ranko Stefanovic, 하홍팔, 도현석 공동번역, 예수 그리스도의 계시, 미주시조사, 2011, pp. 208-209
65) 박영식, 요한묵시록, 바오로딸, 2012, p. 161
66) 김추성, 하나님과 어린양의 보좌, 이레서원, 2015, p. 147

영역에서 가장 뛰어난 피조물을 상징하기에 '모든 피조물'을 상징하는 것으로 볼 수 있다.[67]

"사자" = 영적 엄위(이광복 = 용맹성)
"송아지" = 순종, 봉사, 충성심의 모습
"독수리" = 영적 통찰력(이광복 = 신속성, 영성)
"사람" = 지혜로운 인격체

'네 생물'의 특징?

여섯 날개를 가지고 있다(4:8) = 천사들의 속성이라고 볼 수 있다.[68]

앞뒤에 눈이 가득하다(4:8)

네 생물들과 구약성경의 그룹(겔 1:4-14, 10:1-22)과는 다른 점도 있으나 동일한 것으로 생각하는 이들도 있다.

사명과 그들의 특징?

"네 생물들"이 무엇이냐 보다는 그들이 무엇을 하고 있느냐를 주목해야 한다.

인간의 지식으로 하나님의 신비를 억지로 벗기려 함에는 무리가 따르기 마련이다.

'네 생물'들이 하는 일(계 4:8-9, 5:8-9, 6:1-8, 14; 7:11-12, 15:7-8, 19:4 등 참조)

---

67) 송영목, 신약주석, 쿰란출판사, 2011, p. 1312
68) 김형중, 요한계시록, 솔로몬, 2010, p. 120

❋ 10–11절. 세세토록 사시는 분께 경배드려라

• 10절. 24장로들이 경배

• 11절. 만물을 지으신 주님께 경배

경배 받으심(신앙고백)

24장로들로부터 경배 받으신다(계 4:4, 9-11; 5:8-10, 14, 11:15-19, 19:4).

네 생물들로부터 경배를 받으시고(계 5:8, 19:4, 6:1-8; 겔 1:5),

모든 천사들로부터도 경배를 받으심으로(5:11-14, 7:11),

모든 만물로부터 경배를 받으신다(5:13)는 것이다.

따라서 앞으로 될 일에 앞서 하늘보좌를 사도 요한에게 보여 주시고 이를 기록하고 전하고 지키게(계 1:3, 22:7 참조) 하심으로

하나님께서는 구원의 백성들로부터 경배를 받으신다.

〈도움 말씀〉

창조주 하나님께 경배드려라(10. 1–11) = 세세토록 사시는 분께 경배드려라

• 서론

시 95:3–7 = 무릎을 꿇자(6)

(3)대저 여호와는 크신 하나님이시요 모든 신 위에 크신 왕이시로
다 (4)땅의 깊은 곳이 그 위에 있으며 산들의 높은 것도 그의 것이로
다 (5)바다가 그의 것이라 그가 만드셨고 육지도 그의 손이 지으셨도
다 (6)오라 우리가 굽혀 경배하며 우리를 지으신 여호와 앞에 무릎을
꿇자 (7)대저 저는 우리 하나님이시요 우리는 그의 기르시는 백성이
며 그 손의 양이라 너희가 오늘날 그 음성 듣기를 원하노라

딤후 3:1-5 = 돌아서라(5)

(1)네가 이것을 알라 말세에 고통 하는 때가 이르리니 (2)사람들은 자기를 사랑하며 돈을 사랑하며 자긍하며 교만하며 훼방하며 부모를 거역하며 감사치 아니하며 거룩하지 아니하며 (3)무정하며 원통함을 풀지 아니하며 참소하며 절제하지 못하며 사나우며 선한 것을 좋아 아니하며 (4)배반하여 팔며 조급하며 자고하며 쾌락을 사랑하기를 하나님 사랑하는 것보다 더하며 (5)경건의 모양은 있으나 경건의 능력은 부인하는 자니 이 같은 자들에게서 네가 돌아서라

롬 12:1-2 = 드리라(1)

(1)그러므로 형제들아 내가 하나님의 모든 자비하심으로 너희를 권하노니 너희 몸을 하나님이 기뻐하시는 거룩한 산 제사로 드리라 이는 너희의 드릴 영적 예배니라 (2)너희는 이 세대를 본받지 말고 오직 마음을 새롭게 함으로 변화를 받아 하나님의 선하시고 기뻐하시고 온전하신 뜻이 무엇인지 분별하도록 하라

마 5:~7: = 마 20:20-28의 삶?

계 22:6-9 = 지키는(7)

(6)또 그가 내게 말하기를 이 말은 신실하고 참된지라 주 곧 선지자들의 영의 하나님이 그의 종들에게 결코 속히 될 일을 보이시려고 그의 천사를 보내셨도다 (7)보라 내가 속히 오리니 이 책의 예언의 말씀을 지키는 자가 복이 있으리라 하더라 (8)이것들을 보고 들은 자는 나 요한이니 내가 듣고 볼 때에 이 일을 내게 보이던 천사의 발 앞에 경배하려고 엎드렸더니 (9)저가 내게 말하기를 나는 너와 네 형제 선지자들과 또 이 책의 말을 지키는 자들과 함께 된 종이니 그리하지 말고 오직 하나님께 경배하라 하더라

1. 성령 하나님의 도움을 받으라(2. 1-5). = 성령 하나님의 다스림을 받아야 함

계 11:15-19 = 감사하옵나니(17)

(15)일곱째 천사(天使)가 나팔을 불매 하늘에 큰 음성(音聲)들이 나
서 가로되 세상(世上) 나라가 우리 주(主)와 그 그리스도의 나라가 되
어 그가 세세(世世)토록 왕(王) 노릇 하시리로다 하니 (16)하나님 앞
에 자기(自己) 보좌(寶座)에 앉은 이십사 장로(長老)들이 엎드려 얼굴
을 대고 하나님께 경배(敬拜)하여 (17)가로되 감사(感謝)하옵나니 옛적
에도 계셨고 시방(時方)도 계신 주(主) 하나님 곧 전능(全能)하신 이여
친(親)히 큰 권능(權能)을 잡으시고 왕(王) 노릇 하시도다 (18)이방(異
邦)들이 분노(憤怒)하매 주(主)의 진노(震怒)가 임(臨)하여 죽은 자(者)
를 심판(審判)하시며 종 선지자(先知者)들과 성도(聖徒)들과 또 무론대
소(無論大小)하고 주(主)의 이름을 경외(敬畏)하는 자(者)들에게 상(賞)
주시며 또 땅을 망(亡)하게 하는 자(者)들을 멸망(滅亡)시키실 때로소
이다 하더라 (19)이에 하늘에 있는 하나님의 성전(聖殿)이 열리니 성
전(聖殿) 안에 하나님의 언약(言約)궤가 보이며 또 번개와 음성(音聲)들
과 뇌성(雷聲)과 지진(地震)과 큰 우박이 있더라

계 1:9-11 = 보내라(11)

(9)나 요한은 너희 형제요 예수의 환란과 나라와 참음에 동참하는
자라 하나님의 말씀과 예수의 증거를 인하여 밧모라 하는 섬에 있었
더니 (10)주의 날에 내가 성령에 감동하여 내 뒤에서 나는 나팔 소리
같은 큰 음성을 들으니 (11)가로되 너 보는 것을 책에 써서 에베소,
서머나, 버가모, 두아디라, 사데, 빌라델비아, 라오디게아 일곱 교회
에 보내라 하시기로

마 4:1-11 = 수종드니라(11)

(1)그때에 예수께서 성령에게 이끌리어 마귀에게 시험을 받으러 광야로 가사 (2)사십 일을 밤낮으로 금식하신 후에 주리신지라 (3)시험하는 자가 예수께 나아와서 가로되 네가 만일 하나님의 아들이어든 명하여 이 돌들이 떡덩이가 되게 하라 (4)예수께서 대답하여 가라사대 기록되었으되 사람이 떡으로만 살 것이 아니요 하나님의 입으로 나오는 모든 말씀으로 살 것이라 하였느니라 하시니 (5)이에 마귀가 예수를 거룩한 성으로 데려다가 성전 꼭대기에 세우고 (6)가로되 네가 만일 하나님의 아들이어든 뛰어내리라 기록하였으되 저가 너를 위하여 그 사자들을 명하시리니 저희가 손으로 너를 받들어 발이 돌에 부딪히지 않게 하리로다 하였느니라 (7)예수께서 이르시되 또 기록되었으되 주 너의 하나님을 시험치 말라 하였느니라 하신대 (8)마귀가 또 그를 데리고 지극히 높은 산으로 가서 천하 만국과 그 영광을 보여 (9)가로되 만일 내게 엎드려 경배하면 이 모든 것을 네게 주리라 (10)이에 예수께서 말씀하시되 사탄아 물러가라 기록되었으되 주 너의 하나님께 경배하고 다만 그를 섬기라 하였느니라 (11)이에 마귀는 예수를 떠나고 천사들이 나아와서 수종드니라

2. 전능하신 하나님께 경배드려라(9. 6-9) = 전능하신 하나님께 경배드려라

계 1:17-20 = 기록하라(19)

(17)내가 볼 때에 그 발 앞에 엎드러져 죽은 자같이 되매 그가 오른손을 내게 얹고 가라사대 두려워 말라 나는 처음이요 나중이니 (18)곧 산 자라 내가 전에 죽었었노라 볼지어다 이제 세세토록 살아 있어 사망과 음부의 열쇠를 가졌노니 (19)그러므로 네 본 것과 이제 있는 일과 장차 될 일을 기록하라 (20)네 본 것은 내 오른손에 일곱 별의 비밀과 일곱 금촛대라 일곱 별은 일곱 교회의 사자요 일곱 촛대는 일곱 교회니라

계 5:8-14 = 경배하더라(14)

(8)책을 취하시매 네 생물과 이십사 장로들이 어린 양 앞에 엎드려 각각 거문고와 향이 가득한 금대접을 가졌으니 이 향은 성도의 기도들이라 (9)새 노래를 노래하여 가로되 책을 가지시고 그 인봉을 떼기에 합당하시도다 일찍 죽임을 당하사 각 족속과 방언과 백성과 나라 가운데서 사람들을 피로 사서 하나님께 드리시고 (10)저희로 우리 하나님 앞에서 나라와 제사장을 삼으셨으니 저희가 땅에서 왕 노릇 하리로다 하더라 (11)내가 또 보고 들으매 보좌와 생물들과 장로들을 둘러선 많은 천사의 음성이 있으니 그 수가 만만이요 천천이라 (12)큰 음성으로 가로되 죽임을 당하신 어린 양이 능력과 부와 지혜와 힘과 존귀와 영광과 찬송을 받으시기에 합당하도다 하더라 (13)내가 또 들으니 하늘 위에와 땅 위에와 땅 아래와 바다 위에와 또 그 가운데 모든 만물이 가로되 보좌에 앉으신 이와 어린 양에게 찬송과 존귀와 영광과 능력을 세세토록 돌릴지어다 하니 (14)네 생물이 가로되 아멘 하고 장로들은 엎드려 경배하더라

단 4:34 = 존경하였노니

그 기한이 차매 나 느부갓네살이 하늘을 우러러 보았더니 내 총명이 다시 내게로 돌아온지라 이에 내가 지극히 높으신 자에게 감사하며 영생하시는 자를 찬양하고 존경하였노니 그 권세는 영원한 권세요 그 나라는 대대로 이르리로다(단 3:28-30 참조)

사 9:6-7 = 할 것임이라(6)

(6)이는 한 아기가 우리에게 났고 한 아들을 우리에게 주신 바 되었는데 그 어깨에는 정사를 메었고 그 이름은 기묘자라, 모사라, 전능하신 하나님이라, 영존하시는 아버지라, 평강의 왕이라 할 것임이라 (7)그 정사와 평강의 더함이 무궁하며 또 다윗의 위에 앉아서 그

나라를 굳게 세우고 자금 이후 영원토록 공평과 정의로 그것을 보존하실 것이라 만군의 여호와의 열심이 이를 이루시리라(눅 22:31-32 참조)

히 7:22-25 = 나아가는(25)

(22)이와 같이 예수는 더 좋은 언약의 보증이 되셨느니라 (23)저희 제사장 된 자의 수효가 많은 것은 죽음을 인하여 항상 있지 못함이로되 (24)예수는 영원히 계시므로 그 제사 직분도 갈리지 아니하나니 (25)그러므로 자기를 힘입어 하나님께 나아가는 자들을 온전히 구원하실 수 있으니 이는 그가 항상 살아서 저희를 위하여 간구하심이니라

3. 세세토록 사시는 하나님께 경배드려라(10. 10-11) = 창조주 하나님께 경배드려라

대상 29:10-20 = 송축하라(20)

(10)다윗이 온 회중 앞에서 여호와를 송축하여 가로되 우리 조상 이스라엘의 하나님 여호와여 주는 영원히 송축을 받으시옵소서 (11)여호와여 광대하심과 권능과 영광과 이김과 위엄이 다 주께 속하였사오니 천지에 있는 것이 다 주의 것이로소이다 여호와여 주권도 주께 속하였사오니 주는 높으사 만유의 머리심이니이다 (12)부와 귀가 주께로 말미암고 또 주는 만유의 주재가 되사 손에 권세와 능력이 있사오니 모든 자를 크게 하심과 강하게 하심이 주의 손에 있나이다 (13)우리 하나님이여 이제 우리가 주께 감사하오며 주의 영화로운 이름을 찬양하나이다 (14)나와 나의 백성이 무엇이관대 이처럼 즐거운 마음으로 드릴 힘이 있었나이까 모든 것이 주께로 말미암았사오니 우리가 주의 손에서 받은 것으로 주께 드렸을 뿐이니이다 (15)주 앞에서는 우리가 우리 열조와 다름이 없이 나그네와 우거한 자라 세상

에 있는 날이 그림자 같아서 머무름이 없나이다 (16)우리 하나님 여호와여 우리가 주의 거룩한 이름을 위하여 전을 건축하려고 미리 저축한 이 모든 물건이 다 주의 손에서 왔사오니 다 주의 것이니이다
(17)나의 하나님이여 주께서 마음을 감찰하시고 정직을 기뻐하시는 줄 내가 아나이다 내가 정직한 마음으로 이 모든 것을 즐거이 드렸사오며 이제 내가 또 여기 있는 주의 백성이 주께 즐거이 드리는 것을 보오니 심히 기쁘도소이다 (18)우리 열조 아브라함과 이삭과 이스라엘의 하나님 여호와여 주께서 이것을 주의 백성의 심중에 영원히 두어 생각하게 하시고 그 마음을 예비하여 주께로 돌아오게 하옵시며 (19)또 내 아들 솔로몬에게 정성된 마음을 주사 주의 계명과 법도와 율례를 지켜 이 모든 일을 행하게 하시고 내가 위하여 예비한 것으로 전을 건축하게 하옵소서 (20)다윗이 온 회중에게 이르되 너희는 너희 하나님 여호와를 송축하라 하매 회중이 그 열조의 하나님 여호와를 송축하고 머리를 숙여 여호와와 왕에게 절하고

요 12:44-50 = 믿는(44)

(44)예수께서 외쳐 가라사대 나를 믿는 자는 나를 믿는 것이 아니요 나를 보내신 이를 믿는 것이며 (45)나를 보는 자는 나를 보내신 이를 보는 것이니라 (46)나는 빛으로 세상에 왔나니 무릇 나를 믿는 자로 어두움에 거하지 않게 하려 함이로라 (47)사람이 내 말을 듣고 지키지 아니할지라도 내가 저를 심판하지 아니하노라 내가 온 것은 세상을 심판하려 함이 아니요 세상을 구원하려 함이로라 (48)나를 저버리고 내 말을 받지 아니하는 자를 심판할 이가 있으니 곧 나의 한 그 말이 마지막 날에 저를 심판하리라 (49)내가 내 자의로 말한 것이 아니요 나를 보내신 아버지께서 나의 말할 것과 이를 것을 친히 명령하여 주셨으니 (50)나는 그의 명령이 영생인 줄 아노라 그러므로 나의 이르는 것은 내 아버지께서 내게 말씀하신 그대로 이르

노라 하시니라

계 7:1-12 = 가로되(12) = 7장의 예수님 재림 후의 사건을 보여 줌?

(9)이 일 후에 내가 보니 각 나라와 족속과 백성과 방언에서 아무라도 능히 셀 수 없는 큰 무리가 흰 옷을 입고 손에 종려가지를 들고 보좌 앞과 어린 양 앞에 서서 (10)큰 소리로 외쳐 가로되 구원하심이 보좌에 앉으신 우리 하나님과 어린 양에게 있도다 하니 (11)모든 천사가 보좌와 장로들과 네 생물의 주위에 섰다가 보좌 앞에 엎드려 얼굴을 대고 하나님께 경배하여 (12)가로되 아멘 찬송과 영광과 지혜와 감사와 존귀와 능력과 힘이 우리 하나님께 세세토록 있을지로다 아멘 하더라

계 11:14-19 = 가로되(17)

(14)둘째 화는 지나갔으나 보라 셋째 화가 속히 이르는도다 (15)일곱째 천사가 나팔을 불매 하늘에 큰 음성들이 나서 가로되 세상 나라가 우리 주와 그 그리스도의 나라가 되어 그가 세세토록 왕 노릇 하시리로다 하니 (16)하나님 앞에 자기 보좌에 앉은 이십사 장로들이 엎드려 얼굴을 대고 하나님께 경배하여 (17)가로되 감사하옵나니 옛적에도 계셨고 시방도 계신 주 하나님 곧 전능하신 이여 친히 큰 권능을 잡으시고 왕 노릇 하시도다 (18)이방들이 분노하매 주의 진노가 임하여 죽은 자를 심판하시며 종 선지자들과 성도들과 또 무론 대소하고 주의 이름을 경외하는 자들에게 상 주시며 또 땅을 망하게 하는 자들을 멸망시키실 때로소이다 하더라 (19)이에 하늘에 있는 하나님의 성전이 열리니 성전 안에 하나님의 언약궤가 보이며 또 번개와 음성들과 뇌성과 지진과 큰 우박이 있더라

계 19:1-5 = 찬송하라(5)

(1)이 일 후에 내가 들으니 하늘에 허다한 무리의 큰 음성 같은 것
이 있어 가로되 할렐루야 구원과 영광과 능력이 우리 하나님께 있도
다 (2)그의 심판은 참되고 의로운지라 음행으로 땅을 더럽게 한 큰
음녀를 심판하사 자기 종들의 피를 그의 손에 갚으셨도다 하고 (3)두
번째 가로되 할렐루야 하더니 그 연기가 세세토록 올라가더라 (4)또
이십사 장로와 네 생물이 엎드려 보좌에 앉으신 하나님께 경배하여
가로되 아멘 할렐루야 하니 (5)보좌에서 음성이 나서 가로되 하나님
의 종들 곧 그를 경외하는 너희들아 무론 대소하고 다 우리 하나님
께 찬송하라 하더라

- **결론**

신앙고백?

시 99:5-9 = 경배할지어다(9)

(5) 너희는 여호와 우리 하나님을 높여 그 발등상 앞에서 경배할
지어다 그는 거룩하시도다… (9)너희는 여호와 우리 하나님을 높이고
그 성산에서 경배할지어다 대저 여호와 우리 하나님은 거룩하시도다

롬 10:9-10 = 시인하여(10)

(9)네가 만일 네 입으로 예수를 주로 시인하며 또 하나님께서 그
를 죽은 자 가운데서 살리신 것을 네 마음에 믿으면 구원을 얻으리
니 (10)사람이 마음으로 믿어 의에 이르고 입으로 시인하여 구원에
이르느니라

5장

1-5절. 울지 말라

• 1절. 보좌에 앉으신 이(계 4:2- 3 참조)

"내가 보매 보좌(寶座)에 앉으신 이의 오른손에 책(冊)이 있으니 안팎으로 썼고 일곱 인(印)으로 봉하였더라"

오른손에 책이 있으니 안팎으로 썼고 = 생명책 + 심판책 = 선택 = 구속(시 48:10, 109:26-27; 사 62:8; 계 20:12-15)

5종의 책?

1) 말씀책 = 하나님의 섭리 = 예언, 약속, 구원, 심판, 상급의 기준(계 1:1-3, 22:7, 18-19).

2) 생명책 = 생명의 부활 = 성도들의 이름이 기록되어 있고 천국의 유업을 받을 자(계 17:8, 20:12-15; 출 32:32; 단 12:1)

3) 심판책(행위책) = 심판의 부활 = 불신자들과 그들의 행한 죄가 기록되어 있고, 모두 지옥에 들어감(계 17:8, 20:12-15; 단 7:10)

4) 기념책 = 특별한 소유 = 여호와를 경외하는 자와 그 이름을 존중히 생각하는 자(말 3:16-18; 출 19:5; 벧전 2:9-10).

5) 작은 책 = 종의 사역 = 예언 사역(계 10:8-11; 렘 15:16; 겔 3:1-3)

(참고)

계 20:11-15 = "흰 보좌 위에 앉으신 이"(11)의 "책들"(12)?
보좌 앞에는 5가지 종류의 책이 있다.
행위책(심판책) = 자기 행위에 따라 책들에 기록한 대로 = 불신자들과 그들의 행한 죄가 기록되어 있고 이들은 모두 지옥에 들어감(계 20:12; 마 25:31-46; 요 6:38-40)
생명책 = 생명의 부활 - 성도들(선택 받은 자들)의 이름이 기록되어 있고 천국의 유업을 받을 자(계 3:5, 13:8, 17:8, 20:12, 15, 21:27; 눅 10:20; 빌 4:3; 단 12:1)
주님책 = 삼위일체 하나님께서 작정하신 모든 것의 기록(시 139:15-16)
말씀책 = 하나님의 법 = 예언, 약속, 구원, 심판, 상급의 기준(계 1:1, 22:18-19).
기념책 = 성도들이 주님과 복음을 위해 기념될 만한 일을 한 자를 위해 여호와 앞에 있는 기념책에 그 업적을 기록한다. 그리고 그 기념책대로 상급을 주실 것이다(마 25:31-40; 말 3:16 참조)
작은책 = 종의 사역 = 예언 사역(계 10:8-11; 렘 15:16; 겔 3:1-3)

※ 행적책[성경 외(外)] = 성경 외(外)의 예수님께서 행하신 일을 기록(記錄)한 책(冊)(요 21:25)

일곱 인으로 봉하였더라 = 계시록의 종말사건은 일곱 인[印 첫째 인~여섯째 인(6:-7:) = 일곱째 인은 일곱 나팔(8:-10:) = 일곱째 나팔은 일곱 대접(마지막 재앙 15:-17:)]의 사건이다.

인(印)은 성결(聖潔 = 거룩하고 깨끗함, 거룩한 상태)을 함의한다(출 28:36, 39:30; 롬 6:19-22; 살전 4:7-8; 히 12:14 등 참조).

"내가 거룩하니 너희도 거룩하라"(레 11:45, 19:2, 20:8; 사 4:2-6; 욥 17 등 참조)

1) 봉인된 책 = 일곱 인으로 봉인한 책의 내용은 그 누구도 알 자가 없으며, 오직 주 예수 그리스도께서 하나씩 열어가신다(마 28:18; 요 5:22; 행 17:30-31 등 참조)

2) 사도 요한이 통곡한 이유(2-6)

이 책을 펴거나 인을 뗄 수 있는 자가 보이지 않음으로 봉인된 책의 내용을 알 수 없음에 통곡하였다. 우리는 하나님의 말씀을 얼마

나 사모하는가?

- **5절. 장로 중에 하나가 내게 말하되 울지 말라 = 2~3장, "이기는 자(ㄱ)" 참조**

우리는 무엇 때문에 또한 무엇을 위해 우는가?
〈눈물의 종류〉
천정웅 목사
1. 기쁨과 감격의 눈물
2. 슬픔의 눈물(눅 19:41)
3. 소원의 눈물(호 12:4; 사 38:4-5)
4. 안타까움의 눈물(마 5:4)
5. 고통의 눈물(롬 9:1-3)
6. 회개의 눈물(시 51:1-)[69]

구원의 눈물(히 5:7; 롬 9:2-3; 시 42:3, 모세, 예레미야 등)
고뇌의 눈물(시 6:6-7, 42:3, 102:9)
애곡의 눈물(애 1:2; 눅 19:8, 41-42)
후회의 눈물(히 12:17)
가증한 눈물(말 2:13)
감사의 눈물(눅 7:38, 44)
회개의 눈물(막 14:72; 시 51:1-)
심한 통곡의 눈물(히 5:7)
믿음의 눈물(막 9:24)
봉사의 눈물(행 20:19)

---

69) 천정웅, 요한계시록, 말씀의 집, 1988, p. 122

훈계의 눈물(행 20:21)
염려의 눈물(고후 2:1-4)
권고의 눈물(빌 3:18)
동정의 눈물(요 11:35)
이별의 눈물(삼상 20:11, 41)
사별의 눈물(요 11:33)
값진 눈물(시 56:8)
보상을 받은 눈물(시 126:5)

"유대 지파 다윗의 뿌리가 이기었으니"?(2~3장, '이기는 자' 참고)

5절. 이 책과 그 일곱 인을 떼시리라(5-9절)

1) 이기신 분[다윗의 뿌리이신(다윗 언약?) = 십자가에 죽으심과 부활로 이기신](5:5), 그분만이 일곱 인으로 봉인된 책의 인을 떼실 자요 그 내용의 집행권자이시다. 인을 뗀다는 것에 대하여 그 자격을 논하기보다는 그분이 주인이시요 집행권자라는 것에 주목해야 한다. 자못 자격을 논하게 될 때에는 예수 그리스도가 피조물 중의 하나로 오인될 소지가 많음에 주의해야 한다.

2) 일찍 죽임을 당하신 모습의 어린 양(5:6, 9; 요 1:29)

3) 보좌에 앉으신 이의 오른손에서 책을 취하심(5:7-8)

❄ 6–10절 = 새 노래로 노래하라

하나님의 자녀 곧 성도는 구원의 은총에 감사하며 '새 언약'(앞으로 성취되는 예언)을 믿음으로 경배하라

• **6절. 일찍 죽임을 당한 것 같더라 = 어린양은 죽임을 당하는 제물로 필요했다**(히 9:22)

일곱 뿔 = 하나님의 완전하신 영광과 권세(빌 2:6)

일곱 눈 = 온 땅에 보내심을 받은 하나님의 일곱 영 = 성령(성령은 성부로부터와 성자로부터 영원히 나오신다)

그의 피로 우리를 죄에서 구속하심으로 하나님의 소유로 삼으셨다(엡 1:7 등 참조).

하나님은 그의 백성들로 하나님의 나라를 삼으시고 우리로 제사장의 사명을 주셨다(벧전 2:9 등 참조).

송영목 교수 = 요한이 일곱 영을 언급할 때 스가랴 4장 1-14절을 염두에 둔다. 6절에서 요한은 일곱 영을 어린 양의 '일곱 뿔' 뿐만 아니라 '일곱 눈'과 동일한 것으로 말한다. 특히 요한은 어린 양이 가지고 있던 '일곱 눈'을 온 땅에 보내심을 입은 '하나님의 일곱 영'과 동일시한다. 어린 양이신 예수님이 일곱 눈을 가지고 있다는 사실은 온 땅을 두루 살피시는 예수님의 전지하심을 의미한다. 어린 양이 일곱 뿔을 가지고 있다는 것은 어린 양의 승리의 권세를 상징한다. 그렇다면 일곱 영이신 성령님은 어린 양의 승리와 전지하심을 온 땅에 증명하시기 위해 일하신다.[70]

• **8절. 향이 가득한 금 대접을 가졌으니 = 계 8:3–5 참조**

• **9절. 새 노래를 노래하여**

새 언약(창 12:2-3; 렘 31:31-34; 히 8:5-8, 9:12-15, 12:18-24, 13:20-21 등 참조)

---

70) 송영목, 신약주석, 쿰란출판사, 2011, p. 1314

〈여러 견해〉

1) 박윤선 = 구원의 새로운 체험으로 터지는 새로운 찬송[71)]

2) 이광복 = 구원의 새로운 체험으로 터지는 새로운 심령의 찬송[72)]

3) 이병규 = 성도의 심령이 새롭게 되어서 새 생명의 역사가 있을 때 부르던 찬송[73)]

4) 이상근 = '본서에서도 구원받은 성도들이 부르게 되어 있으나 (14:3) 본문에서는 땅위에 심판을 베풀기 전 하늘의 교회(장로)가 미리 부르는 것이다.'[74)]

5) 윌리엄 헨드릭슨 = 24장로[75)]

6) 팀 라하이 = 24장로[76)]

"새 노래를 부르는 자들이 누구인가?"라는 질문에 구원받은 성도들로 보는 것은 '새 노래를 부를 자들은 144,000인밖에는 없다'(계 14:1-5 참조)는 데 그 근거를 두는 이들이 있다. 그러나 144,000인이 '구원받은 성도의 총수'라고 단정할 수만은 없다.

• 10절. 저희가 땅에서 왕 노릇 하리로다

그들로 우리 하나님 앞에서 나라와 제사장들을 삼으셨으니 그들이 땅에서 왕 노릇 하리로다(개역개정).

그들로 우리 하나님 앞에 나라와 제사장들이 되게 하셨으니, 그들이 땅 위에서 다스릴 것입니다(바른성경).

피로 산 그들을 하나님 나라와 제사장으로 삼으셨으니, 그들이

---

71) 박윤선, 신약주석 요한계시록, 1985, 영음사, p. 140
72) 이광복, 계시록 설교 노트, 도서출판 흰돌, p. 83
73) 이병규, 요한계시록, 염광출판사, p. 132
74) 이상근, 신약주해, 요한계시록, 대한예수교장로회 총회교육부, 신일정판사, 1986, p. 109
75) 윌리엄 헨드릭슨, 김영익, 문영탁 옮김, 성경주석 요한계시록, 아가페출판사, 1988, p. 108
76) Tim Lahaye, 김의자 역, 요한계시록 해설, 보이스사, 1980, p. 174

이 땅을 다스릴 것입니다(쉬운성경).

주님께서 그들을 우리 하나님 앞에서 나라가 되게 하시고 제사장으로 삼으셨습니다. 그래서 그들은 땅을 다스릴 것입니다(표준새번역).

〈여러 견해〉

박윤선 = "나라와 제사장"은 1:6의 해석 참조. "저희가 왕 노릇 하리로다." 여기 "왕 노릇 하리로다"란 말은 헬라 원어로 바실류-수-신(basileuvsousin)이니 미래 동사로 중요 사본(寫本)들의 사구(寫句)이다. 어떤 사본들(A,Q)에는 이 말이 현재사(basileuvousin)로 씌어져 있으나, 모팟트(Moffatt)는 첫째 것을 채택하였다. 우리가 20:4의 내용(성도들이 말일에 부활한 후에 왕이 됨)을 염두에 두고 생각할 때에, 현제사보다 미래사 바실류-수-신(왕 노릇 하리로다)이 적당해 보인다. 찰스(R.H. Charles)는, 이것이 현재사인 경우에도 20:4의 종말관적(終末觀的) 군림(君臨)의 의미를 가리킬 수 있다고 하였다.

이병규 = "땅에서 왕 노릇 하리로다"는 성도는 영적 왕권, 우주적 왕권, 천년왕국에서의 왕권, 영원한 나라에서의 왕권을 그리스도로 더불어 갖게 된다.[77)]

이상근 = 이는 천년왕국에서 성도들이 그리스도로 더불어 왕 노릇 할 것을 가리킨다(Charles, Rist). 나라와 제사장은 하나님 앞에서, 왕 노릇은 땅에서 한다. 위로 하나님을 섬기며 아래로 땅을 지배하는 성도의 특권이요 위치이다.[78)]

Ranko Stefanovic = 그가 이루신 사업의 위대성이 9절에 묘사되어 있다. 그는 모든 족속들로부터 노예들을 속량하셨으며, 만백성 심지어 이교도들(!) 중의 그 노예-이스라엘 사람에게만 국한된 특권

---

77) 이병규, 성경강해 요한계시록, 영광출판사, 1992, p. 133.

78) 이상근, 신약성서주해 요한계시록, 대한예수교장로회 총회교육부, 신일정판사, 1986, p. 109

(출 19:5 이하)으로 알았던-들을 하나님의 거룩한 백성, 제사장, 왕으로 삼으셨다.[79]

렌스키 = 제사장을 삼으셨다는 것은 1장 6절의 중복이다(1:6을 참조하라). 여기서 우리가 첨가한다면 "저희가 땅에서 왕 노릇 하리로다"이다. 두 시제는 어린 양이 성도를 한 나라로 삼으신 결과를 암시한다. 천년왕국론자들은 미래시제로 지적하여 미래의 천년왕국시대에서 통치할 때를 말하는 것이다. 그러나 여기서 우리가 읽는 것은 "그가 저희를 나라로 삼으셨다"라고 한 것이고, "그가 저희로 삼으리라"고 말하지 않은 것이다. 이 나라는 미래에 통치가 시작될 그때까지 기다려야 할 나라인가? 지금 통치하고 있는 나라는 아닌가? 그러나 마귀와 세상을 지금 통치하지 않는가? 우리는 이에 대한 답변으로 바실레이아를 설명한 1장 6절로써 말할 수 있으리라.[80]

렌스키 = 1장 6절. = "우리를 나라로 삼으시고"라는 말씀은 "그가 우리를 왕들로 삼으셨다"는 말보다는 더욱 정확한 말이다. 우리가 지상의 분리되고 이기적인 왕국으로 서로 싸우는 소왕국들과 같은 곳의 소왕들이 아니기 때문이다. "나라"는 하나의 단일체다. 아주 거룩하고 한 체제로 된 유일한 하나의 나라다. 5장 10절에서 지시한 것과 같이 "나라와 제사장"의 대격적 묘사가 더욱 좋은 표현이다. 요한은 베드로전서 2장 9절을 따르지 않고 또 거기에 말한 "제사장직"을 말하지 않고 요한계시록 5장 10절에서 말한 "제사장들"에서의 총체적 복수를 사용한 것이다. 이것은 거룩한 나라이고, 그 나라에 모두가 속하는 제사장들이다.[81]

옥스퍼드원어성경대전 = 본문에서 '왕 노릇 하리로다'로 번역된

---

79) Ranko Stefanovic, 하홍팔, 도현석 공동번역, 애수 그리스도의 계시, 미주시조사, 2011, p. 213.
80) 렌스키, 배영철 역, 성경주석 계시록, 백합출판사, 1981, p. 173
81) 위의 책, p. 43

'바실류수신'(βασιλεύουσιν)은 '통치하다', '왕으로 군림하다'라는 뜻을 지닌 '바실류오((βασιλεύω)의 미래형으로 본서 후반부의 "그들이 하나님과 그리스도의 제사장이 되어 천년 동안 그리스도로 더불어 왕노릇 하리라"는 문구와 병행을 이룬다(계 20:4, 6). 즉 그리스도의 죽음으로 죄의 세력에서 벗어난 성도는 왕 같은 제사장이 되어 하나님과 직접 교통하는 천년왕국의 일원이 되는 축복 가운데 거하게 되는 것이다.[82] = 계 14:3-4에 근거를 하고 있음을 알 수 있다(관주 참고).

팀 라하이 = 이것은 물론 우리가 주 예수 그리스도를 믿음으로 거듭나게 된 하나님의 영의 왕국에 속한 시민임을 가리킨다. 우리가 제사장의 직분을 감당하며 이 세대에 복음을 전하는 그분의 제사장임을 다시 한번 강조해 주신다. 그리스도께서 영광 중에 다시 오실 때 우리 믿는 이들은 "그와 함께 다스리고 통치하게 될 것"이다.[83]

(참고)

"하나님의 자녀 되는 권세"(요 1:12; 고후 6:17-18 등 참조).
"언약의 피"(마 26: 27-28(눅 22:20; 히 10: 15-18, 13:20).
"새 언약"(고전 11: 25)
"내 피를 마시는 자는 영생"(요 6: 53-56)
"그 피로 구원"(롬 5:9)
"화목되게 하심"(골 1:20)

❁ 11-12절. = 어린 양께 경배하라

12. 죽임을 당한 어린 양 = 대속(구속)의 은혜에 감사

---

82) 옥스퍼드원어성경대전, 신약129, 제자원, 2005, p. 378
83) Tim Lahaye, 김의자 옮김, 요한계시록해설, 보이스사, 1980, p. 175

❄ 13-14절. = 엎드려 경배하라

어린 양께서 네 생물과 장로들의 섬김과 성도들의 순교적 섬김[8-10, (14:1-5; 시 33:1-5 참조)]과 경배를 받으시고(4:10 참조), 천천만만의 천사들이 경배하고(11-12), 만물이 경배함(13)같이 우리 모두도 심판 주 되시는 그분만을 세세토록 경배해야 한다.

경배 받으심(신앙고백)

24장로들로부터 경배 받으신다(계 4:4, 9-11, 5:8-10, 14, 11:15-19, 19:4),
네 생물들로부터 경배를 받으시고(계 5:8, 19:4, 6:1-8; 겔 1:5),
구원받은 자들에게 경배를 받으신다(계 5:10).
모든 천사들로부터도 경배를 받으심으로(5:11-14, 7:11),
모든 만물로부터 경배를 받으신다(5:13)는 것이다.
능히 셀 수 없는 큰 무리(계 7:9-12)

따라서 앞으로 될 일에 앞서 하늘 보좌를 사도 요한에게 보여 주시고 이를 기록하고 전하고 지켜(계 1:3, 22:7 등 참조) 행하는 복을 누리게 하시고, 하나님께서는 구원의 백성들(성도들)로부터 경배를 받으신다.

〈도움 말씀〉

삼위일체 하나님께 경배드려라(14. 1-14) = 엎드려 경배하라

- 서론

사 9:6-7 = 할 것임이라(6)

(6)이는 한 아기가 우리에게 났고 한 아들을 우리에게 주신 바 되었는데 그 어깨에는 정사를 메었고 그 이름은 기묘자라, 모사라, 전능하신 하나님이라, 영존하시는 아버지라, 평강의 왕이라 할 것임이라 (7)그 정사와 평강의 더함이 무궁하며 또 다윗의 위에 앉아서 그 나

라를 굳게 세우고 자금 이후 영원토록 공평과 정의로 그것을 보존하실 것이라 만군의 여호와의 열심이 이를 이루시리라(눅 22:31-32 참조)

계 19:1-5 = 찬송하라(5)

(1)이 일 후에 내가 들으니 하늘에 허다한 무리의 큰 음성 같은 것이 있어 가로되 할렐루야 구원과 영광과 능력이 우리 하나님께 있도다 (2)그의 심판은 참되고 의로운지라 음행으로 땅을 더럽게 한 큰 음녀를 심판하사 자기 종들의 피를 그의 손에 갚으셨도다 하고 (3)두 번째 가로되 할렐루야 하더니 그 연기가 세세토록 올라가더라 (4)또 이십사 장로와 네 생물이 엎드려 보좌에 앉으신 하나님께 경배하여 가로되 아멘 할렐루야 하니 (5)보좌에서 음성이 나서 가로되 하나님의 종들 곧 그를 경외하는 너희들아 무론 대소하고 다 우리 하나님께 찬송하라 하더라

1. 울지 말라(5. 1-5). = 믿음으로 이겨라

창 37:5-11 = 미워하였더라(5)

(5)요셉이 꿈을 꾸고 자기 형들에게 고하매 그들이 그를 더욱 미워하였더라 (6)요셉이 그들에게 이르되 청컨대 나의 꾼 꿈을 들으시오 (7)우리가 밭에서 곡식을 묶더니 내 단은 일어서고 당신들의 단은 내 단을 둘러서서 절하더이다 (8)그 형들이 그에게 이르되 네가 참으로 우리의 왕이 되겠느냐 참으로 우리를 다스리게 되겠느냐 하고 그 꿈과 그 말을 인하여 그를 더욱 미워하더니 (9)요셉이 다시 꿈을 꾸고 그 형들에게 고하여 가로되 내가 또 꿈을 꾼즉 해와 달과 열한 별이 내게 절하더이다 하니라 (10)그가 그 꿈으로 부형에게 고하매 아비가 그를 꾸짖고 그에게 이르되 너의 꾼 꿈이 무엇이냐 나와 네 모와 네 형제들이 참으로 가서 땅에 엎드려 네게 절하겠느냐 (11)그 형들은 시기하되 그 아비는 그 말을 마음에 두었더라

시 105:16-22 = 단련하였도다(18)

(16)그가 또 기근을 불러 그 땅에 임하게 하여 그 의뢰하는 양식
을 다 끊으셨도다 (17)한 사람을 앞서 보내셨음이여 요셉이 종으로 팔
렸도다 (18)그 발이 착고에 상하며 그 몸이 쇠사슬에 매였으니 (19)곧
여호와의 말씀이 응할 때까지라 그 말씀이 저를 단련하였도다 (20)왕
이 사람을 보내어 저를 방석함이여 열방의 통치자가 저로 자유케 하
였도다 (21)저로 그 집의 주관자를 삼아 그 모든 소유를 관리케 하고
(22)임의로 백관을 제어하며 지혜로 장로들을 교훈하게 하였도다

계 22:16 = 증거하게

나 예수는 교회들을 위하여 내 사자를 보내어 이것들을 너희에게 증거하게 하였노라 나는 다윗의 뿌리요 자손이니 곧 광명한 새벽 별이라 하시더라

사 11:1-10 = 돌아오리니(10)

(1)이새의 줄기에서 한 싹이 나며 그 뿌리에서 한 가지가 나서 결
실할 것이요 (2)여호와의 신 곧 지혜와 총명의 신이요 모략과 재능의
신이요 지식과 여호와를 경외하는 신이 그 위에 강림하시리니 (3)그
가 여호와를 경외함으로 즐거움을 삼을 것이며 그 눈에 보이는 대로
심판치 아니하며 귀에 들리는 대로 판단치 아니하며 (4)공의로 빈핍
한 자를 심판하며 정직으로 세상의 겸손한 자를 판단할 것이며 그
입의 막대기로 세상을 치며 입술의 기운으로 악인을 죽일 것이며 (5)
공의로 그 허리띠를 삼으며 성실로 몸의 띠를 삼으리라 (6)그때에 이
리가 어린 양과 함께 거하며 표범이 어린 염소와 함께 누우며 송아
지와 어린 사자와 살진 짐승이 함께 있어 어린아이에게 끌리며 (7)암
소와 곰이 함께 먹으며 그것들의 새끼가 함께 엎드리며 사자가 소처
럼 풀을 먹을 것이며 (8)젖 먹는 아이가 독사의 구멍에서 장난하며

젖 뗀 어린아이가 독사의 굴에 손을 넣을 것이라 (9)나의 거룩한 산 모든 곳에서 해됨도 없고 상함도 없을 것이니 이는 물이 바다를 덮음같이 여호와를 아는 지식이 세상에 충만할 것임이니라 (10)그날에 이새의 뿌리에서 한 싹이 나서 만민의 기호로 설 것이요 열방이 그에게로 돌아오리니 그 거한 곳이 영화로우리라

롬 15:7–13 = 영광을 돌리게(9)

(7)이러므로 그리스도께서 우리를 받아 하나님께 영광을 돌리심과 같이 너희도 서로 받으라 (8)내가 말하노니 그리스도께서 하나님의 진실하심을 위하여 할례의 수종자가 되셨으니 이는 조상들에게 주신 약속들을 견고케 하시고 (9)이방인으로 그 긍휼하심을 인하여 하나님께 영광을 돌리게 하려 하심이라 기록된 바 이러므로 내가 열방 중에서 주께 감사하고 주의 이름을 찬송하리로다 함과 같으니라 (10)또 가로되 열방들아 주의 백성과 함께 즐거워하라 하였으며 (11)또 모든 열방들아 주를 찬양하며 모든 백성들아 저를 찬송하라 하였으며 (12)또 이사야가 가로되 이새의 뿌리 곧 열방을 다스리기 위하여 일어나시는 이가 있으리니 열방이 그에게 소망을 두리라 하였느니라 (13)소망의 하나님이 모든 기쁨과 평강을 믿음 안에서 너희에게 충만케 하사 성령의 능력으로 소망이 넘치게 하시기를 원하노라

벧전 5:8–11 = 대적하라(9)

(8)근신하라 깨어라 너희 대적 마귀가 우는 사자같이 두루 다니며 삼킬 자를 찾나니 (9)너희는 믿음을 굳게 하여 저를 대적하라 이는 세상에 있는 너희 형제들도 동일한 고난을 당하는 줄을 앎이니라 (10)모든 은혜의 하나님 곧 그리스도 안에서 너희를 부르사 자기의 영원한 영광에 들어가게 하신 이가 잠깐 고난을 받은 너희를 친히 온전케 하시며 굳게 하시며 강하게 하시며 터를 견고케 하시리라

(11)권력이 세세 무궁토록 그에게 있을지어다 아멘

2. 새 노래로 노래하라(9. 6–10) = 구원의 은총에 감사하라

계 14:1–5 = 따라가는(4)

(1)또 내가 보니 보라 어린 양이 시온산에 섰고 그와 함께 십사만 사천이 섰는데 그 이마에 어린 양의 이름과 그 아버지의 이름을 쓴 것이 있도다 (2)내가 하늘에서 나는 소리를 들으니 많은 물 소리도 같고 큰 뇌성도 같은데 내게 들리는 소리는 거문고 타는 자들의 그 거문고 타는 것 같더라 (3)저희가 보좌와 네 생물과 장로들 앞에서 새 노래를 부르니 땅에서 구속함을 얻은 십사만 사천 인밖에는 능히 이 노래를 배울 자가 없더라 (4)이 사람들은 여자로 더불어 더럽히지 아니하고 정절이 있는 자라 어린 양이 어디로 인도하든지 따라가는 자며 사람 가운데서 구속을 받아 처음 익은 열매로 하나님과 어린 양에게 속한 자들이니 (5)그 입에 거짓말이 없고 흠이 없는 자들이더라

시 33:1–5 = 즐거워하라(1)

(1)너희 의인들아 여호와를 즐거워하라 찬송은 정직한 자의 마땅히 할 바로다 (2)수금으로 여호와께 감사하고 열 줄 비파로 찬송할지어다 (3)새 노래로 그를 노래하며 즐거운 소리로 공교히 연주할지어다 (4)여호와의 말씀은 정직하며 그 행사는 다 진실하시도다 (5)저는 정의와 공의를 사랑하심이여 세상에 여호와의 인자하심이 충만하도다

사 42:10–13 = 노래하며(10)

(10)항해하는 자와 바다 가운데 만물과 섬들과 그 거민들아 여호와께 새 노래로 노래하며 땅 끝에서부터 찬송하라 (11)광야와 거기 있는 성읍들과 게달 사람의 거하는 촌락들은 소리를 높이라 셀라의 거민들은 노래하며 산꼭대기에서 즐거이 부르라 (12)여호와께 영

광을 돌리며 섬들 중에서 그의 찬송을 선전할지어다 (13)여호와께서 용사같이 나가시며 전사같이 분발하여 외쳐 크게 부르시며 그 대적을 크게 치시리로다

시 98:1 = 새 노래로 여호와께 찬송하라 대저 기이한 일을 행하사 그 오른손과 거룩한 팔로 자기를 위하여 구원을 베푸셨도다

롬 3:21-26 = 믿는(26)

(21)이제는 율법 외에 하나님의 한 의가 나타났으니 율법과 선지자들에게 증거를 받은 것이라 (22)곧 예수 그리스도를 믿음으로 말미암아 모든 믿는 자에게 미치는 하나님의 의니 차별이 없느니라 (23)모든 사람이 죄를 범하였으매 하나님의 영광에 이르지 못하더니 (24)그리스도 예수 안에 있는 구속으로 말미암아 하나님의 은혜로 값없이 의롭다 하심을 얻은 자 되었느니라 (25)이 예수를 하나님이 그의 피로 인하여 믿음으로 말미암는 화목제물로 세우셨으니 이는 하나님께서 길이 참으시는 중에 전에 지은 죄를 간과하심으로 자기의 의로우심을 나타내려 하심이니 (26)곧 이때에 자기의 의로우심을 나타내사 자기도 의로우시며 또한 예수 믿는 자를 의롭다 하려 하심이니라

3. 어린 양께 경배하라(12. 11-12) = 대속의 은총에 감사드려라

요 12:44-50 = 믿는(44)

(44)예수께서 외쳐 가라사대 나를 믿는 자는 나를 믿는 것이 아니요 나를 보내신 이를 믿는 것이며 (45)나를 보는 자는 나를 보내신 이를 보는 것이니라 (46)나는 빛으로 세상에 왔나니 무릇 나를 믿는 자로 어두움에 거하지 않게 하려 함이로라 (47)사람이 내 말을 듣고 지키지 아니할지라도 내가 저를 심판하지 아니하노라 내가 온 것

은 세상을 심판하려 함이 아니요 세상을 구원하려 함이로라 (48)나
를 저버리고 내 말을 받지 아니하는 자를 심판할 이가 있으니 곧 나
의 한 그 말이 마지막 날에 저를 심판하리라 (49)내가 내 자의로 말
한 것이 아니요 나를 보내신 아버지께서 나의 말할 것과 이를 것을
친히 명령하여 주셨으니 (50)나는 그의 명령이 영생인 줄 아노라 그
러므로 나의 이르는 것은 내 아버지께서 내게 말씀하신 그대로 이르
노라 하시니라

히 7:22-25 = 나아가는(25)

(22)이와 같이 예수는 더 좋은 언약의 보증이 되셨느니라 (23)저
희 제사장 된 자의 수효가 많은 것은 죽음을 인하여 항상 있지 못함
이로되 (24)예수는 영원히 계시므로 그 제사 직분도 갈리지 아니하
나니 (25)그러므로 자기를 힘입어 하나님께 나아가는 자들을 온전히
구원하실 수 있으니 이는 그가 항상 살아서 저희를 위하여 간구하심
이니라

계 11:14-19 = 가로되(17)

(14)둘째 화는 지나갔으나 보라 셋째 화가 속히 이르는도다 (15)일
곱째 천사가 나팔을 불매 하늘에 큰 음성들이 나서 가로되 세상 나
라가 우리 주와 그 그리스도의 나라가 되어 그가 세세토록 왕 노릇
하시리로다 하니 (16)하나님 앞에 자기 보좌에 앉은 이십사 장로들
이 엎드려 얼굴을 대고 하나님께 경배하여 (17)가로되 감사하옵나니
옛적에도 계셨고 시방도 계신 주 하나님 곧 전능하신 이여 친히 큰
권능을 잡으시고 왕 노릇 하시도다 (18)이방들이 분노하매 주의 진노
가 임하여 죽은 자를 심판하시며 종 선지자들과 성도들과 또 무론
대소하고 주의 이름을 경외하는 자들에게 상주시며 또 땅을 망하게
하는 자들을 멸망시키실 때로소이다 하더라 (19)이에 하늘에 있는

하나님의 성전이 열리니 성전 안에 하나님의 언약궤가 보이며 또 번개와 음성들과 뇌성과 지진과 큰 우박이 있더라

4. 엎드려 경배하라(14. 13-14) = 삼위일체 하나님께 드려라

계 4:10-11 = 가로되(10)

(10)이십사 장로들이 보좌에 앉으신 이 앞에 엎드려 세세토록 사시는 이에게 경배하고 자기의 면류관을 보좌 앞에 던지며 가로되 (11)우리 주 하나님이여 영광과 존귀와 능력을 받으시는 것이 합당하오니 주께서 만물을 지으신지라 만물이 주의 뜻대로 있었고 또 지으심을 받았나이다 하더라

계 7:1-12 = 가로되(12) = 7장의 예수님 재림 후의 사건을 보여줌?

(9)이 일 후에 내가 보니 각 나라와 족속과 백성과 방언에서 아무라도 능히 셀 수 없는 큰 무리가 흰 옷을 입고 손에 종려가지를 들고 보좌 앞과 어린 양 앞에 서서 (10)큰 소리로 외쳐 가로되 구원하심이 보좌에 앉으신 우리 하나님과 어린 양에게 있도다 하니 (11)모든 천사가 보좌와 장로들과 네 생물의 주위에 섰다가 보좌 앞에 엎드려 얼굴을 대고 하나님께 경배하여 (12)가로되 아멘 찬송과 영광과 지혜와 감사와 존귀와 능력과 힘이 우리 하나님께 세세토록 있을지로다 아멘 하더라

마 4:1-11 = 경배하고(10)

(1)그때에 예수께서 성령에게 이끌리어 마귀에게 시험을 받으러 광야로 가사 (2)사십 일을 밤낮으로 금식하신 후에 주리신지라 (3)시험하는 자가 예수께 나아와서 가로되 네가 만일 하나님의 아들이어든 명하여 이 돌들이 떡덩이가 되게 하라 (4)예수께서 대답하여 가

라사대 기록되었으되 사람이 떡으로만 살 것이 아니요 하나님의 입으로 나오는 모든 말씀으로 살 것이라 하였느니라 하시니 (5)이에 마귀가 예수를 거룩한 성으로 데려다가 성전 꼭대기에 세우고 (6)가로되 네가 만일 하나님의 아들이어든 뛰어내리라 기록하였으되 저가 너를 위하여 그 사자들을 명하시리니 저희가 손으로 너를 받들어 발이 돌에 부딪히지 않게 하리로다 하였느니라 (7)예수께서 이르시되 또 기록되었으되 주 너의 하나님을 시험치 말라 하였느니라 하신대 (8)마귀가 또 그를 데리고 지극히 높은 산으로 가서 천하 만국과 그 영광을 보여 (9)가로되 만일 내게 엎드려 경배하면 이 모든 것을 네게 주리라 (10)이에 예수께서 말씀하시되 사탄아 물러가라 기록되었으되 주 너의 하나님께 경배하고 다만 그를 섬기라 하였느니라 (11)이에 마귀는 예수를 떠나고 천사들이 나아와서 수종드니라

단 4:34 = 그 기한이 차매 나 느부갓네살이 하늘을 우러러 보았더니 내 총명이 다시 내게로 돌아온지라 이에 내가 지극히 높으신 자에게 감사하며 영생하시는 자를 찬양하고 존경하였노니 그 권세는 영원한 권세요 그 나라는 대대로 이르리로다(단 3:28-30 참조)

롬 9:4-5 = 증거하노니(2)

(1)내가 그리스도 안에서 참말을 하고 거짓말을 아니하노라 내게 큰 근심이 있는 것과 마음에 그치지 않는 고통이 있는 것을 내 양심이 성령 안에서 나로 더불어 증거하노니 (2)(1절에 포함되어 있음) (3)나의 형제 곧 골육의 친척을 위하여 내 자신이 저주를 받아 그리스도에게서 끊어질지라도 원하는 바로라 (4)저희는 이스라엘 사람이라 저희에게는 양자 됨과 영광과 언약들과 율법을 세우신 것과 예배와 약속들이 있고 (5)조상들도 저희 것이요 육신으로 하면 그리스도가 저희에게서 나셨으니 저는 만물 위에 계셔 세세에 찬양을 받으실 하

나님이시니라 아멘

신앙고백?

시 99:5-9 = 경배할지어다(9)

(5) 너희는 여호와 우리 하나님을 높여 그 발등상 앞에서 경배할지어다 그는 거룩하시도다…(9)너희는 여호와 우리 하나님을 높이고 그 성산에서 경배할지어다 대저 여호와 우리 하나님은 거룩하시도다

롬 10:9-10 = 시인하여(10)

(9)네가 만일 네 입으로 예수를 주로 시인하며 또 하나님께서 그를 죽은 자 가운데서 살리신 것을 네 마음에 믿으면 구원을 얻으리니 (10)사람이 마음으로 믿어 의에 이르고 입으로 시인하여 구원에 이르느니라

PART 07

첫째 인~여섯째 인

순교자(殉敎者)들의 신원(伸寃)과 진노(震怒)의 큰 날

제6장

깨어 있으라(눅 21:34–37; 마 25:13; 벧전 5:8–9 등 참조)

요한계시록 6장은 마지막에 있을 재앙의 총론으로 일곱(7) 인(印) 중 첫째 인(印)~여섯째 인(印)까지로 순교자(殉敎者)들의 신원(伸寃), 큰 날 곧 어린 양의 진노(12절-17절 참조)가 있음을 증거한다.

하나님께서는 악인들(바벨론)에게 그의 맹렬한 포도주 잔의 재앙으로 다스리신다(16:19-21).

❈ 1–2절. 일곱 인 중에 하나 ~ 흰 말 탄 자

1절. 어린 양이 일곱 인 중에 하나를 떼시는 그때에 = 본 장을 해석함에 있어 '말들'보다 그 말을 '탄 자'에 주목해야 한다. 특히 흰말 탄 자(2절)와 신원하는 죽임을 당한 자들(9-11절)은 누구인가 등 6장의 해석이 요한계시록 이해에 매우 중요하게 영향을 미친다는 점에 주목하자. 대부분 6장의 해석에 문제가 발생되면 계시록 전체의 해석에 일관성을 잃게 된다.

참고. PART 2. 도형 5 일곱 인(印)

그 남은 자? 이방인(異邦人)? 등(롬 3:29, 9:23-33, 10:12, 11:5-12, 15:7-13; 갈 3:14, 28-29; 렘 2:11 등 참조)

복음(福音)을 받기 전에 생(生)을 마친 자들?[마 4:17(이때부터~ = 그러면, 그 이전에 유태인(猶太人)은 율법을 행함으로 구원받은 자가 있나요? 마 25:31-36; 고전 16:21-24; 히 11:1-40; 롬 3-11장 등 참조) = 복음을 듣지 못한 자들은?(행 14:16-17, 17:30; 롬 2:12-15, 10:11-14 등 참조]

계 5:1 참고? 인(印) = 성결(聖潔 = 거룩하고 깨끗함. 거룩한 상태) = 출 28:36, 39:30; 롬 6:19-22; 살전 4:7-8; 히 12:14 등 참조 = 내가 거룩하니 너희도 거룩하라(레 11:45, 19:2, 20:8; 사 4:2-6; 욥 17 등 참조)

참고: 경주 천마총(慶州 天馬塚)에서 성경의 네(4) 말?(계 6장 2~7절, 슥 6장 1~5절)과 유사한, "흰 말, 붉은 말, 갈색 말, 검은 말"의 천마도(국보 제207호)가 발견되었다니 궁금증을 자아낸다.

2절. 흰 말이 있는데 그 탄 자 = 계 6:9-11(동무 종들과 형제들?). = 계 10:7(종 선지자들?) = 계 11:3-14(두 증인) = 계 12:1-5(철장으로 만국을 다스릴 남자) = 계 14:1-5(144,000에 대한 신분) = 계 7:4-8(이스라엘 지파의 인 맞은 자) = 계 19:14[백마 타고 따르는 군대들 = 계 17:14(부르심을 입고 빼내심을 얻고 진실한 자들?)] = 계 20:1-6(천년 동안 왕 노릇 할 자 = 첫째 부활에 참여하는 자들) = 그에게 붙은 자(고전 15:23-24)

'흰 말을 탄 자'(2절)에 대한 견해는 다양하다.

복음으로 보는 견해 = 잔(Zahn), 알포드(Alford), 그레다너스(Greijdanus), 네웰(Newell) 등

그리스도와 복음이라는 견해 = 어거스틴(Augustine), 워즈워드(Wordsworth) 등

그리스도라는 견해 = 랑게(Lange), 바이스(Weiss), 헨드릭슨(Hendriksen)

〈여러 견해〉

김상훈 = '승리의 관'이라는 용어에 더하여 두 번 '이기다'("이기고" 현재분사 νικῶν, 또 "이기고" 가정법 ἵνα νικήσῃ)를 사용한다. 승리의 의미를 반복, 강조한다. ~ 흰 말을 탄 자가 활을 가지고 있는 것은 그 활로 사람과 집단의 심성에 승리의 열망을 꽂아놓아 인간의 부패된 승리 욕구를 자극하는 것을 형상화한 이미지일 수 있다. 2절의 "주어졌다"는 하나님께서 그에게 그러한 권한을 주셨다. 또는 그같이 허용하셨다는 뜻이다.[84]

박윤선 = 1절의 네 생물 중의 첫째 "생물"인 사자 같은 자의 소리이니, 이는 승리자의 소리로 곧 그리스도의 복음운동인 사실을 한층 밝힌다[85]하며, 크레다너스(Greijdanus)의 해석을 지지하여, 흰 말 탄 자는 세계의 종말기를 당하여 멀리서 땅을 향하여 싸우시는 그리스도이고, 활은 적을 사격하는 무기이니 곧 하나님의 말씀을 상징한 것이다.[86]

이상근 = 미래에 나타날 어떤 정복자[87]

이병규 = 복음운동을 상징[88]

박영식 = 그리스도인의 원수들을 섬멸하러 나아간다. 이는 왕관을 쓴 메시아(19:11-16)와 다른 인물인 것 같다.[89]

신성종 = 재림하실 때 그리스도의 모습[90]

이광복 = 흰 말 = 적그리스도

---

84) 김상훈, 요한계시록, 1:1-6:17, 감은사, 2022, p. 441
85) 박윤선, 신약주석 요한계시록, 영음사, 1985, p. 152
86) 위의 책, p. 153
87) 이상근, 신약주해 요한계시록, 대한예수교장로회 총회교육부, 신일정판사, 1986, p. 114
88) 이병규, 요한계시록, 염광출판사, 1992, p. 136
89) 박영식, 오늘 읽는 요한묵시록, 바오로딸, 2012, pp. 184-185
90) 신성종, 요한계시록 강해, 도서출판 엠마오, p. 61

그 탄 자가 활을 가졌고 = 위장된 무기(기만).

면류관을 받고 나가서 = 세상의 영광

이기고 또 이기려고 하더라 = 세상을 이기고 예수님을 이기려고 함으로 보았다.[91]

김형중 = 흰 말이 무슨 의미인지 성경이 해석하지 않기 때문에 그대로 받으면 된다 = 1) 재앙이 심판 공개 "말 탄 자가 활을 가졌고", 2) 영광을 받음 공개 "면류관을 받고", 3) 승리할 것을 공개 "이기고 또 이기려고 하더라"[92]

천정웅 = 거짓 그리스도, 거짓 선지자 다량 출현과 그들의 활동으로[93]

손기태 = 적그리스도[94]

조용기 = 적그리스도이다.[95]

팀 라하이 = 적그리스도[96]

피터 럭크만 = 사탄과 연관되어 있으며, 면류관을 썼으니 왕(로마교황)이다.[97]

랑코 스테파노치 = 온 세상에 복음이 전파되는 것을 상징한다.[98]

프뉴마성경 = 많은 이들이 흰 말을 탄 자를 군사적 정복으로 일삼은 국제적인 정치세력을 상징한다고 본다. 또 다른 이들은 이어지는 사건의 과도기에 그의 교회를 통해 승리의 진군을 하는 그리스도로 본다.[99]

---

91) 이광복, 계시록 설교노트, 흰돌, 1997, p. 93
92) 김형중, 읽기만 해도 열리는 요한계시록, 솔로몬, 2010, pp. 137-138
93) 천정웅, 요한계시록, 말씀의 집, 1990, p. 125
94) 손기태, 일곱 영의 비밀, 바른성경선교회, 2001, p. 114
95) 조용기, 요한계시록 강해, 영산출판사, 1983, p. 145
96) Tim Lahaye, 김의자 옮김, 요한계시록 해설, 보이스사, 1980, p. 193
97) Peter S. Ruckman, 김형덕 옮김, 요한계시록 주석, 말씀보존학회, 1993, pp. 126-128
98) Ranko Stefanovic, 하홍팔, 도현석 공역, 예수 그리스도의 계시, 미주시조사, 2011, p. 249
99) 정인찬, 잭 헤이포드 책임편찬, 프뉴마성경, (주)넥서스, 2014, 신약, p. 404.

김추성 = 예수 그리스도이시다.[100)]

송영목 = 조던(1999:27)은 복음으로 세상을 정복하시는 예수님으로 올바로 파악한다.[101)]

이필찬 = 흰 말 탄 자에게 면류관이 주어지고 계속해서 승리하는 모습을 보여준다. - 흰 말을 포함한 네 마리 말들은 스가랴 1장과 6장의 네 마리 말들을 배경으로 하며, 하나님의 심판을 알리는 전령의 역할을 하고 있다.[102)]

그랜드 주석 = "흰 말 그 탄 자"는 '그리스도'이며, "흰 말"은 '복음의 승리'를 상징한다는 견해가 있다. 하지만 본문의 정황은 백마 탄 그리스도의 모습(19:11)과는 별개의 것으로, 오히려 말 탄 자는 적그리스도의 세력에 속한 세상 정복자를 가리키며, 흰 말은 단지 세상 전쟁에서의 승리를 의미하는 것이라는 견해가 타당하다. 왜냐하면 본장은 하나님의 종말적인 심판과 그 비극을 묘사하고 있기 때문이다. 그러나 이 심판은 그리스도의 십자가 승리로 인한 결과에 따른 것이며(5:5), 말 탄 자들은 모두 하나님의 주권 아래 심판의 도구로 사용되고 있다.

레마 주석 = "흰 말을 탄 자"에 대해, 색은 승리를 상징했다. 그래서 개선장군은 흰말을 타고 위세를 자랑했다고 한다. 그러므로 이 구절에 언급된 흰말을 탄 자는 승리자요, 정복자임이 분명하다. 하지만 그가 역사상의 실제 인물인지에 대해서는 알 수 없다. 한때 비평학자들에 의해 제시된 견해에 따르면, 그 승리자는 로마를 위협한 바대인(Parthian)을 가리키는 것으로 알려졌지만 이는 미래에 나타날

---

100) 김추성, 하나님과 어린양의 보좌, 이레서원, 2015, p. 212

101) 송영목, 신약주석, 쿰란출판사, 2011, p. 1316.

102) 이필찬, 요한계시록 40일 묵상여행, 이레서원, 2018, p. 63

어떤 정복자를 가리킨다고 보아야 할 것이다.

메튜 헨리 주석 = "흰 말을 탄 자"를 '주 예수'라 한다.

그 손에는 활을 가졌다 = 하나님의 말씀에 의해 느끼는 죄책감은 예리한 화살이며 멀리까지 날아간다.

면류관을 받았다 = 그리스도께서 전쟁에 나가실 때는 면류관보다는 투구가 더 적합하다고 생각하는 사람이 있을 것이다. 그러나 그분은 승리의 보증으로 면류관을 받으셨다.

나가서 이기고 또 이기려고 하더라 = 교회가 계속 싸우는 한 그리스도께서는 이기실 것이다. 그분은 자기 백성 중에 있는 적을 이기신다. 바로 이들의 죄가 이들의 적이요 그분의 적이다. 그리스도께서 권능으로 이들의 영혼에 임하실 때 이 적을 정복하기 시작하시고, 우리에게 완전한 승리를 가져다주실 때까지 점진적으로 성화 작업을 통해 계속 정복해 나가신다. 그리고 주님은 세상에 있는 주님의 적, 즉 사악한 사람들을 이기신다. 그리스도의 복음이 세상에 성공적으로 전파되는 광경은 영광스럽고 볼 만한 것이다. 그리스도의 역사가 단번에 모두 이루어지지는 않는다. 복음이 전파될 때 모든 세상이 그 앞에 오게 되지만 종종 반대에 부딪혀 느리게 진행되기도 한다는 점을 늘 생각해야 한다. 그러나 그리스도께서는 자신의 시간에 자신의 방법으로 효과 있게 자신의 일을 해내실 것이다.

(슥 6:1-5) '하늘의 네 바람인데…나가는 것이라.' 70인역과 불가타(V)는 '여호와 앞에 서기 위하여 나가는 것'이라 번역한다. 이 구절에서 '네 바람'이라는 개념에 대해 데인(Deane)은 죄인들을 향해 하나님의 뜻이 실행될 경우 '바람'이라는 단어가 쓰였으며(참조, 시 104:4, 148:8; 렘 49:36; 단 7:2), 이것은 유대인들에게 있어서 흔한 상징이었다고 한다. 특히 '병거'는 권위와 징벌 및 심판의 상징으로 쓰였다

(Lange). 한편 주석가들은 앞에서 쓴 네 가지의 색을 가진 말들에 대해서 공통된 견해를 밝히지만, 마지막 '어룽지고 건장한'이라는 표현에 대해서는 난해한 입장이다. '홍마'는 전쟁, 유혈 참사, 피흘림을 상징하고(참조, 사 63:2; 계 6:4), '흑마'는 슬픔과 고통을(참조, 사 50:3; 렘 4:28; 계 6:5), '백색'은 승리나 즐거움을 상징(참조, 전 9:8; 계 6:2, 19:11)한다. 그러나 '어룽진 색'에 대해 '데인'은 전혀 확실하지 않는 표현으로 해석을 유보하고 있으며, '랑게'(Lange)는 '강한'으로 해석한다. 그리고 70인역은 '얼룩덜룩하고 회색에 검은 얼룩이 박힌 말들'로 번역하는데 전체 문맥과, 그리고 심판이라는 맥락에서 볼 때 '염병', '기근', '재앙'의 의미로 해석이 가능하다. 성경에서는 '색'의 의미가 매우 상징적이다. 그 상징은 언제나 보낸 자의 사명을 가지는 것이 특징이다(Lange).

(슥 6:6-8) "북방으로 나간 자들아…시원케 하였느니라." 이 구절에서 '시원케 하였느니라'는 문자적으로 '나의 심령을 쉬게 하였다'는 뜻이다. 70인역은 '나의 노를 가라앉혔다'고 번역한다. 특히 이 구절은 요한복음 3:36과 비슷하다(참조, 삿 8:3; 잠 16:32; 전 10:4). 이 구절과 관련하여 크레이지(Craigie)는 스가랴 선지의 종말론적 시각을 부각시키는데 특히 북방으로 간 말의 활약이 신의 기쁨으로 이어지는 문맥으로 볼 때, 유다 주변의 열국이 정복되길 소망하는 바람이 나타나 있다고 해석한다. 그리고 스가랴의 여덟 번째 환상을 첫 번째 환상과 연결시키면 크레이지의 이러한 해석은 더욱 극명해진다. 그런데 '북방', 그리고 '남방'이 가리키는 실제적인 곳이 어딘가에 대해 데인(Deane)은 북방은 '바벨론'을 의미하며 남방은 '애굽'을 뜻한다고 하면서도 에돔과 에티오피아를 제외시키지 않는다. 그러나 크레이지는 북방을 '바사제국'으로 해석하는데 예루살렘에서 정복의 위치에 있기 때문이라고 한다. 바사의 위치는 오늘날의 '이란'이다. 또한 랑

게(Lange)는 특정하게 한 국가를 지칭하는 것이 아닌 '티그리스강과 유브라데강'이 통과하는 지방으로 해석한다. 랑게의 이러한 해석과 비슷하게 데인은 북방의 땅과 남방의 땅이 상징하는 바를 '온 지면과 참 이스라엘에 반대하여 대적하는 모든 세력'을 상징하는 것이라고 해석하는데 이 해석은 크레이지의 종말론적 성격의 해석과 어느 정도 부합되는 견해이다.[103)]

그는 면류관을 썼는데 그 면류관은 스테파노스(στέφανος) 즉 승리자가 쓰는 월계관을 쓰고 있다는 점으로 보아 두 증인의 복음 전도 활동으로 보는 것이다(빌 4:1; 딤후 4:8; 약 1:12; 계 2:10, 3:11, 4:4, 10, 11:1-12, 12;1-6, 14:3-5, 19:11-16 참조).

❋ 3-4절. 둘째 인~붉은 다른 말 탄 자

이 땅에서 화평을 제할 전쟁 세력?

그랜드 주석

붉은 말과 그 탄 자 = 치열한 전쟁과 살육을 의미한다.

서로 죽이게 = 땅위에 화평이 제거되었으므로 극도의 인간적인 이기심과 미움을 인하여 민족과 민족이, 이웃과 이웃이 서로 살육하게 되는 내란의 상황을 가리킨다(마 10:21, 24:7).

큰 칼 = 세상 정복자의 정치적 권력을 상징한다.

레마 주석

붉은 다른 말 = 붉은 색은 전쟁을 표시하고 큰 칼은 무기를 뜻한다. 그러므로 이 구절에 언급된 붉은 말은 전쟁을 상징하는 표현이다.

---

103) 크리스탈 강해(슈퍼바이블)

메튜 헨리 목사의 견해

붉은 말 = 이것은 황폐케 하는 전쟁의 심판을 뜻한다. 전쟁의 칼은 두려운 심판이다. 그것은 땅에서 평화를 앗아간다. 서로 사랑하며 서로 도와야 할 사람들이 전쟁의 상태에서는 서로 죽이려 든다.

기근을 뜻한다. 한 가지 심판만 내리는 일은 거의 없다. 전쟁의 심판 다음에는 자연히 기근의 심판이 딸려온다. 양식의 기근은 끔찍한 심판이다. 말씀의 기근은 더욱 그렇다.

〈여러 견해〉

김상훈 = 민족이 민족을, 나라가 나라를 대적할 것이다(마 24:7; 막 13:8; 눅 21:10). 재난의 시작이다(마 24:8; 막13:8). 이런 재난이 계속 진행될 것이다.[104)]

박윤선 = 전쟁의 표상, '크레다너스'(Greijdanus)의 주장을 인용하여, 이는 종말 심판에 관계가 있는 것이 아니고, 신약시대에 일어나는 모든 전쟁을 가리킬 것이다[105)]

이상근 = 붉은 색은 전쟁, 큰 칼은 무기[106)]

이병규 = 마귀운동이며 복음을 반대하는 세력[107)]

신성종 = 전쟁[108)]

이광복 = 죽음, 전쟁의 비참성. 땅에서 화평을 제하여 버리며 = 전쟁의 결과로 화평이 제거됨(십자가의 죽음으로 화평을 이루신 예수님과 대비). 큰 칼을 받았더라(현대의 신무기)[109)]

---

104) 김상훈, 요한계시록 1:1-6:17, 감은사, 2022, p. 442

105) 박윤선, 신약주석 요한계시록, 영음사, 1985, p. 153

106) 이상근, 신약주해 요한계시록, 대한예수교장로회 총회교육부, 신일정판사, 1986, p. 114

107) 이병규, 요한계시록, 염광출판사, 1992, p. 139

108) 신성종, 요한계시록 강해, 도서출판 엠마오, 1989, p. 61

109) 이광복, 계시록 설교노트, 흰돌, 1997, p. 94

천정웅 = 전쟁 = 흰말을 예수 그리스도로 본다면 여기에 나오는 붉은 말은 박해로 보는 것이 자연스럽고, 흰말을 거짓 그리스로 본다면 전쟁으로 보는 것이 자연스러울 것이다.[110)]

손기태 = 전쟁[111)]

이필찬 = 붉은색은 '피 흘림'을 상징한다. 전쟁의 상황을 묘사한 것[112)]

팀 라하이 = 전쟁[113)]

헨드릭슨 목사의 견해

붉은 말 = 성도들에게 가해지는 핍박으로 보았다(이는 흰 말을 예수 그리스도로 보는 해석).

피터 럭크만 = 송아지(계 4:7)[114)]

프뉴마성경 = 내전과 다툼의 상징이다.[115)]

그러나 두 번째, 세 번째, 네 번째 말 탄 자를 통해 살펴볼 때, 첫 번째 말 탄 자를 주 예수 그리스도, 즉 계시록 19장의 백마 탄 자와 동일시하는 것은 적합하지 않다고 본다. 만일 그리스도께서 "이기고 또 이기려고" 오신다면, 두 번째, 세 번째, 네 번째 말 탄 자들이 대표하는 심판은 더 이상 없을 것이다.

---

110) 천정웅, 요한계시록, 말씀의 집, 1990, p. 131
111) 손기태, 일곱 영의 비밀, 바른성경선교회, 2001, p. 114
112) 이필찬, 요한계시록 40일 묵상여행, 이레서원, 2018, p. 64
113) Tim Lahaye, 김의자 옮김, 요한계시록 해설, 보이스사, 1980, p. 197
114) Peter S. Ruckman, 김형덕 옮김, 요한계시록 주석, 말씀보존학회, 1993, p. 128
115) 정인찬, 잭 헤이포드 책임편찬, 프뉴마성경, (주)넥서스, 2014, 신약, p. 404.

❃ 5-6절. 셋째 인 ~ 검은 말 ~ 그 탄 자

경제적 독점으로 기근을 가져오게 하는 자?

그랜드 주석

검은 말 = 폐허와 기근을 의미한다.

손에 저울을 = 즉 양식의 무게를 달기 위한 것으로 큰 흉년과 기근의 때를 암시한다(레 26:26; 겔 4:10).

레마 주석

'검은 말 = 검은 색은 비애와 기근을 나타내는 색으로 인식된다. 당시 헬라와 로마의 문헌을 보면 유사한 표현들이 나오는데 그것은 당시의 상황이 전쟁으로 인해 피폐하여 사람들이 기근에 시달렸다는 사실을 간접적으로 드러내는 것이라 하겠다(Bengel). 따라서 이 구절은 앞에서 흰말과 붉은 말이 보여 준 전쟁 이후에 일어날 기근과 슬픔, 고통 등을 암시한다고 하겠다.

한 데나리온에 밀 한 되요 해치 말라 하더라 = 구약성경에서 '떡을 달아서 먹는다'는 것은 양식이 귀한 것을 뜻하였다. 따라서 이 구절은 전쟁에 뒤따른 기근으로 식량이 고갈되어 저울에 달아 배급하는 상황을 묘사한 것이다(참조, 겔 4:16). 한편 팔레스타인의 주요 농산물은 밀과 포도와 올리브였는데 이 땅의 열매와 수확물이 언급될 때면 언제나 이 세 가지가 언급되었다(참조, 신 7:13, 11:14; 호 2:8, 22). 그런데 이 구절에서 곡식의 기근을 말하면서 '감람유와 포도주는 해치 말라'고 했기 때문에 문맥상 모순을 일으키는 듯하다(Abbott). 그러나 바클레이(Barclay)는 곡식을 다 쓸어버릴 만한 가뭄이라도 포도덩굴이나 감람나무의 뿌리는 상하게 할 수 없었다고 해석한다. 그리고 바이스(Weiss)는 당시 도미티안 황제가 포도주 생산을 억제할 목적으로 칙령을 발표했으나 폭동으로 시행되지 못한 사실을 가리킨다고 주장한다. 하지만 그것보다는 대환란 중에도 백성을 아끼는 하나님의 배려로 이해하는 것이 옳겠다.

메튜 헨리 목사의 견해

기근을 뜻한다. 한 가지 심판만 내리는 일은 거의 없다. 전쟁의 심판 다음에는 자연히 기근의 심판이 딸려온다. 양식의 기근은 끔찍한 심판이다. 그러나 말씀의 기근은 더욱 그렇다.

〈여러 견해〉

김상훈 = 기근의 재앙이지만, 그래도 극심한 기근은 아닌 것 같다. 절대적 고갈이 아닐 수 있어도 제한된 식량 자원으로 인한 빈익빈 부익부 현상이 심화될 수 있다. 특히 지속적인 기근 현상은 열악한 지역에서는 더욱 퍽퍽한 고난의 삶으로 귀결될 것이다.[116)]

박윤선 = "검은" 빛은 슬픔의 상징인데(애 5:10), 그 탄 자가 "저울"(흉년의 상징, 겔 4:10)을 가졌으니, 이 계시는 흉년과 기근에 대한 것이다.[117)]

이상근 = 비애와 기근[118)]

이병규 = 기근을 상징[119)]

신성종 = 기근[120)]

이광복 = 기근을 상징~저울에 달아서 배급할 만큼의 기근[121)]

---

116) 김상훈, 요한계시록 1:1-6:17, 감은사, 2022, pp. 443-444
117) 박윤선, 신약주석 요한계시록, 영음사, 1985, p. 154
118) 이상근, 신약주해 요한계시록, 대한예수교장로회 총회교육부, 신일정판사, 1986, p. 115
119) 이병규, 요한계시록, 염광출판사, 1992, p. 141
120) 신성종, 요한계시록강해, 도서출판 엠마오, 1989, p. 62
121) 이광복, 계시록 설교노트, 도서출판 흰돌, 1997, p. 94

천정웅 = 경제적 위기[122)]

저울 = 측량과 제한을 상징한다. 넉넉함과 여유가 없고 부족한 상태를 뜻한다. 한 데나리온은 당시 노동자의 하루 품삯이다. 식량의 가격이 매우 비싸질 것이다.

손기태 = 기근[123)]

이필찬 = 손에 '저울'을 가지고 있다. 이 저울은 6절에 있는 '밀 한 되'나 '보리 석 되'를 측량하기 위한 도구로 간주된다.[124)]

팀 라하이 = 기근[125)]

피터 럭크만 = 사람(계 4:7)[126)]

프뉴마성경 = 경제적 붕괴를 상징한다. 문제는 기근이 아니라 통화 팽창과 부족이다.[127)]

❁ 7–8절. 넷째 인 ~ 청황색 말 ~ 그 탄 자

인류를 고통과 음부로 이끌어갈 사망 세력이다. 이것은 종말에 나타날 적그리스도의 활동을 상징한다.

그랜드 주석

청황색 말 = 전쟁과 기근, 역병(RSV)과 짐승의 위협으로 인한 공포와 죽음을 의미한다(겔 14:21).

---

122) 천정웅, 요한계시록, 말씀의 집, 1990, p. 131
123) 손기태, 일곱 영의 비밀, 바른성경선교회, 2001, p. 114
124) 이필찬, 요한계시록 40일 묵상여행, 이레서원, 2018, p. 64
125) Tim Lahaye, 김의자 옮김, 요한계시록 해설, 1980, p. 199
126) Peter S. Ruckman, 김형덕 옮김, 요한계시록 주석, 말씀보존학회, 1993, p. 128
127) 정인찬, 잭 헤이포드 책임편찬, 프뉴마성경, (주)넥서스, 2014, 신약, p. 404.

레마 주석

청황색 말 = 청황색은 고대 헬라에서 공포를 표시하는 색깔이기도 하였으나(Homer) 일반적으로 시체, 곧 죽음의 색으로 통하였다. 특히 이 용어는 겁에 질린 사람의 얼굴빛에서 유래되었다고 하는데, 헬라어 원문의 뜻은 사망과 온역을 다 가리키는 말로 사망과 그 결과 빚어지는 전염병을 암시한다고 한다. 그러므로 이 구절을 앞에서 보여준 전쟁과 기근에 이은 사망과 전염병의 피해를 보여준다 하겠다.

땅의 짐승으로써 죽이더라 = 이 구절은 당시 기독교인들이 받은 박해를 시사한다. 즉 고대 로마에서 짐승으로 사람을 죽이는 형벌이 있었다는 것은 널리 알려진 사실이다. 그리고 그 형벌은 그리스도교인들에게 가해졌으며, 황제 숭배를 거부한 자들에게 황제는 매우 감정적으로 이 형벌을 명했다고 한다(박윤선).

땅의 짐승 = 해석을 달리하는 학자들은 이를 인간의 '욕정'으로 해석하기도 하고, 전염병, 곧 짐승이 옮기는 전염병이라고도 한다(Josephus). 만약 땅의 짐승을 염병으로 해석한다 해도 아주 틀렸다고 말할 수는 없다. 왜냐하면 앞에 제시된 것들이 전쟁과 기근이고 전쟁과 기근으로 인한 염병의 피해는 이미 잘 알려진 것이기 때문이다. 하지만 이 구절은 당시 사정을 고려할 때 초대 교회에 닥친 박해를 가리킨다고 봄이 좋겠다. 더욱이 재앙의 원인이 기독교인에게 있다고 생각한 로마 정부가 그 같은 형벌을 내릴 가능성은 많이 있었다.

메튜 헨리 목사의 견해

청황색 말 탄 자 = 말 탄 자의 이름은 공포의 왕인 사망이다. 이 공포의 왕을 따르는 자는 음부이다. 한 심판과 다른 심판 사이에 당연한 관계가 있다. 전쟁은 소모시키는 재난이어서 그 뒤에 고갈과 기근이 따른다. 그 다음에 역병을 초래한다. 이같이 하나님께서는 악인에 대한 위협을 공언하신다. 그러므로 약속과 함께 위협을 믿는 것이 우리의 본분이다.

검과 흉년과 사망과 땅의 짐승 = 전쟁, 기근, 질병 세 가지 대심판에 더하여 하나님께서 내리시는 괴로운 심판인 짐승이 있다. 검과 흉년과 질병에 의해 한 국가의 인구가 줄어들었을 때, 목숨을 부지한 소수자는 쉽게 짐승의 먹이가 된다. 땅의 짐승을 짐승같이 잔인한 야만인으로 이해하는 사람들도 있다.

〈여러 견해〉

김상훈 = 죽음의 색이다. ~ 이제는 세상의 종말이라는 증표, 즉 이를 좀 더 분명히 예측할 수 있는 사건은 인류의 1/4 가량의 죽음이 일어나는 넷째 인의 재앙일 수 있다. 그때 세계적, 국지적 전쟁, 기근, 질병, 폭압 등으로 인해 인류의 상당히 많은 이들이 죽는 일이 일어날 것이다.[128)]

박윤선 = 청황색은 공포와 시체의 빛이다. 이 단계의 환난은 그 절정에 이른 것이다[129)]

이상근 = 시체 죽음의 색[130)]

이병규 = 타협주의나 혼합주의를 뜻한다.[131)]

신성종 = 죽음[132)]

이광복 = 시체, 죽음. 그 탄 자(사망 권세). 음부(지옥 권세) [133)]

천전웅 = 삶의 위기 곧 앞에 나온 세 가지 재난의 결과로 삶의 위

---

128) 김상훈, 요한계시록 1:1-6:17, 감은사, 2022, pp. 444-447
129) 박윤선, 신약주석 요한계시록, 영음사, 1985, p. 154
130) 이상근, 신약주해 요한계시록, 대한예수교장로회 총회교육부, 신일정판사, 1986, p. 116
131) 이병규, 요한계시록, 염광출판사, 1992, p. 144
132) 신성종, 요한계시록 강해, 도서출판 엠마오, 1989, p. 64
133) 이광복, 요한계시록 설교노트, 도서출판 흰돌, 1997, p. 95

기를 느끼게 한다는 것.[134)]

청황색은 단풍색인데 심판과 추수를 뜻한다.

검과 흉년과 사망과 땅의 짐승 = 사망의 원인으로 본다. 검을 전쟁으로, 흉년을 자연계의 비정상적인 기근으로, 사망을 온역과 전염병(겔 14:21)으로, 땅의 짐승을 사나운 짐승 또는 잔인한 국가로 해석한다.

손기태 = 사망[135)]

이필찬 = 청황색 말을 탄 자의 이름은 '사망'이었고 '음부'가 그 뒤를 따른다. 여기서 '사망'은 죽음의 심판을 의미하며, 이 청황색 말을 탄 자는, 어린 양이 책의 인을 뗀 후 인간에게 죽음의 심판을 행하는 하나님의 대행자이다.[136)]

팀 라하이 = 죽음[137)]

피터 럭크만 = 독수리(계 4:7)[138)]

프뉴마성경 = 병과 죽음을 상징한다. 청황색 말은 전쟁과 기근, 전염병 등으로 많은 사람들이 죽을 것을 상징적으로 표현한 것이다(렘 14:12).[139)]

❋ 9-11절. 다섯째 인 ~ 죽임을 당한 영혼들이

10절. 우리 피를 신원하여 주지 아니하시기를 어느 때까지 하시려나이까 = 눅 18:7-8; 계 21:4 등 참조

---

134) 천정웅, 요한계시록, 말씀의 집, 1990, p. 133
135) 손기태, 일곱 영의 비밀, 바른성경선교회, 2001, p. P114
136) 이필찬, 요한계시록 40일 묵상여행, 이레서원, 2018, p. 65
137) Tim Lahaye, 김의자 옮김, 요한계시록 해설, 1980, p. 199
138) Peter S. Ruckman, 김형덕 옮김, 요한계시록 주석, 말씀보존학회, 1993, p. 128
139) 정인찬, 잭 헤이포드 책임편찬, 프뉴마성경, (주)넥서스, 2014, 신약, p. 404.

순교자들의 호소 = 하나님의 말씀과 그 증거를 인하여 죽임을 당한 영혼들 간구(9-11) 즉 순교자들이 자신들의 피 값의 신원을 호소한다. 땅에 거하는 자들을 심판하여 우리 피를 신원하여 주지 아니하시기를 어느 때까지 하시려나이까?(10) 이에 대한 응답은 두 가지로 나타난다.

첫째, 흰 두루마기를 주시며 = 그들에게는 성도의 의로운 행실의 상징(19:8)인 흰 옷(11)이 주어질 것이다. 따라서 이 순교자들은 장차 있을 영광을 미리 누리게 될 것이다.

둘째, 잠시 동안 쉬되 = 그들은 저희 동무 종들과 형제들도 자기들처럼 죽임을 받아 그 수가 차기까지 쉬고 있어야 한다는 대답을 듣는다.

그렇다면 그 수가 차야 할 순교자들은 누구란 말인가? 계시록에는 두 증인(계 11:7-8) 외에 순교자들에 관한 기록이 없다. 그러나 하나님의 말씀을 하나님의 목적하신 의도대로 믿고 전하는 하나님의 종들과 그들과 함께하다가 죽임을 당하는 자들이라 할 것이다.

사도 요한은 순교자들의 영혼을 보았다. 그들이 가장 거룩한 곳에 있는 것을 보았다. 즉 그들은 하늘에서 그리스도의 발치에 있었던 것이다. 하나님께서 죽도록 충성하여 지상에서 있을 자리가 더 이상 없게 된 자들을 위해 더 좋은 세상에 좋은 자리를 마련해 놓으신 것이다. 그들이 고난을 당한 이유는 '하나님의 말씀과 저희의 가진 증거'를 인함이다. 이것이 바로 고귀한 이유, 즉 누구든 자기의 삶을 맡길 수 있는 최상의 이유이다(메튜 헨리).

❄ 12–17절. 여섯째 인 ~ 큰 지진이 나며

1. 예수 그리스도의 재림 시에 내려지는 심판의 모습이다.

= 셋째 화 중 일곱째 대접 심판의 모습(계 16:17-21).

1) 큰 지진 = 지구가 세 갈래로 갈라지는 전대미문의 대 지진이다(계 16:18).

2) 해가 총담같이 검어짐 = 태양이 그 빛을 잃게 됨(벧후 3:10).

3) 별이 떨어짐 = 하늘의 질서가 흔들리는 상징적인 표현(막 13:24-25).

4) 하늘이 떠나감 = 하늘의 모든 것이 혼돈 상태가 됨.

5) 각 산과 섬이 제자리에서 옮기움 = 땅의 체질이 녹아 흔적이 없어짐(계 16:19), 이때에 온 인류는 그리스도의 재림을 바라보게 된다(계 1:7; 마 24:29).

2. 복음서에서 제시하는 재림의 징조 = 마 24장, 막 13장, 눅 17:21–37, 21장.

3. 종말 때의 성도의 자세

1) 신령한 기름을 준비해야 한다(마 25장).

2) 기도에 힘써야 한다(눅 21:34-36; 벧전 4:7).

3) 서로 섬기는 생활을 해야 한다(벧전 4:7-10).

4) 복음 전도에 힘써야(순교 신앙) 한다(요 12:23-26; 마 28:19-20).

〈도움 말씀〉

나가 전하라!(2. 1–17) **= 주 예수 그리스도를 믿으라!**

- 서론

슥 6:1-8 = 나간(8)

(1)내가 또 눈을 들어 본즉 네 병거가 두 산 사이에서 나왔는데 그 산은 놋산이더라 (2)첫째 병거는 홍마들이, 둘째 병거는 흑마들이, (3)셋째 병거는 백마들이, 넷째 병거는 어룽지고 건장한 말들이 메었는지라 (4)내가 내게 말하는 천사에게 물어 가로되 내 주여 이것들이 무엇이니이까 (5)천사가 대답하여 가로되 이는 하늘의 네 바람인데 온 세상의 주 앞에 모셨다가 나가는 것이라 하더라 (6)흑마는 북편 땅으로 나가매 백마가 그 뒤를 따르고 어룽진 말은 남편 땅으로 나가고 (7)건장한 말은 나가서 땅에 두루 다니고자 하니 그가 이르되 너희는 여기서 나가서 땅에 두루 다니라 하매 곧 땅에 두루 다니더라 (8)그가 외쳐 내게 일러 가로되 북방으로 나간 자들이 북방에서 내 마음을 시원케 하였느니라 하더라

단 9:24-27 = 알지니라(25)

(24)네 백성과 네 거룩한 성을 위하여 칠십 이레로 기한을 정하였나니 허물이 마치며 죄가 끝나며 죄악이 영속되며 영원한 의가 드러나며 이상과 예언이 응하며 또 지극히 거룩한 자가 기름 부음을 받으리라 (25)그러므로 너는 깨달아 알지니라 예루살렘을 중건하라는 영이 날 때부터 기름 부음을 받은 자 곧 왕이 일어나기까지 일곱 이레와 육십이 이레가 지날 것이요 그때 곤란한 동안에 성이 중건되어 거리와 해자가 이룰 것이며 (26)육십이 이레 후에 기름 부음을 받은 자가 끊어져 없어질 것이며 장차 한 왕의 백성이 와서 그 성읍과 성소를 훼파하려니와 그의 종말은 홍수에 엄몰됨 같을 것이며 또 끝까지 전쟁이 있으리니 황폐할 것이 작정되었느니라 (27)그가 장차 많은 사람으로 더불어 한 이레 동안의 언약을 굳게 정하겠고 그가 그 이레의 절반에 제사와 예물을 금지할 것이며 또 잔포하여 미운 물건이 날개를 의지하여 설 것이며 또 이미 정한 종말까지 진노가 황폐케

하는 자에게 쏟아지리라 하였느니라

고후 10:1-6 = 복종케(5)

(1)너희를 대하여 대면하면 겸비하고 떠나 있으면 담대한 나 바울은 이제 그리스도의 온유와 관용으로 친히 너희를 권하고 (2)또한 우리를 육체대로 행하는 자로 여기는 자들을 대하여 내가 담대히 대하려는 것같이 너희와 함께 있을 때에 나로 하여금 이 담대한 태도로 대하지 않게 하기를 구하노라 (3)우리가 육체에 있어 행하나 육체대로 싸우지 아니하노니 (4)우리의 싸우는 병기는 육체에 속한 것이 아니요 오직 하나님 앞에서 견고한 진을 파하는 강력이라 (5)모든 이론을 파하며 하나님 아는 것을 대적하여 높아진 것을 다 파하고 모든 생각을 사로잡아 그리스도에게 복종케 하니 (6)너희의 복종이 온전히 될 때에 모든 복종치 않는 것을 벌하려고 예비하는 중에 있노라

1. 흰 말 탄 자(2. 1-2) = 나가 전하라

요 19:1-16 = 대답하되(7)

(1)이에 빌라도가 예수를 데려다가 채찍질하더라 (2)군병들이 가시로 면류관을 엮어 그의 머리에 씌우고 자색 옷을 입히고 (3)앞에 와서 가로되 유대인의 왕이여 평안할지어다 하며 손바닥으로 때리더라 (4)빌라도가 다시 밖에 나가 말하되 보라 이 사람을 데리고 너희에게 나오나니 이는 내가 그에게서 아무 죄도 찾지 못한 것을 너희로 알게 하려 함이로다 하더라 (5)이에 예수께서 가시 면류관을 쓰고 자색 옷을 입고 나오시니 빌라도가 저희에게 말하되 보라 이 사람이로다 하매 (6)대제사장들과 하속들이 예수를 보고 소리질러 가로되 십자가에 못 박게 하소서 십자가에 못 박게 하소서 하는지라 빌라도가 가로되 너희가 친히 데려다가 십자가에 못 박으라 나는 그에게서 죄를 찾지 못하노라 (7)유대인들이 대답하되 우리에게 법이 있으니 그

법대로 하면 저가 당연히 죽을 것은 저가 자기를 하나님 아들이라 함이니이다

계 4:4 = 또 보좌에 둘려 이십사 보좌들이 있고 그 보좌들 위에 이십사 장로들이 흰 옷을 입고 머리에 금면류관을 쓰고 앉았더라

계 14:14-16 = 있고(14)

(14)또 내가 보니 흰 구름이 있고 구름 위에 사람의 아들과 같은 이가 앉았는데 그 머리에는 금면류관이 있고 그 손에는 이한 낫을 가졌더라 (15)또 다른 천사가 성전으로부터 나와 구름 위에 앉은 이를 향하여 큰 음성으로 외쳐 가로되 네 낫을 휘둘러 거두라 거둘 때가 이르러 땅에 곡식이 다 익었음이로다 하니 (16)구름 위에 앉으신 이가 낫을 땅에 휘두르매 곡식이 거두어지니라

계 3:21 = 이기는 그에게는 내가 내 보좌에 함께 앉게 하여 주기를 내가 이기고 아버지 보좌에 함께 앉은 것과 같이 하리라

계 11:15-19 = 경외하는(18)

(15)일곱째 천사가 나팔을 불매 하늘에 큰 음성들이 나서 가로되 세상 나라가 우리 주와 그 그리스도의 나라가 되어 그가 세세토록 왕 노릇 하시리로다 하니 (16)하나님 앞에 자기 보좌에 앉은 이십사 장로들이 엎드려 얼굴을 대고 하나님께 경배하여 (17)가로되 감사하옵나니 옛적에도 계셨고 시방도 계신 주 하나님 곧 전능하신 이여 친히 큰 권능을 잡으시고 왕 노릇 하시도다 (18)이방들이 분노하매 주의 진노가 임하여 죽은 자를 심판하시며 종 선지자들과 성도들과 또 무론 대소하고 주의 이름을 경외하는 자들에게 상 주시며 또 땅을 망하게 하는 자들을 멸망시키실 때로소이다 하더라 (19)이에 하

늘에 있는 하나님의 성전이 열리니 성전 안에 하나님의 언약궤가 보
이며 또 번개와 음성들과 뇌성과 지진과 큰 우박이 있더라

계 12:1-12 = 아끼지(11)

(1)하늘에 큰 이적이 보이니 해를 입은 한 여자가 있는데 그 발 아
래는 달이 있고 그 머리에는 열두 별의 면류관을 썼더라 (2)이 여자
가 아이를 배어 해산하게 되매 아파서 애써 부르짖더라 (3)하늘에 또
다른 이적이 보이니 보라 한 큰 붉은 용이 있어 머리가 일곱이요 뿔
이 열이라 그 여러 머리에 일곱 면류관이 있는데 (4)그 꼬리가 하늘
별 삼분의 일을 끌어다가 땅에 던지더라 용이 해산하려는 여자 앞에
서 그가 해산하면 그 아이를 삼키고자 하더니 (5)여자가 아들을 낳
으니 이는 장차 철장으로 만국을 다스릴 남자라 그 아이를 하나님
앞과 그 보좌 앞으로 올려가더라 (6)그 여자가 광야로 도망하매 거기
서 일천이백육십 일 동안 저를 양육하기 위하여 하나님의 예비하신
곳이 있더라 (7)하늘에 전쟁이 있으니 미가엘과 그의 사자들이 용으
로 더불어 싸울새 용과 그의 사자들도 싸우나 (8)이기지 못하여 다시
하늘에서 저희의 있을 곳을 얻지 못한지라 (9)큰 용이 내어 쫓기니
옛 뱀 곧 마귀라고도 하고 사탄이라고도 하는 온 천하를 꾀는 자라
땅으로 내어 쫓기니 그의 사자들도 저와 함께 내어 쫓기니라 (10)내
가 또 들으니 하늘에 큰 음성이 있어 가로되 이제 우리 하나님의 구
원과 능력과 나라와 또 그의 그리스도의 권세가 이루었으니 우리 형
제들을 참소하던 자 곧 우리 하나님 앞에서 밤낮 참소하던 자가 쫓
겨났고 (11)또 여러 형제가 어린 양의 피와 자기의 증거하는 말을 인
하여 저를 이기었으니 그들은 죽기까지 자기 생명을 아끼지 아니하
였도다 (12)그러므로 하늘과 그 가운데 거하는 자들은 즐거워하라
그러나 땅과 바다는 화 있을진저 이는 마귀가 자기의 때가 얼마 못
된 줄을 알므로 크게 분내어 너희에게 내려갔음이라 하더라

계 17:14 = 저희가 어린 양으로 더불어 싸우려니와 어린 양은 만주의 주시요 만왕의 왕이시므로 저희를 이기실 터이요 또 그와 함께 있는 자들 곧 부르심을 입고 빼내심을 얻고 진실한 자들은 이기리로다

계 19:11-16 = 따르더라(14)

(11)또 내가 하늘이 열린 것을 보니 보라 백마와 탄 자가 있으니
그 이름은 충신과 진실이라 그가 공의로 심판하며 싸우더라 (12)그
눈이 불꽃 같고 그 머리에 많은 면류관이 있고 또 이름 쓴 것이 하나
가 있으니 자기밖에 아는 자가 없고 (13)또 그가 피 뿌린 옷을 입었는
데 그 이름은 하나님의 말씀이라 칭하더라 (14)하늘에 있는 군대들
이 희고 깨끗한 세마포를 입고 백마를 타고 그를 따르더라 (15)그의
입에서 이한 검이 나오니 그것으로 만국을 치겠고 친히 저희를 철장
으로 다스리며 또 친히 하나님 곧 전능하신 이의 맹렬한 진노의 포
도주 틀을 밟겠고 (16)그 옷과 그 다리에 이름 쓴 것이 있으니 만왕의
왕이요 만주의 주라 하였더라

2. 붉은 말 탄 자(4. 3-4) = 전쟁의 심판을 대비하라

시 17:13 = 여호와여 일어나 저를 대항하여 넘어뜨리시고 주의 칼로 악인에게서 나의 영혼을 구원하소서

마 24:3-14 = 견디는(13) = (막 13:3-8; 눅 21:7-24 등 참조)

(3)예수께서 감람산 위에 앉으셨을 때에 제자들이 종용히 와서 가
로되 우리에게 이르소서 어느 때에 이런 일이 있겠사오며 또 주의
임하심과 세상 끝에는 무슨 징조가 있사오리이까 (4)예수께서 대답
하여 가라사대 너희가 사람의 미혹을 받지 않도록 주의하라 (5)많은
사람이 내 이름으로 와서 이르되 나는 그리스도라 하여 많은 사람

을 미혹게 하리라 (6)난리와 난리 소문을 듣겠으나 너희는 삼가 두려워 말라 이런 일이 있어야 하되 끝은 아직 아니니라 (7)민족이 민족을, 나라가 나라를 대적하여 일어나겠고 처처에 기근과 지진이 있으리니 (8)이 모든 것이 재난의 시작이니라 (9)그때에 사람들이 너희를 환난에 넘겨 주겠으며 너희를 죽이리니 너희가 내 이름을 위하여 모든 민족에게 미움을 받으리라 (10)그때에 많은 사람이 시험에 빠져 서로 잡아 주고 서로 미워하겠으며 (11)거짓 선지자가 많이 일어나 많은 사람을 미혹하게 하겠으며 (12)불법이 성하므로 많은 사람의 사랑이 식어지리라 (13)그러나 끝까지 견디는 자는 구원을 얻으리라 (14)이 천국 복음이 모든 민족에게 증거되기 위하여 온 세상에 전파되리니 그제야 끝이 오리라

마 10:34-39 = 잃는(39)

(34)내가 세상에 화평을 주러 온 줄로 생각지 말라 화평이 아니요 검을 주러 왔노라 (35)내가 온 것은 사람이 그 아비와, 딸이 어미와, 며느리가 시어미와 불화하게 하려 함이니 (36)사람의 원수가 자기 집안 식구리라 (37)아비나 어미를 나보다 더 사랑하는 자는 내게 합당치 아니하고 아들이나 딸을 나보다 더 사랑하는 자도 내게 합당치 아니하고 (38)또 자기 십자가를 지고 나를 좇지 않는 자도 내게 합당치 아니하니라 (39)자기 목숨을 얻는 자는 잃을 것이요 나를 위하여 자기 목숨을 잃는 자는 얻으리라

3. 검은 말 탄 자(5. 5-6) = 극심한 기근의 심판을 대비하라

삼하 21:1 = 다윗의 시대에 연부년 삼 년 기근이 있으므로 다윗이 여호와 앞에 간구하매 여호와께서 가라사대 이는 사울과 피를 흘린 그 집을 인함이니 저가 기브온 사람을 죽였음이니라 하시니라

왕하 6:8-7:20 = 들을지어다(7:1)

(1)엘리사가 가로되 여호와의 말씀을 들을지어다 여호와께서 가라사대 내일 이맘때에 사마리아 성문에서 고운 가루 한 스아에 한 세겔을 하고 보리 두 스아에 한 세겔을 하리라 하셨느니라 (2)그때에 한 장관 곧 왕이 그 손에 의지하는 자가 하나님의 사람에게 대답하여 가로되 여호와께서 하늘에 창을 내신들 어찌 이런 일이 있으리요 엘리사가 가로되 네가 네 눈으로 보리라 그러나 그것을 먹지는 못하리라 하니라

왕하 25:1-7 = 끌어갔더라(7)

(1)시드기야 구년 시월 십일에 바벨론 왕 느브갓네살이 그 모든 군대를 거느리고 예루살렘을 치러 올라와서 진을 치고 사면으로 토성을 쌓으매 (2)성이 시드기야 왕 십일년까지 에워싸였더니 (3)그 사월 구일에 성중에 기근이 심하여 그 땅 백성의 양식이 진하였고 (4)갈대아 사람이 그 성읍을 에워쌌으므로 성벽에 구멍을 뚫은지라 모든 군사가 밤중에 두 성벽 사이 왕의 동산 곁문 길로 도망하여 아라바 길로 가더니 (5)갈대아 군사가 왕을 쫓아가서 여리고 평지에 미치매 왕의 모든 군사가 저를 떠나 흩어진지라 (6)갈대아 군사가 왕을 잡아 립나 바벨론 왕에게로 끌고 가매 저에게 신문하고 (7)시드기야의 아들들을 저의 목전에서 죽이고 시드기야의 두 눈을 빼고 사슬로 결박하여 바벨론으로 끌어갔더라

사 6:10-12 = 감기게 하라(10)

(10)이 백성의 마음으로 둔하게 하며 그 귀가 막히고 눈이 감기게 하라 염려컨대 그들이 눈으로 보고 귀로 듣고 마음으로 깨닫고 다시 돌아와서 고침을 받을까 하노라 (11)내가 가로되 주여 어느 때까지니이까 대답하시되 성읍들은 황폐하여 거민이 없으며 가옥들에는 사

람이 없고 이 토지가 전폐하게 되며 (12)사람들이 여호와께 멀리 옮기워서 이 땅 가운데 폐한 곳이 많을 때까지니라

겔 4:1-17 = 이르시되(16)

(1)너 인자야 박석을 가져다가 네 앞에 놓고 한 성읍 곧 예루살렘을 그 위에 그리고 (2)그 성읍을 에워싸되 운제를 세우고 토둔을 쌓고 진을 치고 공성퇴를 둘러 세우고 (3)또 전철을 가져다가 너와 성읍 사이에 두어 철성을 삼고 성을 향하여 에워싸는 것처럼 에워싸라 이것이 이스라엘 족속에게 징조가 되리라 (4)너는 또 좌편으로 누워 이스라엘 족속의 죄악을 당하되 네 눕는 날수대로 그 죄악을 담당할지니라 (5)내가 그들의 범죄한 햇수대로 네게 날수를 정하였나니 곧 삼백구십 일이니라 너는 이렇게 이스라엘 족속의 죄악을 담당하고 (6)그 수가 차거든 너는 우편으로 누워 유다 족속의 죄악을 담당하라 내가 네게 사십 일로 정하였나니 일 일이 일 년이니라 (7)너는 또 에워싼 예루살렘을 향하여 팔을 벗어 메고 예언하라 (8)내가 줄로 너를 동이리니 네가 에워싸는 날이 맞도록 몸을 이리저리 돌리지 못하리라 (9)너는 밀과 보리와 콩과 팥과 조와 귀리를 가져다가 한 그릇에 담고 떡을 만들어 네 모로 눕는 날수 곧 삼백구십 일에 먹되 (10)너는 식물을 달아서 하루 이십 세겔 중씩 때를 따라 먹고 (11)물도 힌 육분 일씩 되어서 때를 따라 마시라 (12)너는 그것을 보리떡처럼 만들어 먹되 그들의 목전에서 인분 불을 피워 구울지니라 (13)여호와께서 또 가라사대 내가 열국으로 쫓아 흩을 이스라엘 자손이 거기서 이와 같이 부정한 떡을 먹으리라 하시기로 (14)내가 가로되 오호라 주 여호와여 나는 영혼을 더럽힌 일이 없었나이다 어려서부터 지금까지 스스로 죽은 것이나 짐승에게 찢긴 것을 먹지 아니하였고 가증한 고기를 입에 넣지 아니하였나이다 (15)여호와께서 내게 이르시되 쇠똥으로 인분을 대신하기를 허하노니 너는 그것으로 떡을 구울지니

라 (16)또 내게 이르시되 인자야 내가 예루살렘에서 의뢰하는 양식을 끊으리니 백성이 경겁 중에 떡을 달아 먹고 민답 중에 물을 되어 마시다가 (17)떡과 물이 결핍하여 피차에 민답하여 하며 그 죄악 중에서 쇠패하리라

겔 5:1–17 = 행치(6)

(6)그가 내 규례를 거스려서 이방인보다 악을 더 행하며 내 율례도 그리함이 그 둘러 있는 열방보다 더하니 이는 그들이 내 규례를 버리고 내 율례를 행치 아니하였음이니라…(13)이와 같이 내 노가 다한즉 그들에게 향한 분이 풀려서 내 마음이 시원하리라 내 분이 그들에게 다한즉 나 여호와가 열심으로 말한 줄을 그들이 알리라 (14)내가 또 너로 황무케 하고 너를 둘러 있는 이방인 중에서 모든 지나가는 자의 목전에 능욕거리가 되게 하리니 (15)내 노와 분과 중한 책망으로 네게 벌을 내린즉 너를 둘러 있는 이방인에게 네가 수욕과 조롱을 당하고 경계와 괴이한 것이 되리라 나 여호와의 말이니라 (16)내가 멸망케 하는 기근의 독한 살로 너희를 멸하러 보내되 기근을 더하여 너희의 의뢰하는 양식을 끊을 것이라 (17)내가 기근과 악한 짐승을 너희에게 보내어 외롭게 하고 너희 가운데 온역과 살육으로 행하게 하고 또 칼이 너희에게 임하게 하리라 나 여호와의 말이니라

시 33:18–19 = 바라는(18)

(18)여호와는 그 경외하는 자 곧 그 인자하심을 바라는 자를 살피사 (19)저희 영혼을 사망에서 건지시며 저희를 기근 시에 살게 하시는도다

4. 청황색 말 탄 자(8. 7–8) = 진노의 심판을 대비하라

겔 14:12–23 = 가라사대(12)

(12)여호와의 말씀이 또 내게 임하여 가라사대 (13)인자야 가령 어
느 나라가 불법하여 내게 범죄하므로 내가 손을 그 위에 펴서 그 의
뢰하는 양식을 끊어 기근을 내려서 사람과 짐승을 그 나라에서 끊
는다 하자 (14)비록 노아, 다니엘, 욥, 이 세 사람이 거기 있을지라도
그들은 자기의 의로 자기의 생명만 건지리라 나 주 여호와의 말이니
라 (15)가령 내가 사나운 짐승으로 그 땅에 통행하여 적막게 하며 황
무케 하여 사람으로 그 짐승을 인하여 능히 통행하지 못하게 한다
하자 (16)비록 이 세 사람이 거기 있을지라도 나의 삶을 두고 맹세하
노니 그들은 자녀도 건지지 못하고 자기만 건지겠고 그 땅은 황무하
리라 나 주 여호와의 말이니라 (17)가령 내가 칼로 그 땅에 임하게 하
고 명하기를 칼아 이 땅에 통행하라 하여 사람과 짐승을 거기서 끊
는다 하자 (18)비록 이 세 사람이 거기 있을지라도 나의 삶을 두고 맹
세하노니 그들은 자녀도 건지지 못하고 자기만 건지리라 나 주 여호
와의 말이니라 (19)가령 내가 그 땅에 온역을 내려 죽임으로 내 분을
그 위에 쏟아 사람과 짐승을 거기서 끊는다 하자 (20)비록 노아, 다
니엘, 욥이 거기 있을지라도 나의 삶을 두고 맹세하노니 그들은 자
녀도 건지지 못하고 자기의 의로 자기의 생명만 건지리라 나 주 여호
와의 말이니라 하시니라 (21)주 여호와께서 가라사대 내가 나의 네
가지 중한 벌 곧 칼과 기근과 사나운 짐승과 온역을 예루살렘에 함
께 내려 사람과 짐승을 그 중에서 끊으리니 그 해가 더욱 심하지 않
겠느냐 (22)그러나 그 가운데 면하는 자가 남아 있어 끌려 나오리니
곧 자녀들이라 그들이 너희에게로 나아오리니 너희가 그 행동과 소
위를 보면 내가 예루살렘에 내린 재앙 곧 그 내린 모든 일에 대하여
너희가 위로를 받을 것이라 (23)너희가 그 행동과 소위를 볼 때에 그
들로 인하여 위로를 받고 내가 예루살렘에서 행한 모든 일이 무고히
한 것이 아닌 줄을 알리라 나 주 여호와의 말이니라

레 26:21-22 = 청종치(21)

(21)너희가 나를 거스려 내게 청종치 않을진대 내가 너희 죄대로
너희에게 칠 배나 더 재앙을 내릴 것이라 (22)내가 들짐승을 너희 중
에 보내리니 그것들이 너희 자녀를 움키고 너희 육축을 멸하며 너희
수효를 감소케 할지라 너희 도로가 황폐하리라

신 32:15-27 = 경홀히(15)

(15)그러한데 여수룬이 살찌매 발로 찼도다 네가 살찌고 부대하고
윤택하매 자기를 지으신 하나님을 버리며 자기를 구원하신 반석을
경홀히 여겼도다 (16)그들이 다른 신으로 그의 질투를 일으키며 가
증한 것으로 그의 진노를 격발하였도다 (17)그들은 하나님께 제사하
지 아니하고 마귀에게 하였으니 곧 그들의 알지 못하던 신, 근래에
일어난 새 신, 너희 열조의 두려워하지 않던 것들이로다 (18)너를 낳
은 반석은 네가 상관치 아니하고 너를 내신 하나님은 네가 잊었도다
(19)여호와께서 보시고 미워하셨으니 그 자녀가 그를 격노케 한 연고
로다 (20)여호와의 말씀에 내가 내 얼굴을 숨겨 그들에게 보이지 않
게 하고 그들의 종말의 어떠함을 보리니 그들은 심히 패역한 종류요
무신한 자녀임이로다 (21)그들이 하나님이 아닌 자로 나의 질투를 일
으키며 그들의 허무한 것으로 나의 진노를 격발하였으니 나도 백성
이 되지 아니한 자로 그들의 시기가 나게 하며 우준한 민족으로 그
들의 분노를 격발하리로다 (22)내 분노의 불이 일어나서 음부 깊은
곳까지 사르며 땅의 그 소산을 삼키며 산들의 터도 붙게 하는도다
(23)내가 재앙을 그들의 위에 쌓으며 나의 살을 다하여 그들을 쏘리
로다 (24)그들이 주리므로 파리하며 불 같은 더위와 독한 파멸에게
삼키울 것이라 내가 들짐승의 이와 티끌에 기는 것의 독을 그들에게
보내리로다 (25)밖으로는 칼에, 방안에서는 놀람에 멸망하리니 청년
남자와 처녀와 젖 먹는 아이와 백발 노인까지리로다 (26)내가 그들을

흩어서 인간에서 그 기억이 끊어지게 하리라 하였다마는 (27)대적을 격동할까 염려라 원수가 오해하고 말하기를 우리 수단이 높음이요 여호와의 행함이 아니라 할까 염려라 하시도다

요 11:1-44 = 믿는(25)

(17)예수께서 와서 보시니 나사로가 무덤에 있은 지 이미 나흘이라 (18)베다니는 예루살렘에서 가깝기가 한 오 리쯤 되매 (19)많은 유대인이 마르다와 마리아에게 그 오라비의 일로 위문하러 왔더니 (20)마르다는 예수 오신다는 말을 듣고 곧 나가 맞되 마리아는 집에 앉았더라 (21)마르다가 예수께 여짜오되 주께서 여기 계셨더면 내 오라비가 죽지 아니하였겠나이다 (22)그러나 나는 이제라도 주께서 무엇이든지 하나님께 구하시는 것을 하나님이 주실 줄을 아나이다 (23)예수께서 가라사대 네 오라비가 다시 살리라 (24)마르다가 가로되 마지막 날 부활에는 다시 살 줄을 내가 아나이다 (25)예수께서 가라사대 나는 부활이요 생명이니 나를 믿는 자는 죽어도 살겠고 (26)무릇 살아서 나를 믿는 자는 영원히 죽지 아니하리니 이것을 네가 믿느냐 (27)가로되 주여 그러하외다 주는 그리스도시요 세상에 오시는 하나님의 아들이신 줄 내가 믿나이다

요 12:27-36 = 믿으라(36)

(27)지금 내 마음이 민망하니 무슨 말을 하리요 아버지여 나를 구원하여 이때를 면하게 하여 주옵소서 그러나 내가 이를 위하여 이때에 왔나이다 (28)아버지여 아버지의 이름을 영광스럽게 하옵소서 하시니 이에 하늘에서 소리가 나서 가로되 내가 이미 영광스럽게 하였고 또다시 영광스럽게 하리라 하신대 (29)곁에 서서 들은 무리는 우레가 울었다고도 하며 또 어떤 이들은 천사가 저에게 말하였다고도 하니 (30)예수께서 대답하여 가라사대 이 소리가 난 것은 나를 위

한 것이 아니요 너희를 위한 것이니라 (31)이제 이 세상의 심판이 이르렀으니 이 세상 임금이 쫓겨나리라 (32)내가 땅에서 들리면 모든 사람을 내게로 이끌겠노라 하시니 (33)이렇게 말씀하심은 자기가 어떠한 죽음으로 죽을 것을 보이심이러라 (34)이에 무리가 대답하되 우리는 율법에서 그리스도가 영원히 계신다 함을 들었거늘 너는 어찌하여 인자가 들려야 하리라 하느냐 이 인자는 누구냐 (35)예수께서 가라사대 아직 잠시 동안 빛이 너희 중에 있으니 빛이 있을 동안에 다녀 어두움에 붙잡히지 않게 하라 어두움에 다니는 자는 그 가는 바를 알지 못하느니라 (36)너희에게 아직 빛이 있을 동안에 빛을 믿으라 그리하면 빛의 아들이 되리라 예수께서 이 말씀을 하시고 저희를 떠나가서 숨으시니라

마 24:3-28 = 견디는(13)

(3)예수께서 감람산 위에 앉으셨을 때에 제자들이 종용히 와서 가로되 우리에게 이르소서 어느 때에 이런 일이 있겠사오며 또 주의 임하심과 세상 끝에는 무슨 징조가 있사오리이까 (4)예수께서 대답하여 가라사대 너희가 사람의 미혹을 받지 않도록 주의하라 (5)많은 사람이 내 이름으로 와서 이르되 나는 그리스도라 하여 많은 사람을 미혹게 하리라 (6)난리와 난리 소문을 듣겠으나 너희는 삼가 두려워 말라 이런 일이 있어야 하되 끝은 아직 아니니라 (7)민족이 민족을, 나라가 나라를 대적하여 일어나겠고 처처에 기근과 지진이 있으리니 (8)이 모든 것이 재난의 시작이니라 (9)그때에 사람들이 너희를 환난에 넘겨 주겠으며 너희를 죽이리니 너희가 내 이름을 위하여 모든 민족에게 미움을 받으리라 (10)그때에 많은 사람이 시험에 빠져 서로 잡아 주고 서로 미워하겠으며 (11)거짓 선지자가 많이 일어나 많은 사람을 미혹하게 하겠으며 (12)불법이 성하므로 많은 사람의 사랑이 식어지리라 (13)그러나 끝까지 견디는 자는 구원을 얻으리라

(14)이 천국 복음이 모든 민족에게 증거되기 위하여 온 세상에 전파 되리니 그제야 끝이 오리라

5. 잠시 동안 쉬라(11. 9–11) = 순교 신앙으로 인내하라

단 7:22 = 얻었더라(22)

(15)나 다니엘이 중심에 근심하며 내 뇌 속에 이상이 나로 번민케 한지라 (16)내가 그 곁에 모신 자 중 하나에게 나아가서 이 모든 일의 진상을 물으매 그가 내게 고하여 그 일의 해석을 알게 하여 가로되 (17)그 네 큰 짐승은 네 왕이라 세상에 일어날 것이로되 (18)지극히 높으신 자의 성도들이 나라를 얻으리니 그 누림이 영원하고 영원하고 영원하리라 (19)이에 내가 넷째 짐승의 진상을 알고자 하였으니 곧 그것은 모든 짐승과 달라서 심히 무섭고 그 이는 철이요 그 발톱은 놋이며 먹고 부숴뜨리고 나머지는 발로 밟았으며 (20)또 그것의 머리에는 열 뿔이 있고 그 외에 또 다른 뿔이 나오매 세 뿔이 그 앞에 빠졌으며 그 뿔에는 눈도 있고 큰 말하는 입도 있고 그 모양이 동류보다 강하여 보인 것이라 (21)내가 본즉 이 뿔이 성도들로 더불어 싸워 이기었더니 (22)옛적부터 항상 계신 자가 와서 지극히 높으신 자의 성도를 위하여 신원하셨고 때가 이르매 성도가 나라를 얻었더라

눅 18:1–8 = 낙망치(1)

(1)항상(恒常) 기도(祈禱)하고 낙망치 말아야 될 것을 저희에게 비유(譬喩)로 하여 (2)가라사대 어떤 도시(都市)에 하나님을 두려워 아니하고 사람을 무시하는 한 재판관(裁判官)이 있는데 (3)그 도시(都市)에 한 과부(寡婦)가 있어 자주 그에게 가서 내 원수(怨讐)에 대한 나의 원한(怨恨)을 풀어 주소서 하되 (4)그가 얼마 동안 듣지 아니하다가 후(後)에 속으로 생각하되 내가 하나님을 두려워 아니하고 사람을 무시하나 (5)이 과부(寡婦)가 나를 번거롭게 하니 내가 그 원한(怨恨)을

풀어 주리라 그렇지 않으면 늘 와서 나를 괴롭게 하리라 하였느니라
(6)주(主)께서 또 가라사대 불의(不義)한 재판관(裁判官)의 말한 것을
들으라 (7)하물며 하나님께서 그 밤낮 부르짖는 택(擇)하신 자(者)들
의 원한(怨恨)을 풀어 주지 아니하시겠느냐 저희에게 오래 참으시겠
느냐 (8)내가 너희에게 이르노니 속(速)히 그 원한(怨恨)을 풀어 주시
리라 그러나 인자(人子)가 올 때에 세상(世上)에서 믿음을 보겠느냐 하
시니라

계 18:1-34 = 즐거워하라(20)

(20)하늘과 성도들과 사도들과 선지자들아 그를 인하여 즐거워하
라 하나님이 너희를 신원하시는 심판을 그에게 하셨음이라 하더라

계 19:1-10 = 경배하라(10)

(1)이 일 후에 내가 들으니 하늘에 허다한 무리의 큰 음성 같은 것
이 있어 가로되 할렐루야 구원과 영광과 능력이 우리 하나님께 있도
다 (2)그의 심판은 참되고 의로운지라 음행으로 땅을 더럽게 한 큰
음녀를 심판하사 자기 종들의 피를 그의 손에 갚으셨도다 하고 (3)
두 번째 가로되 할렐루야 하더니 그 연기가 세세토록 올라가더라 (4)
또 이십사 장로와 네 생물이 엎드려 보좌에 앉으신 하나님께 경배하
여 가로되 아멘 할렐루야 하니 (5)보좌에서 음성이 나서 가로되 하
나님의 종들 곧 그를 경외하는 너희들아 무론 대소하고 다 우리 하
나님께 찬송하라 하더라 (6)또 내가 들으니 허다한 무리의 음성도 같
고 많은 물 소리도 같고 큰 뇌성도 같아서 가로되 할렐루야 주 우
리 하나님 곧 전능하신 이가 통치하시도다 (7)우리가 즐거워하고 크
게 기뻐하여 그에게 영광을 돌리세 어린 양의 혼인 기약이 이르렀고
그 아내가 예비하였으니 (8)그에게 허락하사 빛나고 깨끗한 세마포
를 입게 하셨은즉 이 세마포는 성도들의 옳은 행실이로다 하더라 (9)

천사가 내게 말하기를 기록하라 어린 양의 혼인 잔치에 청함을 입은 자들이 복이 있도다 하고 또 내게 말하되 이것은 하나님의 참되신 말씀이라 하기로 (10)내가 그 발 앞에 엎드려 경배하려 하니 그가 나더러 말하기를 나는 너와 및 예수의 증거를 받은 네 형제들과 같이 된 종이니 삼가 그리하지 말고 오직 하나님께 경배하라 예수의 증거는 대언의 영이라 하더라

계 14:1-13 = 죽는(13)

(9)또 다른 천사 곧 셋째가 그 뒤를 따라 큰 음성으로 가로되 만일 누구든지 짐승과 그의 우상에게 경배하고 이마에나 손에 표를 받으면 (10)그도 하나님의 진노의 포도주를 마시리니 그 진노의 잔에 섞인 것이 없이 부은 포도주라 거룩한 천사들 앞과 어린 양 앞에서 불과 유황으로 고난을 받으리니 (11)그 고난의 연기가 세세토록 올라가리로다 짐승과 그의 우상에게 경배하고 그 이름의 표를 받는 자는 누구든지 밤낮 쉼을 얻지 못하리라 하더라 (12)성도들의 인내가 여기 있나니 저희는 하나님의 계명과 예수 믿음을 지키는 자니라 (13)또 내가 들으니 하늘에서 음성이 나서 가로되 기록하라 자금 이후로 주 안에서 죽는 자들은 복이 있도다 하시매 성령이 가라사대 그러하다 저희 수고를 그치고 쉬리니 이는 저희의 행한 일이 따름이라 하시더라

히 11:36-12:3 = 바라보자(12:2)

(1)이러므로 우리에게 구름같이 둘러싼 허다한 증인들이 있으니 모든 무거운 것과 얽매이기 쉬운 죄를 벗어 버리고 인내로써 우리 앞에 당한 경주를 경주하며 (2)믿음의 주요 또 온전케 하시는 이인 예수를 바라보자 저는 그 앞에 있는 즐거움을 위하여 십자가를 참으사 부끄러움을 개의치 아니하시더니 하나님 보좌 우편에 앉으셨느니라 (3)너희가 피곤하여 낙심치 않기 위하여 죄인들의 이같이 자기에

게 거역한 일을 참으신 자를 생각하라

마 10:1–11:1 = 전파하라(7) (막 6:7–11; 눅 9:1–7, 10:1–12 등 참조)

(1)예수께서 그 열두 제자를 부르사 더러운 귀신을 쫓아내며 모든 병과 모든 약한 것을 고치는 권능을 주시니라 (2)열두 사도의 이름은 이러하니 베드로라 하는 시몬을 비롯하여 그의 형제 안드레와 세베대의 아들 야고보와 그의 형제 요한, (3)빌립과 바돌로매, 도마와 세리 마태, 알패오의 아들 야고보와 다대오, (4)가나안인 시몬과 및 가룟 유다 곧 예수를 판 자라 (5)예수께서 이 열둘을 내어 보내시며 명하여 가라사대 이방인의 길로도 가지 말고 사마리아인의 고을에도 들어가지 말고 (6)차라리 이스라엘 집의 잃어버린 양에게로 가라 (7)가면서 전파하여 말하되 천국이 가까왔다 하고 (8)병든 자를 고치며 죽은 자를 살리며 문둥이를 깨끗하게 하며 귀신을 쫓아내되 너희가 거저 받았으니 거저 주어라

벧후 3:8–13 = 전파하라(7)

(8)사랑하는 자들아 주께는 하루가 천 년 같고 천 년이 하루 같은 이 한 가지를 잊지 말라 (9)주의 약속은 어떤 이의 더디다고 생각하는 것같이 더딘 것이 아니라 오직 너희를 대하여 오래 참으사 아무도 멸망치 않고 다 회개하기에 이르기를 원하시느니라 (10)그러나 주의 날이 도적같이 오리니 그날에는 하늘이 큰 소리로 떠나가고 체질이 뜨거운 불에 풀어지고 땅과 그 중에 있는 모든 일이 드러나리로다 (11)이 모든 것이 이렇게 풀어지리니 너희가 어떠한 사람이 되어야 마땅하뇨 거룩한 행실과 경건함으로 (12)하나님의 날이 임하기를 바라보고 간절히 사모하라 그날에 하늘이 불에 타서 풀어지고 체질이 뜨거운 불에 녹아지려니와 (13)우리는 그의 약속대로 의의 거하는 바 새 하늘과 새 땅을 바라보도다

6. 숨지 못하리라(16. 12-17) = 하나님께 피하라

호 10:4-8 = 발하여(4)

(4)저희가 헛된 말을 내며 거짓 맹세를 발하여 언약을 세우니 그 재판이 밭이랑에 돋는 독한 인진 같으리로다 (5)사마리아 거민이 벧아웬의 송아지를 인하여 두려워할 것이라 그 백성이 슬퍼하며 그것을 기뻐하던 제사장들도 슬퍼하리니 이는 그 영광이 떠나감이며 (6)그 송아지는 앗수르로 옮겨다가 예물로 야렙 왕에게 드리리니 에브라임은 수치를 받을 것이요 이스라엘은 자기들의 계의를 부끄러워할 것이며 (7)사마리아 왕은 물 위에 거품같이 멸망할 것이며 (8)이스라엘의 죄 된 아웬의 산당은 패괴되어 가시와 찔레가 그 단 위에 날 것이니 그때에 저희가 산더러 우리를 가리우라 할 것이요 작은 산더러 우리 위에 무너지라 하리라

눅 23:26-31 = 울라(28)

(26)저희가 예수를 끌고 갈 때에 시몬이라는 구레네 사람이 시골로서 오는 것을 잡아 그에게 십자가를 지워 예수를 좇게 하더라 (27)또 백성과 및 그를 위하여 가슴을 치며 슬피 우는 여자의 큰 무리가 따라오는지라 (28)예수께서 돌이켜 그들을 향하여 가라사대 예루살렘의 딸들아 나를 위하여 울지 말고 너희와 너희 자녀를 위하여 울라 (29)보라 날이 이르면 사람이 말하기를 수태 못하는 이와 해산하지 못한 배와 먹이지 못한 젖이 복이 있다 하리라 (30)그때에 사람이 산들을 대하여 우리 위에 무너지라 하며 작은 산들을 대하여 우리를 덮으라 하리라 (31)푸른 나무에도 이같이 하거든 마른 나무에는 어떻게 되리요 하시니라

창 3:1-10 = 따 먹고(6)

(1)여호와 하나님의 지으신 들짐승 중에 뱀이 가장 간교하더라 뱀

이 여자에게 물어 가로되 하나님이 참으로 너희더러 동산 모든 나무의 실과를 먹지 말라 하시더냐 (2)여자가 뱀에게 말하되 동산 나무의 실과를 우리가 먹을 수 있으나 (3)동산 중앙에 있는 나무의 실과는 하나님의 말씀에 너희는 먹지도 말고 만지지도 말라 너희가 죽을까 하노라 하셨느니라 (4)뱀이 여자에게 이르되 너희가 결코 죽지 아니하리라 (5)너희가 그것을 먹는 날에는 너희 눈이 밝아 하나님과 같이 되어 선악을 알 줄을 하나님이 아심이니라 (6)여자가 그 나무를 본즉 먹음직도 하고 보암직도 하고 지혜롭게 할 만큼 탐스럽기도 한 나무인지라 여자가 그 실과를 따 먹고 자기와 함께한 남편에게도 주매 그도 먹은지라 (7)이에 그들의 눈이 밝아 자기들의 몸이 벗은 줄을 알고 무화과나무 잎을 엮어 치마를 하였더라 (8)그들이 날이 서늘할 때에 동산에 거니시는 여호와 하나님의 음성을 듣고 아담과 그 아내가 여호와 하나님의 낯을 피하여 동산 나무 사이에 숨은지라 (9)여호와 하나님이 아담을 부르시며 그에게 이르시되 네가 어디 있느냐 (10)가로되 내가 동산에서 하나님의 소리를 듣고 내가 벗었으므로 두려워하여 숨었나이다

골 3:5-6 = 죽이라(5)

(5)그러므로 땅에 있는 지체(肢體)를 죽이라 곧 음란(淫亂)과 부정(不淨)과 사욕(邪慾)과 악(惡)한 정욕(情欲)과 탐심(貪心)이니 탐심(貪心)은 우상(偶像) 숭배(崇拜)니라 (6)이것들을 인(因)하여 하나님의 진노(震怒)가 임(臨)하느니라

요일 2:15-17 = 행하는(17)

(15)이 세상이나 세상에 있는 것들을 사랑치 말라 누구든지 세상을 사랑하면 아버지의 사랑이 그 속에 있지 아니하니 (16)이는 세상에 있는 모든 것이 육신의 정욕과 안목의 정욕과 이생의 자랑이니

다 아버지께로 좇아온 것이 아니요 세상으로 좇아온 것이라 (17)이
세상도, 그 정욕도 지나가되 오직 하나님의 뜻을 행하는 이는 영원
히 거하느니라

사 2:12-22 = 의지하지(22)

(12)대저 만군의 여호와의 한 날이 모든 교만자와 거만자와 자고
한 자에게 임하여 그들로 낮아지게 하고 (13)또 레바논의 높고 높은
모든 백향목과 바산의 모든 상수리나무와 (14)모든 높은 산과 모든
솟아오른 작은 산과 (15)모든 높은 망대와 견고한 성벽과 (16)다시스
의 모든 배와 모든 아름다운 조각물에 임하리니 (17)그날에 자고한
자는 굴복되며 교만한 자는 낮아지고 여호와께서 홀로 높임을 받으
실 것이요 (18)우상들은 온전히 없어질 것이며 (19)사람들이 암혈과
토굴로 들어가서 여호와께서 일어나사 땅을 진동시키는 그의 위엄
과 그 광대하심의 영광을 피할 것이라 (20)사람이 숭배하려고 만들
었던 그 은우상과 금우상을 그날에 두더지와 박쥐에게 던지고 (21)
암혈과 험악한 바위 틈에 들어가서 여호와께서 일어나사 땅을 진동
시키시는 그의 위엄과 그 광대하심의 영광을 피하리라 (22)너희는
인생을 의지하지 말라 그의 호흡은 코에 있나니 수에 칠 가치가 어
디 있느뇨

시 2:10-12 = 입맞추라(12)

(10)그런즉 군왕들아 너희는 지혜를 얻으며 세상의 관원들아 교훈
을 받을지어다 (1) 여호와를 경외함으로 섬기고 떨며 즐거워할지어
다 (12)그 아들에게 입맞추라 그렇지 아니하면 진노하심으로 너희가
길에서 망하리니 그 진노가 급하심이라 여호와를 의지하는 자는 다
복이 있도다

요 5:24-29 = 믿는(24)

(24)내가 진실로 진실로 너희에게 이르노니 내 말을 듣고 또 나 보내신 이를 믿는 자는 영생을 얻었고 심판에 이르지 아니하나니 사망에서 생명으로 옮겼느니라 (25)진실로 진실로 너희에게 이르노니 죽은 자들이 하나님의 아들의 음성을 들을 때가 오나니 곧 이 때라 듣는 자는 살아나리라 (26)아버지께서 자기 속에 생명이 있음같이 아들에게도 생명을 주어 그 속에 있게 하셨고 (27)또 인자됨을 인하여 심판하는 권세를 주셨느니라 (28)이를 기이히 여기지 말라 무덤 속에 있는 자가 다 그의 음성을 들을 때가 오나니 (29)선한 일을 행한 자는 생명의 부활로 악한 일을 행한 자는 심판의 부활로 나오리라

- **결론**

시 124:1-8 = 찬송할지로다(6)

(1)이스라엘은 이제 말하기를 여호와께서 우리 편에 계시지 아니하고 (2)사람들이 우리를 치러 일어날 때에 여호와께서 우리 편에 계시지 아니하셨더면 (3)그때에 저희의 노가 우리를 대하여 맹렬하여 우리를 산 채로 삼켰을 것이며 (4)그때에 물이 우리를 엄몰하며 시내가 우리 영혼을 잠갔을 것이며 (5)그때에 넘치는 물이 우리 영혼을 잠갔을 것이라 할 것이로다 (6)우리를 저희 이에 주어 씹히지 않게 하신 여호와를 찬송할지로다 (7)우리 혼이 새가 사냥꾼의 올무에서 벗어남같이 되었나니 올무가 끊어지므로 우리가 벗어났도다 (8)우리의 도움은 천지를 지으신 여호와의 이름에 있도다

시 125:1-5 = 의뢰하는(1)

(1)여호와를 의뢰하는 자는 시온산이 요동치 아니하고 영원히 있음 같도다 (2)산들이 예루살렘을 두름과 같이 여호와께서 그 백성을 지금부터 영원까지 두르시리로다 (3)악인의 권세가 의인의 업에 미치

지 못하리니 이는 의인으로 죄악에 손을 대지 않게 함이로다 (4)여호와여 선인에게와 마음이 정직한 자에게 선을 행하소서 (5)자기의 굽은 길로 치우치는 자를 여호와께서 죄악을 짓는 자와 함께 다니게 하시리로다 이스라엘에게는 평강이 있을지어다

출 9:13-21 = 섬길 것이라(13)

(13)여호와께서 모세에게 이르시되 아침에 일찍이 일어나 바로 앞에 서서 그에게 이르기를 히브리 사람의 하나님 여호와의 말씀에 내 백성(百姓)을 보내라 그들이 나를 섬길 것이니라 (14)내가 이번(番)에는 모든 재앙(災殃)을 네 마음과 네 신하(臣下)와 네 백성(百姓)에게 내려 너로 온 천하(天下)에 나와 같은 자(者)가 없음을 알게 하리라 (15)내가 손을 펴서 온역(瘟疫)으로 너와 네 백성(百姓)을 쳤더면 네가 세상(世上)에서 끊어졌을 것이나 (16)내가 너를 세웠음은 나의 능력(能力)을 네게 보이고 내 이름이 온 천하(天下)에 전파(全破)되게 하려 하였음이니라

롬 9:6-33 = 의지하지(32)

(6)또한 하나님의 말씀이 폐(廢)하여진 것 같지 않도다 이스라엘에게서 난 그들이 다 이스라엘이 아니요 (7)또한 아브라함의 씨가 다 그 자녀(子女)가 아니라 오직 이삭으로부터 난 자(者)라야 네 씨라 칭(稱)하리라 하셨으니 (8)곧 육신(肉身)의 자녀(子女)가 하나님의 자녀(子女)가 아니라 오직 약속(約束)의 자녀(子女)가 씨로 여기심을 받느니라 (9)약속(約束)의 말씀은 이것이라 명년 이때에 내가 이르리니 사라에게 아들이 있으리라 하시니라 (10)이뿐 아니라 또한 리브가가 우리 조상(祖上) 이삭 한 사람으로 말미암아 잉태(孕胎)하였는데 (11)그 자식(子息)들이 아직 나지도 아니하고 무슨 선(善)이나 악(惡)을 행(行)하지 아니한 때에 택(擇)하심을 따라 되는 하나님의 뜻이 행위(行爲)

로 말미암지 않고 오직 부르시는 이에게로 말미암아 서게 하려 하사 (12)리브가에게 이르시되 큰 자(者)가 어린 자(者)를 섬기리라 하셨나니 (13)기록(記錄)된 바 내가 야곱은 사랑하고 에서는 미워하였다 하심과 같으니라 (14)그런즉 우리가 무슨 말 하리요 하나님께 불의(不義)가 있느뇨 그럴 수 없느니라 (15)모세에게 이르시되 내가 긍휼(矜恤)히 여길 자(者)를 긍휼(矜恤)히 여기고 불쌍히 여길 자(者)를 불쌍히 여기리라 하셨으니 (16)그런즉 원(願)하는 자(者)로 말미암음도 아니요 달음박질하는 자(者)로 말미암음도 아니요 오직 긍휼(矜恤)히 여기시는 하나님으로 말미암음이니라 (17)성경(聖經)이 바로에게 이르시되 내가 이 일을 위(爲)하여 너를 세웠으니 곧 너로 말미암아 내 능력(能力)을 보이고 내 이름이 온 땅에 전파(傳播)되게 하려 함이로라 하셨으니 (18)그런즉 하나님께서 하고자 하시는 자(者)를 긍휼(矜恤)히 여기시고 하고자 하시는 자(者)를 강퍅(剛愎)게 하시느니라 (19)혹(或) 네가 내게 말하기를 그러면 하나님이 어찌하여 허물하시느뇨 누가 그 뜻을 대적(對敵)하느뇨 하리니 (20)이 사람아 네가 뉘기에 감(敢)히 하나님을 힐문(詰問)하느뇨 지음을 받은 물건이 지은 자(者)에게 어찌 나를 이같이 만들었느냐 말하겠느뇨 (21)토기장이가 진흙 한 덩이로 하나는 귀(貴)히 쓸 그릇을 하나는 천히 쓸 그릇을 만드는 권이 없느냐 (22)만일(萬一) 하나님이 그 진노(震怒)를 보이시고 그 능력(能力)을 알게 하고자 하사 멸(滅)하기로 준비(準備)된 진노(震怒)의 그릇을 오래 참으심으로 관용(寬容)하시고 (23)또한 영광(榮光) 받기로 예비(豫備)하신 바 긍휼(矜恤)의 그릇에 대(對)하여 그 영광(榮光)의 부요(富饒)함을 알게 하고자 하셨을지라도 무슨 말 하리요 (24)이 그릇은 우리니 곧 유대인(人) 중(中)에서뿐 아니라 이방인(異邦人) 중(中)에서도 부르신 자(者)니라 (25)호세아 글에도 이르기를 내가 내 백성(百姓) 아닌 자(者)를 내 백성(百姓)이라 사랑치 아니한 자(者)를 사랑한 자(者)라 부르리라 (26)너희는 내 백성(百姓)이 아니라 한 그곳에서 저

희가 살아 계신 하나님의 아들이라 부름을 얻으리라 함과 같으니라
(27)또 이사야가 이스라엘에 관하여 외치되 이스라엘 뭇자손(子孫)의
수(數)가 비록 바다의 모래 같을지라도 남은 자(者)만 구원(救援)을 얻
으리니 (28)주(主)께서 땅 위에서 그 말씀을 이루사 필하시고 끝내시
리라 하셨느니라 (29)또한 이사야가 미리 말한 바 만일(萬一) 만군(萬
軍)의 주(主)께서 우리에게 씨를 남겨 두시지 아니하셨더면 우리가 소
돔과 같이 되고 고모라와 같았으리로다 함과 같으니라 (30)그런즉 우
리가 무슨 말 하리요 의(義)를 좇지 아니한 이방인(異邦人)들이 의(義)
를 얻었으니 곧 믿음에서 난 의(義)요 (31)의(義)의 법(法)을 좇아간 이
스라엘은 법(法)에 이르지 못하였으니 (32)어찌 그러하뇨 이는 저희
가 믿음에 의지(依支)하지 않고 행위(行爲)에 의지(依支)함이라 부딪힐
돌에 부딪혔느니라 (33)기록(記錄)된 바 보라 내가 부딪히는 돌과 거
치는 반석(磐石)을 시온에 두노니 저를 믿는 자(者)는 부끄러움을 당
치 아니하리라 함과 같으니라

엡 2:1-10 = 행하게(10)

(1)너희의 허물과 죄(罪)로 죽었던 너희를 살리셨도다 (2)그때에 너
희가 그 가운데서 행(行)하여 이 세상(世上) 풍속을 좇고 공중(空中)의
권세(權勢) 잡은 자(者)를 따랐으니 곧 지금(只今) 불순종(不順從)의 아
들들 가운데서 역사하는 영(靈)이라 (3)전(前)에는 우리도 다 그 가운
데서 우리 육체(肉體)의 욕심(慾心)을 따라 지내며 육체(肉體)와 마음
의 원(願)하는 것을 하여 다른 이들과 같이 본질상 진노(震怒)의 자녀
(子女)이었더니 (4)긍휼(矜恤)에 풍성(豊盛)하신 하나님이 우리를 사랑
하신 그 큰 사랑을 인(因)하여 (5)허물로 죽은 우리를 그리스도 예수
와 함께 살리셨고 {너희가 은혜(恩惠)로 구원(救援)을 얻은 것이라} (6)
또 함께 일으키사 그리스도 예수 안에서 함께 하늘에 앉히시니 (7)
이는 그리스도 예수 안에서 우리에게 자비(慈悲)하심으로써 그 은혜

(恩惠)의 지극(至極)히 풍성(豊盛)함을 오는 여러 세대(世代)에 나타내려 하심이니라 (8)너희가 그 은혜(恩惠)를 인(因)하여 믿음으로 말미암아 구원(救援)을 얻었나니 이것이 너희에게서 난 것이 아니요 하나님의 선물(膳物)이라 (9)행위(行爲)에서 난 것이 아니니 이는 누구든지 자랑치 못하게 함이니라 (10)우리는 그의 만드신 바라 그리스도 예수 안에서 선(善)한 일을 위(爲)하여 지으심을 받은 자(者)니 이 일은 하나님이 전(前)에 예비(豫備)하사 우리로 그 가운데서 행(行)하게 하려 하심이니라

계 15:1-8 = 경배하리이다(4)

(1)또 하늘에 크고 이상(異常)한 다른 이적(異蹟)을 보매 일곱 천사(天使)가 일곱 재앙(災殃)을 가졌으니 곧 마지막 재앙(災殃)이라 하나님의 진노(震怒)가 이것으로 마치리로다 (2)또 내가 보니 불이 섞인 유리(琉璃) 바다 같은 것이 있고 짐승과 그의 우상(偶象)과 그의 이름의 수를 이기고 벗어난 자(者)들이 유리(琉璃) 바닷가에 서서 하나님의 거문고를 가지고 (3)하나님의 종 모세의 노래 어린 양(羊)의 노래를 불러 가로되 주(主) 하나님 곧 전능(全能)하신 이시여 하시는 일이 크고 기이하시도다 만국(萬國)의 왕(王)이시여 주(主)의 길이 의(義)롭고 참되시도다 (4)주(主)여 누가 주(主)의 이름을 두려워하지 아니하며 영화(榮華)롭게 하지 아니하오리이까 오직 주(主)만 거룩하시니이다 주(主)의 의(義)로우신 일이 나타났으매 만국(萬國)이 와서 주(主)께 경배(敬拜)하리이다 하더라 (5)또 이 일 후(後)에 내가 보니 하늘에 증거(證據) 장막(帳幕)의 성전(聖殿)이 열리며 (6)일곱 재앙(災殃)을 가진 일곱 천사(天使)가 성전(聖殿)으로부터 나와 맑고 빛난 세마포(細麻布) 옷을 입고 가슴에 금(金)띠를 띠고 (7)네 생물(生物) 중(中)에 하나가 세세(世世)에 계신 하나님의 진노(震怒)를 가득히 담은 금(金)대접 일곱을 그 일곱 천사(天使)에게 주니 (8)하나님의 영광(榮光)과 능력(能力)

을 인(因)하여 성전(聖殿)에 연기(煙氣)가 차게 되매 일곱 천사(天使)의 일곱 재앙(災殃)이 마치기까지는 성전(聖殿)에 능(能)히 들어갈 자(者)가 없더라

히 13:12-13 = 나아가자(13)

(12)그러므로 예수도 자기 피로써 백성을 거룩게 하려고 성문 밖에서 고난을 받으셨느니라 (13)그런즉 우리는 그 능욕을 지고 영문 밖으로 그에게 나아가자

PART 08

하나님을 섬겨라

제7장
밤낮 하나님을 섬기는 은혜

구원받은 성도는 삼위일체 하나님을 섬기는 복(은혜)을 누린다.

7장은 6장의 이해를 필요로 하며, 네 천사들, 다른 천사, 모든 천사, 장로들과 또한 '144,000의 인 맞은 하나님의 종들'이 있으며, '아무라도 능히 셀 수 없는 큰 무리의 흰 옷 입은 자들'에 대한 기록 목적에 주목하라.

❀ 1–8절. 하나님을 섬겨라

1–2절. 네 천사

김상훈 = 여섯째 인(6:12-17)과 일곱째 인(8:1-5) 사이의 일이다.[140)]

이광복 = 종말의 4대 제국(단 7:2-3, 17; 계 9:15)[141)]

천정웅 = 땅의 대환란을 주관하는 천사(계 9:13-15)[142)]

나쁜 천사도 아니며 또한 "물의 천사"(계 16:5)들도 아니다. 이들은 땅의 네 모퉁이 즉 바람이 불어오는 네 지점에서 바람을 붙들어 두고 있는 천사들이다.[143)]

손기태 = 바람을 맡은 천사들이다.[144)]

---

140) 김상훈, 요한계시록 7:1-22:21, 감은사, 2022, p. 31
141) 이광복, 계시록 설교노트, 도서출판 흰돌, 1999, p. 107
142) 천정웅, 요한계시록, 말씀의 집, 1990, p. 141
143) William E. Biederwolf, 김재순 책임편역, 종말론 주해주석, 가브리엘신학연구소, 1986, pp. 164-165
144) 손기태, 일곱 영의 비밀, 바른성경선교회, 2001, p. 125

신성종 = 땅의 대전을 관리하는 천사들[145)]

이상근 = 바람을 맡은 천사들[146)]

민병석 = 유브라데강에 결박한 네 천사(9:14)를 말하며 이 천사들은 땅이나 바다나 해롭게 할 권세를 얻은 환란 세력으로 사방의 네 바람 곧 전쟁세력이다.[147)]

마지막에 있을 네 바람의 환란 세력은?

(1) 북방 왕 = 마지막 시기에 이스라엘을 공격할 곡의 세력(겔 38:1-16; 단 11:40)

(2) 남방 왕 = 마지막 시기에 이스라엘을 공격할 아랍동맹들(단 11:40).

(3) 또 하나의 세력 = ? (1949년에 세워진 미국을 주축으로 한 나토로 보는 견해도 있다)

(4) 10뿔 가진 짐승 = 이 중에서 작은 뿔로 등장하는 자 곧 적그리스도(단 7:7-8; 계 17:8-13, 13:1-7)

결박당하고 있다는 것은 해롭게 할 권세(환란 = 전쟁)의 집행을 하나님에 의하여 강제적으로 억제 당하고 있는 모습을 말한다. 이는 144,000의 하나님의 종들에게 인 치시는 시기부터 전 삼 년 반인 1,260일 동안 결박당하고 있다가 후 삼 년 반 직후에 둘째 화인 유브라데 전쟁을 일으키게 된다(계 9:14-21).[148)]

---

145) 신성종, 요한계시록 강해, 도서출판 엠마오, 1989, p. 68

146) 이상근, 신약주해 요한계시록, 대한예수교장로회 총회교육부, 신일정판사, 1986, p. 122

147) 민병석, 요한계시록별강해노트, p. 43

148) 위의 책, p. 43

레마 주석

'네 천사가 땅 네 모퉁이에…못하게 하더라.' 이 구절에 언급된 네 천사는 바람을 맡은 천사들이다. 그들은 불을 맡은 천사(참조, 계 14:18), 물을 맡은 천사(참조, 계 16:15), 그 외에 자연계를 맡은 천사들과 더불어 하급의 천사에 속한다. 그런데 여기에서 천사들이 맡은 것들은 모두 바람, 불, 물 등 자연계 내지 천재지변에 해당하는 일들이다. 이처럼 신구약 중간 시대에는 세계의 종말에 천재지변과 더불어 우주적인 파괴가 동반될 것이라는 사상이 널리 퍼져 있었다(참조, 단 2:35, 7:2)

3-8절. 하나님의 종들 = 144,000

(1) 인치는 곳 = 이마

(2) 대상 = 이스라엘 각 지파 중에서

(3) 인 맞은 하나님의 종들의 수 = 144,000

(4) 144,000의 실체 = 이는 계시록 14장의 144,000(3-5)과 분리해서 생각할 수 없다. 그러나 흰 옷 입은 무리와는 구별해야 한다.

(5) 144,000의 자격(14:3-5).

ㄱ. 정절(貞節)이 있는 자들 = 음녀교회에 속하지 않음

ㄴ. 어린 양을 따라가는 자들 = 예수님 중심 생활자들

ㄷ. 구속함을 받아 처음 익은 열매로 어린 양에게 속한 자들 = 첫째 부활자들(계 20:5, 11:12)

ㄹ. 입에 거짓말이 없는 자들(복음에 책임을 지는 자들 = 진실한 종들)

ㅁ. 흠(欠)이 없는 자 = 의의 열매를 맺는 성도

이상으로 볼 때에 문자적으로 해석하여 이스라엘의 열두 지파에 국한시키는 것은 무리라고 본다. 그 이유는 위의 자격 중에 유대인이란 자격을 규정한 것이 하나도 없고 오

직 예수님을 믿고 구원받아 하나님의 종들로 쓰임 받고 있는 성도들을 말하고 있다.

(6) 인 맞은 하나님의 종들이 할 일

ㄱ. 두 증인의 사명(계 11;1-7)

ㄴ. 짐승과 싸움(계 17:14)

ㄷ. 순교하게 됨(계 11:7)

ㄹ. 첫째 부활로 승천하게 됨(계 11:11-12, 20:6)

ㅁ. 주님 재림 시에 하늘 군대로 주님을 따라옴(계 19:14)

ㅂ. 천년왕국에서 왕 노릇 하게 됨(계 20:4)

(7) 여러 견해[149)]

김상훈 = 이들은 유대인들의 수일 것이다. 그러나 이 경우 열둘이 열두 사도를 가리키는 말이라는 것은 본문의 지지를 받고 있지 않다. 12와 1,000을 함께 보는 것이 좋을 것이다. 이때 12를 완전수로 보고, 1,000은 충족 수로 볼 수 있다. 그래서 각 지파 가운데 12,000명씩 인을 받는다. 물론 문자적으로 12,000명만이라는 뜻은 아닐 것이다. 12,000은 각 지파에서 인 받은 자의 충분하고 완전한 수를 가리키는 상징적인 수일 것이다. 하나님의 섭리(계획) 가운데 각 지파에서 인을 받는 이들이 충분히 또 정해진 수만큼 나올 것이라는 뜻이다[150)]

김상훈 = 바울이 구원받게 될 유대인들을 가리켜 말했던 일(롬 11:23-27)이 계시록 7장과 14장의 144,000명의 인침을 통해 성취된다고 볼 수 있다. 종말의 때에 일어날 유대인들이 구원받는 일이다(참고, 박형룡, 169-71). 유대인이 구원받는 일이 마지막 때에 크게 일어날

149) 이광복, 계시록 설교노트, 도서출판 흰돌, 1997, pp. 103-104

150) 김상훈, 요한계시록 7:1-22:21, 감은사, 2022, pp. 36-37

것이다. 그들의 인침이 마쳐지지 않았다는 사실(7:3)은 그 구원의 수가 다 차지 않았다는 뜻이다. 따라서 이 인침은 미래의 유대인을 가리키는 것일 가능성이 높다.[151)]

김재준 = 영적 이스라엘의 구원받은 완전 수

김응조 = 대환란 중에서 구원받을 이스라엘

조용기 = 교회 휴거 후 이삭줍기 할 복음전도자(7년 환난 중에 전도할 유대인의 전도자)[152)]

박수암 = 구원받을 전체 무한한 백성

이상근 = 문자적 유대인의 구원 얻을 충만 수

석원태 = 영적 이스라엘의 만수

박윤선 = 영적 이스라엘의 만수

이광복 = 1. 추수를 감당할(때를 따라 양식을 주는 종) 두 증인으로 본다.

2. 그 수 = 구약 12지파×신약 12사도×1,000 = 144,000.

데이크 = 환난기에 보호받을 문자적 이스라엘

존슨 = 구원받을 이스라엘의 열두 지파

비더울프 = 영적 이스라엘의 구원 얻을 충만 수

헨드릭슨 = 모든 교회에서 구원 얻을 충만 수

렌스키 = 하나님의 택함을 받은 무리의 수

왈부르드 = 환란 중에 보호받을 문자적 유대인

래드 = 영적 이스라엘의 구원받을 충만 수

송영목 = 144,000은 신구약의 모든 신실한 하나님의 백성을 상징하기에 적합한 수가 된다. 그리고 이 144,000명을 뒤따르는 요한계시록 7장 9-17절의 '셀 수 없는 큰 무리'와 동일 집단으로 보인다. 이것

---

151) 김상훈, 요한계시록 7:1-22:21, 감은사, 2022, p. 46

152) 조용기, 요한계시록 강해, 영산출판사, 1983, p. 161

은 동시에 아브라함의 언약이 새 이스라엘인 신약교회의 제사장 나라 역할 수행으로 성취된 것이다(참고 계 5:9). 오늘의 적용 = 우리는 이 시대에 144,000명의 남은 자로 어떻게 살 수 있는가?[153)]

김추성 = 이 땅에 사는 하나님의 백성의 영적 군사적 특성을 나타내는 것으로 보인다. 십사만 사천이 상징하는 것은 이 땅에서 전투하는 교회의 모습이다. 이러한 모습은 요한계시록 11장의 두 증인, 그리고 12장의 용과 한 여자의 스토리에서도 생동적으로 그려지고 있다.[154)]

김형종 = 주님의 해석대로 십사만 사천을 구약 성도인 이스라엘의 구원받은 총수로 보면 된다. 그 숫자는 제한되어 있는 정확한 수치를 밝히기 위함이다. 비록 인간은 그 정확한 숫자를 모르지만 하나님만 아시는 정확한 숫자가 있다는 선언이다. 그럼에도 불구하고 간혹 구원에 대하여 해석할 때 만인구원론자들에 대한 경계로 구원받을 정확한 하나님의 숫자가 존재한다는 선언이기도 하다.[155)]

천정웅 = 상징수로는 단 지파가 생략되었기 때문에 문자적 이스라엘이 아니고 신령한 이스라엘 즉 성도의 총수로 본다. 곧 구원 얻는 총수로 보는 것이 가장 자연스럽다.[156)]

손기태 = 유대적 그리스도인뿐만 아니라 이방인 그리스도인까지 포함시켜서 보는 견해이다. 이 경우는 이스라엘 12지파를 영적으로 해석한다.[157)]

신성종 = 크레더너스의 해석을 인용하여 하나님의 수인 3에다 사람의 수인 4를 곱한 12란 선택수를 두 번 곱한 것에 땅의 완전수인

---

153) 송영목, 신약주석, 쿰란출판사, 2011, pp. 1320-1321.
154) 김추성, 하나님과 어린양의 보좌, 이레서원, 2015, p. 248.
155) 김형종, 요한계시록, 솔로몬, 2010, pp. 146-149.
156) 천정웅, 요한계시록, 말씀의 집, 1990, pp. 142-144
157) 손기태, 일곱 영의 비밀, 바른성경선교회, 2001, p. 128

10을 하나님의 완전수인 3제곱한 것을 곱한 숫자 144,000은 구원받은 모든 교회(또는 성도)의 수를 상징한다.[158)]

피터 럭크만 = 모든 이스라엘 지파들 가운데서 144,000명이다.[159)]

William E. Biedewolf = 필자는 144,000을 영적인 이스라엘, 즉 유대 그리스도인들과 이방 그리스도인들의 연합으로 보는 견해에 따르고 있지만, 이렇게 결정하는 순간에 있어서도, 본문에서(7장) 지파들의 이름이 열거되고 있기 때문에 이 구절이 유대 믿는 자들만을 가리키는 것이 아닐까 하는 의문을 떨쳐버리지 못하고 있다.[160)]

랑코스테파노치 = 12지파로 구성된 이스라엘 전체를 의미하는 것이다. 요한은 전투적 그림을 사용하여 세상의 소용돌이 속에 있는 교회 즉 교전(交戰)하고 있는 교회를 묘사한다.[161)]

상징수로 보는 견해

12(유대인 구원의 만수)×12(이방인 구원의 만수)×1,000(굉장히 많다는 뜻) = 144,000(하나님의 구원의 총수)

그랜드 주석 = 이스라엘 자손의 각 지파 중에서 인 맞은 자 144,000은 순교자들이 아니다. 인 맞은 자들이라는 사실이, 이 땅에 임할 환란에서 하나님이 그들을 보호해 주실 것이라는 점을 암시한다. 어쨌든 이 무리들이 누구이냐에 관해서는 큰 견해의 차이가 있어, 크게 네 가지 해석의 견해를 볼 수가 있다.

---

158) 신성종, 요한계시록 강해, 도서출판 엠마오, 1989, p. 69

159) Peter S. Ruckman, 김형덕 옮김, 요한계시록 주석, 말씀보존학회, 1993, pp. 140-141

160) William E. Biederwolf, 김재순 책임편역, 종말론 주해주석, 가브리엘신학연구소 1986, p. 370

161) Ranko Stefanovic, 하홍팔, 도현석 공동번역, 예수 그리스도의 계시, 미주 시조사, 2011, p. 279

첫 번째 해석법은, 이들을 "종말에 이르는 모든 시대의 환란과 고통에서 계속 보호되는" 하나님의 백성으로 본다. 그러나 본문을 보면, 그렇게 무한하게 일반적으로 확장시켜서 볼 하등의 근거가 없다.

두 번째 해석법은 첫째 해석법과 유사한데, 이들을 그리스도인으로 본다. 이 견해를 지지하는 학자들로서는 벵겔(Bengel), 알포드(Alford), 렌스키(Lenski), 데이빗 브라운(David Brown), 밀리간(Milligan) 같은 쟁쟁한 학자들이 많다.

세 번째 해석법은, 알버트 반즈(Albert Barnes)의 우스꽝스런 해석으로서 이들을 기독교회의 열 교파로 본다.

마지막으로 문자적 해석법이 있는데, 이들을 종말의 이스라엘 자손들로 본다. 예언에 관한한 19세기 최대의 학자인 타드(J. H. Todd)는 이 견해를 다음과 같이 요약하고 있다. "많은 예언들에서 계시된 사실과 조금도 틀림이 없는 본문은, 본 환상에서 언급한 시기에 유대 민족이 한 국가로서 존재할 것이고, 대부분이 계속 불신앙 가운데 있을 것임을 말하고 있다." 이런 견해를 지지하는 학자들로서는 고데(Godet), 포세(Fausset), 나다니엘 웨스트(Nathaniel West), 와이드너(Weidner) 등이 있다.

포세는 덧붙인다. "이 지파들로부터 하나님을 믿는 남은 자들이 반기독교 동맹의 모든 세력들에게 임할 심판으로부터 보호될 것이다." 여기서 단 지파가 빠진다. 이렇게 빠진 이유에 대해서는 여러 가지 견해가 제시되고 있는데, 레위 지파가 포함되고 있다는 사실은 매우 큰 중요성을 갖는다. "레위기적 의식(예식)들이 폐기되었기 때문에, 레위 지파도 다른 지파와 동등한 위치에 다시 서게 되는 것이다."(Albert Bengel Introduction to the Exposition of the Apocalypse, in loco). 에브라임 대신에 요셉의 이름이 쓰이고 있다. 이 점이 요한계시록의 두 번째 난제라고 생각한다.

레마 주석 = 몇몇 독선적 신앙 운동을 펴는 소종파들은 십사만 사천의 수를 자신들의 조직체로 이해한다. 즉 세상 모든 교회는 성별되지 못하고 구원받지 못한 존재요, 오직 자신들만이 구원받아 천상의 십사만 사천 무리가 된다는 것이다. 하지만 이것은 독선적이고 편벽한 성경 해석이다. 십사만 사천을 숫자 그대로 이해하기 때문에 생기는 오류이다.

성경에서 숫자는 상징성을 띠는 경우가 많다. 특히 본서의 경우는 거의 대부분의 숫자가 상징적으로 쓰였다. 십사만 사천이라는 숫자만 해도 이를 분해해 보면 (3×4)×10이 된다. 3은 하나님의 수요, 4는 동서남북 땅의 수이다. 그를 더한 수는 7이지만 곱한 수는 12가 된다. 7이나 12는 모두 만수(滿數)이지만 7은 성경적이고 신성한 일에 사용되는 만수이고, 12는 신성한 것과 세속적인 것에 모두 쓰이는 만수이다. 따라서 12의 자승인 144는 최고의 만수를 표시하는 것이요, 거기에다가 세속적 만수인 10을 3승한 1000을 곱하여 이루어진 수가 십사만 사천인 것이다. 그러므로 이 수는 결국 하늘과 땅에 공통되는 큰 숫자요 만수로서, 구원받을 사람의 수가 많을 것을 상징하는 것이다. 이단 종파가 주장하듯이 십사만 사천 명만이 구원받는 것이 아니다. 만일 이런 식으로 이 말씀을 풀어 나간다면 이방인 중에서는 구원받는 자가 하나도 없다는 자가 당착에 부딪칠 수밖에 없다.

(8) 기타 주장

구원의 무한성

몇몇 이단 종파의 주장과 같이 구원받은 숫자가 십사만 사천뿐이라면 우리 구원의 확신은 극히 의심스러울 수밖에 없다. 왜냐하면 창세와 예수의 강림 후로 하나님과 예수 그리스도를 신실히 믿은 자들은 수십 억, 수백 억, 혹은 그 이상일 것인데 그들 중 대다수가 구원을 받지 못했다는 결론에 도달하기 때문이다. 이는 '믿기만 하면' 구원받는 예수 그리스도의 가르침에도 위배되는 것이다. 따라서 이 숫자는 오히려 구원의 무한성의 상징으로 보는 것이 옳다. 이제 우리는 구원의 확신을 가지고 복음 전파에 더욱 심혈을 기울여야 한다. 무한히 열려 있는 구원으로 많은 죽어가는 심령들을 초대해야 한다.

구원의 한정성

한편 십사만 사천이라는 숫자는 구원을 한정하는 의미도 담고 있다. 구원의 문은 모든 사람에게 제한 없이 열려 있긴 하지만 모든 사람들이 구원받는 것은 아님이 분명하다. 즉 구원의 초대를 거절하는 사람, 구원의 초대에 응하긴 하나 구원받은 자로서 합당한 생활을 하지 않는 자들은 구원에서 제외될 수밖에 없는 것이다. 요한은 그들이 흰옷 입은 것을 보았다고 했다(9, 14절). 오직 천국 백성으로서 합당한 자만이 구원에 이를 수 있다는 것은 예수 그리스도의 명백한 가르침이기도 하다(참조, 마 13:47, 48). 참으로 '144,000'의 숫자 안에 들기를 바라는 자들은 성결하고 거룩한 삶을 살아야 한다.

7장에는 '네 천사들'과 '144,000의 인 맞은 하나님의 종들'이 있으며, 아무라도 능히 셀 수 없는 '큰 무리의 흰 옷 입은 자들'도 있는데 이들을 같은 무리로 볼 수 없다.

또한 유대인의 12지파도 언약 신학적으로 보면 '유대인의 12지파'라 할 수 없다. 그 이유는 현 이스라엘 국민의 4분의 3 이상이 유대인, 20%가 팔레스타인인이며, 2015년 현재 어림잡아 8,309,400명(97위). 그렇다면 그중 2% 정도만 구원받을 수 있다.

그러므로 하나님의 선민에 대한 언약 신학적으로 유대인의 12지파만을 고집한다면 무리가 있다.

인치다? = 4972 σφραγίζω(sphragizo 스프라기조) 4973에서 유래; 안전 또는 보존을 위해(도장들을) 찍다(문자적 또는 상징적으로), 함축적으로 보전하다, 증명하다, 인봉하다(고후 1:22; 엡 1:13, 4:30; 마 27:66)

계 7:4 = ἐσφραγισμένων·(에스프라기스메논) 동분완수소남복, 인 맞은

요 3:33 = 4972 ἐσφράγισεν(에스프라기센) 동직과능단3, 인쳤느니라

4973 σφραγίς(sphragis 스프라기스) 아마도 5420에서 유래된 강세형; (도용 등을 방지하기 위한) '표식', 함축적으로(소유 또는 진위를 위한 표식의) '인'(롬 4:11; 고전9:2; 계 5:1)

계 9:4 = σφραγῖδα(스프라기다) 명목여단 인(印)

❋ 9-12절. 큰 무리

그랜드 주석 = 이들은 이스라엘에만 한정되지 않으며, 이제 영광을 입은 모든 지파, 모든 민족에게서 나온 자들이다. 이들은 천사들과 장로들과 네 생물들과 함께 하나님과 어린 양을 향해 큰 찬송을 부르고 있다. 이들은 큰 환란에서 나오는 자들인데 어린 양의 피에 그 옷을 씻어 희게 한 자들이다(14). 큰 환란은, 바로 다름 아닌 주님께서 감람산 설교에서 언급하신 바로 그 환란이다(마 24:9, 21, 29). 여

기서 전체 모습은 하늘의 장면이다. 어린 양은 그들의 목자요 지배자로 묘사되고 있으며, 그가 직접 그들을 생명수 샘으로 인도하실 것이라는 약속이 주어지고 있고, 거룩한 성에 대한 상세한 묘사를 미리 예언하면서 하나님께서 그들의 눈에서 눈물을 씻어 주실 것이라는 위로가 주어진다.[162)]

레마 주석 = 이들을 구원받은 자들로 보면서 세계 곳곳에서 예수를 구주로 믿고 하나님께 의롭다 인정받는 자들이라 한다.

민병석 목사 등 = 구주 예수 그리스도를 믿음으로 구원 얻은 것에 있어서는 동일하지만 7년 환난 중에, 인 맞은 하나님의 종들은 예언의 사명을 이루다가 순교한 후 부활 승천하고, 흰 옷 입은 무리들은 하나님의 장막에서 후 3년 반의 보호를 받는 점에서 구별되는 것이다(계 12:6)

조용기 = 유대인 전도자로부터 전도 받고 구원받은 자들

이광복 = (1) 국가, 민족, 신분, 언어를 초월한 많은 수. (2) 이하의 기록을 천국에서의 생활로 보고 있다.[163)]

신성종 = 첫째로 "큰 환난에서 나오는 자들"로 7년 대환란에서 나오는 자들이요, 둘째로 "어린 양의 피에 그 옷을 씻어 희게" 한 자들이다(히 9:13-14 참고).[164)]

피터 럭크만 = 이방인들[165)]

김추성 = 하늘에 있는 성도들을 묘사하고 있다. 이 큰 무리는 요

162) William E. Biederwolf, 김재순 책임편역, 종말론 주해주석, 가브리엘신학연구소, 1986, pp. 374-476(계 21:4)

163) 이광복, 계시록 설교노트, 도서출판 흰돌, 1997, p. 109

164) 신성종, 요한계시록 강해, 도서출판 엠마오, 1989, p. 70

165) Peter S. Ruckman, 김형덕 옮김, 말씀보존학회, 1993, p. 152

한계시록 4-5장의 하늘 예배에 등장하는 무리와 병행적 구조를 지닌다. 144,000이 하나님의 백성이 가지는 이스라엘의 유산을 강조하고 있다면, 셀 수 없는 큰 무리는 하나님의 백성의 우주적 성격을 강조한다.[166)]

김형종 = 어린 양의 피에 옷을 씻어 희게 한 사람들은 당연히 신약의 구원받은 성도들이다.[167)]

랑코 스테파노치 = 셀 수 없는 무리와 144,000인은 다른 부류의 사람들이 아니라 기본적으로 동일한 사람들이다.[168)]

파우셋(Fausset), 랑게(Lange), 알포드(Alford) = "큰 환난"이란 표 가운데는, 소급해서 각 시대의 모든 성도들이 겪어야만 했던 "모든 환난"이 포함된다고 말한다. 알포드도 이에 동의한다. 그러나 이 셀 수 없는 큰 무리를 말일에(during the last days) 이 땅에 임하게 될 것이라고 주님께서 예언하신 대환란에서 나오는 자들로 이해해야 할 것이라고 생각한다.[169)]

William E. Biedewolf = 알포드는 "이 셀 수 없는 무리는 최후의 부활과 마태복음 25:31-46절에 언급된 바 있는 크고 흰 보좌의 최종적인 심판 후의 하늘에 있는 성도들의 최종적인 모임이다. 현재 여기에 묘사된 장면은 하늘의 최종적인 모임에 모인 모든 믿는 자들에 대한 장면이다"라고 말한다. 그러나 이러한 알포드의 말은 옳다고 할 수 없다.

왜냐하면, 그들이 환난, 곧 그 큰 환란에서 나온 것으로 언급되고 있기 때문이다. 따라서 이것은 하늘에서 최종적으로 모인 모든 믿

166) 김추성, 하나님과 어린양의 보좌, 이레서원, 2015, p. 258.
167) 김형중, 요한계시록, 솔로몬, 2010, p. 153.
168) Ranko Stefanovic, 하홍팔, 도현석 공동번역, 예수 그리스도의 계시, 미주 시조사, 2011, p. 286
169) William E. Biederwolf, 김재순 책임편역, 종말론 주해주석, 가브리엘신학연구소 1986, p. 376

는 자들에 대한 언급이 아니다. 그리고 이것은 천년왕국 동안 구원받은 자들에 대한 언급일 리도 없으며, 또한 대환란 이전에 죽게 될, 수많은 사람들에 대한 언급도 아니다.

이 무리들은 비록 셀 수는 없지만, 단지 최종적으로 하늘의 영광 중에 모인 영화로움을 입은 전체 성도들 중 일부, 즉 소수의 무리들을 나타낸다고 보는 것이 적절하다.

그러므로 이 셀 수 없는 무리들은 대환란을 겪은 자들이 최종적인 영광 중에 있는 장면이다. 그러기에 그들과 함께 그곳에 모여 있는 훨씬 더 큰 수의 무리에 대한 언급이 전혀 없는 것이다.[170)]

김상훈 = 구원받은 이들이 7장, 14장, 19장에 나오는 이유는 무엇일까? 7장, 14장, 19장의 성도들의 출현은 마지막 종말의 재앙과 극한 상황 속에 펼쳐지는 그의 백성에 대한 하나님의 구원과 돌봄의 섭리가 철저히 작동하고 있다는 것을 알려준다.[171)]

저자 견해

두 증인들이 부활 승천함(계 11:11-12)과 동시에 "성전과 제단과 그 안에서 경배하는 자들" 곧 해를 입은 여자(교회)는 "하나님의 예비하신 곳"에서 1,260일 동안 양육 받게 된다(계 12:1-2, 12:5-6, 12:13-14).

그러나 예수님을 십자가에 못 박으라 외치며 "…그 피를 우리와 우리 자손에게 돌릴지어다"라고 외친 무리들의 살인의 피 값(마 27:20-27 참조)을 치렀다는 기록은 어디에서도 찾아볼 수 없음을 참고해야 한다.

그러므로 요한계시록 7장 9-17절의 "큰 무리의 흰 옷 입은 자들"

---

170) William E. Biederwolf, 김재순 책임편역, 종말론 주해주석, 가브리엘신학연구소 1986, pp. 374-376

171) 김상훈, 요한계시록 7:1-22:21, 감은사, 2022, pp. 61-62

과 11장 13-14절의 "남은 자", 12장 17절의 "여자의 남은 자손"은 후 삼년 반을 통과해야 하는 자들로 이해한다(계 11:13-14 = 두려워하여 영광을 하늘의 하나님께 돌리더라, 계 12:17 = 여자의 남은 자손 곧 하나님의 계명을 지키며 예수의 증거를 가진 자들). 유대인들 중 선택 받은 자들의 회개와 구원에 관한 내용으로, 하나님의 언약의 성취로 이해해야 한다.

따라서 요한계시록 7장 9-17절은 예수님의 재림 때 후 삼년 반을 통과하는 자들(7:14 참조)의 경배하는 상황이므로 해석에 주의를 기해야 한다.

⑴ '능히 셀 수 없는 흰 옷 입은 큰 무리' = 큰 환난(患難) 곧 후 삼년 반을 통과하는 자들로, '첫째 화'와 '둘째 화'가 끝나고 후 삼년 반에 진입하며, 두려워하며(회개하고) 영광을 하늘의 하나님께 돌리는 남은 자들이다(계 11:13 참조).

⑵ "어린 양의 피에 그 옷을 씻어 희게 하였느니라" = '회개한 자들'로서 하나님의 선택을 받아 예수 그리스도를 구주로 영접하고 십자가에서 흘리신 대속의 보혈로 죄 사함을 받아 하나님 앞에서 의롭다 인정함을 받은 자들이다.

⑶ 그들 위에 장막을 치시리니 = 장막은 구약의 '성막'에 상응하는 것으로 하나님의 임재를 상징한다. 따라서 장막을 치신다는 것은 하나님께서 구속받은 성도들과 함께 영원히 거하시고(21:3) 따뜻하게 감싸주시며 보호하신다는 의미이다.

⑷ 눈물을 씻어 주실 것임이러라 = 세상에서(후 삼년 반) 흘린 고통과 역경의 눈물을 씻어주시며 위로하여 주실 뿐만 아니라, 완전한 기쁨과 영원한 평강으로 채우신다는 말씀이다(계 21:4 등 참조).

또한 '흰 옷 입은 큰 무리'는 144,000과는 구별된다.

'후 삼년 반을 통과해야 하는 자들'로서, '남은 자'(11:13, 12:17) 곧 유대인들 중 선택 받은 자들의 회개와 구원에 관한 내용으로, 하나님의 언약의 성취를 증거한다.

경배 받으시는 하나님(신앙고백)

24장로들로부터 경배 받으신다(계 4:4, 9-11, 5:8-10, 14, 11:15-19, 19:4).

모든 천사들로부터도 경배를 받으심으로(5:11-14, 7:11-12),

모든 만물로부터 경배를 받으신다(5:13)는 것이다.

네 생물들로부터 경배를 받으시고(계 5:8, 19:4, 6:1-8; 겔 1:5),

능히 셀 수 없는 큰 무리(계 7:9-12)

144,000의 인 맞은 종들(14:1-14)

이기고 벗어난 자들(15:2-4)

인 맞은 하나님의 종들(계 22:1-5)

따라서 앞으로 될 일에 앞서 하늘보좌를 사도 요한에게 보여 주시고, 이를 기록하고 전하고 지키게(계 1:3, 22:7 참조) 하심으로, 하나님께서는 구원의 백성들로부터 경배를 받으신다.

❁ 13-17절. 섬김의 은혜

15절. 그의 성전에서 밤낮 하나님을 섬기매 = 6장 10절의 신원(伸寃)하여 주심까지를 포함한다.

〈도움 말씀〉

섬김의 복을 누려라(15. 1-17) = 밤낮 하나님을 섬기라

- 서론

마 24:3-31 = 견디는(13)

(12)불법(不法)이 성하므로 많은 사람의 사랑이 식어지리라 (13)그러나 끝까지 견디는 자(者)는 구원(救援)을 얻으리라 (14)이 천국(天國) 복음(福音)이 모든 민족(民族)에게 증거(證據)되기 위(爲)하여 온 세상(世上)에 전파(傳播)되리니 그제야 끝이 오리라

시 99:5 = 너희는 여호와 우리 하나님을 높여 그 발등상 앞에서 경배할지어다 그는 거룩하시도다…(9)너희는 여호와 우리 하나님을 높이고 그 성산에서 경배할지어다 대저 여호와 우리 하나님은 거룩하시도다

롬 10:9-10 = 시인하여(10)

(9)네가 만일 네 입으로 예수를 주로 시인하며 또 하나님께서 그를 죽은 자 가운데서 살리신 것을 네 마음에 믿으면 구원을 얻으리니 (10)사람이 마음으로 믿어 의에 이르고 입으로 시인하여 구원에 이르느니라

마 4:1-11 = 경배하고(10)

(1)그때에 예수께서 성령에게 이끌리어 마귀에게 시험을 받으러 광야로 가사 (2)사십 일을 밤낮으로 금식하신 후에 주리신지라 (3)시험하는 자가 예수께 나아와서 가로되 네가 만일 하나님의 아들이어든 명하여 이 돌들이 떡덩이가 되게 하라 (4)예수께서 대답하여 가라사대 기록되었으되 사람이 떡으로만 살 것이 아니요 하나님의 입으로 나오는 모든 말씀으로 살 것이라 하였느니라 하시니 (5)이에 마귀가 예수를 거룩한 성으로 데려다가 성전 꼭대기에 세우고 (6)가로되 네가 만일 하나님의 아들이어든 뛰어내리라 기록하였으되 저가 너를 위하여 그 사자들을 명하시리니 저희가 손으로 너를 받들어 발이 돌에 부딪히지 않게 하리로다 하였느니라 (7)예수께서 이르시되

또 기록되었으되 주 너의 하나님을 시험치 말라 하였느니라 하신대
(8)마귀가 또 그를 데리고 지극히 높은 산으로 가서 천하 만국과 그
영광을 보여 (9)가로되 만일 내게 엎드려 경배하면 이 모든 것을 네
게 주리라 (10)이에 예수께서 말씀하시되 사탄아 물러가라 기록되었
으되 주 너의 하나님께 경배하고 다만 그를 섬기라 하였느니라 (11)
이에 마귀는 예수를 떠나고 천사들이 나아와서 수종드니라

1. 해하지 말라(3. 1-8) = 예수님만 따르는 복을 누려라

요 3:31-36 = 받는 이(33)

(31)위로부터 오시는 이는 만물 위에 계시고 땅에서 난 이는 땅에
속하여 땅에 속한 것을 말하느니라 하늘로서 오시는 이는 만물 위
에 계시나니 (32)그가 그 보고 들은 것을 증거하되 그의 증거를 받는
이가 없도다 (33)그의 증거를 받는 이는 하나님을 참되시다 하여 인
쳤느니라 (34)하나님의 보내신 이는 하나님의 말씀을 하나니 이는 하
나님이 성령을 한량없이 주심이니라 (35)아버지께서 아들을 사랑하
사 만물을 다 그 손에 주셨으니 (36)아들을 믿는 자는 영생이 있고
아들을 순종치 아니하는 자는 영생을 보지 못하고 도리어 하나님의
진노가 그 위에 머물러 있느니라

계 9:1-11 = 해하라(4)

(1)다섯째 천사(天使)가 나팔을 불매 내가 보니 하늘에서 땅에 떨
어진 별 하나가 있는데 저가 무저갱(無底坑)의 열쇠를 받았더라 (2)저
가 무저갱(無底坑)을 여니 그 구멍에서 큰 풀무의 연기(煙氣) 같은 연
기(煙氣)가 올라오매 해와 공기가 그 구멍의 연기(煙氣)로 인(因)하여
어두워지며 (3)또 황충이 연기(煙氣) 가운데로부터 땅위에 나오매 저
희가 땅에 있는 전갈(全蝎)의 권세(權勢)와 같은 권세(權勢)를 받았더라
(4)저희에게 이르시되 땅의 풀이나 푸른 것이나 각종(各種) 수목은 해

(害)하지 말고 오직 이마에 하나님의 인(印) 맞지 아니한 사람들만 해(害)하라 하시더라 (5)그러나 그들을 죽이지는 못하게 하시고 다섯 달 동안 괴롭게만 하게 하시는데 그 괴롭게 함은 전갈(全蝎)이 사람을 쏠 때에 괴롭게 함과 같더라 (6)그날에는 사람들이 죽기를 구(求)하여도 얻지 못하고 죽고 싶으나 죽음이 저희를 피(避)하리로다 (7)황충들의 모양(貌樣)은 전쟁(戰爭)을 위(爲)하여 예비(豫備)한 말들 같고 그 머리에 금(金)같은 면류관(冕旒冠) 비슷한 것을 썼으며 그 얼굴은 사람의 얼굴 같고 (8)또 여자(女子)의 머리털 같은 머리털이 있고 그 이는 사자(獅子)의 이 같으며 (9)또 철(鐵)흉갑 같은 흉갑이 있고 그 날개들의 소리는 병거(兵車)와 많은 말들이 전장(戰場)으로 달려 들어가는 소리 같으며 (10)또 전갈(全蝎)과 같은 꼬리와 쏘는 살이 있어 그 꼬리에는 다섯 달 동안 사람들을 해(害)하는 권세(權勢)가 있더라 (11)저희에게 임금이 있으니 무저갱(無底坑)의 사자(使者)라 히브리 음으로 이름은 아바돈이요 헬라 음으로 이름은 아볼루온이더라

계 13:11-18 = 경배하게(12)

(11)내가 보매 또 다른 짐승이 땅에서 올라오니 새끼양(羊) 같이 두 뿔이 있고 용(龍)처럼 말하더라 (12)저가 먼저 나온 짐승의 모든 권세(權勢)를 그 앞에서 행(行)하고 땅과 땅에 거(居)하는 자(者)들로 처음 짐승에게 경배(敬拜)하게 하니 곧 죽게 되었던 상처가 나은 자(者)니라 (13)큰 이적(異蹟)을 행(行)하되 심지어 사람들 앞에서 불이 하늘로부터 땅에 내려오게 하고 (14)짐승 앞에서 받은 바 이적(異蹟)을 행(行)함으로 땅에 거(居)하는 자(者)들을 미혹(迷惑)하며 땅에 거(居)하는 자(者)들에게 이르기를 칼에 상하였다가 살아난 짐승을 위(爲)하여 우상(偶像)을 만들라 하더라 (15)저가 권세(權勢)를 받아 그 짐승의 우상(偶像)에게 생기를 주어 그 짐승의 우상(偶像)으로 말하게 하고 또 짐승의 우상(偶像)에게 경배(敬拜)하지 아니하는 자(者)는 몇이든지 다

죽이게 하더라 (16)저가 모든 자(者) 곧 작은 자(者)나 큰 자(者)나 부자(富者)나 빈궁한 자(者)나 자유(自由)한 자(者)나 종들로 그 오른손에나 이마에 표(標)를 받게 하고 (17)누구든지 이 표(標)를 가진 자(者) 외(外)에는 매매(賣買)를 못하게 하니 이 표(標)는 곧 짐승의 이름이나 그 이름의 수라 (18)지혜(智慧)가 여기 있으니 총명(聰明) 있는 자(者)는 그 짐승의 수(數)를 세어 보라 그 수는 사람의 수니 육백(六百) 육십(六十) 육(六)이니라

계 14:1-5 = 따라가는(4)

(1)또 내가 보니 보라 어린 양(羊)이 시온산(山)에 섰고 그와 함께 십사만(十四萬) 사천(四千)이섰는데 그 이마에 어린 양(羊)의 이름과 그 아버지의 이름을 쓴 것이 있도다 (2)내가 하늘에서 나는 소리를 들으니 많은 물소리도 같고 큰 뇌성(雷聲)도 같은데 내게 들리는 소리는 거문고 타는 자(者)들의 그 거문고 타는 것 같더라 (3)저희가 보좌(寶座)와 네 생물(生物)과 장로(長老)들 앞에서 새 노래를 부르니 땅에서 구속(救贖)함을 얻은 십(十) 사만(四萬) 사천(四千) 인(人)밖에는 능(能)히 이 노래를 배울 자(者)가 없더라 (4)이 사람들은 여자(女子)로 더불어 더럽히지 아니하고 정절(貞節)이 있는 자(者)라 어린 양(羊)이 어디로 인도(引導)하든지 따라가는 자(者)며 사람 가운데서 구속(救贖)을 받아 처음 익은 열매로 하나님과 어린 양(羊)에게 속한 자(者)들이니 (5)그 입에 거짓말이 없고 흠(欠)이 없는 자(者)들이더라[계 11:1-16 = 괴롭게(10) 둘째 화 참조]

요일 2:15-17 = 행하는(17)

(15)이 세상이나 세상에 있는 것들을 사랑치 말라 누구든지 세상을 사랑하면 아버지의 사랑이 그 속에 있지 아니하니 (16)이는 세상에 있는 모든 것이 육신의 정욕과 안목의 정욕과 이생의 자랑이니

다 아버지께로 좇아온 것이 아니요 세상으로 좇아온 것이라 (17)이 세상도, 그 정욕도 지나가되 오직 하나님의 뜻을 행하는 이는 영원히 거하느니라

2. 하나님께 경배하라(11. 9–12) = 구원의 복(은혜)을 누려라

계 4:10–11 = 가로되(11)

(10)이십사 장로들이 보좌에 앉으신 이 앞에 엎드려 세세토록 사시는 이에게 경배하고 자기의 면류관을 보좌 앞에 던지며 가로되 (11)우리 주 하나님이여 영광과 존귀와 능력을 받으시는 것이 합당하오니 주께서 만물을 지으신지라 만물이 주의 뜻대로 있었고 또 지으심을 받았나이다 하더라

계 5:8–14 = 경배하더라(14)

(8)책을 취하시매 네 생물과 이십사 장로들이 어린 양 앞에 엎드려 각각 거문고와 향이 가득한 금대접을 가졌으니 이 향은 성도의 기도들이라 (9)새 노래를 노래하여 가로되 책을 가지시고 그 인봉을 떼기에 합당하시도다 일찍 죽임을 당하사 각 족속과 방언과 백성과 나라 가운데서 사람들을 피로 사서 하나님께 드리시고 (10)저희로 우리 하나님 앞에서 나라와 제사장을 삼으셨으니 저희가 땅에서 왕 노릇 하리로다 하더라 (11)내가 또 보고 들으매 보좌와 생물들과 장로들을 둘러선 많은 천사의 음성이 있으니 그 수가 만만이요 천천이라 (12)큰 음성으로 가로되 죽임을 당하신 어린 양이 능력과 부와 지혜와 힘과 존귀와 영광과 찬송을 받으시기에 합당하도다 하더라 (13)내가 또 들으니 하늘 위에와 땅 위에와 땅 아래와 바다 위에와 또 그 가운데 모든 만물이 가로되 보좌에 앉으신 이와 어린 양에게 찬송과 존귀와 영광과 능력을 세세토록 돌릴지어다 하니 (14)네 생물이 가로되 아멘 하고 장로들은 엎드려 경배하더라

경배 받으심(신앙고백)

24장로들로부터 경배 받으신다(계 4:4, 9-11, 5:8-10, 14, 11:15-19, 19:4).

모든 천사들로부터도 경배를 받으심으로(5:11-14, 7:11-12),

모든 만물로부터 경배를 받으신다(5:13)는 것이다.

네 생물들로부터 경배를 받으시고(계 5:8, 19:4, 6:1-8; 겔 1:5),

능히 셀 수 없는 큰 무리(계 7:9-12)

144,000의 인 맞은 종들(14:1-14)

이기고 벗어난 자들(15:2-4)

인 맞은 하나님의 종들(계 22:1-5)

따라서 앞으로 될 일에 앞서 하늘보좌를 사도 요한에게 보여 주시고 이를 기록하고 전하고 지키게(계 1:3, 22:7 참조) 하심으로, 하나님께서는 구원의 백성들로부터 경배를 받으신다.

계 7:9-17은 예수님 재림 후 경배

롬 11:25-27 = 악하게 된(25)

(25)형제(兄弟)들아 너희가 스스로 지혜(智慧) 있다 함을 면키 위(爲)하여 이 비밀(秘密)을 너희가 모르기를 내가 원(願)치 아니하노니 이 비밀(秘密)은 이방인(異邦人)의 충만(充滿)한 수(數)가 들어오기까지 이스라엘의 더러는 완악(頑惡)하게 된 것이라 (26)그리하여 온 이스라엘이 구원(救援)을 얻으리라 기록(記錄)된 바 구원자(救援者)가 시온에서 오사 야곱에게서 경건(敬虔)치 않은 것을 돌이키시겠고 (27)내가 저희 죄(罪)를 없이 할 때에 저희에게 이루어질 내 언약(言約)이 이것이라 함과 같으니라

3. 밤낮 하나님을 섬기라(15. 13-17) = 섬김의 복(은혜)을 누려라

계 22:1-5 = 섬기며(3)

(1)또 저가 수정(水晶)같이 맑은 생명수(生命水)의 강(江)을 내게 보이니 하나님과 및 어린 양(羊)의 보좌(寶座)로부터 나서 (2)길 가운데로 흐르더라 강(江) 좌우(左右)에 생명(生命) 나무가 있어 열두 가지 실과(實果)를 맺히되 달마다 그 실과(實果)를 맺히고 그 나무 잎사귀들은 만국(萬國)을 소성(蘇醒)하기 위(爲)하여 있더라 (3)다시 저주(詛呪)가 없으며 하나님과 그 어린 양(羊)의 보좌(寶座)가 그 가운데 있으리니 그의 종들이 그를 섬기며 (4)그의 얼굴을 볼 터이요 그의 이름도 저희 이마에 있으리라 (5)다시 밤이 없겠고 등(燈)불과 햇빛이 쓸데 없으니 이는 주(主) 하나님이 저희에게 비취심이라 저희가 세세(世世)토록 왕(王) 노릇 하리로다

수 22:5 = 크게 삼가 여호와의 종 모세가 너희에게 명한 명령과 율법을 행하여 너희 하나님 여호와를 사랑하고 그 모든 길로 행하며 그 계명을 지켜 그에게 친근히 하고 너희의 마음을 다하며 성품을 다하여 그를 섬길지니라 하고

롬 1:24-25 = 섬김이라(25)

(24)그러므로 하나님께서 저희를 마음의 정욕(情欲)대로 더러움에 내어 버려두사 저희 몸을 서로 욕(辱)되게 하셨으니 (25)이는 저희가 하나님의 진리(眞理)를 거짓 것으로 바꾸어 피조물(被造物)을 조물주(造物主)보다 더 경배(敬拜)하고 섬김이라 주(主)는 곧 영원(永遠)히 찬송(讚頌)할 이시로다 아멘

히 9:11-15 = 섬기게(14)

(11)그리스도께서 장래(將來) 좋은 일의 대제사장(大祭司長)으로 오사 손으로 짓지 아니한 곧 이 창조(創造)에 속(屬)하지 아니한 더 크고 온전(穩全)한 장막(帳幕)으로 말미암아 (12)염소와 송아지의 피로 아

니하고 오직 자기(自己) 피로 영원(永遠)한 속죄(贖罪)를 이루사 단번(單番)에 성소(聖所)에 들어가셨느니라 (13)염소와 황소의 피와 및 암송아지의 재로 부정(不淨)한 자(者)에게 뿌려 그 육체(肉體)를 정결(淨潔)케 하여 거룩게 하거든 (14)하물며 영원(永遠)하신 성령(聖靈)으로 말미암아 흠 없는 자기(自己)를 하나님께 드린 그리스도의 피가 어찌 너희 양심(良心)으로 죽은 행실(行實)에서 깨끗하게 하고 살아계신 하나님을 섬기지 못하겠느뇨 (15)이를 인(因)하여 그는 새 언약(言約)의 중보(中保)니 이는 첫 언약(言約) 때에 범한 죄(罪)를 속(屬)하려고 죽으사 부르심을 입은 자(者)로 하여금 영원(永遠)한 기업(基業)의 약속(約束)을 얻게 하려 하심이니라

히 7:22-25 = 나아가는(25)

(22)이와 같이 예수는 더 좋은 언약의 보증이 되셨느니라 (23)저희 제사장 된 자의 수효가 많은 것은 죽음을 인하여 항상 있지 못함이로되 (24)예수는 영원히 계시므로 그 제사 직분도 갈리지 아니하나니 (25)그러므로 자기를 힘입어 하나님께 나아가는 자들을 온전히 구원하실 수 있으니 이는 그가 항상 살아서 저희를 위하여 간구하심이니라

롬 12:11 = 부지런하여 게으르지 말고 열심을 품고 주를 섬기라

• **결론**

계 13:1-10 = 인내(10)

(1)내가 보니 바다에서 한 짐승이 나오는데 뿔이 열이요 머리가 일곱이라 그 뿔에는 열 면류관(冕旒冠)이 있고 그 머리들에는 참람한 이름들이 있더라 (2)내가 본 짐승은 표범과 비슷하고 그 발은 곰의 발 같고 그 입은 사자(獅子)의 입 같은데 용(龍)이 자기(自己)의 능력(能力)

과 보좌(寶座)와 큰 권세(權勢)를 그에게 주었더라 (3)그의 머리 하나가 상하여 죽게된 것 같더니 그 죽게 되었던 상처가 나으매 온 땅이 이상(異常)히 여겨 짐승을 따르고 (4)용(龍)이 짐승에게 권세(權勢)를 주므로 용(龍)에게 경배(敬拜)하며 짐승에게 경배(敬拜)하여 가로되 누가 이 짐승과 같으뇨 누가 능(能)히 이로 더불어 싸우리요 하더라 (5)또 짐승이 큰 말과 참람된 말하는 입을 받고 또 마흔두 달 일할 권세(權勢)를 받으니라 (6)짐승이 입을 벌려 하나님을 향(向)하여 훼방(毁謗)하되 그의 이름과 그의 장막(帳幕) 곧 하늘에 거(居)하는 자(者)들을 훼방(毁謗)하더라 (7)또 권세(權勢)를 받아 성도(聖徒)들과 싸워 이기게 되고 각(各) 족속(族屬)과 백성(百姓)과 방언(方言)과 나라를 다스리는 권세(權勢)를 받으니 (8)죽임을 당한 어린 양(羊)의 생명책(生命冊)에 창세(創世) 이후(以後)로 녹명되지 못하고 이 땅에 사는 자(者)들은 다 짐승에게 경배(敬拜)하리라 (9)누구든지 귀가 있거든 들을지어다 (10)사로잡는 자(者)는 사로잡힐 것이요 칼로 죽이는 자(者)는 자기(自己)도 마땅히 칼에 죽으리니 성도(聖徒)들의 인내(忍耐)와 믿음이 여기 있느니라

계 19:1-5 = 찬송하라(5)

(1)이 일 후에 내가 들으니 하늘에 허다한 무리의 큰 음성 같은 것이 있어 가로되 할렐루야 구원과 영광과 능력이 우리 하나님께 있도다 (2)그의 심판은 참되고 의로운지라 음행으로 땅을 더럽게 한 큰 음녀를 심판하사 자기 종들의 피를 그의 손에 갚으셨도다 하고 (3)두번째 가로되 할렐루야 하더니 그 연기가 세세토록 올라가더라 (4)또 이십사 장로와 네 생물이 엎드려 보좌에 앉으신 하나님께 경배하여 가로되 아멘 할렐루야 하니 (5)보좌에서 음성이 나서 가로되 하나님의 종들 곧 그를 경외하는 너희들아 무론 대소하고 다 우리 하나님께 찬송하라 하더라

PART 09

일곱째 인(印), 일곱 천사와 다른 천사

제8~9장
언약을 믿고 기도(祈禱)하라

8~9장은 일곱 인(印) 중 일곱째 인(印)으로써 '일곱 나팔' 재앙이며, 8장은 첫째에서 넷째 나팔 재앙까지를 증거하고, 9장은 다섯째 나팔의 '첫째 화'와 여섯째 나팔의 '둘째 화'를 증거한다.

참고) PART 2. 도형 6. 7년 환란(일곱째 인)

8장

❁ 1-5절. 일곱째 인

1-2절. 일곱째 인 ~ 일곱 천사 ~ 일곱 나팔
3절. 다른 천사 ~ 많은 향 ~ 성도의 기도들

8-9장은 일곱째 인 곧 일곱 천사에 의한 일곱 나팔 재앙인 바(8:1), 다른 천사(8:2-5)에 의해 성도(聖徒)의 기도들이 향로에 담겨 하나님께 드려지게 되고, 하나님께서 신원(伸寃)하여 주심(6:10 참조)을 증거한다.

8장 6-12절의 첫째~넷째 나팔은 자연, 천체 심판? 다섯째 나팔(9장 1-12절)은 인간들이 당하는 고통(첫째 禍)이다.

❄ 6-7절. 첫째 천사가 나팔을 부니

땅의 삼분의 일에 내린 재앙 = 이방인에 대한 재앙(사 28:1-3)

피 섞인 우박과 불이 나서 땅에 쏟아지매 = 성도들의 기도응답(5)의 상황

땅의 삼분의 일이 불 태워짐 = 이방인들에 내리는 심판의 범위

수목 삼분의 일과 각종 푸른 풀도 탐 = 이방 권세자들과 그 백성들에게 내리는 재앙

❄ 8-9절. 둘째 천사가 나팔을 부니

바다의 삼분의 일에 내린 재앙 = 교회에 대한 재앙

큰 산 = 재앙의 방법을 말하며

바다의 삼분의 일의 파괴 = 음녀 교회들에 내리는 심판(계 19장 참고)

바다 가운데 생명 가진 피조물 삼분의 일이 죽음 = 외식(外飾)하는 지도자들과 이들을 따르는 신앙인들의 배교(눅 12:54-59, 13:10-17)

배의 삼분의 일이 깨어짐 = 교회들의 붕괴

❄ 10-11절. 셋째 천사가 나팔을 부니

강들의 삼분의 일에 내리는 재앙 = 신앙인들에게 내리는 재앙

큰 별이 하늘에서 떨어짐 = 큰 별은 쑥이라 했다. 곧 진리를 대적하는 자를 가리킨다.

강들과 물 샘에 떨어짐 = 쑥물 곧 거짓(비진리)말로 하나님의 말씀을 왜곡하여 팔고 다니는 자들(고후 2:17, 4:2)로 인하여 많은 신앙인들

의 영혼이 실족하게 됨.

❁ 12절. 넷째 천사가 나팔을 부니

해, 달, 별의 삼분의 일이 침을 받음 = 영적 흑암 시대가 됨.

쑥물로 의지적 종들, 의지적 스승들, 의지적 신자들의 타락이 극에 달하게 됨(딤후 3:1-9).

❁ 13절. 땅에 거(居)하는 자(者)들에게 화(禍), 화(禍), 화(禍)가 있으리로다

9장

8장 13절에 [화(禍), 화(禍), 화(禍)] 화 셋이 있으리라 선포되고 9장으로 들어서면서 다섯째 천사가 나팔을 불매 '첫째 화'가 있음을 알린다.

❁ 1-12절. 첫째 화

1절. 다섯째 천사가 나팔

12절. 첫째 화 = '첫째 화'(9:1-11)는 다섯째 나팔 재앙으로, 5개월 '황충들'의 화이며, 전 삼년 반에 있을 사건으로, 인간에 대한 심판이 아닌 영육의 시험이며, 생사여탈권(生死與奪權)이 오직 하나님께만 있음을 알린다.

이때는 "성전 밖 마당은 척량(尺量)하지 않고, 이방인이 '거룩한 성'을 42달 동안 짓밟게 된다"(11:1-2) = 예수 그리스도께서 "알곡과 가리지를 구별"하신 말씀을 연상케 한다(마 13: 24-30 등 참조).

'첫째 화' 후에 화(禍) 둘이 있음을 알리지만(9:12), '둘째 화'는 11장에서부터 시작된다(11:1-14).

화(禍)란 하나님의 심판(審判)이므로 선택(選擇)받은 자들에게는 하나님께 인(印) 치셨음을 확인받는 복(은혜)된 때요, 선택받지 못한 자들 곧 인(印) 맞지 못한 자들은 죽고 싶어도 죽지 못하고 5개월 동안(9:5, 10) 고통을 받는다.

1절. 하늘에서 땅에 떨어진 별 하나

송영목 교수는 "하늘에서 떨어진 별"(사탄)에 의해 무저갱으로부터 올라온 황충(마귀의 세력)은 하나님의 인을 받지 못한 사람들만 공격한다(4절)고 하였다.[172]

무저갱의 열쇠를 받았더라

무저갱(ἀβύσσου)은 지옥과는 달리 사탄의 임시적 거처이며 짐승의 출처이기도 하다. 이곳은 귀신도 들어가기 싫어하는 곳이며(눅 8:31), 악령들도 거하기를 싫어하는 곳이다(유 1:6).

---

172) 송영목, 신약주석, 쿰란출판사, 2011, p. 1325

2절. 저가 무저갱을 여니

악령들이 갇혀 있던 무저갱이 비로소 열리게 된다. 따라서 이 세상은 악령들의 세상이 된다(계 18:2).

그 구멍에서 큰 풀무의 연기 같은 연기가 올라오매

수를 헤아릴 수 없는 악령들이 이 세상에 나옴으로 하나님의 빛을 가리우는 영적 흑암에 의한 악한 세상이 된다(창 19:28; 출 19:18; 욜 2:10).

전갈의 권세를 받은 황충이 땅 위로 나온다(9:3). = 마귀의 해치는 모습이 꼭 황충이 농작물을 해치는 것과 같이 무저갱에서 나온 사탄의 파괴적인 일을 악령들이 잔악한 방법으로 성도들을 해하는데 그 고통과 괴로움이 전갈이 쏘는 것과 같은 영적 고통과 육체적 괴로움이 있음을 알린다.

하늘 전쟁에서 땅으로 쫓겨난 붉은 용?(계 12:7)

적그리스도를 통하여 실질적인 세상의 지배자 노릇을 한다(계 12:7).

교회를 핍박하는 일을 한다(계 12:13).

3절. 또 황충이 연기 가운데로부터 땅 위에 나오매 땅에 있는 전갈의 권세와 같은 권세를 받았더라

악한 영의 세력과 관련된 요한 당시의 비이성적이며 스스로 파괴적으로 만들었던 악한 영들이었다. 유대와 로마 전쟁 중에 유대 성안은 주도권을 잡으려고 사분오열되었다. 열심당원을 중심으로 동족끼리의 살해도 심각했다. 성안에 거짓 메시아와 선지자가 많이 일어나서 미혹했다.[173]

173) 송영목, 신약주석, 쿰란출판사, 2011, p. 1325

전쟁을 위하여 예비한 말들 같고 = 힘과 민첩성

머리에 금 면류관 비슷한 것을 썼으며 = 승리를 가장함

그 얼굴은 사람의 얼굴 같고 = 거짓과 속임수 등의 술수

여자의 머리털 같은 머리털이 있고 = 유혹의 표현

그 이는 사자의 이 같으며 = 잔악성을 나타냄

철 흉갑이 있고 = 대적이 없는 강력함

그 날개의 소리는 병거와 많은 말들이 전장으로 달려가는 소리 같으며 = 두려움과 공포

전갈과 같은 꼬리와 쏘는 살이 있어 = 그 악에 헤어날 자가 없음

저희에게 임금이 있으니 무저갱의 사자라 = 무저갱의 사자는 적그리스도며, 그가 곧 황충의 임금이다.

따라서 황충은 적그리스도의 졸개들인 사람들로서 그리스도의 백성들을 괴롭게 하고 고통을 주어 배교하여 예수 그리스도를 대적하는 자들로 만든다.

참 성도?

1) 어린 양의 피로 그 옷을 씻어 희게 한 자들(계 7:4-17).

2) 기름을 준비하고 있는 슬기로운 처녀들(마 25:1-13).

거짓 신자?

1) 불의로 진리를 막는 자들(롬 1:18-32)

2) 성전 마당만 밟은 자들(사 1:10-12)

3) 불법을 행한 자들(마 7:21)

4) 미련한 다섯 처녀들(마 25:1-13)

5) 예복을 입지 않은 자들(마 21:10-14)

6) 한 달란트 받은 자들(마 25:28-30)

4절. 이마에 하나님의 인(印) 맞지 아니한 사람들만 해하라

(9:1-12 첫째 화 사건 = 11:1-2 성전 밖 마당의 사람들 참고)

김추성 = 하나님의 인침을 받지 않은 자들(출 10:13-15; 욜 2:1-11)에 나오는 메뚜기 재앙을 연상케 한다.[174)]

이광복 = 성령의 인 받지 아니한 자(출애굽 직전 양의 피를 인방의 문설주에 바른 집은 죽음의 사자가 지나갔음)[175)]

이병규 = 이마에 하나님의 인을 새롭게 맞아 하나님의 말씀으로 생명을 삼고 나아가지 않는 자[176)]

김형종 = 죽고 싶어도 죽을 수 없는 존재(6절)[177)]

문재선 = 풀은 말씀이요, 수목은 교회, 하나님의 인 맞은 종은 황충의 피해를 받지 않는다는 것.[178)]

민병석 = 인 맞지 아니한 자들이란 하나님의 종들이 아닌 성도들(계 11:1-2 참조) = 이 시기에 인 맞는 자들은 계시록 11장의 사역을 감당하게 된다. 따라서 인 맞지 아니한 자들이란 하나님의 종들이 아닌 성도들을 말하며 또한 그들이 받는 고통과 괴로움을 표현한 것이고, 불신자들이나 가라지들은 이때에 악령의 도구들로 쓰임 받게 되는 것이다.

박영식 = 하나님의 보호를 상징하는 인장(7:2-3)을 받을 하나님의 종들과는 다른, 인장을 이마에 받지 않은 이들[179)]

박윤선 = 하나님의 택한 자로 간주되지 않는 자를 가리킨다. 이 점에 대하여 7:1-8을 대조하라.[180)]

---

174) 김추성, 하나님과 어린 양의 보좌, 이레서원, 2013, p. 226.
175) 이광복, 계시록 설교노트, 도서출판 흰돌, 1997, p. 132
176) 이병규, 요한계시록, 염광출판사, 1992, p. 186
177) 김형종, 요한계시록, 솔로몬, 2010, p. 162
178) 문재선, 하나님의 비밀이 나타났다, 도서출판 다림줄, 2009, p. 190
179) 박영식, 오늘을 읽는 요한묵시록, 바오로딸, 2012, p. 225.
180) 박윤선, 신약주석 요한계시록, 영음사, 1985, p. 204

이상근 = 하나님의 인 맞지 않은 자는 곧 사탄의 인을 맞은 자들이다(13:16).[181]

이필찬 = 하나님께 속하지 않고 제국의 황제 숭배를 추구하고 사탄을 섬기기로 선택한 자들을 의미한다. 그들이 바로 심판의 대상이다(겔 9:4-6 참조).[182]

렌스키 = 하나님께 인침을 받은 참 신자들은 제외된다(참 신자가 아닌 자들?).[183]

프뉴마성경 = 일곱 나팔은 성도들의 기도 응답으로 오는 극심한 심판을 의미한다.[184]

헨드릭슨 성경주석 = 공포와 파괴를 상징적으로 강조[185]

저자의 견해

'인(印) 맞지 아니한 자'는 "성전(聖殿)과 제단(祭壇)과 그 안에서 경배(敬拜)하는 자들(선택받은 자들, 생명책에 기록된 자들 등)"과 "두려워하여 영광을 하늘의 하나님께 돌리는 남은 자들(계 11:31)"과는 다른 회개치 아니하는 자들(9:20-21)이다.

반면에 '하나님의 인(印) 맞은 자'들이 있다는 것이다. 그렇다면 그들이 누구일까? 전 삼년 반 동안에 순교신앙으로 복음을 전하는 '두 증인'들이다.

"땅의 풀이나 푸른 것이나 각종 수목(樹木)은 해하지 말고"(9:4)라고 하였는데 이때까지는 자연이 사라지는 심판은 없음을 증거한다(계 11:19, 16:17-21; 벧후 3:10-13; 마 24:35 등 참조).

---

181) 이상근, 신약주해 요한계시록, 대한예수교장로회 총회교육부, 신일정판사, 1986, p. 138

182) 이필찬,. 요한계시록 40일 묵상여행, 이레서원, 2018, pp. 105-106

183) 레스키, 배영철 역, 계시록, 백합출판사, 1981, p. 236

184) 정인찬, 잭 헤이포드 책임편찬, 프뉴마성경, (주)넥서스, 2014, 신약 p. 407

185) 윌리엄 헨드릭슨, 김영익, 문영탁 옮김, 요한계시록 주석, 아가페출판사, 1988, p. 146

이때(계 9:1-12) 무저갱의 사자 아바돈, 아볼로온(마귀, 사탄)의 영향권에 있는 '황충'들과 같은 악령들에게 죽고자 하여도 죽지 못하는 영적 괴롭힘의 고통을 당하는 자들은, 성전 밖 마당이 아닌, '거룩한 성' 안에 있는 자들(계 11:1-2)임에 주목하자[마 7:6(보화를 개들)? 마 3:10 = 7:15-20 = 눅 6:43-44(좋은 열매 맺지 아니하는 나무)? 마 12:34(독사의 자식들)? 마 13:24-30, 36-43, 49-50(가라지, 악인들) 등 참조].

따라서 이때야말로 '깨어 있어야 할 때'이다. 슬기 있는 자와 미련한 자, 양과 염소가 구별되며, 악한 자는 계속 악을 행하고(마 25:1-51; 막 13:14-37; 눅 21:20-33, 17:20-37, 12:41-18; 단 12:9-10), 구원받은 성도(聖徒)는 회개하고 하나님께 돌아온 자로서 회개에 합당한 일을 행한다(마 4:17; 행 17:30-31, 26:20 등 참조).

죽음이 저희를 피하리로다(9:6) = 성도가 이때에 죽는 것은 순교가 될 것이나 이 기간에 죽음이란 없다. 환난 때의 죽음은 곧 순교요, 이때의 순교자는 오직 두 증인인 144,000명인 하나님의 종들뿐이다. 이 기간에 구별된 성도들은 예비처로 인도 받게 되고 후에 천년왕국의 백성이 되는 복을 누리게 된다.

8장(8:1-5)의 성도들의 기도에 대한 응답은 9장(9:3-5)에서부터 시작된다.

7년 환란의 서막은 성도들의 탄원기도가 합해진 응답으로부터 시작된다. 성도들의 기도는 예수님의 이름의 그릇에 담길 때만이 하나님께 드려지는 향이 되는 것이다. 즉 성령님의 도우심에 따라 하나님의 뜻대로 드려지는 기도가 예수님의 이름의 그릇에 담길 때만이 향이 될 수 있는 것이다(단 10:12-13 참조). = 성도들의 기도 응답은 뇌성과 음성과 번개와 지진으로 나타났다.

하나님께 드리는 천사(다른 천사)와 일곱 나팔을 부는 천사가 등장하면서 첫째 천사의 나팔에서 넷째 천사의 나팔에 이어 화가 셋이 있을 것을 말씀하고, 이어 9장에 다섯째 천사의 나팔(첫째 화)과 여섯째 나팔(둘째 화)에 대한 내용과 함께, 일곱 인은 7년 환란 재앙의 총론이며 일곱째 인은 일곱 나팔로써, 7년 환란의 모습을 보여준다.

προσευχαῖς(프로슈카이스) 명여여복 기도들과 합하여 with-prayers = 4335 προσευχή(proseuche 프로슈케) 336에서 유래; '기도', '예배' 함축적으로 '예배당'

ἀδικήσωσιν (아디케소신) 동가과능복3 해하지 they should-hurt = 91 ἀδικέω(adikeo 아디케오) 94에서 유래; '부당하게 되다', 즉(능동형; 도덕적으로, 사회적으로 혹은 육체적으로) 잘못하다, 상하다, 해치다, 범죄자가 되다, 불공평하다

μὴ(메) 형부 만 해하라 but = 3361 μή(me 메) 제한된 부정을 나타내는 기본 불변사(반면에 3756은 절대적인 부정을 나타낸다); (부사) '아니', (접속사) ~않도록, 또한(부정적 대답【반면에 3756은 확실한 것을 기피한다】을 함축하는 의문사로서) '~인지 아닌지', 어느, 그러나, 참다, 하나님이 금하다, 결핍하다, ~입다, ~도 아니다, ~없이, 종종 본질적으로 같은 관계에서 복합적으로 사용된다.

❁ 13-21절. 여섯째 천사가 나팔을 불매

'둘째 화'인 여섯째 나팔 재앙으로, 전 삼년 반 끝에 있을 사건으로 '유브라데' 전쟁, 두 증인의 부활과 지진 등이 있음을 증거한다(계 11:1-13, 12:1-6).

'또 그 살인과 복술과 음행과 도적질을 회개치 아니하더라'(9:21.

13-21)

μετενόησαν(메테노에산) 동직과능복3 회개하지 repented they = 3340 μετανοέω(metanoeo 메타타노에오) 3326과 3539에서 유래; 【'다르게' 또는 '후에'】 생각하다. 재고하다.(【도덕적으로】 가책을 느끼다), 뉘우치다

민병석 목사 = 여섯째 천사의 나팔 = 유브라데 전쟁 = 둘째 화?

시기(전쟁 발발의 시기) = 두 증인의 승천 직후, 후 삼년 반에 들어서자마자 일어난다(계 9:13-21 = 11:12-14에 근거) = 유브라데 전쟁, 두 증인의 죽음과 부활 승천, 죽은 사람이 7천, 그 남은 자의 회심 등이 동시에 있다고 한다.

송영목 = 9:16-19은 2만만(2억, 요한 당시의 로마제국 전체 인구보다 많음)으로 상징되는 엄청난 숫자의 로마 군인들이 유대 - 로마 전쟁 시에 예루살렘 성벽을 허물기 시작한 것을 묘사하는 것으로 볼 수 있다(참고, 눅 21:20).[186)]

이필찬 = 17의 "이상한 가운데(異常한 가운데) 그 말들과 그 위에 탄 자들을 보니"에서 요한은 환상 중에 말 탄 자들을 본다. 이 내용은 문자적 묘사가 아니라 환상을 통한 상징적 묘사이다.[187)]

저자의 견해

'유브라데' 전쟁은 두 증인(계 11:3-13)의 사건 곧 '둘째 화'(계 11:14)와 관련이 있으므로, '유브라데' 전쟁은 전 삼년 반의 후반부에 있을 사건이다.

---

186) 송영목, 신약주석, 쿰란출판사, 2011, p. 1326

187) 이필찬, 요한계시록 40일 묵상여행, 이레서원, 2018, p. 112

(1) 유브라데에 결박한 네 천사를 놓아 주라 하매 = 하나님의 종들의 이마에 인치고 그의 예언사역도 마치고 그들로 하여금 세계 열방 중 선택 받은 백성들(흰옷 입은 무리들)의 개인적 구원을 다 이루게 하였으니 이제 이 땅에 재앙을 내리도록 한 것임.

(2) 네 천사가 놓였으니 = 전쟁의 발발을 의미함. 중동 지역에서 네 바람인 세계 사대 전쟁세력의 이만만의 병력이 충돌하게 되는 무서운 세계적 전쟁의 재앙이 일어남.

(3) 그 말들과 그 탄 자들을 보니 = 사도 요한이 살고 있던 시대에 종말의 때에 있을 초현대식 무기들을 환산 중에 보게 된 것이다.

(4) 세 재앙 곧 저희 입에서 나오는 불과 연기와 유황을 인하여 사람 삼분의 일이 죽임을 당하니라 = 세 재앙은 불, 연기, 유황 곧 핵과 같은 가공할 무기로 인하여 세계 인구의 삼분의 일이 죽게 된다.

(5) 이 말들의 힘 = 신무기들의 모양과 파괴력을 표현한 것임

(6) 이 재앙에 죽지 않고 남은 사람들 = 삼분의 이가 살아남게 되는데 그들은 더욱 큰 죄악과 우상숭배에 빠지게 된다.

(7) 회개치 아니하니라 = 그들은 회개하고 돌이켜 하나님을 찾기는커녕 인간적 판단에 의한 행동 등으로 그들의 죄는 하늘에 사무치게 된다(계 18:5).

유브라데 전쟁의 성격?

1. 네 천사가 놓이는 그 년, 월, 일, 시에 일어난다.
2. 중동에서 일어남 = 현재의 이라크, 튀르키예, 시리아 등
3. 네 바람이 작용하는 전쟁 곧 네 세력 간의 전쟁
4. 동원되는 병력 수는 이만만이다.
5. 세계 인구의 삼분의 일이 죽게 된다. = 1차 세계대전(1914년) 천만 명, 2차 세계대전(1945년)에는 5천만 명, 3차 세계대전(?)에는 세계 인구의 삼분의 일이 죽게 됨

아마겟돈 전쟁과의 비교?

1. 유브라데 전쟁은 둘째 화이고 아마겟돈 전쟁은 셋째 화이다.
2. 유브라데 전쟁은 여섯째 나팔에 속하고 아마겟돈 전쟁은 일곱째 나팔 중 여섯째 대접에 속한다.
3. 유브라 전쟁은 네 바람이 동원된 전쟁이고, 아마겟돈 전쟁은 재림하시는 예수님의 하늘 군대로 적그리스도 군대와 싸우는 전쟁이다(계 17:4, 19:13)
4. 유브라데 전쟁 후에 적그리스도의 통치가 본격적으로 시작된다. 아마겟돈 전쟁은 이 전쟁터에서 적그리스도와 거짓 선지자들이 생포되어 심판을 받는다(계 19:19-20).

유브라데 전쟁에 관한 성경적 연구?

1. 적그리스도와 체결된 평화조약으로 중동이나 세계적 평화가 유지되어 이스라엘의 생존권이 보장된다(단 9:27.)
2. 이때 적그리스도는 유대인들에게 자기 신상을 세우게 된다(요 5:43).
3. 7년 중간쯤에 예루살렘 성전에 자기 신상을 세우게 된다(마 24:15; 단 9:27).
4. 적그리스도는 7년 중간쯤에 와서 유대인들에게 제사와 예물을 금지시킨다.
5. 적그리스도는 자기를 하나님이라 하여 경배케 한다(살후 2:4).
6. 이때 7년 조약은 유대인들의 파기로 휴지화된다.
7. 이 같은 절호의 기회에 남방 왕인 애굽을 주축으로 아랍권이 이스라엘을 침략하게 된다(단 11:40).
8. 이때에 북방 왕이 남방 왕을 도와 이스라엘을 공격하게 된다(단 11:40; 겔 38:8-9, 15-16).
9. 이때에 또 다른 세력(네 바람 중 하나) 열 뿔을 도와 전쟁에 개입

하게 될 것이다.

10. 이 전쟁으로 세계 인구 삼분의 일과 십분의 일의 도시가 초토화되고, 환경적인 것은 물론 기근이 극에 달하게 되고, 적그리스도는 초능력적인 권세로 온 세계를 장악하게 될 것이다(계 13:1-5).

셋째 화(계 15:1-21)는 '일곱째 나팔 재앙'(계 10:1-7, 11:15-19)이며, '일곱 대접 재앙'(계 15:1-21)으로 후 삼년 반에 있을 마지막 재앙(심판)이다(계 15:-19; 마 24:15-31).

〈도움 말씀〉

믿음으로 기도하자(8:3. 8:1–9:21) = 기도하자

- 서론

시 4:1 = 내 의의 하나님이여 내가 부를 때에 응답하소서 곤란 중에 나를 너그럽게 하셨사오니 나를 긍휼히 여기사 나의 기도를 들으소서

시 27:9 = 주의 얼굴을 내게서 숨기지 마시고 주의 종을 노하여 버리지 마소서 주는 나의 도움이 되셨나이다 나의 구원의 하나님이시여 나를 버리지 말고 떠나지 마옵소서

시 119:94 = 나는 주의 것이오니 나를 구원하소서 내가 주의 법도를 찾았나이다

시 140:12–13 = 감사하며(13)

(12)내가 알거니와 여호와는 고난당하는 자를 신원하시며 궁핍한

자에게 공의를 베푸시리이다 (13)진실로 의인이 주의 이름에 감사하며 정직한 자가 주의 앞에 거하리이다

느 1:8-9 = 행하면(9)

(8)옛적에 주께서 주의 종 모세에게 명하여 가라사대 (9)만일 너희가 범죄 하면 내가 너희를 열국 중에 흩을 것이요 만일 내게로 돌아와서 내 계명을 지켜 행하면 너희 쫓긴 자가 하늘 끝에 있을지라도 내가 거기서부터 모아 내 이름을 두려고 택한 곳에 돌아오게 하리라 하신 말씀을 이제 청컨대 기억하옵소서

1. 기도하라(8:3. 8:1-5) = 믿음으로 기도하라

출 30:7-10 = 사르되(7)

(7)아론이 아침마다 그 위에 향기로운 향을 사르되 등불을 정리할 때에 사를지며 (8)또 저녁때 등불을 켤 때에 사를지니 이 향은 너희가 대대로 여호와 앞에 끊지 못할지며 (9) 너희는 그 위에 다른 향을 사르지 말며 번제나 소제를 드리지 말며 전제의 술을 붓지 말며 (10) 아론이 일 년 일 차씩 이 향단 뿔을 위하여 속죄하되 속죄제의 피로 일 년 일 차씩 대대로 속죄할지니라 이 단은 여호와께 지극히 거룩하니라

계 5:8 = 계책을 취하시매 네 생물과 이십사 장로들이 어린 양 앞에 엎드려 각각 거문고와 향이 가득한 금대접을 가졌으니 이 향은 성도의 기도들이라

시 141:2 = 나의 기도가 주의 앞에 분향함과 같이 되며 나의 손드는 것이 저녁 제사같이 되게 하소서

엡 6:10-20 = 기도하고(18)

(10)종말로 너희가 주 안에서와 그 힘의 능력으로 강건하여지고
(11)마귀의 궤계를 능히 대적하기 위하여 하나님의 전신갑주를 입
으라 (12)우리의 씨름은 혈과 육에 대한 것이 아니요 정사와 권세와
이 어두움의 세상 주관자들과 하늘에 있는 악의 영들에게 대함이
라 (13)그러므로 하나님의 전신갑주를 취하라 이는 악한 날에 너희
가 능히 대적하고 모든 일을 행한 후에 서기 위함이라 (14)그런즉 서
서 진리로 너희 허리 띠를 띠고 의의 흉배를 붙이고 (15)평안의 복음
의 예비한 것으로 신을 신고 (16)모든 것 위에 믿음의 방패를 가지고
이로써 능히 악한 자의 모든 화전을 소멸하고 (17)구원의 투구와 성
령의 검 곧 하나님의 말씀을 가지라 (18)모든 기도와 간구로 하되 무
시로 성령 안에서 기도하고 이를 위하여 깨어 구하기를 항상 힘쓰며
여러 성도를 위하여 구하고 (19)또 나를 위하여 구할 것은 내게 말씀
을 주사 나로 입을 벌려 복음의 비밀을 담대히 알리게 하옵소서 할
것이니 (20)이 일을 위하여 내가 쇠사슬에 매인 사신이 된 것은 나로
이 일에 당연히 할 말을 담대히 하게 하려 하심이니라

계 6:8-11 = 쉬되(11)

(8)내가 보매 청황색 말이 나오는데 그 탄 자의 이름은 사망이니
음부가 그 뒤를 따르더라 저희가 땅 사분 일의 권세를 얻어 검과 흉
년과 사망과 땅의 짐승으로써 죽이더라 (9)다섯째 인을 떼실 때에 내
가 보니 하나님의 말씀과 저희의 가진 증거를 인하여 죽임을 당한 영
혼들이 제단 아래 있어 (10)큰 소리로 불러 가로되 거룩하고 참되신
대주재여 땅에 거하는 자들을 심판하여 우리 피를 신원하여 주지
아니하시기를 어느 때까지 하시려나이까 하니 (11)각각 저희에게 흰
두루마기를 주시며 가라사대 아직 잠시 동안 쉬되 저희 동무 종들과
형제들도 자기처럼 죽임을 받아 그 수가 차기까지 하라 하시더라

2. 인 맞지 아니한 사람들만 해하라?(9:4. 8:6-9:12) = 선택 받은 복을 누려라

출 12:21-23 = 뿌리고(22)

(21)모세가 이스라엘 모든 장로를 불러서 그들에게 이르되 너희는
나가서 너희 가족대로 어린 양을 택하여 유월절 양으로 잡고 (22)너
희는 우슬초 묶음을 취하여 그릇에 담은 피에 적시어서 그 피를 문
인방과 좌우 설주에 뿌리고 아침까지 한 사람도 자기 집 문 밖에 나
가지 말라 (23)여호와께서 애굽 사람을 치러 두루 다니실 때에 문 인
방과 좌우 설주의 피를 보시면 그 문을 넘으시고 멸하는 자로 너희
집에 들어가서 너희를 치지 못하게 하실 것임이니라

계 6:12-17 = 숨어(15)

(12)내가 보니 여섯째 인을 떼실 때에 큰 지진이 나며 해가 총담
같이 검어지고 온 달이 피같이 되며 (13)하늘의 별들이 무화과나무
가 대풍에 흔들려 선과실이 떨어지는 것같이 땅에 떨어지며 (14)하늘
은 종이 축이 말리는 것같이 떠나가고 각 산과 섬이 제 자리에서 옮
기우매 (15)땅의 임금들과 왕족들과 장군들과 부자들과 강한 자들과
각 종과 자주자가 굴과 산 바위 틈에 숨어 (16)산과 바위에게 이르되
우리 위에 떨어져 보좌에 앉으신 이의 낯에서와 어린 양의 진노에서
우리를 가리우라 (17)그들의 진노의 큰 날이 이르렀으니 누가 능히
서리요 하더라

눅 23:26-31 = 울라(28)

(26)저희가 예수를 끌고 갈 때에 시몬이라는 구레네 사람이 시골
로서 오는 것을 잡아 그에게 십자가를 지워 예수를 좇게 하더라 (27)
또 백성과 및 그를 위하여 가슴을 치며 슬피 우는 여자의 큰 무리가
따라오는지라 (28)예수께서 돌이켜 그들을 향하여 가라사대 예루살
렘의 딸들아 나를 위하여 울지 말고 너희와 너희 자녀를 위하여 울

라 (29)보라 날이 이르면 사람이 말하기를 수태 못하는 이와 해산하
지 못한 배와 먹이지 못한 젖이 복이 있다 하리라 (30)그때에 사람이
산들을 대하여 우리 위에 무너지라 하며 작은 산들을 대하여 우리를
덮으라 하리라 (31)푸른 나무에도 이같이 하거든 마른 나무에는 어
떻게 되리요 하시니라

마 13:1-23 = 들으라(18)

(18)그런즉 씨 뿌리는 비유를 들으라 (19)아무나 천국 말씀을 듣고
깨닫지 못할 때는 악한 자가 와서 그 마음에 뿌리운 것을 빼앗나니
이는 곧 길가에 뿌리운 자요 (20)돌밭에 뿌리웠다는 것은 말씀을 듣
고 즉시 기쁨으로 받되 (21)그 속에 뿌리가 없어 잠시 견디다가 말씀
을 인하여 환난이나 핍박이 일어나는 때에는 곧 넘어지는 자요 (22)
가시떨기에 뿌리웠다는 것은 말씀을 들으나 세상의 염려와 재리의
유혹에 말씀이 막혀 결실치 못하는 자요 (23)좋은 땅에 뿌리웠다는
것은 말씀을 듣고 깨닫는 자니 결실하여 혹 백 배, 혹 육십 배, 혹 삼
십 배가 되느니라 하시더라(막 4:1-20; 눅 8:4-15 참조)

마 13:36-43 = 들으라(43)

(36)이에 예수께서 무리를 떠나사 집에 들어가시니 제자들이 나아
와 가로되 밭의 가라지의 비유를 우리에게 설명하여 주소서 (37)대
답하여 가라사대 좋은 씨를 뿌리는 이는 인자요 (38)밭은 세상이요
좋은 씨는 천국의 아들들이요 가라지는 악한 자의 아들들이요 (39)
가라지를 심은 원수는 마귀요 추수 때는 세상 끝이요 추수꾼은 천
사들이니 (40)그런즉 가라지를 거두어 불에 사르는 것같이 세상 끝
에도 그러하리라 (41)인자가 그 천사들을 보내리니 저희가 그 나라에
서 모든 넘어지게 하는 것과 또 불법을 행하는 자들을 거두어 내어
(42)풀무 불에 던져넣으리니 거기서 울며 이를 갊이 있으리라 (43)그

때에 의인들은 자기 아버지 나라에서 해와 같이 빛나리라 귀 있는 자는 들으라

마 24장. 참조 단계적으로 설명?

3. 회개하라(9:21. 9:13-21) = 이 세상 것을 사랑치 말라

마 3:1-4 = 회개하라(2)

(1)그때에 세례 요한이 이르러 유대 광야에서 전파하여 가로되 (2)
회개하라 천국이 가까왔느니라 하였으니 (3)저는 선지자 이사야로 말씀하신 자라 일렀으되 광야에 외치는 자의 소리가 있어 가로되 너희는 주의 길을 예비하라 그의 첩경을 평탄케 하라 하였느니라 (4)이
요한은 약대 털옷을 입고 허리에 가죽띠를 띠고 음식은 메뚜기와 석청이었더라

마 4:17 = 이때부터 예수께서 비로소 전파하여 가라사대 회개하라 천국이 가까왔느니라 하시더라

계 15:5-8 = 들어갈(8)

(5)또 이 일 후에 내가 보니 하늘에 증거 장막의 성전이 열리며 (6)
일곱 재앙을 가진 일곱 천사가 성전으로부터 나와 맑고 빛난 세마포 옷을 입고 가슴에 금띠를 띠고 (7)네 생물 중에 하나가 세세에 계신 하나님의 진노를 가득히 담은 금대접 일곱을 그 일곱 천사에게 주니
(8)하나님의 영광과 능력을 인하여 성전에 연기가 차게 되매 일곱 천사의 일곱 재앙이 마치기까지는 성전에 능히 들어갈 자가 없더라

계 16:1-20 = 일곱 대접 재앙 설명[맹렬(猛烈)한 진노(震怒)의 포도주잔(19)]

요 12:36-43 = 사랑하였더라(43)

(36)너희에게 아직 빛이 있을 동안에 빛을 믿으라 그리하면 빛의 아들이 되리라 예수께서 이 말씀을 하시고 저희를 떠나가서 숨으시니라 (37)이렇게 많은 표적을 저희 앞에서 행하셨으나 저를 믿지 아니하니 (38)이는 선지자 이사야의 말씀을 이루려 하심이라 가로되 주여 우리에게 들은 바를 누가 믿었으며 주의 팔이 뉘게 나타났나이까 하였더라 (39)저희가 능히 믿지 못한 것은 이 까닭이니 곧 이사야가 다시 일렀으되 (40)저희 눈을 멀게 하시고 저희 마음을 완고하게 하셨으니 이는 저희로 하여금 눈으로 보고 마음으로 깨닫고 돌이켜 내게 고침을 받지 못하게 하려 함이니라 하였음이더라 (41)이사야가 이렇게 말한 것은 주의 영광을 보고 주를 가리켜 말한 것이라 (42)그러나 관원 중에도 저를 믿는 자가 많되 바리새인들을 인하여 드러나게 말하지 못하니 이는 출회를 당할까 두려워함이라 (43)저희는 사람의 영광을 하나님의 영광보다 더 사랑하였더라(사6:10 참조)

행 2:37-41 = 회개하라(38)

(37)저희가 이 말을 듣고 마음에 찔려 베드로와 다른 사도들에게 물어 가로되 형제들아 우리가 어찌할꼬 하거늘 (38)베드로가 가로되 너희가 회개하여 각각 예수 그리스도의 이름으로 세례를 받고 죄 사함을 얻으라 그리하면 성령을 선물로 받으리니 (39)이 약속은 너희와 너희 자녀와 모든 먼 데 사람 곧 주 우리 하나님이 얼마든지 부르시는 자들에게 하신 것이라 하고 (40)또 여러 말로 확증하며 권하여 가로되 너희가 이 패역한 세대에서 구원을 받으라 하니 (41)그 말을 받는 사람들은 세례를 받으매 이날에 제자의 수가 삼천이나 더하더라

시 139:13-18 = 감사하옴은(14)

(13)주께서 내 장부를 지으시며 나의 모태에서 나를 조직하셨나

이다 (14)내가 주께 감사하옴은 나를 지으심이 신묘막측하심이라 주의 행사가 기이함을 내 영혼이 잘 아나이다 (15)내가 은밀한 데서 지음을 받고 땅의 깊은 곳에서 기이하게 지음을 받은 때에 나의 형체가 주의 앞에 숨기우지 못하였나이다 (16)내 형질이 이루기 전에 주의 눈이 보셨으며 나를 위하여 정한 날이 하나도 되기 전에 주의 책에 다 기록이 되었나이다 (17)하나님이여 주의 생각이 내게 어찌 그리 보배로우신지요 그 수가 어찌 그리 많은지요 (18)내가 세려고 할지라도 그 수가 모래보다 많도소이다 내가 깰 때에도 오히려 주와 함께 있나이다

요일 2:15-17 = 사랑치(15)

(15)이 세상이나 세상에 있는 것들을 사랑치 말라 누구든지 세상을 사랑하면 아버지의 사랑이 그 속에 있지 아니하니 (16)이는 세상에 있는 모든 것이 육신의 정욕과 안목의 정욕과 이생의 자랑이니 다 아버지께로 좇아온 것이 아니요 세상으로 좇아온 것이라 (17)이 세상도, 그 정욕도 지나가되 오직 하나님의 뜻을 행하는 이는 영원히 거하느니라

계 2장 - 3장 참조 설명?

- **결론**

요 16:21-24 = 구하라(24)

(21)여자가 해산하게 되면 그때가 이르렀으므로 근심하나 아이를 낳으면 세상에 사람 난 기쁨을 인하여 그 고통을 다시 기억지 아니하느니라 (22)지금은 너희가 근심하나 내가 다시 너희를 보리니 너희 마음이 기쁠 것이요 너희 기쁨을 빼앗을 자가 없느니라 (23)그날에는 너희가 아무것도 내게 묻지 아니하리라 내가 진실로 진실로 너희에

게 이르노니 너희가 무엇이든지 아버지께 구하는 것을 내 이름으로 주시리라 (24)지금까지는 너희가 내 이름으로 아무것도 구하지 아니하였으나 구하라 그리하면 받으리니 너희 기쁨이 충만하리라

눅 18:1-8 = 낙망치(1)

(1)항상 기도하고 낙망치 말아야 될 것을 저희에게 비유로 하여
(2)가라사대 어떤 도시에 하나님을 두려워 아니하고 사람을 무시하는 한 재판관이 있는데 (3)그 도시에 한 과부가 있어 자주 그에게 가서 내 원수에 대한 나의 원한을 풀어 주소서 하되 (4)그가 얼마 동안 듣지 아니하다가 후에 속으로 생각하되 내가 하나님을 두려워 아니하고 사람을 무시하나 (5)이 과부가 나를 번거롭게 하니 내가 그 원한을 풀어 주리라 그렇지 않으면 늘 와서 나를 괴롭게 하리라 하였느니라 (6)주께서 또 가라사대 불의한 재판관의 말한 것을 들으라 (7)
하물며 하나님께서 그 밤낮 부르짖는 택하신 자들의 원한을 풀어 주지 아니하시겠느냐 저희에게 오래 참으시겠느냐 (8)내가 너희에게 이르노니 속히 그 원한을 풀어 주시리라 그러나 인자가 올 때에 세상에서 믿음을 보겠느냐 하시니라

요일 2:15-17 = 사랑치(15)

(15)이 세상이나 세상에 있는 것들을 사랑치 말라 누구든지 세상을 사랑하면 아버지의 사랑이 그 속에 있지 아니하니 (16)이는 세상에 있는 모든 것이 육신의 정욕과 안목의 정욕과 이생의 자랑이니 다 아버지께로 좇아온 것이 아니요 세상으로 좇아온 것이라 (17)이
세상도, 그 정욕도 지나가되 오직 하나님의 뜻을 행하는 이는 영원히 거하느니라

PART 10

일곱째 나팔,
일곱 대접 재앙

제10장

하나님 말씀을 선포하라

마지막 때에 있을 재앙에 대한 천사의 나팔 중 첫째로부터 여섯째까지는 8장-9장에 계시되었다. 그러나 일곱째 천사의 나팔은 어떻게 된다는 것인가? 그에 대하여 10장 5절-7절의 말씀과 같이 하나님께서 계획하신 대로 전한 복음의 성취의 결론을 예시(豫示)하고, 결론된 예시(豫示)의 일곱째 천사의 나팔은 11장 14절-19절에 계시되고, 셋째 화 곧 일곱째 천사의 나팔 재앙(마지막 일곱 재앙 =일곱 대접 재앙)의 내용에 관한 것은 15장-19장에서 계시되고 있다. 이로써 하나님의 비밀(秘密)은 그 종들(두 證人(11:3-14) = 계 6:2(흰말 탄 자) = 7:4-8(이스라엘 지파의 인 맞은 자) = 10:7(종, 선지자들) = 14:1-5(144,000)에게 미리 보이시고 전해주신 복음대로 이루신다는 것을 알 수 있다.

❁ 1-4절. 힘센 다른 천사

• 1절. 힘센 다른 천사

본장에 언급된 힘센 다른 천사와 작은 책에 대한 견해들이 분분하다.

힘센 다른 천사는 누구일까에 대한 견해들

그 대표적인 것으로는 그리스도로 보는 견해와 그렇지 않은 견해가 있다. 전자는 천사가 나타나는 모습이 구름과 무지개와 해와 불기둥으로 묘사되는 것으로 보아 그리스도의 출현과 흡사하다는 이유에 근거를 두며(참조, 계 1:15-16), 후자는 계시록에서 그리스도는 종종 '어린 양'으로 언급되었고 천사와 동일시된 적이 없으며 또한 천사는 하나님의 영예와 일치할 수 없다는 이유에 근거한다.

1) 예수 그리스도(Clarke. 신성종. 이병규)
2) 가브리엘 천사(Calrles)
3) 그리스도 자신이라고 하나, 크레다너스(Greijdanus)는 이것을 고급천사라 하였다(박윤선).
4) 강하신 예수님(이광복)
5) 8:3의 경우와 상통함으로 역시 어떤 천사로 보는 것이 자연스러울 것이다(이상근).
6) 그리스도를 대행하는 천사(천정웅)
7) 명백히 특별한 사신이다. 그의 자세는 온 세상을 향한 메시지를 가지고 있음을 의미한다(프뉴마성경).[188]
8) 얼굴이 해 같고(천사에 대하여는 얼굴을 표현한 부분이 없다) 만물을 그 발아래 둔 것과 작은 책의 소유자로 그가 외치니 일곱 우레가 발한 점으로 보아 그가 단순히 전달자(被啓示者)가 아닌 계시자(啓示者)로 보아 예수 그리스도로 생각한다. 또한 참고로 한 계 1:15-16의 내용은 인자(1:13)이신 예수 그리스도를 증거하는 것이기에 더더욱 그러하다(민병석).

저자 견해

성경은 예수 그리스도의 계시를 분명히 하지만, 성경(본문)대로 '힘센 다른 천사' 그대로 보는 것이 바람직하다(성경은 예수님을 천사라 한 일이 없다는 점에 주의하자). 또한 천사 앞에 관사가 없음을 볼 때 모든 천사 중 하나로 보는 것이 바람직하다(계 1:1-2, 18:1 참조).

---

188) 정인찬, 잭 헤이포드 책임편찬, 프뉴마성경, (주)넥서스, 2014, 신약 p. 409

• 2절. 그 손에 펴 놓인 작은 책(2. 9. 10.)

작은 책에 대한 견해들

1) 이미 기록되어 인봉된 큰 두루마리와 구별하기 위한 것(김재준)
2) 장차 있을 하나님의 심판이 담긴 조서(김응조)
3) 인봉된 책의 일부(특히 다섯째 인을 보다 구체적으로 설명하는 책(박수암)
4) 하나님의 오른손에 있던 심판의 책(5:1)을 다시 환상으로 보여준 것(박윤선)
5) 만민 앞에 공개된 계시 곧 예수 그리스도의 십자가 죽음과 부활(석원태)
6) 성경(신성종. 하나님의 말씀 = 천정웅)
7) 요한계시록의 특성과 이를 상징하기에 요한계시록으로 본다(이광복, 이병규)
8) 11장 이하에 다소 소개된 심판의 책이다(이상근)
9) 후 3년 반에 일어날 일들을 예언한 메시지(조용기)
10) 하나님의 오른손에 펴 놓인 책(5:1)과 동일한 책(데이크)
11) 에스겔의 상징적인 두루마리와 연결됨(존슨)
12) 5장에 언급된 큰 두루마리와 비교해서 작은 책(비더울프)
13) 구원의 비밀이 설명되어 있는 복음(헨드릭슨)
14) 구원의 복음으로서 하나님의 말씀(렌스키)
15) 하나님의 말씀 자체를 상징(왈부르드)
16) 종말의 시발점에 요한의 선지적 임무가 갱신되며 강화될 것을 상징(래드)
17) 요한계시록 전체를 의미하는가? 아니면 요한계시록 4-11장 다음의 요한계시록 13-19장을 가리키는가? 아마도 이 두 책은 동일한 것으로 보인다. 이유는 문맥상(두 천사의 동일성을 제쳐두고

서라도) 요한계시록 5장 2절에도 힘 있는 천사가, 10장 1절에도 다른 힘센 천사가 등장하고, 둘 다 에스겔 2장 9-10절과 에스겔 3장 1-3절을 암시하고 있기 때문이다.[189]

18) 5장에 나오는 두루마리와 같은 의미이다. 그런데 5장에서는 봉인되었던 두루마리가 10장에서는 펼쳐진 것으로 묘사된다. 그 이유는 6-8장에서 봉인된 두루마리의 일곱 인을 어린 양이 이미 떼었기 때문이다.[190]

작은 책(2. 9. 10)? = 7우레(3-4) = 일곱째 나팔(7a) = 하나님의 비밀 (7b) = 에언하라(11) = 복음(福音) 성취(成就) 예고(豫告)

일곱 우레[βροντή(브론테) 천둥 thunder]의 인봉(印封)?

기록하지 않은 것이 너무나 분명하다. 따라서 우레의 내용이 무엇이라고 말했는지는 우리로서는 알 수가 없다.

공동번역에는 '비밀에 붙이고'라고 번역되어 있다. 다니엘도 자신이 본 것들 중에서 일부는 사람들에게 알려지지 않게 하라는 천사의 지시를 받은 적이 있다(단 12:4, 9). 따라서 억지로 해석하려 들지 않는 것이 좋다고 본다.

- **4절.**

일곱 우레(雨雷)가 발할 때에 내가 기록하려고 하다가 곧 들으니 하늘에서 소리 나서 말하기를 일곱 우레가 발한 것을 인봉(印封)하고 기록(記錄)하지 말라 하더라.

γράψῃς 동가과능단2*동명과능단2 기록하지 = 1125 γράφω

---

189) 송영목, 신약주석, 쿰란출판사, 2011, p. 1327

190) 이필찬, 요한계시록 40일 묵상여행, 이레서원, 2018, pp. 116-117

grapho 기본동사; “새기다”, 특히 ‘기록하다’, 상징적으로 ‘그리다’, 묘사하다, 쓰다

❀ 5-7절. 일곱째 천사가 소리 내는 날

• 5절. ‘바다’와 ‘땅’

바다와 땅에 대한 견해들

1) 바다는 유럽, 땅은 아시아(Bengel)

2) 바다는 세상의 권력, 땅은 거기에서 고민하는 국가들(Hengstenberg)

3) 세계의 전부(Clarke, Moffatt, Rist) 등이다.

마지막 견해가 다수의 지지를 받고 있다. 즉 그 천사의 전하는 말이 바다와 땅의 전 세계와 관계를 갖고 있음을 알 수 있기 때문이다. 그러나 본인은 지구상의 모든 만물을 의미한다고 본다.

• 6절. 지체하지 아니하리니

헬라어를 문자적으로 해석하면 ‘시간이 더이상 없으리니’이다. 이것은 다음과 같이 번역될 수 있다.

1) 시간은 더 이상 존재하지 않을 것이며, 영원이 시작될 것이다.

2) 일곱째 천사의 나팔에서 밝혀진 최후의 심판이 가해짐에 있어 더 지체할 시간이 없다는 것이다.

두 가지 의미를 다 받아들임이 적합하다 할 것이다. 이제 하나님의 계획하신 심판의 시간은 다가왔고 그의 자비(慈悲)를 거역한 결과, 더 이상 지체할 시간이 없다는 것이다. 그래서 최후의 심판은 바로 이 시점에서 시작되는데, 그것은 시간의 종말이며 영원의 시작에 의한 전한 복음의 성취를 의미한다. 모든 것에 때가 있음을 기억하라.

따라서 우리는 하나님의 심판의 어린 양의 적들을 멸망과 최후의

재앙, 시대의 종말을 대비하게 하는 일에 열심을 내야 할 것이다.

- **7절. 그 나팔을 불게 될 때에 하나님의 비밀이 그 종 선지자에게 전하신 복음과 같이 이루리라**

'하나님의 비밀' 즉 '하나님이 계시하신 복음에 의한 구원'의 성취 선언으로, 예수님의 최후 심판의 재림만을 증거하기보다는 교회론적 구원론으로 '이미'와 '아직'에 의한 종말론적으로 이해해야 한다.

❁ 8–11절. 작은 책

- **9절. 갖다 먹어버리라 네 배에서는 쓰나 네 입에는 꿀같이 달리라**

채현국(효암학원 이사장)의 "쓴 맛이 사는 맛"이라는 말을 들은 바 있는데 공감을 했다.

하나님의 종들의 사명(使命)

하나님의 종들의 사명(使命)에 대하여는 11장에서 구체적으로 적시(適時)한다.

일곱 우레(4) = 하나님의 비밀(7) = 작은 책(2, 9)은 "그(사도 요한)의 입에는 달았으나, 배에서는 쓰게 되었다." 그러나 이 예언의 책을 사도가 더 철저히 음미했을 때, 그 내용은 썼다. 그것이 너무나 두렵고 끔찍하여, 그것을 미리 안다는 것이 유쾌하지 않았을 것이다(메튜 헨리).

저자 견해

사도 요한이 들은(일곱 우레) '작은 책'의 내용은, 일곱째 천사의 나팔[일곱째 나팔 재앙 = 일곱 대접 재앙 = 마지막 재앙(10:7; 11:15-19; 15:-16:)]에 대한 내용으로 후 삼년 반에 있을 심판 내용이 기록된 책이다.

따라서 두 증인(證人)(11:3-14) = 계 6:2(흰말 탄 자) = 7:4-8(이스라엘 지파의 인 맞은 자) = 10:7(종 선지자들) = 14:1-5(144,000)에 의하여 선포된 복음(福音) 성취(成就)의 내용이다.

- **11절. 다시 예언하여야 하리라**

[작은 책(2, 8–11) = 일곱 우레(3–4) = 일곱째 나팔(7) = 하나님의 비밀(7) = 다시 예언하라(11)]

또한 복음의 성취인 마지막 재앙은 유기(遺棄)된 자들에게는 공포(恐怖)가 되는 것이나 선택(選擇)받은 백성들에게는 환희(歡喜)의 사건이다.

그 이유는 본 내용은 재앙(災殃)에 대한 두려움보다는 사명(使命)을 받은 자들에 대한 표현이라고 보기 때문이다(눅 15:33-35).

마지막 때(전 삼년 반)에는 두 증인(證人)의 순교적(殉教的) 복음(福音) 전도(傳道) 사역(使役)만 있을 뿐이다.

하나님 뜻은 "복음과 같이 이루어진다"(10:7 참조).

따라서 우리는 받은 복음을 온 세상에 전하되, 가감(加減)하지 말라(계 22:18-19; 신 4:2 등 참조), 혼잡(混雜)게 하지 말라(고후 2:17; 골 2:8, 20-23 등 참조)]는 등의 명령을 준행해야 하며, 이 일에 열심하여 은혜(恩惠)와 평강(平康)의 복을 누리자.

〈도움 말씀〉

하나님 말씀을 선포하라(11. 8–11) = 예언을 선포하라

- 서른

일곱째 나팔(일곱 대접 재앙)의 목적(目的)?

마 5:17-20 = 행하며(19)

(17)내가 율법이나 선지자나 폐하러 온 줄로 생각지 말라 폐하러 온 것이 아니요 완전케 하려 함이로다 (18)진실로 너희에게 이르노니 천지가 없어지기 전에는 율법의 일점 일획이라도 반드시 없어지지 아니하고 다 이루리라 (19)그러므로 누구든지 이 계명 중에 지극히 작은 것 하나라도 버리고 또 그같이 사람을 가르치는 자는 천국에서 지극히 작다 일컬음을 받을 것이요 누구든지 이를 행하며 가르치는 자는 천국에서 크다 일컬음을 받으리라 (20)내가 너희에게 이르노니 너희 의가 서기관과 바리새인보다 더 낫지 못하면 결단코 천국에 들어가지 못하리라(눅 16:16-17 참조)

마 24:32-35 = 배우라(32)

(32)무화과나무의 비유를 배우라 그 가지가 연하여지고 잎사귀를 내면 여름이 가까운 줄을 아나니 (33)이와 같이 너희도 이 모든 일을 보거든 인자가 가까이 곧 문 앞에 이른 줄 알라 (34)내가 진실로 너희에게 말하노니 이 세대가 지나가기 전에 이 일이 다 이루리라 (35)천지는 없어지겠으나 내 말은 없어지지 아니하리라

렘 1:4-10 = 말할지니라(7)

(4)여호와의 말씀이 내게 임하니라 이르시되 (5)내가 너를 복중에 짓기 전에 너를 알았고 네가 태에서 나오기 전에 너를 구별하였고 너를 열방의 선지자로 세웠노라 하시기로 (6)내가 가로되 슬프도소이다 주 여호와여 보소서 나는 아이라 말할 줄을 알지 못하나이다 (7)여호와께서 내게 이르시되 너는 아이라 하지 말고 내가 너를 누구에게 보내든지 너는 가며 내가 네게 무엇을 명하든지 너는 말할지니라 (8)너는 그들을 인하여 두려워 말라 내가 너와 함께하여 너를 구원하리라 나 여호와의 말이니라 하시고 (9)여호와께서 그 손을 내밀

어 내 입에 대시며 내게 이르시되 보라 내가 내 말을 네 입에 두었노라 (10)보라 내가 오늘날 너를 열방 만국 위에 세우고 너를 뽑으며 파괴하며 파멸하며 넘어뜨리며 건설하며 심게 하였느니라

1. 기록하지 말라(4. 1–4) = 기다려라

단 8:18–26 = 간수하라(26)

(18)그가 내게 말할 때에 내가 얼굴을 땅에 대고 엎드리어 깊이 잠들매 그가 나를 어루만져서 일으켜 세우며 (19)가로되 진노하시는 때가 마친 후에 될 일을 내가 네게 알게 하리니 이 이상은 정한 때 끝에 관한 일임이니라 (20)네가 본 바 두 뿔 가진 숫양은 곧 메대와 바사 왕들이요 (21)털이 많은 숫염소는 곧 헬라 왕이요 두 눈 사이에 있는 큰 뿔은 곧 그 첫째 왕이요 (22)이 뿔이 꺾이고 그 대신에 네 뿔이 났은즉 그 나라 가운데서 네 나라가 일어나되 그 권세만 못하리라 (23)이 네 나라 마지막 때에 패역자들이 가득할 즈음에 한 왕이 일어나리니 그 얼굴은 엄장하며 궤휼에 능하며 (24)그 권세가 강할 것이나 자기의 힘으로 말미암은 것이 아니며 그가 장차 비상하게 파괴를 행하고 자의로 행하여 형통하며 강한 자들과 거룩한 백성을 멸하리라 (25)그가 꾀를 베풀어 제 손으로 궤휼을 이루고 마음에 스스로 큰 체하며 또 평화한 때에 많은 무리를 멸하며 또 스스로 서서 만왕의 왕을 대적할 것이나 그가 사람의 손을 말미암지 않고 깨어지리라 (26)이미 말한 바 주야에 대한 이상이 확실하니 너는 그 이상을 간수하라 이는 여러 날 후의 일임이니라

단 12:1–13 = 기다리라(13)

(1)그때에 네 민족을 호위하는 대군 미가엘이 일어날 것이요 또 환난이 있으리니 이는 개국 이래로 그때까지 없던 환난일 것이며 그때에 네 백성 중 무릇 책에 기록된 모든 자가 구원을 얻을 것이라 (2)땅

의 티끌 가운데서 자는 자 중에 많이 깨어 영생을 얻는 자도 있겠고 수욕을 받아서 무궁히 부끄러움을 입을 자도 있을 것이며 (3)지혜 있는 자는 궁창의 빛과 같이 빛날 것이요 많은 사람을 옳은 데로 돌아오게 한 자는 별과 같이 영원토록 비취리라 (4)다니엘아 마지막 때까지 이 말을 간수하고 이 글을 봉함하라 많은 사람이 빨리 왕래하며 지식이 더하리라 (5)나 다니엘이 본즉 다른 두 사람이 있어 하나는 강 이편 언덕에 섰고 하나는 강 저편 언덕에 섰더니 (6)그중에 하나가 세마포 옷을 입은 자 곧 강물 위에 있는 자에게 이르되 이 기사의 끝이 어느 때까지냐 하기로 (7)내가 들은즉 그 세마포 옷을 입고 강물 위에 있는 자가 그 좌우 손을 들어 하늘을 향하여 영생하시는 자를 가리켜 맹세하여 가로되 반드시 한 때 두 때 반 때를 지나서 성도의 권세가 다 깨어지기까지니 그렇게 되면 이 모든 일이 다 끝나리라 하더라 (8)내가 듣고도 깨닫지 못한지라 내가 가로되 내 주여 이 모든 일의 결국이 어떠하겠삽나이까 (9)그가 가로되 다니엘아 갈지어다 대저 이 말은 마지막 때까지 간수하고 봉함할 것임이니라 (10)많은 사람이 연단을 받아 스스로 정결케 하며 희게 할 것이나 악한 사람은 악을 행하리니 악한 자는 아무도 깨닫지 못하되 오직 지혜 있는 자는 깨달으리라 (11)매일 드리는 제사를 폐하며 멸망케 할 미운 물건을 세울 때부터 일천이백구십 일을 지낼 것이요 (12)기다려서 일천삼백삼십오 일까지 이르는 그 사람은 복이 있으리라 (13)너는 가서 마지막을 기다리라 이는 네가 평안히 쉬다가 끝 날에는 네 업을 누릴 것임이니라

계 22:10-13 = 빠는(14) = 계 2장-3장(이기는 자)

(10)또 내게 말하되 이 책의 예언의 말씀을 인봉하지 말라 때가 가까우니라 (11)불의를 하는 자는 그대로 불의를 하고 더러운 자는 그대로 더럽고 의로운 자는 그대로 의를 행하고 거룩한 자는 그대로

거룩되게 하라 (12)보라 내가 속히 오리니 내가 줄 상이 내게 있어 각 사람에게 그의 일한 대로 갚아 주리라 (13)나는 알파와 오메가요 처음과 나중이요 시작과 끝이라 (14)그 두루마기를 빠는 자들은 복이 있으니 이는 저희가 생명나무에 나아가며 문들을 통하여 성에 들어갈 권세를 얻으려 함이로다 (15)개들과 술객들과 행음자들과 살인자들과 우상 숭배자들과 및 거짓말을 좋아하며 지어내는 자마다 성 밖에 있으리라 (16)나 예수는 교회들을 위하여 내 사자를 보내어 이것들을 너희에게 증거하게 하였노라 나는 다윗의 뿌리요 자손이니 곧 광명한 새벽 별이라 하시더라

계 1:17-20 = 기록하라(19)

(17)내가 볼 때에 그 발 앞에 엎드러져 죽은 자같이 되매 그가 오른손을 내게 얹고 가라사대 두려워 말라 나는 처음이요 나중이니 (18)곧 산 자라 내가 전에 죽었었노라 볼지어다 이제 세세토록 살아 있어 사망과 음부의 열쇠를 가졌노니 (19)그러므로 네 본 것과 이제 있는 일과 장차 될 일을 기록하라 (20)네 본 것은 내 오른손에 일곱 별의 비밀과 일곱 금촛대라 일곱 별은 일곱 교회의 사자요 일곱 촛대는 일곱 교회니라

2. 복음과 같이 이루리라(7. 5-7) = 성경대로 이루어짐을 믿어라

슥 5:1-4 = 가라사대(4)

(1)내가 다시 눈을 든즉 날아가는 두루마리가 보이더라 (2)그가 내게 묻되 네가 무엇을 보느냐 하기로 내가 대답하되 날아가는 두루마리를 보나이다 그 장이 이십 규빗이요 광이 십 규빗이니이다 (3)그가 내게 이르되 이는 온 지면에 두루 행하는 저주라 무릇 도적질하는 자는 그 이편 글대로 끊쳐지고 무릇 맹세하는 자는 그 저편 글대로 끊쳐지리라 (4)만군의 여호와께서 가라사대 내가 이것을 발하였나니

도적의 집에도 들어가며 내 이름을 가리켜 망령되이 맹세하는 자의 집에도 들어가서 그 집에 머무르며 그 집을 그 나무와 그 돌을 아울러 사르리라 하셨느니라

합 2:1–4 = 기다리라(3)

(1)내가 내 파수하는 곳에 서며 성루에 서리라 그가 내게 무엇이라 말씀하실는지 기다리고 바라보며 나의 질문에 대하여 어떻게 대답하실는지 보리라 그리하였더니 (2)여호와께서 내게 대답하여 가라사대 너는 이 묵시를 기록하여 판에 명백히 새기되 달려가면서도 읽을 수 있게 하라 (3)이 묵시는 정한 때가 있나니 그 종말이 속히 이르겠고 결코 거짓되지 아니하리라 비록 더딜지라도 기다리라 지체되지 않고 정녕 응하리라 (4)보라 그의 마음은 교만하며 그의 속에서 정직하지 못하니라 그러나 의인은 믿음으로 말미암아 살리라

계 15:1–8 = 들어갈(8)

(1)또 하늘에 크고 이상한 다른 이적을 보매 일곱 천사가 일곱 재앙을 가졌으니 곧 마지막 재앙이라 하나님의 진노가 이것으로 마치리로다 (2)또 내가 보니 불이 섞인 유리 바다 같은 것이 있고 짐승과 그의 우상과 그의 이름의 수를 이기고 벗어난 자들이 유리 바다 가에 서서 하나님의 거문고를 가지고 (3)하나님의 종 모세의 노래, 어린 양의 노래를 불러 가로되 주 하나님 곧 전능하신 이시여 하시는 일이 크고 기이하시도다 만국의 왕이시여 주의 길이 의롭고 참되시도다 (4)주여 누가 주의 이름을 두려워하지 아니하며 영화롭게 하지 아니하오리이까 오직 주만 거룩하시니이다 주의 의로우신 일이 나타났으매 만국이 와서 주께 경배하리이다 하더라 (5)또 이 일 후에 내가 보니 하늘에 증거 장막의 성전이 열리며 (6)일곱 재앙을 가진 일곱 천사가 성전으로부터 나와 맑고 빛난 세마포 옷을 입고 가슴에

금띠를 띠고 (7)네 생물 중에 하나가 세세에 계신 하나님의 진노를 가득히 담은 금대접 일곱을 그 일곱 천사에게 주니 (8)하나님의 영광과 능력을 인하여 성전에 연기가 차게 되매 일곱 천사의 일곱 재앙이 마치기까지는 성전에 능히 들어갈 자가 없더라

눅 12:41-48 = 행치(47)

(41)베드로가 여짜오되 주께서 이 비유를 우리에게 하심이니이까 모든 사람에게 하심이니이까 (42)주께서 가라사대 지혜 있고 진실한 청지기가 되어 주인에게 그 집 종들을 맡아 때를 따라 양식을 나누어 줄 자가 누구냐 (43)주인이 이를 때에 그 종의 이렇게 하는 것을 보면 그 종이 복이 있으리로다 (44)내가 참으로 너희에게 이르노니 주인이 그 모든 소유를 저에게 맡기리라 (45)만일 그 종이 마음에 생각하기를 주인이 더디 오리라 하여 노비를 때리며 먹고 마시고 취하게 되면 (46)생각지 않은 날 알지 못하는 시간에 이 종의 주인이 이르러 엄히 때리고 신실치 아니한 자의 받는 율에 처하리니 (47)주인의 뜻을 알고도 예비치 아니하고 그 뜻대로 행치 아니한 종은 많이 맞을 것이요 (48)알지 못하고 맞을 일을 행한 종은 적게 맞으리라 무릇 많이 받은 자에게는 많이 찾을 것이요 많이 맡은 자에게는 많이 달라 할 것이니라

딤후 3:12-17 = 거하라(14)

(12)무릇 그리스도 예수 안에서 경건하게 살고자 하는 자는 핍박을 받으리라 (13)악한 사람들과 속이는 자들은 더욱 악하여져서 속이기도 하고 속기도 하나니 (14)그러나 너는 배우고 확신한 일에 거하라 네가 뉘게서 배운 것을 알며 (15)또 네가 어려서부터 성경을 알았나니 성경은 능히 너로 하여금 그리스도 예수 안에 있는 믿음으로 말미암아 구원에 이르는 지혜가 있게 하느니라 (16)모든 성경은 하나

님의 감동으로 된 것으로 교훈과 책망과 바르게 함과 의로 교육하기 에 유익하니 (17)이는 하나님의 사람으로 온전케 하며 모든 선한 일 을 행하기에 온전케 하려 함이니라

3. 예언하라(11. 8–11) = 성경의 명령에 충실하라

겔 37:1–14 = 대언하여(4)

(1)여호와께서 권능으로 내게 임하시고 그 신으로 나를 데리고 가서 골짜기 가운데 두셨는데 거기 뼈가 가득하더라 (2)나를 그 뼈 사방으로 지나게 하시기로 본즉 그 골짜기 지면에 뼈가 심히 많고 아주 말랐더라 (3)그가 내게 이르시되 인자야 이 뼈들이 능히 살겠느냐 하시기로 내가 대답하되 주 여호와여 주께서 아시나이다 (4)또 내게 이르시되 너는 이 모든 뼈에게 대언하여 이르기를 너희 마른 뼈들아 여호와의 말씀을 들을지어다 (5)주 여호와께서 이 뼈들에게 말씀하시기를 내가 생기로 너희에게 들어가게 하리니 너희가 살리라 (6)너희 위에 힘줄을 두고 살을 입히고 가죽으로 덮고 너희 속에 생기를 두리니 너희가 살리라 또 나를 여호와인 줄 알리라 하셨다 하라 (7)이에 내가 명을 좇아 대언하니 대언할 때에 소리가 나고 움직이더니 이 뼈, 저 뼈가 들어 맞아서 뼈들이 서로 연락하더라 (8)내가 또 보니 그 뼈에 힘줄이 생기고 살이 오르며 그 위에 가죽이 덮이나 그 속에 생기는 없더라 (9)또 내게 이르시되 인자야 너는 생기를 향하여 대언하라 생기에게 대언하여 이르기를 주 여호와의 말씀에 생기야 사방에서부터 와서 이 사망을 당한 자에게 불어서 살게 하라 하셨다 하라 (10)이에 내가 그 명대로 대언하였더니 생기가 그들에게 들어가매 그들이 곧 살아 일어나서 서는데 극히 큰 군대더라 (11)또 내게 이르시되 인자야 이 뼈들은 이스라엘 온 족속이라 그들이 이르기를 우리의 뼈들이 말랐고 우리의 소망이 없어졌으니 우리는 다 멸절되었다 하느니라 (12)그러므로 너는 대언하여 그들에게 이르기를 주 여호와의 말씀에

내 백성들아 내가 너희 무덤을 열고 너희로 거기서 나오게 하고 이스라엘 땅으로 들어가게 하리라 (13)내 백성들아 내가 너희 무덤을 열고 너희로 거기서 나오게 한즉 너희가 나를 여호와인 줄 알리라 (14)내가 또 내 신을 너희 속에 두어 너희로 살게 하고 내가 또 너희를 너희 고토에 거하게 하리니 나 여호와가 이 일을 말하고 이룬 줄을 너희가 알리라 나 여호와의 말이니라 하셨다 하라[고전 15:45(산영) 참조]

고전 14:1-5 = 구하라(1)

(1)사랑을 따라 구하라 신령한 것을 사모하되 특별히 예언을 하려고 하라 (2)방언을 말하는 자는 사람에게 하지 아니하고 하나님께 하나니 이는 알아듣는 자가 없고 그 영으로 비밀을 말함이니라 (3)그러나 예언하는 자는 사람에게 말하여 덕을 세우며 권면하며 안위하는 것이요 (4)방언을 말하는 자는 자기의 덕을 세우고 예언하는 자는 교회의 덕을 세우나니 (5)나는 너희가 다 방언 말하기를 원하나 특별히 예언하기를 원하노라 방언을 말하는 자가 만일 교회의 덕을 세우기 위하여 통역하지 아니하면 예언하는 자만 못하니라

계 14:6-13 = 죽는(13)

(6)또 보니 다른 천사가 공중에 날아가는데 땅에 거하는 자들 곧 여러 나라와 족속과 방언과 백성에게 전할 영원한 복음을 가졌더라
(7)그가 큰 음성으로 가로되 하나님을 두려워하며 그에게 영광을 돌리라 이는 그의 심판하실 시간이 이르렀음이니 하늘과 땅과 바다와 물들의 근원을 만드신 이를 경배하라 하더라 (8)또 다른 천사 곧 둘째가 그 뒤를 따라 말하되 무너졌도다 무너졌도다 큰 성 바벨론이여 모든 나라를 그 음행으로 인하여 진노의 포도주로 먹이던 자로다 하더라 (9)또 다른 천사 곧 셋째가 그 뒤를 따라 큰 음성으로 가로되 만일 누구든지 짐승과 그의 우상에게 경배하고 이마에나 손에

표를 받으면 (10)그도 하나님의 진노의 포도주를 마시리니 그 진노의 잔에 섞인 것이 없이 부은 포도주라 거룩한 천사들 앞과 어린 양 앞에서 불과 유황으로 고난을 받으리니 (11)그 고난의 연기가 세세토록 올라가리로다 짐승과 그의 우상에게 경배하고 그 이름의 표를 받는 자는 누구든지 밤낮 쉼을 얻지 못하리라 하더라 (12)성도들의 인내가 여기 있나니 저희는 하나님의 계명과 예수 믿음을 지키는 자니라 (13)또 내가 들으니 하늘에서 음성이 나서 가로되 기록하라 자금 이후로 주 안에서 죽는 자들은 복이 있도다 하시매 성령이 가라사대 그러하다 저희 수고를 그치고 쉬리니 이는 저희의 행한 일이 따름이라 하시더라

계 21:15-27 = 거짓말하는(27)

(15)내게 말하는 자가 그 성과 그 문들과 성곽을 척량하려고 금 갈대를 가졌더라 (16)그 성은 네모가 반듯하여 장광이 같은지라 그 갈대로 그 성을 척량하니 일만 이천 스다디온이요 장과 광과 고가 같더라 (17)그 성곽을 척량하매 일백사십사 규빗이니 사람의 척량 곧 천사의 척량이라 (18)그 성곽은 벽옥으로 쌓였고 그 성은 정금인데 맑은 유리 같더라 (19)그 성의 성곽의 기초석은 각색 보석으로 꾸몄는데 첫째 기초석은 벽옥이요 둘째는 남보석이요 셋째는 옥수요 넷째는 녹보석이요 (20)다섯째는 홍마노요 여섯째는 홍보석이요 일곱째는 황옥이요 여덟째는 녹옥이요 아홉째는 담황옥이요 열째는 비취옥이요 열한째는 청옥이요 열두째는 자정이라 (21)그 열두 문은 열두 진주니 문마다 한 진주요 성의 길은 맑은 유리 같은 정금이더라 (22)성 안에 성전을 내가 보지 못하였으니 이는 주 하나님 곧 전능하신 이와 및 어린 양이 그 성전이심이라 (23)그 성은 해나 달의 비췸이 쓸데없으니 이는 하나님의 영광이 비취고 어린 양이 그 등이 되심이라 (24)만국이 그 빛 가운데로 다니고 땅의 왕들이 자기 영광

을 가지고 그리로 들어오리라 (25)성문들을 낮에 도무지 닫지 아니하리니 거기는 밤이 없음이라 (26)사람들이 만국의 영광과 존귀를 가지고 그리로 들어오겠고 (27)무엇이든지 속된 것이나 가증한 일 또는 거짓말하는 자는 결코 그리로 들어오지 못하되 오직 어린 양의 생명책에 기록된 자들뿐이라

- **결론**

계 21:1-8 = 이기는(7)

(1)또 내가 새 하늘과 새 땅을 보니 처음 하늘과 처음 땅이 없어졌고 바다도 다시 있지 않더라 (2)또 내가 보매 거룩한 성 새 예루살렘이 하나님께로부터 하늘에서 내려오니 그 예비한 것이 신부가 남편을 위하여 단장한 것 같더라 (3)내가 들으니 보좌에서 큰 음성이 나서 가로되 보라 하나님의 장막이 사람들과 함께 있으매 하나님이 저희와 함께 거하시리니 저희는 하나님의 백성이 되고 하나님은 친히 저희와 함께 계셔서 (4)모든 눈물을 그 눈에서 씻기시매 다시 사망이 없고 애통하는 것이나 곡하는 것이나 아픈 것이 다시 있지 아니하리니 처음 것들이 다 지나갔음이러라 (5)보좌에 앉으신 이가 가라사대 보라 내가 만물을 새롭게 하노라 하시고 또 가라사대 이 말은 신실하고 참되니 기록하라 하시고 (6)또 내게 말씀하시되 이루었도다 나는 알파와 오메가요 처음과 나중이라 내가 생명수 샘물로 목마른 자에게 값없이 주리니 (7)이기는 자는 이것들을 유업으로 얻으리라 나는 저의 하나님이 되고 그는 내 아들이 되리라 (8)그러나 두려워하는 자들과 믿지 아니하는 자들과 흉악한 자들과 살인자들과 행음자들과 술객들과 우상 숭배자들과 모든 거짓말하는 자들은 불과 유황으로 타는 못에 참여하리니 이것이 둘째 사망이라

사 51:1-8 = 들을지어다⑴

⑴의를 좇으며 여호와를 찾아 구하는 너희는 나를 들을지어다 너
희를 떠낸 반석과 너희를 파낸 우묵한 구덩이를 생각하여 보라 ⑵
너희 조상 아브라함과 너희를 생산한 사라를 생각하여 보라 아브라
함이 혈혈단신으로 있을 때에 내가 부르고 그에게 복을 주어 창성케
하였느니라 ⑶대저 나 여호와가 시온을 위로하되 그 모든 황폐한 곳
을 위로하여 그 광야로 에덴 같고 그 사막으로 여호와의 동산 같게
하였나니 그 가운데 기뻐함과 즐거워함과 감사함과 창화하는 소리
가 있으리라 ⑷내 백성이여 내게 주의하라 내 나라여 내게 귀를 기
울이라 이는 율법이 내게서부터 발할 것임이라 내가 내 공의를 만민
의 빛으로 세우리라 ⑸내 의가 가깝고 내 구원이 나갔은즉 내 팔이
만민을 심판하리니 섬들이 나를 앙망하여 내 팔에 의지하리라 ⑹너
희는 하늘로 눈을 들며 그 아래의 땅을 살피라 하늘이 연기같이 사
라지고 땅이 옷같이 해어지며 거기 거한 자들이 하루살이같이 죽으
려니와 나의 구원은 영원히 있고 나의 의는 폐하여지지 아니하리라
⑺의를 아는 자들아, 마음에 내 율법이 있는 백성들아, 너희는 나를
듣고 사람의 훼방을 두려워 말라 사람의 비방에 놀라지 말라 ⑻그들
은 옷같이 좀에게 먹힐 것이며 그들은 양털같이 벌레에게 먹힐 것이
로되 나의 의는 영원히 있겠고 나의 구원은 세세에 미치리라

PART 11

'두 증인'의 부활 승천, 둘째 화, 24장로의 경배

제11장
하나님께 경배하라

'둘째 화'는 '두 증인'의 사역, 순교, 부활, 승천(11:1-14)
셋째 화(14)의 예고와 24장로의 경배(11:15-19)

하나님의 언약(言約)은 약속(約束)과 명령(命令)으로 이루어져 있다. 예수님의 초림도 먼저 언약[約束, 계시(啓示), 예언(豫言)]이 있고, 성취자(成就者)로 오셨다. 그러므로 계시록 역시 언약(계시)이 있고 성취가 있다.

'둘째 화'는 '두 증인'의 사역과 순교, 부활과 승천과 '남은 자'들이 두려워하여 하나님께 영광을 돌리는 내용이다(1-14)

❀ 1-2절. 경배하는 자들을 척량

• 1절. 하나님의 성전과 제단

김상훈 = 지상의 교회가 아니라 하늘의 성전, 곧 하늘에 올라가 있는 교회를 가리킨다고 보는 것이 '성전'을 하늘성전 개념으로 전개하는 계시록의 용례(7:15, 11:19, 14:15, 17, 15:5-8, 16:1, 17, 21:22)에 따른 자연스런 해석일 것이다.[191]

경배하는 자들을 척량하되

191) 김상훈, 요한계시록 7:1-22:21, 감은사, 2022, p. 154

경배하는 자들(1)

계 12:1의 “해”[ἥλιον[헤리온. 태양(太陽) sun] 명목남단. ‘해’를 입은 여자’ 곧 하나님의 보호하시고 인도하시는 하나님의 은혜를 입은 교회로 ‘예비처’에서 1,260일 동안 양육 받게 되는 자들이다(계 12:1-16 참조).

(1) “~ 성전과 제단과 그 안에서 경배하는 자들을 척량하되 (2)성전 밖 마당은 척량하지 말고 그냥 두라 ~”는 해석은 여러 의견이 있다.

1) ‘민병석’ 목사는 “이는 성전 밖을 척량하는 것이 아니라 성전 안을 척량함에 주목해야 할 것이라는 견해가 많다. 이는 참 신자와 거짓 신자를 가려내는 것이다. 즉 가라지를 가려내는 것을 말한다(사 1:13, 14; 마 13:24-30 참조). 따라서 전 삼년 반 동안에 참 신자와 거짓 신자가 구별된다. 그러므로 알곡과 쭉정이의 구별은 첫째 화(계 9:1-12 참조) 때임을 알 수 있다”고 한다.

2) 본문에서 성전은 신약교회를 의미한다는 주장도 있다(롬 12:1-2 참조).

‘무 천년설’, ‘후 천년설’을 주장하는 이들 중 “성전(聖殿)은 성소, 즉 성전(예루살렘에 있는, 또는 다른 곳의) 경내임을 알 수 있다. 따라서 희생 제사가 중심인 구약을 근거로 하여 성전을 척량(측량)하는 이유나 그 의미를 살펴보면 성전 척량(측량)은 모든 재난으로부터 보호받고 안전한 삶을 유지하기 위하여 세속으로부터 분리한다는 상징적 의미를 가지고 있음을 알 수 있다”고도 한다(참조, 겔 40:5, 42:20; 슥 2:1-5).

• 2절. 성전 밖 마당

송영목 = 요한은 성전 밖마당 즉(‘제사장 뜰’이 아니라) ‘이방인의 뜰’은 측량하지 말라는 명령을 받는다. 그 이유는 성전 밖 마당은 하나님의 보호를 받지 못할 배교한 이스라엘(그들은 실제로 이방인의 운명에

처해 있었음)을 의미하기 때문이다(사 1:12)[192)]

계 11:1-2에서의 성전(聖殿)은 계 21:22-27의 성전(聖殿)과 어원(語源)은 같으나 그 의미(意味)는 달리 증거되고 있으므로 문맥에 주의해야 한다.

성전 밖 마당(계 11:1-2)? = 거룩한 성 = 예루살렘 성(시온?)

(계 21:22-27 = 고전 3:16-17; 엡 2:21-22; 요 15:1-15. 참조)

성전(聖殿)[히] הֵיכָל (hekal 헤칼) [그] ἱερόν(hieron 히에론), ναός(naos 나오스) [영] Temple

ἱερόν(hieron 히에론)은 요 2:14-15; 막 11:11; 마 24:1-2(막 13:1-2; 눅 21:5, 36-37), 마 21:12-17(막 11:15-17; 눅 19:45-46); 요 18:20 등 성소, 즉 성전(예루살렘에 있는, 또는 다른 곳의) 경내를 말한다.

ναός(naos 나오스) = 요 2:19-21; 마 26:57-68(막 14:53-65), 27:40; 계 21:22 = 3,485는 지성소 자체를 지시한다.

그러나 본문 계 11:1-2[마 27:5, 51(성소); 행 17:24(전); 계 3:12] 은 ναός(나오스 = 사찰, 사당)로 기록되어 있으나 문맥(文脈)상으로는 ἱερόν(히레론)과 같은 의미로 쓰인다.

유대 땅? = 성전과 제단(11:1)은 '성소'를 말한다.

성전 밖 마당을 거룩한 성이라 하는데(11:2)) = '성소' 밖, 예루살렘 성을 말한다(눅 21:20-28).

성(城)?(계 21:22-23)[요 2:14-15; 막 11:11; 마 24:1-2(막 13:1-2; 눅 21:5, 36-37). 마 21:12-17(막 11:15-17; 눅 19:45-46); 요 18:20]

---

192) 송영목, 신약주석, 쿰란출판사, 2011, p. 1331

성전(계 21:22) = '지성소'를 말한다. = 삼위일체 하나님의 임재해 계시는 곳[요 2:19-21; 마 26:57-68(막 14:53-65); 계 21:22-23]

거룩한 성(城)(11:2) = 성전(聖殿) 밖 마당 = 예루살렘(城)?(눅 21:20-28; 시 51:18)

지성소와 성소(祭壇)?
성전(聖殿) = 경배(敬拜)하는 자들?
성전(聖殿) 밖 마당(계 11:1-2)? = 거룩한 성(城) = 예루살렘 성(시온?)
유대 땅(領土)?
이방인(異邦人)의 땅(領土)?

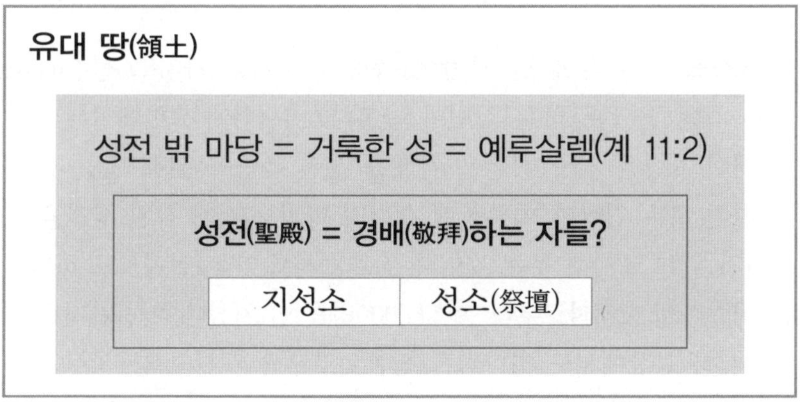

이방인(異邦人)의 땅(領土)

성전 밖 마당은 척량하지 말고 그냥 두라

성전을 측량하면서도 성전 밖 마당을 척량하지 말라는 이유에 대해서는 여러 가지 견해가 있다. 그러나 가장 공통적이며 대표적인 해석은 성전 내에서 경배하는 자들은 참 이스라엘로 신실한 그리스도인임에 반해 성전 밖 마당에 있는 자들은 아직 예수님을 영접하지 않은 자들이라 한다[참고: 5개월 황충이 화 = 성전 밖 마당(9:1-12)].

마흔두 달 동안 짓밟으리라

42개월이란 3년 반이요 유대식으로는 1,260일이다. 이와 유사한 표현으로는 '한 때, 두 때, 그리고 반 때', 즉 일 년에 2년을 더하고, 그리고 반 년을 더한다는 말이 있다. 다니엘서를 참고하면 마흔두 달은 세계 종말의 최후 한 주간을 가리킨다(참조, 단 9:24-27).

한편 이 숫자는 완전수인 7년의 반인 3년 반의 전반부라는 의견도 있으나, 상징적 연수로 적그리스도가 최후로 활동하기 전의 신약시대 전부를 가리키는 것으로 보는 것이 좋다[참고: 박윤선 박사 등 무 천년설(無千年設) 주장].

에스겔 40-47장에 한 사람이 측량 막대기를 가지고 성전(ναός naos 나오스)을 측량하는 장면이 나온다. 비슷하게 요한계시록 11장 1절에서 요한은 지팡이 같은 갈대를 성전 측량을 위해 받았다. 이 두 사건 모두 임박한 예루살렘 성전의 파괴 직전에 참된 성전을 보호하기 위해 표시해 두는 것이다. 요한계시록 7장 4절에서도 하나님은 이스라엘 12지파로부터 총 144,000명을 인 치셨다. 마찬가지로 요한계시록 11장에서도 하나님은 심판으로부터 자신의 참 성전인 언약 백성을 인 치시고 구별하여 보호하신다. 요한계시록 7장에서처럼 요한계시록 11장도 일곱 번째 나팔이 불리기 전의 휴지(혹은 삽입)이다. 교회는 하나님의 인침을 받아서 이 땅에 살면서 보호를 받는데, 아무 어려움이 없는 가운데 사는 것이 아니라 고난 가운데서 보호를 받는다는 말이다.[193)]

---

193) 송영목, 신약주석, 쿰란출판사, 2011. pp. 1330-1331

그러나 겔 40:-47:, 슥 2:, 계 21:에서의 척량(측량)을 "성전(성전)과 제단(제단)과 그 안에서 경배하는 자들"에게 적용하는 데는 무리가 있다.

에스겔 40:1-5에서의 척량[尺量(3절)]은 성전(聖殿)이 아닌 '성읍'(城邑)임에 주의하자(겔 40:2, 48:35 참조).

겔 40:1-5 "(1)우리가 사로잡힌 지 이십오 년이요 성이 함락된 후 십사년 정월 십일 곧 그날에 여호와의 권능이 내게 임하여 나를 데리고 이스라엘 땅으로 가시되 (2)하나님의 이상 중에 나를 데리고 그 땅에 이르러 나를 극히 높은 산 위에 내려놓으시는데 거기서 남으로 향하여 성읍 형상 같은 것이 있더라 (3)나를 데리시고 거기 이르시니 모양이 놋같이 빛난 사람 하나가 손에 삼줄과 척량하는 장대를 가지고 문에 서서 있더니 (4)그 사람이 내게 이르되 인자야 내가 네게 보이는 그것을 눈으로 보고 귀로 들으며 네 마음으로 생각할지어다 내가 이것을 네게 보이려고 이리로 데리고 왔나니 너는 본 것을 다 이스라엘 족속에게 고할지어다 하더라."

슥 2:2에서의 척량(尺量)은 성전(聖殿)이 아닌 '예루살렘'임에 주의해야 한다.

슥 2:1-5 "(1)내가 또 눈을 들어 본즉 한 사람이 척량줄을 그 손에 잡았기로 (2)네가 어디로 가느냐 물은즉 내게 대답하되 예루살렘을 척량하여 그 장광을 보고자 하노라 할 때에 (3)내게 말하는 천사가 나가매 다른 천사가 나와서 그를 맞으며 (4)이르되 너는 달려가서 그 소년에게 고하여 이르기를 예루살렘에 사람이 거하리니 그 가운데 사람과 육축이 많으므로 그것이 성곽 없는 촌락과 같으리라 (5)여호와의 말씀에 내가 그 사면에서 불 성곽이 되며 그 가운데서 영광이 되리라"

계 21:17에서의 척량(尺量)은 성전(聖殿)이 아닌 '성곽'(城郭)임에 주의해야 한다.

계 21:9-22:5 "(1)또 저가 수정같이 맑은 생명수의 강을 내게 보이니 하나님과 및 어린 양의 보좌로부터 나서 (2)길 가운데로 흐르더라 강 좌우에 생명나무가 있어 열두 가지 실과를 맺히되 달마다 그 실과를 맺히고 그 나무 잎사귀들은 만국을 소성하기 위하여 있더라 (3)다시 저주가 없으며 하나님과 그 어린 양의 보좌가 그 가운데 있으리니 그의 종들이 그를 섬기며 (4)그의 얼굴을 볼 터이요 그의 이름도 저희 이마에 있으리라 (5)다시 밤이 없겠고 등불과 햇빛이 쓸데 없으니 이는 주 하나님이 저희에게 비취심이라 저희가 세세토록 왕노릇 하리로다."

❄ 3-10절. 순교신앙

• 8절. 주께서 십자가에 못 박히신 곳

(마 27:33-51; 눅 23:32-38, 44-46; 막 15:22-38; 요 19:17-18, 23-24, 28-30 등 참조). 성경 번역은 '갈보리'는 The King James Version 약칭 KJV(킹 제임스 성경) 영문번역 과정에서 Calvary(갈바리)로 번역한 데서 기인한다(AV, NKJV).

그러나 유대에는 Calvary(갈바리. 갈보리)의 지명은 없다. 따라서 '골고다'라 해야 한다. 찬송가 '갈보리 산 위에'라는 곡도 '골고다'로 고쳐 부르도록 하자.

"예수 그리스도께서 십자가에 못 박히신 곳"을 누가복음 23:33은 "해골"(kranivon 크라니온)이라 하였고, 히브리서 13:11-13은 "영문 밖, 성문 밖에서 고난을 받느니라"고 하였다.

• **10절. 이 두 선지자가 땅에 거하는 자들을 괴롭게 한 고로(3-10절)**

두 증인(3), 두 선지자(10)는 누구인가?

"계 6:2(흰말 탄 자) = 7:4-8(이스라엘 지파의 인 맞은 자) = 10:7(종 선지자들) = 11:3-14(두 증인) = 14:1-5(144,000)"를 말한다.

두 증인 [두 선지자 (계 11:3-12)]에 대한 견해?

김상훈 = 두 증인은 선지자이면서 초자연적인 기적을 수행한 모세와 엘리야 같은 존재일 것이라는 주장(Mounce, 1977:222; Beale, 1999:582-5)에 충분히 동의할 수 있다.[194)]

김응조 = 일곱째 나팔의 심판이 있기 전 보내심을 받은 종들

김재준 = 두 감람나무와 두 촛대로 묘사된 하나님의 종들

김추성 = 집합적 의미로서의 고난과 승리의 상황에서 증언하는 교회를 상징함을 지지하지만 모든 교회를 가리키기보다는 신실하게 복음을 증거하는 자들을 상징한다고 본다.[195)]

김형종 = 두 증인은 두 선지자이고 또한 두 주님의 해석대로 두 교회이다.[196)]

박수암 = 모세(율법)와 엘리야(선지자)의 기능을 가진 교회(박수암)

박영식 = 요한이 엘리야와 모세의 구실(묵시 11, 5-6 참조)을 참조하여 두 증인을 구원받는 그리스도인의 모범으로 제시한 것 같다.[197)]

박윤선 = 신약 교회의 표상

석원태 = 참된 예수 그리스도의 교회와 그 사자들

송영목 = 3절의 두 증인은 종교와 정치의 대표자를 각각 상징하는가? 아니면 모세와 엘리야 혹은 이스라엘을 향해 외친 요한에게서 마

194) 김상훈, 요한계시록 7:1-22:21, 감은사, 2022. pp. 170-171
195) 김추성, 하나님과 어린 양 보좌, 도서출판 이레서원, 2015, pp. 262-281
196) 김형종, 읽기만 해도 열리는 요한계시록, 솔로몬, 2010, p.173
197) 박영식, 오늘 읽는 요한묵시록, 바오로딸, 2011, p. 249

쳐진 선지자 계열을 가리키는가? 성경에서 '2'는 증인의 숫자이다(참고, 민 35:30; 신 17:6, 19:15; 왕상 21:10; 마 18:16; 눅 10:1-24; 요 8:17; 고후 13:1; 딤전 5:19). 그런데 이 '두 증인'이 신약이라기보다는 구약의 인물임을 상징한다. 따라서 세례 요한에게서 종결된 구약의 모든 선지자들을 가리키는 것이 아닐까? 하지만 두 증인은 유대인들에게 복음을 증거한 신실한 144,000명 즉 초대교회로도 볼 수 있다. 가장 타당성 있어 보이는 설명은 이 두 증인은 요한 당시의 교회를 일차적으로 그리고 모든 시대의 성도를 이차적으로 가리키는 것으로 보는 것이다.[198)]

신성종 = 구약교회와 신약교회

이광복 = 추수의 사명을 감당할 주의 종들

이병규 = 유대인 중의 예수 믿는 교회와 이방인 중의 예수 믿는 교회

이상근 = 대환란기에 증거해야 할 모세와 엘리야의 정신을 계승한 종

조용기 = 육신을 입고 와서 증거할 모세와 엘리야

천정웅 = 복음전파의 사역

한홍 = 세상의 박해를 받으며 복음을 전하는 방어적인 교회와 하나님의 복음을 능력 있게 전하는 교회의 두 가지 모습[199)]

데이크 = 엘리야와 에녹(죽음을 맛보지 않고 들려 올라간 자)

존슨 = 요한처럼 그리스도에 대한 예언을 하도록 부르심을 받은 전 세계 교회 안의 사람들

비더울프 = 모세와 엘리야와 비슷하게 신비한 능력을 가진 두 선지자

헨드릭슨 = 전 세대를 걸쳐 성직자(선교사)들을 통해 복음을 위해 세상과 싸우는 교회

---

198) 송영목, 신약주석, 쿰란출판사, 2011, p. 1331

199) 한홍, 새로운교회, www.cltv.co.kr, 2014. 3. 6. 게시

렌스키 = 종말에 복음을 증거할 법정적인 증인

왈부르드 = 영광의 날 그리스도에게 돌아갈 사람들 중에 일어날 예언자들

래드 = 이스라엘을 회심케 하기 위하여 파견될 종말론적인 실제 역사적 인물

피터 럭크만 = 유대인과 이스라엘 교회시대에서는 일시적인 거부를 당하지만 후에 회복되어서 주 예수 그리스도 구세주 아래서 정치 세력을 갖게 됨을 의미한다.[200)]

랑코 스테파노치 = '두 증인'을 성경으로 이해한 제칠일안식일예수재림교회는 무저갱에서 나온 그 짐승을 프랑스 혁명으로 해석하였다. 두 증인의 죽음은 1,260일의 예언적 기간 직후의 프랑스 혁명 때 자행된 성경에 대한 엄청난 공격으로 해석해 왔다.

엘렌 화잇은 각 시대의 대 쟁투 15장 전체를 이 사건의 해석에 할애하였다. 공포의 프랑스 혁명 동안 반종교적, 무신론적 정서가 그 나라를 휩쓸어, 그 결과 기독교와 성경은 거절되었으며, 하나님 말씀에 대한 온갖 적대감을 가진 무신론주의와 세속주의의 조류가 세계 도처에서 일어났다. 만일 두 증인이 성경을 상징한다면, 이 역사적 해석은 적절한 것 같다. 프랑스 혁명 이후, 교회는 복음이 승승장구하면서 광범위하게 전 세계에 전파되는 것을 목격하였다.

비록 그러한 역사적 적용이 견지할 만하더라도 두 증인이 반드시 성경에만 국한되지 않는다는 이해가 꼭 무가치하지는 않다. 요한계시록과 다니엘서는 악한 세력들의 공격을 결코 성경에만 국한시키지 않는다. 오히려 두 책은 그 공격을 하나님의 말씀과 예수의 증거를 전하는 하나님의 충성된 백성에게까지 확대시킨다. 악한 세력들이 전쟁을 벌이는 대상은 성도들이다(단 7:21; 계 12;17, 13:7 참조) 요한

200) Peter S. Ruckman, 김형덕 옮김, 요한계시록 주석, 말씀보존학회, 1993, p. 184

이 두 증인과 그들의 증거를 기술할 때 염두에 두었던 것은 하나님의 백성과 그들을 핍박하는 악의 세력들이다.[201]

정인찬 = 두 증인은 두 감람나무로 이해되며 두 촛대는 징조와 기사로 선포되는 복음을 증거하는 교회의 용사들을 상징한다(슥 4:1-4, 6, 10, 14). 여룹바알과 여호수아(슥 3:1-4:14), 엘리야(왕상 17:1; 왕하 1:10), 모세(출 7-12장) 같은 신앙의 인물이 떠오르겠지만 여기서는 개인적인 영웅을 가리키는 것은 아니다.[202]

1. 1,260일 동안 예언함(3)
2. 두 감람나무(4)
3. 두 촛대(4) = 교회 중 선택 받은 하나님의 종들
4. 두 선지자(10)
5. 하나님으로부터 권세를 받은 자들(6)
   1) 입에서 불이 나와 원수를 소멸하는 권세를 누림(호 6:5 참조)
   2) 하늘을 닫아 비 오지 못하게 함
   3) 물이 변하여 피가 되게 함
   4) 원하는 대로 땅에 재앙을 내림
6. 짐승에게 죽임[순교(殉敎)]을 당하게 됨(7-10)
7. 삼일 반 후에 부활 승천함(11-12)

관련된 내용
1. 흰말(계 6:2)
2. 순교자(계 6:9-11)
3. 하나님의 종들(계 7:3-8)

---

201) Ranko Stefanovic, 하홍팔, 도현호 공저, 미주시조사, 2011, p. 368
202) 정인찬, 잭 헤이포드 책임편찬, 프뉴마성경, (주)넥서스, 2014, 신약 p. 408

4. 하나님의 비밀을 선포하는 종 선지자들(10:7) = 일곱째 나팔을 불게 될 때에 복음과 같이 이루리라 = 일곱째 나팔(일곱 대접 재앙 = 후 삼년 반의 사건) = 일곱 우레(10:4) = 하나님의 비밀(10:7) = 작은 책(10:2, 9) = 복음과 같이 성취됨(10:7)
5. 여자가 낳은 아들(계 12:1-6) = 사 66:7-9에서는 교회가 세워지는 것을 시온이 남자[자민(子民)]를 생산하는 것으로 표현하였다.
   1) 철장으로 만국을 다스릴 남자(아이) = 하늘로 올려감(계 12:5)
   2) 해를 입은 여자(12:1-2, 6) = 교회 = 영적 이스라엘 = 흰옷 입은 무리(계 7:14-17)
6. 144,000의 인 맞은 하나님의 종들(계 7:3-8, 14:1-5)
   1) 정절이 있는 자
   2) 어린 양이 인도한 대로 따라가는 자
   3) 하나님과 어린 양에게 속한 자
   4) 거짓이 없고 흠이 없는 자
7. 철장으로 만국을 다스릴 남자(아이) = 하늘로 올려감(12:5)
8. 백마 타고 예수님을 따라 오는 하늘군대(계 19:14)
9. 첫째 부활자들 = 천년 동안 왕 노릇 함(20:4-6)

두 증인에 대한 수 곧 두 증인의 수는 몇 명을 말하는 것일까?

원어로 볼 때 οὗτοι οἱ δύο προφῆται(후토이 호이 뒤오 프로페타이 these the two prophets 이 두 증인 = 예언자)는 두 감람나무(4절)와 두 촛대(4절)와 두 선지자(10절) 등과 같이 임의의 대표를 내세워 불특정 다수를 나타내며 이들의 특성을 묘사하는 법정적 수이다.

비록 용어는 **단수로 표현되고 있으나 집합명사인 점으로 보아 하나님께 선택받은 종들의 집합체**로 본다. 그러므로 두 증인은 전 삼년 반 동안 하나님께 받은 권능으로 복음을 전하다 순교하고 부활 승천하게 될 순교자들이다.

❄ 11-14절. 둘째 화

- 11절. 저희가 발로 일어서니
- 12절. 하늘로 올라가니

'두 증인'의 부활 승천(계 11:11-14)과 첫째 부활(20:4-6)과의 연관성?

안토니 A. 후크마는 이 첫째 부활한 자들에 대하여 '요한'이 부활에 관하여 이 구절에서 말하고 있다는 사실은 5절에서도 자명해진다. "이것이 **첫째 부활**이라" - 이 문구는 4절에서 말하고 있는 그리스도와 함께 살아서 왕 노릇 하는 것을 가리키고 있다. 그러나 이 **"첫째 부활"이 육체적 부활인가? 즉, 죽은 자들로부터 육체가 부활한다는 뜻인가?** 그렇지 않은 것 같다. 왜냐하면, **죽은 자들로부터 육체가 부활한다는 것에 관해서는 11~13절에 언급되어 있으며 여기서 묘사되고 있는 부활과는 구별되고 있기 때문이다.** 그러므로 요한계시록 20장 끝 부분에 묘사되고 있는 것은 대부활을 말하고 있는 것이며, 20장 4절의 마지막 구절에 묘사되고 있는 것은 육체적 부활이 아닌 그 무엇을 말하고 있다고 해야만 할 것이다.

그렇다면 "그들이 살아서"라는 의미는 무엇인가? 그리고 "그들이 그리스도와 더불어 천년 동안 왕 노릇 한다"는 뜻은 무엇인가? 이 질문에 대한 실마리는 이미 4절 상반절에서 주어졌다. 요한은 여기서 "내가 보좌들을 보니 거기 앉은 자들이 있어 심판하는 권세를 받았더라"고 기록하고 있다. **4절의 나머지 부분은 보좌들 위에 앉아 있는 자들이 죽은 자들 - 그리스도께 충실했던 신자들, 특별히 목숨을 내놓으면서까지 그들의 신앙을 지킨 순교자들 - 의 영혼들이었다는 점을 분명히 설명하고 있다.** 바로 이 무리들이 "살아서 그리스도와 함께 왕 노릇" 하던 자들이었다고 요한은 말하고 있다.

비록 이러한 신자들은 이미 죽은 자들이었지만 요한은 그들을 살아 있는 것으로, 즉 육체적 의미에서가 아니라 그들이 그리스도와 함께 하늘에서 교제를 나누며 생명을 즐기고 있다는 의미에서 살아 있는 것으로 보고 있다. 이것은 큰 행복의 생명이다.[203)]

송영목 박사는 요한계시록 11장 11-12절을 "부활을 경험했던 두 증인은 이제 승천한다. 원수들도 이 승천 장면을 구경한다. 두 증인의 승천은 요한계시록 4장 1절의 승천과 비슷한 용어로 표현된다(이리로 올라오라 함을 듣고). 이 장면은 **교회가 그리스도와 연합하여 영적인 승천**을 통해 왕 노릇 할 것을 보여준다(참고 엡 2:6)"고 한다.[204)]

또한 **요한계시록 20장 4절의 왕 노릇 할 자들**에 대하여서는 **"24장로로 상징되는 신구약의 전체 교회**가 그리스도를 통해 왕의 신분을 받은 것을 말씀한다"고 하면서 "살아서"에 대한 주해는 생략하였다.

그리고 **첫째 부활**(5절)은 주님의 재림 시의 육체적 부활이 아니라 예수 그리스도와 연합된 성도의 영적인 부활 및 승리를 의미한다(참고, 겔 37:12; 엡 2:5-6, 5:14; 골 3;1; 민 19:11-12).

요한은 첫째 부활만 언급하고 둘째 부활은 언급하지 않는다. 하지만 요한계시록 20장 12-13절에는 만인 즉 죽은 불신자든 신자든 모두 부활할 것이라고 분명히 언급한다. 첫째 부활이 부분적이고 영적이라면, 둘째 부활은 보편적이고 전 역사적인 것이다(참고, 김철손, 1993:355). 이 첫째 부활은 그리스도의 부활에 동참하는 것이며 재림 시의 최후의 부활에 선행한다. 그러므로 그 나머지 죽은 자들은 그리스도와 함께 살고 통치하는 특권을 박탈당한 자로서(일차적으로는 요한 당시에 죽은) 불신자를 가리킨다(예, Lenski, Mounce, Beckwith, Chilton 등, contra 김철손, 1993:354-355).[205)]

---

203) 안토니 A. 후크마, 유호준 역, 개혁주의 종말론, 기독교문서선교회, 1986, pp. 314-315
204) 송영목, 신약주석, 쿰란출판사, 2011, p. 1333
205) 송영목, 신약주석, 쿰란출판사, 2011, p. 1363

20장 5절의 첫째 부활은 육체는 땅에 있고 영혼이 살아서 천국에 가 있는 기간이다. 이는 결코 지상천국이 아니라는 것을 강조하기 위해서 요한이 다시 한번 더 병행적으로 기록하여 설교를 하고 있는 문장구조이다. 결국 천년왕국은 지상의 문제가 아니고 모두 천상의 문제이다. 천상에서 천년 동안 그리스도와 더불어 왕 노릇 하는 사건이다."[206]

루이스 벌코프는 "성경은 여러 군데에서 의인의 부활과 악인의 부활을 동시적인 것으로 묘사하고 있다(단 12:2; 요 5:28-29; 행 24:15; 계 20:13-15). 이들 구절은 모두 부활을 하나의 단일 사건으로 말하고 있으며 그 어디에도 의인의 부활과 악인의 부활이 천년의 간격을 두고 있다는 암시를 하고 있지 않다."[207]

그러나 **안토니 A. 후크마는 '세대주의 전 천년설'에 대한 비판(변증)을 하면서 요한계시록 20장 4절의 첫째 부활을 영적 부활로 해석함으로써, 두 증인의 "부활 승천" 곧 "육체적 부활" 역시 영적 부활로 해석함에서 아쉬움을 남기고 있다. 송영목 박사, 김형종 목사 등에게서도 비슷한 주장들을 볼 수 있다. 또한 루이스 벌코프 역시 두 증인의 부활에 대하여는 침묵한다.**

피터 럭크만(Peter S. Ruckman)은 요한계시록 11장 12절의 "이리로 올라오라"는 말씀을 "이 휴거는 교회시대 신약성도들의 휴거가 아니라 **환란 성도들의 환란 끝의 휴거이다**"[208]라고 하며, 20장 5절의 "첫째 부활은 '첫 열매'인 구약 성도들로 시작해서, '수확'인 그리스도의

---

206) 김형종, 읽기만 해도 열리는 요한계시록, 솔로몬, 2010, pp. 272-273
207) 루이스 벌코프, 권수경, 이상원 옮김, 조직신학, 크리스챤다이제스트, 2011, p. 1000
208) Peter S. Ruckman, 김형덕 옮김, 요한계시록 주석, 말씀보존학회, 1993, p. 219

몸의 휴거로 계속되다가, **'이삭줍기'인 환란 성도들**에게서 끝난다. 그러므로 우리는 첫 번째 부활을 '첫 열매'부터 해서 세 부분임을 명백히 보는데, 세 번째 부분이 20:1-4('첫 번째 부활'이 세 부분임이 신명기 16:16과 고린도전서 15:22-25에도 나타나 있다)"라고 한다.[209)]

피터 럭크만(Peter S. Ruckman)은 세대주의 전 천년설을 주장하는 자이다.

요한계시록 12장 17절의 "용(龍)이 여자(女子)에게 분노(憤怒)하여 돌아가서 그 여자(女子)의 남은 자손(子孫) 곧 하나님의 계명(誡命)을 지키며 예수의 증거(證據)를 가진 자(者)들로 더불어 싸우려고 바다 모래 위에 섰더라"와 함께 연구하자.

1) 지상에 있는 자들의 회개를 뜻한다는 견해(박윤선, Clarke, Charles)
2) 단순히 하나님의 권능을 인정한 행위를 가리킨다(이상근, Vincent, Rist, Walvoord)는 두 가지 견해가 있다.

전자를 지지하는 학자들은 하나님은 자비로워서 구원 시기의 마지막 때까지 구속 사역을 쉬지 않으신다고 설명하나 후자를 지지하는 자들은 본 절이 공포에 사로잡힌 자에 대한 상징적 묘사로 본다. 그러나 이는 남은 자들의 회개가 이 둘째 화로 말미암음으로 이루어진다는 것으로 본다(계 12:17).

프뉴마성경 = 두 증인으로 상징되는 교회는 부활하였다. 이는 교회의 최후의 부활에 대한 구절과 함께, 이 사건은 예언적이다. 그러나 순차적인 것은 아니다(살전 4:13-17).[210)]

---

209) 위의 책, p. 412
210) 정인찬, 잭 헤이포드 책임편찬, 프뉴마성경, (주)넥서스, 2014, 신약 p. 408

• **13절. 남은 자들**(계 12:17 참조)

유대인 중 선택받은 자들의 회개와 구원에 관한 내용으로, 하나님의 언약의 성취로 이해해야 한다. 그러므로 후 삼년 반을 통과해야 하는 자들로, 7장의 '능히 셀 수 없는 흰옷 입은 큰 무리'이기도 하다.

(1) 요한계시록 7장은 미래 상황을 보여 주고 있음에 주목해야 한다. 따라서 큰 환난(患難) 곧 후 삼년 반을 통과하는 자들로, '첫째 화'에 두려워하며(회개하고) 하늘의 하나님께 영광을 돌리는 남은 자들이다(계 11:13 참조)

(2) "어린 양의 피에 그 옷을 씻어 희게 하였느니라"(계 7:14)

'회개한 자들'로서 하나님의 선택을 받아 예수 그리스도를 구주로 영접하고 십자가에서 흘리신 대속의 보혈로 죄 사함을 받아 하나님 앞에서 의롭다 인정함을 받은 자들

(3) 눈물을 씻어 주실 것임이러라 = 세상에서 흘린 고통과 역경의 눈물을 씻어주시며 위로하여 주실 뿐만 아니라, 완전한 기쁨과 영원한 평강으로 채우신다는 말씀(21:4; 사 25:6-8)[211)]

김상훈 = "남은 자들"(죽지 않고 살아남은 자들)의 회심을 예루살렘에 모인 또는 예루살렘을 핵으로 하는 유대인들의 회심으로 추정할 수 있다. 최소한 회심 사건의 중심에 유대인들이 있다고 볼 수 있지 않을까?[212)]

'에녹'의 승천(창 5:21–24; 히 11:5)**을 믿는가?**

'엘리야'의 승천(왕하 2:9–14)**을 믿는가?**

'나사로'를 살리심(요 11:17–27, 참조)**을 믿는가?**

---

211) William E. Biederwolf, 김재순 책임편역, 종말론 주해주석, 가브리엘신학연구소, 1986, pp. 374-476

212) 김상훈, 요한계시록 7:1-22:21, 감은사, 2022, pp. 176-177

그런데 왜 '두 증인(두 선지자)'의 부활 승천 사건은 상징적으로 생각하는가?

〈도움 말씀〉

하나님께 경배드려라(1. 1-14) = 경배하는 복(은혜)을 누려라

- 서론

단 7:15-28 = 누림이(18)

(15)나 다니엘이 중심에 근심하며 내 뇌 속에 이상이 나로 번민케
한지라 (16)내가 그 곁에 모신 자 중 하나에게 나아가서 이 모든 일
의 진상을 물으매 그가 내게 고하여 그 일의 해석을 알게 하여 가로
되 (17)그 네 큰 짐승은 네 왕이라 세상에 일어날 것이로되 (18)지극
히 높으신 자의 성도들이 나라를 얻으리니 그 누림이 영원하고 영원
하고 영원하리라 (19)이에 내가 넷째 짐승의 진상을 알고자 하였으
니 곧 그것은 모든 짐승과 달라서 심히 무섭고 그 이는 철이요 그 발
톱은 놋이며 먹고 부숴뜨리고 나머지는 발로 밟았으며 (20)또 그것
의 머리에는 열 뿔이 있고 그 외에 또 다른 뿔이 나오매 세 뿔이 그
앞에 빠졌으며 그 뿔에는 눈도 있고 큰 말하는 입도 있고 그 모양이
동류보다 강하여 보인 것이라 (21)내가 본즉 이 뿔이 성도들로 더불
어 싸워 이기었더니 (22)옛적부터 항상 계신 자가 와서 지극히 높으
신 자의 성도를 위하여 신원하셨고 때가 이르매 성도가 나라를 얻었
더라 (23)모신 자가 이처럼 이르되 넷째 짐승은 곧 땅의 넷째 나라인
데 이는 모든 나라보다 달라서 천하를 삼키고 밟아 부숴뜨릴 것이며
(24)그 열 뿔은 이 나라에서 일어날 열 왕이요 그 후에 또 하나가 일
어나리니 그는 먼저 있던 자들과 다르고 또 세 왕을 복종시킬 것이
며 (25)그가 장차 말로 지극히 높으신 자를 대적하며 또 지극히 높으
신 자의 성도를 괴롭게 할 것이며 그가 또 때와 법을 변개코자 할 것

이며 성도는 그의 손에 붙인 바 되어 한 때와 두 때와 반 때를 지내리라 (26)그러나 심판이 시작된즉 그는 권세를 빼앗기고 끝까지 멸망할 것이요 (27)나라와 권세와 온 천하 열국의 위세가 지극히 높으신 자의 성민에게 붙인 바 되리니 그의 나라는 영원한 나라이라 모든 권세 있는 자가 다 그를 섬겨 복종하리라 하여 (28)그 말이 이에 그친지라 나 다니엘은 중심이 번민하였으며 내 낯빛이 변하였으나 내가 이 일을 마음에 감추었느니라

요 13:1-18 = 행하면(17)

(1)유월절 전에 예수께서 자기가 세상을 떠나 아버지께로 돌아가실 때가 이른 줄 아시고 세상에 있는 자기 사람들을 사랑하시되 끝까지 사랑하시니라 (2)마귀가 벌써 시몬의 아들 가룟 유다의 마음에 예수를 팔려는 생각을 넣었더니 (3)저녁 먹는 중 예수는 아버지께서 모든 것을 자기 손에 맡기신 것과 또 자기가 하나님께로부터 오셨다가 하나님께로 돌아가실 것을 아시고 (4)저녁 잡수시던 자리에서 일어나 겉옷을 벗고 수건을 가져다가 허리에 두르시고 (5)이에 대야에 물을 담아 제자들의 발을 씻기시고 그 두르신 수건으로 씻기기를 시작하여 (6)시몬 베드로에게 이르시니 가로되 주여 주께서 내 발을 씻기시나이까 (7)예수께서 대답하여 가라사대 나의 하는 것을 네가 이제는 알지 못하나 이후에는 알리라 (8)베드로가 가로되 내 발을 절대로 씻기지 못하시리이다 예수께서 대답하시되 내가 너를 씻기지 아니하면 네가 나와 상관이 없느니라 (9)시몬 베드로가 가로되 주여 내 발뿐 아니라 손과 머리도 씻겨 주옵소서 (10)예수께서 가라사대 이미 목욕한 자는 발밖에 씻을 필요가 없느니라 온몸이 깨끗하니라 너희가 깨끗하나 다는 아니니라 하시니 (11)이는 자기를 팔 자가 누구인지 아심이라 그러므로 다는 깨끗지 아니하다 하시니라 (12)저희 발을 씻기신 후에 옷을 입으시고 다시 앉아 저희에게 이르시되 내가

너희에게 행한 것을 너희가 아느냐 (13)너희가 나를 선생이라 또는
주라 하니 너희 말이 옳도다 내가 그러하다 (14)내가 주와 또는 선생
이 되어 너희 발을 씻겼으니 너희도 서로 발을 씻기는 것이 옳으니라
(15)내가 너희에게 행한 것같이 너희도 행하게 하려 하여 본을 보였
노라 (16)내가 진실로 진실로 너희에게 이르노니 종이 상전보다 크지
못하고 보냄을 받은 자가 보낸 자보다 크지 못하니 (17)너희가 이것
을 알고 행하면 복이 있으리라 (18)내가 너희를 다 가리켜 말하는 것
이 아니라 내가 나의 택한 자들이 누구인지 앎이라 그러나 내 떡을
먹는 자가 내게 발꿈치를 들었다 한 성경을 응하게 하려는 것이니라

행 7:51-60 = 지키지(53)

(51)목이 곧고 마음과 귀에 할례를 받지 못한 사람들아 너희가 항
상 성령을 거스려 너희 조상과 같이 너희도 하는도다 (52)너희 조상
들은 선지자 중에 누구를 핍박지 아니하였느냐 의인이 오시리라 예
고한 자들을 저희가 죽였고 이제 너희는 그 의인을 잡아 준 자요 살
인한 자가 되나니 (53)너희가 천사의 전한 율법을 받고도 지키지 아
니하였도다 하니라 (54)저희가 이 말을 듣고 마음에 찔려 저를 향하
여 이를 갈거늘 (55)스데반이 성령이 충만하여 하늘을 우러러 주목
하여 하나님의 영광과 및 예수께서 하나님 우편에 서신 것을 보고
(56)말하되 보라 하늘이 열리고 인자가 하나님 우편에 서신 것을 보
노라 한대 (57)저희가 큰 소리를 지르며 귀를 막고 일심으로 그에게
달려들어 (58)성 밖에 내치고 돌로 칠새 증인들이 옷을 벗어 사울이
라 하는 청년의 발 앞에 두니라 (59)저희가 돌로 스데반을 치니 스데
반이 부르짖어 가로되 주 예수여 내 영혼을 받으시옵소서 하고 (60)
무릎을 꿇고 크게 불러 가로되 주여 이 죄를 저들에게 돌리지 마옵
소서 이 말을 하고 자니라

시 29:1-2 = 경배할지어다(2)

(1)너희 권능 있는 자들아 영광과 능력을 여호와께 돌리고 돌릴지어다 (2)여호와의 이름에 합당한 영광을 돌리며 거룩한 옷을 입고 여호와께 경배할지어다(요1:12 참조)

롬 12:1-2 = 드리라(1)

(1)그러므로 형제들아 내가 하나님의 모든 자비하심으로 너희를 권하노니 너희 몸을 하나님이 기뻐하시는 거룩한 산 제사로 드리라 이는 너희의 드릴 영적 예배니라 (2)너희는 이 세대를 본받지 말고 오직 마음을 새롭게 함으로 변화를 받아 하나님의 선하시고 기뻐하시고 온전하신 뜻이 무엇인지 분별하도록 하라

1. 경배하는 복을 누려야 한다(4. 1-4) = 하나님께 경배드려야 한다

눅 21:20-36 = 깨어 있으라(36)

(20)너희가 예루살렘이 군대(軍隊)들에게 에워싸이는 것을 보거든 그 멸망(滅亡)이 가까운 줄을 알라 (21)그때에 유대에 있는 자(者)들은 산(山)으로 도망(逃亡)할지며 성내(城內)에 있는 자(者)들은 나갈지며 촌에 있는 자(者)들은 그리로 들어가지 말지어다 (22)이 날들은 기록(記錄)된 모든 것을 이루는 형벌(刑罰)의 날이니라 (23)그날에는 아이 밴 자(者)들과 젖먹이는 자(者)들에게 화(禍)가 있으리니 이는 땅에 큰 환난(患難)과 이 백성(百姓)에게 진노(震怒)가 있겠음이로다 (24)저희가 칼날에 죽임을 당(當)하며 모든 이방(異邦)에 사로잡혀 가겠고 예루살렘은 이방인(異邦人)의 때가 차기까지 이방인(異邦人)들에게 밟히리라…(36)이러므로 너희는 장차(將次) 올 이 모든 일을 능(能)히 피(避)하고 인자(人子) 앞에 서도록 항상(恒常) 기도(祈禱)하며 깨어 있으라 하시니라

시 23:1-6 = 두려워하지(4)

(1)여호와는 나의 목자시니 내가 부족함이 없으리로다 (2)그가 나를 푸른 초장에 누이시며 쉴 만한 물가으로 인도하시는도다 (3)내 영혼을 소생시키시고 자기 이름을 위하여 의의 길로 인도하시는도다 (4)내가 사망의 음침한 골짜기로 다닐지라도 해를 두려워하지 않을 것은 주께서 나와 함께하심이라 주의 지팡이와 막대기가 나를 안위하시나이다 (5)주께서 내 원수의 목전에서 내게 상을 베푸시고 기름으로 내 머리에 바르셨으니 내 잔이 넘치나이다 (6)나의 평생에 선하심과 인자하심이 정녕 나를 따르리니 내가 여호와의 집에 영원히 거하리로다

고전 3:16-17 = 더럽히면(17)

(16)너희가 하나님의 성전인 것과 하나님의 성령이 너희 안에 거하시는 것을 알지 못하느뇨 (17)누구든지 하나님의 성전을 더럽히면 하나님이 그 사람을 멸하시리라 하나님의 성전은 거룩하니 너희도 그러하니라

엡 2:19-22 = 지어져(22)

(19)그러므로 이제부터 너희가 외인도 아니요 손도 아니요 오직 성도들과 동일한 시민이요 하나님의 권속이라 (20)너희는 사도들과 선지자들의 터 위에 세우심을 입은 자라 그리스도 예수께서 친히 모퉁잇돌이 되셨느니라 (21)그의 안에서 건물마다 서로 연결하여 주 안에서 성전이 되어 가고 (22)너희도 성령 안에서 하나님의 거하실 처소가 되기 위하여 예수 안에서 함께 지어져 가느니라

2. 괴롭게 해라(10. 3-10) = 순교신앙으로 복음을 선포하라

단 7:23-28 = 감추었더라(28)

(23)모신 자가 이처럼 이르되 넷째 짐승은 곧 땅의 넷째 나라인데 이는 모든 나라보다 달라서 천하를 삼키고 밟아 부숴뜨릴 것이며 (24)그 열 뿔은 이 나라에서 일어날 열 왕이요 그 후에 또 하나가 일어나리니 그는 먼저 있던 자들과 다르고 또 세 왕을 복종시킬 것이며 (25)그가 장차 말로 지극히 높으신 자를 대적하며 또 지극히 높으신 자의 성도를 괴롭게 할 것이며 그가 또 때와 법을 변개코자 할 것이며 성도는 그의 손에 붙인 바 되어 한 때와 두 때와 반 때를 지내리라 (26)그러나 심판이 시작된즉 그는 권세를 빼앗기고 끝까지 멸망할 것이요 (27)나라와 권세와 온 천하 열국의 위세가 지극히 높으신 자의 성민에게 붙인 바 되리니 그의 나라는 영원한 나라이라 모든 권세 있는 자가 다 그를 섬겨 복종하리라 하여 (28)그 말이 이에 그친지라 나 다니엘은 중심이 번민하였으며 내 낯빛이 변하였으나 내가 이 일을 마음에 감추었느니라

마 24:1-14 = 견디는(13)

(1)예수께서 성전(聖殿)에서 나와서 가실 때에 제자(弟子)들이 성전(聖殿) 건물들을 가리켜 보이려고 나아오니 (2)대답(對答)하여 가라사대 너희가 이 모든 것을 보지 못하느냐 내가 진실(眞實)로 너희에게 이르노니 돌 하나도 돌 위에 남지 않고 다 무너뜨리우리라 (3)예수께서 감람산 위에 앉으셨을 때에 제자(弟子)들이 종용히 와서 가로되 우리에게 이르소서 어느 때에 이런 일이 있겠사오며 또 주(主)의 임(臨)하심과 세상(世上) 끝에는 무슨 징조(徵兆)가 있사오리이까 (4)예수께서 대답(對答)하여 가라사대 너희가 사람의 미혹(迷惑)을 받지 않도록 주의(注意)하라 (5)많은 사람이 내 이름으로 와서 이르되 나는 그리스도라 하여 많은 사람을 미혹(迷惑)게 하리라 (6)난리와 난리 소문을 듣겠으나 너희는 삼가 두려워 말라 이런 일이 있어야 하되 끝은 아직 아니니라 (7)민족(民族)이 민족(民族)을, 나라가 나라를 대적

(對敵)하여 일어나겠고 처처에 기근(饑饉)과 지진(地震)이 있으리니 (8)이 모든 것이 재난의 시작이니라 (9)그때에 사람들이 너희를 환난(患難)에 넘겨주겠으며 너희를 죽이리니 너희가 내 이름을 위(爲)하여 모든 민족(民族)에게 미움을 받으리라 (10)그때에 많은 사람이 시험(試驗)에 빠져 서로 잡아 주고 서로 미워하겠으며 (11)거짓 선지자(先知者)가 많이 일어나 많은 사람을 미혹(迷惑)하게 하겠으며 (12)불법(不法)이 성하므로 많은 사람의 사랑이 식어지리라 (13)그러나 끝까지 견디는 자(者)는 구원(救援)을 얻으리라 (14)이 천국(天國) 복음(福音)이 모든 민족(民族)에게 증거(證據)되기 위(爲)하여 온 세상(世上)에 전파(傳播)되리니 그제야 끝이 오리라

계 6:9-11 = 쉬되(11)

(9)다섯째 인을 떼실 때에 내가 보니 하나님의 말씀과 저희의 가진 증거를 인하여 죽임을 당한 영혼들이 제단 아래 있어 (10)큰 소리로 불러 가로되 거룩하고 참되신 대 주재여 땅에 거하는 자들을 심판하여 우리 피를 신원하여 주지 아니하시기를 어느 때까지 하시려나이까 하니 (11)각각 저희에게 흰 두루마기를 주시며 가라사대 아직 잠시 동안 쉬되 저희 동무 종들과 형제들도 자기처럼 죽임을 받아 그 수가 차기까지 하라 하시더라

계 12:1-6 = 다스릴(5)

(1)하늘에 큰 이적(異蹟)이 보이니 해를 입은 한 여자(女子)가 있는데 그 아래는 달이 있고 그 머리에는 열두 별의 면류관(冕旒冠)을 썼더라 (2)이 여자(女子)가 아이를 배어 해산(解産)하게 되매 아파서 애써 부르짖더라 (3)하늘에 또 다른 이적(異蹟)이 보이니 보라 한 큰 붉은 용(龍)이 있어 머리가 일곱이요 뿔이 열이라 그 여러 머리에 일곱 면류관(冕旒冠)이 있는데 (4)그 꼬리가 하늘 별 삼분(三分)의 일(一)을

끌어다가 땅에 던지더라 용(龍)이 해산(解産)하려는 여자(女子) 앞에서 그가 해산(解産)하면 그 아이를 삼키고자 하더니 (5)여자(女子)가 아들을 낳으니 이는 장차(將次) 철장(鐵杖)으로 만국(萬國)을 다스릴 남자(男子)라 그 아이를 하나님 앞과 그 보좌(寶座) 앞으로 올려가더라 (6)그 여자(女子)가 광야(曠野)로 도망(逃亡)하매 거기서 일천 이백 육십(六十) 일 동안 저를 양육(養育)하기 위(爲)하여 하나님의 예비(豫備)하신 곳이 있더라

계 19:11-16 = 따르더라(14)

(11)또 내가 하늘이 열린 것을 보니 보라 백마(白馬)와 탄 자(者)가 있으니 그 이름은 충신(忠信)과 진실(眞實)이라 그가 공의(公義)로 심판(審判)하며 싸우더라 (12)그 눈이 불꽃같고 그 머리에 많은 면류관(冕旒冠)이 있고 또 이름 쓴 것이 하나가 있으니 자기(自己)밖에 아는 자(者)가 없고 (13)또 그가 피 뿌린 옷을 입었는데 그 이름은 하나님의 말씀이라 칭(稱)하더라 (14)하늘에 있는 군대(軍隊)들이 희고 깨끗한 세마포(細麻布)를 입고 백마(白馬)를 타고 그를 따르더라 (15)그의 입에서 이한 검이 나오니 그것으로 만국(萬國)을 치겠고 친(親)히 저희를 철장(鐵杖)으로 다스리며 또 친(親)히 하나님 곧 전능(全能)하신 이의 맹렬(猛烈)한 진노(震怒)의 포도주(葡萄酒) 틀을 밟겠고 (16)그 옷과 그 다리에 이름 쓴 것이 있으니 만왕(萬王)의 왕(王)이요 만주(萬主)의 주(主)라 하였더라

계 14:1-5 = 따라가는(4)

(1)또 내가 보니 보라 어린 양(羊)이 시온산(山)에 섰고 그와 함께 십사만(十四萬) 사천(四千)이 섰는데 그 이마에 어린 양(羊)의 이름과 그 아버지의 이름을 쓴 것이 있도다 (2)내가 하늘에서 나는 소리를 들으니 많은 물소리도 같고 큰 뇌성(雷聲)도 같은데 내게 들리는 소리는 거

문고 타는 자(者)들의 그 거문고 타는 것 같더라 (3)저희가 보좌(寶座)와 네 생물(生物)과 장로(長老)들 앞에서 새 노래를 부르니 땅에서 구속(救贖)함을 얻은 십(十) 사만(四萬) 사천(四千) 인(人)밖에는 능(能)히 이 노래를 배울 자(者)가 없더라 (4)이 사람들은 여자(女子)로 더불어 더럽히지 아니하고 정절(貞節)이 있는 자(者)라 어린 양(羊)이 어디로 인도(引導)하든지 따라가는 자(者)며 사람 가운데서 구속(救贖)을 받아 처음 익은 열매로 하나님과 어린 양(羊)에게 속한 자(者)들이니 (5)그 입에 거짓말이 없고 흠(欠)이 없는 자(者)들이더라(계 7:1-12 참조)

계 20:1-6 = 참여하는(6)

(1)또 내가 보매 천사(天使)가 무저갱(無底坑) 열쇠와 큰 쇠사슬을 그 손에 가지고 하늘로서 내려와서 (2)용(龍)을 잡으니 곧 옛 뱀이요 마귀(魔鬼)요 사탄이라 잡아 일천(一千) 년(年) 동안 결박(結縛)하여 (3)무저갱(無底坑)에 던져 잠그고 그 위에 인봉(印封)하여 천(千) 년(年)이 차도록 다시는 만국(萬國)을 미혹(迷惑)하지 못하게 하였다가 그 후(後)에는 반드시 잠간(暫間) 놓이리라 (4)또 내가 보좌(寶座)들을 보니 거기 앉은 자(者)들이 있어 심판(審判)하는 권세(權勢)를 받았더라 또 내가 보니 예수의 증거(證據)와 하나님의 말씀을 인(因)하여 목 베임을 받은 자(者)의 영혼(靈魂)들과 또 짐승과 그의 우상(偶象)에게 경배(敬拜)하지도 아니하고 이마와 손에 그의 표(標)를 받지도 아니한 자(者)들이 살아서 그리스도로 더불어 천년(千年) 동안 왕(王) 노릇 하니 (5){그 나머지 죽은 자(者)들은 그 천년(千年)이 차기까지 살지 못하더라} 이는 첫째 부활(復活)이라 (6)이 첫째 부활(復活)에 참여하는 자(者)들은 복(福)이 있고 거룩하도다 둘째 사망(死亡)이 그들을 다스리는 권세(權勢)가 없고 도리어 그들이 하나님과 그리스도의 제사장(祭司長)이 되어 천년(千年) 동안 그리스도로 더불어 왕(王) 노릇 하리라

왕상 18:16-19 = 좇았음이라(18) = 출 32:16-20; 왕상 18:25-27

(16)오바댜가 가서 아합을 만나 고하매 아합이 엘리야를 만나려 하여 가다가 (17)엘리야를 볼 때에 저에게 이르되 이스라엘을 괴롭게 하는 자여 네냐 (18)저가 대답하되 내가 이스라엘을 괴롭게 한 것이 아니라 당신과 당신의 아비의 집이 괴롭게 하였으니 이는 여호와의 명령을 버렸고 당신이 바알들을 좇았음이라 (19)그런즉 보내어 온 이스라엘과 이세벨의 상에서 먹는 바알(남신)의 선지자 사백오십 인과 아세라(여신)의 선지자 사백 인을 갈멜산으로 모아 내게로 나오게 하소서 : 이 세상(世上) 모든 신(神)을 의미함

행 5:17-42 = 말하라(20)

(17)대제사장과 그와 함께 있는 사람 즉 사두개인의 당파가 다 마음에 시기가 가득하여 일어나서 (18)사도들을 잡아다가 옥에 가두었더니 (19)주의 사자가 밤에 옥문을 열고 끌어내어 가로되 (20)가서 성전에 서서 이 생명의 말씀을 다 백성에게 말하라 하매

잠 25:21-22 = 마시우라(21)

(21)네 원수가 배고파 하거든 식물을 먹이고 목말라하거든 물을 마시우라 (22)그리하는 것은 핀 숯으로 그의 머리에 놓는 것과 일반이요 여호와께서는 네게 상을 주시리라

롬 12:20-21 = 이기라(21)

(20)네 원수가 주리거든 먹이고 목마르거든 마시우라 그리함으로 네가 숯불을 그 머리에 쌓아 놓으리라 (21)악에게 지지 말고 선으로 악을 이기라

행 6:8–7:60 = 스테반의 순교

딤후 2:1–13 = 기쁘게(4)

(1)내 아들아 그러므로 네가 그리스도 예수 안에 있는 은혜(恩惠) 속에서 강(强)하고 (2)또 네가 많은 증인(證人) 앞에서 내게 들은 바를 충성(忠誠)된 사람들에게 부탁(付託)하라 저희가 또 다른 사람들을 가르칠 수 있으리라 (3)네가 그리스도 예수의 좋은 군사(軍士)로 나와 함께 고난(苦難)을 받을지니 (4)군사(軍士)로 다니는 자(者)는 자기(自己) 생활(生活)에 얽매이는 자(者)가 하나도 없나니 이는 군사(軍士)로 모집(募集)한 자(者)를 기쁘게 하려 함이라 (5)경기(競技)하는 자(者)가 법(法)대로 경기(競技)하지 아니하면 면류관(冕旒冠)을 얻지 못할 것이며 (6)수고(受苦)하는 농부(農夫)가 곡식(穀食)을 먼저 받는 것이 마땅하니라 (7)내 말하는 것을 생각하라 주(主)께서 범사(凡事)에 네게 총명(聰明)을 주시리라 (8)나의 복음(福音)과 같이 다윗의 씨로 죽은 자(者) 가운데서 다시 살으신 예수 그리스도를 기억(記憶)하라 (9)복음(福音)을 인(因)하여 내가 죄인(罪人)과 같이 매이는 데까지 고난(苦難)을 받았으나 하나님의 말씀은 매이지 아니하니라 (10)그러므로 내가 택(擇)하신 자(者)를 위(爲)하여 모든 것을 참음은 저희로도 그리스도 예수 안에 있는 구원(救援)을 영원(永遠)한 영광(榮光)과 함께 얻게 하여 함이로다 (11)미쁘다 이 말이여 우리가 주(主)와 함께 죽었으면 또한 함께 살 것이요 (12)참으면 또한 함께 왕(王) 노릇 할 것이요 우리가 주(主)를 부인(否認)하면 주(主)도 우리를 부인(否認)하실 것이라 (13)우리는 미쁨이 없을지라도 주(主)는 일향(一向) 미쁘시니 자기(自己)를 부인(否認)하실 수 없으시리라

3. 하나님께 영광을 돌려라(14. 11–14) = 깨어있으라

욘 1:1–10 = 외치라(2)

(1)여호와의 말씀이 아밋대의 아들 요나에게 임하니라 이르시되
(2)너는 일어나 저 큰 성읍 니느웨로 가서 그것을 쳐서 외치라 그 악
독이 내 앞에 상달하였음이니라 하시니라 (3)그러나 요나가 여호와
의 낯을 피하려고 일어나 다시스로 도망하려 하여 욥바로 내려갔더
니 마침 다시스로 가는 배를 만난지라 여호와의 낯을 피하여 함께
다시스로 가려고 선가를 주고 배에 올랐더라 (4)여호와께서 대풍을
바다 위에 내리시매 바다 가운데 폭풍이 대작하여 배가 거의 깨어지
게 된지라 (5)사공이 두려워하여 각각 자기의 신을 부르고 또 배를
가볍게 하려고 그 가운데 물건을 바다에 던지니라 그러나 요나는 배
밑층에 내려가서 누워 깊이 잠이 든지라 (6)선장이 나아가서 그에게
이르되 자는 자여 어찌이뇨 일어나서 네 하나님께 구하라 혹시 하
나님이 우리를 생각하사 망하지 않게 하시리라 하니라 (7)그들이 서
로 이르되 자 우리가 제비를 뽑아 이 재앙이 누구로 인하여 우리에
게 임하였나 알자 하고 곧 제비를 뽑으니 제비가 요나에게 당한지라
(8)무리가 그에게 이르되 청컨대 이 재앙이 무슨 연고로 우리에게 임
하였는가 고하라 네 생업이 무엇이며 어디서 왔으며 고국이 어디며
어느 민족에 속하였느냐 (9)그가 대답하되 나는 히브리 사람이요 바
다와 육지를 지으신 하늘의 하나님 여호와를 경외하는 자로라 하고
(10)자기가 여호와의 낯을 피함인 줄을 그들에게 고하였으므로 무리
가 알고 심히 두려워하여 이르되 네가 어찌하여 이렇게 행하였느냐
하니라

계 14:1-7 = 경배하라(7)

(6)또 보니 다른 천사가 공중에 날아가는데 땅에 거하는 자들 곧
여러 나라와 족속과 방언과 백성에게 전할 영원한 복음을 가졌더라
(7)그가 큰 음성으로 가로되 하나님을 두려워하며 그에게 영광을 돌
리라 이는 그의 심판하실 시간이 이르렀음이니 하늘과 땅과 바다와

물들의 근원을 만드신 이를 경배하라 하더라

계 16:8-9 = 회개하여(9)

(8)넷째가 그 대접을 해에 쏟으매 해가 권세를 받아 불로 사람들
을 태우니 (9)사람들이 크게 태움에 태워진지라 이 재앙들을 행하는
권세를 가지신 하나님의 이름을 훼방하며 또 회개하여 영광을 주께
돌리지 아니하더라

행 2:14-21 = 부르는(21)

(14)베드로가 열한 사도와 같이 서서 소리를 높여 가로되 유대인
들과 예루살렘에 사는 모든 사람들아 이 일을 너희로 알게 할 것이
니 내 말에 귀를 기울이라 (15)때가 제 삼 시니 너희 생각과 같이 이
사람들이 취한 것이 아니라 (16)이는 곧 선지자 요엘로 말씀하신 것
이니 일렀으되 (17)하나님이 가라사대 말세에 내가 내 영으로 모든
육체에게 부어 주리니 너희의 자녀들은 예언할 것이요 너희의 젊은
이들은 환상을 보고 너희의 늙은이들은 꿈을 꾸리라 (18)그때에 내
가 내 영으로 내 남종과 여종들에게 부어 주리니 저희가 예언할 것
이요 (19)또 내가 위로 하늘에서는 기사와 아래로 땅에서는 징조를
베풀리니 곧 피와 불과 연기로다 (20)주의 크고 영화로운 날이 이르
기 전에 해가 변하여 어두워지고 달이 변하여 피가 되리라 (21)누구
든지 주의 이름을 부르는 자는 구원을 얻으리라 하였느니라

요 5:24-29 = 믿는(24)

(24)내가 진실(眞實)로 진실(眞實)로 너희에게 이르노니 내 말을 듣
고 또 나 보내신 이를 믿는 자(者)는 영생(永生)을 얻었고 심판(審判)
에 이르지 아니하나니 사망(死亡)에서 생명(生命)으로 옮겼느니라 (25)
진실(眞實)로 진실(眞實)로 너희에게 이르노니 죽은 자(者)들이 하나님

의 아들의 음성(音聲)을 들을 때가 오나니 곧 이때라 듣는 자는 살아
나리라 (26)아버지께서 자기(自己) 속에 생명(生命)이 있음 같이 아들
에게도 생명(生命)을 주어 그 속에 있게 하셨고 (27)또 인자(人子) 됨을
인(因)하여 심판(審判)하는 권세(權勢)를 주셨느니라 (28)이를 기이(奇
異)히 여기지 말라 무덤 속에 있는 자(者)가 다 그의 음성(音聲)을 들
을 때가 오나니 (29)선(善)한 일을 행(行)한 자(者)는 생명(生命)의 부활
(復活)로 악(惡)한 일을 행(行)한 자(者)는 심판(審判)의 부활(復活)로 나
오리라

행 24:10-15 = 고백하리이다(14)

(10)총독(總督)이 바울에게 머리로 표시하여 말하라 하니 그가 대
답(對答)하되 당신(當身)이 여러 해 전(前)부터 이 민족(民族)의 재판장
(裁判長) 된 것을 내가 알고 내 사건에 대(對)하여 기쁘게 변명(辯明)하
나이다 (11)당신(當身)이 아실 수 있는 바와 같이 내가 예루살렘에 예
배(禮拜)하러 올라간 지 열이틀밖에 못되었고 (12)저희는 내가 성전(聖
殿)에서 아무와 변론(辯論)하는 것이나 회당(會堂)과 또는 성중(城中)에
서 무리를 소동(騷動)케 하는 것을 보지 못하였으니 (13)이제 나를 송
사(訟事)하는 모든 일에 대(對)하여 저희가 능(能)히 당신(當身) 앞에 내
세울 것이 없나이다 (14)그러나 이것을 당신(當身)께 고백하리이다 나
는 저희가 이단(異端)이라 하는 도(道)를 좇아 조상(祖上)의 하나님을
섬기고 율법(律法)과 및 선지자(先知者)들의 글에 기록(記錄)된 것을 다
믿으며 (15)저희의 기다리는 바 하나님께 향한 소망(所望)을 나도 가졌
으니 곧 의인(義人)과 악인(惡人)의 부활(復活)이 있으리라 함이라

고전 15:1-58 = 힘쓰는(58)

(58)그러므로 내 사랑하는 형제(兄弟)들아 견고(堅固)하며 흔들리
지 말며 항상(恒常) 주(主)의 일에 더욱 힘쓰는 자(者)들이 되라 이는

너희 수고(受苦)가 주(主) 안에서 헛되지 않은 줄을 앎이니라

요 11:17 - 27 = 믿는(25)

(17)예수께서 와서 보시니 나사로가 무덤에 있은 지 이미 나흘이라 (18)베다니는 예루살렘에서 가깝기가 한 오 리쯤 되매 (19)많은 유대인(人)이 마르다와 마리아에게 그 오라비의 일로 위문(慰問)하러 왔더니 (20)마르다는 예수 오신다는 말을 듣고 곧 나가 맞되 마리아는 집에 앉았더라 (21)마르다가 예수께 여짜오되 주(主)께서 여기 계셨더면 내 오라비가 죽지 아니하였겠나이다 (22)그러나 나는 이제라도 주(主)께서 무엇이든지 하나님께 구(求)하시는 것을 하나님이 주실 줄을 아나이다 (23)예수께서 가라사대 네 오라비가 다시 살리라 (24)마르다가 가로되 마지막 날 부활(復活)에는 다시 살 줄을 내가 아나이다 (25)예수께서 가라사대 나는 부활(復活)이요 생명(生命)이니 나를 믿는 자(者)는 죽어도 살겠고 (26)무릇 살아서 나를 믿는 자(者)는 영원(永遠)히 죽지 아니하리니 이것을 네가 믿느냐 (27)가로되 주(主)여 그러하외다 주(主)는 그리스도시요 세상(世上)에 오시는 하나님의 아들이신 줄 내가 믿나이다

'엘리야'의 승천(왕하 2:9-14)은 믿는가?

'나사로'를 살리심(요 11:17-27 참조)은 믿는가?

그런데 왜? 왜? '두 증인'의 부활 승천 사건은 상징으로 제하여 버리는가?"

계 22:18-19 = 제하여 버리면(19)

(18)내가 이 책(冊)의 예언(豫言)의 말씀을 듣는 각인(各人)에게 증거(證據)하노니 만일(萬一) 누구든지 이것들 외(外)에 더하면 하나님이 이 책(冊)에 기록(記錄)된 재앙(災殃)들을 그에게 더하실 터이요 (19)만일

(萬一) 누구든지 이 책(冊)의 예언(豫言)의 말씀에서 제(除)하여 버리면 하나님이 이 책(冊)에 기록(記錄)된 생명(生命) 나무와 및 거룩한 성(城)에 참예(參與)함을 제(除)하여 버리시리라

마 25:31-46 = 한 것(40)

(31)인자(人子)가 자기(自己) 영광(榮光)으로 모든 천사(天使)와 함께 올 때에 자기(自己) 영광(榮光)의 보좌(寶座)에 앉으리니 (32)모든 민족(民族)을 그 앞에 모으고 각각(各各) 분멸(分別)하기를 목자(牧者)가 양(羊)과 염소를 분멸(分別)하는 것같이 하여 (33)양(羊)은 그 오른편에, 염소는 왼편에 두리라 (34)그때에 임금이 그 오른편에 있는 자(者)들에게 이르시되 내 아버지께 복(福) 받을 자(者)들이여 나아와 창세(創世)로부터 너희를 위(爲)하여 예비(豫備)된 나라를 상속(相續)하라 (35)내가 주릴 때에 너희가 먹을 것을 주었고 목마를 때에 마시게 하였고 나그네 되었을 때에 영접(迎接)하였고 (36)벗었을 때에 옷을 입혔고 병(病)들었을 때에 돌아보았고 옥(獄)에 갇혔을 때에 와서 보았느니라 (37)이에 의인(義人)들이 대답(對答)하여 가로되 주(主)여 우리가 어느 때에 주(主)의 주리신 것을 보고 공궤하였으며 목마르신 것을 보고 마시게 하였나이까 (38)어느 때에 나그네 되신 것을 보고 영접(迎接)하였으며 벗으신 것을 보고 옷 입혔나이까 (39)어느 때에 병(病)드신 것이나 옥(獄)에 갇히신 것을 보고 가서 뵈었나이까 하리니 (40)임금이 대답(對答)하여 가라사대 내가 진실(眞實)로 너희에게 이르노니 너희가 여기 내 형제(兄弟) 중(中)에 지극(至極)히 작은 자(者) 하나에게 한 것이 곧 내게 한 것이니라 하시고 (41)또 왼편에 있는 자(者)들에게 이르시되 저주(詛呪)를 받은 자(者)들아 나를 떠나 마귀(魔鬼)와 그 사자(使者)들을 위(爲)하여 예비(豫備)된 영영(永永)한 불에 들어가라 (42)내가 주릴 때에 너희가 먹을 것을 주지 아니하였고 목마를 때에 마시게 하지 아니하였고 (43)나그네 되었을 때에 영접(迎接)하지

아니하였고 벗었을 때에 옷 입히지 아니하였고 병(病)들었을 때와 옥(獄)에 갇혔을 때에 돌아보지 아니하였느니라 하시니 (44)저희도 대답(對答)하여 가로되 주(主)여 우리가 어느 때에 주(主)의 주리신 것이나 목마르신 것이나 나그네 되신 것이나 벗으신 것이나 병(病)드신 것이나 옥(獄)에 갇히신 것을 보고 공양(供養)치 아니하더이까 (45)이에 임금이 대답(對答)하여 가라사대 내가 진실(眞實)로 너희에게 이르노니 이 지극(至極)히 작은 자(者) 하나에게 하지 아니한 것이 곧 내게 하지 아니한 것이니라 하시리니 (46)저희는 영벌(永罰)에, 의인(義人)들은 영생(永生)에 들어가리라 하시니라

• **결론**

벧후 3:1-18 = 힘쓰라(14)

(12)하나님의 날이 임(臨)하기를 바라보고 간절(懇切)히 사모(思慕)하라 그날에 하늘이 불에 타서 풀어지고 체질(體質)이 뜨거운 불에 녹아지려니와…(14)그러므로 사랑하는 자(者)들아 너희가 이것을 바라보나니 주(主) 앞에서 점(點)도 없고 흠(欠)도 없이 평강(平康) 가운데서 나타나기를 힘쓰라…(18)오직 우리 주(主) 곧 구주(救主) 예수 그리스도의 은혜(恩惠)와 저를 아는 지식(知識)에서 자라가라 영광(榮光)이 이제와 영원(永遠)한 날까지 저에게 있을지어다

롬 8:1-39 = 행하는(4)

(1)그러므로 이제 그리스도 예수 안에 있는 자(者)에게는 결(決)코 정죄(定罪)함이 없나니 (2)이는 그리스도 예수 안에 있는 생명(生命)의 성령(聖靈)의 법(法)이 죄(罪)와 사망(死亡)의 법(法)에서 너를 해방(解放)하였음이라 (3)율법(律法)이 육신(肉身)으로 말미암아 연약(軟弱)하여 할 수 없는 그것을 하나님은 하시나니 곧 죄(罪)를 인(因)하여 자기(自己) 아들을 죄(罪) 있는 육신(肉身)의 모양(貌樣)으로 보내어 육신(肉

身)에 죄(罪)를 정(定)하사 (4)육신(肉身)을 좇지 않고 그 영(靈)을 좇아 행(行)하는 우리에게 율법(律法)의 요구를 이루어지게 하려 하심이니라…(31)그런즉 이 일에 대(對)하여 우리가 무슨 말 하리요 만일(萬一) 하나님이 우리를 위(爲)하시면 누가 우리를 대적(對敵)하리요 (32)자기(自己) 아들을 아끼지 아니하시고 우리 모든 사람을 위(爲)하여 내어주신 이가 어찌 그 아들과 함께 모든 것을 우리에게 은사(恩賜)로 주지 아니하시겠느뇨 (33)누가 능(能)히 하나님의 택(擇)하신 자(者)들을 송사(訟事)하리요 의(義)롭다 하신 이는 하나님이시니 (34)누가 정죄(定罪)하리요 죽으실 뿐 아니라 다시 살아나신 이는 그리스도 예수시니 그는 하나님 우편(右便)에 계신 자(者)요 우리를 위(爲)하여 간구(懇求)하시는 자(者)시니라 (35)누가 우리를 그리스도의 사랑에서 끊으리요 환난(患難)이나 곤고나 핍박(逼迫)이나 기근(饑饉)이나 적신이나 위험이나 칼이랴 (36)기록(記錄)된 바 우리가 종일 주(主)를 위(爲)하여 죽임을 당케 되며 도살할 양(羊) 같이 여김을 받았나이다 함과 같으니라 (37)그러나 이 모든 일에 우리를 사랑하시는 이로 말미암아 우리가 넉넉히 이기느니라 (38)내가 확신(確信)하노니 사망(死亡)이나 생명(生命)이나 천사(天使)들이나 권세자들이나 현재(現在) 일이나 장래(將來) 일이나 능력(能力)이나 (39)높음이나 깊음이나 다른 아무 피조물(被造物)이라도 우리를 우리 주(主) 그리스도 예수 안에 있는 하나님의 사랑에서 끊을 수 없으리라

말 4:1–3 = 경외하는(2)

(1)만군의 여호와가 이르노라 보라 극렬한 풀무불 같은 날이 이르리니 교만한 자와 악을 행하는 자는 다 초개같을 것이라 그 이르는 날이 그들을 살라 그 뿌리와 가지를 남기지 아니할 것이로되 (2)내 이름을 경외하는 너희에게는 의로운 해가 떠올라서 치료하는 광선을 발하리니 너희가 나가서 외양간에서 나온 송아지같이 뛰리라 (3)

또 너희가 악인을 밟을 것이니 그들이 나의 정한 날에 너희 발바닥 밑에 재와 같으리라 만군의 여호와의 말이니라

벧전 2:1-10 = 선전하게(9)

(1)그러므로 모든 악독과 모든 궤휼과 외식과 시기와 모든 비방하
는 말을 버리고 (2)갓난 아이들같이 순전하고 신령한 젖을 사모하라
이는 이로 말미암아 너희로 구원에 이르도록 자라게 하려 함이라 (3)
너희가 주의 인자하심을 맛보았으면 그리하라 (4)사람에게는 버린 바
가 되었으나 하나님께는 택하심을 입은 보배로운 산 돌이신 예수에
게 나아와 (5)너희도 산 돌같이 신령한 집으로 세워지고 예수 그리
스도로 말미암아 하나님이 기쁘게 받으실 신령한 제사를 드릴 거룩
한 제사장이 될지니라 (6)경에 기록하였으되 보라 내가 택한 보배롭
고 요긴한 모퉁잇돌을 시온에 두노니 저를 믿는 자는 부끄러움을 당
치 아니하리라 하였으니 (7)그러므로 믿는 너희에게는 보배이나 믿지
아니하는 자에게는 건축자들의 버린 그 돌이 모퉁이의 머릿돌이 되
고 (8)또한 부딪히는 돌과 거치는 반석이 되었다 하니라 저희가 말씀
을 순종치 아니하므로 넘어지나니 이는 저희를 이렇게 정하신 것이
라 (9)오직 너희는 택하신 족속이요 왕 같은 제사장들이요 거룩한 나
라요 그의 소유 된 백성이니 이는 너희를 어두운 데서 불러내어 그의
기이한 빛에 들어가게 하신 자의 아름다운 덕을 선전하게 하려 하심
이라 (10)너희가 전에는 백성이 아니더니 이제는 하나님의 백성이요
전에는 긍휼을 얻지 못하였더니 이제는 긍휼을 얻은 자니라

시 15:1-5 = 행하는(5)

(1)여호와여 주(主)의 장막(帳幕)에 유(留)할 자(者) 누구오며 주(主)
의 성산(聖山)에 거(居)할 자(者) 누구오니이까 (2)정직(正直)하게 행(行)
하며 공의(公義)를 일삼으며 그 마음에 진실(眞實)을 말하며 (3)그 혀

로 참소(讒訴)치 아니하고 그 벗에게 행악(行惡)지 아니하며 그 이웃을 훼방(毁謗)치 아니하며 (4)그 눈은 망령(妄靈)된 자(者)를 멸시(蔑視)하며 여호와를 두려워하는 자(者)를 존대(尊大)하며 그 마음에 서원(誓願)한 것은 해로(海路)울지라도 변(變)치 아니하며 (5)변리(邊利)로 대금(貸金)치 아니하며 뇌물(賂物)을 받고 무죄(無罪)한 자(者)를 해(害)치 아니하는 자니 이런 일을 행(行)하는 자(者)는 영영(永永)히 요동(搖動)치 아니하리이다

마 7:15-29 = 행하는(21)

(15)거짓 선지자(先知者)들을 삼가라 양(羊)의 옷을 입고 너희에게 나아오나 속에는 노략(擄掠)질하는 이리라 (16)그의 열매로 그들을 알지니 가시나무에서 포도(葡萄)를, 또는 엉겅퀴에서 무화과(無花果)를 따겠느냐 (17)이와 같이 좋은 나무마다 아름다운 열매를 맺고 못된 나무가 나쁜 열매를 맺나니 (18)좋은 나무가 나쁜 열매를 맺을 수 없고 못된 나무가 아름다운 열매를 맺을 수 없느니라 (19)아름다운 열매를 맺지 아니하는 나무마다 찍혀 불에 던지우니라 (20)이러므로 그의 열매로 그들을 알리라 (21)나더러 주(主)여 주(主)여 하는 자(者)마다 천국(天國)에 다 들어갈 것이 아니요 다만 하늘에 계신 내 아버지의 뜻대로 행(行)하는 자(者)라야 들어가리라 (22)그날에 많은 사람이 나더러 이르되 주(主)여 주(主)여 우리가 주(主)의 이름으로 선지자(先知者) 노릇 하며 주(主)의 이름으로 귀신(鬼神)을 쫓아내며 주(主)의 이름으로 많은 권능(權能)을 행(行)치 아니하였나이까 하리니 (23)그때에 내가 저희에게 밝히 말하되 내가 너희를 도무지 알지 못하니 불법(不法)을 행(行)하는 자(者)들아 내게서 떠나가라 하리라 (24)그러므로 누구든지 나의 이 말을 듣고 행(行)하는 자(者)는 그 집을 반석(磐石) 위에 지은 지혜(智慧)로운 사람 같으리니 (25)비가 내리고 창수가 나고 바람이 불어 그 집에 부딪히되 무너지지 아니하나니 이는

주초(柱礎)를 반석(磐石) 위에 놓은 연고요 (26)나의 이 말을 듣고 행(行)치 아니하는 자(者)는 그 집을 모래 위에 지은 어리석은 사람 같으리니 (27)비가 내리고 창수가 나고 바람이 불어 그 집에 부딪히매 무너져 그 무너짐이 심하니라 (28)예수께서 이 말씀을 마치시매 무리들이 그 가르치심에 놀라니 (29)이는 그 가르치시는 것이 권세(權勢) 있는 자(者)와 같고 저희 서기관(書記官)들과 같지 아니함일러라

❈ 15–19절. 하나님께 경배

• 15절. 일곱째 천사가 나팔을 불매 = '셋째 화'를 예고한다

일곱째 천사의 나팔 곧 '셋째 화'와 함께 "세상 나라가 우리 주와 그 그리스도의 나라가 되어 그가 세세토록 왕 노릇 하신다"(계 11:15)는 것을 선포하며, 24장로는 하나님께 경배를 드린다(계 11:16–19).

김상훈 교수는 말한다. 일곱째 나팔의 실체는 15-18절의 내용(나라의 회복과 상벌, 특히 심판에 대한 메시지)이라 할 수 있다. 그렇다면 일곱째 나팔은 재앙적 성격이 아니라, 선언적 성격이 강하다.[213)]

피터 럭크만은 "이 세상 나라들은 예수 그리스도의 것이 아니며 성부 하나님의 것이고, 그분은 이 나라들을 그분이 원하는 자에게 위임하여 주신다. 이 세상은 나의 집이 아니며 나는 지나갈 뿐이고 나의 보화는 하늘 너머 어딘가에 쌓여 있다네"라고 하며[214)] 애써 예수님의 왕권 통치를 희석시키려는 의도를 보인다.

---

213) 김상훈, 요한계시록 7:1-22:21, 감은사, 2022, p. 191
214) Peter S. Ruckman, 김형덕 옮김, 말씀보존학회, 1993, p. 229

박영식 신부는 "세상 왕국이 우리 주님과 그분의 그리스도의 왕국이 되었다. 주께서 영원무궁토록 다스릴 것이다"라고 하며, "세상 왕국이 우리 하나님과 그분이 보내주신 그리스도의 왕국이 되었고 그리스도의 왕권이 영원무궁하다"[215]라고 하여 그리스도의 이 세상 통치에 의미를 부여한다.

랑코 스테파노치는 "이는 각 시대의 하나님의 신실한 백성이 오랫동안 '나라가 임하옵시며'라고 염원하였고 기도해 왔던 것의 성취다(마 6:10). 찬탈 세력의 지배와 통치를 받았고 하나님을 반역했던 이 땅이 마침내 하나님의 통치와 지배를 받을 것이다"[216]라고 하여 역시 이 땅(세상)의 통치라는 오해를 낳게 한다.

이광복 목사는 "세상나라"는 천년왕국, "세세토록 왕 노릇 하시리로다"는 만왕의 왕 되신 예수 그리스도라고 한다.[217]

저자 견해

'그리스도의 나라'는 장차 예수 그리스도(예수님의 구원자 곧 메시아이심의 칭호)께서 왕권으로 다스리는 바 이는 천년왕국에서의 왕권통치를 기점(起點)으로 '거룩하고도 영원한 하나님 나라의 도래'를 증거한다.

성도는 이 세상에서도 하나님의 자녀로 살지만(요 12:1 등 참조), 이 세상 나라는 물론 사탄의 세력 등 모든 세력은 셋째 화(14절) 곧 일곱째 나팔(일곱 대접 재앙 = 마지막 재앙)에 의한 심판으로 마무리된다. 심판의 종결은 백 보좌 심판이다.

---

215) 박영식, 오늘 읽는 요한묵시록, 바오로딸, 2011, p. 260
216) Ranko Stefanovic, 하홍팔, 도현호 공저, 미주시조사, 2011, p. 381
217) 이광복, 계시록 설교 노트, 도서출판 흰돌, 1997, p. 159

(5)여자(女子)가 아들을 낳으니 이는 장차(將次) 철장(鐵杖)으로 만국(萬國)을 다스릴 남자(男子)라 그 아이를 하나님 앞과 그 보좌(寶座) 앞으로 올려가더라 (6)그 여자(女子)가 광야(曠野)로 도망(逃亡)하매 거기서 일천 이백 육십(六十) 일 동안 저를 양육(養育)하기 위(爲)하여 하나님의 예비(豫備)하신 곳이 있더라…(14)그 여자(女子)가 큰 독수리의 두 날개를 받아 광야(曠野) 자기(自己) 곳으로 날아가 거기서 그 뱀의 낯을 피(避)하여 한 때와 두 때와 반 때를 양육(養育) 받으매(계 12:5-7, 14절 등 참조)

16-18절. 24장로의 역할

• 16절. 보좌(寶座)에 앉은 이십사 장로(長老)들

"24장로들이 엎드려 얼굴을 땅에 대고 하나님께 경배하여"(16)는 경배 방법, 자세 등에 대한 표현이다.

• 17절. 감사하옵나니 옛적에도 계셨고 시방(時方)도 계신 주 하나님 전능하신 이여

따라서 예수님(그리스도)이 곧 하나님이시며, 지금도 우리와 함께하시며(마 28:19-20), 신성과 인성[양성(兩性)]이 있으신 언약의 완성자이심이 믿어져야 한다(계 11:17-18 등 참조).

24보좌의 24장로들이 흰옷을 입고 금 면류관을 쓰고 있으며(계 4:4), 엎드려 얼굴을 대고 하나님을 경배한다(계 11:16).

(계 4:1-5, 10-11; 5:5, 8-11, 7:11, 11:16-18, 21:12-14 등 참조)

계 4:10-11에도 24보좌에 24장로가 "자기의 면류관(冕旒冠)을 보좌(寶座) 앞에 던지며" 하나님을 경배하는데, 그들의 면류관은 στέφανος(스테파노스)임에 주목하자.

στεφάνους<(스테파누스)명목남복 면류관을 crowns = 4735 στέφανος(stephanos 스테파노스) 기본어 stepho <스텝호>(이마에 장식하다, 또는 화관을 쓰다)에서 유래된 듯; 화관(영광의 상징, 대중적 게임에서의 상, 영예의 상징; 단순한 면류관【1238】보다 눈에 띄고 정성들인 것), 문자적으로 혹은 상징적으로 면류관(계 12:1, 14:14; 요 19:2)

계 9:7의 황충들이 쓴 "금 같은 면류관과 비슷한 것"과 계 12:3의 '한 큰 붉은 용'(龍)의 일곱 머리에 쓴 일곱 면류관 등은 '왕관' [διαδήματα(디아데마타)]이다.

따라서 '승리자'(이긴 자)들만이 쓰는 στέφανος(스테파노스)를 그들은 절대로 쓰지 못한다.

διαδήματα(디아데마타)명목중복 면류관이 crowns = 1238 διάδημα diadema 1223과 1210의 합성어에서 유래; (머리를 둘러 감는) 왕관(계 13:1 = 짐승. 19:12 = 예수님)

24장로에 대한 견해

1) 21:12-14에 표시된 바, 구약의 12족장과 신약의 12사도(Victorius, Alford, Weiss, Plummer, Vincent)
2) 공중 재림 때 들려 올릴 교회(Walvoord)
3) 유대인과 이방인의 전 교회의 대표 반영(Eleek, De Wette, Swete, Barclay)
4) 대상 24:1-19의 제사장의 24반열(Ewald, Hilgenfeld, Wellhausen)
5) 천상의 제사장인 천사장들(Ewald, Reuss, Spitta)

6) 천사들(Rinck, Hoffmann)
7) 출 24:11의 이스라엘의 장로들(Clarke, Rist)
8) 유대인 교회(Wordworth)
9) 대소 선지자들(St, Hippolytus)
10) 인류의 가장 뛰어난 인물들 즉 아담, 셋, 에노스, 제난, 마하랄렐, 야벳, 에녹, 므두셀라, 라멕, 노아, 셈, 아르박삿, 셀라, 에벨, 벨렉, 르우, 스룩, 나홀, 데라, 아브람, 이삭, 야곱, 아벨, 야벳 등(Bengel)
11) 바벨론의 24성좌(Moffatt)
12) 신구약의 모든 성도들의 대표로 하나님의 보좌를 호위하고 있는 것이다. 지상의 환난을 보이기 전에 이제부터 천상에 성도들이 있는 것을 나타낸 것은 그들이 환난에 포함되지 않는 것을 뜻한다. 즉 전 환난설의 한 근거를 제시한 것이다. 24장로는 앞으로 자주 등장하여 계시 진행의 중요한 역할을 한다.
13) 24장로에 대하여는 개인적 특성보다는 대표적 특성이 있는 것으로 계 15:2-4, 21:12-14에서 증거하는 대로 이스라엘 열두 지파의 법정적 수와 12사도를 가리키는 것으로 볼 수 있다.
14) 박윤선 = 교회의 대표자들
15) 박영식 = 그리스도의 속죄 죽음에 힘입어 죄와 죽음을 이긴 승리자로 영생과 영복을 누리게 되는 자[218)]
16) 이상근 = 신구약 성도의 대표
17) 김형중 = 구약 12지파인 이스라엘 백성들의 대표와 신약의 12사도인 신약시대 성도들의 대표
18) 랑개 = 신구약 두 언약의 결합된 교회
19) Peter S. Ruckman = 구원받아 "피로 씻김 받고" 보상 받은 교

---

218) 박영식, 오늘 읽는 요한묵시록, 바오로딸, 2011, p. 261

회시대의 구원받은 사람을 대표한다.

20) 헨드릭슨 = 구약과 신약의 전 세대를 포함한 전체 교회를 표시

21) 일반적 교회의 대표자들(윌리엄 E. 비더울프, 기재순 편역, 종말론주해주석, 가브리엘, 1986, p. 334)

우리는 24장로가 누구냐 하는 것보다는 그들이 무엇을 하고 있는가에 주목해야 한다(계 4:1-5, 10-11, 5:5, 8-11, 7:11, 11:16-18, 21:12-14 등 참조).

= 마 4:10; 요 4:23-24; 엡 1:3-6; 마 2:1-2, 11(동방 박사들); 빌 2:10-11(만민들); 히 1:6(모든 천사); 계 7:9-12(큰 무리와 모든 천사); 시 103:19-22 등 참조

• 19절. 이에 하늘에 있는 하나님의 성전(聖殿)이 열리니

'셋째 화'로 세상을 심판하실 하나님의 보좌를 보이신다.

마침내 최후의 환란이 오기 전에 하늘의 지성소가 열린다. 그것은 땅에 있던 성소의 본체인데(참조, 히 9:23, 10:1) 본 절은 그곳에 있는 하나님의 언약궤(言約櫃)가 보였다고 언급한다.

언약궤가 보인다는 것은 하나님과 성도들 간의 교통[交通. 교제(交際)]이 이루어짐을 함의(含意)한다.

이 언약궤가 보이는 것은 하나님께서 택한 백성에게 약속하신 말씀대로 이제 그 약속을 완전히 실현하시겠다는 것이며, 그 언약의 목표, 즉 하나님 나라의 도래가 완전히 성취됨을 계시함이다. 반면에 언약궤는 악인에게는 환란(患亂)과 하나님의 진노(震怒)를 의미한다. 번개, 음성(音聲), 뇌성(雷聲), 지진(地震), 큰 진노(雨雹) 등의 되돌리지 못하도록 엄한 심판(審判)을 내리신다는 함의(含意)가 있다(참조, 계 4:5, 8:5, 16:18).

또한 모든 땅의 백성(百姓)들에 대한 심판의 근원(根源)이 하나님께 있다는 것과 선택(選擇) 받은 자들에게는 구원의 완성에 이르는

성 지복[聖 至福 = 거룩하고도 영원한, 더할 수 없는 은혜(복)]을 누리게 된다는 언약이 담겨 있다.

곧 언약궤(言約櫃)가 하나님의 백성들에게는 은총(恩寵)이지만 우상숭배(偶像崇拜)자들에게는 심판(재앙)이 된다(창 5:21-24; 히 11:4-6; 유 1:14-16 등 참조).

〈도움 말씀〉

재림을 갈망하라(16. 15–19) = 경배하라

• 서론

계 8:13 = 내가 또 보고 들으니 공중에 날아가는 독수리가 큰 소리로 이르되 땅에 거하는 자들에게 화, 화, 화가 있으리로다 이 외에도 세 천사의 불 나팔 소리를 인함이로다 하더라

하나님의 언약은 약속과 명령으로 이루어져 있다. = 예수님께서 오심도 먼저 계시가 있고 성취자로 오셨다. = 계시록 역시 먼저 예고가 있고 성취가 있다.

출 3:1–12 = 내게(10) = 하나님의 약속

(1)모세가 그 장인(丈人) 미디안 제사장(祭司長) 이드로의 양(羊)무리를 치더니 그 무리를 광야(曠野) 서편(西便)으로 인도(引導)하여 하나님의 산(山) 호렙에 이르매 (2)여호와의 사자(使者)가 떨기나무 불꽃 가운데서 그에게 나타나시니라 그가 보니 떨기나무에 불이 붙었으나 사라지지 아니하는지라 (3)이에 가로되 내가 돌이켜 가서 이 큰 광경(光景)을 보리라 떨기나무가 어찌하여 타지 아니하는고 하는 동시에 (4)여호와께서 그가 보려고 돌이켜 오는 것을 보신지라 하나님이 떨기나무 가운데서 그를 불러 가라사대 모세야 모세야 하시매 그

가 가로되 내가 여기 있나이다 (5)하나님이 가라사대 이리로 가까이 하지 말라 너의 선 곳은 거룩한 땅이니 네 발에서 신을 벗으라 (6)또 이르시되 나는 네 조상(祖上)의 하나님이니 아브라함의 하나님, 이삭의 하나님, 야곱의 하나님이니라 모세가 하나님 뵈옵기를 두려워하여 얼굴을 가리우매 (7)여호와께서 가라사대 내가 애굽에 있는 내 백성(百姓)의 고통(苦痛)을 정녕(丁寧)히 보고 그들이 그 간역자(看役者)로 인(因)하여 부르짖음을 듣고 그 우고를 알고 (8)내가 내려와서 그들을 애굽인의 손에서 건져내고 그들을 그 땅에서 인도(引導)하여 아름답고 광대(廣大)한 땅 젖과 꿀이 흐르는 땅 곧 가나안 족속(族屬), 헷 족속(族屬), 아모리 족속(族屬), 브리스 족속(族屬), 히위 족속(族屬), 여부스 족속(族屬)의 지방(地方)에 이르려 하노라 (9)이제 이스라엘 자손(子孫)의 부르짖음이 내게 달하고 애굽 사람이 그들을 괴롭게 하는 학대(虐待)도 내가 보았으니 (10)이제 내가 너를 바로에게 보내어 너로 내 백성(百姓) 이스라엘 자손(子孫)을 애굽에서 인도(引導)하여 내게 하리라 (11)모세가 하나님께 고(告)하되 내가 누구관대 바로에게 가며 이스라엘 자손(子孫)을 애굽에서 인도(引導)하여 내리이까 (12)하나님이 가라사대 내가 정녕(丁寧) 너와 함께 있으리라 네가 백성(百姓)을 애굽에서 인도(引導)하여 낸 후(後)에 너희가 이 산(山)에서 하나님을 섬기리니 이것이 내가 너를 보낸 증거(證據)니라

출 15:1-18 = 일렀으되(1) = 하나님의 약속의 성취

(1)이때에 모세와 이스라엘 자손(子孫)이 이 노래로 여호와께 노래하니 일렀으되 내가 여호와를 찬송(讚頌)하리니 그는 높고 영화(榮華)로우심이요 말과 그 탄 자를 바다에 던지셨음이로다 (2)여호와는 나의 힘이요 노래시며 나의 구원(救援)이시로다 그는 나의 하나님이시니 내가 그를 찬송(讚頌)할 것이요 내 아비의 하나님이시니 내가 그를 높이리로다 (3)여호와는 용사(勇士)시니 여호와는 그의 이름이시

로다 (4)그가 바로의 병거(兵車)와 그 군대(軍隊)를 바다에 던지시니 그 택(擇)한 장관(長官)이 홍해(紅海)에 잠겼고 (5)큰 물이 그들을 덮으니 그들이 돌처럼 깊음에 내렸도다 (6)여호와여 주(主)의 오른손이 권능(權能)으로 영광(榮光)을 나타내시니이다 여호와여 주(主)의 오른손이 원수(怨讐)를 부수시니이다 (7)주(主)께서 주(主)의 큰 위엄(威嚴)으로 주(主)를 거스리는 자(者)를 엎으시나이다 주(主)께서 진노(震怒)를 발하시니 그 진노(震怒)가 그들을 초개(草芥)같이 사르니이다 (8)주(主)의 콧김에 물이 쌓이되 파도가 언덕같이 일어서고 큰 물이 바다 가운데 엉기니이다 (9)대적(對敵)의 말이 내가 쫓아 미쳐 탈취물(奪取物)을 나누리라 내가 그들로 인(因)하여 내 마음을 채우리라 내가 내 칼을 빼리니 내 손이 그들을 멸(滅)하리라 하였으나 (10)주(主)께서 주(主)의 바람을 일으키시매 바다가 그들을 덮으니 그들이 흉용(洶湧)한 물에 납같이 잠겼나이다 (11)여호와여 신(神) 중(中)에 주(主)와 같은 자(者) 누구니이까 주(主)와 같이 거룩함에 영광(榮光)스러우며 찬송(讚頌)할 만한 위엄(威嚴)이 있으며 기이(奇異)한 일을 행(行)하는 자(者) 누구니이까 (12)주(主)께서 오른손을 드신즉 땅이 그들을 삼켰나이다 (13)주(主)께서 그 구속(救贖)하신 백성(百姓)을 은혜(恩惠)로 인도(引導)하시되 주(主)의 힘으로 그들을 주(主)의 성결(聖潔)한 처소(處所)에 들어가게 하시나이다 (14)열방(列邦)이 듣고 떨며 블레셋 거민(居民)이 두려움에 잡히며 (15)에돔 방백(方伯)이 놀라고 모압 영웅(英雄)이 떨림에 잡히며 가나안 거민(居民)이 다 낙담(落膽)하나이다 (16)놀람과 두려움이 그들에게 미치매 주(主)의 팔이 큼을 인(因)하여 그들이 돌같이 고요하였사오되 여호와여 주(主)의 백성(百姓)이 통과(通過)하기까지 곧 주(主)의 사신 백성(百姓)이 통과(通過)하기까지였나이다 (17)주(主)께서 백성(百姓)을 인도(引導)하사 그들을 주(主)의 기업(基業)의 산(山)에 심으시리이다 여호와여 이는 주(主)의 처소(處所)를 삼으시려고 예비(豫備)하신 것이라 주(主)여 이것이 주(主)의 손으로 세우신 성

소(聖所)로소이다 (18)여호와의 다스리심이 영원무궁(永遠無窮)하시도
다 하였더라

1. 세세토록 왕 노릇 하시리라(15) = 그리스도의 나라에 소망을 두라

시 22:27-29 = 경배하리니(27)

(27)땅의 모든 끝이 여호와를 기억(記憶)하고 돌아오며 열방(列邦)
의 모든 족속(族屬)이 주(主)의 앞에 경배(敬拜)하리니 (28)나라는 여
호와의 것이요 여호와는 열방(列邦)의 주재(主宰)심이로다 (29)세상(世
上)의 모든 풍비(豊備)한 자(者)가 먹고 경배(敬拜)할 것이요 진토(塵土)
에 내려가는 자(者) 곧 자기(自己) 영혼(靈魂)을 살리지 못할 자(者)도
다 그 앞에 절하리로다

시 146:1-10 = 찬송하리로다(2)

(1)할렐루야 내 영혼(靈魂)아 여호와를 찬양(讚揚)하라 (2)나의 생전
(生前)에 여호와를 찬양(讚揚)하며 나의 평생(平生)에 내 하나님을 찬
송(讚頌)하리로다 (3)방백(方伯)들을 의지(依支)하지 말며 도울 힘이 없
는 인생(人生)도 의지(依支)하지 말지니 (4)그 호흡(呼吸)이 끊어지면 흙
으로 돌아가서 당일(當日)에 그 도모(圖謀)가 소멸(消滅)하리로다 (5)야
곱의 하나님으로 자기(自己) 도움을 삼으며 여호와 자기(自己) 하나님
에게 그 소망(所望)을 두는 자(者)는 복(福)이 있도다 (6)여호와는 천지
(天地)와 바다와 그 중(中)의 만물(萬物)을 지으시며 영원(永遠)히 진실
(眞實)함을 지키시며 (7)압박(壓迫) 당(當)하는 자(者)를 위(爲)하여 공의
(公義)로 판단(判斷)하시며 주린 자(者)에게 식물(食物)을 주시는 자(者)
시로다 여호와께서 갇힌 자(者)를 해방하시며 (8)여호와께서 소경의
눈을 여시며 여호와께서 비굴(卑屈)한 자(者)를 일으키시며 여호와께
서 의인(義人)을 사랑하시며 (9)여호와께서 객을 보호(保護)하시며 고
아(孤兒)와 과부(寡婦)를 붙드시고 악인(惡人)의 길은 굽게 하시는도다

(10)시온아 여호와 네 하나님은 영원(永遠)히 대대(代代)에 통치(統治)하시리로다 할렐루야(마 21:31-46 참조)

계 10:5-7 = 이루리라(7)

(5)내가 본 바 바다와 땅을 밟고 섰는 천사(天使)가 하늘을 향(向)하여 오른손을 들고 (6)세세(世世)토록 살아계신 자(者) 곧 하늘과 그 가운데 있는 물건(物件)이며 땅과 그 가운데 있는 물건(物件)이며 바다와 그 가운데 있는 물건(物件)을 창조(創造)하신 이를 가리켜 맹세(盟誓)하여 가로되 지체(遲滯)하지 아니하리니 (7)일곱째 천사(天使)가 소리 내는 날 그 나팔을 불게 될 때에 하나님의 비밀(秘密)이 그 종 선지자(先知者)들에게 전(傳)하신 복음(福音)과 같이 이루리라

계 16:17-21 = 쏟으매(17)

(17)일곱째가 그 대접을 공기 가운데 쏟으매 큰 음성(音聲)이 성전(聖殿)에서 보좌(寶座)로부터 나서 가로되 되었다 하니 (18)번개와 음성(音聲)들과 뇌성(雷聲)이 있고 또 지진(地震)이 있어 어찌 큰지 사람이 땅에 있어 옴으로 이같이 큰 지진(地震)이 없었더라 (19)큰 성(城)이 세 갈래로 갈라지고 만국(萬國)의 성들도 무너지니 큰 성(城) 바벨론이 하나님 앞에 기억(記憶)하신 바 되어 그의 맹렬(猛烈)한 진노(震怒)의 포도주(葡萄酒) 잔(盞)을 받으매 (20)각(各) 섬도 없어지고 산(山)악도 간데없더라 (21)또 중수(重數)가 한 달란트나 되는 큰 우박이 하늘로부터 사람들에게 내리매 사람들이 그 박재(雹災)로 인(因)하여 하나님을 훼방(毁謗)하니 그 재앙(災殃)이 심(甚)히 큼이러라

계 19:1-10 = 청함을 입은(9)

(1)이 일 후(後)에 내가 들으니 하늘에 허다(許多)한 무리의 큰 음성(音聲) 같은 것이 있어 가로되 할렐루야 구원(救援)과 영광(榮光)과 능

력(能力)이 우리 하나님께 있도다 (2)그의 심판(審判)은 참되고 의(義)로운지라 음행(淫行)으로 땅을 더럽게 한 큰 음녀(淫女)를 심판(審判)하사 자기(自己) 종들의 피를 그의 손에 갚으셨도다 하고 (3)두 번째 가로되 할렐루야 하더니 그 연기(煙氣)가 세세(世世)토록 올라가더라 (4)또 이십(二十)사(四) 장로(長老)와 네 생물(生物)이 엎드려 보좌(寶座)에 앉으신 하나님께 경배(敬拜)하여 가로되 아멘 할렐루야 하니 (5)보좌(寶座)에서 음성(音聲)이 나서 가로되 하나님의 종들 곧 그를 경외(敬畏)하는 너희들아 무론대소(無論大小)하고 다 우리 하나님께 찬송(讚頌)하라 (6)또 내가 들으니 허다(許多)한 무리의 음성(音聲)도 같고 많은 물소리도 같고 큰 뇌성(雷聲)도 같아서 가로되 할렐루야 주(主) 우리 하나님 곧 전능(全能)하신 이가 통치(統治)하시도다 (7)우리가 즐거워하고 크게 기뻐하여 그에게 영광(榮光)을 돌리세 어린 양(羊)의 혼인(婚姻) 기약(期約)이 이르렀고 그 아내가 예비(豫備)하였으니 (8)그에게 허락(許諾)하사 빛나고 깨끗한 세마포(細麻布)를 입게 하셨은즉 이 세마포(細麻布)는 성도(聖徒)들의 옳은 행실(行實)이로다 하더라 (9)천사(天使)가 내게 말하기를 기록(記錄)하라 어린 양(羊)의 혼인(婚姻)잔치에 청함을 입은 자(者)들이 복(福)이 있도다 하고 또 내게 말하되 이것은 하나님의 참되신 말씀이라 하기로 (10)내가 그 발 앞에 엎드려 경배(敬拜)하려 하니 그가 나더러 말하기를 나는 너와 및 예수의 증거(證據)를 받은 네 형제(兄弟)들과 같이 된 종이니 삼가 그리하지 말고 오직 하나님께 경배(敬拜)하라 예수의 증거(證據)는 대언의 영(靈)이라 하더라

2. 경배하라(16. 16-18) = 권능의 왕께 경배하라

사 9:6-7 = 할 것임이라(6)

(6)이는 한 아기가 우리에게 났고 한 아들을 우리에게 주신 바 되었는데 그 어깨에는 정사를 메었고 그 이름은 기묘자라, 모사라, 전능

하신 하나님이라, 영존하시는 아버지라, 평강의 왕이라 할 것임이라 (7)그 정사와 평강의 더함이 무궁하며 또 다윗의 위에 앉아서 그 나라를 굳게 세우고 자금 이후 영원토록 공평과 정의로 그것을 보존하실 것이라 만군의 여호와의 열심이 이를 이루시리라(눅 22:31-32 참조)

단 4:34 = 존경하였노니

그 기한이 차매 나 느부갓네살이 하늘을 우러러 보았더니 내 총명이 다시 내게로 돌아온지라 이에 내가 지극히 높으신 자에게 감사하며 영생하시는 자를 찬양하고 존경하였노니 그 권세는 영원한 권세요 그 나라는 대대로 이르리로다(단 3:28-30 참조)

히 7:22-25 = 나아가는(25)

(22)이와 같이 예수는 더 좋은 언약의 보증이 되셨느니라 (23)저희 제사장 된 자의 수효가 많은 것은 죽음을 인하여 항상 있지 못함이로되 (24)예수는 영원히 계시므로 그 제사 직분도 갈리지 아니하나니 (25)그러므로 자기를 힘입어 하나님께 나아가는 자들을 온전히 구원하실 수 있으니 이는 그가 항상 살아서 저희를 위하여 간구하심이니라

계 4:1-5 = 감동하였더니(2)

(1)이 일 후(後)에 내가 보니 하늘에 열린 문(門)이 있는데 내가 들은 바 처음에 내게 말하던 나팔소리 같은 그 음성(音聲)이 가로되 이리로 올라오라 이 후(後)에 마땅히 될 일을 내가 네게 보이리라 하시더라 (2)내가 곧 성령(聖靈)에 감동(感動)하였더니 보라 하늘에 보좌(寶座)를 베풀었고 그 보좌(寶座) 위에 앉으신 이가 있는데 (3)앉으신 이의 모양(貌樣)이 벽옥(碧玉)과 홍보석(紅寶石) 같고 또 무지개가 있어 보좌(寶座)에 둘렸는데 그 모양(貌樣)이 녹보석(綠寶石) 같더라 (4)

또 보좌(寶座)에 둘려 이십사 보좌(寶座)들이 있고 그 보좌(寶座)들 위에 이십사 장로(長老)들이 흰 옷을 입고 머리에 금(金) 면류관(冕旒冠)을 쓰고 앉았더라 (5)보좌(寶座)로부터 번개와 음성(音聲)과 뇌성(雷聲)이 나고 보좌(寶座) 앞에 일곱 등(燈)불 켠 것이 있으니 이는 하나님의 일곱 영(靈)이라

계 4:10-11 = 가로되(10)

(10)이십사 장로(長老)들이 보좌(寶座)에 앉으신 이 앞에 엎드려 세세(世世)토록 사시는 이에게 경배(敬拜)하고 자기(自己)의 면류관(冕旒冠)을 보좌(寶座) 앞에 던지며 가로되 (11)우리 주(主) 하나님이여 영광(榮光)과 존귀(尊貴)와 능력(能力)을 받으시는 것이 합당(合當)하오니 주(主)께서 만물(萬物)을 지으신지라 만물(萬物)이 주(主)의 뜻대로 있었고 또 지으심을 받았나이다

계 5:8-14 = 경배하더라(14)

(8)책을 취하시매 네 생물과 이십사 장로들이 어린 양 앞에 엎드려 각각 거문고와 향이 가득한 금대접을 가졌으니 이 향은 성도의 기도들이라 (9)새 노래를 노래하여 가로되 책을 가지시고 그 인봉을 떼기에 합당하시도다 일찍 죽임을 당하사 각 족속과 방언과 백성과 나라 가운데서 사람들을 피로 사서 하나님께 드리시고 (10)저희로 우리 하나님 앞에서 나라와 제사장을 삼으셨으니 저희가 땅에서 왕 노릇 하리로다 하더라 (11)내가 또 보고 들으매 보좌와 생물들과 장로들을 둘러선 많은 천사의 음성이 있으니 그 수가 만만이요 천천이라 (12)큰 음성으로 가로되 죽임을 당하신 어린 양이 능력과 부와 지혜와 힘과 존귀와 영광과 찬송을 받으시기에 합당하도다 하더라 (13)내가 또 들으니 하늘 위에와 땅 위에와 땅 아래와 바다 위에와 또 그 가운데 모든 만물이 가로되 보좌에 앉으신 이와 어린 양에게 찬송

과 존귀와 영광과 능력을 세세토록 돌릴지어다 하니 (14)네 생물이 가로되 아멘 하고 장로들은 엎드려 경배하더라

3. 언약을 이루리라(19) = 심판이 있으리라

삼상 5:1-12 = 가로되(7)

(1)블레셋 사람이 하나님의 궤(櫃)를 빼앗아 가지고 에벤에셀에서부터 아스돗에 이르니라 (2)블레셋 사람이 하나님의 궤(櫃)를 가지고 다곤의 당(當)에 들어가서 다곤의 곁에 두었더니 (3)아스돗 사람이 이튿날 일찍이 일어나 본즉 다곤이 여호와의 궤(櫃) 앞에서 엎드러져 그 얼굴이 땅에 닿았는지라 그들이 다곤을 일으켜 다시 그 자리에 세웠더니 (4)그 이튿날 아침에 그들이 일찍이 일어나 본즉 다곤이 여호와의 궤(櫃) 앞에서 엎드러져 얼굴이 땅에 닿았고 그 머리와 두 손목은 끊어져 문(門)지방에 있고 다곤의 몸둥이만 남았더라 (5)그러므로 다곤의 제사장(祭司長)들이나 다곤의 당(當)에 들어가는 자(者)는 오늘까지 아스돗에 있는 다곤의 문(門)지방을 밟지 아니하더라 (6)여호와의 손이 아스돗 사람에게 엄중(嚴重)히 더하사 독종(毒腫)의 재앙(災殃)으로 아스돗과 그 지경(地境)을 쳐서 망(亡)하게 하니 (7)아스돗 사람들이 이를 보고 가로되 이스라엘 신(神)의 궤(櫃)를 우리와 함께 있게 못할지라 그 손이 우리와 우리 신(神) 다곤을 친다 하고 (8)이에 보내어 블레셋 사람의 모든 방백(方伯)을 모으고 가로되 우리가 이스라엘 신(神)의 궤(櫃)를 어찌할꼬 그들이 대답(對答)하되 이스라엘 신(神)의 궤(櫃)를 가드로 옮겨가라 하므로 이스라엘 신(神)의 궤(櫃)를 옮겨갔더니 (9)그것을 옮겨간 후(後)에 여호와의 손이 심(甚)히 큰 환난(患難)을 그 성(城)에 더하사 성읍(城邑) 사람의 작은 자(者)와 큰 자(者)를 다쳐서 독종(毒腫)이 나게 하신지라 (10)이에 그들이 하나님의 궤(櫃)를 에그론으로 보내니라 하나님의 궤(櫃)가 에그론에 이른즉 에그론 사람이 부르짖어 가로되 그들이 이스라엘 신(神)의 궤(櫃)를 우

리에게로 가져다가 우리와 우리 백성(百姓)을 죽이려 한다 하고 (11)
이에 보내어 블레셋 모든 방백(方伯)을 모으고 가로되 이스라엘 신
(神)의 궤(櫃)를 보내어 본처(本處)로 돌아가게 하고 우리와 우리 백성
(百姓) 죽임을 면(免)케 하자 하니 이는 온 성(城)이 사망(死亡)의 환난
(患難)을 당(當)함이라 거기서 하나님의 손이 엄중(嚴重)하시므로 (12)
죽지 아니한 사람들은 독종(毒腫)으로 치심을 받아 성읍(城邑)의 부르
짖음이 하늘에 사무쳤더라

계 15:5-8 = 보니(5)

(5)또 이 일 후(後)에 내가 보니 하늘에 증거(證據) 장막(帳幕)의 성
전(聖殿)이 열리며 (6)일곱 재앙(災殃)을 가진 일곱 천사(天使)가 성전
(聖殿)으로부터 나와 맑고 빛난 세마포(細麻布) 옷을 입고 가슴에 금
(金)띠를 띠고 (7)네 생물(生物) 중(中)에 하나가 세세(世世)에 계신 하나
님의 진노(震怒)를 가득히 담은 금(金)대접 일곱을 그 일곱 천사(天使)
에게 주니 (8)하나님의 영광(榮光)과 능력(能力)을 인(因)하여 성전(聖
殿)에 연기(煙氣)가 차게 되매 일곱 천사(天使)의 일곱 재앙(災殃)이 마
치기까지는 성전(聖殿)에 능(能)히 들어갈 자(者)가 없더라

히 9:1-5 = 섬기는(1)

(1)첫 언약(言約)에도 섬기는 예법(禮法)과 세상(世上)에 속한 성소
(聖所)가 있더라 (2)예비(豫備)한 첫 장막(帳幕)이 있고 그 안에 등대(燈
臺)와 상(床)과 진설병이 있으니 이는 성소(聖所)라 일컫고 (3)또 둘째
휘장(揮帳) 뒤에 있는 장막(帳幕)을 지성소(至聖所)라 일컫나니 (4)금향
로와 사면(四面)을 금(金)으로 싼 언약궤(言約櫃)가 있고 그 안에 만나
를 담은 금(金)항아리와 아론의 싹 난 지팡이와 언약(言約)의 비석(碑
石)들이 있고 (5)그 위에 속죄소(贖罪所)를 덮는 영광(榮光)의 그룹들이
있으니 이것들에 관(關)하여는 이제 낱낱이 말할 수 없노라

• 결론

예수님께서는 "주의 임하심과 세상 끝에 있을 징조"에 관한 제자들의 질문에 결론으로 말씀해 주셨다.

마 25:31-46 = 한(40) = 25:1-12?(슬기 있는 자들, 미련한 자들 = 계 11:13 그 남은 자들)

(40)임금이 대답(對答)하여 가라사대 내가 진실(眞實)로 너희에게 이르노니 너희가 여기 내 형제(兄弟) 중(中)에 지극(至極)히 작은 자(者) 하나에게 한 것이 곧 내게 한 것이니라 하시고

벧후 3:1-18 = 자라가라(18)

(1)사랑하는 자(者)들아 내가 이제 이 둘째 편지(便紙)를 너희에게
쓰노니 이 둘로 너희 진실(眞實)한 마음을 일깨워 생각하게 하여 (2)
곧 거룩한 선지자(先知者)의 예언(豫言)한 말씀과 주(主) 되신 구주(救
主)께서 너희의 사도(使徒)들로 말미암아 명(命)하신 것을 기억(記憶)
하게 하려 하노라 (3)먼저 이것을 알지니 말세(末世)에 기롱(譏弄)하는
자(者)들이 와서 자기(自己)의 정욕(情慾)을 좇아 행(行)하며 기롱(譏弄)
하여 (4)가로되 주(主)의 강림(降臨)하신다는 약속(約束)이 어디 있느
뇨 조상(祖上)들이 잔 후(後)로부터 만물(萬物)이 처음 창조(創造)할 때
와 같이 그냥 있다 하니 (5)이는 하늘이 옛적부터 있는 것과 땅이 물
에서 나와 물로 성립(成立)한 것도 하나님의 말씀으로 된 것을 저희
가 부러 잊으려 함이로다 (6)이로 말미암아 그때 세상(世上)은 물의
넘침으로 멸망(滅亡)하였으되 (7)이제 하늘과 땅은 그 동일(同一)한 말
씀으로 불사르기 위(爲)하여 간수(看守)하신 바 되어 경건(敬虔)치 아
니한 사람들의 심판(審判)과 멸망(滅亡)의 날까지 보존(保存)하여 두신
것이니라 (8)사랑하는 자(者)들아 주(主)께는 하루가 천년(千年) 같고
천년(千年)이 하루 같은 이 한 가지를 잊지 말라 (9)주(主)의 약속(約束)

은 어떤 이의 더디다고 생각하는 것같이 더딘 것이 아니라 오직 너희를 대(對)하여 오래 참으사 아무도 멸망(滅亡)치 않고 다 회개(悔改)하기에 이르기를 원(願)하시느니라 (10)그러나 주(主)의 날이 도적(盜賊)같이 오리니 그날에는 하늘이 큰 소리로 떠나가고 체질(體質)이 뜨거운 불에 풀어지고 땅과 그 중(中)에 있는 모든 일이 드러나리로다 (11)이 모든 것이 이렇게 풀어지리니 너희가 어떠한 사람이 되어야 마땅하뇨 거룩한 행실(行實)과 경건(敬虔)함으로 (12)하나님의 날이 임(臨)하기를 바라보고 간절(懇切)히 사모(思慕)하라 그날에 하늘이 불에 타서 풀어지고 체질(體質)이 뜨거운 불에 녹아지려니와 (13)우리는 그의 약속(約束)대로 의(義)의 거(居)하는 바 새 하늘과 새 땅을 바라보도다 (14)그러므로 사랑하는 자(者)들아 너희가 이것을 바라보나니 주(主) 앞에서 점(點)도 없고 흠(欠)도 없이 평강(平康) 가운데서 나타나기를 힘쓰라 (15)또 우리 주(主)의 오래 참으심이 구원(救援)이 될 줄로 여기라 우리 사랑하는 형제(兄弟) 바울도 그 받은 지혜(智慧)대로 너희에게 이같이 썼고 (16)또 그 모든 편지(便紙)에도 이런 일에 관(關)하여 말하였으되 그 중(中)에 알기 어려운 것이 더러 있으니 무식(無識)한 자(者)들과 굳세지 못한 자(者)들이 다른 성경(聖經)과 같이 그것도 억지(臆志)로 풀다가 스스로 멸망(滅亡)에 이르느니라 (17)그러므로 사랑하는 자(者)들아 너희가 이것을 미리 알았은즉 무법(無法)한 자(者)들의 미혹(迷惑)에 이끌려 너희 굳센 데서 떨어질까 삼가라 (18)오직 우리 주(主) 곧 구주(救主) 예수 그리스도의 은혜(恩惠)와 저를 아는 지식(知識)에서 자라가라 영광(榮光)이 이제와 영원(永遠)한 날까지 저에게 있을지어다

PART 12

해를 입은 교회, 예비처, 남은 자손

제12장
하나님께 기도하라

해를 입은 여자(1절-6절), 예비처(13절-14절), 용과 여자(15절-17절)

❋ 1-6절. 해를 입은 여자

• 1절. 해를 입은 여자

해(ἥλιον συν)를 입은 여자[γυνὴ a woman. (처녀 = παρθένος virgin 마 1:23 참조)]가 아이(아들)을 해산하게 됨을 큰 이적이라 한다.

"해를 입은 여자"에 대한 견해?(계 11:1-2의 경배하는 자 등 참조)

김상훈 = 1절은 상징 언어를 사용한 대표적인 경우다. 그렇지만 누구를 가리키는지, 왜 그렇게 표현하는지 파악하기 어렵다. 또한 2, 5절의 그리스도 기사를 통해 여인의 전체를 파악하는 것이 가능하다. 열두 별이 열두 지파라는 점도 쉽게 이해된다. 이렇듯 상징 언어는 모호하지 않고 분명한 사실(사건)에 토대를 두고 이에 추가하는 내용(계시적 의미)을 더하여 전체 그림을 그려준다.[219)]

김재준 = 이상적인 이스라엘(Barclay)

석원태 = 신구약 시대의 전 교회

김응조 = 교회 휴거 후 환난 중 회개한 성도의 집단

김추성 = 하나님의 백성 전체, 즉 메시아가 오시기 이전의 하나님

---

219) 김상훈, 요한계시록 7:1-22:21, 감은사, 2022, p. 200

의 백성과 메시아가 오신 이후의 메시아 공동체 전체를 상징한다.[220)]

로마교회 = 마리아(Plummer)

박윤선 = 교회(구약교회에 근거한 신약교회)[221)]

송영목 = '임신한 여인'은 누구인가? 가톨릭에서는 마리아로 보지만, 구약의 모든 하나님의 백성으로 보는 게 옳다.[222)]

신성종 = 구약교회[223)]

염명수 = 이스라엘 민족(Moffatt)

이광복 = 종말의 신령한 교회(재림 예수의 소망으로 무장한 교회)[224)]

이병규 = 해는 진리를 가리키고, 여자는 교회를 상징한다(고후 11:2 참조)[225)]

이상근 = 유대민족 또는 유대교회[226)]

이필찬 = 구약의 이스라엘을 대표하는 열두 지파를 의미한다고 할 수 있다. 열두 지파는 이스라엘을 대표한다는 점에서 구약의 이스라엘을 의미한다고 할 수 있다(창 37:9-10)을 참조하고 있다.[227)]

조용기 = 이스라엘 민족[228)]

천정웅 = 이스라엘의 영광[229)]

랑코 스테파노치 = 12지파로 구성된 구약의 이스라엘을 대표한다.[230)]

---

220) 김추성, 하나님과 어린양의 보좌, 이레서원, 2015, p. 286
221) 박윤선, 요한계시록, 영음사, 1985, p. 2332
222) 송영목, 신약주석, 쿰란, 2011, p. 1335
223) 신성종, 요한계시록 강해, 엠마오, 1989, p. 91
224) 이광복, 요한계시록 설교 노트, 흰돌, 1997, pp. 166-167
225) 이병규, 성경강해 요한계시록, 영광출판사, 1992, p. 221
226) 이상근, 요한계시록 주해, 신일정판사, 1986, p. 169
227) 이필찬, 요한계시록 40일 묵상여행, 이레서원, 2018, pp. 134-135
228) 조용기, 요한계시록 강해, 영산출판사, 1983, pp. 210-211
229) 천정웅, 요한계시록, 말씀의 집, 1990, p. 177
230) Ranko Stefanovic, 하홍팔, 도현식 공동번역, 예수 그리스도의 계시, 미주 시조사, 2011, p. 401

래드 = 이상적인 시온

데이크 왈브라드 = 이스라엘

메튜 핸리 = 그리스도의 신부이자 성도들의 어머니

위클리프 = 예수 그리스도

존슨, 렌스키 = 구약교회에 근거한 신약교회(Alford, Bengel, Matthew Henry).

헨드릭슨 = 교회(구약과 신약시대를 통하여 교회는 하나라고 성경은 강조한다)[231]

풀핏성경주석 = 하나님의 교회이다. 그러나 반드시 그리스도인의 교회에 국한하는 것은 아니며, 피조물 그 자체뿐만 아니라 창조 이전에 존재하던 하늘의 존재들을 포함하여 하나님을 인정하는 모든 자들의 무리이다.[232]

저자의 견해

"해(τόν ἥλιον)를 입은 여자"는 the sun를 말하는 것으로 곧 하나님의 빛(영광) 가운데 보호받는 교회로, 순교자(11절)를 배출하는 순교신앙의 모임인 교회이다.

'두 증인'(두 선지자)이 부활 승천함(11:11-12)과 동시에 "성전과 제단과 그 안에서 경배하는 자들" 곧 해를 입은 여자(교회)는 "하나님의 예비하신 곳"에서 1,260일 동안 양육받게 된다(12:1-2, 12:5-6, 12:13-14).

따라서 1절의 "발아래는 달이 있고" = 달(ή σελήνη)은 the moon을 말하는 것으로 하나님의 보호와 인도를 받는 교회로, 순교자들과 같이 증인의 삶을 살아가려는 교회라는 것이다(창 1:16; 렘 31:35; 고

231) 윌렴 헨드릭슨, 김영익, 문영탁 옮김, 아가페출판사, 1988, p. 164

232) 풀핏성경주석, 최창수 역, 요한계시록, 보문출판사, 1985, p. 7

전 15:41; 계 21:23 등 참조).

- **1절. "열두 별의 면류관" = 참 복음으로 사도적 인내와 승리를 이루는 교회**[다른복음(갈 1:6-9)참고]

면류관에 대하여 12:1의 면류관은 [στέφανος = στέφανος(월계관)]으로 12:3(붉은 용), 13:1(짐승)의 면류관[διάδημα = διαδήματα(왕관)]으로 기록되어 있으며, 또한 2:-3:의 교회들을 향한 면류관은 모두 στέφανο로 기록되었음을 참고하라.

- **2절. 애써 부르짖더라**

κράζει 동직현능단3 이 여자가-부르짖더라 she-cried

2896 κράζω krazo 기본동사: 본래적 의미로는 (까마귀처럼)'소리지르다', 또는 '외치다', 즉 (일반적으로) '크게 부르다'('소리치다', '외치다', '탄원하다')

탄원함?(계 6:10 "불러"와 동의어가 쓰임) = 울부짖음?, 신원(伸寃)하심을 구함?

계 6:9-11 = 쉬되(11)

(9)다섯째 인(印)을 떼실 때에 내가 보니 하나님의 말씀과 저희의 가진 증거(證據)를 인(因)하여 죽임을 당한 영혼(靈魂)들이 제단(祭壇) 아래 있어 (10)큰 소리로 불러 가로되 거룩하고 참되신 대주재여 땅에 거(居)하는 자(者)들을 심판(審判)하여 우리 피를 신원(伸寃)하여 주지 아니하시기를 어느 때까지 하시려나이까 하니 (11)각각(各各) 저희에게 흰 두루마기를 주시며 가라사대 아직 잠시 동안 쉬되 저희 동무 종들과 형제(兄弟)들도 자기(自己)처럼 죽임을 받아 그 수(數)가 차기까지 하라 하시더라

마 2:16-18 = 죽이니(16)

(16)이에 헤롯이 박사(博士)들에게 속은 줄을 알고 심(甚)히 노(怒)하여 사람을 보내어 베들레헴과 그 모든 지경(地境) 안에 있는 사내아이를 박사(博士)들에게 자세(仔細)히 알아 본 그때를 표준(標準)하여 두 살부터 그 아래로 다 죽이니 (17)이에 선지자(先知者) 예레미야로 말씀하신 바 (18)라마에서 슬퍼하며 크게 통곡(痛哭)하는 소리가 들리니 라헬이 그 자식(子息)을 위(爲)하여 애곡(哀哭)하는 것이라 그가 자식(子息)이 없으므로 위로받기를 거절(拒絕)하였도다 함이 이루어졌느니라

= 악마의 훼방, 핍박, 고문, 살인을 뛰어넘은 학살 등은 역사 속에서 지속적으로 일어나고 있다.

애 3:55-66 = 불렀나이다(55)

(55)여호와여 내가 심(甚)히 깊은 구덩이에서 주(主)의 이름을 불렀나이다 (56)주(主)께서 이미 나의 음성(音聲)을 들으셨사오니 이제 나의 탄식(歎息)과 부르짖음에 주(主)의 귀를 가리우지 마옵소서 (57)내가 주(主)께 아뢴 날에 주(主)께서 내게 가까이하여 가라사대 두려워 말라 하셨나이다 (58)주(主)여 주(主)께서 내 심령(心靈)의 원통(寃痛)을 펴셨고 내 생명(生命)을 속하셨나이다 (59)여호와여 나의 억울(抑鬱)을 감찰(鑑察)하셨사오니 나를 위(爲)하여 신원(伸寃)하옵소서 (60)저희가 내게 보수(報讐)하며 나를 모해(謀害)함을 주(主)께서 다 감찰(鑑察)하셨나이다 (61)여호와여 저희가 나를 훼파(毁破)하며 나를 모해(謀害)하는 것 (62)곧 일어나 나를 치는 자(者)의 입술에서 나오는 것과 종일(終日) 모해(謀害)하는 것을 들으셨나이다 (63)저희가 앉든지 서든지 나를 노래하는 것을 주(主)여 보옵소서 (64)여호와여 주(主)께서 저의 손으로 행(行)한 대로 보응(報應)하사 (65)그 마음을 강퍅(剛愎)하게 하시고 저주(詛呪)를 더하시며 (66)진노(震怒)로 저희를 군축

(竄逐)하사 여호와의 천하(天下)에서 멸(滅)하시리이다

'이필찬' 교수?

출산을 앞두고 고통하는 여인의 모습은 이사야 26:17을 배경으로 하고 있다. 이사야 본문에서 여인의 모습은 힘든 상황 가운데 있는 이스라엘 백성의 처지에 적용되어, 심판 중에 태어날 새로운 이스라엘의 탄생을 기대하는 것으로 묘사된다. 이러한 구약의 약속과 기대는, 요한계시록 12:5의 메시아로서 예수님을 의미하는 아이의 탄생에 적용되어 예수님의 탄생을 통해 이러한 약속의 성취가 이루어졌음을 보여 준다.[233)]

참고. 하나님께 부르짖었던 실례?

모세

1) 모세가 여호와께 부르짖었더니 여호와께서 그에게 한 나무를 지시하시니 그가 물에 던지매 물이 달아졌더라 거기서 여호와께서 그들을 위하여 법도와 율례를 정하시고 그들을 시험하실새(출 15:25).
2) 모세가 여호와께 부르짖어 가로되 내가 이 백성에게 어떻게 하리이까 그들이 얼마 아니면 내게 돌질하겠나이다(출 17:4).
3) 네가 고난 중에 부르짖으매 내가 너를 건졌고 뇌성의 은은한 곳에서 네게 응답하며 므리바 물 가에서 너를 시험하였도다(셀라)(시 81:7).

다윗

1) 내가 환난 중에서 여호와께 아뢰며 나의 하나님께 아뢰었더니

233) 이필찬, 요한계시록 40일 묵상여행, 이레서원, 2018, p. 135

저가 그 전에서 내 소리를 들으심이여 나의 부르짖음이 그 귀에 들렸도다(삼하 22:7).

2) 내가 환난 중에 여호와께 부르짖었더니 내게 응답하셨도다(시 120:1).

스데반

저희가 돌로 스데반을 치니 스데반이 부르짖어 가로되 주 예수여 내 영혼을 받으시옵소서 하고 무릎을 꿇고 크게 불러 가로되 주여 이 죄를 저들에게 돌리지 마옵소서 이 말을 하고 자니라(행 7:59, 60).

• 3절. 한 붉은 용 = '붉은 용'의 정체(계 12:7–12 참조)

뿔이 열 = 종말에 뿔이 열인 짐승을 통하여 세상을 정복하고자 한다.

• 4절. 그 꼬리가

사탄의 수하인 적그리스도를 통하여 하늘 별(타락한 교인들)을 하나님의 백성들을 삼키고자 하는 일에 앞장서게(던지더라) 하는 것.

• 5절. 여자가 아들을 낳으니(2절. 4절)

김상훈 = 예수 그리스도[234)]

김추성 = 메시아[235)]

김형종 = 메시아[236)]

---

234) 김상훈, 요한계시록 7:1-22:21, 감은사, 2022, p. 201

235) 김추성, 하나님과 어린양의 보좌, 이레서원, 2015, p. 295

236) 김형종, 요한계시록, 도서출판 솔로몬, 2010, p. 180.

박영식 = 예수 메시아가 여자, 곧 새로운 백성인 그리스도교회 안에서 진통 가운데 탄생하셨다고 서술한 것 같다. 성모 마리아의 품속에서 육체적으로 탄생하신 것을 가리키지 않고 십자가 상 죽음과 부활을 통해 메시아로 탄생하셨다는 뜻이다(요 16:20-22, 참조).[237)]

박윤선 = 예수 그리스도[238)]

송영목 = 예수님[239)]

신성종 = 예수 그리스도[240)]

이광복 = 두 증인과 같은 참 종[241)]

이병규 = 예수 그리스도[242)]

이상근 = 그리스도[243)]

이필찬 = 메시아를 대망하는 시편 2:7을 배경으로 하며, '남자'라는 단어는 시온을 통한 메시아의 탄생과 메시아 왕국으로서 하나님 나라의 도래를 대망하는 이사야 66:7-8을 배경으로 한다. 곧 예수님의 탄생은 메시아의 도래와 하나님 나라를 이 땅에 도래하게 하는 결정적 계기가 된 것이다.[244)]

조용기 = 예수 그리스도[245)]

천정웅 = 예수 그리스도이다(초림)[246)]

팀 라하이 = 주 예수 그리스도[247)]

---

237) 박영식, 오늘 읽는 요한묵시록, 바오로딸, 2012, p. 273
238) 박윤선, 요한계시록, 영음사, 1985, p. 233.
239) 송영목, 신약주석, 쿰란, 2011, p. 1335
240) 신성종, 요한계시록강해, 엠마오, 1989, p. 93
241) 이광복, 요한계시록 설교 노트, 흰돌, 1997, p. 167
242) 이병규, 성경강해 요한계시록, 영광출판사, 1992, p. 222
243) 이상근, 요한계시록 주해, 신일정판사, 1986, p. 169
244) 이필찬, 요한계시록 40일 묵상여행, 이레서원, 2018, pp. 136-137
245) 조용기, 요한계시록 강해, 영산출판사, 1983, p. 212
246) 천정웅, 요한계시록, 말씀의 집, 1990, p. 178.
247) Tim Lahaye, 김의자 역, 요한계시록 해설, 보이스사, 1980, p. 293

피터 럭크만 = 이 "여인"은 주 예수 그리스도를 낳는다.[248)]

랑코 스테파노치 = 12지파로 구성된 구약의 이스라엘을 대표한다. 이들에게서 메시아가 탄생하셨다.[249)]

헨드릭슨 = 그리스도[250)]

풀핏주석 = 그리스도[251)]

저자의 견해

3절의 큰 붉은 용(사탄)이 노골적으로 교회를 핍박하고, 아들[5절. 2절, 4절(아이) = 두 증인 = 이기는 자 ~ 철장으로 만국을 다스릴 남자(계 2:25-29, 참조). - 계 19:15과는 구별해야 함]을 삼키고자(말살하고자) 하지만, 여자[5절, 2절, 4절 = 교회 = 경배하는 자들(11:1 참조)]는 1,260일 동안(후 삼년 반 = 14:14) 보호받게 되는, 하나님이 예비하신 곳으로 옮겨지고, 아들(남자 아이 = 두 증인)은 하나님 앞과 그 보좌(寶座)로 올려가더라[부활(復活) 승천(昇天)하게 된다(안전지대에 두리라 = 시 12:5 등 참조)].

❋ 7-12절 붉은 용

• 7절. 용으로 더불어 싸울새

'용'에 대해서는 3절에 "한 큰 붉은 용"으로 "머리가 일곱이요 뿔이 열이라" 한다.

'한 붉은 용'의 정체에 대한 견해?

---

248) Perter S. Ruckman, 김형덕 옮김, 요한계시록 주석, 말씀보존학회, 1993, p. 242

249) Ranko Stefanovic, 하홍팔, 도현식 공동번역, 예수 그리스도의 계시, 미주 시조사, 2011, p. 401

250) 윌리엄 헨드릭슨, 김영익, 문영탁 옮김, 아가페출판사, 1988, p. 165

251) 풀핏성경주석, 최창수 역, 요한계시록, 보문출판사, 1985, p. 10

민병석 = 적그리스도로 사탄은 이를 통하여 하늘 별[타락한 천사들(12:4)] = 용의 사자들(12:8-12)과 함께 하나님의 백성들을 괴롭히게 된다. 그러나 미가엘과 그의 사자들이 하나님의 백성들을 위하여 싸운다(12:7). 이 기간은 전 삼년 반 동안이 되겠다.

박윤선 = 천사들(욥 38:7)을 타락시킨다(벧후 2:4; 유 1:6)

신성종 = 꼬리란 "거짓말을 가르치는 선지자"(사 9:15)라고 했으니, 후 삼년 반의 환난 때에는 많은 교역자들이 적그리스도의 앞잡이가 되어 활동할 것을 예언한 말씀이다.

이광복 = 거짓 선지자가 주의 종을 타락시킴

이병규 = 하늘의 별은 교회의 사자를 가리킨다(1:20). 즉 교역자를 땅에 던져 타락시키고 그 다음에 교인들을 타락시킨다.

이상근 = 단 8:9-10에 배경으로 한다. 본문의 별을 문자적 별로 보는 편(Charles)과 상징적으로 하늘의 천사들로 보는 편(Plummer)으로 해석이 나뉜다.

전자를 따르면 사탄이 넷째 나팔에서 사람 삼분의 일이 죽임을 당한 것처럼(9:18) 이제 하늘의 별 삼분의 일을 멸한 셈이 된다.

후설을 따르면 역사 이전에 이루어진 사탄(천사장)의 타락과 그때 일단의 천사군이 같이 타락한 사실을 가리키는 것이 된다(유 1:6). 후설을 취한다.

천정웅 = 9절과 병행하여 보면, 하늘의 천사 중의 일부가 타락하여 마귀가 되었다고 본다.

헨드릭슨 = 악령의 다대한 숫자이다(욥 38:7; 벧후 2:4; 유 1:6 참조)

렌스키 = 큰 네 나팔의 멸망받는 것을 상기시킨다(8:9-12).

풀핏주석 = 여기서 별들은 여자가 면류관으로 썼던 별들이 아니고(1절), 다른 별들이다. 즉 마귀와 함께한 천사들로 타락하게 한 그의 하늘에서의 반항적인 처신의 무서운 결과에 대해서 넌지시 말하는 것 같다(유 1:6).

팀 라하이 = 사 14장에 기록된 사탄의 떨어짐을 가리킨다고 여겨진다.

피터 럭크만 = 계 1:20에 나타나는 첫 정의에서 별은 천사들로 떨어진 천사들이 이 땅에 다시 돌아오는 것으로 본다(계 6:13, 12:14; 창 6:1-6 참고).

이필찬 = 용은 구약에서 주로 애굽의 바로 왕을 상징하는데(참조 시 74:13; 겔 29:3), 하나님의 백성을 대적하는 악의 세력을 지칭할 때 쓰인다. 요한계시록에서 '용'은 옛 뱀, 곧 마귀 사탄을 의미한다(9절 참조).[252)]

일곱 왕을 상징(패권주의)한다고 하며, 역사적 시대를 7단계로 보는 것으로 사탄은 끊임없이 하나님의 백성들을 핍박해 왔다는 견해가 다수이나 이러한 구분은 세대주의적이라는 비판에 직면하기도 한다. 그러므로 13장과 함께 상고하자.

❁ 13–17절. 예비처

• 14절. 큰 독수리의 날개를 받아

예비처(豫備處)로 옮겨지는 방법으로 하나님의 권능으로 되어진다.

• 17절. 그 여자의 남은 자손

※ 5절. "여자가 아들을 낳으니"(2절, 4절)를 참고하자. 계 11:13의 두려워하여 하나님께 영광을 돌리는 남은 자들(신 28:62 연구?)로, 계

252) 이필찬, 요한계시록 40일 묵상여행, 이레서원, 2018, p. 135

14:13에 "죽는 자들"로서 후 삼년 반에 순교(殉敎)할 자들(유대인 중 구원받는 자)이며, 그들 가운데 일곱 재앙(심판)이 마치기까지 성전에 능히 들어갈 자가 없다(계 15:8).

이들은 후 삼년 반을 통과해야 하는 구원을 얻게 되는 자들로(고전 3:12-15; 계11:13; 마 24:40-42, 25:1-13) 첫째 화가 있고 두 증인의 부활 승천과 알곡 신자들의 예비처로 옮겨지는 것이 확인되자[둘째 화(11:14)] 이의 증거로 참 신앙을 찾게 되는 자들이다.

따라서 이들은 후 삼년 반의 환난 중(셋째 화)에 적그리스도의 세력으로부터 신앙을 지키기 위하여 죽기를 각오하고 투쟁해야 할 것이다(13:7-10, 15-18).

송영목 = 17절에서 용이 이제 전략을 바꾸어서 여인 교회와 아이(예수님)가 아니라 여인의 후손 중에서 하나님의 계명을 지키는 자, 즉 남은 자를 공격하려고 시도한다. 이 여인의 후손은 요한 당시에 이스라엘과 모든 지역의 하나님의 백성 전체를 상징한다. 남은 자는 유대인 성도와 디아스포라의 모든 성도를 포함한다.[253)]

김상훈 = 이제 여인이 아니라 여인의 후손들이다(17절). 요한은 이들이 "하나님의 계명들을 지키고 있고 예수의 증언을 가지고 있는 그녀의 씨(자손)의 남은 자들"이라고 말해 준다. 여인과는 구별되는 부분이다.[254)]

더불어 싸우려고

예수님의 증거를 가진 자들과 용(龍)과 싸움(계 12:17)으로 죽는 자[계 14:13(순교자)] 곧 후 삼년 반에 순교할 자들로, 요한계시록 14장

---

253) 송영목, 신약주석, 쿰란출판사, 2011, p. 1336
254) 김상훈, 요한계시록 7:1-22:21, 감은사, 2022, p. 221.

1-5절의 144,000(따라가는 자)과는 구별되며, 계 11:13의 "그 남은 자들", 계 14:15의 "익은 곡식", 계 6:9-11의 "동무 종들의 수" 등이 이에 해당한다.

〈도움 말씀〉

구원의 복(은혜)을 누려라(12. 1–17) = 즐거워하라

- 서론

욥 20:5 = 악인의 이기는 자랑도 잠시요 사곡한 자의 즐거움도 잠깐이니라

시 35:9 = 내 영혼이 여호와를 즐거워함이여 그 구원을 기뻐하리로다

요 8:56 = 너희 조상 아브라함은 나의 때 볼 것을 즐거워하다가 보고 기뻐하였느니라

1. 부르짖으라(2. 1–6) = 하나님께 아뢰라

하나님께 부르짖은 자들

모세(출 15:26, 17:4; 시 81:7 등 참조)

다윗(삼하 22:7; 시 120:1 등 참조)

스데반(행 7:59–60)

마 2:16–18 = 죽이니(16)

(16)이에 헤롯이 박사(博士)들에게 속은 줄을 알고 심(甚)히 노(怒)하여 사람을 보내어 베들레헴과 그 모든 지경(地境) 안에 있는 사내아이를 박사(博士)들에게 자세(仔細)히 알아 본 그때를 표준(標準)하여 두 살부터 그 아래로 다 죽이니 (17)이에 선지자(先知者) 예레미야로 말씀하신 바 (18)라마에서 슬퍼하며 크게 통곡(痛哭)하는 소리가 들리니 라헬이 그 자식(子息)을 위(爲)하여 애곡(哀哭)하는 것이라 그가

자식(子息)이 없으므로 위로 받기를 거절(拒絕)하였도다 함이 이루어졌느니라

= 악마의 훼방, 핍박, 고문, 살인을 뛰어넘은 학살 등이 역사 속에서 지속적으로 일어나고 있다.

애 3:55-66 = 불렀나이다(55)

(55)여호와여 내가 심(甚)히 깊은 구덩이에서 주(主)의 이름을 불렀
나이다 (56)주(主)께서 이미 나의 음성(音聲)을 들으셨사오니 이제 나
의 탄식(歎息)과 부르짖음에 주(主)의 귀를 가리우지 마옵소서 (57)내
가 주(主)께 아뢴 날에 주(主)께서 내게 가까이 하여 가라사대 두려워
말라 하셨나이다 (58)주(主)여 주(主)께서 내 심령(心靈)의 원통(寃痛)
을 펴셨고 내 생명(生命)을 속하셨나이다 (59)여호와여 나의 억울(抑
鬱)을 감찰(鑑察)하셨사오니 나를 위(爲)하여 신원(伸寃)하옵소서 (60)
저희가 내게 보수(報讐)하며 나를 모해(謀害)함을 주(主)께서 다 감찰
(鑑察)하셨나이다 (61)여호와여 저희가 나를 훼파(毁破)하며 나를 모
해(謀害)하는 것 (62)곧 일어나 나를 치는 자(者)의 입술에서 나오는
것과 종일(終日) 모해(謀害)하는 것을 들으셨나이다 (63)저희가 앉든지
서든지 나를 노래하는 것을 주(主)여 보옵소서 (64)여호와여 주(主)께
서 저의 손으로 행(行)한 대로 보응(報應)하사 (65)그 마음을 강퍅(剛
愎)하게 하시고 저주(詛呪)를 더하시며 (66)진노(震怒)로 저희를 군축
(窘逐)하사 여호와의 천하(天下)에서 멸(滅)하시리이다

사 66:7-11 = 기뻐하라(10)

(7)시온은 구로하기 전(前)에 생산하며 고통(苦痛)을 당(當)하기 전
(前)에 남자(男子)를 낳았으니 (8)이러한 일을 들은 자(者)가 누구이며
이러한 일을 본 자(者)가 누구이뇨 나라가 어찌 하루에 생기겠으며
민족(民族)이 어찌 순식간(瞬息間)에 나겠느냐 그러나 시온은 구로하

는 즉시(卽時)에 그 자민(子民)을 순산(順産)하였도다 (9)여호와께서 가
라사대 내가 임산(臨産)케 하였은즉 해산(解産)케 아니하겠느냐 네 하
나님이 가라사대 나는 해산(解産)케 하는 자(者)인즉 어찌 태(胎)를 닫
겠느냐 하시니라 (10)예루살렘을 사랑하는 자(者)여 다 그와 함께 기
뻐하라 다 그와 함께 즐거워하라 그를 위(爲)하여 슬퍼하는 자(者)여
다 그의 기쁨을 인(因)하여 그와 함께 기뻐하라 (11)너희가 젖을 빠는
것같이 그 위로(慰勞)하는 품에서 만족(滿足)하겠고 젖을 넉넉히 빤
것같이 그 영광(榮光)의 풍성(豊盛)함을 인(因)하여 즐거워하리라

탄원함?(계 6:10 "불러"와 동의어가 쓰임) = 울부짖음? 신원하심을 구함?

계 6:9-11 = 쉬되(11)

(9)다섯째 인(印)을 떼실 때에 내가 보니 하나님의 말씀과 저희의
가진 증거(證據)를 인(因)하여 죽임을 당한 영혼(靈魂)들이 제단(祭壇)
아래 있어 (10)큰 소리로 불러 가로되 거룩하고 참되신 대주재여 땅
에 거(居)하는 자(者)들을 심판(審判)하여 우리 피를 신원(伸冤)하여 주
지 아니하시기를 어느 때까지 하시려나이까 하니 (11)각각(各各) 저희
에게 흰 두루마기를 주시며 가라사대 아직 잠시 동안 쉬되 저희 동
무 종들과 형제(兄弟)들도 자기(自己)처럼 죽임을 받아 그 수(數)가 차
기까지 하라 하시더라

요 16:16-24 = 구하라(24)

(16)조금 있으면 너희가 나를 보지 못하겠고 또 조금 있으면 나를
보리라 하신대 (17)제자(弟子) 중(中)에서 서로 말하되 우리에게 말씀
하신 바 조금 있으면 나를 보지 못하겠고 또 조금 있으면 나를 보리
라 하시며 또 내가 아버지께로 감이라 하신 것이 무슨 말씀이뇨 하
고 (18)또 말하되 조금 있으면이라 한 말씀이 무슨 말씀이뇨 무엇을

말씀하시는지 알지 못하노라 하거늘 (19)예수께서 그 묻고자 함을 아시고 가라사대 내 말이 조금 있으면 나를 보지 못하겠고 또 조금 있으면 나를 보리라 하므로 서로 문의(問議)하느냐 (20)내가 진실(眞實)로 진실(眞實)로 너희에게 이르노니 너희는 곡(哭)하고 애통(哀痛)하겠으나 세상(世上)은 기뻐하리라 너희는 근심하겠으나 너희 근심이 도리어 기쁨이 되리라 (21)여자(女子)가 해산(解産)하게 되면 그때가 이르렀으므로 근심하나 아이를 낳으면 세상(世上)에 사람 난 기쁨을 인(因)하여 그 고통(苦痛)을 다시 기억(記憶)지 아니하느니라 (22)지금(只今)은 너희가 근심하나 내가 다시 너희를 보리니 너희 마음이 기쁠 것이요 너희 기쁨을 빼앗을 자(者)가 없느니라 (23)그날에는 너희가 아무것도 내게 묻지 아니하리라 내가 진실(眞實)로 진실(眞實)로 너희에게 이르노니 너희가 무엇이든지 아버지께 구(求)하는 것을 내 이름으로 주시리라 (24)지금(只今)까지는 너희가 내 이름으로 아무것도 구(求)하지 아니하였으나 구(求)하라 그리하면 받으리니 너희 기쁨이 충만(充滿)하리라

2. 즐거워하라(12. 7–12) = 구원의 복(은혜)을 누려라

시 96:1–13 = 선파할지어다(2)

(1)새 노래로 여호와께 노래하라 온 땅이여 여호와께 노래할지어다 (2)여호와께 노래하여 그 이름을 송축(頌祝)하며 그 구원(救援)을 날마다 선파(宣播)할지어다 (3)그 영광(榮光)을 열방(列邦) 중(中)에, 그 기이(奇異)한 행적(行蹟)을 만민(萬民) 중(中)에 선포(宣布)할지어다 (4)여호와는 광대(廣大)하시니 극진히 찬양(讚揚)할 것이요 모든 신(神)보다 경외(敬畏)할 것임이여 (5)만방(萬邦)의 모든 신(神)은 헛것이요 여호와께서는 하늘을 지으셨음이로다 (6)존귀(尊貴)와 위엄(威嚴)이 그 앞에 있으며 능력(能力)과 아름다움이 그 성소(聖所)에 있도다 (7)만방(萬邦)의 족속(族屬)들아 영광(榮光)과 권능(權能)을 여호와께 돌릴지어다 여

호와께 돌릴지어다 (8)여호와의 이름에 합당(合當)한 영광(榮光)을 그에게 돌릴지어다 예물(禮物)을 가지고 그 궁정(宮庭)에 들어갈지어다 (9)아름답고 거룩한 것으로 여호와께 경배(敬拜)할지어다 온 땅이여 그 앞에서 떨지어다 (10)열방(列邦) 중(中)에서는 이르기를 여호와께서 통치(統治)하시니 세계(世界)가 굳게 서고 흔들리지 못할지라 저가 만민(萬民)을 공평(公平)히 판단(判斷)하시리라 할지로다 (11)하늘은 기뻐하고 땅은 즐거워하며 바다와 거기 충만(充滿)한 것은 외치며 (12)밭과 그 가운데 모든 것은 즐거워할지로다 그리할 때에 삼림(森林)의 나무들이 여호와 앞에서 즐거이 노래하리니 (13)저가 임(臨)하시되 땅을 판단(判斷)하려 임(臨)하실 것임이라 저가 의(義)로 세계(世界)를 판단(判斷)하시며 그의 진실(眞實)하심으로 백성(百姓)을 판단(判斷)하시리로다

사 44:21-23 = 돌아오라(22)

(21)야곱아 이스라엘아 이 일을 기억(記憶)하라 너는 내 종이니라 내가 너를 지었으니 너는 내 종이니라 이스라엘아 너는 나의 잊음이 되지 아니하리라 (22)내가 네 허물을 빽빽한 구름이 사라짐 같이, 네 죄(罪)를 안개의 사라짐 같이 도말(塗抹)하였으니 너는 내게로 돌아오라 내가 너를 구속(救贖)하였음이니라 (23)여호와께서 이 일을 행(行)하셨으니 하늘아 노래할지어다 땅의 깊은 곳들아 높이 부를지어다 산(山)들아 삼림(森林)과 그 가운데 모든 나무들아 소리내어 노래할지어다 여호와께서 야곱을 구속(救贖)하셨으니 이스라엘로 자기(自己)를 영화(榮華)롭게 하실 것임이로다

사 49:8-13 = 노래하라(13)

(8)여호와께서 또 가라사대 은혜(恩惠)의 때에 내가 네게 응답(應答)하였고 구원(救援)의 날에 내가 너를 도왔도다 내가 장차(將次) 너

를 보호(保護)하여 너로 백성(百姓)의 언약(言約)을 삼으며 나라를 일으켜 그들로 그 황무(荒蕪)하였던 땅을 기업(基業)으로 상속(相續)게 하리라 (9)내가 잡혀 있는 자(者)에게 이르기를 나오라 하며 흑암(黑暗)에 있는 자(者)에게 나타나라 하리라 그들이 길에서 먹겠고 모든 자산에도 그들의 풀밭이 있을 것인즉 (10)그들이 주리거나 목마르지 아니할 것이며 더위와 볕이 그들을 상(傷)하지 아니하리니 이는 그들을 긍휼(矜恤)히 여기는 자(者)가 그들을 이끌되 샘물 근원(根源)으로 인도(引導)할 것임이니라 (11)내가 나의 모든 산(山)을 길로 삼고 나의 대로를 돋우리니 (12)혹자(或者)는 원방(遠方)에서, 혹자(或者)는 북방(北方)과 서방(西方)에서, 혹자(或者)는 시님 땅에서 오리라 (13)하늘이여 노래하라 땅이여 기뻐하라 산(山)들이여 즐거이 노래하라 여호와가 그 백성(百姓)을 위로(慰勞)하였은즉 그 고난(苦難) 당(當)한 자(者)를 긍휼(矜恤)히 여길 것임이니라

계 18:1-20 = 즐거워하라(20)

(1)이 일 후(後)에 다른 천사(天使)가 하늘에서 내려오는 것을 보니 큰 권세(權勢)를 가졌는데 그의 영광(榮光)으로 땅이 환하여지더라 (2)힘센 음성(音聲)으로 외쳐 가로되 무너졌도자 무너졌도다 큰 성(城) 바벨론이여 귀신(鬼神)의 처소(處所)와 각종(各種) 더러운 영(靈)의 모이는 곳과 각종(各種) 더럽고 가증(可憎)한 새의 모이는 곳이 되었도다 (3)그 음행(淫行)의 진노(震怒)의 포도주(葡萄酒)를 인(因)하여 만국(萬國)이 무너졌으며 또 땅의 왕(王)들이 그로 더불어 음행(淫行)하였으며 땅의 상고(商賈)들도 그 사치(奢侈)의 세력(勢力)을 인(因)하여 치부(致富)하였도다 하더라 (4)또 내가 들으니 하늘로서 다른 음성(音聲)이 나서 가로되 내 백성(百姓)아 거기서 나와 그의 죄(罪)에 참여하지 말고 그의 받을 재앙(災殃)들을 받지 말라 (5)그 죄(罪)는 하늘에 사무쳤으며 하나님은 그의 불의(不義)한 일을 기억(記憶)하신지라 (6)그가 준

그대로 그에게 주고 그의 행위(行爲)대로 갑절을 갚아주고 그의 섞은 잔(盞)에도 갑절이나 섞어 그에게 주라 (7)그가 어떻게 자기(自己)를 영화(榮華)롭게 하였으며 사치하였든지 그만큼 고난(苦難)과 애통(哀痛)으로 갚아 주라 그가 마음에 말하기를 나는 여황(女皇)으로 앉은 자(者)요 과부(寡婦)가 아니라 결단(決斷)코 애통(哀痛)을 당(當)하지 아니하리라 하니 (8)그러므로 하루 동안에 그 재앙(災殃)들이 이르리니 곧 사망(死亡)과 애통(哀痛)과 흉년(凶年)이라 그가 또한 불에 살라지리니 그를 심판(審判)하신 주(主) 하나님은 강(强)하신 자(者)이심이니라 (9)그와 함께 음행(淫行)하고 사치하던 땅의 왕(王)들이 그 불붙는 연기(煙氣)를 보고 위(爲)하여 울고 가슴을 치며 (10)그 고난(苦難)을 무서워하여 멀리 서서 가로되 화(禍) 있도다 화(禍) 있도다 큰 성(城), 견고(堅固)한 성(城) 바벨론이여 일시간(一時間)에 네 심판(審判)이 이르렀다 하리로다 (11)땅의 상고(商賈)들이 그를 위(爲)하여 울고 애통(哀痛)하는 것은 다시 그 상품(商品)을 사는 자(者)가 없음이라 (12)그 상품(商品)은 금(金)과 은(銀)과 보석(寶石)과 진주(眞珠)와 세마포(細麻布)와 자주 옷감과 비단과 붉은 옷감이요 각종(各種) 향목과 각종(各種) 상아(象牙) 기명(器皿)이요 값진 나무와 진유(眞鍮)와 철(鐵)과 옥석(玉石)으로 만든 각종(各種) 기명(器皿)이요 (13)계피와 향료(香料)와 향(香)과 향유(香油)와 유향(乳香)과 포도주(葡萄酒)와 감람유와 고운 밀가루와 밀과 소와 양(羊)과 말과 수레와 종들과 사람의 영혼(靈魂)들이라 (14)바벨론아 네 영혼(靈魂)의 탐하던 과실(果實)이 네게서 떠났으며 맛있는 것들과 빛난 것들이 다 없어졌으니 사람들이 결(決)코 이것들을 다시 보지 못하리로다 (15)바벨론을 인(因)하여 치부한 이 상품(商品)의 상고(商賈)들이 그 고난(苦難)을 무서워하여 멀리 서서 울고 애통(哀痛)하여 (16)가로되 화(禍) 있도다 화(禍) 있도다 큰 성(城)이여 세마포(細麻布)와 자주와 붉은 옷을 입고 금(金)과 보석(寶石)과 진주(眞珠)로 꾸민 것인데 (17)그러한 부가 일시간(一時間)에 망(亡)하였도다 각(各) 선장(船長)과 각처(各處)를 다니는 선객(船客)들과 선인(船人)들과 바다에서 일하는 자(者)들이 멀리 서서 (18)그 불붙는 연기(煙氣)를 보고 외쳐 가로되 이 큰 성(城)과 같은 성(城)이 어디 있느뇨 하며 (19)티끌을 자기(自己) 머리에 뿌리고 울고 애통(哀痛)하여 외쳐 가로되 화(禍) 있도다 화(禍) 있도다 이 큰 성(城)이여 바다에서 배 부리는 모든 자(者)들이 너의 보배로운 상품(商品)을 인(因)하여 치부(致富)하였더니 일시간(一時間)에 망(亡)하였도다 (20)하늘과 성도(聖徒)들과 사도(使徒)들과 선지자(先知者)들아 그를 인(因)하여 즐거워하라 하나님이 너희를 신원(伸寃)하시는 심판(審判)을 그에게 하셨음이라 하더라

3. 예수의 증거를 가지라(17. 13–17) = 주 예수 그리스도를 믿으라

요일 1:1–4 = 전함은(3)

(1)태초(太初)부터 있는 생명(生命)의 말씀에 관(關)하여는 우리가 들은 바요 눈으로 본 바요 주목(注目)하고 우리 손으로 만진 바라 (2)이
생명(生命)이 나타내신 바 된지라 이 영원(永遠)한 생명(生命)을 우리가 보았고 증거(證據)하여 너희에게 전(傳)하노니 이는 아버지와 함께 계시다가 우리에게 나타내신 바 된 자(者)니라 (3)우리가 보고 들은 바
를 너희에게도 전(傳)함은 너희로 우리와 사귐이 있게 하려 함이니 우리의 사귐은 아버지와 그 아들 예수 그리스도와 함께함이라 (4)우
리가 이것을 씀은 우리의 기쁨이 충만(充滿)케 하려 함이로라

계 6:9–11 = 쉬되(11)

(9)다섯째 인(印)을 떼실 때에 내가 보니 하나님의 말씀과 저희의 가진 증거(證據)를 인(因)하여 죽임을 당한 영혼(靈魂)들이 제단(祭壇) 아래 있어 (10)큰 소리로 불러 가로되 거룩하고 참되신 대주재여 땅에 거(居)하는 자(者)들을 심판(審判)하여 우리 피를 신원(伸寃)하여 주지 아니하시기를 어느 때까지 하시려나이까 하니 (11)각각(各各) 저희

에게 흰 두루마기를 주시며 가라사대 아직 잠시 동안 쉬되 저희 동무 종들과 형제(兄弟)들도 자기(自己)처럼 죽임을 받아 그 수(數)가 차기까지 하라 하시더라

계 14:9-12 = 지키는(12)

(9)또 다른 천사(天使) 곧 셋째가 그 뒤를 따라 큰 음성(音聲)으로 가로되 만일(萬一) 누구든지 짐승과 그의 우상(偶像)에게 경배(敬拜)하고 이마에나 손에 표(標)를 받으면 (10)그도 하나님의 진노(震怒)의 포도주(葡萄酒)를 마시리니 그 진노(震怒)의 잔(盞)에 섞인 것이 없이 부은 포도주(葡萄酒)라 거룩한 천사(天使)들 앞과 어린 양(羊) 앞에서 불과 유황(硫黃)으로 고난(苦難)을 받으리니 (11)그 고난(苦難)의 연기(煙氣)가 세세(世世)토록 올라가리로다 짐승과 그의 우상(偶像)에게 경배(敬拜)하고 그 이름의 표(標)를 받는 자(者)는 누구든지 밤낮 쉼을 얻지 못하리라 하더라 (12)성도(聖徒)들의 인내(忍耐)가 여기 있나니 저희는 하나님의 계명(誡命)과 예수 믿음을 지키는 자(者)니라

계 22:6-7 = 지키는(7)

(6)또 그가 내게 말하기를 이 말은 신실(信實)하고 참된 자(者)라 주(主) 곧 선지자(先知者)들의 영(靈)의 하나님이 그의 종들에게 결(決)코 속(速)히 될 일을 보이시려고 그의 천사(天使)를 보내셨도다 (7)보라 내가 속(速)히 오리니 이 책(冊)의 예언(豫言)의 말씀을 지키는 자(者)가 복(福)이 있으리라 하더라

요일 5:10 = 하나님의 아들을 믿는 자는 자기 안에 증거가 있고 하나님을 믿지 아니하는 자는 하나님을 거짓말하는 자로 만드나니 이는 하나님께서 그 아들에 관하여 증거하신 증거를 믿지 아니하였음이라

• **결론**

행 5:40-41 = 전도하기를(42)

(40)저희가 옳게 여겨 사도들을 불러들여 채찍질하며 예수의 이름으로 말하는 것을 금하고 놓으니 (41)사도들은 그 이름을 위하여 능욕 받는 일에 합당한 자로 여기심을 기뻐하면서 공회 앞을 떠나니라 (42)저희가 날마다 성전(聖殿)에 있든지 집에 있든지 예수는 그리스도라 가르치기와 전도(傳道)하기를 쉬지 아니하니라

약 1:2-3 = 기쁘게 여기라(1)

(1)내 형제들아 너희가 여러 가지 시험을 만나거든 온전히 기쁘게 여기라 (2)이는 너희 믿음의 시련이 인내를 만들어 내는 줄 너희가 앎이라

약 5:13 = 너희 중에 고난당하는 자가 있느냐 저는 기도할 것이요 즐거워하는 자가 있느냐 저는 찬송할지니라

히 12:2 = 믿음의 주요 또 온전케 하시는 이인 예수를 바라보자 저는 그 앞에 있는 즐거움을 위하여 십자가를 참으사 부끄러움을 개의치 아니하시더니 하나님 보좌 우편에 앉으셨느니라

PART 13

용(龍), 짐승(적그리스도), 거짓 선지자

제13장

인내(忍耐)하라[성도(聖徒)의 견인(堅忍)]

마태복음 4장 1-11절과 비교, 연구하면 이해에 도움을 받을 수 있을 것이다.

❋ 1-6절. 짐승

• 1절. 바다에서 한 짐승이 나오는데

짐승은 “바다에서 나오는 한 짐승”(1-10절)과 “땅에서 올라오는 짐승”(11-18절)들이 있는데 그들은 물론 그와 관계된 자들에 대해서도 요한계시록 17장, 18장에서 선포된다.

바다에서 나오는 한 짐승의 견해들

김상훈 = 바다에서 나오는 짐승이 바울이 예고한 ‘불법의 사람’일 것이다(살후 2:3-12).[255)]

김재준, Barclay = 로마제국을 염두에 두고 쓴 것이라고 하였다.

김추성 = 로마로 적용될 수 있다.[256)]

박윤선 = 전쟁에 의하여 권세를 얻은 적그리스도[257)]

송영목 = 불신 유대인과 더불어 일곱 교회를 박해했던 로마제국. 바다(혹은 ‘많은 물’)는 온 세상을 상징한다(17:10). 로마 황제는 죽더라

---

255) 김상훈, 요한계시록 7:1-22:21, 감은사, 2022, p. 251
256) 김추성, 하나님과 어린양의 보좌, 이레서원, 2015, p. 300
257) 박윤선, 요한계시록, 영음사, 1985, p. 252.

도 제국은 패망하지 않고 건재하다. 이 이유로 땅에서 올라온 짐승은 유대인의 경배를 받는다(13:3-4).[258] 혹은 네로를 가리킨다고 볼 수 있다.[259]

이상근 = 짐승은 열강의 힘을 배경한 지상 권력을 가리킨다.[260]

이필찬 = 하나님을 대적하고 핍박하는 세력이라는 점에서 용과 다니엘의 네 짐승은 공통점이 있다.[261]

피터 럭크만 = "짐승"은 일차적으로 왕임을 기억하라. 짐승이 나라를 상징하기도 하지만 우선적으로는 항상 왕을 상징한다(단 7장을 보라).[262]

랑코 스테파노비치 = 세계 제국을 대표하는 짐승에 관한 상징은 다니엘서로 거슬러 올라간다(단 7:17, 23 참조). 요한계시록에서 짐승은 정치 세력에 대한 상징이다. 사탄은 이 세력을 통하여 일반적으로는 전 역사에 걸쳐, 특별히 마지막 때에 활동적으로 일한다(계 11:7, 13:1-18, 14:9-11, 15:2, 16:2, 10, 13, 17:3-17, 19:19-20, 20:4, 10)[263]

• 4절. 용(龍)이 짐승에게 권세(權勢)를 주므로

4장과 5장에서는 삼위일체 하나님을 경배한다. 10장에서 복음(福音)의 성취(成就)가 알려지고 11장에서 두 증인(證人. 두 선지자)의 사역(使役)과 부활승천(復活昇天)이 이루어지고 12장에서 참 신자들이 예비처(豫備處)로 옮겨지면 이 세상은 42달(후 삼년 반)동안 극심(極甚)한

---

258) 송영목 발제, 요한계시록을 어떻게 설교할 것인가, 개혁주의설교학회 주최 2015. 11. 30, p. 117

259) 송영목, 신약주석, 쿰란출판사, 2011, p. 1337.

260) 이상근, 요한계시록, 총회교육부, 1986, p. 178.

261) 이필찬, 요한계시록 40일 묵상여행, 이레서원, 2018, p. 146

262) Peter S. Ruckman, 김형덕 옮김, 요한계시록 주석, 말씀보존학회, 1993, p. 281.

263) Ranko Stefanovic, 하홍팔, 도현석 공역, 예수 그리스도의 계시, 미주 시조사, 2011, p. 422

환란(患難)에 빠지게 된다. 이 기간을 통치하는 세력인 용(龍) 곧 사탄의 지배하에 있는 짐승 곧 적그리스도와 거짓 선지자들은 더욱 발악을 하게 되며, 13장에서 적그리스도에게 경배하기에 이른다는 말씀이다.

모양(2)

1) 표범과 비슷하다
2) 발은 곰의 발 같다
3) 입은 사자의 입 같다

적(敵)그리스도(짐승)의 활동(2-7)

1) 용(龍, 사탄)으로부터 능력과 보좌(寶座)와 큰 권세(權勢)를 받았다(2).
2) 큰 말과 참람(僭濫)된 말을 하는 입을 받았다(5).
3) 42달 일할 권세를 받았다(5).
4) 하나님과 그분의 장막(帳幕)에 사는 자들을 훼방[毁謗 = 남의 일을 방해(비방)함 = 모독(冒瀆 profanity) = 침범하여 욕되게 함)]함(6)
   blasfhmivan 명목여단 훼방[毁謗 blasphemy(신성모독)] = 988 blasfhmiva blasphemia 중상(특히 하나님께 대항하여), 참람, 악담, 조롱(막 14:64; 엡 4:31)
5) 성도들과 싸워 이기게 된다(7). = 생명책에 기명(錄名)되지 못한 자들을 자기에게 경배하게 하는 것(8) = 개벨라인은 여기서의 성도들을 유대인 성도들로 이해한다.[264)]
6) 각 나라를 다스리는 권세를 받았다(7).

264) William E. Biederwolf, 김재순 역, 종말론 주해주석, 가브리엘출판사, 1986, p. 436

적그리스도의 이적(3-4)

짐승의 머리 하나가 죽게 되었다가 그 상처가 나음.

이 기적의 술수에 따라 온 세상 사람들이 용(사탄)과 짐승(적그리스도)를 경배하게 됨.

❁ 7-10절. 성도들의 인내와 믿음

• 10절. 성도(聖徒)들의 인내(忍耐)와 믿음이 여기 있느니라

(주는 그리스도시요 하나님의 아들, 십자가 대속, 부활, 재림, 심판, 영생복락 등) 순교사(殉教史)를 참고하라.

❁ 11-18절. 또 다른 짐승

• 11절. 또 다른 짐승이 땅에서 올라오니

교회에 침투하여 진리를 왜곡시키는 거짓 선지자(계 16:12-16, 19:19-21, 20:6-10; 렘 28:15; 마 7:15-16, 24:3-31; 벧후 2:9-22) 등 참조)

김상훈 = 땅 짐승은 계시록에서 거짓 선지자로 칭해진다(계 16:13, 19:20, 20:10). 미혹하는 것이 그의 본업이다.[265]

김추성 = 거짓 선지자를 가리킨다고 본다.[266]

박윤선 = 이 짐승은 죄악 세계에서 나서 사람을 그리로 유인하는 거짓 선지자의 상징이다.[267]

송영목 = 계시록의 땅은 이스라엘/유대인을 가리킨다. 그러므로 불신 유대인 박해자 즉 이스라엘에서 나타난 박해자를 의미한다. 구

---

265) 김상훈, 요한계시록 7:1-22:21, 감은사, 2022, p. 244.
266) 김추성, 하나님과 어린양의 보좌, 이레서원, 2015, p. 305
267) 박윤선, 요한계시록, 영음사, 1985, p. 254.

체적으로는 유대교 종교 지도자들 혹은 그들의 거짓 가르침을 가리킨다.[268)]

이상근 = 그가 거짓 선지자인 것이 분명하나(1:13, 19:20, 20:10) 그 구체적인 신분에 대해서는 의견이 구구하다. "땅에서 올라오는 짐승"은 바다에서 올라오는 첫째 짐승과 대조가 된다. 둘째 짐승은 첫째에 예속되며, 둘은 다 같이 용의 수하에 있다. 마귀의 삼위일체인 것이다.[269)]

이필찬 = 다니엘 7장이 네 짐승을 바다에서, 네 왕을 땅에서 올라오는 것으로 표현하는 것을 배경으로 한다. 그 짐승에게 어린 양처럼 뿔이 있다는 표현은 다니엘 8장 4절의 두 뿔을 가진 숫양을 배경으로 하며, 두 번째 짐승이 큰 능력을 가진 존재임을 나타낸다.[270)]

이필찬 = 다니엘 8:4의 두 뿔을 가진 숫양을 배경으로 하며, 두 번째 짐승이 큰 능력을 가진 존재임을 나타낸다.[271)]

피터 럭크만 = 이 사람은 거짓 선지자이다. 유다가 적그리스도로 부활하듯이 이 사람은 거짓 선지자로 부활하는데, 아마 발람일 것이다. 그는 신명기 18:21-22에서 전형되었고 요한복음 10장에서의 "이리"이다.[272)]

랑코 스테파노비치 = 요한계시록 13장 1절의 어구 해설을 참조하라. 요한계시록 13장 11절의 땅은 요한계시록 13장 1절에서 언급된 바다의 보완 물이 됨을 암시하는 것 같다. 바다와 땅은 모두 요한계시록 12장 12절의 성취로서 마지막 때 사탄의 활동 범위가 우주적이며 세계적임을 나타낸다.[273)]

---

268) 송영목, 신약주석, 쿰란출판사, 2011, p. 1339.
269) 이상근, 요한계시록, 총회교육부, 1986, pp. 183-184
270) 이필찬, 요한계시록 40일 묵상여행, 이레서원, 2018, p. 148
271) 이필찬, 요한계시록 40일 묵상여행, 이레서원, 2018, p. 148
272) Peter S. Ruckman, 김형덕 옮김, 요한계시록 주석, 말씀보존학회, 1993, p. 300
273) Ranko Stefanovic, 하홍팔, 도현석 공역, 예수 그리스도의 계시, 미주 시조사, 2011,

15절. 짐승의 우상

1. 정체(11)

1) 땅에서 올라옴 = 첫 번 짐승은 무저갱에서 올라옴(11:7, 17:8)

2) 새끼 양같이 두 뿔이 있다.

3) 용처럼 말한다.

4) 죽게 되었던 상처가 나은 자(12 = 3 참고)

2. 활동(12-17)

1) 먼저 나온 짐승의 권세를 행함

2) 처음 짐승(적그리스도)에게 경배하게 함

3) 이적으로 땅에 거하는 자들을 미혹함

4) 처음 짐승(적그리스도)의 우상을 만들게 함

5) 우상에게 경배하지 않는 자들을 죽임

6) 오른손이나 이마에 표를 받게 함

3. 이적(13-15)

1) 불이 하늘로부터 땅에 내려오게 함(13)

= 사탄을 신으로 섬기게 하려는 저의로 하나님의 역사로 가장(假裝)함

(1) 엘리야의 기도에 불을 내려 응답(왕상 18:37-38)

(2) 아하시야가 보낸 오십부장과 그 오십인들을 불사름(왕하 1:9-16)

(3) 아론의 축복에 불을 내려 응답(레 9:22-24)

(4) 다윗의 번제에 불을 내려 응답(대상 21:25-26)

(5) 솔로몬이 기도에 불을 내려 응답(대하 7:1)

---

p. 433

(6) 예수님은 성령과 불로 세례를 주실 것이다(마 3:11).

(7) 불의 혀 같이 성령이 임함(행 2:3)

2) 짐승 앞에서 행할 권세를 받아 이적을 행함(14)

3) 짐승의 우상에게 생기를 주어 우상으로 말하게 함(15)

• 16절. 종들로 그 오른손에나 이마에 표를 받게 하고

짐승 표?(계 16:1-2) = 인(印)?

창 4:15 = 표를 주사(가인에게)

겔 9:1-8 = 탄식하며 우는 자의 이마에 표 있는 자(4. 6)

고전 9:2 = 다른 사람들에게는 내가 사도가 아닐지라도 너희에게는 사도니 나의 사도 됨을 주 안에서 인친 것이 너희라

욥 33:16 = 사람의 귀를 여시고 인치듯 교훈하시나니

겔 28:12 = 인자야 두로 왕을 위하여 애가를 지어 그에게 이르기를 주 여호와의 말씀에 너는 완전한 인이었고 지혜가 충족하며 온전히 아름다왔도다

계 5:1-5 = 인으로 봉하였더라…또 보매 힘 있는 천사가 큰 음성으로 외치기를 누가 책을 펴며 그 인을 떼기에 합당하냐 하니

계 6:1- = 첫째~여섯째 인(印)을 떼실 때

계 7:3 = 하나님의 종들의 이마에 인치기까지

계 9:4 = 하나님의 인 맞지 아니한 사람들만 해하라

표(標) = 짐승 이름 = 그 이름의 수(數) = 짐승의 수(數) = 사람의 수(數) 666(15~18) ?

김상훈 = 짐승의 표가 무엇인지보다 중요한 것은 어떤 일(표 받는 일)이 짐승과 우상을 숭배하는 것과 관련[274]되느냐이고 이것이 곧

274) 김상훈, 요한계시록 7:1-22:21, 감은사, 2022, p. 252

우선해야 할 관심사다.

김재준 = 로마제국의 네로

김응조 = 사탄의 삼위일체 수

문재선 = 사탄(6), 적그리스도(6), 거짓 선지자(6)

박수암 = 마귀(불완전)의 수

박윤선 = 종말의 적그리스도의 나라

서달석 = 매매표

석원태 = 악의 삼위일체의 암호

송영목 = 16-17절은 교회가 로마 황제나 이방신을 섬기지 않을 때 당하는 실제적인 경제적 압박을 묘사한다. 18절의 '666'은 네로를 상징하는데, 이것은 게마트리아(히. genmatria) 즉 헬라어와 히브리어의 알파벳은 숫자의 가치를 가진다는 이론에 근거한 결론이다. 네로 황제를 히브리어(N 50, R 200, W 6, N 50, Q 100, S 60, R 200)로 쓴다면 그 알파벳의 합은 666이며, 'Neron'의 마지막 자음(n)을 빼버리면 616이 그 합이다. '616'으로 된 사본도 있는데 이것 역시 네로를 지지한다[교부 문헌 중 북아프리카의 익명의 도나티스트 그리스도인에 의해 라틴어로 기록된 438년의 책(Liber genealogus)는 네로의 박해를 언급하면서, 616을 네로로 본다. 이 책의 익명의 저자는 적그리스도의 숫자 가치의 합 154를 'Nero'라는 네 철자와 곱하면 616이 된다고 설명한다. 이것은 요한계시록의 가장 이른 주석을 쓴 교부 Victorinus Commodian 그리고 5세기의 Suplicius Sevenus의 견해이기도 하다.]

666을 로마제국으로 보는 이도 있다(예, Chilton). 게마트리아를 요한계시록 중에서 유일하게 이 구절에서만 적용하는 것을 위해 666을 완전에 결코 도달할 수 없는 율법주의로 대변되는 불완전의 종교인 유대교를 가리키는 상징적인 숫자로 보는 이도 있다.[275)]

신성종 = 인본주의 극단을 말하며 마귀의 삼위일체 수

275) 송영목, 앞의 책, pp. 1340-1341

이광복 = 적그리스도의 통제 표

이병규 = 지상(세상) 만수

이상근 = 장차 나타날 적그리스도

이필찬 = 여기서 그 이름의 수가 육백 육십육이 되는 유의미한 인물은 네로 황제라고 할 수 있다. 왜냐하면 그는 기독교를 최초로 핍박한 로마제국의 황제이기 때문이다.[276)]

임위엄 = 짐승들 = 거짓 선지자의 수 + 열 왕 + 바다에서 나온 한 짐승의 수

조용기 = 악의 삼위일체

천정웅 = 하나님의 수인 7에 못 미치는 인본주의의 수

데이크 = 후 삼년 반에 나타날 적그리스도의 이름의 수

존슨 = 부정한 악의 삼위일체의 상징적 숫자

비더울프 = 로마제국과 관련이 있음

헨드릭슨 = 적그리스도의 정신(상징적)

렌스키 = 부족성을 벗어날 수 없는 실패의 수(상징적)

왈부르드 = 주님의 신성에 못 미치는 적그리스도의 한계

래드 = 상징적으로 의도된 수

위클리프 = 6이 타락한 인간의 수치이고, 따라서 부족함을 나타내는 수

워이랜드 = 로마인들의 시이저

이상근 = 히브리어로 נרון קסר(NRON KSR 네론 카이살)

= N = 50+R = 200+O = 6+N = 50+K = 100+S = 60+R = 200 = 666 (J. B. Smith)[277)]

---

276) 이필찬, 요한계시록 40일 묵상여행, 이레서원, 2018, p. 150

277) 이상근, 신약주해 요한계시록, 대한예수교장로회 총회교육부, 1986, p. 187

로고스 성경 사전 = Νέρων Καῖσαρ(NERON) N = 50, E = 6, R = 500, O = 60, N = 50(J. B. Smith)의 서수(序數)로 소개된다.

이는 히브리어 נרון קסר(Νέρων Καῖσαρ 네론 카이사르)의 히브리 문자 50. 200. 6. 50. 100. 60. 200.(우에서 좌의 순서)의 합이 666으로, 이 숫자는 악의 세력의 상징으로 씌어져 있는 것이다.[278]

스테펜 헬라어(Greek Text of Stephens, 1550)의 원문 = χξς 육백육십륙으로 기록하나 χ = 600, ξ = 60, ς = 6 서수(序數)로 기록되었으며, 한글판 개역성서가 취한 네슬 알렌드 헬라어 성경(Nestle-Aland, Novum Testamentum Graece)은 [ἑξακόσιοι ἑξήκντα ἕξ.(1812) ἑξ = 여섯, ακόσιοι = 일백, (1835) ἑξήκντα = 육십, (1803) ἕξ = 여섯)] 666의 기수(基數)를 취한 것이다. 또한 한국성경공회의 "바른 성경"의 난외주(계 13:18)에서는 "다른 고대 사본들에는 육백십육"으로 기록되었다고 한다.

또한 이상근 박사는 "666 C, 11 등에는 616으로 되어 있다고 하며, 이것을 누구의 이름이냐에 고레스로 많은 추측들이 가해져 왔다. 예컨대 로마 황제 티도, 베스파사누스, 트라야, 이단자 유리안과 겐세틱, 법왕 베네딕 9세와 바우로 5세, 모하메트 및 개혁자 루터, 칼빈, 베자, 낙스, 또는 나폴레옹, 라이크스탄공, 히틀러, 유암타스, 테이탄(헬라 신화에 나타나는 하나님을 대적하는 거대한 신), 티아맡(바벨론 신화에 나타나는 악신), 로마(로마를 전체적으로 가리키는 것 19세기 이후 "네로"의 히브리 음이 나타나기까지는 가장 유력한 설), 기타 상징적인 설 등이 있다고 소개하며 "네로"의 히브리 음이 가장 유력하다고 하면서, 그 인격을 네로와 같은 과거의 인물로 볼 수는 없다고 하며, 네로에서 특징되고 예표되었던 장차 나타날 적그리스도를 가리킨다[279]고 하였다. 이는 네로 황제를 사탄의 화신인 짐승으로 보고 그로써 하나님

278) 로고스 성경사전, 리형택 편찬, 로고스, 2011, p. 1814
279) 이상근, 신약주해 요한계시록, 대한예수교장로회 총회교육부, 1986, pp. 187-188

을 대적하는 모든 사탄의 힘의 대표자로 본 데서 기인한 것이다.

스테펜 헬라어(Greek Text of Stephens, 1550) 원문 χξς의 ς는 헬라어 24개 문자 이외의 고어로 F, ϝ(그리스 ϝαυ(διγαμμα) 바우 또는 와우(디감마 Vau or Digamma)를 로마자(그리스) 문자의 여섯 번째 문자 자모로 그리스 숫자로는 6을 뜻하였다. “디감마”를 그리스 숫자 6으로 썼던 때의 이름 Ϛ, ϛ(그리스어: ςίγμα 스티그마)이다.

F는 그림문자에서 왔다.

콥파(Koppa) 숫자 90 셈조어 문자	페니키아 문자 와우	그리스 문자 디감마(Digamma) ς스티그마(stigma) 숫자6	에트루리아 문자 F	삼피 (σαμπι) 숫자 900

F, ϝ(그리스 ϝαυ(διγαμμα) 바우 또는 와우(디감마 Vau or Digamma)는 f는 로마자(그리스) 문자의 여섯 번째 문자 자모이다. 그리스 숫자로는 6을 뜻한다. “디감마”를 그리스 숫자 6으로 썼던 때의 이름 Ϛ, ϛ(그리스어: ςίγμα 스티그마)는 그리스 문자 σ와 τ의 합자이다. 그리스 숫자로는 6을 뜻한다. ‘스티그마’(stigma)에는 성흔(聖痕)이라는 뜻도 있다.

유니코드에는 이 글자가 U+03DA GREEK LETTER STIGMA(Ϛ)와 U+03DB GREEK SMALL LETTER STIGMA(ϛ)로 등록되어 있다. “스티그마”의 소문자는 σ가 단어 끝에서 쓰일 때의 모양(ς)과 비슷하지만, 위쪽이 더 크고, 처음에 약간 위쪽에서 시작해서 조금 내려오는 모양을 하고 있다. “스티그마”는 “디감마”를 그리스 숫자 6으로 썼던 때의 이름이기도 하나, 이는 후대의 착오이다. στ의 합자는 고대에는 없고 중세 후기에 나타났다. 서기 1000년경 고대 그리스어 후기에 쓰여진 소포클레스의 비잔티움 그리스어 사전에서는, "스티그마"가 합자 또는 숫자로서 전혀 사용되지 않았다.[280)]

그러므로 짐승의 이름으로 그 사람의 수는 '누구를, 혹은 무엇을 의미하는 것일까' 하는 해석은 오랜 세월 동안 많은 성경학자들이 연구해 왔던 과제이다. 따라서 666의 숫자는 물론 그 의미는 지금까지도 무엇이라 단정하기 어려운 미해결의 문제로 남아 있다고 해야 옳을 것이다. 그런데 본문 말씀은 "지혜가 여기 있으니 총명 있는 자는 그 짐승의 수를 세어 보라"고 하였다. 따라서 하나님이 주시는 지혜, 하나님이 주시는 총명을 의지하여 그 의미를 이해하려는 은혜를 구해야 할 것이다. 그리고 사람의 시각과 환경적으로 무리한 해석은 경계해야 할 것이다.

참고하면 히브리어는 글자마다 숫자 값이 있다. 헬라어로 표기한 네로 황제와 짐승을 히브리어로 표기한 후 숫자 값을 더하면 각각 666이 된다. 다만 요한은 네로만이 이 환상의 성취라고 말하지 않는다. 네로는 오래전 다니엘에게 보여진 유형의 사례일 뿐이다(단 7:11-12). 다시 말하면 나라들이 자기들의 힘과 경제적 번영을 거짓 신으로 높이고 전적인 충성을 요구할 때 잔혹한 짐승의 형태를 보이게 된다. 그러므로 다니엘 때에는 바벨론, 뒤에 등장한 페르시아, 그리스 등이며, 요한의 때에는 로마가 그 유형이다. 이러한 유형은 후대의 모든 나라에 적용된다는 해석이 있다.

1. 수(數)의 합계를 통하여 적용시키는 세 가지 방법

짐승의 숫자인 666을 네로에게 적용시키는 경우도 있다[Schmidt(슈

280) 위키백과

미트) 등]. 그러나 이를 거부하는 살몬(Salmon) 박사는 추측할 수 있는 다양한 인물들을 열거하면서 적용의 세 가지 방법을 다음과 같이 제시하였다.

첫째로 고유명사 자체로 부족하면 칭호를 가산하라.

둘째로 합계가 헬라어로 발견되지 아니하면 히브리어나 라틴어를 시도해 보라.

셋째로 철자에 관해서 너무 엄격하지 말라.

이렇게 짐승의 이름이나 그 이름의 수인 666을 각자가 자기의 적으로 생각하여 해석했을 때 다양한 인물들이 열거된다.

1) 반 가톨릭(Anti Catholic)의 입장에 선 일부 개혁교회(改革敎會, Reform church)들은 교황 '베네딕트 Ⅸ세', '바오로 Ⅴ세'를,
2) 가톨릭의 입장에 선 사람들은 그들의 적으로서 '마틴 루터', '요한 칼빈', '존 낙스' 등을 들었다.
3) 북아프리카 지역 모로코(Moroco)의 "베르베르 종족"(Berber)은 많은 교부들이 나왔으나 사이비, 이단으로 혼란에 빠지고, 이후 이슬람의 지배에 들어감으로 지금은 미전도종족으로 분류되고 있다.

과연 이들을 666의 주인공으로 보아야 할지는 좀 더 깊이 연구해 보아야 할 것이다.

2. 상징적 해석(象徵的 解釋)

1) 세속적(世俗的)인 탐욕(貪慾)을 추구(追求)하는 자들을 상징(象徵)

짐승의 수인 666을 개인에 적용시키는 방법을 거부하고 새로운 제안을 한 보수 신학자 헹스텐베르그는 다음과 같은 제안을 했다.

"여기서 우리 자신의 상상에 따라 이 문제를 우리 마음대로 해석하고자 하지 말아야 한다. 본 서신의 저자는 전적으로 성경 안에 살고 있었으며, 따라서 우리는 이 문제에 대한 해결책을 성경 안에

서 찾아야 한다"며, 그는 스 2:13에 그 자손들의 수가 666명으로 기록되어 있는 아도니감에게서 이 문제의 해결책을 찾고자 하였다. 그러나 W. T. 린은 방법상으로는 이것에 동의하면서도 이 수를 왕상 10:14의 솔로몬이 한 해에 거둬들였던 금 달란트 수에 적용시켰다. 그리고 솔로몬처럼 호화로운 생활에 빠져 뭇 이방 여인들을 불러들이고, 결국 우상 숭배의 나라가 되게 하며, 사악한 죄에 빠지는 모든 세속적인 탐욕주의자들이 곧 666의 숫자에 적용될 모든 사람들이라고 상징적으로 해석하였다.

2) 반(反) 신앙적(信仰的)인 세력(勢力)의 총체(總體)를 상징(象徵)

짐승의 수 666을 인간의 지혜와 힘이 사악한 영에 의해서 지배될 때 나타날 수 있는 모든 현상들을 가리키는 상징적인 수로 보는 견해도 있다. 즉 666은 인간의 모든 문명과 예술과 과학, 그리고 이성을 지배하여 하나님에 대한 신앙을 허무맹랑한 것으로 돌리려는 모든 악한 세력을 의미한다고 보는 것이다. 결국 반 신앙적인 세력의 총체를 상징하고 있는 것이 짐승의 수 666이라는 것이다.

이제까지 일부 개혁교회(Reform church) 크리스천들은 짐승의 수를 로마 황제들 중 극심한 핍박을 했던 자들에게 적용했으며 때로는 존경받지 못할 가톨릭의 교황(教皇)들에게 적용하거나, 매매표(거래표)로 보기도 한다. 그러나 이 요한계시록의 666숫자를 이렇게 적용하는 것으로 그 의미를 충분히 밝혀냈다고 할 수는 없다. 요한 사도 시대와 그 후에 짐승에 못지않게 비신앙적이며 비인격적인 삶을 살아온 사람들은 헤아릴 수 없이 많았다. 또한 하나님을 배신하고 세속으로 돌아가 방탕(放蕩)한 길로 다니는 사람들도 그에 못지않게 많았다. 바로 이들의 삶과 행동을 적그리스도적 행위라고 말할 수 있으나, 반드시 적그리스도의 표를 받은 자들이라고 말할 수는 없다. 또한 바코드를 들어 매매표 등으로 대입하여 컴퓨터, 신용카드, 심지어 주민등

록증, 텔레비전 등에까지 각종 일치성의 해석을 부여하고 있으나, 기존 흑백 수직선으로 이루어진 바코드에 비해 크기가 훨씬 작으면서도 수천 배나 많은 정보를 담을 수 있는 보코드가 MIT 공대에서 개발되었다(영국 BBC)는 사실이 2009년 7월 28일에 일제히 보도된 바 있다. 그러나 이제는 생체인식바코드 일명 베리칩 논쟁이 뜨겁다. 따라서 지금까지 바코드의 활용을 들어 적그리스도의 666인침을 각종 금융거래 등 기타에 적용 운운하거나, 심지어 TV 등의 공산품까지에 적용시키는 등은 무리한 주장이라 할 수 있으며, 앞으로 과학의 힘이 어디까지 미칠지 예단하기도 사실상 어려운 것이다.

따라서 666 등을 인간의 시각에 의한, 환경적 상황적으로 예단하는 해석은 무리가 있다고 본다. 그러나 하나님의 백성과 사탄의 백성이 극명(克明)하게 구분되어지는 일환(13:8-10 참조)의 하나로, 거짓 선지자(또 다른 짐승, 땅에서 올라옴, 두 뿔이 있음, 용처럼 말함, 큰 이적을 행함)가 등장하여 적그리스도(바다에서 나옴, 뿔이 열, 먼저 나온 짐승, 처음 짐승, 참람된 이름이 있음)를 경배하도록 하기 위한 일환책으로 경제는 물론 모든 통치 행위를 강화하는 표를 오른손이나 이마에 받게 하는 일이 분명 있다는 것이다.

참고. PART 02.

도형1. 다니엘의 70이레(단 9:24-27)
도형2. '적그리스도'의 '다니엘'과 '요한계시록' 비교
도형3. '적그리스도'의 신상국가들

요한계시록 13장에 '사탄의 삼위일체'가 나타난다. 용(사탄, 마귀) - 바다 짐승(교회를 핍박한 로마제국) - 땅 짐승(이스라엘, 거짓 선지자)이라는 악의 삼위일체는 성부 - 성자 - 성령을 흉내낸 것(parody)에 지나

지 않는다.[281)]

여자(음녀), 짐승(큰 음녀 = 큰 성 바벨론), 사탄 등에 관한 것은 17장~18장 참고.

참고. 666에 대한 언론 보도

AI의 급격한 진화로 과학계는 물론 신앙인들도 긴장하지 않을 수가 없다. 특히 '인공지능 인간'이 등장한다고 하며, 각 직업(노동력) 분야까지 그 변화의 한계를 예측하기 어렵다고 한다. 그리고 '인공지능 칩'을 인간의 뇌에 삽입하는 연구도 활발하다고 하니, 과학의 발전과 칩 등을 666 곧 '적그리스도'에 대입하는 데는 한계가 있다. 그러므로 지금까지 회자된 '666에 대한 언론 보도' 등을 참고하자.

바코드(영어: barcode) = 컴퓨터가 판독할 수 있도록 고안된 굵기가 다른 흑백 막대로 조합시켜 만든 코드로, 주로 제품의 포장지에 인쇄된다. 이런 전통적인 형태의 바코드를 선형(1차원) 바코드라고 한다. 그러나 이 방법으로는 많은 정보를 담기 어렵기 때문에 매트릭스(2차원) 코드가 개발되었으며, 육각형이나 사각형 배열의 점으로 이루어져 있다. 매트릭스 코드는 엄밀히 말해 바(bar) 코드가 아니지만 흔히 2차원 바코드로 일컬어진다. 현재 제품 고유번호를 나타내는 바코드가 대부분의 제품 포장지에 인쇄되어 계산대에서 널리 활용되고 있다. RFID 기술은 칩 하나의 가격이 500원 정도이지만 바코드는 5원 수준으로 거의 돈이 들지 않기 때문에, 지속적인 연구에도 불구하고 RFID가 바코드를 대체하지는 못하고 있다.

---

281) 송영목, 신약주석, 쿰란출판사, 2011, p. 1341.

바코드 수천 배 용량 '보코드' 등장

[LA중앙일보] **발행 2009/08/13 경제 22면 기사 입력 2009/08/12 18:34**

여러 개의 흑백 수직선으로 이루어진 바코드에 비해 수천 배나 많은 정보를 담을 수 있는 '보코드'가 선을 보였다고 BBC 뉴스가 보도했다.

매사추세츠공대(MIT) 연구진이 개발한 지름 3㎜의 원형 보코드는 식품 포장에서 영양 정보를 제공할 수 있고 새로운 비디오 게임 장치를 만들어낼 수도 있다.

연구진은 오는 8월 초 뉴올리언스에서 열리는 시그라프(계산기 학회의 컴퓨터 그래픽스 분과) 회의에서 발표할 이 기술이 "장차 상품 내용 표시의 새로운 방식을 전개하게 될 것"이라고 말했다.

보코드는 발광다이오드(LED)와 이를 덮은 작은 덮개와 렌즈로 구성되어 있으며 일반 휴대전화 카메라로 판독할 수 있다. 보코드에 담긴 정보는 덮개를 통해 흘러나오는 빛으로 부호화할 수 있는데 이 빛의 세기는 보는 각도에 따라 매우 다양하며 입력자가 정보를 어떻게 부호화하려는지 의도에 따라 빛은 밝게 나타날 수도 있고 어둡게 나타날 수도 있다.

보코드는 기존 바코드에 비해 여러 면에서 이점을 갖고 있는데 우선 크기가 바코드보다 훨씬 작고 여러 각도에서 판독이 가능하며 30㎝ 이내 거리에서만 읽을 수 있는 바코드와 달리 4~6m 떨어진 곳에서도 표준형 휴대전화 카메라로 내용 검색이 가능하다.

연구진은 보코드를 "일종의 원격 바코드라고 볼 수 있다"라면서 우선 공장이나 산업 시설에서 물건의 위치를 파악하는 데 사용될 수 있다고 밝혔다.

슈퍼마켓에서 소비자는 휴대전화로 상품의 내용을 자세히 검색해 영양 정보나 가격 따위를 다른 상품과 곧바로 비교할 수 있으며 도서관의 수많은 책 속에서도 휴대전화 카메라로 원하는 책을 금방 찾을 수 있다는 것이다.

베리칩(VeriChip) = '확인용 칩'(verification chip)의 약어로 미국의 한 바이오칩 제조 회사인 미국의 어플라이드 디지털 솔루션사에서 지난 2001년에 공개한 상품명이다. 무선 송수신 식별장치(RFID 전자태그)를 내장한 쌀알 크기의 작은 마이크로 칩을 생명체의 몸속에 넣어 신원이나 정보를 확인하는 데 사용한다. 애완용 동물이나 가축들의 관리를 위한 전자 인식표로 사용되던 이 칩을 미국 식품의약국(FDA)이 2004년 인간의 몸속에도 심도록 허가하면서 찬반 논쟁이 계속되고 있다.

바코드보다 수천 배 강력한 보코드

'바코드(barcode) 비켜라, 보코드(bokode) 나가신다.' 기존 흑백 수직선으로 이루어진 바코드에 비해 크기가 훨씬 작으면서 수천 배나 많은 정보를 담을 수 있는 '보코드'가 선보여 관심을 모으고 있다. 이에 따라 크기가 작은 식품 포장이나 소형 게임장치에도 적극 활용할 수 있게 됐다고 영국 BBC뉴스가 28일 보도했다.

미국 매사추세츠공대(MIT) 연구진이 개발한 보코드(사진)는 발광다이오드(LED)와 이를 덮은 작은 덮개와 렌즈로 구성되어 있으며 일반 휴대전화 카메라로 판독할 수 있다. 보코드에 담긴 정보는 덮개를 통해 흘러나오는 빛으로 파악할 수 있다. 또한 기존 바코드에 비해 훨씬 작다. 일반적으로 사용되는 바코드는 가로 3.73㎝, 세로 2.7㎝이지만 보코드는 지름 3㎜의 원형이다. 작지만 빛을 통해 정보를 판독할 수 있는 점이 특징이다. 이에 따라 바코드가 30㎝ 이내 거리에서만 내용을 읽을 수 있는 반면 보코드는 4~6m 떨어진 곳에서도 휴대전화 카메라로 내용 검색이 가능하다.

기독인들 중에 말세론자들이 두려움을 갖고 있는 666표는 세상의 어떠한 표가 아니고 영으로 구원받지 못한 교인들이 두려워하고 있다. 그들은 예수께서 죄에서 구원해 주신 사실을 모르고 있다. 점진적으로 구원받는다고 생각하니 고난이 두려워서 666표에 민감한 것이다. 초대교회에 666표는 로마의 신에게 절하거나 예배한 표가 없으면 기독교인이라고 잡혀가서 순교 당하던 330년간의 세월 속에 우상의 표이다.

마지막(주님의 오실 날)을 대비하는 기독교인들이 꼭 기억해야 할 것은 짐승의 표는 666이라는 숫자인데 그것이 매매표라는 사실이다.

> "짐승의 우상에게 생기를 주어 그 짐승의 우상으로 말하게 하고 또 짐승의 우상에게 경배하지 아니하는 자는 몇이든지 다 죽이게 하더라 저가 모든 자 곧 작은 자나 큰자나 부자나 빈궁한 자나 자유자나 종들로 그 오른손에나 이마에 표를 받게 하고 누구든지 이 표를 가진 자 외에는 매매(賣買, 사고 파는 행위)를 못하게 하니 이 표는 곧 짐승의 이름이나 그 이름의 수라 지혜가 여기 있으니 총명있는 자는 그 짐승의 수를 세어보라 그 수는 사람의 수니 666이니라"(계 13:15~18).

이것이 바코드든, 보코드든 그 표는 매매표라는 사실이다. 즉 물질 거래를 하게 되는 카드라는 사실이다. 로마 황제 시대에는 황제 숭배 거부자를 박해했을지라도, 물질 거래표라는 것으로 기독교인들을 박해한 것이 아니었다.

이 표(666표)는 7년 대환란이 접어든 후에 일어나는 현상이다(계 12:6 = 1,260일/ 계 12:13~15 = 한 때 두 때 반 때/ 계 13:5~6 = 마흔두 달).

이 일 후에 아마겟돈 전쟁이 일어난다는 내용이라 보면(계 16:16) 꼭 네로 황제 당시라고 못을 박을 필요가 없지 않을까 싶다.

보코드에 담긴 정보는 덮개를 통해 흘러나오는 빛으로 부호화할 수 있는데 이 빛의 세기는 보는 각도에 따라 매우 다양하며 입력자가 정보를 어떻게 부호화하는지 의도에 따라 빛은 밝게 나타날 수도 있고 어둡게 나타날 수도 있다. 보코드는 기존 바코드에 비해 여러 면에서 이점을 갖고 있는데 우선 크기가 바코드보다 훨씬 작고 여러 각도에서 판독이 가능하며 30cm 이내 거리에서만 읽을 수 있는 바코드와 달리 4~6m 떨어진 곳에서도 표준형 휴대전화 카메라로 내용 검색이 가능하다.

연구진은 보코드를 "일종의 원격 바코드라고 볼 수 있다"라면서 우선 공장이나 산업 시설에서 물건의 위치를 파악하는 데 사용될 수 있다고 밝혔다. 슈퍼마켓에서 소비자는 휴대전화로 상품의 내용을 자세히 검색해 영양 정보나 가격 따위를 다른 상품과 곧바로 비교할 수 있으며 도서관의 수많은 책 속에서도 휴대전화 카메라로 원하는 책을 금방 찾을 수 있다는 것이다. 또한 기존 바코드에서는 불가능했던 각(角) 정보까지 담아 비디오게임이나 영화제작에 사용되는 운동포착 시스템도 사용할 수 있게 된다. 연구진은 보코드와 구글 스트리트뷰를 결합시키면 사용자가 거리를 지나가면서 찍은 사진들을 볼 수도 있게 된다면서 "상점이나 식당 주인들은 점포 바깥에 메뉴 등이 담긴 보코드를 내걸어 구글 트럭이 지나가면서 담겨진 정보를 퍼갈 수 있게 될 것"이라고 말했다. 이런 자료가 구글 맵에 올려지면 식당 사진 바로 옆에 정보가 자동적으로 나타나게 된다는 것이다.

현재 보코드 제작 비용은 개당 약 5달러로 비싼 편인데 이는 시제품에 렌즈와 전원이 연결된 LED가 필요하기 때문이다. 그러나 연구진은 이 기술을 더 다듬어 동력이 필요없는 반사광 방식으로 만들 수 있을 것이라면서 이것이 완성되면 개당 5센트로 제작이 가능하다고 밝혔다. 바코드를 대체하거나 보완하는 새로운 방식은 많은 회사와 학자들이 연구 중인데 마이크로소프트사가 지난 2007년 개발한 HCCB와 공항 검색대에서 사용되는 RFID 등이 그것이다. HCCB(High Capacity Color Barcode)는 다양한 색깔의 기하학적 무늬들로 이루어졌고 RFID(Radio Frequency Identification)는 작은 전자 태그인 셈인데, 이런 표시장치들은 도서관의 도서 분류와 여권 검색 등에 사용되고 있긴 하지만 아직 바코드를 대체하지는 못하고 있다(출처: 연합뉴스, youngnim@yna.co.kr).

베리칩

1. 베리칩에 관한 기본 상식

베리칩(VeriChip)이란 사람의 피하조직에 이식하는 초소형의 마이크로 칩이다. 베리칩은 "Verification"(확인, 증명)과 "Chip"(반도체)의 합성어로 사람의 몸속에 이식하는 쌀알 크기의 칩이다. 이 안에는 개인의 고유한 아이디와 생체 정보 등이 저장된다.

베리칩은 기능상으로는 RFID 마이크로칩이며, 바이오칩(bioChip), 메디칩(medichip), 베리메드(VeriMed), 마이크로칩 등으로 불리기도 하는데 이것은 다 같은 말이며, 베리칩은 베리칩 사의 상품명(brand name)으로 이해하면 된다. 베리칩 이식은 채 5분도 걸리지 않는다. 주사기에 이 칩을 넣고 손 혹은 팔에 이식만 하면 된다.

체온에 의해 자동으로 충전이 되기에 추가 시술 없이 반영구적으로 사용할 수 있고, 피이식자의 모든 정보가 디지털화되어 병원과 공유되어 저장된다.

2. 베리칩과 의료 혁명

베리칩의 사용은 무궁무진하다고 해도 과언이 아닐 것이다.

앞으로 여권, 각종 플루 바이러스의 추적, 신분 도용문제, 골치 아픈 공항 출입문제, 이민자 명단관리, 불법 체류자, 생체 ID뿐 아니라,

젊은이들조차 따라잡을 수 없이 빠른 속도로 변하며 확장 일로에 있는 휴대전화의 막강한 파워, 이 모든 것이 쌀알만 한 베리칩 하나로 해결될 것인데, 그것은 베리칩이 미국 정부가 현시점을 위하여 반세기 동안 공들여 만들어 낸 최고급 과학의 결정체이기 때문이다.

특히 베리칩은 의료 분야에서 혁신적인 두각을 나타내고 있다. 베리칩이 동전 앞면이라고 한다면, 동전 뒷면은 병원 서류의 디지털화, 컴퓨터화라고 할 수 있다. 베리칩이 모든 의료 분야에서 사용된다면, 병원의 모든 손으로 적는 차트나 서류, 서류보관함(fil cabinets)이 사라지고, 서류들을 디지털화하여 데이터베이스(database)로 보내 저장하게 된다. 의사가 환자의 몸에 심어진 베리칩에 스캐너를 바짝 갖다 대면, 환자의 의료기록이 모니터에 모두 다 뜨는 것이다. 스캐너가 베리칩 안의 16자리 수를 읽어서 환자의 신분을 알아내고, 인공위성을 통해 그 사람에 관한 정보(database)에 연결한다.

3. 베리칩의 위험성

베리칩 길이의 절반 정도는 바이오 본드(biobond)라는 접착제가 전 표면에 도포된 Tissue Bonding Cap이 씌워져 있다. 바이오 본드는 베리칩을 이식하면서 생긴 상처세포들을 안으로 끌어당겨서 세포조직과 Cap이 달라붙게 하는 강력한 생체 접착제이다.

그런데 점차 칩 주변의 연조직이 섬유세포와 아교세포화 되어 두꺼워지면서 유연성이 감소함으로 베리칩을 한 곳에 고정해 놓는 역할을 하지만, 만일 세포가 지속적으로 굳어지게 되면 "섬유육종암"(fibrosarcoma)이라는 악성종양으로 발전될 수 있다는 우려가 제기되고 있다. 쥐 실험 결과 암세포는 이식한 지 1년 정도 지난 13~23개월 사이에 나타난다고 한다.

※ 리튬 배터리 (Lithum Battery)

리튬 배터리는 배터리 중에서 가장 위험도가 높은 것으로, 유일하게 재충전할 수 있도록 디자인되었다. 손목시계, 온도계, 보청기 등과 같이 에너지를 조금씩 방출하는 기기에 쓰이므로 수명이 긴 대신, 작은 케이스 안에 다른 배터리보다 두 배가 넘는 전압이 압축되어 있어서 위험성이 배가 된다고 한다.

더구나 베리칩 같은 쌀알만 한 작은 캡슐은 리튬의 밀도 높은 전압 때문에 합선이 일어날 때 강력한 전류가 일시에 방출된다. 랩톱 컴퓨터나 휴대전화기의 배터리가 폭발해 불이 붙었다는 뉴스는 바로 이 리튬 얘기이다. 리튬 배터리는 발화성이 있어 물속에서도 강력하게 타고 불이 붙는다.

리튬 배터리가 심각하게 위험해지는 경우는 염분에 노출되었을 때인데, 인체의 혈액과 세포의 염분농도는 0.9%에 달한다. 그런데 장시간 염기에 노출되어 케이스에 부식이 일어나게 되면 염분이 베리칩 안을 스며들어 하이드로겐 크로라이드(hydrogen chloride)와 셀퍼다이옥사이드(sulfur dioxide)라는 독성가스를 생성하여 지극히 위험한 긴급상황으로 갈 수도 있다는 것이다.

참고: hydrogen = 수소, chloride = 염화물, sulfur dioxide = 아황산가스

리튬 배터리의 위험성: 화학성분에 의한 중화상, 합선, 과열되면 불이 붙고 폭발한다.

배리칩은 의료기기에 오작동을 일으킬 수 있다.

MRI 기계 안의 강한 자기성 전류와 칩 내부 금속 간의 감전으로 인한 중화상의 위험 때문에 베리칩을 이식받은 환자는 MRI를 찍을 수 없다는 우려가 제기되고 있다. 앰뷸런스와의 전류 역반응, 앰뷸런스 내의 무선통신과의 역반응, 인체 내 이물질 침투 시에 역반응으로 종양 형성

사람이 만든 물건은 완전할 수만은 없어서, FDA가 베리칩을 승인하면서도 위의 사항들을 경고했다. 사람들은 베리칩의 케이스가 새면 터지고 타기 때문에, 몸 안에 리튬 배터리로 작동되는 제품을 이식하는 것은 피부 속에 폭발물을 담아놓는 것과 다름이 없다고 염려한다.

그러면서 미국 정부가 국민 3억 명의 몸에 베리칩을 이식한다는 것은, 국민 건강을 챙겨주기 위해 제정된 법이라기보다는 다른 목적을 위해 준비한 것이 아니냐는 의혹을 제기하는 것이다. 그러나 한 번 이식한 후에 체온의 높낮이로 재충전하는 리튬 배터리만이, 평생 사용해야 하는 베리칩을 작동시킬 수 있는 유일한 에너지 공급원이 되기 때문에 다른 선택의 여지는 없는 것으로 보인다.

한편 베리칩은 사람의 마음과 생각, 그리고 뇌파와 유전자 배열을 바꿔서 사람을 변질시킨다는 설도 제기되고 있다.

영국 Reading 대학교의 인공 두뇌학(Cybernetics)과 교수인 Kevin Warwick는 1998년 컴퓨터 칩(베리칩과 똑같이 생김)을 이식 받고, 자기 몸의 반응을 통해 칩과 인체의 상관관계를 여러모로 연구하는 사람인데, 칩을 이식 받은 후 달라진 느낌을 그의 사이트에 발표하여 이 사실을 증명하고 있다.

아무튼 베리칩에 내장된 GPS 기능을 통해 수집된 각 개인의 모든 정보가 자료의 총 집합소인 국토 안보부 데이터베이스, FBI 데이터베이스, 연방이민국 데이터베이스에 들어갈 소지가 다분한 사실 때문에 베리칩에 대한 위험성을 각계의 식자들이 경고하고 있다.

처음에는 의료용(medical)으로, 국가 안보(government security)의 이름으로, 더 나아가 은행 금융(financial) 분야로, 그리고 건강 보험 개혁안, 사고파는 상거래의 역할로 나아가는 베리칩의 행보를 지켜보아야 할 것이다.

〈도움 말씀〉

인내로 구원의 복(은혜)를 누려라(10. 1–18) = 믿음으로 인내하라

- 서론

눅 18:1–8 = 낙망치(1)

(1)항상(恒常) 기도(祈禱)하고 낙망치 말아야 될 것을 저희에게 비유(譬喩)로 하여 (2)가라사대 어떤 도시(都市)에 하나님을 두려워 아니하고 사람을 무시하는 한 재판관(裁判官)이 있는데 (3)그 도시(都市)에 한 과부(寡婦)가 있어 자주 그에게 가서 내 원수(怨讐)에 대한 나의 원한(怨恨)을 풀어 주소서 하되 (4)그가 얼마 동안 듣지 아니하다가 후(後)에 속으로 생각하되 내가 하나님을 두려워 아니하고 사람을 무시하나 (5)이 과부(寡婦)가 나를 번거롭게 하니 내가 그 원한(怨恨)을 풀어 주리라 그렇지 않으면 늘 와서 나를 괴롭게 하리라 하였느니라 (6)주(主)께서 또 가라사대 불의(不義)한 재판관(裁判官)의 말한 것을 들으라 (7)하물며 하나님께서 그 밤낮 부르짖는 택(擇)하신 자(者)들의 원한(怨恨)을 풀어 주지 아니하시겠느냐 저희에게 오래 참으시겠느냐 (8)내가 너희에게 이르노니 속(速)히 그 원한(怨恨)을 풀어 주시리라 그러나 인자(人子)가 올 때에 세상(世上)에서 믿음을 보겠느냐 하시니라

계 1:9 = 나 요한은 너희 형제요 예수의 환난과 나라의 참음에 동참하는 자라 하나님의 말씀과 예수의 증거를 인하여 밧모라 하는 섬에 있었더니

약 5:7–11 = 참으라(7)

(7)그러므로 형제(兄弟)들아 주(主)의 강림(降臨)하시기까지 길이 참으라 보라 농부(農夫)가 땅에서 나는 귀(貴)한 열매를 바라고 길이 참아 이른 비와 늦은 비를 기다리나니 (8)너희도 길이 참고 마음을 굳

게 하라 주(主)의 강림(降臨)이 가까우니라 (9)형제(兄弟)들아 서로 원
망(怨望)하지 말라 그리하여야 심판(審判)을 면(免)하리라 보라 심판
(審判)자가 문(門)밖에 서 계시니라 (10)형제(兄弟)들아 주(主)의 이름으
로 말한 선지자(先知者)들로 고난(苦難)과 오래 참음의 본(本)을 삼으
라 (11)보라 인내(忍耐)하는 자(者)를 우리가 복(福)되다 하나니 너희가
욥의 인내(忍耐)를 들었고 주(主)께서 주신 결말(結末)을 보았거니와
주(主)는 가장 자비(慈悲)하시고 긍휼(矜恤)히 여기는 자(者)시니라

1. 용에게 경배하지 말라(4. 1-6) = 사탄에게 속지 말라

계 5:13-14 = 경배하더라(14)

(13)내가 또 들으니 하늘 위에와 땅 위에와 땅 아래와 바다 위에와
또 그 가운데 모든 만물(萬物)이 가로되 보좌(寶座)에 앉으신 이와 어
린 양(羊)에게 찬송(讚頌)과 존귀(尊貴)와 영광(榮光)과 능력(能力)을 세
세(世世)토록 돌릴지어다 하니 (14)네 생물(生物)이 가로되 아멘 하고
장로(長老)들은 엎드려 경배(敬拜)하더라

4장과 5장에서 삼위일체 하나님을 경배, 10장에서 복음의 성취가 알려지고, 11장에서 두 증인의 사역이 이루어지고, 12장에서 참 신자들이 예비처로 옮겨지면 이 세상은 42달(후 삼년 반) 동안 극심한 환란에 빠지게 된다. 이 기간을 통치하는 세력인 사탄의 지배하에 있는 짐승 곧 적그리스도와 거짓 선지자들은 더욱 발악을 하게 된다. 그리고 13장에서 적그리스도에게 경배의 내용이 등장한다.

마 12:33-37 = 말함이라(34)

(33)나무도 좋고 실과(實果)도 좋다 하든지 나무도 좋지 않고 실
과(實果)도 좋지 않다 하든지 하라 그 실과(實果)로 나무를 아느니라
(34)독사(毒蛇)의 자식(子息)들아 너희는 악(惡)하니 어떻게 선(善)한 말

을 할 수 있느냐 이는 마음에 가득한 것을 입으로 말함이라 (35)선(善)한 사람은 그 쌓은 선(善)에서 선(善)한 것을 내고 악(惡)한 사람은 그 쌓은 악(惡)에서 악(惡)한 것을 내느니라 (36)내가 너희에게 이르노니 사람이 무슨 무익(無益)한 말을 하든지 심판(審判) 날에 이에 대(對)하여 심문을 받으리니 (37)네 말로 의롭다 함을 받고 네 말로 정죄(定罪)함을 받으리라

행 18:1-16 = 말하라(9)

(1)이 후(後)에 바울이 아덴을 떠나 고린도에 이르러 (2)아굴라라 하는 본도에서 난 유대인(人) 하나를 만나니 글라우디오가 모든 유대인(人)을 명(命)하여 로마에서 떠나라 한 고로 그가 그 아내 브리스길라와 함께 이달리야로부터 새로 온지라 바울이 그들에게 가매 (3)업이 같으므로 함께 거(居)하여 일을 하니 그 업은 장막(帳幕)을 만드는 것이더라 (4)안식일(安息日)마다 바울이 회당(會堂)에서 강론(講論)하고 유대인(人)과 헬라인(人)을 권면(勸勉)하니라 (5)실라와 디모데가 마게도냐로서 내려오매 바울이 하나님의 말씀에 붙잡혀 유대인(人)들에게 예수는 그리스도라 밝히 증거(證據)하니 (6)저희가 대적(對敵)하여 훼방(毁謗)하거늘 바울이 옷을 떨어 가로되 너희 피가 너희 머리로 돌아갈 것이요 나는 깨끗하니라 이 후(後)에는 이방인(異邦人)에게로 가리라 하고 (7)거기서 옮겨 하나님을 공경(恭敬)하는 디도 유스도라 하는 사람의 집에 들어가니 그 집이 회당(會堂) 옆이라 (8)또 회당장(會堂長) 그리스보가 온 집으로 더불어 주(主)를 믿으며 수다한 고린도 사람도 듣고 믿어 세례(洗禮)를 받더라 (9)밤에 주(主)께서 환상(幻像) 가운데 바울에게 말씀하시되 두려워하지 말며 잠잠(潛潛)하지 말고 말하라 (10)내가 너와 함께 있으매 아무 사람도 너를 대적(對敵)하여 해롭게 할 자(者)가 없을 것이니 이는 이 성중(城中)에 내 백성(百姓)이 많음이라 하시더라 (11)일 년 육 개월을 유하며 그들 가운데서

하나님의 말씀을 가르치니라 (12)갈리오가 아가야 총독(總督) 되었을 때에 유대인(人)이 일제히 일어나 바울을 대적(對敵)하여 재판(裁判) 자리로 데리고 와서 (13)말하되 이 사람이 율법(律法)을 어기어 하나님을 공경(恭敬)하라고 사람들을 권한다 하거늘 (14)바울이 입을 열고자 할 때에 갈리오가 유대인(人)들에게 이르되 너희 유대인(人)들아 만일(萬一) 무슨 부정(不正)한 일이나 괴악(怪惡)한 행동(行動)이었으면 내가 너희 말을 들어주는 것이 가하거니와 (15)만일(萬一) 문제가 언어와 명칭(名稱)과 너희 법(法)에 관(關)한 것이면 너희가 스스로 처리하라 나는 이러한 일에 재판장(裁判長) 되기를 원(願)치 아니하노라 하고 (16)저희를 재판(裁判) 자리에서 쫓아내니

벧후 2:1-22 = 행하며(10)

(1)그러나 민간에 또한 거짓 선지자들이 일어났었나니 이와 같이 너희 중에도 거짓 선생들이 있으리라 저희는 멸망케 할 이단을 가만히 끌어들여 자기들을 사신 주를 부인하고 임박한 멸망을 스스로 취하는 자들이라 (2)여럿이 저희 호색하는 것을 좇으리니 이로 인하여 진리의 도가 훼방을 받을 것이요 (3)저희가 탐심을 인하여 지은 말을 가지고 너희로 이를 삼으니 저희 심판은 옛적부터 지체하지 아니하며 저희 멸망은 자지 아니하느니라 (4)하나님이 범죄한 천사들을 용서치 아니하시고 지옥에 던져 어두운 구덩이에 두어 심판 때까지 지키게 하셨으며 (5)옛 세상을 용서치 아니하시고 오직 의를 전파하는 노아와 그 일곱 식구를 보존하시고 경건치 아니한 자들의 세상에 홍수를 내리셨으며 (6)소돔과 고모라 성을 멸망하기로 정하여 재가 되게 하사 후세에 경건치 아니할 자들에게 본을 삼으셨으며 (7)무법한 자의 음란한 행실을 인하여 고통하는 의로운 롯을 건지셨으니 (8)(이 의인이 저희 중에 거하여 날마다 저 불법한 행실을 보고 들음으로 그 의로운 심령을 상하니라) (9)주께서 경건한 자는 시험에서 건지시고 불의한 자는

형벌 아래 두어 심판 날까지 지키시며 (10)육체를 따라 더러운 정욕 가운데서 행하며 주관하는 이를 멸시하는 자들에게 특별히 형벌하실 줄을 아시느니라 이들은 담대하고 고집하여 떨지 않고 영광 있는 자를 훼방하거니와 (11)더 큰 힘과 능력을 가진 천사들이라도 주 앞에서 저희를 거스려 훼방하는 송사를 하지 아니하느니라 (12)그러나 이 사람들은 본래 잡혀 죽기 위하여 난 이성 없는 짐승 같아서 그 알지 못한 것을 훼방하고 저희 멸망 가운데서 멸망을 당하며 (13)불의의 값으로 불의를 당하며 낮에 연락을 기쁘게 여기는 자들이니 점과 흠이라 너희와 함께 연회할 때에 저희 간사한 가운데 연락하며 (14)음심이 가득한 눈을 가지고 범죄하기를 쉬지 아니하고 굳세지 못한 영혼들을 유혹하며 탐욕에 연단된 마음을 가진 자들이니 저주의 자식이라 (15)저희가 바른길을 떠나 미혹하여 브올의 아들 발람의 길을 좇는도다 그는 불의의 삯을 사랑하다가 (16)자기의 불법을 인하여 책망을 받되 말 못하는 나귀가 사람의 소리로 말하여 이 선지자의 미친 것을 금지하였느니라 (17)이 사람들은 물 없는 샘이요 광풍에 밀려가는 안개니 저희를 위하여 캄캄한 어두움이 예비되어 있나니 (18)저희가 허탄한 자랑의 말을 토하여 미혹한 데 행하는 사람들에게서 겨우 피한 자들을 음란으로써 육체의 정욕 중에서 유혹하여 (19)저희에게 자유를 준다 하여도 자기는 멸망의 종들이니 누구든지 진 자는 이긴 자의 종이 됨이니라 (20)만일 저희가 우리 주 되신 구주 예수 그리스도를 앎으로 세상의 더러움을 피한 후에 다시 그 중에 얽매이고 지면 그 나중 형편이 처음보다 더 심하리니 (21)의의 도를 안 후에 받은 거룩한 명령을 저버리는 것보다 알지 못하는 것이 도리어 저희에게 나으니라 (22)참 속담에 이르기를 개가 그 토하였던 것에 돌아가고 돼지가 씻었다가 더러운 구덩이에 도로 누웠다 하는 말이 저희에게 응하였도다 계 11:2 = 성전(聖殿) 밖 마당은 척량(尺量)하지 말고 그냥 두라 이것을 이방인(異邦人)에게 주었은즉 저희가 거룩한 성(城)을 마흔 두 달 동안 짓밟으리라

계 12:7-12 = 즐거워하여라(12)

(7)하늘에 전쟁(戰爭)이 있으니 미가엘과 그의 사자(使者)들이 용
(龍)으로 더불어 싸울새 용(龍)과 그의 사자(使者)들도 싸우나 (8)이기
지 못하여 다시 하늘에서 저희의 있을 곳을 얻지 못한지라 (9)큰 용
(龍)이 내어쫓기니 옛 뱀 곧 마귀(魔鬼)라고도 하고 사탄이라고도 하
는 온 천하(天下)를 꾀는 자(者)라 땅으로 내어쫓기니 그의 사자(使者)
들도 저와 함께 내어쫓기니라 (10)내가 또 들으니 하늘에 큰 음성(音
聲)이 있어 가로되 이제 우리 하나님의 구원(救援)과 능력(能力)과 나
라와 또 그의 그리스도의 권세(權勢)가 이루었으니 우리 형제(兄弟)들
을 참소(讒訴)하던 자(者) 곧 우리 하나님 앞에서 밤낮 참소(讒訴)하던
자(者)가 쫓겨났고 (11)또 여러 형제(兄弟)가 어린 양(羊)의 피와 자기(自
己)의 증거(證據)하는 말을 인(因)하여 저를 이기었으니 그들은 죽기
까지 자기(自己) 생명(生命)을 아끼지 아니하였도다 (12)그러므로 하늘
과 그 가운데 거(居)하는 자(者)들은 즐거워하라 그러나 땅과 바다는
화(禍) 있을진저 이는 마귀(魔鬼)가 자기(自己)의 때가 얼마 못 된 줄을
알므로 크게 분내어 너희에게 내려갔음이라 하더라

마 4:1-11 = 섬기라(10)

(1)그때에 예수께서 성령(聖靈)에게 이끌리어 마귀(魔鬼)에게 시험
(試驗)을 받으러 광야(曠野)로 가사 (2)사십 일을 밤낮으로 금식(禁食)
하신 후(後)에 주리신지라 (3)시험(試驗)하는 자(者)가 예수께 나아와
서 가로되 네가 만일(萬一) 하나님의 아들이어든 명(命)하여 이 돌들

이 떡덩이가 되게 하라 (4)예수께서 대답(對答)하여 가라사대 기록(記錄)되었으되 사람이 떡으로만 살것이 아니요 하나님의 입으로 나오는 모든 말씀으로 살 것이라 하였느니라 하시니 (5)이에 마귀(魔鬼)가 예수를 거룩한 성(城)으로 데려다가 성전(聖殿) 꼭대기에 세우고 (6)가로되 네가 만일(萬一) 하나님의 아들이어든 뛰어내리라 기록(記錄)하였으되 저가 너를 위(爲)하여 그 사자(使者)들을 명(命)하시리니 저희가 손으로 너를 받들어 발이 돌에 부딪히지 않게 하리로다 하였느니라 (7)예수께서 이르시되 또 기록(記錄)되었으되 주(主) 너의 하나님을 시험(試驗)치 말라 하였느니라 하신대 (8)마귀(魔鬼)가 또 그를 데리고 지극(至極)히 높은 산(山)으로 가서 천하(天下) 만국(萬國)과 그 영광(榮光)을 보여 (9)가로되 만일(萬一) 내게 엎드려 경배(敬拜)하면 이 모든 것을 네게 주리라 (10)이에 예수께서 말씀하시되 사탄아 물러가라 기록(記錄)되었으되 주(主) 너의 하나님께 경배(敬拜)하고 다만 그를 섬기라 하였느니라 (11)이에 마귀(魔鬼)는 예수를 떠나고 천사(天使)들이 나아와서 수종드니라

2. 믿음으로 인내하라(10. 7–10) = 인내로 구원의 복(은혜)를 누려라

사 33:1–6 = 경외함이(6)

(1)화 있을진저 너 학대를 당치 아니하고도 학대하며 속임을 입지 아니하고도 속이는 자여 네가 학대하기를 마치면 네가 학대를 당할 것이며 네가 속이기를 그치면 사람이 너를 속이리라 (2)여호와여 우리에게 은혜를 베푸소서 우리가 주를 앙망하오니 주는 아침마다 우리의 팔이 되시며 환난 때에 우리의 구원이 되소서 (3)진동시키시는 소리로 인하여 민족들이 도망하며 주께서 일어나심으로 인하여 열방이 흩어졌나이다 (4)황충의 모임같이 사람이 너희 노략물을 모을 것이며 메뚜기의 뛰어오름같이 그들이 그 위로 뛰어오르리라 (5)여호와께서는 지존하시니 이는 높은 데 거하심이요 공평과 의로 시온

에 충만케 하심이라 (6)너의 시대에 평안함이 있으며 구원과 지혜와 지식이 풍성할 것이니 여호와를 경외함이 너의 보배니라

렘 15:1-3 = 나아가리요(2)

(1)여호와께서 내게 이르시되 모세와 사무엘이 내 앞에 섰다 할지라도 내 마음은 이 백성을 향할 수 없나니 그들을 내 앞에서 쫓아 내치라 (2)그들이 만일 네게 말하기를 우리가 어디로 나아가리요 하거든 너는 그들에게 이르기를 여호와의 말씀에 사망할 자는 사망으로 나아가고 칼을 받을 자는 칼로 나아가고 기근을 당할 자는 기근으로 나아가고 포로 될 자는 포로 됨으로 나아갈지니라 하셨다 하라 (3)나 여호와가 말하노라 내가 그들을 네 가지로 벌하리니 곧 죽이는 칼과 찢는 개와 삼켜 멸하는 공중의 새와 땅의 짐승으로 할 것이며

렘 43:8-13 = 할지니라(13)

(8)다바네스에서 여호와의 말씀이 예레미야에게 임하여 가라사대 (9)너는 유다 사람의 목전에서 네 손으로 큰 돌들을 가져다가 다바네스 바로의 집 어귀의 벽돌 깔린 곳에 진흙으로 감추고 (10)그들에게 이르기를 만군의 여호와 이스라엘의 하나님이 이같이 말씀하시되 보라 내가 내 종 바벨론 왕 느브갓네살을 불러오리니 그가 그 보좌를 내가 감추게 한 이 돌 위에 두고 또 그 화려한 큰 장막을 그 위에 치리라 (11)그가 와서 애굽 땅을 치고 죽일 자는 죽이고 사로잡을 자는 사로잡고 칼로 칠 자는 칼로 칠 것이라 (12)내가 애굽 신들의 집에 불을 놓을 것인즉 느브갓네살이 그들을 불사르며 그들을 사로잡을 것이요 목자가 그 몸에 옷을 두름같이 애굽 땅을 자기 몸에 두르고 평안히 그곳을 떠날 것이며 (13)그가 또 애굽 땅 벧세메스의 주상들을 깨뜨리고 애굽 신들의 집을 불사르리라 하셨다 할지니라

창 9:1-7 = 먹지(4)

(1)하나님이 노아와 그 아들들에게 복을 주시며 그들에게 이르시되 생육하고 번성하여 땅에 충만하라 (2)땅의 모든 짐승과 공중의 모든 새와 땅에 기는 모든 것과 바다의 모든 고기가 너희를 두려워하며 너희를 무서워하리니 이들은 너희 손에 붙이웠음이라 (3)무릇 산 동물은 너희의 식물이 될지라 채소같이 내가 이것을 다 너희에게 주노라 (4)그러나 고기를 그 생명 되는 피째 먹지 말 것이니라 (5)내가 반드시 너희 피 곧 너희 생명의 피를 찾으리니 짐승이면 그 짐승에게서, 사람이나 사람의 형제면 그에게서 그의 생명을 찾으리라 (6)무릇 사람의 피를 흘리면 사람이 그 피를 흘릴 것이니 이는 하나님이 자기 형상대로 사람을 지었음이니라 (7)너희는 생육하고 번성하며 땅에 편만하여 그 중에서 번성하라 하셨더라

히 6:9-12 = 본받는(12)

(9)사랑하는 자(者)들아 우리가 이같이 말하나 너희에게는 이보다 나은 것과 구원(救援)에 가까운 것을 확신(確信)하노라 (10)하나님이 불의(不義)치 아니하사 너희 행위(行爲)와 그의 이름을 위(爲)하여 나타낸 사랑으로 이미 성도(聖徒)를 섬긴 것과 이제도 섬기는 것을 잊어버리지 아니하시느니라 (11)우리가 간절(懇切)히 원(願)하는 것은 너희 각(各) 사람이 동일(同一)한 부지런을 나타내어 끝까지 소망(所望)의 풍성(豊盛)함에 이르러 (12)게으르지 아니하고 믿음과 오래 참음으로 말미암아 약속(約束)들을 기업(基業)으로 받는 자(者)들을 본받는 자(者) 되게 하려는 것이니라

히 10:32-39 = 버리지(35)

(32)전(前)날에 너희가 빛을 받은 후(後)에 고난(苦難)의 큰 싸움에 참은 것을 생각하라 (33)혹(或) 비방(誹謗)과 환난(患難)으로써 사람에

게 구경거리가 되고 혹(或) 이런 형편(形便)에 있는 자(者)들로 사귀는 자(者) 되었으니 (34)너희가 갇힌 자(者)를 동정(同情)하고 너희 산업(産業)을 빼앗기는 것도 기쁘게 당한 것은 더 낫고 영구(永久)한 산업(産業)이 있는 줄 앎이라 (35)그러므로 너희 담대(膽大)함을 버리지 말라 이것이 큰 상(賞)을 얻느니라 (36)너희에게 인내(忍耐)가 필요함은 너희가 하나님의 뜻을 행(行)한 후(後)에 약속(約束)을 받기 위(爲)함이라 (37)잠시 잠깐 후(後)면 오실 이가 오시리니 지체(遲滯)하지 아니하시리라 (38)오직 나의 의인(義人)은 믿음으로 말미암아 살리라 또한 뒤로 물러가면 내 마음이 저를 기뻐하지 아니하리라 하셨느니라 (39)우리는 뒤로 물러가 침륜(沈淪)에 빠질 자(者)가 아니요 오직 영혼(靈魂)을 구원(救援)함에 이르는 믿음을 가진 자(者)니라

약 1:1-8 = 여기라(2)

(1)하나님과 주(主) 예수 그리스도의 종 야고보는 흩어져 있는 열두 지파(支派)에게 문안(問安)하노라 (2)내 형제(兄弟)들아 너희가 여러 가지 시험(試驗)을 만나거든 온전(穩全)히 기쁘게 여기라 (3)이는 너희 믿음의 시련(試鍊)이 인내(忍耐)를 만들어 내는 줄 너희가 앎이라 (4)인내(忍耐)를 온전(穩全)히 이루라 이는 너희로 온전(穩全)하고 구비(具備)하여 조금도 부족(不足)함이 없게 하려 함이라 (5)너희 중(中)에 누구든지 지혜(智慧)가 부족(不足)하거든 모든 사람에게 후(後)히 주시고 꾸짖지 아니하시는 하나님께 구(求)하라 그리하면 주시리라 (6)오직 믿음으로 구(求)하고 조금도 의심(疑心)하지 말라 의심(疑心)하는 자(者)는 마치 바람에 밀려 요동(搖動)하는 바다 물결 같으니 (7)이런 사람은 무엇이든지 주(主)께 얻기를 생각하지 말라 (8)두 마음을 품어 모든 일에 정함이 없는 자(者)로다

계 14:8-12 = 지키는(12)

(8)또 다른 천사(天使) 곧 둘째가 그 뒤를 따라 말하되 무너졌도다 무너졌도다 큰 성(城) 바벨론이여 모든 나라를 그 음행(淫行)으로 인(因)하여 진노(震怒)의 포도주(葡萄酒)로 먹이던 자(者)로다 하더라 (9)또 다른 천사(天使) 곧 셋째가 그 뒤를 따라 큰 음성(音聲)으로 가로되 만일(萬一) 누구든지 짐승과 그의 우상(偶像)에게 경배(敬拜)하고 이마에나 손에 표(標)를 받으면 (10)그도 하나님의 진노(震怒)의 포도주(葡萄酒)를 마시리니 그 진노(震怒)의 잔(盞)에 섞인 것이 없이 부은 포도주(葡萄酒)라 거룩한 천사(天使)들 앞과 어린 양(羊) 앞에서 불과 유황(硫黃)으로 고난(苦難)을 받으리니 (11)그 고난(苦難)의 연기(煙氣)가 세세(世世)토록 올라가리로다 짐승과 그의 우상(偶像)에게 경배(敬拜)하고 그 이름의 표(標)를 받는 자(者)는 누구든지 밤낮 쉼을 얻지 못하리라 하더라 (12)성도(聖徒)들의 인내(忍耐)가 여기 있나니 저희는 하나님의 계명(誡命)과 예수 믿음을 지키는 자(者)니라

계 2:8-11 = 충성하라(10)

(8)서머나 교회(教會)의 사자(使者)에게 편지(便紙)하기를 처음이요 나중이요 죽었다가 살아나신 이가 가라사대 (9)내가 네 환난(患難)과 궁핍(窮乏)을 아노니 실상(實狀)은 네가 부요(富饒)한 자(者)니라 자칭(自稱) 유대인(人)이라 하는 자(者)들의 훼방(毁謗)도 아노니 실상(實狀)은 유대인(人)이 아니요 사탄의 회라 (10)네가 장차(將次) 받을 고난(苦難)을 두려워 말라 볼지어다 마귀(魔鬼)가 장차(將次) 너희 가운데서 몇 사람을 옥(獄)에 던져 시험(試驗)을 받게 하리니 너희가 십일(十日) 동안 환난(患難)을 받으리라 네가 죽도록 충성(忠誠)하라 그리하면 내가 생명(生命)의 면류관(冕旒冠)을 네게 주리라 (11)귀 있는 자(者)는 성령(聖靈)이 교회(教會)들에게 하시는 말씀을 들을지어다 이기는 자(者)는 둘째 사망(死亡)의 해를 받지 아니하리라

계 3:7-13 = 하라(11)

(7)빌라델비아 교회(教會)의 사자(使者)에게 편지(便紙)하기를 거룩하
고 진실(眞實)하사 다윗의 열쇠를 가지신 이 곧 열면 닫을 사람이 없
고 닫으면 열 사람이 없는 그이가 가라사대 (8)볼지어다 내가 네 앞
에 열린 문(門)을 두었으되 능(能)히 닫을 사람이 없으리라 내가 네
행위(行爲)를 아노니 네가 적은 능력(能力)을 가지고도 내 말을 지키
며 내 이름을 배반(背叛)치 아니하였도다 (9)보라 사탄의 회(會) 곧 자
칭(自稱) 유대인(人)이라 하나 그렇지 않고 거짓말하는 자(者)들 중(中)
에서 몇을 네게 주어 저희로 와서 네 발 앞에 절하게 하고 내가 너를
사랑하는 줄을 알게 하리라 (10)네가 나의 인내(忍耐)의 말씀을 지켰
은즉 내가 또한 너를 지키어 시험(試驗)의 때를 면(免)하게 하리니 이
는 장차(將次) 온 세상(世上)에 임(臨)하여 땅에 거(居)하는 자(者)들을
시험(試驗)할 때라 (11)내가 속(速)히 임(臨)하리니 네가 가진 것을 굳
게 잡아 아무나 네 면류관(冕旒冠)을 빼앗지 못하게 하라 (12)이기는
자(者)는 내 하나님 성전(聖殿)에 기둥이 되게 하리니 그가 결(決)코
다시 나가지 아니하리라 내가 하나님의 이름과 하나님의 성(城) 곧
하늘에서 내 하나님께로부터 내려 오는 새 예루살렘의 이름과 나의
새 이름을 그이 위에 기록(記錄)하리라 (13)귀 있는 자(者)는 성령(聖
靈)이 교회(教會)들에게 하시는 말씀을 들을지어다

눅 21:16-19 = 인내로(19)

(16)심지어 부모(父母)와 형제(兄弟)와 친척과 벗이 너희를 넘겨주어
너희 중(中)에 몇을 죽이게 하겠고 (17)또 너희가 내 이름을 인(因)하
여 모든 사람에게 미움을 받을 것이나 (18)너희 머리털 하나도 상(傷)
치 아니하리라 (19)너희의 인내(忍耐)로 너희 영혼(靈魂)을 얻으리라

3. 우상에게 경배하지 말라(15. 11-18) = 짐승의 표를 받지 말라

계 14:6-13 = 죽는(13)

(6)또 보니 다른 천사(天使)가 공중(空中)에 날아가는데 땅에 거(居)
하는 자(者)들 곧 여러 나라와 족속(族屬)과 방언(方言)과 백성(百姓)에
게 전(傳)하 영원(永遠)한 복음(福音)을 가졌더라 (7)그가 큰 음성(音聲)
으로 가로되 하나님을 두려워하며 그에게 영광(榮光)을 돌리라 이는
그의 심판(審判)하실 시간(時間)이 이르렀음이니 하늘과 땅과 바다와
물들의 근원(根源)을 만드신 이를 경배(敬拜)하라 하더라 (8)또 다른
천사(天使) 곧 둘째가 그 뒤를 따라 말하되 무너졌도다 무너졌도다
큰 성(城) 바벨론이여 모든 나라를 그 음행(淫行)으로 인(因)하여 진노
(震怒)의 포도주(葡萄酒)로 먹이던 자(者)로다 하더라 (9)또 다른 천사
(天使) 곧 셋째가 그 뒤를 따라 큰 음성(音聲)으로 가로되 만일(萬一)
누구든지 짐승과 그의 우상(偶像)에게 경배(敬拜)하고 이마에나 손에
표(標)를 받으면 (10)그도 하나님의 진노(震怒)의 포도주(葡萄酒)를 마
시리니 그 진노(震怒)의 잔(盞)에 섞인 것이 없이 부은 포도주(葡萄酒)
라 거룩한 천사(天使)들 잎과 어린 양(羊) 앞에서 불과 유황(硫黃)으로
고난(苦難)을 받으리니 (11)그 고난(苦難)의 연기(煙氣)가 세세(世世)토
록 올라가리로다 짐승과 그의 우상(偶像)에게 경배(敬拜)하고 그 이름
의 표(標)를 받는 자(者)는 누구든지 밤낮 쉼을 얻지 못하리라 하더라
(12)성도(聖徒)들의 인내(忍耐)가 여기 있나니 저희는 하나님의 계명(誡
命)과 예수 믿음을 지키는 자(者)니라 (13)또 내가 들으니 하늘에서 음
성(音聲)이 나서 가로되 기록(記錄)하라 자금(自今) 이후(以後)로 주(主)
안에서 죽는 자(者)들은 복(福)이 있도다 하시매 성령(聖靈)이 가라사
대 그러하다 저희 수고(受苦)를 그치고 쉬리니 이는 저희의 행(行)한
일이 따름이라 하시더라

계 16:1-2 = 경배하는(2)

(1)또 내가 들으니 성전(聖殿)에서 큰 음성(音聲)이 나서 일곱 천사(天使)에게 말하되 너희는 가서 하나님의 진노(震怒)의 일곱 대접을 땅에 쏟으라 하더라 (2)첫째가 가서 그 대접을 땅에 쏟으며 악(惡)하고 독한 헌데가 짐승의 표(標)를 받은 사람들과 그 우상(偶象)에게 경배(敬拜)하는 자(者)들에게 나더라

계 19:19-21 = 경배하던(20)

(19)또 내가 보매 그 짐승과 땅의 임금들과 그 군대(軍隊)들이 모여 그 말 탄 자와 그의 군대(軍隊)로 더불어 전쟁(戰爭)을 일으키다가 (20)짐승이 잡히고 그 앞에서 이적(異蹟)을 행(行)하던 거짓 선지자(先知者)도 함께 잡혔으니 이는 짐승의 표(標)를 받고 그의 우상(偶象)에게 경배(敬拜)하던 자(者)들을 이적(異蹟)으로 미혹(迷惑)하던 자(者)라 이 둘이 산 채로 유황(硫黃)불 붙는 못에 던지우고 (21)그 나머지는 말 탄 자(者)의 입으로 나오는 검에 죽으매 모든 새가 그 고기로 배불리우더라

계 20:1-6 = 경배하지도(4)

(1)또 내가 보매 천사(天使)가 무저갱(無底坑) 열쇠와 큰 쇠사슬을 그 손에 가지고 하늘로서 내려와서 (2)용(龍)을 잡으니 곧 옛 뱀이요 마귀(魔鬼)요 사탄이라 잡아 일천(一千) 년(年) 동안 결박(結縛)하여 (3)무저갱(無底坑)에 던져 잠그고 그 위에 인봉(印封)하여 천(千) 년(年)이 차도록 다시는 만국(萬國)을 미혹(迷惑)하지 못하게 하였다가 그 후(後)에는 반드시 잠깐 놓이리라 (4)또 내가 보좌(寶座)들을 보니 거기 앉은 자(者)들이 있어 심판(審判)하는 권세(權勢)를 받았더라 또 내가 보니 예수의 증거(證據)와 하나님의 말씀을 인(因)하여 목 베임을 받은 자(者)의 영혼(靈魂)들과 또 짐승과 그의 우상(偶象)에게 경배(敬拜)

하지도 아니하고 이마와 손에 그의 표(標)를 받지도 아니한 자(者)들이 살아서 그리스도로 더불어 천년(千年) 동안 왕(王) 노릇 하니 (5){그 나머지 죽은 자(者)들은 그 천년(千年)이 차기까지 살지 못하더라} 이는 첫째 부활(復活)이라 (6)이 첫째 부활(復活)에 참여하는 자(者)들은 복(福)이 있고 거룩하도다 둘째 사망(死亡)이 그들을 다스리는 권세(權勢)가 없고 도리어 그들이 하나님과 그리스도의 제사장(祭司長)이 되어 천년(千年) 동안 그리스도로 더불어 왕(王) 노릇 하리라

히 12:1-3 = 바라보자(2)

(1)이러므로 우리에게 구름같이 둘러싼 허다(許多)한 증인(證人)들이 있으니 모든 무거운 것과 얽매이기 쉬운 죄(罪)를 벗어 버리고 인내(忍耐)로써 우리 앞에 당한 경주(競走)를 경주(競走)하며 (2)믿음의 주(主)요 또 온전(穩全)케 하시는 이인 예수를 바라보자 저는 그 앞에 있는 즐거움을 위(爲)하여 십자가(十字架)를 참으사 부끄러움을 개의(介意)치 아니하시더니 하나님 보좌(寶座) 우편(右便)에 앉으셨느니라 (3)너희가 피곤(疲困)하여 낙심(落心)치 않기 위(爲)하여 죄인(罪人)들의 이같이 자기(自己)에게 거역(拒逆)한 일을 참으신 자(者)를 생각하라

- **결론**

눅 22:31-34 = 굳게 하라

(31)시몬아, 시몬아, 보라 사탄이 밀 까부르듯 하려고 너희를 청구하였으나 (32)그러나 내가 너를 위하여 네 믿음이 떨어지지 않기를 기도하였노니 너는 돌이킨 후에 네 형제를 굳게 하라 (33)저가 말하되 주여 내가 주와 함께 옥에도, 죽는 데도 가기를 준비하였나이다 (34)가라사대 베드로야 내가 네게 말하노니 오늘 닭 울기 전에 네가 세 번 나를 모른다고 부인하리라 하시니라

골 1:10-12 = 감사하게(12)

(10)주(主)께 합당(合當)히 행(行)하여 범사(凡事)에 기쁘시게 하고 모든 선(善)한 일에 열매를 맺게 하시며 하나님을 아는 것에 자라게 하시고 (11)그 영광(榮光)의 힘을 좇아 모든 능력(能力)으로 능(能)하게 하시며 기쁨으로 모든 견딤과 오래 참음에 이르게 하시고 (12)우리로 하여금 빛 가운데서 성도(聖徒)의 기업(基業)의 부분을 얻기에 합당(合當)하게 하신 아버지께 감사(感謝)하게 하시기를 원(願)하노라

계 16:1-21 = 들으니(1) = 진노의 일곱 대접 재앙(16:)과 음녀교회인 바벨론의 멸망(17:-18:)

(1)또 내가 들으니 성전(聖殿)에서 큰 음성(音聲)이 나서 일곱 천사(天使)에게 말하되 너희는 가서 하나님의 진노(震怒)의 일곱 대접을 땅에 쏟으라 하더라

PART 14

땅에서 구속함을 받은 144,000

제14장
순교(殉敎)의 복(은혜)을 누려라

13장은 성도들의 고난으로 인한 믿음의 인내를 증거하였으나, 14장에서는 성도들에 믿음의 인내에 대한 보상을 약속된다(9절-12절 = 인내하라, 13절 = 주 안에서 죽는 자들이 복이 있다).

❆ 1–5절. 하나님과 어린 양에게 속한 자

- **3절. 새 노래를 부르니 땅에서 구속함을 얻은 144,000**
- **4절. 어린 양이 어디로 인도하든지 따라가는 자=오직 하나님께만 영광을 돌리며 찬양한다(롬 8:12–17; 고전 12:3; 고후 1:20–22; 엡 1:13–14 등 참조)**
- **5절. 그 입에 거짓말이 없고 흠이 없는 자들**

144,000에 대한 신분?

계 6:9-11(동무 종들의 수에 포함된 자들)

계 11:3-14(두 증인)

계 12:1-5(철장으로 만국을 다스릴 남자)

계 12:7(예수님의 증거를 가진 자들, 용(龍)과 싸우는 자들)

계 19:14(백마 타고 따르는 군대들 = 17:14)

계 20:4-6[짐승과 그의 우상에게 경배하지도 아니하고 이마와 손에 표를 받지도 아니한 자들이 살아서(순교자)]

6장 = 흰말 탄 자(6:2)

6장 = 환난 중에 순교하기로 선택된 자들(계 6:9-11, 11:7)

7장 = 이스라엘 지파의 인 맞은 자들(7:4-8)

10장 = 그 종 선지자들(계10:7)

11장 = 두 증인(11:3)

11장 = 하나님으로부터 권세를 받은 자들(11:5-6)

11장 = 전 삼년 반(1,260일) 동안 예언의 사명을 받을 자들(11:3-6)

11장 = 두 선지자(11:10)

11장 = 짐승에게 죽임을 당한(순교) 후 부활 승천한 자들(11:7-12, 12:5)

12장 = 여자가 낳은 아들, 남자(12:1-6; 사 66:7-9 참조)

14장 = 새 노래를 부를 자들(14:1-5)

14장 = 이마에 어린 양의 이름과 그 아버지의 이름이 쓰여 있는 자들(14:1)

19장 = 여섯째 대접 심판 때 백마 타고 예수님을 따라올 하늘군대(19:14 = 17:14)

20장 = 첫째 부활에 참여하는 자들 = 천년왕국에서 왕 노릇 함(20:1-6) = 그에게 붙은 자(고전 15:23-24)

144,000의 자격?

1) 음녀 교회(淫女敎會)로 더렵혀지지 않고 정절이 있는 자(17:1 큰 淫女 = 18:7 女皇 참고)
2) 어린 양이 어디로 인도하든지 따라가는 자
3) 구속 받아 처음 익은 열매로 하나님과 어린 양에게 속한 자들 (첫째 부활자 = 20:4-6)
4) 입에 거짓말이 없는 자들
5) 흠이 없는 자들

144,000에 대한 7장과 14장의 비교(창 35: 23-26, 48:8-20 비교)

7:1-9	14:1-5
1-3절 = 땅의 장면	1절 = 하늘(시온산)의 장면 어린 양이 그들과 함께 시온산에 섰음 그 이마에 그의 이름과 아버지의 이름이 기록된 자들
3절 = 하나님의 종들로 이마에 인침을 받은 자들	3절 = 그들만이 새 노래를 부를 수 있음 땅에서 구속을 입은 자들
4절 = 이스라엘 각 지파에서 인 맞은 자들	4절 = 정절이 있는 자들, 어린 양이 어디로 인도하든지 따라가는 자들, 사람 중에 구속을 입은 자들, 처음 익은 열매로 어린 양에 속한 자들.
5-8절 = 각 지파에서 나온 12000명씩	5절 = 그 입에 거짓말이 없는 자들. 하나님의 보좌 앞에 흠이 없는 자들

참고(Reference)

1) 죽는 자(계 14:13) = 후 삼년 반에 순교할 자들로, 계 14:1-5의 144,000(따라가는 자)과는 구별된다 = 그 남은 자들(계 11:13) = 예수님의 증거를 가진 자들(계 12:17) = 익은 곡식(계 14:15)

2) 7장에서 거론됨

우리 아버지는 아브라함이라 하니 예수께서 가라사대(요 8:39-40 참조) = 그는 아브라함 곧 믿음의 조상이 아닌 유다 지파 자손으로 = 예수님을 구주로 믿는 자들 외에는 절대로 구원은 없다.

율법을 말하면서 유대인을 잊어버려서는 안 된다. 따라서 유대인이기에 구원을 받는다고 하면 성경해석에 혼란을 불러온다. 왜냐하면 율법으로는 구원을 받을 수 없기 때문이다. 그렇다면 144,000을 이스라엘 12지파라 한다고 해도 그들 모두가 민족적 구원을 받는다고 볼 수 없다. 그들 중 예수 그리스도를 구주로 영접하는 소수만이 구원을 받을 수 있음도 생각할 수 있다(계 14:1, 4-5; 눅 18:8 참조).

반면 '여러 나라와 족속과 방언과 백성에게'라는 사람들 곧 능히 셀 수 없는 큰 무리(계 7:9 참조) = 예수님은 특정 유대인만의 구주가 아니라 온 인류의 구주이시다.

144,000에 대한 견해들?

김상훈 = 7장과 14장(1-5)은 유사하면서 또한 차이가 있다. 7장에서 그들은 "큰 환난에서 나오는" 이들(7:14)로서 환난을 통과하는 과정에 있다면 14장에서는 그 과정이 마치고 이미 하늘에서 노래하는 이들로 나타난 것(14:2-3)이라 할 수 있다. 다시 말해, 14장에서 144,000명은 인 치는 작업이 끝난 상태이고(14:1), 이미 환난을 통과한 이들은 다 하늘에서 찬양의 노래를 부르고 있다(14:2-3).[282)]

7장과 14장의 144,000명을 유대계 그리스도인으로 보는 것이 타당하다.[283)]

이광복 = 환난을 딛고선 두 증인 = 주의 종

이관호 장로 = 하나님께 충성한 남녀노소들

임위엄 = 환난 가운데서 채워진 순교자의 수

이병규 = 예수를 믿어 구원받은 성도 전체

천정웅 = 성도의 승리

신성종 = 구속함을 얻은 자

이상근 = 순교자들

박윤선 = 모든 구원받은 성도들을 상징

풀핏 주석 = 구속함을 얻은 자들

헨드릭슨 주석 = 구원받은 사람

팀 라하이 = 복음이 전파된 이후 교회의 휴거까지 가장 뛰어난 성도

---

282) 김상훈, 요한계시록 7:1-22:21, 감은사, 2022, p. 256

283) 위의 책, pp. 267-268

랜스키 = 거룩한 무리로 구별된 택한 수(Richard C.H. Lenski)

비더울프 = 구원받은 믿는 자들(William E. Biederwolf)

랑코 스테파노비치 = 하나님께 최후의 싸움에 맞서 죽기까지 당신에게 충성하는 참된 남은 백성[284)]

박영식 = 하느님의 이름과 어린 양의 이름을 이마에 새긴 승리자들[285)]

김형중 = 앞으로 구약의 이스라엘 사람들이나 신약의 성도 가운데 구원받을 사람이 셀 수 없이 큰 무리가 된다는 사실을 전제하고 있다. 신약시대의 어린 양의 피로 구속함을 받은 분명한 사람들, 그러므로 구원받은 숫자가 엄청나게 많은 것을 알 수 있다.[286)]

피터 럭크만 = 14장에 들어가기 전에 상황이 후 3년 반임을 주목하라. 실제의, 이스라엘 열두 지파인 144,000명의 유대인들이다.[287)]

송영목 = 사도 시대에 있었던 제1세대의 고백적이며 순교적 교회이다.[288)]

김추성 = 요한계시록 7장과 14장에 등장하는 십사만 사천은 요한계시록 전체 문백에서 볼 때 구속 받은 하나님의 백성의 충만함을 나타낸다.[289)]

---

284) 랑코 스테파노비치, 하홍팔, 도현석 공역, 예수 그리스도의 계시, 미주 시조사, 2011, p. 455

285) 박영식, 오늘을 읽는 요한묵시록, 바오로딸, 2012, p. 313.

286) 김형중, 요한계시록, 솔로몬, 2010, p. 213

287) 피터 럭크만, 김형덕 옮김, 요한계시록 주석, 말씀보존학회, 1993, p. 314

288) 송영목, 신약주석, 쿰란출판사, 2011, p. 1343

289) 김추성, 하나님과 어린양의 보좌, 이레서원, 2015, p. 262

이필찬 = 요한계시록 7장에서는 지상에서 전투하는 교회로 소개되었는데, 여기서는 어린 양과 함께 거하는 존재로 묘사된다. 이것은 지상적 교회가 천상적인 존재로도 동시에 취급될 수 있음을 뜻한다. "땅으로부터 속량함을 받았다"(3)는 것은 애굽으로부터 속량함을 받은 이스라엘을 연상하게 한다. 144,000은 바로 이 세상으로부터 속량 받은 자들이다. "처음 익은 열매"는 신약에서는 처음 익은 열매를 주로 예수를 믿어 하나님의 백성으로 편입된 사람들을 묘사할 때 사용하였다.[290)]

이필찬 교수는 12장 17절의 해석에서 "여자와 여자의 남은 자손들은 모두 교회공동체를 의미한다"라고 한다. 따라서 12장 1-6절의 해석에서 "장차 철장으로 만국을 다스릴 남자"를 세상을 구원하기 위해 오신 메시아로, 승천하신 예수님이라 하며, 12장 6절의 "1,260일"은 아이가 하늘로 올라가고 그때로부터 이 기간이 시작된다. 이 기간은 요한계시록 11장 1-2절에서 성전 밖 마당이 이방인에게 짓밟히는 마흔두 달 동안의 기간인 동시에, 11장 3-13절에서 두 증인이 증거의 사역을 감당하는 기간과 같다. 따라서 이 기간은 예수님의 초림(승천)과 재림 사이의 기간을 나타낸다. 본문에서 이 기간은 예수님의 승천 이후에 시작되기 때문이다.[291)]

그러나 20장 6절의 "첫째 부활에 참여하는 자들"에 관하여서는 20:4의 '보좌에 앉은 자들이 다시 살아나게 되는 것을 첫째 부활이라고 칭한다'[292)]고 함으로 곧 4절의 24장로들이 첫째 부활자들이라고 한다. 따라서 저자가 '두 증인'을 첫째 부활자들로 이해하는 점과

---

290) 이필찬, 요한계시록 40일 묵상여행, 이레서원, 2018, pp. 152-155

291) 위의 책, pp. 136-137

292) 위의 책, pp. 213-215

는 사역, 시기, 장소, 목적 등을 다르게 본다.

송영목 교수는 첫째 부활자에 대하여 요한계시록 20장 5절의 해석에서 "주님의 재림 시에 육체적인 부활이 아니라 예수 그리스도와 연합된 성도의 영적인 부활 및 승리를 의미한다(참고, 겔 37:12; 엡 2:5-6, 5:14; 민 19:11-12). 요한은 첫째 부활만 언급하고 둘째 부활은 언급하지 않는다. 하지만 요한계시록 20장 12-13절에는 만인 즉 죽은 불신자든 모두 부활할 것이라고 분명히 언급한다. 첫째 부활이 부분적이고 영적이라면, 둘째 부활은 보편적이고 전 역사적인 것이다(참고. 김철손, 1993:355). 이 첫째 부활은 그리스도의 부활에 동참하는 것이며 재림 시의 최후의 부활에 선행한다. 그러므로 그 나머지 죽은 자들은 그리스도와 함께 살고 통치하는 특권을 박탈당한 자로서(일차적으로는 요한 당시에 죽은) 불신자를 가리킨다(예. Lenski, Mounce, Beckwith, Chilton 등, contra 김철손, 1993:354-355)."[293]

❋ 6-13절. 영원한 복음과 심판

• 6-7절. 다른 천사 = 첫 번째 천사

공중에 날아가는 천사 = 땅에 거하는 자들에게 전할 영원한 복음을 가졌다.

하나님께 영광을 돌려라, 그를 경배하라 하며 심판하실 시간이 이르렀음을 알린다.

"일곱째 천사가 소리 내는 날 그 나팔을 불게 될 때에 하나님의 비밀이 그 종 선지자들에게 전하신 복음과 함께 이루리라"(계 10:7 참

---

293) 송영목, 신약주석, 쿰란출판사, 2011, p. 1363

조)는 말씀의 시작이 요한계시록 14장 5절까지의 성취가 이루어진 후 본문 6절부터 사건의 전개가 '다른 천사'로부터 시작된다.

심판의 구체적 내용은 16장부터 증거된다.

그러므로 이때부터의 사건은 후 삼년 반의 사건으로 보아야 한다.

• 8절. 또 다른 천사 = 두 번째 천사

'큰 바벨론'의 멸망과 원인을 선포된다. 음행의 포도주를 먹지 말라. 곧 우상숭배하지 말라.

• 9–12절. 세 번째 천사(계 20:6; 살전 4:16)

12절. 하나님의 계명과 예수 믿음을 지키는 자 = 성도들의 인내가 여기 있으니 저희는 하나님의 계명과 예수 믿음을 지키는 자(계 1:3, 22:7 참조)

우리는 무엇을 믿는가? = 사도신경에 축약(縮約)되어 있다.

> (13)용이 자기가 땅으로 내어쫓긴 것을 보고 남자를 낳은 여자를 핍박하는지라 (14)그 여자가 큰 독수리의 두 날개를 받아 광야 자기 곳으로 날아가 거기서 그 뱀의 낯을 피하여 한 때와 두 때와 반 때를 양육 받으매 (15)여자의 뒤에서 뱀이 그 입으로 물을 강같이 토하여 여자를 물에 떠내려가게 하려 하되 (16)땅이 여자를 도와 그 입을 벌려 용의 입에서 토한 강물을 삼키니 (17)용이 여자에게 분노하여 돌아가서 그 여자의 남은 자손 곧 하나님의 계명을 지키며 예수의 증거를 가진 자들로 더불어 싸우려고 바다 모래 위에 섰더라(계 12:13–17 등 참조)

• 13절. 하늘에서 음성이 나서 가로되 = 순교(殉敎)가 복(은혜)이다

주 안에서 죽는 자들이 복이 있다 = 순교(殉教)가 복(은혜)이다.

"죽는 자들"은 후 삼년 반에 순교할 자들로(유대인 중?), 더 좋은 부활인 첫째 부활에 참여할 자들(계 11:3-5, 20:6; 살전 4:16) 곧 144,000(따라가는 자)과는 구별된다.

❁ 14-16절. 사람의 아들과 같은 이

- **14절. 손에는 이한 낫을 가졌더라**

"사람의 아들과 같은 이"는 '주 예수 그리스도'를 말씀한다. 그 이유는 '스테파논'[στέφανον. 스테파노스(στέφανος)]은 승리자만이 쓸 수 있는 면류관이기 때문이다.

따라서 14절은 예수 그리스도에 의한 최종적 추수와 심판을 말씀한다.

이때의 구원의 곡식 추수와 영원한 파멸의 포도송이 추수는 후 삼년 반에 있을 추수로 곡식 추수는 후 삼년 반에 구원받을 자들이고 포도송이 추수는 최종 심판 받을 자들이다.

요한계시록 1장 7절에서는 "인자가 구름을 타고 오시리라"고 하였고, 다니엘서 7장 13-14절에서도 "인자 같은 이가 하늘 구름을 타고 와서"라고 하였다. 예수 그리스도께서 마지막 추수(심판)를 하러 오심을 묘사한다.

"그 머리의 금 면류관" = 본문의 '면류관'은 경기 등에서 승리한 사람에게 주는 '월계관'과 같이 승리자만이 쓰는 것으로, 금 면류관이 그리스도에게 적용될 때 이는 그리스도께서 온전히 성취하신 분이시며, 이는 만왕의 왕(만주의 주)이심을 증거한다.

"손에 '이한 낫'을 가졌다" = 낫은 추수(수확)를 위한 도구이다. 따라서 14-16절은 심판에 앞서 구원받을 자를 구별해 내시는 추수이다(렘 51:33; 호 6:11; 욜 3:13; 막 4:29 참조). 이와 같은 이유로만 보아도 금면류관을 쓰신 인자를 예수 그리스도로 보아야 한다.

유대 민족 구원 ≠ 모든 민족 구원

유대 민족 구원(마 24:15-31) = 후 삼년 반에

모든 민족 구원(마 24:14, 28:19-20; 계 7:9-10 등 참조)? = 이방인(異邦人)의 충만(充滿)한 수(數)가 들어오기까지 '이스라엘'의 더러는 완악(頑惡)하게 된 것이라(롬 11:25-36 등 참조) [신 4:25-2, 28:45-48, 58-68, 29:4, 14-21, 30:29, 31:14-22, 24-30; 마 3:1-12(막 1:1-8; 눅 3:1-20; 요 1:19-28), 7:15-20(눅 6:43-44), 13:13-15, 23:1-39, 27:20-26; 살전 3:15-16 등 참조]

- **15절. 또 다른 천사가 성전으로부터 나와**
- **16절. 땅의 곡식이 다 익었음이로다**

(번역 참고)

현대어성경 = 그때 한 천사가 성전에서 나오더니 구름 위에 앉아 계시는 분에게 큰소리로 외쳤습니다. "낫으로 추수를 시작하십시오. 땅의 곡식이 무르익어 추수하기에 알맞습니다."

한글 킹 제임스 = 그때 다른 천사가 선전에서 나와 구름 위에 앉으신 그분께 큰 음성으로 부르짖기를 "주의 낫을 대어 곡식을 거두소서. 주께서 거둘 때가 되었으니 이는 땅의 곡식이 익었음이니이다"라고 하더라.

공동번역 = 그리고 천사 하나가 성전에서 나와서 그 구름 위에 앉아 있는 분에게 큰 소리로 "땅의 곡식이 무르익어 추수할 때가 되었습니다. 당신의 낫을 들어 추수하십시오" 하고 부르짖었습니다.

천주교 성경(2005) = 또 다른 천사가 성전에서 나와, 구름 위에 앉

아 계신 분께 큰 소리로 외쳤습니다. “낫을 대어 수확을 시작하십시오. 땅의 곡식이 무르익어 수확할 때가 왔습니다.”

표준 새번역 = 또 다른 천사가 성전에서 나와서, 구름 위에 앉아 있는 분에게 큰 소리로 외쳤습니다. “낫을 대어 거두어들이십시오. 땅에 있는 곡식이 무르익어서 거두어들일 때가 되었습니다.”

개역개정 = 또 다른 천사가 성전으로부터 나와 구름 위에 앉은 이를 향하여 큰 음성으로 외쳐 이르되 당신의 낫을 휘둘러 거두소서 땅의 곡식이 다 익어 거둘 때가 이르렀음이니이다 하니

바른성경 = 그때 다른 천사가 선전에서 나와. 구름 위에 앉으신 분께 큰 소리로 외치기를 “주님의 낫을 보내어 추수하소서. 이는 땅의 곡식이 다 익었고 추수할 때가 되었기 때문입니다”라고 하니

❄ 17-20절. 다른 천사

또 불을 다스리는 다른 천사가 제단으로부터 나와 이(利)한 낫을 가진 자를 향하여…네 이(利)한 낫을 휘둘러 땅의 포도송이를 거두라 = 심판 받을 자들(계 14:17-20)

- **17절. 또 다른 천사**
- **18절. 땅의 포도송이를 거두라**
- **19절. 포도를 거두어 하나님의 진노의 큰 포도주 틀에 던지매**
- **20절. 성(城) 밖에서 그 틀이 밟히니**

“천육백 스타디온”에 대해 이필찬 교수는 “20절의 천육백이라는 숫자는 4×4×10×10으로 분해할 수 있다. 계시록에서 4는 세상 전체를 의미하는 우주적인 숫자이며, 10은 모든 세상 세력을 의미한다”

고 주석했다.[294)]

곡식과 포도송이에 대한 견해들(15-20)

김응조 = 곡식은 대환란 중에 회개한 성도, 포도송이는 불신자를 거두는 최후의 심판

김재준 = 불신앙의 죄인들에 대한 복수가 이뤄질 최후의 심판

박수암 = 곡식은 전 인류에 해당하는 최후의 심판, 포도송이는 악인의 비참한 말로

박윤선 = 곡식은 성도를, 포도송이는 불경건한 자들이 받을 형벌(렌스키)

신성종 = 곡식은 알곡신자를, 포도는 죄인에 대한 심판

천정웅 = 곡식은 성도를, 포도송이는 멸망 받을 불신자(석원태)

이광복 = 곡식 추수는 성도를, 포도송이는 악인의 심판

이병규 = 곡식은 성도를, 포도는 불신자들과 악한 자들(헨드릭슨)

이상근 = 곡식은 성도를 모으는 일, 포도송이는 불신자를 향한 형벌의 추수

조용기 = 곡식은 후 3년 반에 구원 얻을 마지막 순교자, 포도송이는 불신자를 거두는 최후의 심판

송영목 = 14-16절을 미래적으로 해석할 이유가 없다. 이 경우에는 심판이 초점이 아니라 선민을 모으는 '복'이 초점이다(칠턴. 1990:372). 이 모습은 마태복음 24장 30-31절에서 명시되어 있는 예수님의 최종 심판 때 택한 자를 모으는 것과 연관된다고 본다. 17-20절은 요한계시록 안에 구약의 암시를 통한 계시적인 성취가 배교한 이스라엘의 심판을 통해 이루어지는 것뿐만 아니라, 요세푸스를 비롯한 역사가들의 역사적인 증거가 이 성취를, 역사적인 사건으로 일어났음을 지

---

294) 이필찬, 요한계시록 40일 묵상여행, 이레서원, 2018, p. 162

지한다는 것이다. 사실 일곱 대접의 심판은 주로 3분의 1을 대상으로 한 일곱 나팔의 심판을 훨씬 뛰어넘는다. 여기서도 우리는 '땅'을 다른 어떤 나라로 적용할 이유가 없다. 세례 요한이 외친 것처럼 이미 도끼가 나무뿌리에 닿게 된다. 이 모습은 이사야의 심판의 예언에 기초한 것 같다. 이사야는 에돔의 심판을 묘사하면서 포도주 틀의 포도를 한 사람이 밟고 있는 것으로 묘사한다. 이 사람의 옷은 주스로 물든다(사 63:1-6 참조).[295)]

랑코 스테파노 = 요한계시록 14장 4절에 언급된 "첫 열매들"을 의미한다. 구속받은 자들은 알곡 추수의 첫 열매들이다(렘 2:3 참조). 그들은 인침을 받은 자들이다(계 7:3-8 참조). 포도 추수에서 바야흐로 심판을 받게 될 믿지 않는 열국과는 이런 식으로 구분된다(계 14:17-20). 인침을 입은 구속받은 자들은 악인들에게 쏟아질 하나님의 진노로부터 특별보호를 받는다(계 7:3, 15:1-6 참조). 이제 그들의 죽을 몸은 변화를 입을 준비가 되어 있다(고전 15:50-54). 이어서 그들은 공중으로 끌어올려 영광 중에 오시는 그리스도를 만날 것이다(살전 4:17).[296)]

존슨 = 세상을 향한 하나님의 심판을 차별화하여 묘사

비더울프 = 곡식은 성도를, 포도송이는 불의한 자를 향한 심판

왈부르드 = 곡식은 일반적인 심판, 포도송이는 최종적인 심판

레드 = 곡식은 의인과 관계되며, 포도송이는 악한 자를 향한 진노의 심판

메튜헨리 = 곡식은 악인으로 보며 악인에 대한 하나님의 심판

위클리프 = 곡식 추수 장면, 영혼을 수확하는 장면, 즉 우리 주님께서 마태복음 13:30, 39, 24:30, 31에서 언급한 바 있는 구속된 자들

---

295) 송영목, 신약주석, 쿰란출판사, 2011, p. 1345

296) Ranko Stefanovic, 하홍팔, 도현식 공역, 예수 그리스도의 계시, 미주 시조사, 2011, p. 481

을 거두어들이는 장면이고, 포도송이 추수는 이 세상의 불신자와 악인을 거두어들이는 장면으로 이해해야만 한다고 생각한다.

〈도움 말씀〉

순교(殉教)의 복(은혜)을 누려라(4. 1–20) = 예수님을 따르는 복(은혜)을 누려라

- 서론

렘 15:1–4 = 이르기를(2)

(1)여호와께서 내게 이르시되 모세와 사무엘이 내 앞에 섰다 할지라도 내 마음은 이 백성을 향할 수 없나니 그들을 내 앞에서 쫓아
내치라 (2)그들이 만일 네게 말하기를 우리가 어디로 나아가리요 하
거든 너는 그들에게 이르기를 여호와의 말씀에 사망할 자는 사망으로 나아가고 칼을 받을 자는 칼로 나아가고 기근을 당할 자는 기근으로 나아가고 포로 될 자는 포로 됨으로 나아갈지니라 하셨다 하
라 (3)나 여호와가 말하노라 내가 그들을 네 가지로 벌하리니 곧 죽이는 칼과 찢는 개와 삼켜 멸하는 공중의 새와 땅의 짐승으로 할 것
이며 (4)유다 왕 히스기야의 아들 므낫세가 예루살렘에 행한 바를 인하여 내가 그들을 세계 열방 중에 흩으리라(롬 1:18–32; 엡 4:18–32; 시 49:–50 등 참조)

1. 예수님만 따르라(4. 1–5) = 순교(殉教)의 복을 누리자 = 땅에서 구속함을 얻은 140,000

창 18:16–19 = 행하게(19)

(16)그 사람들이 거기서 일어나서 소돔으로 향하고 아브라함은 그들을 전송하러 함께 나가니라 (17)여호와께서 가라사대 나의 하려는
것을 아브라함에게 숨기겠느냐 (18)아브라함은 강대한 나라가 되고

천하 만민은 그를 인하여 복을 받게 될 것이 아니냐 (19)내가 그로 그 자식과 권속에게 명하여 여호와의 도를 지켜 의와 공도를 행하게 하려고 그를 택하였나니 이는 나 여호와가 아브라함에게 대하여 말한 일을 이루려 함이니라

암 3:1-8 = 들으라(1)

(1)이스라엘 자손들아 여호와께서 너희를 쳐서 이르시는 이 말씀을 들으라 애굽 땅에서 인도하여 올리신 온 족속을 쳐서 이르시기를 (2)내가 땅의 모든 족속 중에 너희만 알았나니 그러므로 내가 너희 모든 죄악을 너희에게 보응하리라 하셨나니 (3)두 사람이 의합지 못하고야 어찌 동행하겠으며 (4)사자가 움킨 것이 없고야 어찌 수풀에서 부르짖겠으며 젊은 사자가 잡은 것이 없고야 어찌 굴에서 소리를 내겠느냐 (5)창애를 땅에 베풀지 아니하고야 새가 어찌 거기 치이겠으며 아무 잡힌 것이 없고야 창애가 어찌 땅에서 뛰겠느냐 (6)성읍에서 나팔을 불게 되고야 백성이 어찌 두려워하지 아니하겠으며 여호와의 시키심이 아니고야 재앙이 어찌 성읍에 임하겠느냐 (7)주 여호와께서는 자기의 비밀을 그 종 선지자들에게 보이지 아니하시고는 결코 행하심이 없으시리라 (8)사자가 부르짖은즉 누가 두려워하지 아니하겠느냐 주 여호와께서 말씀하신즉 누가 예언하지 아니하겠느냐

단 11:33-35 = 지혜로운(33)

(32)…오직 자기의 하나님을 아는 백성은 강하여 용맹을 발하리라 (33)백성 중에 지혜로운 자가 많은 사람을 가르칠 것이나 그들이 칼날과 불꽃과 사로잡힘과 약탈을 당하여 여러 날 동안 쇠패하리라 (34)그들이 쇠패할 때에 도움을 조금 얻을 것이나 많은 사람은 궤휼로 그들과 친합할 것이며 (35)또 그들 중 지혜로운 자 몇 사람이 쇠패하여 무리로 연단되며 정결케 되며 희게 되어 마지막 때까지 이르

게 하리니 이는 작정된 기한이 있음이니라

요 8:12-20 = 따르는(12)

(12)예수께서 또 일러 가라사대 나는 세상의 빛이니 나를 따르는
자는 어두움에 다니지 아니하고 생명의 빛을 얻으리라 (13)바리새인
들이 가로되 네가 너를 위하여 증거하니 네 증거는 참되지 아니하도
다 (14)예수께서 대답하여 가라사대 내가 나를 위하여 증거하여도
내 증거가 참되니 나는 내가 어디서 오며 어디로 가는 것을 앎이어니
와 너희는 내가 어디서 오며 어디로 가는 것을 알지 못하느니라 (15)
너희는 육체를 따라 판단하나 나는 아무도 판단치 아니하노라 (16)
만일 내가 판단하여도 내 판단이 참되니 이는 내가 혼자 있는 것이
아니요 나를 보내신 이가 나와 함께 계심이라 (17)너희 율법에도 두
사람의 증거가 참되다 기록하였으니 (18)내가 나를 위하여 증거하는
자가 되고 나를 보내신 아버지도 나를 위하여 증거하시느니라 (19)이
에 저희가 묻되 네 아버지가 어디 있느냐 예수께서 대답하시되 너희
는 나를 알지 못하고 내 아버지도 알지 못하는도다 나를 알았더면
내 아버지도 알았으리라 (20)이 말씀은 성전에서 가르치실 때에 연보
궤 앞에서 하셨으나 잡는 사람이 없으니 이는 그의 때가 아직 이르
지 아니하였음이러라

요 12:20-26 = 따르라(26)

(20)명절에 예배하러 올라온 사람 중에 헬라인 몇이 있는데 (21)
저희가 갈릴리 벳새다 사람 빌립에게 가서 청하여 가로되 선생이여
우리가 예수를 뵈옵고자 하나이다 하니 (22)빌립이 안드레에게 가서
말하고 안드레와 빌립이 예수께 가서 여짜온대 (23)예수께서 대답하
여 가라사대 인자의 영광을 얻을 때가 왔도다 (24)내가 진실로 진실
로 너희에게 이르노니 한 알의 밀이 땅에 떨어져 죽지 아니하면 한

알 그대로 있고 죽으면 많은 열매를 맺느니라 (25)자기 생명을 사랑하는 자는 잃어버릴 것이요 이 세상에서 자기 생명을 미워하는 자는 영생하도록 보존하리라 (26)사람이 나를 섬기려면 나를 따르라 나 있는 곳에 나를 섬기는 자도 거기 있으리니 사람이 나를 섬기면 내 아버지께서 저를 귀히 여기시리라

요 13:36-38 = 따라오리라(36)

(36)시몬 베드로가 가로되 주여 어디로 가시나이까 예수께서 대답하시되 나의 가는 곳에 네가 지금은 따라올 수 없으나 후에는 따라오리라 (37)베드로가 가로되 주여 내가 지금은 어찌하여 따를 수 없나이까 주를 위하여 내 목숨을 버리겠나이다 (38)예수께서 대답하시되 네가 나를 위하여 네 목숨을 버리겠느냐 내가 진실로 진실로 네게 이르노니 닭 울기 전에 네가 세 번 나를 부인하리라

2. 창조주를 경배하라(7. 6-7) = 하나님께 영광을 돌리라 = 다른 천사(첫 번째 천사)

이때부터의 사건은 후 삼년 반의 사건으로 보아야 한다.

마 4:1-11 = 섬기라(10)

(8)마귀가 또 그를 데리고 지극히 높은 산으로 가서 천하 만국과 그 영광을 보여 (9)가로되 만일 내게 엎드려 경배하면 이 모든 것을 네게 주리라 (10)이에 예수께서 말씀하시되 사탄아 물러가라 기록되었으되 주 너의 하나님께 경배하고 다만 그를 섬기라 하였느니라 (11)이에 마귀는 예수를 떠나고 천사들이 나아와서 수종드니라

계 4:1-11 = 가로되(10)

(10)이십사 장로들이 보좌에 앉으신 이 앞에 엎드려 세세토록 사시는 이에게 경배하고 자기의 면류관을 보좌 앞에 던지며 가로되

(11)우리 주 하나님이여 영광과 존귀와 능력을 받으시는 것이 합당하오니 주께서 만물을 지으신지라 만물이 주의 뜻대로 있었고 또 지으심을 받았나이다 하더라

계 5:13-14 = 돌릴지어다(13)

(13)내가 또 들으니 하늘 위에와 땅 위에와 땅 아래와 바다 위에와 또 그 가운데 모든 만물이 가로되 보좌에 앉으신 이와 어린 양에게 찬송과 존귀와 영광과 능력을 세세토록 돌릴지어다 하니 (14)네 생물이 가로되 아멘 하고 장로들은 엎드려 경배하더라

3. 음행의 포도주를 먹지 말라(8) = 우상숭배하지 말라 = 두 번째 천사

렘 51:6-7 = 도망하여(6)

(6)바벨론 가운데서 도망하여 나와서 각기 생명을 구원하고 그의 죄악으로 인하여 끊침을 보지 말지어다 이는 여호와의 보수의 때니 그에게 보복하시리라 (7)바벨론은 여호와의 수중의 온 세계로 취케 하는 금잔이라 열방이 그 포도주를 마시고 인하여 미쳤도다

계 13:11-18 = 경배하게(12)

(11)내가 보매 또 다른 짐승이 땅에서 올라오니 새끼 양같이 두 뿔이 있고 용처럼 말하더라 (12)저가 먼저 나온 짐승의 모든 권세를 그 앞에서 행하고 땅과 땅에 거하는 자들로 처음 짐승에게 경배하게 하니 곧 죽게 되었던 상처가 나은 자니라 (13)큰 이적을 행하되 심지어 사람들 앞에서 불이 하늘로부터 땅에 내려오게 하고 (14)짐승 앞에서 받은 바 이적을 행함으로 땅에 거하는 자들을 미혹하며 땅에 거하는 자들에게 이르기를 칼에 상하였다가 살아난 짐승을 위하여 우상을 만들라 하더라 (15)저가 권세를 받아 그 짐승의 우상에게 생기를 주어 그 짐승의 우상으로 말하게 하고 또 짐승의 우상에게 경배

하지 아니하는 자는 몇이든지 다 죽이게 하더라 (16)저가 모든 자 곧 작은 자나 큰 자나 부자나 빈궁한 자나 자유한 자나 종들로 그 오른 손에나 이마에 표를 받게 하고 (17)누구든지 이 표를 가진 자 외에는 매매를 못하게 하니 이 표는 곧 짐승의 이름이나 그 이름의 수라 (18) 지혜가 여기 있으니 총명 있는 자는 그 짐승의 수를 세어 보라 그 수는 사람의 수니 육백육십육이니라

계 17:1-18 = 취한지라(6)

(1)또 일곱 대접을 가진 일곱 천사 중 하나가 와서 내게 말하여 가로되 이리 오라 많은 물 위에 앉은 큰 음녀의 받을 심판을 네게 보이리라 (2)땅의 임금들도 그로 더불어 음행하였고 땅에 거하는 자들도 그 음행의 포도주에 취하였다 하고 (3)곧 성령으로 나를 데리고 광야로 가니라 내가 보니 여자가 붉은빛 짐승을 탔는데 그 짐승의 몸에 참람된 이름들이 가득하고 일곱 머리와 열 뿔이 있으며 (4)그 여자는 자줏빛과 붉은빛 옷을 입고 금과 보석과 진주로 꾸미고 손에 금잔을 가졌는데 가증한 물건과 그의 음행의 더러운 것들이 가득하더라 (5) 그 이마에 이름이 기록되었으니 비밀이라, 큰 바벨론이라, 땅의 음녀들과 가증한 것들의 어미라 하였더라 (6)또 내가 보매 이 여자가 성도들의 피와 예수의 증인들의 피에 취한지라 내가 그 여자를 보고 기이히 여기고 크게 기이히 여기니

계 18:1-19 = 참여하지(4)

(1)이 일 후에 다른 천사가 하늘에서 내려오는 것을 보니 큰 권세를 가졌는데 그의 영광으로 땅이 환하여지더라 (2)힘센 음성으로 외쳐 가로되 무너졌도다 무너졌도다 큰 성 바벨론이여 귀신의 처소와 각종 더러운 영의 모이는 곳과 각종 더럽고 가증한 새의 모이는 곳이 되었도다 (3)그 음행의 진노의 포도주를 인하여 만국이 무너졌으

며 또 땅의 왕들이 그로 더불어 음행하였으며 땅의 상고들도 그 사치의 세력을 인하여 치부하였도다 하더라 (4)또 내가 들으니 하늘로서 다른 음성이 나서 가로되 내 백성아, 거기서 나와 그의 죄에 참여하지 말고 그의 받을 재앙들을 받지 말라

4. 믿음을 지키라(11. 9–12) **= 인내하라 = 세 번째 천사**

우리는 무엇을 믿는가? = '사도신경' 참고

계 12:13–17 = 가진(17)

(13)용이 자기가 땅으로 내어 쫓긴 것을 보고 남자를 낳은 여자를 핍박하는지라 (14)그 여자가 큰 독수리의 두 날개를 받아 광야 자기 곳으로 날아가 거기서 그 뱀의 낯을 피하여 한 때와 두 때와 반 때를 양육 받으매 (15)여자의 뒤에서 뱀이 그 입으로 물을 강같이 토하여 여자를 물에 떠내려가게 하려 하되 (16)땅이 여자를 도와 그 입을 벌려 용의 입에서 토한 강물을 삼키니 (17)용이 여자에게 분노하여 돌아가서 그 여자의 남은 자손 곧 하나님의 계명을 지키며 예수의 증거를 가진 자들로 더불어 싸우려고 바다 모래 위에 섰더라

(참고)한수산 = 군함도?

요 13:34 = 새 계명을 너희에게 주노니 서로 사랑하라 내가 너희를 사랑한 것같이 너희도 서로 사랑하라

요 14:15 = 너희가 나를 사랑하면 나의 계명을 지키리라

마 25:31–46 = 한 것(40)

(40)임금이 대답하여 가라사대 내가 진실로 너희에게 이르노니 너희가 여기 내 형제 중에 지극히 작은 자 하나에게 한 것이 곧 내게 한 것이니라 하시고

5. 주 안에서 죽자(13) = 주 안에서 행하는 복을 누리자 = 하늘에서 음성

마 23:1–39 = 원치(37)

(31)그러면 너희가 선지자를 죽인 자의 자손 됨을 스스로 증거함이로다 (32)너희가 너희 조상의 양을 채우라 (33)뱀들아 독사의 새끼들아 너희가 어떻게 지옥의 판결을 피하겠느냐 (34)그러므로 내가 너희에게 선지자들과 지혜 있는 자들과 서기관들을 보내매 너희가 그 중에서 더러는 죽이고 십자가에 못 박고 그 중에 더러는 너희 회당에서 채찍질하고 이 동네에서 저 동네로 구박하리라 (35)그러므로 의인 아벨의 피로부터 성전과 제단 사이에서 너희가 죽인 바라갸의 아들 사가랴의 피까지 땅 위에서 흘린 의로운 피가 다 너희에게 돌아가리라 (36)내가 진실로 너희에게 이르노니 이것이 다 이 세대에게 돌아가리라 (37)예루살렘아 예루살렘아 선지자들을 죽이고 네게 파송된 자들을 돌로 치는 자여 암탉이 그 새끼를 날개 아래 모음같이 내가 네 자녀를 모으려 한 일이 몇 번이냐 그러나 너희가 원치 아니하였도다 (38)보라 너희 집이 황폐하여 버린 바 되리라 (39)내가 너희에게 이르노니 이제부터 너희는 찬송하리로다 주의 이름으로 오시는 이여 할 때까지 나를 보지 못하리라 하시니라

마 27:15–26 = 돌릴지어다(25)

(24)빌라도가 아무 효험도 없이 도리어 민란이 나려는 것을 보고 물을 가져다가 무리 앞에서 손을 씻으며 가로되 이 사람의 피에 대하여 나는 무죄하니 너희가 당하라 (25)백성이 다 대답하여 가로되 그 피를 우리와 우리 자손에게 돌릴지어다 하거늘 (26)이에 바라바는 저희에게 놓아 주고 예수는 채찍질하고 십자가에 못 박히게 넘겨 주니라

빌 4:4–9 = 행하라(9)

⑷주 안에서 항상 기뻐하라 내가 다시 말하노니 기뻐하라 ⑸너희 관용을 모든 사람에게 알게 하라 주께서 가까우시니라 ⑹아무것도 염려하지 말고 오직 모든 일에 기도와 간구로 너희 구할 것을 감사함으로 하나님께 아뢰라 ⑺그리하면 모든 지각에 뛰어난 하나님의 평강이 그리스도 예수 안에서 너희 마음과 생각을 지키시리라 ⑻종말로 형제들아 무엇에든지 참되며 무엇에든지 경건하며 무엇에든지 옳으며 무엇에든지 정결하며 무엇에든지 사랑할 만하며 무엇에든지 칭찬할 만하며 무슨 덕이 있든지 무슨 기림이 있든지 이것들을 생각하라 ⑼너희는 내게 배우고 받고 듣고 본 바를 행하라 그리하면 평강의 하나님이 너희와 함께 계시리라

살전 4:13-18 = 위로하라⒅ = 민병석 목사 주장에 동의

⒀형제들아 자는 자들에 관하여는 너희가 알지 못함을 우리가 원치 아니하노니 이는 소망 없는 다른 이와 같이 슬퍼하지 않게 하려 함이라 ⒁우리가 예수의 죽었다가 다시 사심을 믿을진대 이와 같이 예수 안에서 자는 자들도 하나님이 저와 함께 데리고 오시리라 ⒂우리가 주의 말씀으로 너희에게 이것을 말하노니 주 강림하실 때까지 우리 살아 남아 있는 자도 자는 자보다 결단코 앞서지 못하리라 ⒃주께서 호령과 천사장의 소리와 하나님의 나팔로 친히 하늘로 좇아 강림하시리니 그리스도 안에서 죽은 자들이 먼저 일어나고 ⒄그 후에 우리 살아남은 자도 저희와 함께 구름 속으로 끌어올려 공중에서 주를 영접하게 하시리니 그리하여 우리가 항상 주와 함께 있으리라 ⒅그러므로 이 여러 말로 서로 위로하라(부활은 이후 백보좌 심판 때에 있다. 계 20:1-6, 11-15 참조)

6. 곡식을 거두라(15. 14-16) = 예수님 믿음을 굳게 지켜라 = 다른 천사

계 7:13-17 = 섬기매⒂

(13)장로 중에 하나가 응답하여 내게 이르되 이 흰 옷 입은 자들
이 누구며 또 어디서 왔느뇨 (14)내가 가로되 내 주여 당신이 알리이
다 하니 그가 나더러 이르되 이는 큰 환난에서 나오는 자들인데 어
린 양의 피에 그 옷을 씻어 희게 하였느니라 (15)그러므로 그들이 하
나님의 보좌 앞에 있고 또 그의 성전에서 밤낮 하나님을 섬기매 보
좌에 앉으신 이가 그들 위에 장막을 치시리니 (16)저희가 다시 주리
지도 아니하며 목마르지도 아니하고 해나 아무 뜨거운 기운에 상하
지 아니할지니 (17)이는 보좌 가운데 계신 어린 양이 저희의 목자가
되사 생명수 샘으로 인도하시고 하나님께서 저희 눈에서 모든 눈물
을 씻어 주실 것임이러라

막 4:26-29 = 익으면(29)

(26)또 가라사대 하나님의 나라는 사람이 씨를 땅에 뿌림과 같으
니 (27)저가 밤낮 자고 깨고 하는 중에 씨가 나서 자라되 그 어떻게
된 것을 알지 못하느니라 (28)땅이 스스로 열매를 맺되 처음에는 싹
이요 다음에는 이삭이요 그 다음에는 이삭에 충실한 곡식이라 (29)
열매가 익으면 곧 낫을 대나니 이는 추수 때가 이르렀음이니라

마 13:24-30, 36-43 = 알곡과 가라지 비유

(36)이에 예수께서 무리를 떠나사 집에 들어가시니 제자들이 나아
와 가로되 밭의 가라지의 비유를 우리에게 설명하여 주소서 (37)대
답하여 가라사대 좋은 씨를 뿌리는 이는 인자요 (38)밭은 세상이요
좋은 씨는 천국의 아들들이요 가라지는 악한 자의 아들들이요 (39)
가라지를 심은 원수는 마귀요 추수 때는 세상 끝이요 추수꾼은 천
사들이니 (40)그런즉 가라지를 거두어 불에 사르는 것같이 세상 끝
에도 그러하리라 (41)인자가 그 천사들을 보내리니 저희가 그 나라에
서 모든 넘어지게 하는 것과 또 불법을 행하는 자들을 거두어 내어

(42)풀무 불에 던져 넣으리니 거기서 울며 이를 갊이 있으리라 (43)그때에 의인들은 자기 아버지 나라에서 해와 같이 빛나리라 귀 있는 자는 들으라

마 25:31-46 = 양과 염소

7. 포도송이를 거두라(18. 17-20) = 심판(審判)이 있음을 알라 = 다른 천사

욜 3:13 = 너희는 낫을 쓰라 곡식이 익었도다 와서 밟을지어다 포도주 틀이 가득히 차고 포도주 독이 넘치니 그들의 악이 큼이로다(호 6: 1-11 참조)

마 13:36-43 = 들으라(43)

(36)이에 예수께서 무리를 떠나사 집에 들어가시니 제자들이 나아와 가로되 밭의 가라지의 비유를 우리에게 설명하여 주소서 (37)대답하여 가라사대 좋은 씨를 뿌리는 이는 인자요 (38)밭은 세상이요 좋은 씨는 천국의 아들들이요 가라지는 악한 자의 아들들이요 (39)가라지를 심은 원수는 마귀요 추수 때는 세상 끝이요 추수꾼은 천사들이니 (40)그런즉 가라지를 거두어 불에 사르는 것같이 세상 끝에도 그러하리라 (41)인자가 그 천사들을 보내리니 저희가 그 나라에서 모든 넘어지게 하는 것과 또 불법을 행하는 자들을 거두어 내어 (42)풀무 불에 던져넣으리니 거기서 울며 이를 갊이 있으리라 (43)그때에 의인들은 자기 아버지 나라에서 해와 같이 빛나리라 귀 있는 자는 들으라

계 19:11-21 = 경배하던 자들(20)

(19)또 내가 보매 그 짐승과 땅의 임금들과 그 군대들이 모여 그 말 탄 자와 그의 군대로 더불어 전쟁을 일으키다가 (20)짐승이 잡히고 그 앞에서 이적을 행하던 거짓 선지자도 함께 잡혔으니 이는 짐

승의 표를 받고 그의 우상에게 경배하던 자들을 이적으로 미혹하던 자라 이 둘이 산 채로 유황불 붙는 못에 던지우고 (21)그 나머지는 말 탄 자의 입으로 나오는 검에 죽으매 모든 새가 그 고기로 배불리우더라

계 22:10-14 = 빠는(14)

(10)또 내게 말하되 이 책의 예언의 말씀을 인봉하지 말라 때가 가까우니라 (11)불의를 하는 자는 그대로 불의를 하고 더러운 자는 그대로 더럽고 의로운 자는 그대로 의를 행하고 거룩한 자는 그대로 거룩되게 하라 (12)보라 내가 속히 오리니 내가 줄 상이 내게 있어 각 사람에게 그의 일한 대로 갚아 주리라 (13)나는 알파와 오메가요 처음과 나중이요 시작과 끝이라 (14)그 두루마기를 빠는 자들은 복이 있으니 이는 저희가 생명나무에 나아가며 문들을 통하여 성에 들어갈 권세를 얻으려 함이로다

• **결론**

마 24:45-51 = 나눠 줄(45)

(45)충성되고 지혜 있는 종이 되어 주인에게 그 집 사람들을 맡아 때를 따라 양식을 나눠 줄 자가 누구뇨 (46)주인이 올 때에 그 종의 이렇게 하는 것을 보면 그 종이 복이 있으리로다 (47)내가 진실로 너희에게 이르노니 주인이 그 모든 소유를 저에게 맡기리라 (48)만일 그 악한 종이 마음에 생각하기를 주인이 더디 오리라 하여 (49)동무들을 때리며 술친구들로 더불어 먹고 마시게 되면 (50)생각지 않은 날 알지 못하는 시간에 그 종의 주인이 이르러 (51)엄히 때리고 외식하는 자의 받는 율에 처하리니 거기서 슬피 울며 이를 갊이 있으리라(눅 12:41-48 참조)

계 1:3 = 이 예언의 말씀을 읽는 자와 듣는 자들과 그 가운데 기록한 것을 지키는 자들이 복이 있나니 때가 가까움이라(계 22:7 참조)

고후 6:1-10 = 받지(1)

(1)우리가 하나님과 함께 일하는 자로서 너희를 권하노니 하나님의 은혜를 헛되이 받지 말라 (2)가라사대 내가 은혜 베풀 때에 너를 듣고 구원의 날에 너를 도왔다 하셨으니 보라 지금은 은혜받을 만한 때요 보라 지금은 구원의 날이로다 (3)우리가 이 직책이 훼방을 받지 않게 하려고 무엇에든지 아무에게도 거리끼지 않게 하고 (4)오직 모든 일에 하나님의 일꾼으로 자천하여 많이 견디는 것과 환난과 궁핍과 곤난과 (5)매맞음과 갇힘과 요란한 것과 수고로움과 자지 못함과 먹지 못함과 (6)깨끗함과 지식과 오래 참음과 자비함과 성령의 감화와 거짓이 없는 사랑과 (7)진리의 말씀과 하나님의 능력 안에 있어 의의 병기로 좌우하고 (8)영광과 욕됨으로 말미암으며 악한 이름과 아름다운 이름으로 말미암으며 속이는 자 같으나 참되고 (9)무명한 자 같으나 유명한 자요 죽는 자 같으나 보라 우리가 살고 징계를 받는 자 같으나 죽임을 당하지 아니하고 (10)근심하는 자 같으나 항상 기뻐하고 가난한 자 같으나 많은 사람을 부요하게 하고 아무것도 없는 자 같으나 모든 것을 가진 자로다

고전 6:19-20 = 돌리라(20)

(19)너희 몸은 너희가 하나님께로부터 받은 바 너희 가운데 계신 성령의 전인 줄을 알지 못하느냐 너희는 너희의 것이 아니라 (20)값으로 산 것이 되었으니 그런즉 너희 몸으로 하나님께 영광을 돌리라(롬 12:1-2 참조)

(요 5:25 = 38 = 27-29) = 언제 듣고 믿어야 하는가? 내일? 시간이 있

을 때? 형편이 나아지면? 아니다. 이때 바로 지금이 그때이다(25). 찬송가 262장 어둔 죄악 길에서 = 이때라 이때라 주의 긍휼 받을 때가 이때라

PART 15

마지막 재앙, 셋째 화

제15~16장

만국의 왕께 경배하라

15장은 일곱 재앙, 일곱 대접 재앙의 예고(1절, 5-8절)와 이긴 자들이 주님을 경배하게 됨을 증거한다(2-4절).

16장은 일곱 인 중 일곱째 인으로, 일곱 나팔 재앙 중 일곱째 나팔로 '셋째 화'로 후 삼년 반에 있을 일곱 대접 재앙을 증거한다.

'요한계시록'은 7년 환란을 중심으로 기록되어 있다.

1) 9장에서 첫째 화와 둘째 화가 기록되었고
2) 10-14장까지 7년 환란 중에 있을 보충적 계시와 함께 11:14-19의 셋째 화 곧 일곱째 천사의 나팔 재앙이 보여진다.
3) 15-16장에서 셋째 화인 마지막 일곱 재앙(일곱 대접 재앙)에 대하여 기록되었다.

하나님께로부터 진노를 가득히 담은 금 대접 일곱 개를 받은(15:7) 천사들이 드디어 차례대로 일곱 개의 대접(大楪)을 쏟음으로써 엄청난 재앙(災殃)이 임하게 된다.

이와 같은 일곱 대접의 재앙은 이미 앞에서 언급된 일곱 나팔의 재앙(8:6-9:21)이나 모세의 손을 통해 애굽에 행하여진 열 가지 재앙(출 7:20-12:30)과 여러 면에서 유사하지만 재앙의 강도가 돌이킬 수 없을 정도로 심각하고, 또 그 범위가 우주적(宇宙的)이라는 면에서 상이점(相異點)을 발견할 수 있다.

그러나 이처럼 강하고 큰 재앙을 겪으면서도 악한 자들은 결코 회개(悔改)하기를 거절할 뿐 아니라, 도리어 하나님을 끝까지 대적하는 모습을 보이고 있으니(9, 11, 21절), 실로 이들은 이제 마지막 심판

(審判)을 스스로 재촉하게 된다.

일곱 대접 재앙(大楪 災殃)의 비교(比較)

대접	쏟을 곳	대 상	재 앙	결 과
1	땅(2)	짐승의 표를 받은 자들과 우상에게 경배하는 자들	악하고 독한 헌데가 남	
2	바다(3)	바다의 모든 생물	모든 생물이 다 죽음	
3	강과 물 근원(4-7)	성도와 선지자를 죽인 자들	저희 피를 마시게 함	심판이 합당
4	해(8-9)	사람들	불에 태워짐	하나님의 이름을 모독 = 회개치 않음
5	짐승의 보좌(10-11)	짐승의 나라	그 나라가 어두워지고 혀를 깨물 정도의 고통과 종기가 남	하나님의 이름을 모독 = 회개치 않음
6	큰 강 유브라데(12-16) 유브라데 전쟁(둘째 화)은 여섯째 나팔재앙(9:12-18, 11:14)임.	사탄의 군대(아마겟돈 전쟁) 1) 하나님을 대적해 군대를 모음 2) 아마겟돈에 모임 3) 주 예수 그리스도의 재림(16:15, 19:11-16)	모두 다 진멸됨(19:17-21)	전쟁 준비(최후 발악) 마 24:15-31; 막 13:13-27; 눅 21:20-28 참고
7	공기(공중) 가운데(17-21)	지구와 사람들 1) 큰 성이 세 갈래로 갈라짐 2) 만국의 성들도 무너짐 3) 각 섬도 없어지고 4) 산악도 없어짐 5) 사람들이 살지 못함(습 1:3)	완전 파괴 1) 이 심판으로 처음 것들이 다 없어 짐 (벧후 3:10-13.). 2) 이 재앙에서 구원하기 위하여 성도들의 휴거(공중영접)가 있게 됨(마 24:31; 살전 4:16)	다 되었다 (심판의 성취) = 출 9:13-35 [고센땅(26 참고)]

15장

일곱 재앙(災殃) = 마지막 재앙 = 하나님의 진노 = 마지막 재앙을 예고(豫告)함으로 예언(豫言)의 성취(成就)를 계시한다.

경배하리이다(4. 15:1-8) = ⑶하나님의 종 모세의 노래, 어린 양의 노래를 불러 가로되 주 하나님 곧 전능하신 이시여 하시는 일이 크고 기이하시도다 만국의 왕이시여 주의 길이 의롭고 참되시도다 ⑷주여 누가 주의 이름을 두려워하지 아니하며 영화롭게 하지 아니하오리이까 오직 주만 거룩하시니이다 주의 의로우신 일이 나타났으매 만국이 와서 주께 경배하리이다 하더라 = 과거·현재·미래.

요한계시록 10장에서 본 바와 같이 마지막 때에 있을 재앙에 대한 천사의 나팔 중 첫째로부터 여섯째까지는 8-9장에 계시되었다. 그러나 일곱째 천사의 나팔은 어떻게 된다는 것인가? 그에 대하여 10장 5-7절의 말씀과 같이 하나님께서 계획하신 대로 전한 복음의 성취의 결론을 예시(豫示)하고, 결론된 예시(豫示)의 일곱째 천사의 나팔은 11장 14-19절에 계시되고. 셋째 화 곧 일곱째 천사의 나팔 재앙(마지막 7재앙 = 7대접 재앙)의 내용에 관한 것은 15-19장에서 계시되고 있다. 이로써 하나님의 비밀은 그 종들에게 미리 보이시고 전해 주신 복음대로 이루신다는 것을 알 수 있다.

❄ 1-8절. 일곱 재앙의 예고

• 1절. 하나님의 진노

장신대학교의 박창환 교수는 "하나님의 진노를 마지막에 있을 하나의 시련으로 보면서 그 시련은 머지않아 끝날 것이므로 참기만(인내) 하면 풍부하게 되고 순화(純化)될 것이다. 하나님의 진노가 그들을 무한정 괴롭히지는 않을 것이다"[297]라고 하여 신자들이 회개할 때까지[298] 당하는 재앙에 대한 인내를 강조한다.

그러나 이는 분명 신자들에게 내리는 재앙보다는 적그리스도와 그를 추종하는 세력들에게 내려지는 하나님의 진노로 보아야 한다. 또한 인내는 회개하고 적그리스도의 박해를 이겨내는 신자들에게 필요로 하는 것이므로 박 교수의 주장에 선뜻 동의하기가 어렵다.

• 2절. 불 섞인 유리 바다 = 계 4:6, 21:18, 21; 시 77:19 참조

불 섞인 유리 바다에 대한 견해들

김상훈 = 4:6에서 하나님의 보좌 앞에 있던 수정과 같은 (수정처럼 보이는) 유리 바다와 같은 것(참고, 겔 1:22)일 것이다. 다만 여기서는 "불이 섞인"(μεμιγμένην πυρι 메미그메넨 퓌리) 것으로 나타나므로 (비교, 단 7:9-11), 하나님의 진노가 반영된 것일 가능성이 높다(Aune, 1998a:871; Beale, 1999:789-90). 그러나 불이 섞인 유리 바다를 악의 바다로 볼(Caird, 65-66, 197) 필요는 없다(참고, 4:5 주해).[299]

김응조 = 지상에 진노의 심판 불이 내려짐

김재준 = 땅에 내릴 하나님의 진노

박수암 = 하늘에 있는 심판의 홍해

박윤선 = 세상을 심판하시는 하나님의 공의

석원태 = 하나님의 공의로운 진노의 심판

---

297) James Kallas, 박창환 옮김, 요한계시록, 컨콜디아사, 2002, pp. 122-124

298) 위의 책, pp. 85-87

299) 김상훈, 요한계시록 7:1-22:21, 감은사, 2022, p. 297

신성종 = 하나님의 성결에 접할 때 나타나는 하나님의 심판을 말한다

이광복 = 하나님의 예비하신 곳으로 본다

이병규 = 불은 하나님의 심판을, 유리 바다는 하나님의 통치를 가리킨다

이상근 = 하나님의 심판의 보좌를 반영

조용기 = 극렬한 불같은 환난이 있었던 세상

천정웅 = (홍해의 상징적인 교훈) 성도는 구원, 세상은 심판받을 상징이다(민병석)

팀 라하이 = 불은 환난시대에 성도들이 견디어낸 고난을 유리바다, 계 4:6의 유리바다로 본다

데이크 = 하늘나라의 성전에 있는 대 보좌실의 바닥

존슨 = 이상의 상징적 의미를 찾지 않아도 됨

비더울프 = 대환란을 겪어야 할 사람들을 격려하는 것

헨드릭슨 = 악인에게 내릴 분명하고도 솔직한 하나님의 공의

렌스키 = 투명하고 견고한 하나님의 신령한 섭리 위에 서 있음

왈부르드 = 하나님의 거룩하심으로부터 나오는 성스러운 심판

래드 = 땅에 거하는 자들을 심판하시는 하나님의 공의

이필찬 = 4:6에서 하늘의 성전을 묘사하는 '수정 같은 유리 바다'의 변형된 표현이다. 이 문맥이 심판의 문맥이므로 수정 같은 유리 바다가 불이 섞인 유리 바다가 되어 버린 것이다. 이 바다는 이 문맥에서 구약의 홍해와 동일한 의미를 갖는다.[300)]

이기고 벗어난 자들 = 유리 바다 같은 것(2)과 성전(8)과는 다르므로, 모세의 노래와 어린 양의 노래를 부르는, '이기고 벗어난 자들'은 일곱 대접 재앙 때(후 삼년 반)을 통과하며 '이기고 벗어나는 자들'로

300) 이필찬, 요한계시록 40일 묵상여행, 이레서원, 2018, pp. 164-165

서, 예비처의 성도들과는 구별된다.

민병석 목사는 "불이 섞인 유리 바다 가에 선 사람들"(2)을 설명하면서 = 이곳은 천국이 아니라(8) 일곱 대접 재앙 때(후 삼년 반) 보호받을 예비처의 성도들이다.

이유 = 일곱 천사가 일곱 재앙을 가지고 있다는 것은 일곱째 천사의 나팔인 일곱 대접(7-8) 재앙임을 말하고 있다. 따라서 일곱 대접 재앙은 후 삼년 반에 있을 셋째 화인 마지막 재앙을 말하는 것이므로, 하나님의 공의의 재앙(심판)을 지켜보며 복음의 성취를 찬양하는 것이다. "이기고 벗어난 자들"이란 전 삼년 반 마지막까지 신앙의 정절을 지켜 승리한 자들인 것이다. 따라서 그들이 있는 예비처(계 12:14)를 "불 섞인 유리 바다"로 표현한 것이다(구원받은 자들은 하나님을 대적한 자들의 말로가 어떤지를 보게 된다). 또한 유리 바다는 하나님의 보좌 앞의 유리 바다(계 4:6)를 연상케 하며, 불 섞인(μεμιγμένην πυρι 메미그메넨 퓌리)의 "불"은 "하나님의 영광 또는 하나님의 현현(顯現)을 상징한다(대개 불은 신약에서 심판을 상징하지만, 하나님의 영광으로 표현되기도 하므로 심판과 영광을 병행한다)"고 하지만 너무 무리한 적용일 뿐 동의하기가 어렵다(마 13:40; 계 8:5; 행 2:3 참조).

그러나 일곱 천사가 일곱 재앙을 가지고 있는, 일곱째 천사의 나팔인 일곱 대접(7-8) 재앙임을 말하고 있다. 따라서 일곱 대접 재앙은 후 삼년 반에 있을 셋째 화인 마지막 재앙을 말하는 것임으로, 언약의 성취를 찬양하는 것이다. 따라서 "짐승과 그의 우상과 그의 이름의 수를 이기고 벗어난 자들" 후 삼년 반을 통과하면서 신앙의 정절을 지킨 자들이다. 따라서 그들은 천년왕국에 입성하게 된다.

❄ 3-4절. 만국의 왕께 경배하라

- **3절. 만국의 왕**
- **4절. 만국이 와서 주께 경배하리이다(3-4)**

"만국이 와서 주께 경배한다"는 견해들

김상훈 = 하나님의 심판(재앙)의 결과, 두려워하지 않을 수 없고 그분의 이름을 높이지(영화롭게 하지) 않을 수 없다. 이 일을 통하여 하나님의 거룩함과 의로움이 드러나게 된다. 그래서 모든 열방이 주 앞에 경배하게 될 것이다. 이것이 마땅하다.[301)]

이광복 = 환난을 건넌 성도들이 부르는 감사의 찬양, 구원의 주 예수님을 높이는 노래

천정웅 = 모세의 노래는 홍해에서 구원을 받은 노래. 즉 선민인 유대 백성 중의 구원을 노래한 것이고, 어린 양의 노래는 모든 구원은 예수 그리스도로 이루어짐을 노래한 것(팀 라하이).

신성종 = 모세의 노래는 이스라엘 백성이 출애굽한 후에 부른 출애굽기 15장의 노래와 유사하기 때문이고, 어린 양의 노래는 구원의 노래이다.

이병규 = 모세의 노래는 하나님의 계명의 말씀을 상징하고, 어린 양의 노래는 예수 그리스도의 구속의 노래

민병석 = 모세의 노래는 충성스러운 하나님의 종들로 인하여 전파되는 복음(영원한 복음 = 14:6)이(참고 히 3:5-6), 어린 양의 노래 즉 하나님의 아들인 예수 그리스도로 말미암아 이루어짐으로 오직 그분에게만 경배한다는 것.

그러나 모세의 노래는 구약의 오실 메시아에 대한 예언(히 11:23-

---

301) 김상훈, 요한계시록 7:1-22:21, 감은사, 2022, p. 301

30; 출 15:1-18; 신 31:30-32:47 참조). 어린 양의 노래는 신약의 오신 메시아 주 예수 그리스도, 영원한 복음(계 14:6)은 다시 오실 메시아 심판주에 대한 예언(언약)의 성취를 노래하는 것으로 만국이 그분만(행 4:12 참조)을 경배하리라는 것이다.

❁ 5–8절. 일곱 재앙

- **8절. 일곱 대접 재앙 = (후 삼년 반)을 통과하는 자들의 하늘(天國) 성전(聖殿)에 들어감을 증거한다(8).**

계 11:15-19에 예고된 일곱째 나팔(일곱 대접 = 마지막 재앙 = 셋째 화) = 15장 일곱 재앙(마지막 재앙) = 16장(일곱 대접 재앙을 땅에 쏟음)

마지막 일곱 재앙(일곱 대접 재앙)의 예고(豫告) = 음녀 바벨론의 심판[17: - 18: 창 11장[바벨탑 사건(니므롯)] 이후 인류의 세계적 멸망사(世界的 滅亡史)가 없었으며, 오직 창 12장에서 '아브람'을 불러내시어 언약(言約)을 세우심. 그러나 심판(審判)은 마지막 일곱 재앙(일곱 대접 재앙)과 백 보좌 심판 때 종결됨 = 큰 음녀의 받을 심판(계 17:1), 받을 재앙들(계 18: 4)

	일곱 나팔	일곱 대접(일곱째 나팔)
비 교	하나님 앞에 시위한 일곱 천사 (계 8: 1- 6)	하늘에 증거 장막 성전이 열리며(계 15: 1, 5, 16:1)
첫 째	땅(8:7)	땅(16:2)
둘 째	바다(8:8-9)	바다(16:3)
셋 째	강들과 물샘(8:10-11)	강과 물 근원(16:4-7)
넷 째	해, 달, 별(8:12)	해(16:8-9)
다섯째	무저갱, 어두움, 황충(9:1-11)	짐승의 보좌가 어두워짐(16:10-11)

	일곱 나팔	일곱 대접(일곱째 나팔)
여섯째	큰 강 유프라데(9:14-21)	큰 강 유프라데(16: 12-15) = 아마겟돈(16:16)
일곱째	큰 음성: 그리스도의 나라가 되고, 그가 세세토록 왕 노릇(11:15-16)	큰 음성: 되었다(16:17-21) = 이루었도다(21:6, 9-27)

마 24:1-31 = 견디는(13)(막 13:1-23; 눅 21:5-24) = 주의 임하심과 세상 끝에는 무슨 징조가 있사오리까?(3)

경배[(敬拜). 영화(榮華). 영광(榮光)] = 하나님의 은총에 의한 순종(順從) 복을 누리는 삶 = 자녀(子女) 된 권세(權勢)의 삶(요 1:12; 요일 3:3 참조) = 성화(聖火)의 복(福)을 누리는 삶

16장

❆ 1-16절. 진노의 일곱 대접(大楪)

- **1절. 일곱 대접을 땅에 쏟으라 = 일곱 대접 재앙(災殃)이 있으니 깨어 있어야 한다(계 15:1-16) = 믿음을 굳게 지켜라**

❆ 2절. 첫째 대접

첫째가 가서 그 대접을 땅에 쏟으매 = 누구에게 쏟아지는가? = 짐승의 표를 받은 사람들, 그 우상에게 경배하는 자들에게

짐승 이름인 표? = 계 13:15-18 = 인(印)?

창 4:15 = 표를 주사(가인에게) = 구원이라기보다는 생명의 귀중함을 증거

겔 9:1-8 = 탄식하며 우는 자의 이마에 표 있는 자(4. 6) = 구원의 표

계 7:3 = 하나님의 종들의 이마에 인치기까지

계 9:4 = 하나님의 인 맞지 아니한 사람들만 해하라

잠 6:12-19 = 꾀하는(14) = 그 마음에 항상 패역을 품으며 악을 꾀하여 다툼을 일으키는 자

악하고 독한 헌데 = 무엇이? = 11절의 종기? 악질(출 9:1-7), 독종(출 9:8-13) 등 참고

눅 16:19-31 = 나사로라는 거지가 헌데를 ~ 듣지(31)

출 9:8-12 = 날리라(8)

롬 1:18-32 = 섬김이라(25) = 하나님 보다 피조물을 섬김

롬 6:12-14 = 드리라(13) = 부활하신 예수님 같이 하나님께 드리라

롬 12:1-2 = 드리라(1) = 산 제사로 드리라

골 3:1-6 = 죽이라(5) = 땅에 있는 지체를 죽이라

요일 5:18-21 = 멀리하라(21) = 자신을 지켜 우상에서 멀리하라

요일 2:15-17 = 행하는(17) = 하나님의 뜻을 행하라

❆ 3–7절. 둘째와 셋째 대접

- **3절. 둘째가 그 대접을 바다에 쏟으니**
- **4–7절. 셋째가 그 대접을 강과 물 근원에 쏟으매**
- **6절.**

선지자들의 피를 흘렸으므로 = 누구에게 쏟아지는가? = 성도들과 선지자들의 피를 흘린 자들에게(츠빙글리 등의 순교) = 피(출 7:14-25).

왕상 21:1-29(나봇의 포도원) = 마 21:33-46(비유 = 포도원의 농부들) = 아합과 이세벨의 악

사 5:1-30 = 맺혔도다(2). 좋은 포도와 들포도 = 마 13:24-33(알곡과 가라지)

계 11:15-19 = 하나님께 경배하여(16) = 일곱째 나팔?

계 18:19-20 = 바벨론 멸망의 성취를 즐거워하라(20)

마 23:27-36 = 선지자들을 죽이고 네게 파송된 자들을 돌로 치는 자여(37) = (막 12:38-40; 눅 11:47-54)

마 26:14-16 = 가룟 유다. 예수님을 넘겨줄 기회를 찾더라(26)(막 14:12-21; 눅 22:7-14, 21-23; 요 13:21-30)

마 27:15-26 = 그 피를 우리 자손에게 돌릴지어다(25)(막 15:6-15; 눅 23:13-25; 요 18:39-19:16)

무엇이? = 바다가 죽은 자의 피같이 됨(3절). 강과 물 근원에 쏟으매 피가 되더라(4절) = 그 피를 마시게 됨

출 7:14-25 = 행하여(20) = 열 재앙

창 4:1-16 = 가인이 아벨을 죽이니라(8)

창 9:1-7 = 피째 먹지 말라(4) ~ 흘리면(6) = 노아의 홍수 후에. 살인하지 말라

마 26:26-30 = 마시라(27) = 성만찬

출 20:13 = 살인하지 말지니라(신 5:17)

잠 1:10-19 = 다니지(15) = 근묵자흑(近墨者黑) = 렘 22:3; 겔 33:18-19

렘 22:1-4 = 여호와께서 이같이 말씀하시되 너희가 공평과 정의를 행하여 탈취당한 자를 압박하는 자의 손에서 건지고 이방인과 고아와 과부를 압제하거나 학대하지 말며 이곳에서 무죄한 피를 흘리지 말라(3)

마 25:31-46 = 지극히 작은 자 하나에게 한 것이(40)

겔 33:1-20 = 만일 악인이 돌이켜 그 악에서 떠나 법과 의대로 행하면 그가 그로 인하여 살리라(19)

마 5:21-26 = 살인치 말라 ~ 형제에게 노하는 자마다 ~ 화목하고(24) = 시리아 사태? 이라크? 터키?

요일 3:15 = 그 형제를 미워하는 자마다 살인하는 자니 살인하는 자마다 영생이 그 속에 거하지 아니하는 것을 너희가 아는 바라

- **7절. 재단(祭壇)이 말하기를 = 하나님 곧 전능하신 이시여 심판(審判)하시는 것이 참되시고 의로우시도다 하시더라**

❆ 8–9절. 넷째 대접

- **8절. 넷째가 그 대접을 해에 쏟으매 = 불로 심판**
- **9절. 하나님의 이름을 훼방하며**

누구에게 쏟아지는가? = 하나님의 이름을 훼방하는 자(11. 21). 회개하여 영광을 돌리지 않는 자 = 흑암(출 10:21-29 = 해에 쏟음?)

계 11:13 = 그 시에 큰 지진이 나서 성 십분의 일이 무너지고 지진에 죽은 사람이 칠천이라 그 남은 자들이 두려워하여 영광을 하늘의 하나님께 돌리더라

계 13:1-6 = 용에게 경배하며 짐승에게 경배하며(4) ~ 짐승이 입을 벌려 하나님을 훼방하되, 그의 이름과 그의 하나님의 장막에 거하는 자들을 훼방하더라(6)

계 2:18-29 = 두아디라교회 ~ 이기는 자와 끝까지 내 일을 지키는 그에게 만국을 다스리는 권세를 주리니(25-27)

살전 2:14-16 = 자기 죄를 항상 채우매 노하심이 끝까지 저희에게 임하였느니라(16)

무엇을? = 불로 사람들 크게 태움

계 14:6-13 = 성도의 인내가 여기 있나니 저희는 하나님의 계명과 예수 믿음을 지키는 자(12)

창 19:23-29 = 여호와에게로서 유황과 불을 비같이 소돔과 고모라에 내리사(24)

민 16:1-35 = [모세를 반역한 고라. 아비람. 다단. 온. 유명한 족장 250인(1-2)] = 산 채로 음부에 빠짐(30-35)

신 32:20-25 = (모세의 노래 중에) = 하나님의 재앙(23)

눅 16:19-31 = 홍포 입은 부자와 나사로

마 18:1-14(막 9:33-48; 눅 9:46-48, 17:1-2, 15:1-7) = 두 눈을 가지고 지옥 불에 던지우는 것보다 나으니라(9)

마 25:31-46 = 양과 염소 ~ 지극히 작은 자 하나에게 한 것이 곧 내게 한 것이니라(40)

어떤 반응을 보일까? = 하나님의 이름을 훼방하며 회개하여 영광을 주께 돌리지 아니하더라

단 5:22-31 = 벨사살 왕이 ~ 하늘의 주재를 거역함(23) ~ 벨사살의 죽음

계 11:13 = 두려워하며 하나님께 영광을 돌리더라

대하 36:11-23 = 시드기야가 여호와 보시기에 악을 행함(11) ~ 예레미야의 입으로 하신 말씀이 응하였더라(21) = 시 92:1-15 = 행하는(9) = 죄악을 행하는 자

렘 9:23-24 = 자랑하는 ~ 나는 이 일을 기뻐하노라(24)

행 18:5-7 = 훼방하거늘(6) = 예수는 그리스도라 밝히 증거하니(5) 저희가 대적하여 훼방하거늘, 바울이 옷을 떨어 가로되 너희 피가 너희 머리로 돌아갈 것이요 나는 깨끗하니라(6) = 마 27:25(그 피를 우리와 우리의 자손에게)

롬 1:18-32 = 내버려두사(23. 26. 28)

❀ 10–11절. 다섯째 대접

• 10절. 다섯째가 그 대접을 짐승의 보좌에 쏟으니

어디에 쏟아지는가? = 짐승의 보좌에(10a).

누구에게 쏟아지는가? = 사람들에게(10b).

어떤 일이 발생하는가? = 어두워짐. 사람들이 자기 혀를 깨물 정도로 아픈 고통.(10b)

• 11절. 하늘의 하나님을 훼방하고

어떤 반응을 보일까? = 아픈 것과 종기로 인하여 하늘의 하나님을 훼방하고 저희 행위를 회개치 아니하더라 = 악질(출 9:1-7). 독종(출 9:8-13)

"다섯째 대접 재앙"은 첫째 대접 재앙의 "악하고 독한 헌데"라는 것과 넷째 대접 재앙의 "훼방하며, 회개하여 영광을 주께 돌리지 아니함"이라는 것을 함께 담고 있음에 주목할 것. 단 첫째 대접 재앙은 땅에, 넷째 대접 재앙은 해에, 다섯째 대접 재앙은 짐승의 보좌에 쏟는다는 것이다 = 이는 여섯째 대접 재앙인 아마겟돈 전쟁으로 이어지며, 17-18장의 음녀(바벨론)의 멸망, 19장의 짐승세력의 멸망, 20장의 용(사탄)의 멸망과 관계가 있다.

❋ 12–16절. 여섯째 대접

- **12절. 여섯째가 그 대접을 큰 강 '유브라데'에 쏟으매**

어디에 쏟아질까? = 큰 강 유브라데(12) = 아마겟돈(16).

유브라데 = 아마겟돈 전쟁에 대한 견해(見解)들

김상훈 = 여섯째 대접은 그 자체로 재앙적이지 않다. 앞으로 있을 가장 큰 재앙(아마겟돈 전쟁 19:17-12)을 준비하는 내용이다.[302)]

김응조 = 사탄의 군대와 어린 양의 군대가 최후적으로 벌일 대결전의 장소

김재준 = 하나님이 세상 권력들의 총 연합군과 싸우는 결전의 장소

박수암 = 재림 직전에 있을 사탄의 군대와 하나님의 결전장을 상징

박윤선 = 세상 끝 날에 하나님의 백성이 적그리스도의 나라를 이길 전승지

석원태 = 이 세상 최후 종말의 전쟁이 벌어질 최악의 살육 장소(레마주석)

신성종 = (태양이 떠오르는 나라 = 일본. 중국. 몽고. 인도)제3차 세계대전

이광복 = 어린 양과 적그리스도 연합군의 전쟁

이상근 = 최후 결전장의 상징적 명칭(이병규)

조용기 = 여섯째 나팔에 2억의 중국 군대와 최후의 결전을 위해 모일 장소

천정웅 = 인류 종말(최종적) 전쟁이다.

데이크 = 재림하실 주님과 짐승의 연합군이 벌일 최후 결전의 장소

존슨 = 상징적인 장소

비더울프 = 세계 최후에 벌어질 싸움의 특수한 성격을 시사하는 것

헨드릭슨 = 주님이 재림하셔서 최후의 환란에서 부르짖는 성도들

---

302) 김상훈, 요한계시록 7:1-22:21, 감은사, 2022, p. 324.

을 구원하심

랜스키 = 악한 군대의 완전한 패배가 될 최후의 전쟁에 대한 상징

왈부르드 = 대환란의 마지막 단계에 벌어질 전쟁

래드 = 악마의 세력과 하나님의 나라 사이의 최후 전쟁 장소

위클리프 = 종말에 세상의 통치자들이 사탄화되어 마지막 전쟁을 준비함

팀 라하이 = 하나님 곧 전능하신 이의 큰 날의 전쟁지

랑코 스테파노치 = 그리스도와 흑암의 군대 사이에 있을 최후의 쟁투[303)]

피터 럭크만(Perter S. Ruckman) = "아마겟돈은 무리들의 언덕이라는 뜻이다. 이것이 2억 군대가 이 특정한 공간이나 지역에 모일 것을 뜻한다. 예수 그리스도께서 이 땅에 그분의 원수들에게 진노하시고 복수하시기 위해 다시 오실 것을 보았다. 그분의 원수들은 UN 총회로 구성될 텐데, 이것은 사람들이 이스라엘을 대항해 함께 모인 세계적인 종교회의로서, 그 배후에는 2억의 기병대를 보유한 동방의 열 왕이 주도할 것이다. 이는 팔레스타인에 모일 것이며 군대들이 예루살렘을 향해 북쪽 계곡에서 올 것이다. 이들은 주 예수 그리스도에게 짓밟혀서 그 피가 거의 3피트 깊이로 160마일을 기손에서 요르단강으로 흐를 것이다. 말들의 고삐와 사람들의 발이 피에 잠길 것이다. 이것은 여러분이 성경 전체에서 그리스도의 초림을 아는 것보다 더 자세한 예언이다. 그리고 위의 구절들(슥 12:11; 욜 3:11-16)은 아마겟돈 전쟁만 언급하고 있을 뿐이다!"[304)]

---

303) Ranko Stefanovic, 하홍팔, 도현석 공동번역, 요한계시록 주석, 미주 시조사, 2011, p. 507.

304) Perter S. Ruckman, 김형덕 옮김, 요한계시록 주석, 말씀보존학회, 1993, pp. 364-365

피터 럭크만(Perter S. Ruckman)은 세대주의적 해석을 가하고 있다. 또한 본문에 2만만이란 내용은 보이질 않는데도, 계 9:13-21에서 유브라데의 2만만과 무리한 접촉을 시도하고 있다. 그리고 계 9:13-21에서 유브라데는 여섯째 나팔 때이므로, 일곱째 나팔의 여섯째 대접 재앙과는 전혀 다른 내용이다. 따라서 '아마겟돈' 전쟁을 계 16:12에서 유브라데가 거론된다고 해서 2만만과 연계함은 전혀 다른 해석이 된다.

윌리엄 비더울프 = "아마겟돈(Har - Magedon)" - "하르(Har)"는 언덕, 곧 산을 의미하며, "마게도(magedo)"는 학살을 뜻한다. 마게도(므깃도)는 드보라와 바락이 하나님의 기적적인 개입으로 말미암아 가나안의 열 왕들을 물리친 이름이다(삿 5:19). 여기서 요시야 왕이 죽임을 당하기도 하였다(왕하 23:29). "아르-마겟돈(Ar-Magedon)"은 마겟돈의 성, 곧 살육의 도시라는 의미이나, "하르-마겟돈(Har-Magedon)"은 마겟돈의 언덕, 곧 살육의 언덕이라는 뜻이다. 전자를 사용하든 후자를 사용하든 간에, 그것은 어떤 특별한 장소의 이름으로 생각해서는 안 되고, 그곳이 최후의 전투의 특수한 성격을 띤 최후의 전투장임을 시사하고 있다. 톰프슨(Thompson)이 《땅과 책》(the Land and the Book)이라는 저서에서 주장하듯이, 므깃도(Megiddo) 주변에는 "단지 작은 흙더미나 모래 둔덕이 있을 뿐이다." 오히려 오늘날 아람이나 시리아의 일상적인 말에서 팔레스타인의 므깃도라는 말은 언덕과 정반대되는 뜻이다. 그것은 평지이다. 따라서 팔레스타인은 고대의 거대한 에스드라엘론(Esdraelon) 평원, 즉 과거의 모든 시대에 걸쳐서 거대한 세계의 전쟁터였던 곳이라고 말할 수 있다.[305)]

305) William E. Biederwolf, 가브리엘신학연구소 편집, 가브리엘출판사, pp. 468-469

송영목 = "이 예언은 B.C. 539에 바사의 고레스 왕이 유브라데강을 건너 바벨론을 물리친 것으로 성취되었다. 하지만 유브라데강과 그 물은 요한계시록 17장의 큰 음녀 바벨론이 앉은 물과 동일시된다. 요한계시록 17장 15절에 의하면, 이 유브라데강과 그 물은 문자적으로 해석될 수 없고, 상징적으로 음녀 바벨론과 결합된 백성, 무리, 열국, 방언들이다. 동방에서 오는 왕들, 3개의 더러운 영들, 온 천하 임금들이 구체적으로 누구를 가리키는지 그 지시성을 설명하기 어렵지만, 이들 전부는 하나님을 대적한다.[306] 아마겟돈(므깃도의 산)은 패배와 황폐를 상징한다. 역사적으로 구약에서 여러 사건이 므깃도에서 발생했으나 가장 중요한 것은 아마도 유다의 '요시아 왕'이 애굽의 바로 왕 느고와 대결하다가 전사한 후 유다 나라는 배교, 파멸, 포로로 잡혀가는 상황으로 악화된 것이다(참고. 대하 35:20-25, 36장). 따라서 므깃도는 요한에게 패배와 황폐의 '상징'이지, 혹자(예, Kistemaker, 2004; 245)가 주장하듯이, 최후의 전쟁이 일어날 곳이 아니다. 마지막 일곱 재앙인 일곱 대접의 심판 중에서도 마지막 일곱 번째 대접 심판은 요한계시록 16장 17절 이하에 나오는데 이전의 계시의 다양한 순간들을 종합한다"[307]라고 한다.

그렇다면 송영목 교수는 16장 14절의 유브라데와 16절의 아마겟돈을 별도 사건으로 보고 있음을 알 수 있다. [308]

김추성 = 므깃도는 평야 지역이므로 산이 없다. 따라서 므깃도의 산이라는 것은 존재하지 않는다. 그러므로 이것은 묵시적 상징(apocalyptic symbol)일 가능성이 많다. 아마겟돈 전쟁은 사탄의 모든 것이 끝나는 전쟁을 상징하고 있다. 아마겟돈은 마지막 전쟁을 위한 지리적 장소를 의미하는 것이 아니다. 따라서 아마겟돈이 구체적

---

306) 송영목, 신약주석, 쿰란출판사, 2011, p. 1350
307) 위의 책, p. 1351
308) 위의 책, p. 1351

으로 어디일까 추론하는 것은 본문을 왜곡하는 것이다. 마지막 전투라는 것이 영적인 성격을 지니고 있으므로 실제 어느 특정 국가의 군대가 특정 지역에서 서로 격돌하는 그런 전투가 아닐 것이다. 하나님의 종들과 하나님의 대적자들 간의 전쟁이다. 빌(Beale)에 의하면 이 전쟁은 하나님을 대적하는 왕들의 패배, 거짓 선지자들의 멸망, 미혹된 왕들의 죽음, 열방의 멸망을 뜻한다. 즉, 하나님을 대항해서 싸우는 자는 하나님의 심판을 당할 것이며 슬피 울게 될 것이다.[309)]

이필찬 = 12절의 '유브라데'에 쏟아진 대접은 두 제국 사이의 전쟁의 이미지를 통해 심판의 정황을 설명하려는 목적을 갖고 있다. 16절의 아마겟돈(므깃도) 전쟁은 물리적 전쟁이 아니라 악의 세력을 심판하기 위한 영적 전쟁이다.[310)]

본문의 아마겟돈 전쟁은 김추성, 이필찬 교수의 주장대로 "육적 전쟁이라기보다는 영적 전쟁(전쟁의 종지부)으로 보아야 한다"는 데 동의한다. 특히 "세 더러운 영"(16:13)을 히브리 음으로 하면 '아마겟돈'이라(16:16) 하는 것과, 주님께서 앞장서신 하늘군대(계 19:11-16)에서도 그 근거를 찾아볼 수 있다. 그러나 '둘째 화'(여섯 째 천사가 나팔을 불 매) 때의 큰 강 유브라데에 결박한 네 천사가 놓아 받은 마병대 2만 만(계 9:13-21)과는 다른 사건이다.

• 14절. 귀신의 영

개구리 같은 세 더러운 영(13. 16 = 용, 짐승, 거짓 선지자, 온 천하 임금들)

---

309) 김추성, 하나님과 어린양의 보좌, 이레서원, 2015, pp. 235-236
310) 이필찬, 요한계시록 40일 묵상여행, 이레서원, 2018, pp. 177-178

전쟁을 위하여 그들을 모으더라 = 어떤 반응을 보일까? = 전쟁을 위해 천하 임금(왕)들을 모음(14. 16)

• **15절. 깨어 자기 옷을 지켜 = 마 24장; 벧후 3:10-14절 등 참조**

어떻게 하라 명하시는가? = "자기의 부끄러움을 보이지 아니하는 자가 복이 있도다" 약속하심 = 창 3:1-24(7. 10. 11.)

사 64:6 = 대저 우리는 다 부정한 자 같아서 우리의 의는 다 더러운 옷 같으며 우리는 다 쇠패함이 잎사귀 같으므로 우리의 죄악이 바람같이 우리를 몰아가나이다 = 죄인?

= 하나님께 반역하지 말고 깨어 있으라! = 개구리(출 8:1-15).

참고(Reference)

계명을 지키는 자(계 22:14)

두루마기를 빠는 자[네슬레-알란트(Nestle-Aland, Novum Testamentum). 스테펜(Greek Text of Stephens) = 계명을 지키는 자 = 킹제임스]들은 복이 있으니 이는 저희가 생명나무에 나아가며 문들을 통하여 성에 들어갈 권세를 얻으려 함이로다 = 은총을 누림?

네슬레-알란트(Nestle-Aland, Novum Testamentum)

3588 οἱ 관주남복*명대주남복3&형형관 자들은 they that

4150 πλύνω 동분현능주남복 빠는 (wash) πλύνοντες

3588 ὁ τὰς- 관목여복

4749 στολή 명목여복 두루마기를 (robes) στολὰς

스테펜(Greek Text of Stephens)

3588 οἱ 관주남복*명대주남복3&형형관 자들은 they that

4160 ποιέω ποιοῦντες 동분현능주남복 (행하는) do

3588 ὁ τὰς- 관목여복
1785 ἐντολή ἐντολὰς- 명목여복 (계명들을) commandments

구원받을 자 = 내가 가로되 내 주여 당신이 알리이다 하니 그가 나더러 이르되 이는 큰 환난에서 나오는 자들인데 어린 양의 피에 그 옷을 씻어 희게 하였느니라(계 7:14)

구원의 옷 = 내가 여호와로 인하여 크게 기뻐하며 내 영혼이 나의 하나님으로 인하여 즐거워하리니 이는 그가 구원의 옷으로 내게 입히시며 의의 겉옷으로 내게 더하심이 신랑이 사모를 쓰며 신부가 자기 보물로 단장함 같게 하셨음이라(사 61:10)

믿음을 굳게 지켜라[마 22:1-14(예복을 입지 않은 자?)
갈 3:19-29(그리스도로 옷 입었느니라)
계 19:6-10 = 경배하라(10) = (세마포 = 성도들의 옳은 행실)
사 52:1-12 = 깰지어다(1)
슥 3:1-10 = 내 도를 준행하며(7)
롬 13:11-14 = 주 예수 그리스도로 옷 입으라(14) = 재림이 가까왔으니 각성하고 깨어 있어야 함?
엡 4:17-24 = 새 사람을 입으라(24) = 그리스도인의 삶?

이때가 여섯째 대접 심판이라는 점을 감안하면?(계 19:11-16; 살전 4:14-16; 계 17:-19; 마 24:29-31 등 참조)

1) 두 증인들이 부활 승천함(11-12)과 동시에 "성전과 제단과 그 안에서 경배하는 자들" 곧 해를 입은 여자(교회)는 "하나님의 에비하신 곳"에서 1,260일(42달) 동안 양육받게 된다(계 12:1-6, 12:13-14 등 참조).

이때까지, 예수님을 십자가에 못 박으라 외쳤던 살인의 피 값[마 27:25-26(막 15:6-15; 눅 23:13-25; 요 18:39-19:16); 마 23:1-36(막 12:38-40; 눅 11:37-52, 20:45-47) 등 참조]을 회개했다거나 면책되었다는 기록을 어디에서도 찾아 볼 수 없음을 참고해야 한다(눅 21:34-36).

= 따라서 계 11:13-14의 "남은 자들(두려워하여 영광을 하늘의 하나님께 돌리더라)"이란 후 삼년 반[1,260일. 42달(계 12:1-6, 12:13-14; 단 7:23-28 등 참조)]을 통과해야 하는 자들로서,

= 계 12:17의 "여자의 남은 자손" 곧 하나님의 계명을 지키며 예수의 증거를 가진 자들이다. 본 내용은 유대인들 중 선택 받은 자들의 회개와 구원에 관한 내용으로, 하나님의 언약의 성취로 이해해야 한다.

그러므로 7:9-17의 "큰 환난에서 나오는 자들 = 능히 셀 수 없는 흰 옷 입은 큰 무리" 역시 후 삼년 반(42달. 1,260일)을 통과하는 자들로 보아야 한다(통일성 있게). 이 일련의 사건들은 미래 상황을 보여주는 것이므로, '둘째 화'(계 11:7-14, 12:1-7 등 참조)가 끝나고 후 삼년 반(42달. 1,260일)에 진입하며 회개하는 자들로 보아야 한다(계 11:13-14 = 계 12:17 = 계 15:8 참조).

❁ 17-21절. 일곱째 대접

- **17절. 일곱째가 그 대접을 공기 가운데 쏟으매**

- **19절. 각 섬도 없어지고 산악도 간데없더라**

(10)그러나 주의 날이 도적같이 오리니 그날에는 하늘이 큰 소리로 떠나가고 체질이 뜨거운 불에 풀어지고 땅과 그 중에 있는 모든

일이 드러나리로다 (11)이 모든 것이 이렇게 풀어지리니 너희가 어떠한 사람이 되어야 마땅하뇨 거룩한 행실과 경건함으로 (12)하나님의 날이 임하기를 바라보고 간절히 사모하라 그날에 하늘이 불에 타서 풀어지고 체질이 뜨거운 불에 녹아지려니와 (13)우리는 그의 약속대로 의의 거하는 바 새 하늘과 새 땅을 바라보도다 (14)그러므로 사랑하는 자들아 너희가 이것을 바라보나니 주 앞에서 점도 없고 흠도 없이 평강 가운데서 나타나기를 힘쓰라(벧후 3:10-14; 계 20:11, 21:1 등 참조).

• 21절. 하나님을 훼방하니

또 중수가 한 달란트나 되는 큰 우박이 하늘로부터 사람들에게 내리매 사람들이 그 박재로 인하여 하나님을 훼방하니 그 재앙이 심히 큼이러라 = 우박(출 9:13-35 등 참조). 사망(출 11:1-10 등 참조) = "훼방하니"는 9절, 11절, 21절에 3번이나 보여진다. = 하나님을 모독하지 말라.

훼방(毁謗)[영] Blasphemy 악의에 찬 마음을 가지고서 하는 비방

구약과 신약에 있어서는 사람에 대해서도 씌어지고(시 15:3, 22:6 기타; 마 15:9; 막 7:22 기타), 특히 하나님을 훼방하는 자에 대해서(민 15:30; 왕하 19:4 기타), 또는 성령을 훼방하는 일에 대해서도(마 12:31 기타) 쓰여 있다. 특히 성령 훼방죄는 사함 받지 못하는 죄인데(마 12:24), 바리새인들처럼 예수께서 행하신 이적에 대해 고의로 거부하고 반항하는 죄이기 때문이다.

"악을 선하다 하며 선을 악하다 하며 흑암으로 광명을 삼으며 광명으로 흑암을 삼으며"(사 5:20)라는 말에서도 보는 대로, 이러한 일관된 거부는 회개를 불가능케 하고, 따라서 사죄를 받을 수 없게 하기 때문이다. 두려워할 일은, 하나님께 대한 고의의 반항에 의해 죄의 감각을 잃어버리고, 기회를 잃어버리고 마는 일로서, 이러한 자는 하나님으로부터 영원히 차단되는 것이다.

“인자를 거역”(마 16:23, 26:69-75)한 베드로가 사죄를 받은 것은, 베드로의 마음이 일시적으로 미혹된 데서 한 일이기 때문으로, 유다의 경우와는 다르기 때문이다(요 12:6). 훼방으로 번역된 원어는 여러 종류가 되는데, 히브리어 명사의 경우는, [헤르파-חֶרְפָּה(cherpah)](시 15:3, 22:6, 69:7, 9, 19, 20, 79:12, 89:50, 109:25, 119:22, 39; 사 51:7; 습 2:8)와 [라아그 לַעַג(laag)](욥 34:7) 두 가지가 훼방으로 번역되어 있고, 동사는 여럿이 쓰여 있다. 그리스어에 있어서는 명사는 [블라스페-미아 βλασφημια(blasphemia)]가 주로[훼방]으로 번역되어 있고(마 12:31, 15:19; 막 3:28, 7:22; 엡 4:31; 골 3:8; 딤전 6:4; 유 1:9; 계 2:9, 13:6), [로이도리아 λοιδορια(loidoria)](딤전 5:14)가 한 곳이 훼방으로 번역되어 있는 외에, 동사[블라스 페-메오-βλασφημεω(blasphemeo)]가 가장 많이 [훼방]으로 번역되어 있다(막 3:29; 행 18:6, 19:37; 딤전 1:20, 6:1; 딛 2:5, 3:2; 약 2:7; 벧후 2:2, 10, 12, 1:8, 10; 계 13:6, 16:9, 11, 21).

어디에 쏟아지나? = 공기 가운데(17)

“큰 음성(音聲)이 성전(聖殿)에서 보좌(寶座)로부터 나서 가로되 되었다 하니” = ‘다 이루었다”(요 19:30 참조).

어떤 일이 발생할까? = 번개, 음성들, 뇌성, 큰 지진, 큰 성 바벨론, 각 섬, 산악도 간데없더라(18-20)

어떤 반응을 보일까? = 한 달란트나 되는 우박이 사람들에게 내리니 그 박재로 인하여 하나님을 훼방하니 그 재앙이 큼이라(21)

아마겟돈 전쟁?

<table>
<tr><td colspan="3">아마겟돈 전쟁 (계 16:12-21, 19:11-21) = 계 9:13-21의 '유브라데 전쟁'과는 다른 점에 주의.</td></tr>
<tr><td>전쟁의 시기</td><td colspan="2">여섯째 대접 심판을 시작으로 일곱째 대접 심판으로 끝맺음 된다.</td></tr>
<tr><td>재림의 장소</td><td colspan="2">예루살렘 동편 감람산(올리브 산)? (슥 14:1-4; 행 1:11).</td></tr>
<tr><td>전쟁의 장소</td><td colspan="2">아마겟돈(므깃도)?(삿 5:19; 슥 12:11; 계 16:16)</td></tr>
<tr><td colspan="3">전쟁 당사자</td></tr>
<tr><td colspan="2">주님의 군대</td><td>사탄의 군대</td></tr>
<tr><td colspan="2">총 대장 = 만왕의 왕이신 주 예수 그리스도

따르는 군대 = 하늘 군대
1. 미가엘과 그의 사자들(단 12:1; 계 12:7)

2. 첫째 부활자들(계 20:4-6) = 왕 노릇 할 자들
1) 재림 시에 그에게 붙은 자들(고전 15:23)
2) 순교성도(계 6:9-11; 히11:5)
3) 두 증인(계 11:3-12)
ㄱ. 144000(계 7:2-8, 14:1-5)
ㄴ. 철장 권세를 받은 자(계 12:5)

3. 부르심을 입고 빼내심을 얻고 진실한 자들
(계 17:14)</td><td>총 대장 = 사탄(붉은 용. 계 13:2-4)

따르는 군대 = 땅의 군대
1. 사탄의 사자들(계 12:7-9)

2. 땅의 임금들과 그 군대들(계 19:19)
1) 적그리스도(짐승. 계 13:5-8)
2) 거짓 선지자들(계 19:20)

3. 짐승의 표를 받은 자들
(계 13:15-18)</td></tr>
<tr><td>전쟁의 결과</td><td colspan="2">1. 붉은 짐승과 거짓 선지자들이 포로로 잡힘.
2. 이들이 산 채로 유황불 붙는 못에 던져짐.
3. 나머지 군대들은 다 죽임을 당함.
4. 붉은 용은 일천 년간 결박되어 무저갱에 갇힘.</td></tr>
</table>

계 16:16 = 아마겟돈 Ἁρμαγεδδών(하르-마겟돈 Har-mageddon)

Greek Text of Stephens = Ἀρμαγεδδων으로

Greek Text of Nestle = Ἁρμαγεδών으로 기록되어 있다.

하르마겟돈, 곧 아마겟돈은 신약성경에서 계 16:16에 한 번 나온다: "세 영이 히브리 음으로 아마겟돈이라 하는 곳으로 왕들을 모으더라."

여섯째와 일곱째 대접의 재앙과 관련하여 언급되는 아마겟돈은 '므깃도의 산'이라는 뜻을 가지기도 하며 "므깃도"는 애굽에서 다메섹으로 가는 길목에 있어서 전략적으로 중요하게 여겨졌기에 구약시대에 수많은 전투가 벌어졌던 전쟁터이기도 하다. 성경만 보아도 이곳은 사사 드보라가 시스라와 그의 병거들을 쳐부순 곳이며(참조, 삿 5:19-21), 아하시야 왕이 예후의 화살에 맞아 죽은 곳이기도 하다(참조, 왕하 9:27). 구약 성경에만 200회 이상 전쟁이 일어난 곳으로 기록되어 있다.

그렇지만 본문에 언급되는 '아마겟돈'을 팔레스타인 지방에 있는 '므깃도'와 동일시할 필요는 없으며, 다만 인류 최후의 전쟁이 벌어지는 장소를 일컫는 상징적 표현으로 해석하는 것이 바람직하다. 따라서 본문에서는 하나님께서 악의 세력들을 한꺼번에 멸망시킬 마지막 전쟁의 장소로 상징되는 곳으로, 성경은 바로 이 아마겟돈 전쟁을 통해서 하나님께서 사탄의 세력을 완전 멸망시키신다고 기록한다(참고 19:19-21).

사실상 히브리어에서 이것은 "므깃도 물가"(삿 5:19), "므깃도 골짜기"(슥 12:11)라는 뜻으로 사용되긴 했지만, 히브리어 성경에서 "므깃도 언덕"이나, 혹은 "므깃도 성"이라고 기록된 곳은 아무 데도 없다. 팔레스타인의 므깃도는 산도 아니고 성읍도 아니다.

'아마겟돈' 위치에 대한 R. D. Culver 견해

"Har-Magedon"이 장소의 정확한 위치를 알아내려는 시도의 역사를 추적한다. 그 기사의 유명한 저자 Eberhard Nestle는 "대체로 이곳이 므깃도를 가리킨다"고 본다.

이 장소의 위치에 관해서는 그 역시 알려지지 않은 여호사밧 골짜기(욜 3:12)라는 주장, 이스라엘의 수많은 전투가 행해졌던 팔레스타인 북부의 에스드라엘론 골짜기라는 주장, 또는 신들이 모이는 산(사 14:13, 14)이 거기에 있다는 이교 민족의 영향을 반영하는 주장 등 여러 가지 이론이 있었다. 이들 및 그 밖의 여러 이론은 모두 비교적 현대의 주장이다.

오늘날 그 기록이 남아 있는 고대인들은 이 중 어느 이론도 주장하지 않았다. 선견자 요한의 시대에 므깃도는 오랫동안 망각된 폐허로, 알려져 있지 않은 곳이다. 한때는 솔로몬에 의해 요새화되었던 이 가나안 성읍 므깃도와 아마겟돈의 관련성을 암시하는 것은 발음상의 흥미 있는 유사성을 제외하면 사실상 거의 없다. 여러 학자들은 "아마겟돈은 최종 마지막 전투를 위한 군사 동원 지점이며, 반드시 전투 장소인 것은 아니다"라고 지적해 왔다.

따라서 동방의 왕들의 진입로로 언급된 유브라데강이 그 장소일 가능성이 더 많다. 동방의 침략자들에게 팔레스타인으로 들어가는 북쪽 입구인 이 강은 종교적인 것이나 세속적인 것에 관계없이 모든 고대사의 독자들에게 잘 알려져 있다.

게다가 므깃도는 산이라기보다 언덕(기브아)에 가깝다. 므깃도에서 잘 보이는 북쪽의 타볼산은 하르 즉 산이다. 남쪽 모서리에 므깃도가 자리한 팔레스타인 북부의 에스드라엘론 골짜기가 그 성읍의 이름으로 불리운 적이 있다는 것을 보여 주는 증거는 전혀 없다. 므깃도 자체가, 일개 연대가 주둔할 만한 공간도 없으며, 한편 카르멜 능선이 아마겟돈이라는 주장 역시 아무런 근거가 없다. 그리고 자세히 검토해 보면, 므깃도(Megiddo)의 철자는 하르마게돈(Harmagedon)과 사실상 전혀 다르다. 계 16:16의 헬라어 낱말에는 델타(δ)가 단 하나

뿐이지만, 70인역본의 므깃도에는 델타(δ)가 둘이다. 반면에 70인역본에 나오는 철자는 마겟도(Mageddo)이다. 맨 마지막의 뉘(ν)가 없다는 것도 마찬가지로 장애가 된다.

〈도움 말씀〉

만국의 왕께 경배하라(4. 15:1-16:21) = 어린 양께 경배하라

• 서론

계 11:15-19에 예고된 일곱째 나팔(일곱 대접 = 마지막 재앙 = 셋째 화) = 15장 일곱 재앙(마지막 재앙) = 16장(일곱 대접 재앙을 땅에 쏟음)

사 45:23 = 내가 나를 두고 맹세하기를 나의 입에서 의로운 말이 나갔은즉 돌아오지 아니하나니 내게 모든 무릎이 꿇겠고 모든 혀가 맹약하리라 하였노라 = 하나님의 구원?

마 24:1-31 = 견디는(13)(막 13:1-23; 눅 21:5-24) = 주님의 임하심과 세상 끝에는 무슨 징조가 있사오리까?(3)

1. 어린 양께 경배하라(4. 15:1-8) = 만국의 왕께 경배하라

출 14:1-15:18 = 노래하니(15:1)

(1)이때에 모세와 이스라엘 자손이 이 노래로 여호와께 노래하니 일렀으되 내가 여호와를 찬송하리니 그는 높고 영화로우심이요 말과 그 탄 자를 바다에 던지셨음이로다 (2)여호와는 나의 힘이요 노래시며 나의 구원이시로다 그는 나의 하나님이시니 내가 그를 찬송할 것이요 내 아비의 하나님이시니 내가 그를 높이리로다 (3)여호와는 용사시니 여호와는 그의 이름이시로다

신 31:30-32:43 = 들리리니(31:30)

(30)모세가 이스라엘 총회에게 이 노래의 말씀을 끝까지 읽어 들리니라

시 86:8-10 = 경배하며(9)

(8)주여 신들 중에 주와 같은 자 없사오며 주의 행사와 같음도 없나이다 (9)주여 주의 지으신 모든 열방이 와서 주의 앞에 경배하며 주의 이름에 영화를 돌리리이다 (10)대저 주는 광대하사 기사를 행하시오니 주만 하나님이시니이다(계 4: - 5: 참조)

시 89:25-52 = 지키지(31)

(25)내가 또 그 손을 바다 위에 세우며 오른손을 강들 위에 세우리니 (26)저가 내게 부르기를 주는 나의 아버지시요 나의 하나님이시요 나의 구원의 바위시라 하리로다 (27)내가 또 저로 장자를 삼고 세계 열왕의 으뜸이 되게 하며 (28)저를 위하여 나의 인자함을 영구히 지키고 저로 더불어 한 나의 언약을 굳게 세우며 (29)또 그 후손을 영구케 하여 그 위를 하늘의 날과 같게 하리로다 (30)만일 그 자손이 내 법을 버리며 내 규례대로 행치 아니하며 (31)내 율례를 파하며 내 계명을 지키지 아니하면 (32)내가 지팡이로 저희 범과를 다스리며 채찍으로 저희 죄악을 징책하리로다 (33)그러나 나의 인자함을 그에게서 다 거두지 아니하며 나의 성실함도 폐하지 아니하며 (34)내 언약을 파하지 아니하며 내 입술에서 낸 것도 변치 아니하리로다 (35)내가 나의 거룩함으로 한번 맹세하였은즉 다윗에게 거짓을 아니할 것이라 (36)그 후손이 장구하고 그 위는 해같이 내 앞에 항상 있으며 (37)또 궁창의 확실한 증인 달같이 영원히 견고케 되리라 하셨도다 (셀라) (38)그러나 주께서 주의 기름 부음받은 자를 노하사 물리쳐 버리셨으며

사 49:7 = 이스라엘의 구속자, 이스라엘의 거룩한 자이신 여호와께서 사람에게 멸시를 당하는 자, 백성에게 미움을 받는 자, 관원들에게 종이 된 자에게 이같이 이르시되 너를 보고 열 왕이 일어서며 방백들이 경배하리니 이는 너를 택한 바 신실한 나 여호와 이스라엘의 거룩한 자를 인함이니라 = '예수 그리스도'에게 순종 = 우리를 구속(救贖) = 구원

경배[敬拜. 영화(榮華). 영광(榮光)] = 하나님의 은총에 의한 순종(順從) 복을 누리는 삶 = 자녀(子女) 된 권세(權勢)의 삶(요 1:12; 요일 3:3~ 참조) = 성화(聖火)의 복(福)을 누리는 삶

2. 깨어 있으라(15. 16:1–16) = 예수님 믿음을 굳게 지켜라

1) 첫째 대접 = 경배하는(2. 16:1–2)

누구에게 쏟아지는가? = 짐승의 표를 받은 사람들과 그 우상에게 경배하는 자들에게

2) 둘째, 셋째 대접 = 흘렸으므로(6. 16:3–7)

누구에게 쏟아지는가? = 성도들과 선지자들의 피를 흘린 자들에게(츠빙글리 등의 순교)

왕상 21:1–29(나봇의 포도원) = 마 21:33–46(비유 = 포도원의 농부들) = 아합과 이세벨의 악

사 5:1–30 = 맺혔도다(2). 좋은 포도와 들포도 = 마 13:24–33(알곡과 가라지)

계 11:15–19 = 하나님께 경배하여(16) =일곱째 나팔?

계 18:19–20 = 바벨론 멸망의 성취를 즐거워하라(20)

마 23:27–36 = 선지자들을 죽이고 네게 파송된 자들을 돌로 치는 자여(37) = (막 12:38–40; 눅 11:47–54)

마 26:14-16 = 가룟 유다. 예수님을 넘겨줄 기회를 찾더라(26)(막 14:12-21; 눅 22:7-14, 21-23; 요 13:21-30)

마 27:15-26 = 그 피를 우리 자손에게 돌릴지어다(25)(막 15:6-15; 눅 23:13-25; 요 18:39-19:16)

무엇이? = 바다에는(죽은 자의 피 같이 됨). 강과 물 근원에는(피가 됨) 그 피를 마시게 함

출 7:14-25 = 행하여(20) = 열 재앙

창 4:1-16 = 가인이 아벨을 죽이니라(8)

창 9:1-7 = 피째 먹지 말라(4) ~ 흘리면(6) = 노아의 홍수 후에. 살인하지 말라

마 26:26-30 = 마시라(27) = 성만찬

출 20:13 = 살인하지 말지니라(신 5:17)

잠 1:10-19 = 다니지(15) = 근묵자흑(近墨者黑) = 렘 22:3; 겔 33:18-19

렘 22:1-4 = 행하여(3)

마 25:31-46 = 지극히 작은 자 하나에게 한 것이(40)

겔 33:1-20 = 행하면(19)

마 5:21-26 = 살인치 말라 ~ 형제에게 노하는 자마다 ~ 화목하고(24) = 시리아 사태? 이라크? 터키?

요일 3:15 = 미워하는

3) 넷째 대접 = 훼방하며(9. 16:8-9)

누구에게 쏟아지는가? = 하나님의 이름을 훼방하는 자(11. 21). 회개하여 영광을 돌리지 않는 자

계 13:1-6 = 용에게 경배하며 짐승에게 경배하며(4) ~ 짐승이 입을 벌려 하나님을 훼방하되, 그의 이름과 그의 하나님의 장막에 거

하는 자들을 훼방하더라(6)

계 2:18-29 = 두아디라 교회 ~ 이기는 자와 끝까지 내 일을 지키는 그에게 만국을 다스리는 권세를 주리니(25-27)

살전 2:14-16 = 자기 죄를 항상 채우매 노하심이 끝까지 저희에게 임하였느니라(16)

무엇이? = 불로 사람들 크게 태움

계 14:6-13 = 성도의 인내가 여기 있나니 저희는 하나님의 계명과 예수 믿음을 지키는 자(12)

창 19:23-29 = 여호와에게로서 유황과 불을 비 같이 소돔과 고모라에 내리사(24)

민 16:1-35 = [모세를 반역한 고라. 아비람. 다단. 온. 유명한 족장 250인(1-2)] = 산 채로 음부에 빠짐(30-35)

신 32:20-25 = (모세의 노래 중에) = 하나님의 재앙(23)

눅 16:19-31 = 홍포 입은 부자와 나사로

마 18:1-14(막 9:33-48; 눅 9:46-48, 17:1-2, 15:1-7) = 두 눈을 가지고 지옥 불에 던지우는 것보다 나으니라(9)

마 25:31-46 = 양과 염소 ~ 지극히 작은 자 하나에게 한 것이 곧 내게 한 것이니라(40)

어떤 반응을 보일까? = 하나님의 이름을 훼방하며 회개하여 영광을 주께 돌리지 아니하더라(9)

단 5:22-31 = 벨사살 왕이 ~ 하늘의 주제를 거역함(23) ~ 벨사살의 죽음

계 11:13 = 두려워하며 하나님께 영광을 돌리더라

대하 36:11-23 = 시드기야가 여호와 보시기에 악을 행함(11) ~ 예레미야의 입으로 하신 말씀이 응하였더라(21) = 시 92:1-15 = 행

하는(9) = 죄악을 행하는 자

렘 9:23-24 = 자랑하는 ~ 나는 이 일을 기뻐하노라(24)

행 18:5-7 = 훼방하거늘(6) = 예수는 그리스도라 밝히 증거하니 (5) 저희가 대적하여 훼방하거늘, 바울이 옷을 떨어 가로되 너희 피가 너희 머리로 돌아갈 것이요 나는 깨끗하니라(6) = 마 27:25(그 피를 우리와 우리의 자손에게)

롬 1:18-32 = 내버려두사(23. 26. 28)

4) 다섯째 대접 = 훼방하고(11. 16:10-11)

단 5:18-31 = 스스로 높여서(23)

(23)도리어 스스로 높여서 하늘의 주재를 거역하고 그 전 기명을 왕의 앞으로 가져다가 왕과 귀인들과 왕후들과 빈궁들이 다 그것으로 술을 마시고 왕이 또 보지도 듣지도 알지도 못하는 금, 은, 동, 철과 목, 석으로 만든 신상들을 찬양하고 도리어 왕의 호흡을 주장하시고 왕의 모든 길을 작정하시는 하나님께는 영광을 돌리지 아니한지라 (24)이러므로 그의 앞에서 이 손가락이 나와서 이 글을 기록하였나이다

히 3:7-19 = 강퍅게 하지(8)

(7)그러므로 성령이 이르신 바와 같이 오늘날 너희가 그의 음성을 듣거든 (8)노하심을 격동하여 광야에서 시험하던 때와 같이 너희 마음을 강퍅게 하지 말라 (9)거기서 너희 열조가 나를 시험하여 증험하고 사십 년 동안에 나의 행사를 보았느니라 (10)그러므로 내가 이 세대를 노하여 가로되 저희가 항상 마음이 미혹되어 내 길을 알지 못하는도다 하였고 (11)내가 노하여 맹세한 바와 같이 저희는 내 안식에 들어오지 못하리라 하셨다 하였으니 (12)형제들아 너희가 삼가 혹 너희 중에 누가 믿지 아니하는 악심을 품고 살아 계신 하나님에게서 떨어질까 염려할 것이요 (13)오직 오늘이라 일컫는 동안에 매일

피차 권면하여 너희 중에 누구든지 죄의 유혹으로 강팍게 됨을 면하
라 (14)우리가 시작할 때에 확실한 것을 끝까지 견고히 잡으면 그리
스도와 함께 참여한 자가 되리라 (15)성경에 일렀으되 오늘날 너희가
그의 음성을 듣거든 노하심을 격동할 때와 같이 너희 마음을 강팍
게 하지 말라 하였으니 (16)듣고 격노케 하던 자가 누구뇨 모세를 좇
아 애굽에서 나온 모든 이가 아니냐 (17)또 하나님이 사십 년 동안에
누구에게 노하셨느뇨 범죄하여 그 시체가 광야에 엎드러진 자에게
가 아니냐 (18)또 하나님이 누구에게 맹세하사 그의 안식에 들어오
지 못하리라 하셨느뇨 곧 순종치 아니하던 자에게가 아니냐 (19)이
로 보건대 저희가 믿지 아니하므로 능히 들어가지 못한 것이라[계 2:-3: 회개하라 = 출 7:-15:(10재앙. 바로의 반응. 모세와 이스라엘의 찬양) 참고]

렘 44:7-10 = 준행치(10)

(7)나 만군의 하나님 이스라엘의 하나님 여호와가 이같이 말하노
라 너희가 어찌하여 큰 악을 행하여 자기 영혼을 해하며 유다 중에
서 너희의 남자와 여자와 아이와 젖 먹는 자를 멸절하여 하나도 남
기지 않게 하려느냐 (8)어찌하여 너희가 너희 손의 소위로 나의 노
를 격동하여 너희의 가서 우거하는 애굽 땅에서 다른 신들에게 분향
함으로 끊어 버림을 당하여 세계 열방 중에서 저주와 모욕거리가 되
고자 하느냐 (9)너희가 유다 땅과 예루살렘 거리에서 행한 너희 열조
의 악과 유다 왕들의 악과 왕비들의 악과 너희의 악과 너희 아내들
의 악을 잊었느냐 (10)그들이 오늘까지 겸비치 아니하며 두려워하지
도 아니하고 내가 너희와 너희 열조 앞에 세운 나의 법과 나의 율례
를 준행치 아니하느니라

마 27:15-26 = 가로되(25)

(24)빌라도가 아무 효험도 없이 도리어 민란이 나려는 것을 보고

물을 가져다가 무리 앞에서 손을 씻으며 가로되 이 사람의 피에 대
하여 나는 무죄하니 너희가 당하라 (25)백성이 다 대답하여 가로되
그 피를 우리와 우리 자손에게 돌릴지어다 하거늘 (26)이에 바라바
는 저희에게 놓아 주고 예수는 채찍질하고 십자가에 못 박히게 넘겨
주니라(막 15:6-15; 눅 23:13-25; 요 18:39-19:16 참조)

계 9:12-21 = 회개치(20)

(12)첫째 화는 지나갔으나 보라 아직도 이 후에 화 둘이 이르리로다
(13)여섯째 천사가 나팔을 불매 내가 들으니 하나님 앞 금단 네 뿔에서
한 음성이 나서 (14)나팔 가진 여섯째 천사에게 말하기를 큰 강 유브라
데에 결박한 네 천사를 놓아 주라 하매 (15)네 천사가 놓였으니 그들
은 그 년, 월, 일, 시에 이르러 사람 삼분의 일을 죽이기로 예비한 자들
이더라 (16)마병대의 수는 이만만이니 내가 그들의 수를 들었노라 (17)
이같이 이상한 가운데 그 말들과 그 탄 자들을 보니 불빛과 자줏빛과
유황빛 흉갑이 있고 또 말들의 머리는 사자 머리 같고 그 입에서는 불
과 연기와 유황이 나오더라 (18)이 세 재앙 곧 저희 입에서 나오는 불
과 연기와 유황을 인하여 사람 삼분의 일이 죽임을 당하니라 (19)이 말
들의 힘은 그 입과 그 꼬리에 있으니 그 꼬리는 뱀 같고 또 꼬리에 머
리가 있어 이것으로 해하더라 (20)이 재앙에 죽지 않고 남은 사람들은
그 손으로 행하는 일을 회개치 아니하고 오히려 여러 귀신과 또는 보
거나 듣거나 다니거나 하지 못하는 금, 은, 동과 목석의 우상에게 절하
고 (21)또 그 살인과 복술과 음행과 도적질을 회개치 아니하더라

요 12:37-43 = 믿지(37)

(37)이렇게 많은 표적을 저희 앞에서 행하셨으나 저를 믿지 아니
하니 (38)이는 선지자 이사야의 말씀을 이루려 하심이라 가로되 주
여 우리에게 들은 바를 누가 믿었으며 주의 팔이 뉘게 나타났나이까

하였더라 (39)저희가 능히 믿지 못한 것은 이 까닭이니 곧 이사야가 다시 일렀으되 (40)저희 눈을 멀게 하시고 저희 마음을 완고하게 하셨으니 이는 저희로 하여금 눈으로 보고 마음으로 깨닫고 돌이켜 내게 고침을 받지 못하게 하려 함이니라 하였음이더라 (41)이사야가 이렇게 말한 것은 주의 영광을 보고 주를 가리켜 말한 것이라 (42)그러나 관원 중에도 저를 믿는 자가 많되 바리새인들을 인하여 드러나게 말하지 못하니 이는 출회를 당할까 두려워함이라 (43)저희는 사람의 영광을 하나님의 영광보다 더 사랑하였더라

눅 16:19-31 = 부자와 나사로

마 24:36-51 = 깨어 있어라(막 13:32-37; 눅 17:26-36 참조)

시 107:10-14 = 부르짖으매(13)

(10)사람이 흑암과 사망의 그늘에 앉으며 곤고와 쇠사슬에 매임은 (11)하나님의 말씀을 거역하며 지존자의 뜻을 멸시함이라 (12)그러므로 수고로 저희 마음을 낮추셨으니 저희가 엎드러져도 돕는 자가 없었도다 (13)이에 저희가 그 근심 중에 여호와께 부르짖으매 그 고통에서 구원하시되 (14)흑암과 사망의 그늘에서 인도하여 내시고 그 얽은 줄을 끊으셨도다

살전 2:13-16 = 받음이니(13)

(13)이러므로 우리가 하나님께 쉬지 않고 감사함은 너희가 우리에게 들은 바 하나님의 말씀을 받을 때에 사람의 말로 아니하고 하나님의 말씀으로 받음이니 진실로 그러하다 이 말씀이 또한 너희 믿는 자 속에서 역사하느니라 (14)형제들아 너희가 그리스도 예수 안에서 유대에 있는 하나님의 교회들을 본받은 자 되었으니 저희가 유대

인들에게 고난을 받음과 같이 너희도 너희 나라 사람들에게 동일한
것을 받았느니라 (15)유대인은 주 예수와 선지자들을 죽이고 우리를
쫓아내고 하나님을 기쁘시게 아니하고 모든 사람에게 대적이 되어
(16)우리가 이방인에게 말하여 구원 얻게 함을 저희가 금하여 자기
죄를 항상 채우매 노하심이 끝까지 저희에게 임하였느니라

살후 1:1-10 = 본받은 자(6)

(1)바울과 실루아노와 디모데는 하나님 아버지와 주 예수 그리스
도 안에 있는 데살로니가인의 교회에 편지하노니 은혜와 평강이 너
희에게 있을지어다 (2)우리가 너희 무리를 인하여 항상 하나님께 감
사하고 기도할 때에 너희를 말함은 (3)너희의 믿음의 역사와 사랑
의 수고와 우리 주 예수 그리스도에 대한 소망의 인내를 우리 하나
님 아버지 앞에서 쉬지 않고 기억함이니 (4)하나님의 사랑하심을 받
은 형제들아 너희를 택하심을 아노라 (5)이는 우리 복음이 말로만 너
희에게 이른 것이 아니라 오직 능력과 성령과 큰 확신으로 된 것이
니 우리가 너희 가운데서 너희를 위하여 어떠한 사람이 된 것은 너
희 아는 바와 같으니라 (6)또 너희는 많은 환난 가운데서 성령의 기
쁨으로 도를 받아 우리와 주를 본받은 자가 되었으니 (7)그러므로 너
희가 마게도냐와 아가야 모든 믿는 자의 본이 되었는지라 (8)주의 말
씀이 너희에게로부터 마게도냐와 아가야에만 들릴 뿐 아니라 하나
님을 향하는 너희 믿음의 소문이 각처에 퍼지므로 우리는 아무 말도
할 것이 없노라 (9)저희가 우리에 대하여 스스로 고하기를 우리가 어
떻게 너희 가운데 들어간 것과 너희가 어떻게 우상을 버리고 하나님
께로 돌아와서 사시고 참되신 하나님을 섬기며 (10)또 죽은 자들 가
운데서 다시 살리신 그의 아들이 하늘로부터 강림하심을 기다린다
고 말하니 이는 장래 노하심에서 우리를 건지시는 예수시니라

5) 여섯째 대접 = 깨어((15. 16:12-16)

마 22:1-14 = 예복을 입지 않은 자 = 회개하고 믿음을 굳게 지켜라

갈 3:19-29 = 그리스도로 옷 입었느니라

계 19:6-10 = 경배하라(10) = (세마포 = 성도들의 옳은 행실)

사 52:1-12 = 깰지어다(1)

슥 3:1-10 = 내 도를 준행하며(7)

롬 13:11-14 = 주 예수 그리스도로 옷 입으라(14) = 재림이 가까왔으니 각성하고 깨어 있어야 함?

엡 4:17-24 = 새 사람을 입으라(24) = 그리스도인의 삶?

시 89:15-52 = 아는(15)

(15)즐거운 소리를 아는 백성은 유복한 자라 여호와여 저희가 주의 얼굴 빛에 다니며

벧후 2;1-3 = 취하는(1)

(1)그러나 민간에 또한 거짓 선지자들이 일어났었나니 이와 같이 너희 중에도 거짓 선생들이 있으리라 저희는 멸망케 할 이단을 가만히 끌어들여 자기들을 사신 주를 부인하고 임박한 멸망을 스스로 취하는 자들이라 (2)여럿이 저희 호색하는 것을 좇으리니 이로 인하여 진리의 도가 훼방을 받을 것이요 (3)저희가 탐심을 인하여 지은 말을 가지고 너희로 이를 삼으니 저희 심판은 옛적부터 지체하지 아니하며 저희 멸망은 자지 아니하느니라

계 3:1-6 = 이기는 자(3)

(1)사데 교회의 사자에게 편지하기를 하나님의 일곱 영과 일곱 별을 가진 이가 가라사대 내가 네 행위를 아노니 네가 살았다 하는 이름은 가졌으나 죽은 자로다 (2)너는 일깨워 그 남은 바 죽게 된 것을

굳게 하라 내 하나님 앞에 네 행위의 온전한 것을 찾지 못하였노니
(3)그러므로 네가 어떻게 받았으며 어떻게 들었는지 생각하고 지키어
회개하라 만일 일깨지 아니하면 내가 도적같이 이르리니 어느 시에
네게 임할는지 네가 알지 못하리라 (4)그러나 사데에 그 옷을 더럽히
지 아니한 자 몇 명이 네게 있어 흰 옷을 입고 나와 함께 다니리니
그들은 합당한 자인 연고라 (5)이기는 자는 이와 같이 흰 옷을 입을
것이요 내가 그 이름을 생명책에서 반드시 흐리지 아니하고 그 이름
을 내 아버지 앞과 그 천사들 앞에서 시인하리라 (6)귀 있는 자는 성
령이 교회들에게 하시는 말씀을 들을지어다

계 3:14-22 = 이기는 그(21)

(14)라오디게아 교회의 사자에게 편지하기를 아멘이시요 충성되
고 참된 증인이시요 하나님의 창조의 근본이신 이가 가라사대 (15)내
가 네 행위를 아노니 네가 차지도 아니하고 더웁지도 아니하도다 네
가 차든지 더웁든지 하기를 원하노라 (16)네가 이같이 미지근하여 더
웁지도 아니하고 차지도 아니하니 내 입에서 너를 토하여 내치리라
(17)네가 말하기를 나는 부자라 부요하여 부족한 것이 없다 하나 네
곤고한 것과 가련한 것과 가난한 것과 눈먼 것과 벌거벗은 것을 알
지 못하도다 (18)내가 너를 권하노니 내게서 불로 연단한 금을 사서
부요하게 하고 흰 옷을 사서 입어 벌거벗은 수치를 보이지 않게 하고
안약을 사서 눈에 발라 보게 하라 (19)무릇 내가 사랑하는 자를 책
망하여 징계하노니 그러므로 네가 열심을 내라 회개하라 (20)볼지어
다 내가 문 밖에 서서 두드리노니 누구든지 내 음성을 듣고 문을 열
면 내가 그에게로 들어가 그로 더불어 먹고 그는 나로 더불어 먹으
리라 (21)이기는 그에게는 내가 내 보좌에 함께 앉게 하여 주기를 내
가 이기고 아버지 보좌에 함께 앉은 것과 같이 하리라 (22)귀 있는
자는 성령이 교회들에게 하시는 말씀을 들을지어다

마 24:3-51 = 깨어 있으라(42)

(36)그러나 그날과 그때는 아무도 모르나니 하늘의 천사들도, 아들도 모르고 오직 아버지만 아시느니라 (37)노아의 때와 같이 인자의 임함도 그러하리라 (38)홍수 전에 노아가 방주에 들어가던 날까지 사람들이 먹고 마시고 장가들고 시집가고 있으면서 (39)홍수가 나서 저희를 다 멸하기까지 깨닫지 못하였으니 인자의 임함도 이와 같으리라 (40)그때에 두 사람이 밭에 있으매 하나는 데려감을 당하고 하나는 버려둠을 당할 것이요 (41)두 여자가 매를 갈고 있으매 하나는 데려감을 당하고 하나는 버려둠을 당할 것이니라 (42)그러므로 깨어 있으라 어느 날에 너희 주가 임할는지 (43)너희가 알지 못함이니라 너희도 아는 바니 만일 집주인이 도적이 어느 경점에 올 줄을 알았더면 깨어 있어 그 집을 뚫지 못하게 하였으리라 (44)이러므로 너희도 예비하고 있으라 생각지 않은 때에 인자가 오리라(막 13:1-37; 눅 21:1-48 참조)

3. 하나님을 훼방하지 말라(21. 16:17-21) = 하나님을 모독하지 말라

출 9:22-26 = 하라(22)

(22)여호와께서 모세에게 이르시되 너는 하늘을 향하여 손을 들어 애굽 전국에 우박이 애굽 땅의 사람과 짐승과 밭의 모든 채소에 내리게 하라 (23)모세가 하늘을 향하여 지팡이를 들매 여호와께서 뇌성과 우박을 보내시고 불을 내려 땅에 달리게 하시니라 여호와께서 우박을 애굽 땅에 내리시매 (24)우박의 내림과 불덩이가 우박에 섞여 내림이 심히 맹렬하니 애굽 전국에 그 개국 이래로 그같은 것이 없던 것이라 (25)우박이 애굽 온 땅에서 사람과 짐승을 무론하고 무릇 밭에 있는 것을 쳤으며 우박이 또 밭의 모든 채소를 치고 들의 모든 나무를 꺾었으되 (26)이스라엘 자손의 거한 고센 땅에는 우박이 없었더라(예비처 = 계 12:5-6 참조)

출 14:5-31 = 변하여(5)

(5)혹이 백성의 도망한 것을 애굽 왕에게 고하매 바로와 그 신하
들이 백성에 대하여 마음이 변하여 가로되 우리가 어찌 이같이 하
여 이스라엘을 우리를 섬김에서 놓아 보내었는고 하고 (6)바로가 곧
그 병거를 갖추고 그 백성을 데리고 갈새 (7)특별 병거 육백 승과 애
굽의 모든 병거를 발하니 장관들이 다 거느렸더라 (8)여호와께서 애
굽 왕 바로의 마음을 강퍅게 하셨으므로 그가 이스라엘 자손의 뒤
를 따르니 이스라엘 자손이 담대히 나갔음이라 (9)애굽 사람들과 바
로의 말들, 병거들과 그 마병과 그 군대가 그들의 뒤를 따라 바알스
본 맞은편 비하히롯 곁 해변 그 장막 친 데 미치니라 (10)바로가 가까
와 올 때에 이스라엘 자손이 눈을 들어 본즉 애굽 사람들이 자기 뒤
에 미친지라 이스라엘 자손이 심히 두려워하여 여호와께 부르짖고
(11)그들이 또 모세에게 이르되 애굽에 매장지가 없으므로 당신이 우
리를 이끌어 내어 이 광야에서 죽게 하느뇨 어찌하여 당신이 우리를
애굽에서 이끌어 내어 이같이 우리에게 하느뇨 (12)우리가 애굽에서
당신에게 고한 말이 이것이 아니뇨 이르기를 우리를 버려 두라 우리
가 애굽 사람을 섬길 것이라 하지 아니하더뇨 애굽 사람을 섬기는 것
이 광야에서 죽는 것보다 낫겠노라 (13)모세가 백성에게 이르되 너희
는 두려워 말고 가만히 서서 여호와께서 오늘날 너희를 위하여 행하
시는 구원을 보라 너희가 오늘 본 애굽 사람을 또 다시는 영원히 보
지 못하리라 (14)여호와께서 너희를 위하여 싸우시리니 너희는 가만
히 있을지니라 (15)여호와께서 모세에게 이르시되 너는 어찌하여 내
게 부르짖느뇨 이스라엘 자손을 명하여 앞으로 나가게 하고 (16)지팡
이를 들고 손을 바다 위로 내밀어 그것으로 갈라지게 하라 이스라엘
자손이 바다 가운데 육지로 행하리라 (17)내가 애굽 사람들의 마음
을 강퍅게 할 것인즉 그들이 그 뒤를 따라 들어갈 것이라 내가 바로
와 그 모든 군대와 그 병거와 마병을 인하여 영광을 얻으리니 (18)내

가 바로와 그 병거와 마병으로 인하여 영광을 얻을 때에야 애굽 사람들이 나를 여호와인 줄 알리라 하시더니 (19)이스라엘 진 앞에 행하던 하나님의 사자가 옮겨 그 뒤로 행하매 구름 기둥도 앞에서 그 뒤로 옮겨 (20)애굽 진과 이스라엘 진 사이에 이르러 서니 저편은 구름과 흑암이 있고 이편은 밤이 광명하므로 밤새도록 저편이 이편에 가까이 못하였더라 (21)모세가 바다 위로 손을 내어민대 여호와께서 큰 동풍으로 밤새도록 바닷물을 물러가게 하시니 물이 갈라져 바다가 마른 땅이 된지라 (22)이스라엘 자손이 바다 가운데 육지로 행하고 물은 그들의 좌우에 벽이 되니 (23)애굽 사람들과 바로의 말들, 병거들과 그 마병들이 다 그 뒤를 좇아 바다 가운데로 들어오는지라 (24)새벽에 여호와께서 불 구름 기둥 가운데서 애굽 군대를 보시고 그 군대를 어지럽게 하시며 (25)그 병거 바퀴를 벗겨서 달리기에 극난하게 하시니 애굽 사람들이 가로되 이스라엘 앞에서 우리가 도망하자 여호와가 그들을 위하여 싸워 애굽 사람들을 치는도다 (26)여호와께서 모세에게 이르시되 네 손을 바다 위로 내어밀어 물이 애굽 사람들과 그 병거들과 마병들 위에 다시 흐르게 하라 하시니 (27)모세가 곧 손을 바다 위로 내어밀매 새벽에 미쳐 바다의 그 세력이 회복된지라 애굽 사람들이 물을 거스려 도망하나 여호와께서 애굽 사람들을 바다 가운데 엎으시니 (28)물이 다시 흘러 병거들과 기병들을 덮되 그들의 뒤를 좇아 바다에 들어간 바로의 군대를 다 덮고 하나도 남기지 아니하였더라 (29)그러나 이스라엘 자손은 바다 가운데 육지로 행하였고 물이 좌우에 벽이 되었었더라 (30)그날에 여호와께서 이같이 이스라엘을 애굽 사람의 손에서 구원하시매 이스라엘이 바닷가의 애굽 사람의 시체를 보았더라 (31)이스라엘이 여호와께서 애굽 사람들에게 베푸신 큰 일을 보았으므로 백성이 여호와를 경외하며 여호와와 그 종 모세를 믿었더라

겔 13:1-16 = 말하기를(2) = 10-14

(1)여호와의 말씀이 내게 임하여 가라사대 (2)인자야 너는 이스라엘의 예언하는 선지자를 쳐서 예언하되 자기 마음에서 나는 대로 예언하는 자에게 말하기를 너희는 여호와의 말씀을 들으라 (3)주 여호와의 말씀에 본 것이 없이 자기 심령을 따라 예언하는 우매한 선지자에게 화 있을진저 (4)이스라엘아 너의 선지자들은 황무지에 있는 여우 같으니라 (5)너희 선지자들이 성 무너진 곳에 올라가지도 아니하였으며 이스라엘 족속을 위하여 여호와의 날에 전쟁을 방비하게 하려고 성벽을 수축하지도 아니하였느니라 (6)여호와께서 말씀하셨다고 하는 자들이 허탄한 것과 거짓된 점괘를 보며 사람으로 그 말이 굳게 이루기를 바라게 하거니와 여호와가 보낸 자가 아니라 (7)너희가 말하기는 여호와의 말씀이라 하여도 내가 말한 것이 아닌즉 어찌 허탄한 묵시를 보며 거짓된 점괘를 말한 것이 아니냐 (8)그러므로 나 주 여호와가 또 말하노라 너희가 허탄한 것을 말하며 거짓된 것을 보았은즉 내가 너희를 치리라 나 주 여호와의 말이니라 (9)그 선지자들이 허탄한 묵시를 보며 거짓 것을 점쳤으니 내 손이 그들을 쳐서 내 백성의 공회에 들어오지 못하게 하며 이스라엘 족속의 호적에도 기록되지 못하게 하며 이스라엘 땅에도 들어가지 못하게 하리니 너희가 나를 여호와인 줄 알리라 (10)이렇게 칠 것은 그들이 내 백성을 유혹하여 평강이 없으나 평강이 있다 함이라 혹이 담을 쌓을 때에 그들이 회칠을 하는도다 (11)그러므로 너는 회칠하는 자에게 이르기를 그것이 무너지리라 폭우가 내리며 큰 우박덩이가 떨어지며 폭풍이 열파하리니 (12)그 담이 무너진즉 혹이 너희에게 말하기를 그것에 칠한 회가 어디 있느뇨 하지 아니하겠느냐 (13)그러므로 나 주 여호와가 말하노라 내가 분노하여 폭풍으로 열파하고 내가 진노하여 폭우를 내리고 분노하여 큰 우박덩이로 훼멸하리라 (14)회칠한 담을 내가 이렇게 훼파하여 땅에 넘어뜨리고 그 기초를 드러

낼 것이라 담이 무너진즉 너희가 그 가운데서 망하리니 나를 여호와인 줄 알리라 (15)이와 같이 내가 내 노를 담과 회칠한 자에게 다 이루고 또 너희에게 말하기를 담도 없어지고 칠한 자들도 없어졌다 하리니 (16)이들은 예루살렘에 대하여 예언하여 평강이 없으나 평강의 묵시를 본다 하는 이스라엘의 선지자들이니라 나 주 여호와의 말이니라 하셨다 하라

시 18:6-19 = 부르짖었더니(6)

(6)내가 환난에서 여호와께 아뢰며 나의 하나님께 부르짖었더니 저가 그 전에서 내 소리를 들으심이여 그 앞에서 나의 부르짖음이 그 귀에 들렸도다 (7)이에 땅이 진동하고 산의 터도 요동하였으니 그의 진노를 인함이로다 (8)그 코에서 연기가 오르고 입에서 불이 나와 사름이여 그 불에 숯이 피었도다 (9)저가 또 하늘을 드리우시고 강림하시니 그 발 아래는 어둑캄캄하도다 (10)그룹을 타고 날으심이여 바람 날개로 높이 뜨셨도다 (11)저가 흑암으로 그 숨는 곳을 삼으사 장막같이 자기를 두르게 하심이여 곧 물의 흑암과 공중의 빽빽한 구름으로 그리하시도다 (12)그 앞에 광채로 인하여 빽빽한 구름이 지나며 우박과 숯불이 내리도다 (13)여호와께서 하늘에서 뇌성을 발하시고 지존하신 자가 음성을 내시며 우박과 숯불이 내리도다 (14)그 살을 날려 저희를 흩으심이여 많은 번개로 파하셨도다 (15)이럴 때에 여호와의 꾸지람과 콧김을 인하여 물밑이 드러나고 세상의 터가 나타났도다 (16)저가 위에서 보내사 나를 취하심이여 많은 물에서 나를 건져내셨도다 (17)나를 강한 원수와 미워하는 자에게서 건지셨음이여 저희는 나보다 힘센 연고로다 (18)저희가 나의 재앙의 날에 내게 이르렀으나 여호와께서 나의 의지가 되셨도다 (19)나를 또 넓은 곳으로 인도하시고 나를 기뻐하심으로 구원하셨도다(시 93:1-5 = 출 14:15~; 계 6:10-11 참조)

벧후 3:10 = 사모하라(12)

(8)사랑하는 자들아 주께는 하루가 천 년 같고 천 년이 하루 같은
이 한 가지를 잊지 말라 (9)주의 약속은 어떤 이의 더디다고 생각하
는 것같이 더딘 것이 아니라 오직 너희를 대하여 오래 참으사 아무
도 멸망치 않고 다 회개하기에 이르기를 원하시느니라 (10)그러나 주
의 날이 도적같이 오리니 그날에는 하늘이 큰 소리로 떠나가고 체질
이 뜨거운 불에 풀어지고 땅과 그 중에 있는 모든 일이 드러나리로
다 (11)이 모든 것이 이렇게 풀어지리니 너희가 어떠한 사람이 되어
야 마땅하뇨 거룩한 행실과 경건함으로 (12)하나님의 날이 임하기를
바라보고 간절히 사모하라 그날에 하늘이 불에 타서 풀어지고 체질
이 뜨거운 불에 녹아지려니와 (13)우리는 그의 약속대로 의의 거하
는 바 새 하늘과 새 땅을 바라보도다

마 24:15-31 = 믿지(23)

(15)그러므로 너희가 선지자 다니엘의 말한 바 멸망의 가증한 것
이 거룩한 곳에 선 것을 보거든 (읽는 자는 깨달을진저) (16)그때에 유대
에 있는 자들은 산으로 도망할지어다 (17)지붕 위에 있는 자는 집 안
에 있는 물건을 가지러 내려가지 말며 (18)밭에 있는 자는 겉옷을 가
지러 뒤로 돌이키지 말지어다 (19)그날에는 아이 밴 자들과 젖 먹이
는 자들에게 화가 있으리로다 (20)너희의 도망하는 일이 겨울에나
안식일에 되지 않도록 기도하라 (21)이는 그때에 큰 환난이 있겠음이
라 창세로부터 지금까지 이런 환난이 없었고 후에도 없으리라 (22)그
날들을 감하지 아니할 것이면 모든 육체가 구원을 얻지 못할 것이나
그러나 택하신 자들을 위하여 그날들을 감하시리라 (23)그때에 사람
이 너희에게 말하되 보라 그리스도가 여기 있다 혹 저기 있다 하여
도 믿지 말라 (24)거짓 그리스도들과 거짓 선지자들이 일어나 큰 표
적과 기사를 보이어 할 수만 있으면 택하신 자들도 미혹하게 하리라

(25)보라 내가 너희에게 미리 말하였노라 (26)그러면 사람들이 너희
에게 말하되 보라 그리스도가 광야에 있다 하여도 나가지 말고 보라
골방에 있다 하여도 믿지 말라 (27)번개가 동편에서 나서 서편까지
번쩍임같이 인자의 임함도 그러하리라 (28)주검이 있는 곳에는 독수
리들이 모일지니라 (29)그날 환난 후에 즉시 해가 어두워지며 달이
빛을 내지 아니하며 별들이 하늘에서 떨어지며 하늘의 권능들이 흔
들리리라 (30)그때에 인자의 징조가 하늘에서 보이겠고 그때에 땅의
모든 족속들이 통곡하며 그들이 인자가 구름을 타고 능력과 큰 영광
으로 오는 것을 보리라 (31)저가 큰 나팔 소리와 함께 천사들을 보내
리니 저희가 그 택하신 자들을 하늘 이 끝에서 저 끝까지 사방에서
모으리라(단 9:2; 렘 25:11-12 = 이스라엘의 귀환 언약. 단 9:20-27 = 70 이레는 종말에 대한 언약.)

요 10:22-39 = 믿지(26)

(22)예루살렘에 수전절이 이르니 때는 겨울이라 (23)예수께서 성
전 안 솔로몬 행각에서 다니시니 (24)유대인들이 에워싸고 가로되 당
신이 언제까지나 우리 마음을 의혹게 하려나이까 그리스도여든 밝히
말하시오 하니 (25)예수께서 대답하시되 내가 너희에게 말하였으되
믿지 아니하는도다 내가 내 아버지의 이름으로 행하는 일들이 나를
증거하는 것이어늘 (26)너희가 내 양이 아니므로 믿지 아니하는도다
(27)내 양은 내 음성을 들으며 나는 저희를 알며 저희는 나를 따르느
니라 (28)내가 저희에게 영생을 주노니 영원히 멸망치 아니할 터이요
또 저희를 내 손에서 빼앗을 자가 없느니라 (29)저희를 주신 내 아버
지는 만유보다 크시매 아무도 아버지 손에서 빼앗을 수 없느니라 (30)
나와 아버지는 하나이니라 하신대 (31)유대인들이 다시 돌을 들어 치
려 하거늘 (32)예수께서 대답하시되 내가 아버지께로 말미암아 여러
가지 선한 일을 너희에게 보였거늘 그 중에 어떤 일로 나를 돌로 치려

하느냐 (33)유대인들이 대답하되 선한 일을 인하여 우리가 너를 돌로 치려는 것이 아니라 참람함을 인함이니 네가 사람이 되어 자칭 하나님이라 함이로라 (34)예수께서 가라사대 너희 율법에 기록한 바 내가 너희를 신이라 하였노라 하지 아니하였느냐 (35)성경은 폐하지 못하나니 하나님의 말씀을 받은 사람들을 신이라 하셨거든 (36)하물며 아버지께서 거룩하게 하사 세상에 보내신 자가 나는 하나님 아들이라 하는 것으로 너희가 어찌 참람하다 하느냐 (37)만일 내가 내 아버지의 일을 행치 아니하거든 나를 믿지 말려니와 (38)내가 행하거든 나를 믿지 아니할지라도 그 일은 믿으라 그러면 너희가 아버지께서 내 안에 계시고 내가 아버지 안에 있음을 깨달아 알리라 하신대 (39)저희가 다시 예수를 잡고자 하였으나 그 손에서 벗어나 나가시니라

계 16:15 = 보라 내가 도적같이 오리니 누구든지 깨어 자기 옷을 지켜 벌거벗고 다니지 아니하며 자기의 부끄러움을 보이지 아니하는 자가 복이 있도다(계16:15)

시 22:27-29 = 경배하리니(27)

(27)땅의 모든 끝이 여호와를 기억하고 돌아오며 열방의 모든 족속이 주의 앞에 경배하리니 (28)나라는 여호와의 것이요 여호와는 열방의 주재심이로다 (29)세상의 모든 풍비한 자가 먹고 경배할 것이요 진토에 내려가는 자 곧 자기 영혼을 살리지 못할 자도 다 그 앞에 절하리로다

빌 2:10-11 = 시인하여(11)

하늘에 있는 자들과 땅에 있는 자들과 땅 아래 있는 자들로 모든 무릎을 예수의 이름에 꿇게 하시고 모든 입으로 예수 그리스도를 주라 시인하여 하나님 아버지께 영광을 돌리게 하셨느니라

PART 16

큰 음녀(바벨론)의 심판

제17~18장

언약의 성취를 믿으라(18:20)

17장은 큰 음녀(淫女 = 큰 성 바벨론)의 받을 심판(審判)을, 18장은 언약대로 성취를 즐거워하라 한다(18장 20절).

17~19장에는 16장까지의 종말의 심판에 따른 그 심판의 대상이 증거된다.

1. 음행의 포도주에 취하지 말라(17:1-5) = 우상숭배 하지 말라
2. 피에 취하지 말라(17:6-10) = 생명을 귀히 여기라
3. 어린 양을 대적(싸우려)하지 말라(17:11-14) = 구주 예수님을 믿는 복을 누려라
4. 짐승과 음녀를 미워하라(17:15-18) = 마귀를 대적하라
5. 바벨론에서 나오라(4:1-8) = 성도의 복을 누리자
6. 신원(伸寃)하여 주심을 즐거워하라(18:9-24) = 심판의 성취를 즐거워하라

요한계시록 18장 20절의 "즐거워하라"는 것은 예언의 성취를 강조하여 만족[지복(至福)]에 집중케 한다.

17장

❄ 1–5절. 음행의 포도주에 취하지 말라 = 우상숭배 하지 말라

• 1절. 많은 물위에 앉은 큰 음녀

여자(음녀) = 짐승(큰 음녀 = 큰 성 바벨론) = 사탄 멸망(滅亡)을 증거한다 = 이들은 하나님을 대적(對敵)하는 세력(勢力)들의 멸망(滅亡) 순서(順序)와 심판(審判)의 이유(理由)를 보게 된다.

큰 음녀(17-18장) = 큰 음녀(17:1) = 붉은빛 짐승을 탄 여자(17:3, 7)? = 그 여자(4) = 큰 바벨론(17:5) = 땅의 음녀들과 가증한 것들(17:5, 16)의 어미(17:5)

= 성도들의 피와 예수의 증인들의 피에 취한 여자(17:6)

= 음녀는 역사 속에 예수님의 대적자들을 통칭한다

= 유대가 바벨론에 망한 것과 같이 악의 세력 간에도 대적하는 일이 있다(단 10:20-11:45 참조)

= 음녀(15) = 물에 앉은 음녀(16) = 땅의 임금들을 다스리는 큰 성(18) = 열 뿔과 짐승에게 망함(17:15-18)

18장. 큰 성 바벨론(18:2-3, 10, 21, 14:8, 16:19) = 여황(18:7)

19장. 큰 음녀(19:2)

큰 음녀. 짐승[큰 음녀(큰 성 바벨론)] 등의 견해들?

김상훈 = 그 이름에서 알 수 있듯이 많은 이들을 영적, 도덕적 타락으로 이끄는 여인이다. 악의 세력인 짐승과 동류관계다. 그녀의 이름은 "바벨론"(5절)[311]이다.

---

311) 김상훈, 요한계시록 7:1-22:21, 감은사, 2022, p. 342.

김응조 = 사탄의 화신인 거짓 교회

김재준 = 바벨론으로 상징되는 로마 교회(팀 라하이)

민병석 = 범세계적 기구로 이룬 배도적 교회, 세속화됨.

박수암 = 이방 도시 로마

석원태 = 반 기독적인 이 세상

이광복 = 배도하는 교회

이병규 = 인본주의적인 이 세상과 세상에 있는 것들

조용기 = 적그리스도에 이용될 종교단체

레마 주석 = 바벨론을 비유로 한 로마

데이크 = 타락을 유발시킬 종교적인 제도

존슨 = 모든 우상숭배의 근원지를 상징

비더울프 = 배교할 미래의 교회

헨드릭슨 = 바벨론으로 상징되는 이 세상(신성종)

렌스키 = 적그리스도교와 그의 유혹

왈부르드 = 미래의 배교적인 교회

래드 = 하나님께 대적하는 인간사회

박윤선 = 큰 음녀는 대도시(大都市)를 가리킨다고 한다. 혹이 "큰 음녀"란 말을 가리켜 '로마 교회'라고 하나, 그 해석은 18장 내용과 맞지 않는다. 18:11-20을 보면, 이것은 세계적으로 모든 상품(商品)을 수입(輸入)한 자다. 그러므로 이것은 하나님을 배반하는 이 세상과 및 거기 속한 것들을 총칭한다.[312)]

김추성 = 음녀 바벨론은 누구인가? 요한계시록 12장의 '해를 옷 입고 발아래 달이 있고 머리에 열두 별의 면류관을 쓴 여자'와 극명하게 대조되는 또 다른 여자의 모습이 17장에 등장하고 있다. 이 여자는 큰 음녀라 불리고 있으며, 많은 물 위에 앉아 있고 하나님을 모

---

312) 박윤선, 요한계시록 주석, 영음사, 1985, p. 305

독하는 이름들이 가득한 붉은빛 짐승을 타고 있다. 온갖 사치스럽고 화려한 것들로 잔뜩 치장했지만, 그 속에는 음행의 더러운 것들로 가득 차 있다. 이 음녀는 큰 바벨론이라 불린다. 음녀 바벨론은 일차적으로 로마를 지칭한다고 볼 수 있다. 고대 바벨론은 우상으로 가득 찼던 도시이다. 바벨론의 전신은 다음 구절에 잘 드러나 있다(단 4:28-30) = 세종대왕의 아들들을 유혹한 요부 '초요갱'(세종왕조실록에 그 이름이 16번이나 기록됨)[313)]

김형중 = 그(큰 음녀)의 이름은 큰 바벨론이고 땅의 음녀들과 가증한 것들의 어미로 해석(5절 참조)[314)]

이상근 = 구약에서 두로(사 23:15)나 니느웨(나 3:4)를 음녀에 비유했다. 본문의 경우는 바벨론이다(5절).[315)]

송영목 = 전에 있었다가 시방은 없어진 짐승이 일곱 중에 포함되지만 여덟 번째 왕이다(11절). 여덟은 부활의 숫자이다. 그러므로 '여덟 번째 왕'을 정확하게 '제8대 황제'라고 볼 이유는 없다. 즉 짐승이 부활한 것처럼 다시 세력을 얻을 것이라는 뜻으로 볼 수 있다. 이처럼 소아시아 일곱 교회를 박해하던 세력은 끈질기게 그 명맥을 이어간다. 그러나 부활하더라도 힘을 제대로 발휘하지 못한다. 왜냐하면 그는 멸망으로 들어가야 하기 때문이다.[316)]

천정웅 = 본문의 음녀는 세상이다.[317)]

김추성 = 요한계시록은 종종 복합적 상징법을 사용하고 있다. 이러한 수사법을 이해하는 것은 요한계시록을 올바로 이해하는 데 있어서 매우 중요하다. 요한계시록 17-18장에서도 이것은 동일하게 적

---

313) 김추성, 하나님과 어린양의 보좌, 도서출판 이레서원, 2015, p. 314
314) 김형중, 읽기만 해도 열리는 요한계시록, 솔로몬, 2010, p. 234.
315) 이상근, 요한계시록 주해, 신일정판사, 1986, p. 211
316) 송영목, 신약주석, 쿰란출판사, 2011, p. 1354
317) 천정웅, 요한계시록, 말씀의 집, 1990, p. 226

용된다. 동일한 실체의 여러 가지 다른 면을 부각하기 위하여 다른 상징들을 사용하고 있다. 여자, 바벨론, 음녀는 서로 다른 실체를 나타내는 것이 아니라 17:3에 보면, 여자가 붉은 짐승을 탔는데 그 짐승의 몸에 하나님을 모독하는 이름들이 가득하고 일곱 머리와 열 뿔을 가지고 있다. 음녀와 짐승은 사실상 별개의 존재가 아니라 서로 밀접한 관계를 맺고 있는 존재임을 알 수 있다. 다시 말해서 음녀는 짐승의 속성을 그대로 드러내고 있다. 특히 여기서 나타나는 짐승은 13:1-10에 나타난 바다짐승과 깊은 관계가 있다. 바다에서 올라오는 짐승 역시 일곱 머리와 열 뿔을 가지고 있다. 이미 살펴본 바와 같이 바다에서 올라오는 짐승은 하나님을 대적하는 적그리스도적 제국을 가리킨다. 음녀 바벨론은 바로 개인이 아니라 하나님을 대적하는 적그리스도 제국을 상징한다.[318] = 요한계시록 17:16-17과 충돌된다.

김형중 = 짐승은 사람이 아니라 영적인 존재다. 요한계시록 20장 2절에 무저갱에 천년 동안 결박된 사탄이 있다가 대재앙 때 잠시 풀려나는 일이 있는데 두 개의 병행구절을 보면 이것이 무저갱에서 올라오는 짐승인 사탄일 가능성이 아주 높다. 그는 영적 존재가 분명한데, 그동안 역사는 짐승인 적그리스도를 사람 가운데 그가 누구인지 찾는 일에 세월을 다 보냈다는 사실이 너무도 한심한 일이 아닐 수 없다.[319] = 이 해석은 피터 럭크만(Peter S Ruckman)의 해석과도 같다.

피터 럭크만(Peter S Ruckman) = 17장 16절 해석에서 "사탄이 열 왕을 완전히 통제한 뒤 로마교회를 배신하여 그녀를 파괴한다는 것이다. 이것은 환란 중간에 일어날 듯하다. 시간 요소는 그다지 확신이

---

318) 김추성, 하나님과 어린양의 보좌, 도서출판 이레서원, 2015, pp. 323-324
319) 김형중, 읽기만 해도 열리는 요한계시록, 솔로몬, 2010, p. 236.

안 서는데, 큰 바벨론 심판은 환란 끝에 일어나기 때문이다(계 16:19)" 라 하여 짐승을 '사탄'으로 지칭한다.[320)]

17:8-9을 주의 깊게 보라. "네가 본 그 짐승은 전에 있다가 지금은 없고" 이 짐승은 마귀이지만 눈에 보이는 형태로 나타난 마귀이다. 이렇게 사탄은 용이면서 사람으로 나타난다(사 7:10-15과 비교하라).[321)]

피터 럭크만(Peter S Ruckman) = 18장 2절의 해석에서 '큰 성 바벨론'을 '마귀들', '더러운 영'과 '더럽고 가증한 새'의 연결을 주목하라. 더러운 영들은 새와 같다. 성령이 마태복음 3장에서 임하실 때 비둘기, 곧 정결한 새의 형태로 나타나셨다. 더러운 영들은 성경 어디에서나 "불결한 새와 같다"라고 하며, 마태복음 13:19을 마태복음 13:4과 비교하라. 여기서 사탄은 "하나님의 말씀을 훔치는 새로 비유된다"고 하였다.[322)] = 그러나 자세히 읽어 보면 '큰 성 바벨론'이 '마귀들'의 거처요, '더러운 영'과 '더럽고 가증한 새'의 소굴이라 하였지 마귀라 하지 않는다.

송영목 = 8-9절에서 천사가 설명하기를, 붉은빛을 띠며 일곱 머리와 열 뿔을 가진 그 짐승은 로마 및 예루살렘을 동시에 가리킨다. '전에 있다가 시방은 없어진 짐승'이 일곱 중에 포함되지만 여덟 번째 왕이다. 여덟은 부활의 숫자이다. 그러므로 '여덟째 왕'을 정확하게 '제8대 황제'라고 볼 이유는 없다. 즉 짐승이 부활한 것처럼 다시 세력을 얻을 것이라는 뜻으로 볼 수 있다.[323)]

천정웅 = 음녀가 탄 짐승의 특징은 요한 시대에는 없었다가 앞으로 일어나고 무저갱으로부터 나와서 일시적으로 활동하다가 망한다. 또한 일곱 머리가 있다가 일곱 중 다섯은 이미 망하고(애굽, 앗수

---

320) Peter S Ruckman, 김형덕 옮김, 말씀보존학회, 1993, p. 376
321) 위의 책, 1993, p. 371
322) 위의 책, 1993, p. 379
323) 송영목, 신약주석, 쿰란출판사, 2011, p. 1354

르, 바벨론, 메대 파사, 헬라) 현재 남아 있는 나라(로마)가 있고, 잠깐 일어날 나라(신성로마 제국?)가 생긴다. 또한 열 뿔이 있다. 여기에 대한 해석은 첫째 유럽 경제동맹국인데 이미 열두 개국이 되었고, 둘째 로마시대의 열 명의 왕이라는 해석과 셋째 말세에 있을 적그리스도의 정치적 권세를 잡은 자의 총칭이라는 해석이 있다. 그리고 여덟째 왕이 말세의 적그리스도이다. 이것은 누굴까? 교황청일 가능성도 있다. 이 짐승은 예수님의 재림으로 망한다.[324)]

예레미야는 바벨론을 가리켜 '많은 물가에 거하여 재물이 많은 자'라고 하였다(렘 51:13). 실제로 바벨론은 유브라데, 티그리스강 이외에도 많은 운하들 사이에 위치한 세계적인 대제국이었다. 그런데 요한계시록에서 바벨론은 범세계적인 종교단체를 상징한다(참조, 계 14:8). 또한 구약성경에서는 약속의 하나님 여호와를 배반하고 이방의 우상을 따라간 이스라엘을 음녀라고 불렀고(참조, 사 1:21; 겔 16:15; 호 2:5). 두로(참조, 사 23:15)나 니느웨(참조, 나 3:4)도 음녀라고 불렸는데 그 이유는 많은 나라들을 부패로 유인했기 때문이었다. 이와 같은 맥락에서 음녀는 최대의 권력을 잡은 종교단체(음녀 교회)로서 사치와 부패, 음란 등으로 세계를 타락시켰을 뿐만 아니라 거룩하고 의로운 그리스도와 그 교회를 잔해하였기 때문에 큰 음녀로 불렸다.

• 2절. 그 음행의 포도주에 취하였다

땅의 임금들(세계 정치에 막대한 영향력을 주는 우상숭배자들이다). 땅에 거하는 자들(모든 사람이 미혹을 받아 취함)

큰 음녀(큰 성 바벨론)은 우상숭배를 조장하는 세상 권세의 중심

---

324) 천정웅, 요한계시록, 말씀의 집, 1990, p. 228.

세력으로 세상 모든 나라와 사람들에게 막대한 영향력이 미치는 음녀 교회(종교단체)를 의미한다. 따라서 큰 음녀는 마지막 때에 하나의 범세계적인 음녀 교회(종교단체)와 이를 추종하는 세속적 세력들을 총칭하며(계 17:15, 18, 18:1-24 참조), 결국은 열 뿔과 짐승에게 망하게 된다(계 17:16-17 참조).

• 3절. 그 여자가 붉은빛 짐승을 탔는데

붉은빛 짐승[(여기에서 사용된 '붉은빛'은(kovkkinon, 형목중단 scarlet colored = 2847 kovkkino" kokkinos 2848(곤충의 씨앗 모양)에서 유래; '진홍색의' 〈히 9:19〉형. red;]이라는 말의 헬라어는 사치를 상징한다.

이는 요한계시록 13:1에 나타난 짐승과 비교되는데, 앞에서는 멸망의 색인 붉은빛을 띠었으나 본문의 짐승은 사치의 붉은빛을 띠었다. 따라서 적그리스도에 힘입어 사치와 부귀로 사람들을 유혹하는 악한 세력 곧 세상의 중심 세력임을 의미한다.

〈13장의 짐승에 대한 견해들 참고〉

• 4절. 자줏빛, 붉은빛 옷을 입고

복음이 아니라 적그리스도 사상으로 무장함.

금과 보석과 진주로 꾸미고 = 세상을 미혹할 만한 매혹적인 모습

손에 금잔을 가졌는데 그 음행의 더러운 것들이 가득하더라 = 금잔[거짓된 진리, 겉으로는 매혹적이지만 그 속에는 가증한 물건과 음행의 더러운 것들이 가득하다. 이 잔은 죄인을 구원하는 복음 진리의 잔이 아니고 사람의 영적 생명을 죽이는 쑥물을 마시게 하는 음행의 포도주 잔이다(사 28:1-8 등 참조)].

- **5절. 그 이마에 이름이 기록되어 있으니 비밀이라**

비밀이라, 큰 바벨론이라, 땅의 음녀들과 가증한 것들의 어미 = 지혜(智慧)가 여기 있으니 총명(聰明) 있는 자(者)는 그 짐승의 수(數)를 세어 보라 그 수는 사람의 수니 육백(六百) 육십(六十) 육(六)이니라(계 13:18 참조).

큰 바벨론이라 = 전 세계적인 협의체. 땅의 음녀들과 가증한 것들의 어미(거짓 종교의 총 본산)

❋ 6-10절. 피에 취하지 말라 = 생명을 귀히 여기라

- **6절. 성도들의 피와 예수의 증인들의 피에 취한지라**

성도들을 박해하고 수많은 순교자의 피를 흘리게 하는 악행의 원흉임을 증언한다.

- **7절. 일곱 머리와 열 뿔을 가진 짐승**

일곱 머리와 열 뿔을 가진 짐승은 적그리스도를 말하며, 이 짐승은 13장의 뿔이 열이요 머리가 일곱인 짐승과 같은 짐승이다.

1) 이름 = 참람된 이름들(하나님을 모독하는 이름들)
2) 정체 = 전에 있다가 시방 없는 자. 장차 나타날 자(적그리스도). 나오는 곳은 무저갱(11).
3) 생긴 모양 = 일곱 머리와 열 뿔이 있다(13:1)
4) 일곱 머리(9) = 음녀가 앉은 일곱 산임. 일곱 산은 일곱 나라요 일곱 왕임
5) 일곱 산 = 다섯은 망함(애굽, 앗수르, 바벨론, 메대 파사, 헬라). 하나는 있음(로마제국). 하나는 아직 이르지 아니함(장차 나타날 적그리

스도 국)

6) 여덟째 왕으로 일곱 중에 속한 자(11) = 적그리스도가 일곱 나라 중에 속해 있으면서도 여덟째 나라를 이루는 왕이라고 한 것이다. 다니엘에는 적그리스도가 열 뿔을 지배할 작은 뿔로 나온다(단 7:7-8, 19-22). 이 작은 뿔이 심히 커져서 하나님을 대적하게 된다. 이 작은 뿔이 열 뿔 연합국의 왕이 되기 때문에 자기가 속한 일곱째 나라의 왕이며 또 여덟째 나라 왕이기도 하다.

7) 열 뿔 = 열 왕을 가리킴(적그리스도를 추종하는 많은 나라의 왕들 곧 세상 권력자들).

8) 하는 일 = 어린 양(주님의 군대 = 하늘군대)과 더불어 싸우게 됨(아마겟돈에서)

일곱 머리와 열 뿔을 가진 짐승에 대한 견해들

박윤선 = "전에 있었다" 함은 사도 요한 이전에 이 짐승 곧, 적그리스도가 있었다는 말이다. 과거에 있었던 적그리스도가 앞으로 다시 나타나리라 함은, 동일한 인물이 재생(再生)하여 나타난다 함이 아니고, 동일한 악행을 할 자가 나타나겠다는 의미이다. "무저갱으로부터 올라옴"은 사탄의 세력을 가지고 나타남을 가리킨다.[325]

이상근 = 이(8절의 짐승)는 분명히 13:1의 짐승과 동일시된다.[326]

피터 럭크만 = "네가 본 그 짐승은 전에 있었다가 지금은 없고" 이 짐승은 마귀이지만 어떤 눈에 보이는 형태로 나타난 마귀이다. 이렇게 사탄은 용이면서 사람으로 나타난다(사 7:10-15 비교하라).[327]

랑코 스테파노비치 = 요한계시록 17장 1-6a절은 일반적으로 종말의 배도 세력인 바벨론을 묘사하며, 또한 바벨론의 역할을 설명하기

---

325) 박윤선, 요한계시록, 영음사, 1985, p. 307.
326) 이상근, 요한계시록, 총회교육부, 1986, p. 214
327) Peter S. Ruckman, 김형덕 옮김, 요한계시록 주석, 말씀보존학회, 1993, p. 371.

위하여 약간의 배경을 제공한다. 17장 6b절을 시작으로, 이제 요한은 특별히 음녀 바벨론이 앉아 있는 짐승의 정체와 관련하여 그리고 마지막 때 그 짐승의 역할에 대하여 자세한 정보를 제공한다.[328)]

짐승 = 17-18장. 붉은빛 짐승(17:3) = 일곱 머리와 열 뿔 가진 짐승은 전에 있다가 시방 없으나 장차 무저갱으로부터 올라와 멸망으로 들어갈 자니 땅에 거하는 자들 - 이전에 있다가 시방 없으나 장차 나올 짐승(17:7-8) = "전에 있다가 시방 없어진 은 여덟째 왕이니 일곱 중에 속한 자(17:11, 13:1-6, 11-18) = 이 열 뿔과 짐승(16).

19장. 짐승(19:19-21) = 짐승과 그 우상(20:4) = 적그리스도(계 11:7, 19:20-21; 요일 2:18, 22, 4:3; 요이 7; 살후 2:1-12)

사탄 = 계 20장. 사탄(마귀, 용, 옛 뱀)(계 20:1-3, 7-10, 12:9)

❋ 11-14절. 어린 양을 대적(싸우려)하지 말라 = 구주 예수님을 믿는 복을 누려라

• 14절. 어린 양은 만주의 주시요 만왕의 왕이시므로 저희를 이기실 터이요

17:14에서 "이기실 터이요"를 계 6:2와 연관지어 해석해서는 안 된다.

17:14의 "이기실 터이요"는 앞으로 이기시게 된다는 의미가 아니라, 예수님은 이미 이기신 분이므로(계 3:21; 요 16:33; 요일 4:4, 5:4-5; 계 12:11 등 참조), 심판을 하실 분이라는 의미로 보아야 한다(계 17-18장, 19장 1-2절, 11-16절 참조) = 요일 4:4

---

328) Ranko Stefanovic, 하홍팔, 도현석 공역, 예수 그리스도의 계시, 미주 시조사, 2011, pp. 527-528

그와 함께 있는 자들 곧 부르심을 입고 빼내심을 얻고 진실한 자들은 이기리로다 = '주 예수 그리스도' 안에 있는 자들은 당연히 이기는 은혜를 누린다.

❃ 15-18절. 짐승과 음녀를 미워하라 = 마귀를 대적하라

• 16절. 열 뿔과 짐승이 음녀를 미워하여

이 열 뿔과 짐승이 음녀를 미워한다. 곧 자기들끼리의 권력 싸움이 발생한다.

큰 음녀(큰 성)와 짐승의 멸망?

1) 열 뿔(붉은 짐승을 추종하는 땅의 위성국들)
2) 짐승(적그리스도)
3) 장소 = 아마겟돈
4) 결과 = 열 뿔과 짐승이 음녀를 미워하게 되고 큰 음녀는 결국 이용만 당하고 버림받게 되며 주님의 군대에 의하여 그들 모두는 유황 불못에 던져짐(19:19-20).

18장

17장이 음녀교회 체제의 붕괴(崩壞)라면, 18장은 음녀교회 전체의 멸망(滅亡) 곧 파멸(破滅)로, 큰 성(바벨론)의 멸망(1-8), 신원하시는 심판(9-20), 만국의 멸망(21-24) 등을 증언한다.

세상 종말인 7년 환난 중, 후 3년 반은 세상 전부가 짐승의 지배 아래 큰 음녀(음녀 교회 = 바벨론)의 영향으로 이 땅에 거주하는 인류는 다 짐승의 표를 받는 자들로 가득 차게 된다. 결국은 이 큰 성 바벨론이 무너졌다고 천사가 외칠 것이다. 인류의 큰 성(바벨론)은 하나님의 일곱째 대접 심판에 의하여 무너진 것이다. 이 바벨론이 무너지는 모습이 계 16:17-21에 보여지고, 17장에 음녀 교회의 정체가 보여지며, 18장은 음녀의 심판 받는 모습과 아울러 이 세상을 유혹하던 모든 권력이 멸망을 받는 셋째 화의 모습을 보여주고 있다.

❁ 1-8절. 바벨론에서 나오라 = 성도의 복(은혜)를 누려라

• 2절. 무너졌도다 무너졌도다 큰 성 바벨론이여

큰 성 바벨론?

1) 귀신의 처소(12:4, 9).

2) 각종 더러운 영들의 모이는 곳(9:2).

3) 각종 더럽고 가증한 새가 모이는 곳(새는 악령의 상징으로 악령들의 집결 상태를 말함).

무너졌도다 = 두 번 반복된다.

만국이 무너졌다 = 음행의 포도주로 인하여 하나님의 심판을 불러들였다.

• **3절. 무너졌으며**

땅의 왕들이 = 음녀는 이 세상 정권이나 권세와 손을 잡고 짐승을 도와주었다.

땅의 상고(商賈)들 = 상인들. 근동 지방에서는 무역업을 하는 상인들이 많은 부를 축적했다. 여기서는 그들이 부의 권세를 이용하여 향락과 사치의 부패에 빠졌음을 묘사한다.

• **4절. 내 백성아 거기서 나와**

하나님의 명령 = 이 말씀은 멸망하게 될 바벨론에서 그리스도인들을 분리해 내는 은혜를 묘사한다. 이와 같이 하나님께서 백성들을 불러내는 것은 이스라엘 역사에서 공통된 은총의 행위이다. 예를 들면 하나님은 아브라함을 갈대아 우르에서 나오게 하셨으며(참조, 창 12:1), 롯을 소돔에서(참조, 창 19:12), 광야의 이스라엘 백성들을 다단과 아브람의 장막에서(참조, 민 16:26) 불러내셨다. 특히 여기에서는 어떤 지리적인 면보다는 오히려 생활면에서 지켜야 할 도리에 대해 권면하였다. 즉 죄에 참예하지 말라는 권면은 정신적, 도덕적, 종교적으로 엄연하게 구분되는 그리스도인으로서 구별된 생활을 하라는 권면이다 = 그의 죄에 참여하지 말고 바벨론에서 나와 성도의 복(은혜)을 누려라.

하나님의 명령?

1) 거기서 나오라

2) 죄에 참여하지 말라

3) 재앙들을 받지 말라

큰 성 바벨론의 음행에 대한 견해들

김응조 = 반신적 음행의 악한 감화

김재준 = 세상 풍조에 휩쓸려 도취된 상태

민병석 = 범세계적 기구로 이룬 배도적 교회, 세속화 됨.

박수암 = 로마와 세속의 더럽고 불법적인 관계

석원태 = 우상주의, 물질적 부와 육체적 쾌락

신성종 = 우상숭배, 도덕적 부패, 사치, 부정한 거래에 의한 사회적 무질서

이광복 = 비진리로 세상을 유혹할 음녀의 무기

이병규 = 하나님을 떠나서 세상에 도취되어 사는 것

조용기 = 성경을 이탈한 제반 종교단체(협의체)

데이크 = 바벨론 사람의 영적 간음

존슨 = 세상 사람들이 거짓 예배에 도취됨

비더울프 = 짐승을 숭배하라고 유혹하는 일들

헨드릭슨 = 외설적인 문학, 육적인 정욕 등

렌스키 = 유혹받은 자들이 마실 가증한 행위

왈부르드 = 바벨론에 의해 야기된 영적 타락

래드 = 모든 나라를 속이고 유혹했던 바벨론

레마주석 = 이 세상의 권력자들과 불신자

그랜드 주석 = 로마의 사치와 음행과 치부를 상징

박윤선 = 헬라 원문에는 이 말씀 초두에 호티('oti = 왜 그런고 하면)라는 말이 있어서 그것이 윗 말씀의 이유임을 밝힌다. 바벨론 곧, 불경건한 이세상이 황폐해질 이유로 세 가지는 (1)그것이 그 음행(하나님을 배반하는 행위)으로 모든 나라들을 꾀어 하나님의 진노를 당하게 한 것. 다시 말하면, 유사 이래(有史以來)로 모든 나라들이 이 세상주의의 유혹으로 인하여 하나님을 배반하고 멸망하게 되었으니 이제는 이 세상 그 자체가 처벌 받아야 한다. (2)그뿐 아니라 그것은 사치

한 죄가 있기 때문에 그런 처벌을 받음. 이 세상주의는, 이기주의를 위하여 재물을 과도히 저축하고 또 과도히 소비한다. (3)그것의 셋째 죄악은 본장 24절에 있으니, 곧 성도를 죽인 죄악이다.[329)]

김추성 = 바벨론이 심판을 받는 첫 번째 이유는 음행과 우상 숭배다(17:2 참조). 두 번째 이유는 탐욕 때문이다. 셋째, 바벨론은 성도들의 피에 취하여 있다. 적은 수의 성도가 아니라 무수히 많은 성도의 피를 흘렸다. 또한 예수의 증인들의 피를 취하였다. 마지막 때가 가까울수록 이런 일들이 일어날 것이다(17:3-6 참조).[330)]

김형중 = 18:3을 세 가지로 풀어 놓음[331)]

천정웅 = 18:2-3을 풀어 놓음[332)]

이상근 = 렘 51:9(우리가 바벨론을 치료하려 하여도 낫지 아니한즉 버리고 각기 고토로 돌아가자 그 화가 하늘에 미쳤고 궁창에 달하였음이로다)의 반영이다. 이제 하나님의 인내는 다 된 것이다. 악의 마땅한 보응은 벌써 내리고 있는 것이다.[333)]

피터 럭크만 = "마귀들", "더러운 영"과 "더럽고 가증한 새"의 연결을 주목하라. 더러운 영들은 새와 같다. 성령이 마태복음 3장에서 임하실 때 비둘기, 곧 정결한 새의 형태로 나타나셨다. 더러운 영들은 성경 어디서나 불결한 새와 같다.[334)]

랑코 스테파노비치 = 요한계시록 14장 8절의 어구 해설을 참조하라[335)] = 14:8 "큰 성 바벨론" = 종말의 큰 성 바벨론에 대한 신약의

---

329) 박윤, 요한계시록 주석, 영음사, 1985, p. 312-133

330) 김추성, 하나님과 어린양의 보좌, 도서출판 이레서원, 2015, pp. 317-320

331) 김형중, 읽기만 해도 열리는 요한계시록, 솔로몬, 2010, p. 242.

332) 천정웅, 요한계시록, 말씀의 집, 1990, pp. 230-231

333) 이상근, 요한계시록 주해, 신일정판사, 1986, pp. 220-221

334) Peter S. Ruckman, 김형덕 옮김, 요한계시록 주석, 말씀보존학회, 1993, p. 379.

335) Ranko Stefanovic, 하홍팔, 도현석 공역, 예수 그리스도의 계시, 미주 시조사, 2011, p. 544

신학적 개념은 구약의 고대 바벨론(신의 문)의 역할에 뿌리가 있다. 바벨론은 하나님을 대적하고 그분의 백성을 압제하는 종교적 - 정치적 세력이다. 그 시작부터 바벨론은 참 하나님을 적대하는 무신론적 세력의 화신으로 서 있다(창 11:1-9 참조).[336)]

송영목 = 패망의 이유를 접속사 hoti(because)로 설명하는데, 바벨론의 종교적이며 우상적인 영향을 수용하여 함께 영적으로 음행했던 소수의 지배계층인 땅의 왕들과 상인들은 한때 사치하고 돈을 모았다고 한다. 이런 경제적인 측면은 이사야 23장 1절의 이방 나라인 두로(Tyre)를 연상시킨다(참고. 사 21:7; 겔 26-28). 이상의 구약의 본문에 의하면 바벨론은 예루살렘보다는 이방 제국인 로마를 더 자연스럽게 떠올리게 한다(참고. 시빌린 신탁 5:143, 159, 168-177). 바벨론의 불의한 일을 기억하고 계시는(참고. 계 16:19) 하나님께서 자신의 백성을 곧 심판 받을 바벨론에서 나오라고 촉구하신다(4-5절; 참고. 사 48:20, 52:11; 렘 50:8, 51:6, 45). 이것은 스가랴 2장 7절 말씀과 유사하다. "바벨론 성에 거하는 시온아 이제 너는 피할지니라." 왜냐하면 바벨론의 죄악이 하늘에 사무쳤기 때문이다. 이 분리는 육체적이거나 지리적인 것이 아니라 영적인 것이다. 왜냐하면 요한의 독자들은 여전히 세상 속에서 고난 가운데서라도 증인 역할을 해야 하기 때문이다(참고. 계 11:3-7). 거만하여 여왕처럼 군림하며 결코 애통을 당하지 않으리라고 자만했던 바벨론을 향해서(7절), 강하신 하나님은 사망과 애통과 흉년과 불로 갑작스럽게 심판할 것이라고 말씀하신다(8절, 참고. 사 47:9; 단 4:17; 계 18:10, 17, 19).[337)]

이필찬 = 바벨론, 로마제국이 심판을 받아 멸망당하는 이유를 소

---

336) Ranko Stefanovic, 하홍팔, 도현석 공역, 예수 그리스도의 계시, 미주 시조사, 2011, p. 467

337) 송영목, 신약주석, 쿰란출판사, 2011, p. 1356

개한다.[338] 계 17장 2절, 6절에 언급한 바 있다. "2절에서 음녀로서 바벨론은 세상의 왕들과 함께 하나님을 대적하도록 하는 영적 음란의 죄를 짓는 데 연합하였다. 세상의 왕들뿐만 아니라 온 세상 사람들도 음란의 포도주에 취하여 하나님을 대적하는 음행에 한마음으로 동참한다. 그 다음 6절은 2절의 상황을 설명하는 내용으로 포도주에 취했다는 것을 예수의 증인들의 피와 성도들의 피를 마시고 취했다고 말한다. 이러한 상황은 바벨론, 곧 로마제국이 예수님의 증인들과 성도들을 죽임으로써 핍박했다는 것을 의미한다."[339]

음행, 사치, 치부 등 바벨론이 저지른 불의들이다. 권력과 재물, 음행과 치부, 그리고 권력과 음행 등은 서로 밀접한 관련을 가지고 불의의 번영을 나타낸다. 특히 음행은 우상숭배와 밀접한 관계가 있는 것으로 하나님께 드릴 예배에 반하여 짐승의 예배를 드린다. 고대 바벨론은 선지자들로부터 우상 숭배의 본거지로 많은 질타를 받았다.

• 6절. 그가 준 그대로 그에게 주고…갚아 주고

이 말씀은 구약 율법의 원칙인 '이에는 이로 갚는다'는 규례가 그대로 적용된 예이다(참조, 렘 50:15, 51:24, 56). 이는 예수의 산상수훈에서도 인정되었다(참조, 마 7:1, 2). 또한 예수는 사랑의 윤리를 가르쳤다. 이것은 '이에는 이'라는 공의를 폐기하고 사랑을 법으로 세운 것이 아니다. 예수께서는 균형적 공의를 완성하기 위해 사랑의 윤리를 부가하셨다(참조, 마 5:17). 하나님의 공의는 양적인 균형만을 가리키는 것이 아니라 질적인 균형에 따른 것이기 때문에 사랑의 윤리와도 모순되지 않는다(출 21:24-25; 마 5:38-42 참조).

---

338) 이필찬, 요한계시록 40일 묵상여행, 이레서원, 2018, p. 189

339) 위의 책, pp. 182-183

• **7-8절. 큰 성(바벨론)의 심판**

음녀가 자기를 영화롭게 하였다. 복음을 떠난 종교운동은 하나님을 영화롭게 해 드리지 못한다. 이 음녀는 하나님의 심판의 선고를 받는다. 사망과 애통과 흉년이 하루 동안에 임하여 불에 살라지리라고 하였다(17:16).

❄ 9-24절. 신원(伸寃)하여 주심을 즐거워하라 = 심판의 성취를 즐거워하라

• **20절. 그를 인하여 즐거워하라 = 계 6:10 참조.**

큰 성(바벨론)의 통곡(9-20)

모든 사람이 다 망하게 됨을 통곡하게 된다.

1) 땅의 왕들 = 자신들도 그 고난에서 함께 멸망할 것을 무서워함(6:15-16).

2) 땅의 상고들 = 상품을 사는 자가 없고 큰 이익이 끊어짐에 애통함.

3) 바다에서 일하는 자들 = 이들의 무역이 끊어지고 치부의 길이 끊겨 애통함.

'티끌을 자기 머리에 뿌리고'는 극도의 비통함을 나타내는 근동 지방의 관습적인 행위이다.

참고. 하나님의 약속(6-7, 20)

1) 그가 준 그대로 주고

2) 그의 행위대로 갑절을 갚아주고

3) 그의 섞은 잔에도 갑절이나 섞어 그에게 주고

4) 그가 누린 영화와 사치한 만큼 고난과 애통으로 갚아 준다.

5) 신원하시는 심판 = 원수를 갚아 주시는 심판. 악의 세력들에 대한 하나님의 심판은 그들의 죄악으로 말미암은 것이기도 하지만, 성도의 원통함을 풀어주기 위한 것이기도 하다.

• 21–24절. 큰 성(바벨론)의 멸망

• 21절. 결코 다시 보이지 아니하리로다

일곱째 대접 재앙은 "큰 맷돌 같은 돌을 들어 바다에 던져", 완전한 멸망이 지상의 모든 것을 다 불에 태울 뿐 아니라 땅속 깊은 멘틀 속으로 빠뜨리게 한다.

• 23절. 너희 상고들은 땅의 왕족들이라

큰 음녀(17-18장) = 큰 음녀(17:1) = 붉은 빛 짐승을 탄 여자(17:3, 7)? = 그 여자(4) = 큰 바벨론(17:5) = 땅의 음녀들과 가증한 것들(17:5, 16)의 어미(17:5)

= 성도들의 피와 예수의 증인들의 피에 취한 여자(17:6)

= 음녀는 역사 속에 그리스도의 대적자들을 통칭한다 = 유대가 바벨론에 망한 것과 같이 악의 세력 간에도 대적하는 일이 있다(단 10:20-11:45 참조).

= 음녀(15) = 물에 앉은 음녀(16) = 땅의 임금들을 다스리는 큰 성(18) = 열 뿔과 짐승에게 망함(17:15-18)

18장. 큰 성 바벨론(18:2-3, 10, 21, 14:8, 16:19) = 여황(18:7)

19장. 큰 음녀(19:2)

짐승? = 17-18장. 붉은빛 짐승(17:3) = 일곱 머리와 열 뿔 가진 짐승은 전에 있다가 시방 없으나 장차 무저갱으로부터 올라와 멸망으로 들어갈 자니 땅에 거하는 자들 - 이전에 있다가 시방 없으나 장차 나올 짐승(17: 7-8) = "전에 있었다가 시방 없어진 짐승은 여덟째 왕이니 일곱 중에 속한 자"(17:11, 13:1-6, 11-18) = 이 열 뿔과 짐승(16).

19장. 짐승(19:19-21) = 짐승과 그 우상(20:4) = 적그리스도(계 11:7, 19:20-21; 요일 2:18, 22, 4:3; 요이 1:7; 살후 2:1-12)

사탄? = 20장. 사탄(마귀. 용. 옛 뱀)(1-3. 7-10)

- **24절. 선지자들과 성도들과 땅 위에서 죽임을 당한 모든 자들의 피?**

〈도움 말씀〉

심판의 성취를 즐거워하라(18:20. 17:1-18:24) = 신원하시는 심판을 즐거워하라

- 서론

우리는 어느 때가 기쁩니까? 어느 때가 즐겁나요?

마 5:11-12 = 즐거워하라(12)

시 102:12-28 = 선포케(21)

마 5:1-12 = 즐거워하라(12)

마 5:11-12[(나를 인하여 = 출 20:12(제1계명)] = 창 1:1(창조) = 계 4:10-11(경배하라) = 계 22:9(오직 하나님께 경배하라) = 요 1:12(신분) = 계 14:4-5(순교) = 김일성, 박태선, 이만희, 장길자 등 이단과 사이비들의 신앙?

1. 음행의 포도주에 취하지 말라(2. 17:1-5) = 우상숭배 하지 말라

시 75:4-10 = 선포하며(9)

(4)내가 오만한 자더러 오만히 행치 말라 하며 행악자더러 뿔을 들지 말라 하였노니 (5)너희 뿔을 높이 들지 말며 교만한 목으로 말하지 말지어다 (6)대저 높이는 일이 동에서나 서에서 말미암지 아니하

며 남에서도 말미암지 아니하고 (7)오직 재판장이신 하나님이 이를 낮추시고 저를 높이시느니라 (8)여호와의 손에 잔이 있어 술 거품이 일어나는도다 속에 섞은 것이 가득한 그 잔을 하나님이 쏟아내시나니 실로 그 찌끼까지도 땅의 모든 악인이 기울여 마시리로다 (9)나는 야곱의 하나님을 영원히 선포하며 찬양하며 (10)또 악인의 뿔을 다 베고 의인의 뿔은 높이 들리로다

단 5:1-31˙= 돌리지(23)

(22)벨사살이여 왕은 그의 아들이 되어서 이것을 다 알고도 오히려 마음을 낮추지 아니하고 (23)도리어 스스로 높여서 하늘의 주재를 거역하고 그 전 기명을 왕의 앞으로 가져다가 왕과 귀인들과 왕후들과 빈궁들이 다 그것으로 술을 마시고 왕이 또 보지도 듣지도 알지도 못하는 금, 은, 동, 철과 목, 석으로 만든 신상들을 찬양하고 도리어 왕의 호흡을 주장하시고 왕의 모든 길을 작정하시는 하나님께는 영광을 돌리지 아니한지라 (24)이러므로 그의 앞에서 이 손가락이 나와서 이 글을 기록하였나이다 (25)기록한 글자는 이것이니 곧 메네 메네 데겔 우바르신이라 (26)그 뜻을 해석하건대 메네는 하나님이 이미 왕의 나라의 시대를 세어서 그것을 끝나게 하셨다 함이요 (27)데겔은 왕이 저울에 달려서 부족함이 뵈었다 함이요 (28)베레스는 왕의 나라가 나뉘어서 메대와 바사 사람에게 준 바 되었다 함이니이다 (29)이에 벨사살이 명하여 무리로 다니엘에게 자주옷을 입히게 하며 금사슬로 그의 목에 드리우게 하고 그를 위하여 조서를 내려 나라의 셋째 치리자를 삼으니라 (30)그날 밤에 갈대아 왕 벨사살이 죽임을 당하였고 (31)메대 사람 다리오가 나라를 얻었는데 때에 다리오는 육십이 세였더라

계 14:8 = 다른 천사 곧 둘째가 그 뒤를 따라 말하되 무너졌도다

무너졌도다 큰 성 바벨론이여 모든 나라를 그 음행으로 인하여 진노의 포도주로 먹이던 자로다 하더라

렘 51:6-10 = 선포하자(10)

(6)바벨론 가운데서 도망하여 나와서 각기 생명을 구원하고 그의 죄악으로 인하여 끊침을 보지 말지어다 이는 여호와의 보수의 때니 그에게 보복하시리라 (7)바벨론은 여호와의 수중의 온 세계로 취케 하는 금잔이라 열방이 그 포도주를 마시고 인하여 미쳤도다 (8)바벨론이 졸지에 넘어져 파멸되니 이로 인하여 울라 그 창상을 인하여 유향을 구하라 혹 나으리로다 (9)우리가 바벨론을 치료하려 하여도 낫지 아니한즉 버리고 각기 고토로 돌아가자 그 화가 하늘에 미쳤고 궁창에 달하였음이로다 (10)여호와께서 우리 의를 드러내셨으니 오라 시온에서 우리 하나님 여호와의 일을 선포하자

2. 피에 취하지 말라(6. 17:6-10) = 생명을 귀히 여기라

단 7:13-28 = 섬기게(14)

(13)내가 또 밤 이상 중에 보았는데 인자 같은 이가 하늘 구름을 타고 와서 옛적부터 항상 계신 자에게 나아와 그 앞에 인도되매 (14)그에게 권세와 영광과 나라를 주고 모든 백성과 나라들과 각 방언하는 자로 그를 섬기게 하였으니 그 권세는 영원한 권세라 옮기지 아니할 것이요 그 나라는 폐하지 아니할 것이니라 (15)나 다니엘이 중심에 근심하며 내 뇌 속에 이상이 나로 번민케 한지라 (16)내가 그 곁에 모신 자 중 하나에게 나아가서 이 모든 일의 진상을 물으매 그가 내게 고하여 그 일의 해석을 알게 하여 가로되 (17)그 네 큰 짐승은 네 왕이라 세상에 일어날 것이로되 (18)지극히 높으신 자의 성도들이 나라를 얻으리니 그 누림이 영원하고 영원하고 영원하리라 (19)이에 내가 넷째 짐승의 진상을 알고자 하였으니 곧 그것은 모든 짐승과 달

라서 심히 무섭고 그 이는 철이요 그 발톱은 놋이며 먹고 부숴뜨리고 나머지는 발로 밟았으며 (20)또 그것의 머리에는 열 뿔이 있고 그 외에 또 다른 뿔이 나오매 세 뿔이 그 앞에 빠졌으며 그 뿔에는 눈도 있고 큰 말하는 입도 있고 그 모양이 동류보다 강하여 보인 것이라 (21)내가 본즉 이 뿔이 성도들로 더불어 싸워 이기었더니 (22)옛적부터 항상 계신 자가 와서 지극히 높으신 자의 성도를 위하여 신원하셨고 때가 이르매 성도가 나라를 얻었더라 (23)모신 자가 이처럼 이르되 넷째 짐승은 곧 땅의 넷째 나라인데 이는 모든 나라보다 달라서 천하를 삼키고 밟아 부숴뜨릴 것이며 (24)그 열 뿔은 이 나라에서 일어날 열 왕이요 그 후에 또 하나가 일어나리니 그는 먼저 있던 자들과 다르고 또 세 왕을 복종시킬 것이며 (25)그가 장차 말로 지극히 높으신 자를 대적하며 또 지극히 높으신 자의 성도를 괴롭게 할 것이며 그가 또 때와 법을 변개코자 할 것이며 성도는 그의 손에 붙인 바 되어 한 때와 두 때와 반 때를 지내리라 (26)그러나 심판이 시작된즉 그는 권세를 빼앗기고 끝까지 멸망할 것이요 (27)나라와 권세와 온 천하 열국의 위세가 지극히 높으신 자의 성민에게 붙인 바 되리니 그의 나라는 영원한 나라이라 모든 권세 있는 자가 다 그를 섬겨 복종하리라 하여 (28)그 말이 이에 그친지라 나 다니엘은 중심이 번민하였으며 내 낯빛이 변하였으나 내가 이 일을 마음에 감추었느니라

계 13:11-18 = 경배하게(12)

(11)내가 보매 또 다른 짐승이 땅에서 올라오니 새끼 양같이 두 뿔이 있고 용처럼 말하더라 (12)저가 먼저 나온 짐승의 모든 권세를 그 앞에서 행하고 땅과 땅에 거하는 자들로 처음 짐승에게 경배하게 하니 곧 죽게 되었던 상처가 나은 자니라 (13)큰 이적을 행하되 심지어 사람들 앞에서 불이 하늘로부터 땅에 내려오게 하고 (14)짐승 앞에서 받은 바 이적을 행함으로 땅에 거하는 자들을 미혹하며 땅에 거

하는 자들에게 이르기를 칼에 상하였다가 살아난 짐승을 위하여 우상을 만들라 하더라 (15)저가 권세를 받아 그 짐승의 우상에게 생기를 주어 그 짐승의 우상으로 말하게 하고 또 짐승의 우상에게 경배하지 아니하는 자는 몇이든지 다 죽이게 하더라 (16)저가 모든 자 곧 작은 자나 큰 자나 부자나 빈궁한 자나 자유한 자나 종들로 그 오른 손에나 이마에 표를 받게 하고 (17)누구든지 이 표를 가진 자 외에는 매매를 못하게 하니 이 표는 곧 짐승의 이름이나 그 이름의 수라 (18)지혜가 여기 있으니 총명 있는 자는 그 짐승의 수를 세어 보라 그 수는 사람의 수니 육백육십육이니라

계 16:3-7 = 흘렸으므로(6) = 둘째. 셋째

(3)둘째가 그 대접을 바다에 쏟으매 바다가 곧 죽은 자의 피같이 되니 바다 가운데 모든 생물이 죽더라 (4)셋째가 그 대접을 강과 물 근원에 쏟으매 피가 되더라 (5)내가 들으니 물을 차지한 천사가 가로되 전에도 계셨고 시방도 계신 거룩하신 이여 이렇게 심판하시니 의로우시도다 (6)저희가 성도들과 선지자들의 피를 흘렸으므로 저희로 피를 마시게 하신 것이 합당하니이다 하더라 (7)또 내가 들으니 제단이 말하기를 그러하다 주 하나님 곧 전능하신 이시여 심판하시는 것이 참되시고 의로우시도다 하더라

계 2:12-17 = 이기는(17) = 버가모 교회 안디바

(12)버가모 교회의 사자에게 편지하기를 좌우에 날선 검을 가진 이가 가라사대 (13)네가 어디 사는 것을 내가 아노니 거기는 사탄의 위가 있는 데라 네가 내 이름을 굳게 잡아서 내 충성된 증인 안디바가 너희 가운데 곧 사탄의 거하는 곳에서 죽임을 당할 때에도 나를 믿는 믿음을 저버리지 아니하였도다 (14)그러나 네게 두어 가지 책망할 것이 있나니 거기 네게 발람의 교훈을 지키는 자들이 있도다 발

람이 발락을 가르쳐 이스라엘 앞에 올무를 놓아 우상의 제물을 먹게 하였고 또 행음하게 하였느니라 (15)이와 같이 네게도 니골라당의 교훈을 지키는 자들이 있도다 (16)그러므로 회개하라 그리하지 아니하면 내가 네게 속히 임하여 내 입의 검으로 그들과 싸우리라 (17)귀 있는 자는 성령이 교회들에게 하시는 말씀을 들을지어다 이기는 그에게는 내가 감추었던 만나를 주고 또 흰 돌을 줄 터인데 그 돌 위에 새 이름을 기록한 것이 있나니 받는 자밖에는 그 이름을 알 사람이 없느니라

시 109:1-20 = 기도할 뿐이라(4)

(1)나의 찬송하는 하나님이여 잠잠하지 마옵소서 (2)대저 저희가 악한 입과 궤사한 입을 열어 나를 치며 거짓된 혀로 내게 말하며 (3)또 미워하는 말로 나를 두르고 무고히 나를 공격하였나이다 (4)나는 사랑하나 저희는 도리어 나를 대적하니 나는 기도할 뿐이라 (5)저희가 악으로 나의 선을 갚으며 미워함으로 나의 사랑을 갚았사오니 (6)악인으로 저를 제어하게 하시며 대적으로 그 오른편에 서게 하소서 (7)저가 판단을 받을 때에 죄를 지고 나오게 하시며 그 기도가 죄로 변케 하시며 (8)그 연수를 단축게 하시며 그 직분을 타인이 취하게 하시며 (9)그 자녀는 고아가 되고 그 아내는 과부가 되며 (10)그 자녀가 유리 구걸하며 그 황폐한 집을 떠나 빌어먹게 하소서 (11)고리대금하는 자로 저의 소유를 다 취하게 하시며 저의 수고한 것을 외인이 탈취하게 하시며 (12)저에게 은혜를 계속할 자가 없게 하시며 그 고아를 연휼할 자도 없게 하시며 (13)그 후사가 끊어지게 하시며 후대에 저희 이름이 도말되게 하소서 (14)여호와는 그 열조의 죄악을 기억하시며 그 어미의 죄를 도말하지 마시고 (15)그 죄악을 항상 여호와 앞에 있게 하사 저희 기념을 땅에서 끊으소서 (16)저가 긍휼히 여길 일을 생각지 아니하고 가난하고 궁핍한 자와 마음이 상한 자를 핍박

하여 죽이려 한 연고니이다 (17)저가 저주하기를 좋아하더니 그것이
자기에게 임하고 축복하기를 기뻐 아니하더니 복이 저를 멀리 떠났
으며 (18)또 저주하기를 옷 입듯 하더니 저주가 물같이 그 내부에 들
어가며 기름같이 그 뼈에 들어갔나이다 (19)저주가 그 입는 옷 같고
항상 띠는 띠와 깉게 하소시 (20)이는 대적 곧 내 영혼을 대적하여
악담하는 자가 여호와께 받는 보응이니이다

합 1:1-4 = 외쳐도(2)

(1)선지자 하박국의 묵시로 받은 경고라 (2)여호와여 내가 부르짖
어도 주께서 듣지 아니하시니 어느 때까지리이까 내가 강포를 인하
여 외쳐도 주께서 구원치 아니하시나이다 (3)어찌하여 나로 간악을
보게 하시며 패역을 목도하게 하시나이까 대저 겁탈과 강포가 내 앞
에 있고 변론과 분쟁이 일어났나이다 (4)이러므로 율법이 해이하고
공의가 아주 시행되지 못하오니 이는 악인이 의인을 에워쌌으므로
공의가 굽게 행함이니이다(계 6:9-10 참조)

행 7:51-60 = 칠새(58) = 스데반의 순교

(51)목이 곧고 마음과 귀에 할례를 받지 못한 사람들아 너희가 항
상 성령을 거스려 너희 조상과 같이 너희도 하는도다 (52)너희 조상
들은 선지자 중에 누구를 핍박지 아니하였느냐 의인이 오시리라 예
고한 자들을 저희가 죽였고 이제 너희는 그 의인을 잡아 준 자요 살
인한 자가 되나니 (53)너희가 천사의 전한 율법을 받고도 지키지 아
니하였도다 하니라 (54)저희가 이 말을 듣고 마음에 찔려 저를 향하
여 이를 갈거늘 (55)스데반이 성령이 충만하여 하늘을 우러러 주목
하여 하나님의 영광과 및 예수께서 하나님 우편에 서신 것을 보고
(56)말하되 보라 하늘이 열리고 인자가 하나님 우편에 서신 것을 보
노라 한대 (57)저희가 큰 소리를 지르며 귀를 막고 일심으로 그에게

달려들어 (58)성 밖에 내치고 돌로 칠새 증인들이 옷을 벗어 사울이 라 하는 청년의 발 앞에 두니라 (59)저희가 돌로 스데반을 치니 스데반이 부르짖어 가로되 주 예수여 내 영혼을 받으시옵소서 하고 (60) 무릎을 꿇고 크게 불러 가로되 주여 이 죄를 저들에게 돌리지 마옵소서 이 말을 하고 자니라

계 12:1-12 = 즐거워하라(12)

(1)하늘에 큰 이적이 보이니 해를 입은 한 여자가 있는데 그 발 아래는 달이 있고 그 머리에는 열두 별의 면류관을 썼더라 (2)이 여자가 아이를 배어 해산하게 되매 아파서 애써 부르짖더라 (3)하늘에 또 다른 이적이 보이니 보라 한 큰 붉은 용이 있어 머리가 일곱이요 뿔이 열이라 그 여러 머리에 일곱 면류관이 있는데 (4)그 꼬리가 하늘 별 삼분의 일을 끌어다가 땅에 던지더라 용이 해산하려는 여자 앞에서 그가 해산하면 그 아이를 삼키고자 하더니 (5)여자가 아들을 낳으니 이는 장차 철장으로 만국을 다스릴 남자라 그 아이를 하나님 앞과 그 보좌 앞으로 올려가더라 (6)그 여자가 광야로 도망하매 거기서 일천이백육십 일 동안 저를 양육하기 위하여 하나님의 예비하신 곳이 있더라 (7)하늘에 전쟁이 있으니 미가엘과 그의 사자들이 용으로 더불어 싸울새 용과 그의 사자들도 싸우나 (8)이기지 못하여 다시 하늘에서 저희의 있을 곳을 얻지 못한지라 (9)큰 용이 내어쫓기니 옛 뱀 곧 마귀라고도 하고 사탄이라고도 하는 온 천하를 꾀는 자라 땅으로 내어쫓기니 그의 사자들도 저와 함께 내어쫓기니라 (10)내가 또 들으니 하늘에 큰 음성이 있어 가로되 이제 우리 하나님의 구원과 능력과 나라와 또 그의 그리스도의 권세가 이루었으니 우리 형제들을 참소하던 자 곧 우리 하나님 앞에서 밤낮 참소하던 자가 쫓겨났고 (11)또 여러 형제가 어린 양의 피와 자기의 증거하는 말을 인하여 저를 이기었으니 그들은 죽기까지 자기 생명을 아끼지 아니하였도다

(12)그러므로 하늘과 그 가운데 거하는 자들은 즐거워하라 그러나 땅과 바다는 화 있을진저 이는 마귀가 자기의 때가 얼마 못된 줄을 알므로 크게 분내어 너희에게 내려갔음이라 하더라

계 18:20-24 = 즐거워하라(20)

(20)하늘과 성도들과 사도들과 선지자들아 그를 인하여 즐거워하라 하나님이 너희를 신원하시는 심판을 그에게 하셨음이라 하더라
(21)이에 한 힘센 천사가 큰 맷돌 같은 돌을 들어 바다에 던져 가로되 큰 성 바벨론이 이같이 몹시 떨어져 결코 다시 보이지 아니하리로다
(22)또 거문고 타는 자와 풍류하는 자와 퉁소 부는 자와 나팔 부는 자들의 소리가 결코 다시 네 가운데서 들리지 아니하고 물론 어떠한 세공업자든지 결코 다시 네 가운데서 보이지 아니하고 또 맷돌 소리가 결코 다시 네 가운데서 들리지 아니하고 (23)등불 빛이 결코 다시 네 가운데서 비취지 아니하고 신랑과 신부의 음성이 결코 다시 네 가운데서 들리지 아니하리로다 너의 상고들은 땅의 왕족들이라 네 복술을 인하여 만국이 미혹되었도다 (24)선지자들과 성도들과 및 땅 위에서 죽임을 당한 모든 자의 피가 이 성중에서 보였느니라 하더라

3. 어린 양을 대적(싸우려)하지 말라(14. 17:11-14) = 구주 예수님을 믿는 복을 누려라

삿 5:31 = 사랑하는(드보라와 바락의 노래)

여호와여 주의 대적은 다 이와 같이 망하게 하시고 주를 사랑하는 자는 해가 힘있게 돋음 같게 하시옵소서 하니라 그 땅이 사십 년 동안 태평하였더라

계 16:12-16 = 깨어(15)

(12)또 여섯째가 그 대접을 큰 강 유브라데에 쏟으매 강물이 말라

서 동방에서 오는 왕들의 길이 예비되더라 (13)또 내가 보매 개구리 같은 세 더러운 영이 용의 입과 짐승의 입과 거짓 선지자의 입에서 나오니 (14)저희는 귀신의 영이라 이적을 행하여 온 천하 임금들에게 가서 하나님 곧 전능하신 이의 큰 날에 전쟁을 위하여 그들을 모으더라 (15)보라 내가 도적같이 오리니 누구든지 깨어 자기 옷을 지켜 벌거벗고 다니지 아니하며 자기의 부끄러움을 보이지 아니하는 자가 복이 있도다 (16)세 영이 히브리 음으로 아마겟돈이라 하는 곳으로 왕들을 모으더라

시 110:1-7 = 헌신하니(3)

(1)여호와께서 내 주에게 말씀하시기를 내가 네 원수로 네 발등상 되게 하기까지 너는 내 우편에 앉으라 하셨도다 (2)여호와께서 시온에서부터 주의 권능의 홀을 내어 보내시리니 주는 원수 중에서 다스리소서 (3)주의 권능의 날에 주의 백성이 거룩한 옷을 입고 즐거이 헌신하니 새벽 이슬 같은 주의 청년들이 주께 나오는도다 (4)여호와는 맹세하고 변치 아니하시리라 이르시기를 너는 멜기세덱의 반차를 좇아 영원한 제사장이라 하셨도다 (5)주의 우편에 계신 주께서 그 노하시는 날에 열왕을 쳐서 파하실 것이라 (6)열방 중에 판단하여 시체로 가득하게 하시고 여러 나라의 머리를 쳐서 파하시며 (7)길가의 시냇물을 마시고 인하여 그 머리를 드시리로다(즐거이 헌신(獻身)하니 = "헌신하니"가 원문에는 없으나, 문맥적 의역을 한 것임)

벧전 5:1-11 = 깨어라(8)

(1)너희 중 장로들에게 권하노니 나는 함께 장로 된 자요 그리스도의 고난의 증인이요 나타날 영광에 참여할 자로라 (2)너희 중에 있는 하나님의 양 무리를 치되 부득이함으로 하지 말고 오직 하나님의 뜻을 좇아 자원함으로 하며 더러운 이를 위하여 하지 말고 오직 즐

거운 뜻으로 하며 (3)맡기운 자들에게 주장하는 자세를 하지 말고 오직 양 무리의 본이 되라 (4)그리하면 목자장이 나타나실 때에 시들지 아니하는 영광의 면류관을 얻으리라 (5)젊은 자들아 이와 같이 장로들에게 순복하고 다 서로 겸손으로 허리를 동이라 하나님이 교만한 자를 대적하시되 겸손한 자들에게는 은혜를 주시느니라 (6)그러므로 하나님의 능하신 손 아래서 겸손하라 때가 되면 너희를 높이시리라 (7)너희 염려를 다 주께 맡겨 버리라 이는 저가 너희를 권고하심이니라 (8)근신하라 깨어라 너희 대적 마귀가 우는 사자같이 두루 다니며 삼킬 자를 찾나니 (9)너희는 믿음을 굳게 하여 저를 대적하라 이는 세상에 있는 너희 형제들도 동일한 고난을 당하는 줄을 앎이니라 (10)모든 은혜의 하나님 곧 그리스도 안에서 너희를 부르사 자기의 영원한 영광에 들어가게 하신 이가 잠깐 고난을 받은 너희를 친히 온전케 하시며 굳게 하시며 강하게 하시며 터를 견고케 하시리라 (11)권력이 세세 무궁토록 그에게 있을지어다 아멘

빌 1:27-30 = 생활하라(27)

(27)오직 너희는 그리스도 복음에 합당하게 생활하라 이는 내가 너희를 가보나 떠나 있으나 너희가 일심으로 서서 한뜻으로 복음의 신앙을 위하여 협력하는 것과 (28)아무 일에든지 대적하는 자를 인하여 두려워하지 아니하는 이 일을 듣고자 함이라 이것이 저희에게는 멸망의 빙거요 너희에게는 구원의 빙거니 이는 하나님께로부터 난 것이니라 (29)그리스도를 위하여 너희에게 은혜를 주신 것은 다만 그를 믿을 뿐 아니라 또한 그를 위하여 고난도 받게 하심이라 (30)너희에게도 같은 싸움이 있으니 너희가 내 안에서 본 바요 이제도 내 안에서 듣는 바니라

히 10:19-39 = 나아가자(22)

(19)그러므로 형제들아 우리가 예수의 피를 힘입어 성소에 들어갈
담력을 얻었나니 (20)그 길은 우리를 위하여 휘장 가운데로 열어 놓
으신 새롭고 산 길이요 휘장은 곧 저의 육체니라 (21)또 하나님의 집
다스리는 큰 제사장이 계시매 (22)우리가 마음에 뿌림을 받아 양심
의 악을 깨닫고 몸을 맑은 물로 씻었으니 참 마음과 온전한 믿음으
로 하나님께 나아가자 (23)또 약속하신 이는 미쁘시니 우리가 믿는
도리의 소망을 움직이지 말고 굳게 잡아 (24)서로 돌아보아 사랑과
선행을 격려하며 (25)모이기를 폐하는 어떤 사람들의 습관과 같이
하지 말고 오직 권하여 그날이 가까움을 볼수록 더욱 그리하자 (26)
우리가 진리를 아는 지식을 받은 후 짐짓 죄를 범한즉 다시 속죄하
는 제사가 없고 (27)오직 무서운 마음으로 심판을 기다리는 것과 대
적하는 자를 소멸할 맹렬한 불만 있으리라 (28)모세의 법을 폐한 자
도 두세 증인을 인하여 불쌍히 여김을 받지 못하고 죽었거든 (29)하
물며 하나님 아들을 밟고 자기를 거룩하게 한 언약의 피를 부정한
것으로 여기고 은혜의 성령을 욕되게 하는 자의 당연히 받을 형벌
이 얼마나 더 중하겠느냐 너희는 생각하라 (30)원수 갚는 것이 내게
있으니 내가 갚으리라 하시고 또다시 주께서 그의 백성을 심판하리
라 말씀하신 것을 우리가 아노니 (31)살아 계신 하나님의 손에 빠져
들어가는 것이 무서울진저 (32)전날에 너희가 빛을 받은 후에 고난
의 큰 싸움에 참은 것을 생각하라 (33)혹 비방과 환난으로써 사람에
게 구경거리가 되고 혹 이런 형편에 있는 자들로 사귀는 자 되었으니
(34)너희가 갇힌 자를 동정하고 너희 산업을 빼앗기는 것도 기쁘게
당한 것은 더 낫고 영구한 산업이 있는 줄 앎이라 (35)그러므로 너희
담대함을 버리지 말라 이것이 큰 상을 얻느니라 (36)너희에게 인내
가 필요함은 너희가 하나님의 뜻을 행한 후에 약속을 받기 위함이라
(37)잠시 잠깐 후면 오실 이가 오시리니 지체하지 아니하시리라 (38)

오직 나의 의인은 믿음으로 말미암아 살리라 또한 뒤로 물러가면 내 마음이 저를 기뻐하지 아니하리라 하셨느니라 (39)우리는 뒤로 물러가 침륜에 빠질 자가 아니요 오직 영혼을 구원함에 이르는 믿음을 가진 자니라

4. 짐승과 음녀를 미워하라(16. 17:15–18) = 마귀를 대적하라

살후 2:1–12 = 믿지(12)

(8)그때에 불법한 자가 나타나리니 주 예수께서 그 입의 기운으로 저를 죽이시고 강림하여 나타나심으로 폐하시리라 (9)악한 자의 임함은 사탄의 역사를 따라 모든 능력과 표적과 거짓 기적과 (10)불의의 모든 속임으로 멸망하는 자들에게 임하리니 이는 저희가 진리의 사랑을 받지 아니하여 구원함을 얻지 못함이니라 (11)이러므로 하나님이 유혹을 저의 가운데 역사하게 하사 거짓 것을 믿게 하심은 (12)진리를 믿지 않고 불의를 좋아하는 모든 자로 심판을 받게 하려 하심이니라

시 109:1–20 = 기도할 뿐이라(4)

(1)나의 찬송하는 하나님이여 잠잠하지 마옵소서 (2)대저 저희가 악한 입과 궤사한 입을 열어 나를 치며 거짓된 혀로 내게 말하며 (3)또 미워하는 말로 나를 두르고 무고히 나를 공격하였나이다 (4)나는 사랑하나 저희는 도리어 나를 대적하니 나는 기도할 뿐이라 (5)저희가 악으로 나의 선을 갚으며 미워함으로 나의 사랑을 갚았사오니 (6)악인으로 저를 제어하게 하시며 대적으로 그 오른편에 서게 하소서 (7)저가 판단을 받을 때에 죄를 지고 나오게 하시며 그 기도가 죄로 변케 하시며 (8)그 연수를 단축게 하시며 그 직분을 타인이 취하게 하시며 (9)그 자녀는 고아가 되고 그 아내는 과부가 되며 (10)그 자녀가 유리 구걸하며 그 황폐한 집을 떠나 빌어먹게 하소서 (11)고리대금하

는 자로 저의 소유를 다 취하게 하시며 저의 수고한 것을 외인이 탈취하게 하시며 (12)저에게 은혜를 계속할 자가 없게 하시며 그 고아를 연휼할 자도 없게 하시며 (13)그 후사가 끊어지게 하시며 후대에 저희 이름이 도말되게 하소서 (14)여호와는 그 열조의 죄악을 기억하시며 그 어미의 죄를 도말하지 마시고 (15)그 죄악을 항상 여호와 앞에 있게 하사 저희 기념을 땅에서 끊으소서 (16)저가 긍휼히 여길 일을 생각지 아니하고 가난하고 궁핍한 자와 마음이 상한 자를 핍박하여 죽이려 한 연고니이다 (17)저가 저주하기를 좋아하더니 그것이 자기에게 임하고 축복하기를 기뻐 아니하더니 복이 저를 멀리 떠났으며 (18)또 저주하기를 옷 입듯 하더니 저주가 물같이 그 내부에 들어가며 기름같이 그 뼈에 들어갔나이다 (19)저주가 그 입는 옷 같고 항상 띠는 띠와 같게 하소서 (20)이는 대적 곧 내 영혼을 대적하여 악담하는 자가 여호와께 받는 보응이니이다(롬 12:21 참조)

요 7:1-9 = 믿지(5)

(1)이 후에 예수께서 갈릴리에서 다니시고 유대에서 다니려 아니하심은 유대인들이 죽이려 함이러라 (2)유대인의 명절인 초막절이 가까운지라 (3)그 형제들이 예수께 이르되 당신의 행하는 일을 제자들도 보게 여기를 떠나 유대로 가소서 (4)스스로 나타나기를 구하면서 묻혀서 일하는 사람이 없나니 이 일을 행하려 하거든 자신을 세상에 나타내소서 하니 (5)이는 그 형제들이라도 예수를 믿지 아니함이러라 (6)예수께서 가라사대 내 때는 아직 이르지 아니하였거니와 너희 때는 늘 준비되어 있느니라 (7)세상이 너희를 미워하지 못하되 나를 미워하나니 이는 내가 세상의 행사를 악하다 증거함이라 (8)너희는 명절에 올라가라 나는 내 때가 아직 차지 못하였으니 이 명절에 아직 올라가지 아니하노라 (9)이 말씀을 하시고 갈릴리에 머물러 계시니라

살전 2:14-16 = 받음이니(13)

(13)이러므로 우리가 하나님께 쉬지 않고 감사함은 너희가 우리에
게 들은 바 하나님의 말씀을 받을 때에 사람의 말로 아니하고 하나
님의 말씀으로 받음이니 진실로 그러하다 이 말씀이 또한 너희 믿
는 자 속에서 역사하느니라 (14)형제들아 너희가 그리스도 예수 안에
서 유대에 있는 하나님의 교회들을 본받은 자 되었으니 저희가 유대
인들에게 고난을 받음과 같이 너희도 너희 나라 사람들에게 동일한
것을 받았느니라 (15)유대인은 주 예수와 선지자들을 죽이고 우리를
쫓아내고 하나님을 기쁘시게 아니하고 모든 사람에게 대적이 되어
(16)우리가 이방인에게 말하여 구원 얻게 함을 저희가 금하여 자기
죄를 항상 채우매 노하심이 끝까지 저희에게 임하였느니라

벧전 5:7-11 = 대적하라(9)

(7)너희 염려를 다 주께 맡겨 버리라 이는 저가 너희를 권고하심이
니라 (8)근신하라 깨어라 너희 대적 마귀가 우는 사자같이 두루 다니
며 삼킬 자를 찾나니 (9)너희는 믿음을 굳게 하여 저를 대적하라 이
는 세상에 있는 너희 형제들도 동일한 고난을 당하는 줄을 앎이니
라 (10)모든 은혜의 하나님 곧 그리스도 안에서 너희를 부르사 자기
의 영원한 영광에 들어가게 하신 이가 잠깐 고난을 받은 너희를 친
히 온전케 하시며 굳게 하시며 강하게 하시며 터를 견고케 하시리라
(11)권력이 세세 무궁토록 그에게 있을지어다 아멘

5. 바벨론에서 나오라(4. 18:1-8) = 성도의 복을 누리자

암 2:4-8 = 멸시하며(4)

(4)여호와께서 가라사대 유다의 서너 가지 죄로 인하여 내가 그
벌을 돌이키지 아니하리니 이는 저희가 여호와의 율법을 멸시하며
그 율례를 지키지 아니하고 그 열조의 따라가던 거짓 것에 미혹하였

음이라 (5)내가 유다에 불을 보내리니 예루살렘의 궁궐들을 사르리라 (6)여호와께서 가라사대 이스라엘의 서너 가지 죄로 인하여 내가 그 벌을 돌이키지 아니하리니 이는 저희가 은을 받고 의인을 팔며 신한 켤레를 받고 궁핍한 자를 팔며 (7)가난한 자의 머리에 있는 티끌을 탐내며 겸손한 자의 길을 굽게 하며 부자가 한 젊은 여인에게 다녀서 나의 거룩한 이름을 더럽히며 (8)모든 단 옆에서 전당 잡은 옷 위에 누우며 저희 신의 전에서 벌금으로 얻은 포도주를 마심이니라

고후 6:14-7:1 = 나와서(6:17)

(14)너희는 믿지 않는 자와 멍에를 같이 하지 말라 의와 불법이 어찌 함께 하며 빛과 어두움이 어찌 사귀며 (15)그리스도와 벨리알이 어찌 조화되며 믿는 자와 믿지 않는 자가 어찌 상관하며 (16)하나님의 성전과 우상이 어찌 일치가 되리요 우리는 살아 계신 하나님의 성전이라 이와 같이 하나님께서 가라사대 내가 저희 가운데 거하며 두루 행하여 나는 저희 하나님이 되고 저희는 나의 백성이 되리라 하셨느니라 (17)그러므로 주께서 말씀하시기를 너희는 저희 중에서 나와서 따로 있고 부정한 것을 만지지 말라 내가 너희를 영접하여 (18)너희에게 아버지가 되고 너희는 내게 자녀가 되리라 전능하신 주의 말씀이니라 하셨느니라 (1)그런즉 사랑하는 자들아 이 약속을 가진 우리가 하나님을 두려워하는 가운데서 거룩함을 온전히 이루어 육과 영의 온갖 더러운 것에서 자신을 깨끗게 하자

사 48:17-22 = 나와서(20)

(17)너희의 구속자시요 이스라엘의 거룩하신 자이신 여호와께서 가라사대 나는 네게 유익하도록 가르치고 너를 마땅히 행할 길로 인도하는 너희 하나님 여호와라 (18)슬프다 네가 나의 명령을 듣지 아니하였도다 만일 들었더면 네 평강이 강과 같았겠고 네 의가 바다

물결 같았을 것이며 (19)네 자손이 모래 같았겠고 네 몸의 소생이 모래 알갱이 같아서 그 이름이 내 앞에서 끊어지지 아니하였겠고 없어지지 아니하였으리라 하셨느니라 (20)너희는 바벨론에서 나와서 갈대아인을 피하고 즐거운 소리로 이를 선파하여 들리며 땅 끝까지 반포하여 이르기를 여호와께서 그 종 야곱을 구속하셨다 하라 (21)여호와께서 그들을 사막으로 통과하게 하시던 때에 그들로 목마르지 않게 하시되 그들을 위하여 바위에서 물이 흘러나게 하시며 바위를 쪼개사 물로 솟아나게 하셨느니라 (22)여호와께서 말씀하시되 악인에게는 평강이 없다 하셨느니라

6. 신원(伸寃)하여 주심을 즐거워하라(20. 18:9-24) = 심판의 성취를 즐거워하라

신 32:43 = 즐거워하라

너희 열방은 주의 백성과 즐거워하라 주께서 그 종들의 피를 갚으사 그 대적에게 보수하시고 자기 땅과 백성을 위하여 속죄하시리로다

렘 51:45-49 = 나와(45)

(45)나의 백성아 너희는 그 중에서 나와 각기 나 여호와의 진노에서 스스로 구원하라 (46)너희 마음을 겁약하게 말며 이 땅에서 들리는 풍설을 인하여 두려워 말라 풍설은 이 해에도 있겠고 저 해에도 있으리라 경내에는 강포함이 있어 관원끼리 서로 치리라 (47)그러므로 보라 날이 이르리니 내가 바벨론의 조각한 신상들을 벌할 것이라 그 온 땅이 치욕을 당하겠고 그 살육당한 모든 자가 그 가운데 엎드러질 것이며 (48)하늘과 땅과 그 중의 모든 것이 바벨론을 인하여 기뻐 노래하리니 이는 파멸시키는 자가 북방에서 그에게 옴이니라 여호와의 말이니라 (49)바벨론이 이스라엘 사람을 살육하여 엎드러뜨림같이 온 땅 사람이 바벨론에서 살육을 당하여 엎드러지리라 하시도다

계 12:10-12 = 즐거워하라(12)

(10)내가 또 들으니 하늘에 큰 음성이 있어 가로되 이제 우리 하나님의 구원과 능력과 나라와 또 그의 그리스도의 권세가 이루었으니 우리 형제들을 참소하던 자 곧 우리 하나님 앞에서 밤낮 참소하던 자가 쫓겨났고 (11)또 여러 형제가 어린 양의 피와 자기의 증거하는 말을 인하여 저를 이기었으니 그들은 죽기까지 자기 생명을 아끼지 아니하였도다 (12)그러므로 하늘과 그 가운데 거하는 자들은 즐거워하라 그러나 땅과 바다는 화 있을진저 이는 마귀가 자기의 때가 얼마 못된 줄을 알므로 크게 분내어 너희에게 내려갔음이라 하더라

롬 15:1-13 = 받으라(7)

(1)우리 강한 자가 마땅히 연약한 자의 약점을 담당하고 자기를 기쁘게 하지 아니할 것이라 (2)우리 각 사람이 이웃을 기쁘게 하되 선을 이루고 덕을 세우도록 할지니라 (3)그리스도께서 자기를 기쁘게 하지 아니하셨나니 기록된 바 주를 비방하는 자들의 비방이 내게 미쳤나이다 함과 같으니라 (4)무엇이든지 전에 기록한 바는 우리의 교훈을 위하여 기록된 것이니 우리로 하여금 인내로 또는 성경의 안위로 소망을 가지게 함이니라 (5)이제 인내와 안위의 하나님이 너희로 그리스도 예수를 본받아 서로 뜻이 같게 하여 주사 (6)한마음과 한 입으로 하나님 곧 우리 주 예수 그리스도의 아버지께 영광을 돌리게 하려 하노라 (7)이러므로 그리스도께서 우리를 받아 하나님께 영광을 돌리심과 같이 너희도 서로 받으라 (8)내가 말하노니 그리스도께서 하나님의 진실하심을 위하여 할례의 수종자가 되셨으니 이는 조상들에게 주신 약속들을 견고케 하시고 (9)이방인으로 그 긍휼하심을 인하여 하나님께 영광을 돌리게 하려 하심이라 기록된 바 이러므로 내가 열방 중에서 주께 감사하고 주의 이름을 찬송하리로다 함과 같으니라 (10)또 가로되 열방들아 주의 백성과 함께 즐거워

하라 하였으며 (11)또 모든 열방들아 주를 찬양하며 모든 백성들아 저를 찬송하라 하였으며 (12)또 이사야가 가로되 이새의 뿌리 곧 열방을 다스리기 위하여 일어나시는 이가 있으리니 열방이 그에게 소망을 두리라 하였느니라 (13)소망의 하나님이 모든 기쁨과 평강을 믿음 안에서 너희에게 충만케 하사 성령의 능력으로 소망이 넘치게 하시기를 원하노라

• **결론**

시 110:1-7 = 헌신하니(3)

(1)여호와께서 내 주에게 말씀하시기를 내가 네 원수로 네 발등상되게 하기까지 너는 내 우편에 앉으라 하셨도다 (2)여호와께서 시온에서부터 주의 권능의 홀을 내어 보내시리니 주는 원수 중에서 다스리소서 (3)주의 권능의 날에 주의 백성이 거룩한 옷을 입고 즐거이 헌신하니 새벽 이슬 같은 주의 청년들이 주께 나오는도다 (4)여호와는 맹세하고 변치 아니하시리라 이르시기를 너는 멜기세덱의 반차를 좇아 영원한 제사장이라 하셨도다 (5)주의 우편에 계신 주께서 그 노하시는 날에 열왕을 쳐서 파하실 것이라 (6)열방 중에 판단하여 시체로 가득하게 하시고 여러 나라의 머리를 쳐서 파하시며 (7)길가의 시냇물을 마시고 인하여 그 머리를 드시리로다

시 103:1-22 = 행하는(18)

(1)내 영혼아 여호와를 송축하라 내 속에 있는 것들아 다 그 성호를 송축하라 (2)내 영혼아 여호와를 송축하며 그 모든 은택을 잊지 말지어다 (3)저가 네 모든 죄악을 사하시며 네 모든 병을 고치시며 (4)네 생명을 파멸에서 구속하시고 인자와 긍휼로 관을 씌우시며 (5)좋은 것으로 네 소원을 만족게 하사 네 청춘으로 독수리같이 새롭게 하시는도다 (6)여호와께서 의로운 일을 행하시며 압박당하는 모든

자를 위하여 판단하시는도다 (7)그 행위를 모세에게, 그 행사를 이스라엘 자손에게 알리셨도다 (8)여호와는 자비로우시며 은혜로우시며 노하기를 더디 하시며 인자하심이 풍부하시도다 (9)항상 경책지 아니하시며 노를 영원히 품지 아니하시리로다 (10)우리의 죄를 따라 처치하지 아니하시며 우리의 죄악을 따라 갚지 아니하셨으니 (11)이는 하늘이 땅에서 높음같이 그를 경외하는 자에게 그 인자하심이 크심이로다 (12)동이 서에서 먼 것같이 우리 죄과를 우리에게서 멀리 옮기셨으며 (13)아비가 자식을 불쌍히 여김같이 여호와께서 자기를 경외하는 자를 불쌍히 여기시나니 (14)이는 저가 우리의 체질을 아시며 우리가 진토임을 기억하심이로다 (15)인생은 그날이 풀과 같으며 그 영화가 들의 꽃과 같도다 (16)그것은 바람이 지나면 없어지나니 그 곳이 다시 알지 못하거니와 (17)여호와의 인자하심은 자기를 경외하는 자에게 영원부터 영원까지 이르며 그의 의는 자손의 자손에게 미치리니 (18)곧 그 언약을 지키고 그 법도를 기억하여 행하는 자에게로다 (19)여호와께서 그 보좌를 하늘에 세우시고 그 정권으로 만유를 통치하시도다 (20)능력이 있어 여호와의 말씀을 이루며 그 말씀의 소리를 듣는 너희 천사여 여호와를 송축하라 (21)여호와를 봉사하여 그 뜻을 행하는 너희 모든 천군이여 여호와를 송축하라 (22)여호와의 지으심을 받고 그 다스리시는 모든 곳에 있는 너희여 여호와를 송축하라 내 영혼아 여호와를 송축하라

계 19:1-10 = 경배하라(10)

(1)이 일 후에 내가 들으니 하늘에 허다한 무리의 큰 음성 같은 것이 있어 가로되 할렐루야 구원과 영광과 능력이 우리 하나님께 있도다 (2)그의 심판은 참되고 의로운지라 음행으로 땅을 더럽게 한 큰 음녀를 심판하사 자기 종들의 피를 그의 손에 갚으셨도다 하고 (3)두 번째 가로되 할렐루야 하더니 그 연기가 세세토록 올라가더라 (4)

또 이십사 장로와 네 생물이 엎드려 보좌에 앉으신 하나님께 경배하여 가로되 아멘 할렐루야 하니 (5)보좌에서 음성이 나서 가로되 하나님의 종들 곧 그를 경외하는 너희들아 무론 대소하고 다 우리 하나님께 찬송하라 하더라 (6)또 내가 들으니 허다한 무리의 음성도 같고 많은 물 소리도 같고 큰 뇌성도 같아서 가로되 할렐루야 주 우리 하나님 곧 전능하신 이가 통치하시도다 (7)우리가 즐거워하고 크게 기뻐하여 그에게 영광을 돌리세 어린 양의 혼인 기약이 이르렀고 그 아내가 예비하였으니 (8)그에게 허락하사 빛나고 깨끗한 세마포를 입게 하셨은즉 이 세마포는 성도들의 옳은 행실이로다 하더라 (9)천사가 내게 말하기를 기록하라 어린 양의 혼인 잔치에 청함을 입은 자들이 복이 있도다 하고 또 내게 말하되 이것은 하나님의 참되신 말씀이라 하기로 (10)내가 그 발 앞에 엎드려 경배하려 하니 그가 나더러 말하기를 나는 너와 및 예수의 증거를 받은 네 형제들과 같이 된 종이니 삼가 그리하지 말고 오직 하나님께 경배하라 예수의 증거는 대언의 영이라 하더라

PART 17

재림, 백마 탄 군대, 심판

제19장
언약을 성취하신 분을 찬송하라

19장에는 '아마겟돈'이라는 말이 보이지 않지만, 이미 16장에서 여섯 번째 대접 재앙(16:12-16) 때 '아마겟돈' 등과 일곱째 대접 심판(16:17-21)을 보여 준다.

❀ 1–10절. '하나님'만 경배하라(10)

• 2절. 큰 음녀를 심판하사

하나님께서 종들의 순교의 피 값을 갚아 주시는 언약의 성취를 하나님의 종들이 찬송한다(계 6:9-11 등 참조).

• 8절. 성도들의 옳은 행실

주 예수 그리스도께서 신원(심판)하여 주심을 기뻐하며 찬송하고 있다. 성도들의 옳은 행실의 은혜로 혼인잔치에 청함을 입은 자들이 하나님만 경배한다 = 마 22:1-22(혼인 잔치 비유)의 예복(마 22:14)과 상좌(上座)에 앉지 말라(눅 14:7-11; 잠 25:6-7) 등을 참고하자.

혼인 잔치에 청함을 받은 자?

1) 두 증인이다(11:7-12) = 순교성도들이다(계 6:9-11; 히 11:35-38 참고)

2) 예비처에서 양육 받고 있던 자들이다(계 12:6).

3) 어린 양의 피로 그 죄를 씻은 하나님의 백성들이다(7:9-14, 12:13-15).

4) 환난 중(후 삼년 반)을 통과하는 신자들이다(계 11:13, 12:17; 마

25:11?).

5) 이스라엘의 남은 자들이다(욜 2:32; 슥 12:10, 14:2; 롬 11:25).

송영목 = 잔치를 위해 준비된 신부의 등장은 성전이 열리며 새 언약의 완전한 설립과 병행을 이루는 것이다. 더 나아가 이 이미지는 하나님의 도성이 하늘에서 내려오는 장면 중 하나님의 장막이 사람과 함께한다는 외침과 병행을 이룬다(참고 계 21:2-3). 교회가 바로 하나님의 신부이며 하나님의 도성이며 새 언약의 성전이다. 오히려 하나님과 어린 양이신 예수님이 교회의 성전이다(참고. 계 21:22). 신비로운 사건은 교회가 신약의 성전인 동시에 하나님이 교회의 성전이라는 점이다. 이만큼 교회와 하나님 사이의 신비로운 연합(혼인잔치)을 설명하는 것이 있을까?[340]

- **10절. 오직 하나님께 경배하라 = 오직 하나님만 경배하라**

❁ 11-21절. 언약의 성취

- **11절. 백마 탄 자 = 11절~16절은 예수님의 재림 상황을 보여 준다.**

1) 재림 시기 = 여섯째 대접을 쏟을 때(계 16:12-16)
2) 재림 장소 = 유브라데강[아마겟돈(계 16:12-16, 19:11-16)], 예루살렘 동편 감람산(슥 14:1-4; 행 1:11)
3) 만왕의 왕이신(계 19:16) 예수님께서 백마를 타고 오신다(계 19:11).
4) 철장으로 다스리며, 만왕의 왕, 만주의 주로 오신다(계 19:15-16,

340) 송영목, 신약주석, 쿰란출판사, 2011, p. 1359

12:5)

5) 백마를 타고 따르는 자 = 예수님을 따르는 하늘 군대들(계 19:14)

• **14절. 하늘에 있는 군대들**

"하늘에 있는 군대들?"(계 19:14)

1. 백마를 타고 예수님을 따르는 순교 성도들
2. 공중 혼인잔치에 참여한 자들(계 19:6-9)
3. 순교 성도들(계 6:9-11)
4. 두 증인들(계 11:10)
5. 144,000(계 14:1-5)
6. 계 17:14 = 부르심을 입고 빼내심을 입은 자들(계 17:14)
7. 예수님 재림 시에 그에게 붙은(속한) 자들(고전 15:23).
8. 모든 거룩한 자들(슥 14:5).
9. 천사들(마 16:27) 등을 말한다.

"하늘에 있는 군대들"이란 표현은 즉 예수님을 따르는 순교자들이 주님의 군대의 대표적 수장들임을 의미한다.

"하늘에 있는 군대들"에 대한 견해들

김상훈 = 하늘의 군대는 천군, 즉 천사들의 군대다(14절). 이들은 흰 말을 타고 깨끗하고 흰 세마포를 입고 있다. 이때의 군대는 천사들만의 군대일 수도 있고 그리스도의 재림 때 그분을 맞이하는 택함 받은 성도들과 함께하는 군대일 수도 있다. 그런데 이 군대가 등장하는 맥락이 그리스도의 재림을 나타내는 장면이라는 점을 고려할 때, 공중에서 구름 가운데 그리스도께서 재림하실 때 그와 동행하게 될 천사들과 택하심을 받은 성도들이 함께하고 있는(마 24:30-31; 막 13:26-27; 고전 15:51-54; 살전 4:16-17) 군대라고 볼 수 있다. 따라서 택함 받은 성도들이 모두 이 전쟁 직전(또는 그때)에 일어나 공중에서 주님을 맞이할 가능성이 높다.[341)]

이필찬 = 천사와 성도로 구성된 주님의 군대(김응조, 이상근)[342)]

김재준 = 언급하지 않음

민병석 = 순교 성도들

박윤선 = 천사들과 모든 성도들(박수암, 석원태)

이광복 = 천사장과 천사들

조용기 = 환난 전에 휴거된 성도들

왈부르드 = 성도와 천사들(데이크)

존슨 = 부활(휴거) 성도와 순교자 일행

비더울프 = 영화로움을 입은 성도를 포함한 군대

헨드릭슨 = 천사(렌스키)

래드 = 천사의 무리일 가능성이 많음

송영목 = 예수님의 제자들(교회)이다. 하나님의 말씀이신 예수님을 세상에 전하기 위해서 그리고 예수님이 만왕의 왕이요 만주의 주이심을 증거하기 위해 전투하는 교회는 깨끗한 세마포 옷 즉 선한 행실을 가진다.[343)] 그런데 16장 14절에서의 유브라데 전쟁에 대하여서는 "이 예언은 B.C. 539에 바사의 고레스 왕이 유브라데강을 건너 바벨론을 물리친 것으로 성취되었다. 하지만 유브라데강과 그 물은 요한계시록 17장의 큰 음녀 바벨론이 앉은 물과 동일시된다. 요한계시록 17장 15절에 의하면, 이 유브라데강과 그 물은 문자적으로 해석될 수 없고, 상징적으로 음녀 바벨론과 결합된 백성, 무리, 열국, 방언들이다. 동방에서 오는 왕들, 3개의 더러운 영들, 온 천하 임금들이 구체적으로 누구를 가리키는지 그 지시성을 설명하기

---

341) 김상훈, 요한계시록 7:1-22:21, 감은사, 2022, p. 430

342) 이필찬, 요한계시록 40일 묵상여행, 이레서원, 2018, p. 207

343) 송영목, 신약주석, 쿰란출판사, 2011, p. 1360

어렵지만, 이들 전부는 하나님을 대적한다.[344] 아마겟돈(므깃도의 산)은 패배와 황폐를 상징한다. 역사적으로 구약에서 여러 사건이 므깃도에서 발생했으나 가장 중요한 것은 아마도 유다의 '요시아 왕'이 애굽의 바로 왕 느고와 대결하다가 전사한 후 유다 나라는 배교, 파멸, 포로로 잡혀가는 상황으로 악화된 것이다(참고. 대하 35:20-25, 36장). 따라서 므깃도는 요한에게 패배와 황폐의 '상징'이지, 혹자(예, Kistemaker, 2004; 245)가 주장하듯이, 최후의 전쟁이 일어날 곳이 아니다. 마지막 일곱 재앙인 일곱 대접의 심판 중에서도 마지막 일곱 번째 대접 심판은 요한계시록 16장 17절 이하에 나오는데 이전의 계시의 다양한 순간들을 종합한다."[345]라고 한다.

= 그렇다면 송영목 교수는 16장 12절의 '유브라데'와 16절의 '아마겟돈'을 별도 사건으로 보고 있음을 알 수 있다. 그러나 계 16:12-16은 여섯째 대접 재앙 때로 한 사건임을 말해주고 있다.

• **17절. 하나님의 큰 잔치**

언약하신 대로의 심판의 성취를 선포하며, 17절~21절은 '아마겟돈' 전쟁과 그 결말을 보여 준다.

'아마겟돈' 전쟁?

1) 결전 장소 = 아마겟돈(계 16:12-16) = 예루살렘 동편 감람산(슥 14:1-4; 행 1:11).

2) 결전 결과

① 짐승(적그리스도)이 포로로 잡힘(20)

② 거짓 선지자도 포로로 함께 잡힘(20) = 계 13:11에 나타난 자

---

344) 송영목, 신약주석, 쿰란출판사, 2011, p. 1350

345) 위의 책, 2011, p. 1351

로 이자도 짐승과 함께 이곳에서 포로로 잡힌다.

③ 이들은 산 채로 유황불 붙는 못에 던지운다(20) = 이곳은 지옥이다.

④ 그 나머지는 다 죽임을 당하고(21) 새들의 밥이 된다(17-18).

⑤ 붉은 용(사탄)은 일천 년간 결박되어 무저갱에 갇힌다(계 20:1-3).

이 같은 사건 후에 이 땅 위에는 하나님의 최종적인 심판인 일곱째 대접 재앙이 내리게 되고 이 심판으로 지상에 있는 모든 피조물들은 다 불에 타버리며 땅속 깊은 불 속에 빠지게 된다.

• 20절. 그의 우상에게 경배하던 자들

짐승이 잡히고 그 앞에서 이적을 행하던 거짓 선지자도 함께 잡혀, 이 둘이 산 채로 유황불 붙는 못에 던지운다.

짐승의 표를 받고 그 우상에게 경배하던 자들 = 짐승, 거짓 선지자 등의 이적에 미혹되어 그의 우상에게 경배하던 자들도 유황불 붙는 못에 던져진다.

• 21절. 그 나머지는 – 죽으매

예수 그리스도를 믿지 않는 자들도 죽으매(21절) 짐승, 거짓 선지자 등의 이적에 미혹되어 그의 우상에게 경배하던 자들도 유황불 붙는 못에 던져진 자들과 같은 심판을 받는다.

경배 받으시는 하나님(신앙고백)?

삼위일체 하나님께만 경배해야 함은 이미 4장과 5장 등에서 살펴본 바 있다.

24장로들로부터 경배 받으신다(계 4:4, 9-11, 5:8-10, 14, 11:15-19, 19:4),

네 생물들로부터 경배를 받으시고(계 5:8, 19:4, 6:1-8; 겔 1:5),

모든 천사들로부터도 경배를 받으심으로(계 5:11-14, 7:11),

모든 만물로부터 경배를 받으신다(계 5:13)는 것이다.

따라서 앞으로 될 일에 앞서 하늘보좌를 사도 요한에게 보여 주시고 이를 기록하고 전하고 지키게(계 1:3, 22:7-9 등 참조) 하심으로 하나님께서는 구원의 백성들로부터 경배를 받으신다.

종말의 때는 현재적(눅 17:20-21; 행 2:17; 고전 10:11; 딤후 3:1-5; 히 1:1 등 참조)이며, 미래적(막 1:12-15; 마 25:45- 46, 28:20; 고전 15:51-52; 살전 4:16; 벧전 4:7; 벧후 3:10 등 참조)이다.

하나님의 나라(막 1:14-15, 4:26-29 등 참조) 곧 천국(마 4:17, 5:3, 7, 13:45), 하늘나라[사 63:15; 신 26:15; 엡 1:3 등 참조 = 하나님(눅 15:11-32; 단 4:26)] 역시 현재적[마 1:22-23, 12:28(눅 17:21); 고전 6:8-11 등 참조]이며 미래적(마 4:17; 막 1:12-15; 마 12:31-32, 24:29-30; 눅 9:62, 18:29-30; 행 1:7-8, 14:22; 계 17:14 등 참조)이다.

저자 연구 = 계시록 '서론'을 참고

1. 주제

계시록은 어렵다? 쉽다? = 하라는 것을 하는 복을 누리고 하지 말라는 것은 하지 않는 복을 누리면 된다(계 1:3, 13; 22:7, 14:12 참조).

요한계시록은 그 누구도 절대적인 해석은 없다.

'노우호' 목사의 말에 의하면

루터 = 성경의 단어 수만큼 모르겠다 = 하나도 모르겠다는 말

칼빈 = 3장까지 해석하다가 모르겠다고 펜을 던져 버렸다 함.

따라서 그 누구도 정답은 없다. 그런데 자신의 해석만이 완벽하고, 절대적이라고 말하는 자는 "내가 하나님이다"라고 하는 교만한 사람이다(창 3:1-4; 요 8:44; 요일 3:8 등 참조).

그러나 한 가지 분명한 것은 "구원, 존귀, 영광, 능력을 세세토록 돌릴지어다." 곧 "삼위일체 하나님만 경배하며 섬기라"(계 4:10-11, 5:13-14, 7:1-17, 19:1-10; 신 6:10; 삼상 7:3; 마 4:10-11 등 참조) 한다.

"주 예수여 오시옵소서"?
ἔρχου(에룩스) 오시옵소서 come
κύριε(퀴리에) 주 Lord
Ἰησοῦ.(예수) 예수여 Jesus

고전 16:22(아람어 표현) = 주께서 임하시느니라(바른성경 = 우리 주님, 오시옵소서. 개역개정 = 우리 주여, 오시옵소서)
'마란아타'[μαράν ἀθά(Stephens)] = μαράνὰ θά(Nestle)

"이 예언의 말씀을 읽고 듣고 믿어 지키는 자가 복이 있다"[계 1:3, 22:7, 12, 12:17-18(시 19:7-11; 잠 29:18); 계 22:20-21 = 고전 16:21-24 = 벧후 3:8-18 = 계 16:17-21 = 요 19:30]
= 계 4~5장은 물론 22장에서 삼위일체 하나님께서 경배 받으심이 창조하시고 구속하신 목적이며, 우리의 삶의 목적이다.

계시록 핵심(계 1:3, 22:7 = 21:5-9)

계시록은 언약(言約) 곧 명령(命令)과 약속(約束)으로 시작하여 명령(命令)과 약속(約束)으로 마친다(1:3, 22:7).

1. 일곱 교회를 향한 언약[言約(약속과 명령)] = 계 1:~3: = 하나님을 경배하라(4:~5:, 21:~22:) = 천년왕국과 흰 보좌 심판 있다(20:) = 하나님의 자녀[子女, 선택(選擇)] 된 성화(聖化)의 복(福)을 누려라. 즉 "하나님의 은총(恩寵)의 복(福)을 누려라!

2. 우리를 구원[救援. 구속(救贖)]하신 예수 그리스도에게 영광을 돌려라 = 계 1:4-6, 4:11, 5:12(롬 11:36) = 보호(保護)와 심판(審判) = 7년 환란(患亂)의 사건(事件)

1) 어린 양의 진노(6-16장)

2) 음녀 교회의 체제의 붕괴와 멸망(17-18장)

3) 예수 그리스도의 재림(19장)

3. 삼위일체 하나님만 경배하라 = 계 4:8-9, 10-11, 5:9-11, 12, 13-14, 7:9-10, 11-12, 15, 11:16-19, 14:1-5, 6-7, 15:2-4, 19:1-2, 3-4, 6-8, 9-10

4. 믿음으로 인내(忍耐)하라 = 성도의 견인(聖徒의 堅忍) = 계 1:3, 13:10, 14:11-13, 22:7, 11-12(마 24:11-14; 롬 8:12-39 등 참조) = 언약(言約)의 성취(成就)

1) 사탄의 결박과 천년왕국에 들어갈 자(20장)

2) 결론 = 영원한 본향 천국에 들어갈 자격(21-22장)

5. 계시록의 8복(福) = 성화(聖火)의 복(福)을 누려라

1) 읽는 자(1:3)

2) 듣는 자(1:3)

3) 지키는 자(1:3, 22:7)

4) 주 안에서 죽는 자(14:13)

5) 깨어 자기 옷을 지키는 자(16:15, 13:10, 14:11-12)

6) 세마포를 입은 자 = 옳은 행실(19:8)

7) 혼인잔치에 청함을 입은 자(19:9)

8) 두루마기를 빠는 자(22:14 = 계 7:14 어린 양의 피에 그 옷을 씻어 희게 한 자(사 1:18; 슥 3:3-5)

9) 첫째 부활에 참여하는 자(20:6) = 마태복음의 8복도 실상은 구복이라 할 수 있다(마 5:11-12 참조)

마 5:3 = 심령이 가난한 자는 복이 있나니 천국이 저희 것임이요

눅 11:28 = 예수께서 가라사대 오히려 하나님의 말씀을 듣고 지키는 자가 복이 있느니라 하시니라

롬 13:11 = 또한 너희가 이 시기를 알거니와 자다가 깰 때가 벌써 되었으니 이는 이제 우리의 구원이 처음 믿을 때보다 가까웠음이니라

롬 14:22 = 네게 있는 믿음을 하나님 앞에서 스스로 가지고 있으라 자기의 옳다 하는 바로 자기를 책하지 아니하는 자는 복이 있도다

약 5:8-9 = (8)너희도 길이 참고 마음을 굳게 하라 주의 강림이 가까우니라 (9)형제들아 서로 원망하지 말라 그리하여야 심판을 면하리라 보라 심판자가 문 밖에 서 계시니라

벧전 4:7 = 만물의 마지막이 가까왔으니 그러므로 너희는 정신을 차리고 근신하여 기도하라

계 22:12 = 보라 내가 속히 오리니 내가 줄 상이 내게 있어 각 사람에게 그의 일한 대로 갚아 주리라

잠 8:34 = 누구든지 내게 들으며 날마다 내 문 곁에서 기다리며 문설주 옆에서 기다리는 자는 복이 있나니

단 12:12-13 = (12)기다려서 일천삼백삼십오 일까지 이르는 그 사람은 복이 있으리라 (13)너는 가서 마지막을 기다리라 이는 네가 평안히 쉬다가 끝 날에는 네 업을 누릴 것임이니라

6. 상(賞) = 계 11:18[주님의 이름을 경외(敬畏)하는 자들(시 99:5 등 참조)], 계 22:11-12[두루마기를 빠는 자들(스테판 = 그 계명을 행하는 자들)] = 마 5:10-12, 16:25-28; 롬 2:6-11; 빌 3:13-16; 사 40:10-11, 62:10-12 등 참조

계시의 목적

1) 예수님의 재림의 확실성을 알게 하려고(1:7, 19)

2) 신랑 맞을 신부 된 준비를 하게 하려고(19:6-8)

3) 복 받게 하려고(1:3)

① 말씀을 읽는 자, 듣는 자들, 지키는 자들은 복이 있다(1:3)

② 주 안에서 안에서 죽는 자들은 복이 있도다(14:13-)

③ 깨어 (있는)… 자가 복이 있도다(16:15).

④ 어린 양의 혼인잔치에 청함을 입은 자들이 복이 있도다(19:9-).

⑤ 첫째 부활에 참여하는 자들은 복이 있고…(20:6-).

⑥ 이 책의 예언의 말씀을 지키는 자들은 복이 있고…(22:7-).

⑦ 그 두루마기를 빠는 자들은 복이 있고(22:14-).

저자는 하나님의 자녀[子女, 선택(選擇)] 된 성화(聖化)의 복(福)을 누리게 한다. 즉 "하나님의 은총(恩寵)의 복(福)을 누리게 함에 있다."

4) 교회를 위해서(1:4; 22:16)

① 예수 그리스도에게 영광을 돌려라 = 계 1:4-6, 4:11, 5:12(롬 11:36)

② 삼위일체 하나님만 경배하라 = 계 4:8-9, 10-11, 5:9-11, 12, 13-14, 7:9-10, 11-12, 15, 11:16-19, 14:1-5, 6-7, 15:2-4, 19:1-2, 3-4, 6-8, 9-10.

③ 믿음으로 인내(忍耐)하라 = 성도의 견인(聖徒의 堅忍) = 계 1:3, 13:10, 14:11-13, 22:7, 11-12(마 24:11-14; 롬 8:12-39 참조)

〈도움 말씀〉

언약을 성취하신 분을 찬양하라(10. 1-21) = 하나님만 경배하라

• 서론

시 99:5 = 경배할지어다(9)

(5) 너희는 여호와 우리 하나님을 높여 그 발등상 앞에서 경배할지어다 그는 거룩하시도다…(9)너희는 여호와 우리 하나님을 높이고 그 성산에서 경배할지어다 대저 여호와 우리 하나님은 거룩하시도다

마 4:1-11 = 수종드니라(11)

(1)그때에 예수께서 성령에게 이끌리어 마귀에게 시험을 받으러
광야로 가사 (2)사십 일을 밤낮으로 금식하신 후에 주리신지라 (3)시
험하는 자가 예수께 나아와서 가로되 네가 만일 하나님의 아들이어
든 명하여 이 돌들이 떡덩이가 되게 하라 (4)예수께서 대답하여 가
라사대 기록되었으되 사람이 떡으로만 살 것이 아니요 하나님의 입
으로 나오는 모든 말씀으로 살 것이라 하였느니라 하시니 (5)이에 마
귀가 예수를 거룩한 성으로 데려다가 성전 꼭대기에 세우고 (6)가로
되 네가 만일 하나님의 아들이어든 뛰어내리라 기록하였으되 저가
너를 위하여 그 사자들을 명하시리니 저희가 손으로 너를 받들어 발
이 돌에 부딪히지 않게 하리로다 하였느니라 (7)예수께서 이르시되
또 기록되었으되 주 너의 하나님을 시험치 말라 하였느니라 하신대
(8)마귀가 또 그를 데리고 지극히 높은 산으로 가서 천하 만국과 그
영광을 보여 (9)가로되 만일 내게 엎드려 경배하면 이 모든 것을 네
게 주리라 (10)이에 예수께서 말씀하시되 사탄아 물러가라 기록되었
으되 주 너의 하나님께 경배하고 다만 그를 섬기라 하였느니라 (11)
이에 마귀는 예수를 떠나고 천사들이 나아와서 수종드니라

1. 하나님만 경배하라(10. 1-10) = 언약을 성취하신 분을 찬양하라

계 4:10-11 = 가로되(10)

(10)이십사 장로들이 보좌에 앉으신 이 앞에 엎드려 세세토록 사시는 이에게 경배하고 자기의 면류관을 보좌 앞에 던지며 가로되 (11)우리 주 하나님이여 영광과 존귀와 능력을 받으시는 것이 합당하오니 주께서 만물을 지으신지라 만물이 주의 뜻대로 있었고 또 지으심을 받았나이다 하더라

요 12:44-50 = 믿는(44)

(44)예수께서 외쳐 가라사대 나를 믿는 자는 나를 믿는 것이 아니요 나를 보내신 이를 믿는 것이며 (45)나를 보는 자는 나를 보내신 이를 보는 것이니라 (46)나는 빛으로 세상에 왔나니 무릇 나를 믿는 자로 어두움에 거하지 않게 하려 함이로라 (47)사람이 내 말을 듣고 지키지 아니할지라도 내가 저를 심판하지 아니하노라 내가 온 것은 세상을 심판하려 함이 아니요 세상을 구원하려 함이로라 (48)나를 저버리고 내 말을 받지 아니하는 자를 심판할 이가 있으니 곧 나의 한 그 말이 마지막 날에 저를 심판하리라 (49)내가 내 자의로 말한 것이 아니요 나를 보내신 아버지께서 나의 말할 것과 이를 것을 친히 명령하여 주셨으니 (50)나는 그의 명령이 영생인 줄 아노라 그러므로 나의 이르는 것은 내 아버지께서 내게 말씀하신 그대로 이르노라 하시니라

계 7:1-12 = 가로되(12) = 7장의 예수님 재림 후의 사건을 보여 줌?

(9)이 일 후에 내가 보니 각 나라와 족속과 백성과 방언에서 아무라도 능히 셀 수 없는 큰 무리가 흰 옷을 입고 손에 종려가지를 들고 보좌 앞과 어린 양 앞에 서서 (10)큰 소리로 외쳐 가로되 구원하심이 보좌에 앉으신 우리 하나님과 어린 양에게 있도다 하니 (11)모든 천사가 보좌와 장로들과 네 생물의 주위에 섰다가 보좌 앞에 엎드려

얼굴을 대고 하나님께 경배하여 (12)가로되 아멘 찬송과 영광과 지혜와 감사와 존귀와 능력과 힘이 우리 하나님께 세세토록 있을지로다 아멘 하더라

계 11:14-19 = 가로되(17)

(14)둘째 화는 지나갔으나 보라 셋째 화가 속히 이르는도다 (15)일곱째 천사가 나팔을 불매 하늘에 큰 음성들이 나서 가로되 세상 나라가 우리 주와 그 그리스도의 나라가 되어 그가 세세토록 왕 노릇 하시리로다 하니 (16)하나님 앞에 자기 보좌에 앉은 이십사 장로들이 엎드려 얼굴을 대고 하나님께 경배하여 (17)가로되 감사하옵나니 옛적에도 계셨고 시방도 계신 주 하나님 곧 전능하신 이여 친히 큰 권능을 잡으시고 왕 노릇 하시도다 (18)이방들이 분노하매 주의 진노가 임하여 죽은 자를 심판하시며 종 선지자들과 성도들과 또 무론 대소하고 주의 이름을 경외하는 자들에게 상 주시며 또 땅을 망하게 하는 자들을 멸망시키실 때로소이다 하더라 (19)이에 하늘에 있는 하나님의 성전이 열리니 성전 안에 하나님의 언약궤가 보이며 또 번개와 음성들과 뇌성과 지진과 큰 우박이 있더라

2. 우상에게 경배하지 말라(20. 14-21) = 우상숭배 자는 산 채로 유황불에 들어간다.

요일 5:13-21 = 멀리하라(21)

(13)내가 하나님의 아들의 이름을 믿는 너희에게 이것을 쓴 것은 너희로 하여금 너희에게 영생이 있음을 알게 하려 함이라 (14)그를 향하여 우리의 가진 바 담대한 것이 이것이니 그의 뜻대로 무엇을 구하면 들으심이라 (15)우리가 무엇이든지 구하는 바를 들으시는 줄을 안즉 우리가 그에게 구한 그것을 얻은 줄을 또한 아느니라 (16)누구든지 형제가 사망에 이르지 아니한 죄 범하는 것을 보거든 구하

라 그러면 사망에 이르지 아니하는 범죄자들을 위하여 저에게 생명을 주시리라 사망에 이르는 죄가 있으니 이에 대하여 나는 구하라 하지 않노라 (17)모든 불의가 죄로되 사망에 이르지 아니하는 죄도 있도다 (18)하나님께로서 난 자마다 범죄치 아니하는 줄을 우리가 아노라 하나님께로서 나신 자가 저를 지키시매 악한 자가 저를 만지지도 못하느니라 (19)또 아는 것은 우리는 하나님께 속하고 온 세상은 악한 자 안에 처한 것이며 (20)또 아는 것은 하나님의 아들이 이르러 우리에게 지각을 주사 우리로 참된 자를 알게 하신 것과 또한 우리가 참된 자 곧 그의 아들 예수 그리스도 안에 있는 것이니 그는 참 하나님이시요 영생이시라 (21)자녀들아 너희 자신을 지켜 우상에서 멀리하라

계 13:11-18 = 경배하며(16)

(13)그 시에 큰 지진이 나서 성 십분의 일이 무너지고 지진에 죽은 사람이 칠천이라 그 남은 자들이 두려워하여 영광을 하늘의 하나님께 돌리더라 (14)둘째 화는 지나갔으나 보라 셋째 화가 속히 이르는도다 (15)일곱째 천사가 나팔을 불매 하늘에 큰 음성들이 나서 가로되 세상 나라가 우리 주와 그 그리스도의 나라가 되어 그가 세세토록 왕 노릇 하시리로다 하니 (16)하나님 앞에 자기 보좌에 앉은 이십사 장로들이 엎드려 얼굴을 대고 하나님께 경배하여 (17)가로되 감사하옵나니 옛적에도 계셨고 시방도 계신 주 하나님 곧 전능하신 이여 친히 큰 권능을 잡으시고 왕 노릇 하시도다 (18)이방들이 분노하매 주의 진노가 임하여 죽은 자를 심판하시며 종 선지자들과 성도들과 또 무론 대소하고 주의 이름을 경외하는 자들에게 상주시며 또 땅을 망하게 하는 자들을 멸망시키실 때로소이다 하더라

계 16:1-2 = 경배하는(2)

⑴또 내가 들으니 성전(聖殿)에서 큰 음성(音聲)이 나서 일곱 천사(天使)에게 말하되 너희는 가서 하나님의 진노(震怒)의 일곱 대접을 땅에 쏟으라 하더라 ⑵첫째가 가서 그 대접을 땅에 쏟으며 악(惡)하고 독한 헌데가 짐승의 표(標)를 받은 사람들과 그 우상(偶象)에게 경배(敬拜)하는 자(者)들에게 나더라

계 20:1-6 = 경배하지도⑷

⑴또 내가 보매 천사(天使)가 무저갱(無底坑) 열쇠와 큰 쇠사슬을 그 손에 가지고 하늘로서 내려와서 ⑵용(龍)을 잡으니 곧 옛 뱀이요 마귀(魔鬼)요 사탄이라 잡아 일천(一千) 년(年) 동안 결박(結縛)하여 ⑶무저갱(無底坑)에 던져 잠그고 그 위에 인봉(印封)하여 천(千) 년(年)이 차도록 다시는 만국(萬國)을 미혹(迷惑)하지 못하게 하였다가 그 후(後)에는 반드시 잠간(暫間) 놓이리라 ⑷또 내가 보좌(寶座)들을 보니 거기 앉은 자(者)들이 있어 심판(審判)하는 권세(權勢)를 받았더라 또 내가 보니 예수의 증거(證據)와 하나님의 말씀을 인(因)하여 목 베임을 받은 자(者)의 영혼(靈魂)들과 또 짐승과 그의 우상(偶象)에게 경배(敬拜) 하지도 아니하고 이마와 손에 그의 표(標)를 받지도 아니한 자(者)들이 살아서 그리스도로 더불어 천년(千年) 동안 왕(王) 노릇 하니 ⑸{그 나머지 죽은 자(者)들은 그 천년(千年)이 차기까지 살지 못하더라} 이는 첫째 부활(復活)이라 ⑹이 첫째 부활(復活)에 참여하는 자(者)들은 복(福)이 있고 거룩하도다 둘째 사망(死亡)이 그들을 다스리는 권세(權勢)가 없고 도리어 그들이 하나님과 그리스도의 제사장(祭司長)이 되어 천년(千年) 동안 그리스도로 더불어 왕(王) 노릇 하리라

히 12:1-3 = 바라보자⑵

⑴이러므로 우리에게 구름같이 둘러싼 허다(許多)한 증인(證人)들이 있으니 모든 무거운 것과 얽매이기 쉬운 죄(罪)를 벗어버리고 인내

(忍耐)로써 우리 앞에 당한 경주(競走)를 경주(競走)하며 (2)믿음의 주(主)요 또 온전(穩全)케 하시는 이인 예수를 바라보자 저는 그 앞에 있는 즐거움을 위(爲)하여 십자가(十字架)를 참으사 부끄러움을 개의(介意)치 아니하시더니 하나님 보좌(寶座) 우편(右便)에 앉으셨느니라 (3)너희가 피곤(疲困)하여 낙심(落心)치 않기 위(爲)하여 죄인(罪人)들의 이같이 자기(自己)에게 거역(拒逆)한 일을 참으신 자(者)를 생각하라

• **결론**

경배 받으심(신앙고백)

24장로들로부터 경배받으신다(계 4:4, 9-11, 5:8-10, 14, 11:15-19, 19:4).

네 생물들로부터 경배를 받으시고(계 5:8, 19:4, 6:1-8; 겔 1:5),

모든 천사들로 부터도 경배를 받으심으로(5:11-14; 7:11),

모든 만물로부터 경배를 받으신다(5:13)는 것이다.

따라서 앞으로 될 일에 앞서 하늘보좌를 사도 요한에게 보여 주시고 이를 기록하고 전하고 지키게(계 1:3, 22:7-9 참조) 하심으로 하나님께서는 구원의 백성들로부터 경배를 받으신다.

롬 10:9-10 = 시인하여(10)

(9)네가 만일 네 입으로 예수를 주로 시인하며 또 하나님께서 그를 죽은 자 가운데서 살리신 것을 네 마음에 믿으면 구원을 얻으리니 (10)사람이 마음으로 믿어 의에 이르고 입으로 시인하여 구원에 이르느니라

계 14:6-13 = 죽는(13)

(6)또 보니 다른 천사(天使)가 공중(空中)에 날아가는데 땅에 거(居)하는 자(者)들 곧 여러 나라와 족속(族屬)과 방언(方言)과 백성(百姓)에

게 전(傳)할 영원(永遠)한 복음(福音)을 가졌더라 (7)그가 큰 음성(音聲)으로 가로되 하나님을 두려워하며 그에게 영광(榮光)을 돌리라 이는 그의 심판(審判)하실 시간(時間)이 이르렀음이니 하늘과 땅과 바다와 물들의 근원(根源)을 만드신 이를 경배(敬拜)하라 하더라 (8)또 다른 천사(天使) 곧 둘째가 그 뒤를 따라 말하되 무너졌도다 무너졌도다 큰 성(城) 바벨론이여 모든 나라를 그 음행(淫行)으로 인(因)하여 진노(震怒)의 포도주(葡萄酒)로 먹이던 자(者)로다 하더라 (9)또 다른 천사(天使) 곧 셋째가 그 뒤를 따라 큰 음성(音聲)으로 가로되 만일(萬一) 누구든지 짐승과 그의 우상(偶像)에게 경배(敬拜)하고 이마에나 손에 표(標)를 받으면 (10)그도 하나님의 진노(震怒)의 포도주(葡萄酒)를 마시리니 그 진노(震怒)의 잔(盞)에 섞인 것이 없이 부은 포도주(葡萄酒)라 거룩한 천사(天使)들 앞과 어린 양(羊) 앞에서 불과 유황(硫黃)으로 고난(苦難)을 받으리니 (11)그 고난(苦難)의 연기(煙氣)가 세세(世世)토록 올라가리로다 짐승과 그의 우상(偶像)에게 경배(敬拜)하고 그 이름의 표(標)를 받는 자(者)는 누구든지 밤낮 쉼을 얻지 못하리라 하더라 (12)성도(聖徒)들의 인내(忍耐)가 여기 있나니 저희는 하나님의 계명(誡命)과 예수 믿음을 지키는 자(者)니라 (13)또 내가 들으니 하늘에서 음성(音聲)이 나서 가로되 기록(記錄)하라 자금(自今) 이후(以後)로 주(主) 안에서 죽는 자(者)들은 복(福)이 있도다 하시매 성령(聖靈)이 가라사대 그러하다 저희 수고(受苦)를 그치고 쉬리니 이는 저희의 행(行)한 일이 따름이라 하시더라

PART 18

천년왕국, 곡과 마곡, 흰 보좌 심판

제20장
순교신앙으로 봉사하라

요한계시록 20장은 천년왕국과 흰 보좌 심판에 대하여 보여 준다. 천년왕국은 크게 무 천년설, 후 천년설, 세대주의적 전 천년설, 역사적 전 천년설 등에 따라 그 해석을 달리한다.

❋ 1–6절. 첫째 부활의 은혜

• 2절. 용(龍)

용[龍. 옛 뱀, 마귀(魔鬼), 사탄]의 운명은 천년 동안 무저갱[無底坑(계 20:1-3, 7-10)]에 결박당하게 된다. 그 이후 잠깐 놓이게 된다.

• 4절. 살아서

첫째 부활(5절-6절)들로, 몸의 부활 곧 부활체(復活體)로 그리스도와 더불어 왕 노릇 한다. 이것이 첫째 부활이며 이 첫째 부활에 참여하는 자는 복이 있고 거룩하다고 했다. 곧 순교 성도들(계 6:9; 히 11:35), 두 증인들(계 11:12, 6:11)을 말한다.

박윤선 박사는 "이 말은 헬라 원어로 에쩨산(ἔζησαν)이니, 이에 대하여 여러 가지 해석이 있다. (1) 주님의 재림 때에도 아직 살아남아있는 신자들을 가리킨다고 함(Bousset). 이것은 문맥에 부합하지 않는 해석이다. (2) 영적 부활(중생)을 가리킨다고 함(Holtzmann, Heitmuller, Hadorn). (3) 하늘에서 영적 생명을 풍성히 받았다는 뜻이라고 함(Allo). (4) 몸의 부활을 의미한다고 함. 천년기 전설의 주장자들은 이 견해를 가진다."[346]

그리스도로 더불어 천년 동안 왕 노릇 하니 = '천년기'의 주장에 따라 해석이 달라지며, '천년'의 수 역시 상징적인 수와 문자적인 수로 그 해석이 나뉜다. 그러나 '천년기'에 구애받지 않고 문자적인 수, 상징적인 수로 해석하기도 한다.

'천 년'에 대한 견해?

송영목 = 1000년의 '1000'은 상징적인 표현이기에, 문자적으로 볼 수 없고, 예수님의 초림과 재림 사이의 전체 기간을 의미한다. 무 천년주의와 후 천년주의가 이 상징적 해석을 따른다(참고. 고전 15:25; 히 10:12-13 비교. 시 110:1). 아타나시우스 등 정통 기독교회는 승리의 소망에 기초한 후 천년설을 주장해 왔다(참고. Chilton, 1990:496). 요한계시록 20장의 천년왕국은 갑자기 등장하는 주제가 아니라, 요한계시록 19장 19-21절의 전투를 상술하는 것으로 보아야 한다. 즉 요한계시록 20장의 천년왕국은 이 땅에 주님의 복음과 교회가 확장되는 데 있어서 방해되는 세력과의 전투와 관련된다.[347]

1절의 천사는 예수님을 가리킨다(참고. 계 10:1, 18:1). 예수님이 가지고 계시는 열쇠와 쇠사슬은 예수님의 주권을 상징한다. 한 가지 대조는, 요한계시록 9장 1절에서 사탄은 무저갱의 열쇠를 잠시 받았으나(신적 수동태), 예수님은 하늘로부터 내려와서 사망과 음부의 열쇠를 가지고 있다(참고. 계 1:18). 용(옛 뱀, 마귀, 사탄)을 결박한다는 말 자체가 상징적인 표현임을 분명히 밝혀 준다. 부활 승천하신 주님은 사탄을 통제하시는 절대적인 힘을 가지고 계신다.

---

346) 박윤선, 신약주석 요한계시록, 영음사, 1985, p. 330
347) 송영목, 신약주석, 쿰란출판사, 2011, p. 1361

사탄이 묶인 것(2절)은 예수님의 십자가와 부활로 사탄이 이미 패배한 것을 가리키는 동시에 미래적으로 주님의 재림 시에 있을 완전한 파멸을 내다보게 된다. 이런 의미에서 천년왕국은 교회의 승리의 기간이며 복된 기간이다. 요한일서 3장 8절에서 예수님의 오심과 지상 사역을 마귀의 일을 멸하기 위함이라고 명시한다(마 12:28-29; 참고 눅 11:20-22).[348]

4절의 '보좌들'(복수형. 요한계시록에서는 24장로의 보좌들을 가리킴)을 통해서 알 수 있는 것은 24장로로 상징되는 신구약의 전체 교회가 그리스도를 통해 왕의 신분을 받은 것을 말씀한다(참고 마 19:28; 눅 22:30; 계 1:6). 24라는 숫자는 구약의 제사장 24반열을 상징하기에 역시 교회의 제사장 직분을 내포한다. 교회의 왕권은 하늘의 보좌로부터 받아서 이 땅에서 시행된다. 이것은 교회의(왕 같은) 제사장인 특권 즉 예배의 상황과 불가분이다(참고 벧전 2:9). 교회가 세상을 다스리는 것은 영적인 일로써 지상 명령에서 밝히듯이 하나님의 말씀으로 세상을 가르치고 제자 삼는 것이다(참고 마 28:19-20). 하지만 이런 영적인 왕권의 시행은 교회가 준비되어 있어야만 제대로 시행된다. 말씀으로 살다가 죽을 각오가 필요하고 하나님 외의 다른 그 무엇에게 절하지 않고 굴복하지 않을 준비됨이다. 그리고 그 시행 범위는 삶의 모든 영역이다.[349]

김상훈 = 천년 나라는 요한의 상상이 아니라 미래적 실재다.[350]

저자의 견해 = "(8)사랑하는 자들아 주께는 하루가 천년 같고 천년이 하루 같은 이 한 가지를 잊지 말라 (9)주의 약속은 어떤 이의 더디다고 생각하는 것같이 더딘 것이 아니라 오직 너희를 대하여 오래 참으사 아무도 멸망치 않고 다 회개하기에 이르기를 원하시느니

348) 위의 책, pp. 1351-1362
349) 위의 책, 2011, p. 1363
350) 김상훈, 요한계시록 7:1-22:21, 감은사, 2022, p. 450

라”(벧후 3:8-9), “그런즉 깨어 있으라 너희는 그날과 그 시를 알지 못하느니라”(마 25:1-13)는 등의 말씀이 ‘예수 그리스도’의 재림에 관한 말씀이라 하지만, 시간의 개념도 함의한다.

그러므로 2, 3, 4, 5, 6, 7절 등에 반복되는 ‘천년’은 ‘상징적 수’로 보아야 한다. 그 이유는 하나님의 시간, 인간의 시간 등 그 어떠한 것으로도 하나님의 주권적 경륜과 섭리를 완벽하게 이해할 수 없기 때문이다(계 1:3 “때가 가까움이라” 참고)

천년왕국?

타락 이전 에덴동산과 같은 회복이다(사 65:17-25).

새 하늘과 새 땅임(사 65:17) = 계 21:1의 “새 하늘과 새 땅”과는 구별된다.

인간의 수한이 수목과 같음(사 65:20-21)

포도원을 재배하여 그 식물을 먹음(사 65:21)

가옥을 건축하여 그곳에서 살게 됨(사 65:22)

가정을 이루어 자녀를 생산하게 됨(사 65:23)

땅이 회복됨(사 35:1-2)

인간의 모든 것이 회복됨(사 35:5-10)

‘천년왕국’에서 왕 노릇 할 자들?

김상훈 = 순교자가 아닌 우리 일반 성도들은 천년 나라와 상관이 없을 가능성이 높다. 우리는 ‘작은’ 믿음과 삶을 넘어서는 ‘감당할 수 없이 영광된’ 보상을 새 하늘과 새 땅, 새로운 세계에서 넘치게 받을 것이다. 순교자들은 천년기를 거친 후 우리 모두와 함께 새 예루살렘의 복락도 누리게 될 것이다.[351]

---

351) 위의 책, p. 459

저자의 견해 = 이들은 첫째 부활자들이다. "또 내가 보니 보좌(寶座)들을 보니 거기 앉은 자(者)들이 있어 심판(審判)하는 권세(權勢)를 받았더라 또 내가 보니 예수의 증거(證據)와 하나님의 말씀을 인하여 목 베임을 받은 자(者)의 영혼(靈魂)들과 또 짐승과 그의 우상(偶象)에게 경배(敬拜)하지도 아니하고 이마와 손에 그의 표(標)를 받지도 아니한 자(者)들이 살아서 그리스도로 더불어 천년(千年) 동안 왕(王) 노릇 하니"(계 20:4).

천년왕국의 백성들?

1) 예비처에서 양육 받던 성도들(계 12:6)
2) 환란(후 삼년 반)을 통과한 자들
3) 육적 이스라엘(유대) 중 예수 그리스도를 구주로 영접한 자들 = 하나님 언약의 이행

살전 4:17 "그 후에 우리 살아남은 자도 저희와 함께 구름 속으로 끌어 올려 공중에서 주를 영접하게 하시리니…" 하였는 바 이들은 7년 환란 전의 휴거한 자들이 아니라, 예비처(豫備處)에 있던 성도들로 보는 것이 타당하다.

• 5절. (그 나머지 죽은 자들은 천년이 차기까지 살지 못하더라)

주 예수 그리스도를 믿는 자들과 믿지 않는 자 등 모두 천년왕국 이후 백보좌 심판 때까지 부활(생명의 부활, 심판의 부활)하지 못한다.

• 6절. 첫째 부활에 참여하는 자들

그리스도로 더불어 천년왕국에서 왕 노릇 할 자들로 그들은 이후 둘째 사망 곧 다시는 죽음이 없다.

둘째 사망 = 영원한 죽음 곧 불못(영원 지옥)에 던져진다(계 20:12b-14, 21:8)

이상근 = 무천년론자들은 이를 영적으로 취급하고(Augustins의 de. Civita Dei, I. 20:7, Lange, Plummer 등), 천년왕국 지지자들은 육적 부활로 믿는다(Alford, Walvoord, Bengel 등). 그것은 천년왕국 이전에 있을 의로운 자의 부활이며 후에 있을 악인의 부활(13-14절)과 대조된다. 그러면 천년을 가운데 두고 두 가지 부활이 있는 셈이 되겠으나 요한은 후자를 "둘째 부활"이라 부르지 않고 둘째 사망이라 한다. 부활은 생명을 뜻하고 생명은 하나님과의 연결에서만 있을 수 있기 때문이다. 하나님을 떠난 생은 곧 살았으나 죽은 것이다.

둘째 사망은 전절 참조. 천년 후에 악인들이 부활하여 영원한 불의 심판을 받는 것이다(14절). 천년왕국 후에 있을 사탄의 심판을 보인다. 무저갱에서 놓여나온 사탄은 최후적 발악을 하여 하나님을 대항한 후 영원한 불못으로 던지우는 것이다.[352)]

송영목 = "첫째 부활(5)은 주님의 재림 시의 육체적인 부활이 아니라 예수 그리스도와 연합된 성도의 영적인 부활 및 승리를 의미한다(참고. 겔 37:12; 엡 2:5-6, 5:14; 골 3:1; 민 19:11-12). 요한은 첫째 부활은 언급하고 둘째 부활은 언급하지 않는다. 하지만 요한계시록 20장 12-13절에는 만인 즉 죽은 불신자든 신자든 모두 부활할 것이라고 분명히 언급한다. 첫째 부활이 부분적이고 영적이라면, 둘째 부활은 보편적이고 전 역사적인 것이다(참고. 김철손, 1993:355). 이 첫째 부활은 그리스도의 부활에 동참하는 것이며 재림 시의 최후의 부활에 선행한다. 그러므로 그 나머지 죽은 자들은 그리스도와 함께 살고 통치하는 특권을 박탈당한 자로서(일차적으로는 요한 당시에 죽은) 불

352) 이상근, 주해신약 요한계시록, 대한예수교장로회 총회교육부, 1986, pp. 245-246

신자를 가리킨다(예. Lenski, Mounce, Beckwith, Chilton 등 contra. 김철손 1993:354-355).

둘째 사망(6절)은 14절이 보여주듯이 하나님의 원수들에게 가해지는 총체적이고도 최후적인 멸망과 심판을 의미한다. 그렇다면 첫째 사망은 무엇인가? 모든 육체는 한번 죽음을 맛보아야 한다(참고. 히 9:27). 이것은 한 사람이 일생을 마감한다는 차원을 넘어 첫 사람 아담의 죄의 영향이 전 인류에게 미친 것으로 보아야 한다(참고. 고전 15:22). 하지만 첫째 부활은 마지막 아담이신 예수님 안의 부활생명과 관련이 된다(참고. 15:45 이하). 둘째 사망은 첫째 부활에 참여하지 못한 불신자에게 내리는 최후 심판이다. 천년왕국에서 성도가 하나님과 그리스도의 제사장이 되어 왕 노릇 하는 것은 어떤 성격의 것인가? 요한계시록 22장 3절에 근거해 보면 하나님의 빛을 이 땅에 비추면서 세상의 빛으로 살면서 어둠의 세력을 물리치는 것이라고 할 수 있다."[353]

박윤선 = 둘째 사망(6). 이것은 불못 형벌이다. 14절 참조[354]

❄ 7-10절. 곡과 마곡의 미혹하고 모아

• 7절. 천년이 차매 사탄이 그 옥에서 놓여

천년왕국 이후에 사탄이 잠깐 놓이게 된다.

• 8절. 곡과 마곡을 미혹하고 모아

곡과 마곡이란 사탄을 추종하는 모든 세력(심판의 부활자들과 사탄

353) 송영목, 위의 책, p. 1363
354) 박윤선, 위의 책, p. 331

을 추종하는 영적 세력 포함)이다(계 21:24-27 등 참조). 곡과 마곡은 종종 하나님과 하나님의 백성을 대적하는 족속으로 등장한다(창 10:2; 겔 38:1, 39:1 등 참조). 또한 천년 후에는 흰 보좌 심판으로 이어진다. 따라서 이때 옥(무저갱)에서 올라오는 사탄과 그 추종하는 심판의 부활자들은 끝까지 결집하여 발악하지만, 사탄과 함께 그 추종 세력은 불과 유황 못에 던져져 세세토록 괴로움을 받는다.

'민병석' = 용[龍. 옛 뱀, 마귀(魔鬼), 사탄]이 놓이게 되는 이유를 "그곳(천년왕국)에서 태어날 2세들은 죄를 모르고 태어나 죄가 없는 가운데서 살아왔지만 온전한 구원을 이룬 것은 아니다. 죄가 없는 아담도 사탄의 미혹을 받아 멸망 받게 된 것이다. 사탄은 이들을 미혹하는 일에 쓰임 받기 위한 도구로 '천년 동안' 무저갱 속에 잠정적으로 갇혀 있다가 잠깐 풀려난 후 그의 최종적인 심판에 이르게 된다"고 하기도 한다(출처: 민병석 요한계시록 노트).

저자의 견해 = '천년왕국'에서 태어날 2세들이 온전한 구원을 이루지 못한다는 것은 하나님의 주권, 주 예수 그리스도의 통치(다스림)의 무력화로 침해받게 되며, 계 20:4-6의 말씀의 문맥상 충돌이 된다. 따라서 '천년왕국' 후에 사탄의 미혹을 받는 것은 사탄의 추종 세력(심판의 부활자와 그를 추종하는 세력)이 다시 결집하는 것으로 보아야 한다(사 65:22-25, 66:22 등 참조). = 통일 찬송가 164장(177. 오랫동안 고대하던) 4절 참고?

싸움을 붙이리니 = 사탄은 곡과 마곡을 미혹한다. 곡과 마곡이란 사탄을 추종하는 모든 세력들(심판의 부활자들과 사탄을 추종하는 영적 세력)이다(계 21:24-27 참조).

곡과 마곡은 종종 하나님과 하나님의 백성을 대적하는 족속으로 등장한다(창 10:2; 겔 38:1, 39:1 참조). 또한 천년 후에는 흰(백) 보좌 심판에 처해진다. 따라서 이때에 땅에서 올라오는 사탄과 그 추종하는 심판의 부활자들은 결집하여 발악하지만, 그들은 불과 유황 못에 던져져 세세토록 밤낮 괴로움을 받게 된다.

❁ 11-15절. 흰 보좌 심판, 책들, 불못

• 11절. 땅과 하늘이 그 앞에서 피하여 간데없더라

벧후 3:8-13; 계 16:19-20, 21:1 등 참조

• 12절. 책들

"책들"은 "또 다른 책"인 "생명책"과는 구별되는 책이며 "죽은 자들이 자기 행위를 따라 책들에 기록된 대로 심판을 받으니" 한 심판 받을 자들을 기록한 책들이다.

보좌 앞에 있는 책들(5종)?

1) 행위책(심판책) = 자기 행위에 따라 책들에 기록한 대로 = 불신자들과 그들의 행한 죄가 기록되어 있고 이들은 모두 지옥에 들어감(계 20:12, 22:18-19 = 마 25:31-46; 요 6:38-40)
2) 생명책 = 생명의 부활 - 성도들(선택 받은 자들)의 이름이 기록되어 있고 천국의 유업을 받을 자(계 3:1-8, 13:8, 17:8, 20:12-15, 21:27; 눅 10:20; 빌 4:3; 출 32:33-34; 시 69:28; 단 7:10, 12:1-4.)
3) 주님책 = 삼위일체 하나님께서 작정하신 모든 것의 기록(시 139:15-16)
4) 말씀책 = 하나님의 법 = 예언, 약속, 구원, 심판, 상급의 기준(계 1:1, 22:18-19).
5) 기념책 = 성도들이 주님과 복음을 위해 기념될 만한 일을 한

자를 위해 여호와 앞에 있는 기념책에 그 업적을 기록한다. 그리고 그 기념책대로 상급을 주실 것이다(마 25:31-40; 말 3:16 참조)

작은책 = 종의 사역 = 예언 사역(계 10:8-11; 렘 15:16; 겔 3:1-3)

※ 행적책(성경) = 예수님의 행적이 기록(記錄)된 책(冊)(요 21:25 등)

1) 때 = 천년왕국이 지난 후
2) 일어날 상황 = 땅과 하늘이 그 앞에서 피하여 간데없다. 육안으로 보이는 모든 피조물이 다 소멸된다.
3) 흰 보좌 앞에 선 자들 = 죽은 자들이 무론대소하고 그 보좌 앞에 섰다. 이것이 마지막 부활의 모습이다(요 5:28; 행 24:15; 단 12:2-4).

= 본장의 부활에 대하여 마지막 부활 또는 심판의 부활 등 의견이 분분하다. 그 이유는 생명책과 행위책에 대한 문제로 의견들이 분분하다. 여기서 죽은 자 모두 즉 생명의 부활과 심판의 부활이 있다는 주장이 역사적 전천년을 지지하는 분들의 공통된 의견이다. 그러나 예수님께서 재림하실 때를 부활의 시점으로 보는 경우에는 혼인잔치에 참여할 자들만의 부활이 될 것이기 때문에 마지막 부활은 심판의 부활로 해석될 수밖에 없다.

천년왕국에 대한 견해들

박윤선 = 재림 후 문자적 천년왕국(김응조, 김재준, 민병석, 이상근, 조용기)

김재준 = 재림 후 문자적 천년왕국

박수암 = 재림 후 역사적 천년왕국

석원태 = 신약시대의 영적 천년왕국

이광복 = 재림 후 질적으로 새롭게 변화된 새 하늘과 새 땅에서 이루어질 실제적 사건

데이크 = 재림 후 지상의 문자적 천년왕국(존슨, 비더울프, 왈부르드)
헨드릭슨 = 신약시대 전체의 영적 천년왕국(헨드릭슨)
래드 = 재림 후 역사적으로 성취될 왕국
어빙 L. 젠센 = 이스라엘을 지향한 것이다

천년기설

1. 후천년설(Postmillenarianism)

후천년기설은 그리스도께서 천년왕국이 지나간 후에 재림하실 것으로 보는 견해로, 무 천년설과는 달리 1000의 숫자를 문자적으로 보되 그 천년왕국 즉 그리스도의 왕국은 지금 현존해 있는 것이며, 복음전파를 통하여 점진적으로 그 범위를 확산시켜 가고 복음시대의 말기에 이르러 기독교가 세상에 편만하게 됨으로 이 세상이 살기 좋은 이상적인 세계로 변화된 의와 평화가 넘치는 복된 시대 즉 복음의 황금시대가 지난 후에 예수 그리스도의 재림이 있다고 하는 견해이다.

또한 이들은 천년왕국이 끝나면 사탄의 지휘를 받는 사악한 자들이 일어나 최후의 반역을 일으킬 때 그리스도의 재림과 모든 죽은 자들의 부활과 최후의 심판이 있을 것이라고 한다.

지지하는 학자

뵈트너(L. Boettner), 하지(C. H. Hodge), 스트롱(A. H. Strong), 행스텐버그(Hangstenberg) 등의 학자들도 지지하고 있다.

2. 무천년설(Amillenarianism)

이 설은 계 20:1-6을 그리스도의 초림 이후 재림 때까지의 교회시대로 해석하는 것으로, 성경의 "천년"을 문자적으로가 아니라 초림부터 재림까지의 전 기간을 상징하는 것으로 1,000의 숫자를 완전히 상징적으로(10의 3승, 즉 세상의 만수로) 보는 견해로, 주께서 재림하시기 전에 복음 전파로 인하여 세상이 변화되지 않을 것이라는 전천년설의 입장에 동의하면서도 예수 그리스도의 재림이 세상의 종말과 최후의 심판 및 최후의 영원한 상태를 예고한다는 것이다.

지지하는 학자

석원태 목사는 "1000년 기간은 문자적인 천년을 훨씬 넘어선 명확하지 않은 기간이다. 즉 상징적으로 해석한다고 하며 그리스도의 재림 직전에 제한적인 악이 나타나나 잠깐 동안 일어날 것이며, 교회에 어떤 피해도 주지 못할 것이다"라고 한다(석원태, 기독교 종말론, p. 145-146).

W. J. 그리어는 무천년기설의 입장은 초대교회부터 주장되어 왔으며 오늘날의 스톤하우스(N. B. Stonehouse)나 윌리엄 헨드릭슨(William Hendriksen) 같은 신학자들의 지지를 받는다고 하면서 무천년기설이 정통학설이라고 주장하며, 오리겐(Origen), 어거스틴(Augustine), 칼빈(Calvin), 벌코프(L. Berkhof), 랜스키(Lenski), 스트롱(R. Strong), 머레이(G. L. Murray), 보에트너(L. Bottener) 등의 정통계열 신학자들의 지지를 받고 있다.

3. 전천년설(Premillenarianism)

지지하는 학자

사도 요한의 제자였던 이레니우스(Irenaeus)를 비롯하여 터툴리안(Tertullian), 파피아스(Papias), 디오니시우스(Dionysius) 등 초대교회 이후 저명한 학자들이 천년왕국설을 믿었다. 그 후에 독일의 호프만(Hofmann), 영국의 길(Gill), 엘리오트(Elliott), 프랑스의 고데트(Godet), 미국에는 청교도 일파인 플리머스 형제단(Plymouth Brethern), 세대주의 학파인 다비(Darby), 아이런사이드(Ironside), 스코필드(Scofield), 가

블리안(Gaeblein), 쉐이퍼(Chafer) 등이며 개혁파 학자로는 미국 풀러(Fuller)신학교의 신약학 교수인 래드(G. E. Ladd)와 찰스 어드맨(C. R. Erdaman)이 대표적이다. 전천년설에도 두 학파가 있다.

1) 세대주의적 전천년설

구약에 예언된 유대인의 특권과 선택을 문자적으로 해석하는데 이 주장의 특징은 종말론 해석을 구약적인 관점에 전적으로 의존한다. 그리고 세대주의적 해석은 주 재림을 두 번(공중, 지상)으로 보고, 교회의 휴거를 7년 환난 전으로 단정짓는 특징이 있고, 이들은 인간들에 대한 하나님의 구속 계획을 7단계로 구분하고 그 마지막에 천년왕국을 둔다. 이는 이들이 성경을 문자적 그리고 도식적으로 이해한 결과이다(이 설은 오순절 계통의 교회들이 주축을 이루고 있다). 이광복 목사는(계시록 설교노트, p. 263)에서 "천년왕국은 부활한 성도들이 왕으로, 유대인들은 육체적으로 들어가 회개 후에 천국으로 인도되는 것으로 보는 견해이다"라고 한다.

2) 역사적 전천년설

육적 이스라엘과 이방인을 예수 그리스도 안에서 차별을 두지 않고, 모든 예언을 풀이하며 공중 재림과 지상 재림을 구분하지 않고 재림을 단회적으로 본다는 점 등에서 세대주의적 전천년설과는 다르다. 이 설은 신약적, 구속사적 입장에서 해석하고 있다 할 것이다.

이광복 목사는(계시록 설교노트, p. 263) "재림 후에 지상에서 부활(변화)한 성도들이 그리스도와 함께 문자적으로 왕 노릇 할 것으로 보는 견해이다"라고 한다.

총신학대학교의 종말론적 전통?

총신대학교의 박아론 교수는 〈신학지남〉에 기고한 종말론적 전통

신학에 관하여 권두언을 통하여 다음과 같이 말하였다.

…우리 총신 인들은 총신의 종말론적 정통으로서의 〈역사적 천년기전 재림론〉을 "우리의 것"으로 애호하고 발전시켜 나아가야 할 역사에 대한 책임이 있는 줄 안다. 고 박형룡 박사는 그리스도의 재림의 시기에 관한 세 가지 학설 중에서 어느 하나를 택하는 것은 학자의 양심에 맡겨야 한다고 하면서도 자신이 신학교 교단에 서서 보낸 한평생을 이 〈역사적 천년기전 재림론〉을 가르치면서 보냈다고 술회하였으니 생각하면 "가슴이 뭉클해 올" 일이다.[355)]

박형룡 박사는 데살로니가전서 3장 13-18절에 "우리 주 예수께서 그의 모든 성도와 함께 강림하실(coming with all his saints) 때에"라 하였으니 반드시 그들을 위하여 공중에 오셔서 그들을 모으고 만나시는 일이 있을 것이라 한다. "성도(saints)"는 "거룩한 자들"을 의미하니 마가복음 8장 38절의 "거룩한 천사들"을 의미할 수 있다. 이것은 적어도 스코필드 관주(貫珠)성경 편집자 중의 한 사람인 어드만(Wm. J. Erdman)의 의견이었다.

이 말이 설혹 구속받은 자들을 의미할지라도 데살로니가전서 4장 14절에서 묘사된 바와 같은 사변에 언급함일 것이니, 주 안에서 죽은 자들을 부활시켜 "저와 함께 데리고 오시리라" 함일 것이다. 그리스도께서 휴거하실 때에 죽은 가운데서 부활한 성도들과 함께 오실 것을 이름일 것이요 휴거 후 오래 있다가 될 일이 아닐 것이다. …그런고로 그리스도의 재림에서 성도들을 위하여 오시고 그들과 함께 오시는 일이 연속(連續)하여 될 것이니 두 사이에 몇 해의 간격

355) 신학지남, 신학지남사, 1999년 겨울호 통권 제234호, pp. 4-6

이 있으리라고 추상할 이유는 없다.[356)]

천년왕국과 마지막 심판(계 20장)

<table>
<tr><th colspan="3">천년왕국에 들어갈 자들</th></tr>
<tr><td>왕 노릇 할 자들</td><td>첫째 부활자들
(계 20:4-6)</td><td>1. 주님의 재림 시에 그에게 붙은 자들(고전 15:23)
2. 순교 성도(계 6:9-11, 14:13; 히 11:5)
3. 두 증인(계 11:3-12)
ㄱ. 144,000(계 7:2-8, 14:1-5)
ㄴ. 철장 권세를 받은 자(계 12:5)</td></tr>
<tr><td>백성들</td><td>강림주를 맞이할 자들
(살전 4:13-16; 살후 1:10)</td><td>1. 양육처(예비처)에 있던 성도들(계 12:5-6, 13-14, 15:2-4)
2. 마지막 환난을 통과한 신자들(살전 4:13-18)
3. 육적 이스라엘 중에 예수님을 믿게 된 신자들(계 11:13 등 참조)</td></tr>
<tr><th colspan="3">천년왕국의 상태</th></tr>
<tr><td colspan="3">1. 새 하늘과 새 땅(사 65:17)
2. 수고의 보상을 누리게 됨(사 65:18)
3. 인간의 수명이 수목과 같음(사 65:20-21)
4. 평화롭게 삶(사 65:21)
5. 가정을 이루고 자녀들도 생산함(사 65:23)
6. 수고의 대가를 누리며 삶(사 65:22-23)
7. 하나님만 섬기는 기쁨에 산다(사 66:21)</td></tr>
<tr><th colspan="3">천년왕국 후의 사건들</th></tr>
<tr><td colspan="3">1. 사탄이 잠깐 놓임(계 20:1-3)
2. 사탄이 땅의 사방 백성 곧 곡과 마곡을 미혹함(계 20:7-10, 12:9 참조)
1) 미혹당하는 자들을 천년왕국에서 나온 2세들(후손)을 말한다는 주장들도 있으나 이 주장은 합당치 않다고 본다. 그 이유는 하나님의 약속은, 택한 백성의 자손들까지도 재난을 당하지 않게 하시기 때문이요(사 65:22-23, 25, 66:22). 하나님의 한번 구원하심은 영원하시기 때문이다(롬 8:35-39). 또한 천년왕국의 복락을 누린 자들 중에서 다시 미혹되어 지옥에 갈 수 있다 함은 천년왕국의 불완전성을 말하는 것으로 하나님의 구원이 불완전하다는 것으로 오해되어질 수 있기 때문이다.
2) 미혹당하는 대상이 땅의 사방 백성(이방민족)이라 함을 볼 때에, 이는 흰 보좌 심판 때에 부활하여 심판받을 자들로 보는 것이 타당하다고 본다(계 21:24-27 참조).
3. 사탄, 적그리스도, 거짓 선지자들을 영원한 유황불에 처넣음(계 20:10).
4. 우상 숭배자들은 끊임없는 고통에 처해진다(사 66:24).</td></tr>
</table>

356) 박형룡, 방형룡저작전집 교의신학 래세론, 한국기독교교육연구원, 1983, pp. 209-210

흰 보좌 심판(계 20:11-15)
1. 땅과 하늘이 간데없음(계 20:1) 2. 모든 죽은 자가 부활하게 됨(계 20:12) 보좌 앞에는 네 가지 종류의 책이 있다. 1) 말씀책 = 하나님의 법 = 예언, 약속, 구원, 심판, 상급의 기준(계 1:1, 22:18-19). 2) 생명책 = 생명의 부활 = 성도들의 이름이 기록되어 있고 천국의 유업을 받을 자(요 6:38-40) 3) 행위책 = 심판의 부활 = 불신자들과 그들의 행한 죄가 기록되어 있고, 모두 지옥에 들어감(계 20:13-14; 마 25:41) 4) 기념책 = 성도들이 주님과 복음을 위해 기념될 만한 일을 한 자를 위해 여호와 앞에 있는 기념책에 그 업적을 기록한다. 그리고 그 기념책대로 상급을 주실 것이다(말 3:16 참조). 3. 최종 심판 = 불못(둘째 사망)에 던져짐(계 20:15, 21:8)

쥬영흠 교수 "일천년 통치 계시와 거짓 선지자의 천년설"

<table>
<tr><td colspan="2">성경의 일천년 통치계시
(천년기간 전 재림 계시)</td><td colspan="3">…→대환란 기간 단축 →우주 대변동 →사탄의 하늘권세 진동 →메시아 재림의 징조와 시작 →일곱 천사의 일곱 황금 대접 →대음녀 심판 →대바빌론 멸망 →심판 대찬양 →어린 양의 신부의 준비 →짐승 심판 →사탄 포박 → 첫째 부활 →생존 성도 영적 변화 →공중 영접 →일천 년 통치 →사탄 심판</td></tr>
<tr><td rowspan="4">전천년설
(천년기간 전 재림설)</td><td>역사적 전천년설</td><td colspan="3">비교적 성경의 계시에 가장 접근한 가설</td></tr>
<tr><td rowspan="3">세대주의적 전천년설
(이중재림설)</td><td>대환란 직전 휴거설</td><td>비밀재림을 가정</td><td>성경의 계시와 일치하지 않음</td></tr>
<tr><td>대환란 직전 휴거설</td><td>비밀재림을 가정</td><td>성경의 계시와 일치하지 않음</td></tr>
<tr><td>대환란 직후 휴거설</td><td>비밀재림을 가정</td><td>성경의 계시와 일치하지 않음</td></tr>
<tr><td>후천년설
(천년기간 후 재림설)</td><td colspan="3">천년기간 미래설</td><td>성경의 계시와 모순됨</td></tr>
<tr><td rowspan="7">무천년설
(천년 기간 후 재림설)</td><td rowspan="7">천년 기간 현재설
(가톨릭교회의 교리)
(천년 기간 = 초림과 재림 사이)</td><td rowspan="7">기산점</td><td>메시아의 동정녀 탄생</td><td>성경의 계시를 무시함</td></tr>
<tr><td>산</td><td>성경의 계시를 무시함</td></tr>
<tr><td>점</td><td>성경의 계시를 무시함</td></tr>
<tr><td>메시아의 십자가 수난</td><td>성경의 계시를 무시함</td></tr>
<tr><td>메시아의 부활</td><td>성경의 계시를 무시함</td></tr>
<tr><td>메시아의 승천</td><td>성경의 계시를 무시함</td></tr>
<tr><td>오순절 성령 강림</td><td>성경의 계시를 무시함</td></tr>
</table>

〈도움 말씀〉

순교적 봉사의 복(은혜)을 누려라(6. 1-15) = 첫째 부활에 참여하는 복(은혜)을 누리자

• 서론

찰스 콜슨(백악관에서 감옥까지 = 권력. 부패. 회심)

롬 12:1-2 = 드리라(1)

(1)그러므로 형제들아 내가 하나님의 모든 자비하심으로 너희를 권하노니 너희 몸을 하나님이 기뻐하시는 거룩한 산 제사로 드리라 이는 너희의 드릴 영적 예배니라 (2)너희는 이 세대를 본받지 말고 오직 마음을 새롭게 함으로 변화를 받아 하나님의 선하시고 기뻐하시고 온전하신 뜻이 무엇인지 분별하도록 하라

계 19:1-10 = 경배하라(10)

(1)이 일 후에 내가 들으니 하늘에 허다한 무리의 큰 음성 같은 것이 있어 가로되 할렐루야 구원과 영광과 능력이 우리 하나님께 있도다 (2)그의 심판은 참되고 의로운지라 음행으로 땅을 더럽게 한 큰 음녀를 심판하사 자기 종들의 피를 그의 손에 갚으셨도다 하고 (3)
두 번째 가로되 할렐루야 하더니 그 연기가 세세토록 올라가더라 (4)
또 이십사 장로와 네 생물이 엎드려 보좌에 앉으신 하나님께 경배하여 가로되 아멘 할렐루야 하니 (5)보좌에서 음성이 나서 가로되 하나님의 종들 곧 그를 경외하는 너희들아 무론 대소하고 다 우리 하나님께 찬송하라 하더라 (6)또 내가 들으니 허다한 무리의 음성도 같고 많은 물 소리도 같고 큰 뇌성도 같아서 가로되 할렐루야 주 우리 하나님 곧 전능하신 이가 통치하시도다 (7)우리가 즐거워하고 크게 기뻐하여 그에게 영광을 돌리세 어린 양의 혼인 기약이 이르렀고 그 아내가 예비하였으니 (8)그에게 허락하사 빛나고 깨끗한 세마포를 입게 하셨은즉 이 세마포는 성도들의 옳은 행실이로다 하더라 (9)

천사가 내게 말하기를 기록하라 어린 양의 혼인 잔치에 청함을 입은 자들이 복이 있도다 하고 또 내게 말하되 이것은 하나님의 참되신 말씀이라 하기로 (10)내가 그 발 앞에 엎드려 경배하려 하니 그가 나더러 말하기를 나는 너와 및 예수의 증거를 받은 네 형제들과 같이 된 종이니 삼가 그리하지 말고 오직 하나님께 경배하라 예수의 증거는 대언의 영이라 하더라

1. 첫째 부활에 참여하는 복을 누리자(6. 1-6) = 순교적 봉사의 복을 누려라

계 6:9-11 = 쉬되(11)

(9)다섯째 인을 떼실 때에 내가 보니 하나님의 말씀과 저희의 가진 증거를 인하여 죽임을 당한 영혼들이 제단 아래 있어 (10)큰 소리로 불러 가로되 거룩하고 참되신 대주재여 땅에 거하는 자들을 심판하여 우리 피를 신원하여 주지 아니하시기를 어느 때까지 하시려나이까 하니 (11)각각 저희에게 흰 두루마기를 주시며 가라사대 아직 잠시 동안 쉬되 저희 동무 종들과 형제들도 자기처럼 죽임을 받아 그 수가 차기까지 하라 하시더라

단 7:22 = 얻었더라(22)

(15)나 다니엘이 중심에 근심하며 내 뇌 속에 이상이 나로 번민케 한지라 (16)내가 그 곁에 모신 자 중 하나에게 나아가서 이 모든 일의 진상을 물으매 그가 내게 고하여 그 일의 해석을 알게 하여 가로되 (17)그 네 큰 짐승은 네 왕이라 세상에 일어날 것이로되 (18)지극히 높으신 자의 성도들이 나라를 얻으리니 그 누림이 영원하고 영원하고 영원하리라 (19)이에 내가 넷째 짐승의 진상을 알고자 하였으니 곧 그것은 모든 짐승과 달라서 심히 무섭고 그 이는 철이요 그 발톱은 놋이며 먹고 부숴뜨리고 나머지는 발로 밟았으며 (20)또 그것의 머리에는 열 뿔이 있고 그 외에 또 다른 뿔이 나오매 세 뿔이 그 앞에 빠

졌으며 그 뿔에는 눈도 있고 큰 말하는 입도 있고 그 모양이 동류보
다 강하여 보인 것이라 (21)내가 본즉 이 뿔이 성도들로 더불어 싸워
이기었더니 (22)옛적부터 항상 계신 자가 와서 지극히 높으신 자의 성
도를 위하여 신원하셨고 때가 이르매 성도가 나라를 얻었더라

고전 15:20-49 = 행하고(34)

(29)만일 죽은 자들이 도무지 다시 살지 못하면 죽은 자들을 위하
여 세례받는 자들이 무엇을 하겠느냐 어찌하여 저희를 위하여 세례
를 받느뇨 (30)또 어찌하여 우리가 때마다 위험을 무릅쓰리요 (31)형
제들아 내가 그리스도 예수 우리 주 안에서 가진 바 너희에게 대한
나의 자랑을 두고 단언하노니 나는 날마다 죽노라 (32)내가 범인처럼
에베소에서 맹수로 더불어 싸웠으면 내게 무슨 유익이 있느뇨 죽은
자가 다시 살지 못할 것이면 내일 죽을 터이니 먹고 마시자 하리라
(33)속지 말라 악한 동무들은 선한 행실을 더럽히나니 (34)깨어 의를
행하고 죄를 짓지 말라 하나님을 알지 못하는 자가 있기로 내가 너
희를 부끄럽게 하기 위하여 말하노라

계 14:1-13 = 죽는(13)

(9)또 다른 천사 곧 셋째가 그 뒤를 따라 큰 음성으로 가로되 만일
누구든지 짐승과 그의 우상에게 경배하고 이마에나 손에 표를 받으
면 (10)그도 하나님의 진노의 포도주를 마시리니 그 진노의 잔에 섞
인 것이 없이 부은 포도주라 거룩한 천사들 앞과 어린 양 앞에서 불
과 유황으로 고난을 받으리니 (11)그 고난의 연기가 세세토록 올라가
리로다 짐승과 그의 우상에게 경배하고 그 이름의 표를 받는 자는 누
구든지 밤낮 쉼을 얻지 못하리라 하더라 (12)성도들의 인내가 여기 있
나니 저희는 하나님의 계명과 예수 믿음을 지키는 자니라 (13)또 내가
들으니 하늘에서 음성이 나서 가로되 기록하라 자금 이후로 주 안에

서 죽는 자들은 복이 있도다 하시매 성령이 가라사대 그러하다 저희 수고를 그치고 쉬리니 이는 저희의 행한 일이 따름이라 하시더라

히 11:36-12:3 = 바라보자(12:2)

(1)이러므로 우리에게 구름같이 둘러싼 허다한 증인들이 있으니
모든 무거운 것과 얽매이기 쉬운 죄를 벗어 버리고 인내로써 우리 앞
에 당한 경주를 경주하며 (2)믿음의 주요 또 온전케 하시는 이인 예
수를 바라보자 저는 그 앞에 있는 즐거움을 위하여 십자가를 참으
사 부끄러움을 개의치 아니하시더니 하나님 보좌 우편에 앉으셨느니
라 (3)너희가 피곤하여 낙심치 않기 위하여 죄인들의 이같이 자기에
게 거역한 일을 참으신 자를 생각하라

2. 사탄의 미혹을 받지 말라(8. 7-10) = 오직 하나님만 의지하라

셈? 함? 야벳? = 곡과 마곡은 '야벳'의 후손?

본 회퍼?

계 16:12-16 = 깨어(15)

(12)또 여섯째가 그 대접을 큰 강 유브라데에 쏟으매 강물이 말라
서 동방에서 오는 왕들의 길이 예비되더라 (13)또 내가 보매 개구리
같은 세 더러운 영이 용의 입과 짐승의 입과 거짓 선지자의 입에서
나오니 (14)저희는 귀신의 영이라 이적을 행하여 온 천하 임금들에게
가서 하나님 곧 전능하신 이의 큰 날에 전쟁을 위하여 그들을 모으
더라 (15)보라 내가 도적같이 오리니 누구든지 깨어 자기 옷을 지켜
벌거벗고 다니지 아니하며 자기의 부끄러움을 보이지 아니하는 자가
복이 있도다 (16)세 영이 히브리 음으로 아마겟돈이라 하는 곳으로
왕들을 모으더라

마 24:1-14 = 주의하라(4)

(1)예수께서 성전에서 나와서 가실 때에 제자들이 성전 건물들을
가리켜 보이려고 나아오니 (2)대답하여 가라사대 너희가 이 모든 것
을 보지 못하느냐 내가 진실로 너희에게 이르노니 돌 하나도 돌 위
에 남지 않고 다 무너뜨리우리라 (3)예수께서 감람산 위에 앉으셨을
때에 제자들이 종용히 와서 가로되 우리에게 이르소서 어느 때에 이
런 일이 있겠사오며 또 주의 임하심과 세상 끝에는 무슨 징조가 있
사오리이까 (4)예수께서 대답하여 가라사대 너희가 사람의 미혹을
받지 않도록 주의하라 (5)많은 사람이 내 이름으로 와서 이르되 나는
그리스도라 하여 많은 사람을 미혹게 하리라 (6)난리와 난리 소문을
듣겠으나 너희는 삼가 두려워 말라 이런 일이 있어야 하되 끝은 아직
아니니라 (7)민족이 민족을, 나라가 나라를 대적하여 일어나겠고 처
처에 기근과 지진이 있으리니 (8)이 모든 것이 재난의 시작이니라 (9)
그때에 사람들이 너희를 환난에 넘겨 주겠으며 너희를 죽이리니 너
희가 내 이름을 위하여 모든 민족에게 미움을 받으리라 (10)그때에
많은 사람이 시험에 빠져 서로 잡아 주고 서로 미워하겠으며 (11)거
짓 선지자가 많이 일어나 많은 사람을 미혹하게 하겠으며 (12)불법이
성하므로 많은 사람의 사랑이 식어지리라 (13)그러나 끝까지 견디는
자는 구원을 얻으리라 (14)이 천국 복음이 모든 민족에게 증거되기
위하여 온 세상에 전파되리니 그제야 끝이 오리라

시 102:23-28 = 굳게 서리이다(28)

(23)저가 내 힘을 중도에 쇠약게 하시며 내 날을 단축게 하셨도다
(24)나의 말이 나의 하나님이여 나의 중년에 나를 데려가지 마옵소
서 주의 연대는 대대에 무궁하니이다 (25)주께서 옛적에 땅의 기초를
두셨사오며 하늘도 주의 손으로 지으신 바니이다 (26)천지는 없어지
려니와 주는 영존하시겠고 그것들은 다 옷같이 낡으리니 의복같이
바꾸시면 바뀌려니와 (27)주는 여상하시고 주의 연대는 무궁하리이

다 (28)주의 종들의 자손이 항상 있고 그 후손이 주의 앞에 굳게 서
리이다 하였도다

시 115:1-15 = 경외하라(13)

(1)여호와여 영광을 우리에게 돌리지 마옵소서 우리에게 돌리지
마옵소서 오직 주의 인자하심과 진실하심을 인하여 주의 이름에 돌
리소서 (2)어찌하여 열방으로 저희 하나님이 이제 어디 있느냐 말하
게 하리이까 (3)오직 우리 하나님은 하늘에 계셔서 원하시는 모든 것
을 행하셨나이다 (4)저희 우상은 은과 금이요 사람의 수공물이라 (5)
입이 있어도 말하지 못하며 눈이 있어도 보지 못하며 (6)귀가 있어
도 듣지 못하며 코가 있어도 맡지 못하며 (7)손이 있어도 만지지 못
하며 발이 있어도 걷지 못하며 목구멍으로 소리도 못하느니라 (8)우
상을 만드는 자와 그것을 의지하는 자가 다 그와 같으리로다 (9)이스
라엘아 여호와를 의지하라 그는 너희 도움이시요 너희 방패시로다
(10)아론의 집이여 여호와를 의지하라 그는 너희 도움이시요 너희 방
패시로다 (11)여호와를 경외하는 너희는 여호와를 의지하라 그는 너
희 도움이시요 너희 방패시로다 (12)여호와께서 우리를 생각하사 복
을 주시되 이스라엘 집에도 복을 주시고 아론의 집에도 복을 주시며
(13)대소 무론하고 여호와를 경외하는 자에게 복을 주시리로다 (14)
여호와께서 너희 곧 너희와 또 너희 자손을 더욱 번창케 하시기를
원하노라 (15)너희는 천지를 지으신 여호와께 복을 받는 자로다

사 65:17-25 = 즐거워할지니라(18)

(17)보라 내가 새 하늘과 새 땅을 창조하나니 이전 것은 기억되거
나 마음에 생각나지 아니할 것이라 (18)너희는 나의 창조하는 것을
인하여 영원히 기뻐하며 즐거워할지니라 보라 내가 예루살렘으로
즐거움을 창조하며 그 백성으로 기쁨을 삼고 (19)내가 예루살렘을 즐

거워하며 나의 백성을 기뻐하리니 우는 소리와 부르짖는 소리가 그 가운데서 다시는 들리지 아니할 것이며 (20)거기는 날 수가 많지 못하여 죽는 유아와 수한이 차지 못한 노인이 다시는 없을 것이라 곧 백 세에 죽는 자가 아이겠고 백 세에 못되어 죽는 자는 저주받은 것이리라 (21)그들이 가옥을 건축하고 그것에 거하겠고 포도원을 재배하고 열매를 먹을 것이며 (22)그들의 건축한 데 타인이 거하지 아니할 것이며 그들의 재배한 것을 타인이 먹지 아니하리니 이는 내 백성의 수한이 나무의 수한과 같겠고 나의 택한 자가 그 손으로 일한 것을 길이 누릴 것임이며 (23)그들의 수고가 헛되지 않겠고 그들의 생산한 것이 재난에 걸리지 아니하리니 그들은 여호와의 복된 자의 자손이요 그 소생도 그들과 함께 될 것임이라 (24)그들이 부르기 전에 내가 응답하겠고 그들이 말을 마치기 전에 내가 들을 것이며 (25)이리와 어린 양이 함께 먹을 것이며 사자가 소처럼 짚을 먹을 것이며 뱀은 흙으로 식물을 삼을 것이니 나의 성산에서는 해함도 없겠고 상함도 없으리라 여호와의 말이니라

3. 행위를 따라 심판을 받으리라(12. 11–15) = 생명책에 기록되었음을 감사하라

생명책에 기록된 자들?

자기 행위를 따라 책들에 기록된 대로 심판을 받을 자?

단 12:1–4 = 봉함하라(4)

(1)그때에 네 민족을 호위하는 대군 미가엘이 일어날 것이요 또 환난이 있으리니 이는 개국 이래로 그때까지 없던 환난일 것이며 그 때에 네 백성 중 무릇 책에 기록된 모든 자가 구원을 얻을 것이라 (2)땅의 티끌 가운데서 자는 자 중에 많이 깨어 영생을 얻는 자도 있겠고 수욕을 받아서 무궁히 부끄러움을 입을 자도 있을 것이며 (3)지혜 있

는 자는 궁창의 빛과 같이 빛날 것이요 많은 사람을 옳은 데로 돌아
오게 한 자는 별과 같이 영원토록 비취리라 (4)다니엘아 마지막 때까
지 이 말을 간수하고 이 글을 봉함하라 많은 사람이 빨리 왕래하며
지식이 더하리라

마 16:21-28 = 좇을 것(24) = (막 8:31-9:1; 눅 9:22-27)

(21)이때로부터 예수 그리스도께서 자기가 예루살렘에 올라가 장
로들과 대제사장들과 서기관들에게 많은 고난을 받고 죽임을 당하
고 제삼일에 살아나야 할 것을 제자들에게 비로소 가르치시니 (22)
베드로가 예수를 붙들고 간하여 가로되 주여 그리 마옵소서 이 일
이 결코 주에게 미치지 아니하리이다 (23)예수께서 돌이키시며 베드
로에게 이르시되 사탄아 내 뒤로 물러가라 너는 나를 넘어지게 하는
자로다 네가 하나님의 일을 생각지 아니하고 도리어 사람의 일을 생
각하는도다 하시고 (24)이에 예수께서 제자들에게 이르시되 아무든
지 나를 따라오려거든 자기를 부인하고 자기 십자가를 지고 나를 좇
을 것이니라 (25)누구든지 제 목숨을 구원코자 하면 잃을 것이요 누
구든지 나를 위하여 제 목숨을 잃으면 찾으리라 (26)사람이 만일 온
천하를 얻고도 제 목숨을 잃으면 무엇이 유익하리요 사람이 무엇을
주고 제 목숨을 바꾸겠느냐 (27)인자가 아버지의 영광으로 그 천사
들과 함께 오리니 그때에 각 사람의 행한 대로 갚으리라 (28)진실로
너희에게 이르노니 여기 섰는 사람 중에 죽기 전에 인자가 그 왕권
을 가지고 오는 것을 볼 자들도 있느니라

마 24:15-31 = 기도하라(20) = (막 13:14-23; 눅 21:20-24)

(15)그러므로 너희가 선지자 다니엘의 말한 바 멸망의 가증한 것
이 거룩한 곳에 선 것을 보거든(읽는 자는 깨달을진저) (16)그때에 유대
에 있는 자들은 산으로 도망할지어다 (17)지붕 위에 있는 자는 집 안

에 있는 물건을 가질러 내려가지 말며 (18)밭에 있는 자는 겉옷을 가
질러 뒤로 돌이키지 말지어다 (19)그날에는 아이 밴 자들과 젖 먹이
는 자들에게 화가 있으리로다 (20)너희의 도망하는 일이 겨울에나
안식일에 되지 않도록 기도하라 (21)이는 그때에 큰 환난이 있겠음이
라 창세로부터 지금까지 이런 환난이 없었고 후에도 없으리라 (22)그
날들을 감하지 아니할 것이면 모든 육체가 구원을 얻지 못할 것이나
그러나 택하신 자들을 위하여 그날들을 감하시리라 (23)그때에 사람
이 너희에게 말하되 보라 그리스도가 여기 있다 혹 저기 있다 하여
도 믿지 말라 (24)거짓 그리스도들과 거짓 선지자들이 일어나 큰 표
적과 기사를 보이어 할 수만 있으면 택하신 자들도 미혹하게 하리라
(25)보라 내가 너희에게 미리 말하였노라 (26)그러면 사람들이 너희
에게 말하되 보라 그리스도가 광야에 있다 하여도 나가지 말고 보라
골방에 있다 하여도 믿지 말라 (27)번개가 동편에서 나서 서편까지
번쩍임같이 인자의 임함도 그러하리라 (28)주검이 있는 곳에는 독수
리들이 모일지니라 (29)그날 환난 후에 즉시 해가 어두워지며 달이
빛을 내지 아니하며 별들이 하늘에서 떨어지며 하늘의 권능들이 흔
들리리라 (30)그때에 인자의 징조가 하늘에서 보이겠고 그때에 땅의
모든 족속들이 통곡하며 그들이 인자가 구름을 타고 능력과 큰 영광
으로 오는 것을 보리라 (31)저가 큰 나팔 소리와 함께 천사들을 보내
리니 저희가 그 택하신 자들을 하늘 이 끝에서 저 끝까지 사방에서
모으리라

시 28:3-5 = 생각지(5)

(3)악인과 행악하는 자와 함께 나를 끌지 마옵소서 저희는 그 이
웃에게 화평을 말하나 그 마음에는 악독이 있나이다 (4)저희의 행사
와 그 행위의 악한 대로 갚으시며 저희 손의 지은 대로 갚아 그 마땅
히 받을 것으로 보응하소서 (5)저희는 여호와의 행하신 일과 손으로

지으신 것을 생각지 아니하므로 여호와께서 저희를 파괴하고 건설치 아니하시리로다

렘 17:5-10 = 의뢰하는(7)

(5)나 여호와가 이같이 말하노라 무릇 사람을 믿으며 혈육으로 그 권력을 삼고 마음이 여호와에게서 떠난 그 사람은 저주를 받을 것이라 (6)그는 사막의 떨기나무 같아서 좋은 일의 오는 것을 보지 못하고 광야 건조한 곳, 건건한 땅, 사람이 거하지 않는 땅에 거하리라 (7)그러나 무릇 여호와를 의지하며 여호와를 의뢰하는 그 사람은 복을 받을 것이라 (8)그는 물가에 심기운 나무가 그 뿌리를 강변에 뻗치고 더위가 올지라도 두려워 아니하며 그 잎이 청청하며 가무는 해에도 걱정이 없고 결실이 그치지 아니함 같으리라 (9)만물보다 거짓되고 심히 부패한 것은 마음이라 누가 능히 이를 알리요마는 (10)나 여호와는 심장을 살피며 폐부를 시험하고 각각 그 행위와 그 행실대로 보응하나니

요 5:19-30 = 행한 자(29)

(19)그러므로 예수께서 저희에게 이르시되 내가 진실로 진실로 너희에게 이르노니 아들이 아버지의 하시는 일을 보지 않고는 아무것도 스스로 할 수 없나니 아버지께서 행하시는 그것을 아들도 그와 같이 행하느니라 (20)아버지께서 아들을 사랑하사 자기의 행하시는 것을 다 아들에게 보이시고 또 그보다 더 큰 일을 보이사 너희로 기이히 여기게 하시리라 (21)아버지께서 죽은 자들을 일으켜 살리심같이 아들도 자기의 원하는 자들을 살리느니라 (22)아버지께서 아무도 심판하지 아니하시고 심판을 다 아들에게 맡기셨으니 (23)이는 모든 사람으로 아버지를 공경하는 것같이 아들을 공경하게 하려 하심이라 아들을 공경치 아니하는 자는 그를 보내신 아버지를 공경치 아

니하느니라 (24)내가 진실로 진실로 너희에게 이르노니 내 말을 듣고 또 나 보내신 이를 믿는 자는 영생을 얻었고 심판에 이르지 아니하나니 사망에서 생명으로 옮겼느니라 (25)진실로 진실로 너희에게 이르노니 죽은 자들이 하나님의 아들의 음성을 들을 때가 오나니 곧 이때라 듣는 자는 살아나리라 (26)아버지께서 자기 속에 생명이 있음같이 아들에게도 생명을 주어 그 속에 있게 하셨고 (27)또 인자 됨을 인하여 심판하는 권세를 주셨느니라 (28)이를 기이히 여기지 말라 무덤 속에 있는 자가 다 그의 음성을 들을 때가 오나니 (29)선한 일을 행한 자는 생명의 부활로 악한 일을 행한 자는 심판의 부활로 나오리라 (30)내가 아무것도 스스로 할 수 없노라 듣는 대로 심판하노니 나는 나의 원대로 하려 하지 않고 나를 보내신 이의 원대로 하려는 고로 내 심판은 의로우니라

고후 5:1-10 = 사모하노니(2)

(1)만일 땅에 있는 우리의 장막 집이 무너지면 하나님께서 지으신 집 곧 손으로 지은 것이 아니요 하늘에 있는 영원한 집이 우리에게 있는 줄 아나니 (2)과연 우리가 여기 있어 탄식하며 하늘로부터 오는 처소로 덧입기를 간절히 사모하노니 (3)이렇게 입음은 벗은 자들로 발견되지 않으려 함이라 (4)이 장막에 있는 우리가 짐 진 것같이 탄식하는 것은 벗고자 함이 아니요 오직 덧입고자 함이니 죽을 것이 생명에게 삼킨 바 되게 하려 함이라 (5)곧 이것을 우리에게 이루게 하시고 보증으로 성령을 우리에게 주신 이는 하나님이시니라 (6)이러므로 우리가 항상 담대하여 몸에 거할 때에는 주와 따로 거하는 줄을 아노니 (7)이는 우리가 믿음으로 행하고 보는 것으로 하지 아니함이로라 (8)우리가 담대하여 원하는 바는 차라리 몸을 떠나 주와 함께 거하는 그것이라 (9)그런즉 우리는 거하든지 떠나든지 주를 기쁘시게 하는 자 되기를 힘쓰노라 (10)이는 우리가 다 반드시 그리스도

의 심판대 앞에 드러나 각각 선악간에 그 몸으로 행한 것을 따라 받으려 함이라

- **결론**

계 18:1-34 = 즐거워하라(20)

(20)하늘과 성도들과 사도들과 선지자들아 그를 인하여 즐거워하라 하나님이 너희를 신원하시는 심판을 그에게 하셨음이라 하더라

벧후 3:8-13 = 전파하라(7)

(8)사랑하는 자들아 주께는 하루가 천 년 같고 천 년이 하루 같은
이 한 가지를 잊지 말라 (9)주의 약속은 어떤 이의 더디다고 생각하
는 것같이 더딘 것이 아니라 오직 너희를 대하여 오래 참으사 아무
도 멸망치 않고 다 회개하기에 이르기를 원하시느니라 (10)그러나 주
의 날이 도적같이 오리니 그날에는 하늘이 큰 소리로 떠나가고 체질
이 뜨거운 불에 풀어지고 땅과 그 중에 있는 모든 일이 드러나리로
다 (11)이 모든 것이 이렇게 풀어지리니 너희가 어떠한 사람이 되어
야 마땅하뇨 거룩한 행실과 경건함으로 (12)하나님의 날이 임하기를
바라보고 간절히 사모하라 그날에 하늘이 불에 타서 풀어지고 체질
이 뜨거운 불에 녹아지려니와 (13)우리는 그의 약속대로 의의 거하
는 바 새 하늘과 새 땅을 바라보도다

PART 19

이기는 자,
일곱 대접 재앙

제21장
선택받은 은혜를 누려라

이기는 자들 곧 선택받은 자들이 받을 유업

❃ 1-8절. 이기는 자

• 1절. 새 하늘과 새 땅

새 하늘과 새 땅 = 이 땅은 새로 세워지는 땅인 천년왕국과는 구별되는 곳으로 하늘에서 내려오는 거룩한 성 새 예루살렘인 천국을 보여 준 것이다. 이곳은 예수님이 먼저 가셔서 예비하신 곳이다(요 14:1-4). 우리가 살고 있는 이 땅의 모든 것은 일곱째 대접 심판 때에 다 사라지게 되고(계 16:19-20; 벧후 3:10) 천년왕국도 흰 보좌 심판에 앞서 영원히 사라져 버리고(20:11), 오직 거룩한 천국만이 영원하다.

새 하늘과 새 땅에 대한 견해들

김상훈 = 변화된 미래적 교회라는 것을 알 수 있다. 완성된 교회, 미래의 하나님 나라다.[357]

김응조 = 창조의 이상이 실현

김재준 = 영원한 나라

민병석 = 천국(천정웅)

박수암 = 질적인 변화의 세계

박윤선 = 옛 세계 연속의 실체이면서도 아주 딴 종류의 것

357) 김상훈, 요한계시록 7:1-22:21, 감은사, 2022, p. 489.

석원태 = 새롭게 변화된 영원한 천국

신성종 = 천국(새 예루살렘)과는 다른 새로운 세계로 본다.

이광복 = 천년왕국의 확대 설명

이병규 = 신천신지 = 천국(마 25:34) = 사 65:17-25와 같이 본다.

이상근 = 영원무궁한 신천신지

조용기 = 천년왕국 후의 일

데이크 = 불로 변혁된 새 하늘과 새 땅

존슨 = 질적으로 변환된 그 나라(비더울프)

헨드릭슨 = 질적인 변화의 영원한 천국(렌스키)

왈부르드 = 새로운 창조 행위의 땅

래드 = 질적으로 새롭게 변혁된 곳

어빙 L. 젠센 = 성도들의 영원한 본향

레마 주석 = 완성된 하나님의 나라

정인찬 = 요한은 미래의 성도의 영원한 거처를 거룩한 성 새 예루살렘의 개념으로 묘사한다(사 65:17, 66:22). 이는 하늘에 대한 묘사가 아니다. 거룩한 성은 성도들의 거처일 뿐 아니라 그리스도의 신부인 교회를 말한다(9-10절).(프뉴마성경)[358]

송영목 = 여기서 '새롭다'는 형용사는 시간적(neos)인 의미가 아니라 질적인 것(kaainos)이다. 즉 재창조는 구원이며 새로운 창조이다. 이 땅은 새 땅이다. 즉 하나님의 언약적인 복의 완성된 형체이다.[359]

이필찬 = 이러한 새 창조는 5절에서 "내가 만물을 새롭게 하노라"는 본문이 설명한다. 만물을 새롭게 한다는 것은 이 만물을 없애고 새로운 만물을 만드는 것이 아니라 지금 있는 만물을 새롭게 한다는 것이다. 그러므로 새 창조는 재창조가 아니라 갱신을 통해 이루

---

358) 정인찬, 잭 헤이포드 책임편찬, 프뉴마성경, (주)넥서스, 2014, 신약 p. 421

359) 송영목, 신약주석, 쿰란출판사, 2011, pp. 1366-1367

어진다.[360)]

• 2절. 거룩한 성 새 예루살렘

"신부가 남편을 위하여 단장한 것같이" 오매불망(寤寐不忘) 갈망한 것에 대한 아름다운 사랑을 표현한 것이다(요 14:2-3).

특징(特徵)?

1) 하늘로부터 내려옴(1)
2) 신부가 남편을 위하여 단장한 것 같다(2)
3) 생활(3-5; 22-25)
4) 유업(遺業)을 받을 자들(6-7)
5) 유업(遺業)을 못 받을 자(8)
6) 성(城)의 모습(9-23)
7) 땅의 왕들과 사람들(24-25) = 천년왕국에서 왕권을 가진 첫째 부활자들
8) 만국의 영광과 존귀를 가지고 들어온 사람들 = 천년왕국에 들어온 성도들
9) 생명책에 기록된 자들만 들어간다(27)

• 4절. 모든 눈물을 그 눈에서 씻기시매

하나님의 위로하심에 사망, 애통, 곡하는 것, 아픈 것 등은 다시는 없다. 이 말씀은 요한계시록 6장 9-11절의 다섯째 인을 떼실 때의 순교자들의 피의 신원(伸寃)을 구하는 기도의 응답의 성취이다(계 6:9-11, 7:15-17; 눅 18:7-8 등 참조).

---

360) 이필찬, 요한계시록 40일 묵상여행, 이레서원, 2018, p. 224

- **5절. 만물이 새롭게 된다 = 거룩한 복(聖至福)을 누리게 된다**
- **6절. 다 이루었다 = 요 1:12, 19:28–30, 20:30–13 등 참조**
- **7절. 이기는 자**

성령 받고(고후 1:20-22 등 참조) 성령이 하시는 말씀을 듣고(2:~3:) 지켜 행하는 은혜를 누리는 자(계 1:3, 14:1, 22:7; 마 25:31-46 등 참조)로서, 예수 그리스도 안에서 믿음의 인내[성도의 견인(堅忍)]로 생명수 샘물 등을 유업으로 얻어 삼위일체 하나님의 영광 안에서 살게 되는 자(계 21:22-25)

본장에서는 천년왕국이 아닌, 우리의 거룩하고도 영원한 본향 하나님의 나라(천국)를 보여 준다. 이곳이 예수 그리스도의 흔적을 가진 자들(갈 6:11-18)이 그리스도와 함께 누리게 될 영원한 기업이다. 우리는 이 기업을 얻기 위해 이 땅 위에서 살아가는 동안 슬픔과 환난을 참으며 견디며 하나님 나라 백성 곧 성도로서 하나님께 순종의 복(은혜)을 누린다.

유업(遺業)을 받을 자들?(6–7)

이기는 자 곧 변함없이 주님을 사랑한 자들은 거룩하고도 영원한 천국을 유업으로 받는다.

1) 일곱 교회의 이긴 자들(계 2:7, 11, 17, 26, 3:5, 12, 21, 21:6-7)
2) 짐승의 표를 받지 아니한 자들(계 20:4, 21:8, 26a 등 참조)
3) 어린 양의 생명책에 기록된 자들(계 21:27, 3:5, 13:8, 17:8, 20:12, 15 등 참조)
4) 성령의 도움을 받는 자들(갈 6:8-10; 약 3:13-18 등 참조)

〈성도가 이겨야 할 세 가지〉

1) 죄를 이겨야 한다(계 18:4; 마 4:17 등 참조). 죄는 오직 주님의 피로

이길 수 있다(계 7:14; 요 19: 28-30; 히 9:13-14 등 참조).

2) 세상을 이겨야 한다. 세상은 하나님의 심판을 받기 때문이다 (요일 5:4-5 등 참조).

3) 육욕을 이겨야 한다. 육체대로 살면 반드시 죽는다고 하셨다. 성령으로 육의 사람을 죽여야 한다(롬 8:13-14; 갈 6:8 등 참조).

• 8절. 둘째 사망

두려워하는 자(者)들과 믿지 아니하는 자(者)들과 흉악(凶惡)한 자(者)들과 살인자(殺人者)들과 행음(行淫)자들과 술객(術客)들과 우상(偶象) 숭배(崇拜)자들과 모든 거짓말하는 자(者)들은 불과 유황(硫黃)으로 타는 못에 참예(參與)하리니 이것이 둘째 사망(死亡)이라(계 20:6, 20:12b-14 등 참조).

둘째 사망에 처해질 자들?

불의로 진리를 막는 사람들로 하나님께서 "내어버려둔 자"(롬 1:18-32 등 참조)이다. 이들은 불과 유황으로 타는 못 곧 지옥에 들어간다.

1) 두려워하는 자(요일 4:18)
2) 믿지 아니하는 자(히 11:6)
3) 흉악한 자(시 50:16-21)
4) 살인자(마 18:6)
5) 세상과 벗이 된 자(약 4:4)
6) 술객(신 18:9-14)
7) 우상숭배자(골 3:5; 계 13:15)
8) 거짓말하는 자(습 3:13)
9) 개들(사 56:10)

❄ 9-27절. 거룩한 성 예루살렘

거룩한 성(城) 예루살렘의 모습(9-23)

1) 예루살렘 성 = "어린 양의 아내"라 표현하여 그 사랑과 아름다움을 보여 준다.
2) 성의 빛 = 하나님의 영광으로 지극히 귀한 보석, 벽옥과 수정 맑다.
3) 성의 모양 = 장, 광, 같은 네모가 반듯하고 높이는 144규빗, 길이는 12,000스다디온
4) 성의 문 = 열두 문이 있는데 진주로 되어 있다.
5) 성의 길 = 맑은 유리 같은 정금으로 포장되어 있음
6) 성곽 = 높이는 144규빗, 재료는 벽옥, 열두 기초석은 각색 보석으로 되어 있다.
7) 성 안의 성전 = 성 안에 성전이 없고 삼위일체 하나님의 영광으로 가득하다.

• 27절. 생명책에 기록된 자들뿐이라

생명책에 기록된 자들만이 들어간다(계 3:4-5, 13:8, 17:8; 눅 10:20; 출 32:33; 시 69:28, 139:16 등 참조).

〈도움 말씀〉

선택받은 은총에 감사하라(7. 1-27) = 이기는 자의 은총을 누려라

• 서론

갈 6:11-18 = 행하는(16)

(11)내 손으로 너희에게 이렇게 큰 글자로 쓴 것을 보라 (12)무릇 육체의 모양을 내려 하는 자들이 억지로 너희로 할례 받게 함은 저

희가 그리스도의 십자가를 인하여 핍박을 면하려 함뿐이라 (13)할례 받은 저희라도 스스로 율법은 지키지 아니하고 너희로 할례 받게 하려 하는 것은 너희의 육체로 자랑하려 함이니라 (14)그러나 내게는 우리 주 예수 그리스도의 십자가 외에 결코 자랑할 것이 없으니 그리스도로 말미암아 세상이 나를 대하여 십자가에 못 박히고 내가 또한 세상을 대하여 그러하니라 (15)할례나 무할례가 아무것도 아니로되 오직 새로 지으심을 받은 자뿐이니라 (16)무릇 이 규례를 행하는 자에게와 하나님의 이스라엘에게 평강과 긍휼이 있을지어다 (17)이 후로는 누구든지 나를 괴롭게 말라 내가 내 몸에 예수의 흔적을 가졌노라 (18)형제들아 우리 주 예수 그리스도의 은혜가 너희 심령에 있을지어다 아멘

1. 이기는 자의 은총을 누려라(7. 1-8) = 선택 받은 은총에 감사하라

계 2:1-3:22 = 이기는(3:12) = 일곱 교회?

빌라델비아교회 = (3:12)이기는 자는 내 하나님 성전에 기둥이 되게 하리니 그가 결코 다시 나가지 아니하리라 내가 하나님의 이름과 하나님의 성 곧 하늘에서 내 하나님께로부터 내려오는 새 예루살렘의 이름과 나의 새 이름을 그이 위에 기록하리라 = 4: - 5: 참조

롬 12:1 = 그러므로 형제들아 내가 하나님의 모든 자비하심으로 너희를 권하노니 너희 몸을 하나님이 기뻐하시는 거룩한 산 제사로 드리라 이는 너희의 드릴 영적 예배니라

마 25:31-46 = 한 것(40)

(31)인자가 자기 영광으로 모든 천사와 함께 올 때에 자기 영광의 보좌에 앉으리니 (32)모든 민족을 그 앞에 모으고 각각 분별하기를 목자가 양과 염소를 분별하는 것같이 하여 (33)양은 그 오른편에, 염

소는 왼편에 두리라 (34)그때에 임금이 그 오른편에 있는 자들에게 이르시되 내 아버지께 복받을 자들이여 나아와 창세로부터 너희를 위하여 예비된 나라를 상속하라 (35)내가 주릴 때에 너희가 먹을 것을 주었고 목마를 때에 마시게 하였고 나그네 되었을 때에 영접하였고 (36)벗었을 때에 옷을 입혔고 병들었을 때에 돌아보았고 옥에 갇혔을 때에 와서 보았느니라 (37)이에 의인들이 대답하여 가로되 주여 우리가 어느 때에 주의 주리신 것을 보고 공궤하였으며 목마르신 것을 보고 마시게 하였나이까 (38)어느 때에 나그네 되신 것을 보고 영접하였으며 벗으신 것을 보고 옷 입혔나이까 (39)어느 때에 병드신 것이나 옥에 갇히신 것을 보고 가서 뵈었나이까 하리니 (40)임금이 대답하여 가라사대 내가 진실로 너희에게 이르노니 너희가 여기 내 형제 중에 지극히 작은 자 하나에게 한 것이 곧 내게 한 것이니라 하시고 (41)또 왼편에 있는 자들에게 이르시되 저주를 받은 자들아 나를 떠나 마귀와 그 사자들을 위하여 예비된 영영한 불에 들어가라 (42)내가 주릴 때에 너희가 먹을 것을 주지 아니하였고 목마를 때에 마시게 하지 아니하였고 (43)나그네 되었을 때에 영접하지 아니하였고 벗었을 때에 옷 입히지 아니하였고 병들었을 때와 옥에 갇혔을 때에 돌아보지 아니하였느니라 하시니 (44)저희도 대답하여 가로되 주여 우리가 어느 때에 주의 주리신 것이나 목마르신 것이나 나그네 되신 것이나 벗으신 것이나 병드신 것이나 옥에 갇히신 것을 보고 공양치 아니하더이까 (45)이에 임금이 대답하여 가라사대 내가 진실로 너희에게 이르노니 이 지극히 작은 자 하나에게 하지 아니한 것이 곧 내게 하지 아니한 것이니라 하시리니 (46)저희는 영벌에, 의인들은 영생에 들어가리라 하시니라

고후 6:1-10 = 받지(1)

(1)우리가 하나님과 함께 일하는 자로서 너희를 권하노니 하나님

의 은혜를 헛되이 받지 말라 (2)가라사대 내가 은혜 베풀 때에 너를 듣고 구원의 날에 너를 도왔다 하셨으니 보라 지금은 은혜받을 만한 때요 보라 지금은 구원의 날이로다 (3)우리가 이 직책이 훼방을 받지 않게 하려고 무엇에든지 아무에게도 거리끼지 않게 하고 (4)오직 모든 일에 하나님의 일꾼으로 자천하여 많이 견디는 것과 환난과 궁핍과 곤난과 (5)매맞음과 갇힘과 요란한 것과 수고로움과 자지 못함과 먹지 못함과 (6)깨끗함과 지식과 오래 참음과 자비함과 성령의 감화와 거짓이 없는 사랑과 (7)진리의 말씀과 하나님의 능력 안에 있어 의의 병기로 좌우하고 (8)영광과 욕됨으로 말미암으며 악한 이름과 아름다운 이름으로 말미암으며 속이는 자 같으나 참되고 (9)무명한 자 같으나 유명한 자요 죽는 자 같으나 보라 우리가 살고 징계를 받는 자 같으나 죽임을 당하지 아니하고 (10)근심하는 자 같으나 항상 기뻐하고 가난한 자 같으나 많은 사람을 부요하게 하고 아무것도 없는 자 같으나 모든 것을 가진 자로다

계 6:9-11 = 쉬되(11)

(9)다섯째 인을 떼실 때에 내가 보니 하나님의 말씀과 저희의 가진 증거를 인하여 죽임을 당한 영혼들이 제단 아래 있어 (10)큰 소리로 불러 가로되 거룩하고 참되신 대주재여 땅에 거하는 자들을 심판하여 우리 피를 신원하여 주지 아니하시기를 어느 때까지 하시려나이까 하니 (11)각각 저희에게 흰 두루마기를 주시며 가라사대 아직 잠시 동안 쉬되 저희 동무 종들과 형제들도 자기처럼 죽임을 받아 그 수가 차기까지 하라 하시더라

계 11:1-14 = 괴롭게(10)

(10)이 두 선지자가 땅에 거하는 자들을 괴롭게 한 고로 땅에 거하는 자들이 저희의 죽음을 즐거워하고 기뻐하여 서로 예물을 보내

리라 하더라 (11)삼 일 반 후에 하나님께로부터 생기가 저희 속에 들어가매 저희가 발로 일어서니 구경하는 자들이 크게 두려워하더라 (12)하늘로부터 큰 음성이 있어 이리로 올라오라 함을 저희가 듣고 구름을 타고 하늘로 올라가니 저희 원수들도 구경하더라

2. 거짓을 행하지 말라(27. 9-27) = 생명책에 기록되었음을 감사하라

계 20:11-15 = 흰 보좌 심판 = 책들 참고?

단 12:1-4 = 봉함하라(4)

(1)그때에 네 민족을 호위하는 대군 미가엘이 일어날 것이요 또 환난이 있으리니 이는 개국 이래로 그때까지 없던 환난일 것이며 그때에 네 백성 중 무릇 책에 기록된 모든 자가 구원을 얻을 것이라 (2)땅의 티끌 가운데서 자는 자 중에 많이 깨어 영생을 얻는 자도 있겠고 수욕을 받아서 무궁히 부끄러움을 입을 자도 있을 것이며 (3)지혜 있는 자는 궁창의 빛과 같이 빛날 것이요 많은 사람을 옳은 데로 돌아오게 한 자는 별과 같이 영원토록 비취리라 (4)다니엘아 마지막 때까지 이 말을 간수하고 이 글을 봉함하라 많은 사람이 빨리 왕래하며 지식이 더하리라

사 35:1-10 = 못한(8)

(8)거기 대로가 있어 그 길을 거룩한 길이라 일컫는 바 되리니 깨끗지 못한 자는 지나지 못하겠고 오직 구속함을 입은 자들을 위하여 있게 된 것이라 우매한 행인은 그 길을 범치 못할 것이며 (9)거기는 사자가 없고 사나운 짐승이 그리로 올라가지 아니하므로 그것을 만나지 못하겠고 오직 구속함을 얻은 자만 그리로 행할 것이며 (10)여호와의 속량함을 얻은 자들이 돌아오되 노래하며 시온에 이르러 그 머리 위에 영영한 희락을 띠고 기쁨과 즐거움을 얻으리니 슬픔과 탄식이 달아나리로다(마 7:13-14 참조)

계 22:14-15 = 빠는(14)

(14)그 두루마기를 빠는 자들은 복이 있으니 이는 저희가 생명나무에 나아가며 문들을 통하여 성에 들어갈 권세를 얻으려 함이로다
(15)개들과 술객들과 행음자들과 살인자들과 우상 숭배자들과 및 거짓말을 좋아하며 지어내는 자마다 성 밖에 있으리라

시 101:1-8 = 행하는(6)

(1)내가 인자와 공의를 찬송하겠나이다 여호와여 내가 주께 찬양
하리이다 (2)내가 완전한 길에 주의하오리니 주께서 언제나 내게 임
하시겠나이까 내가 완전한 마음으로 내 집 안에서 행하리이다 (3)나
는 비루한 것을 내 눈 앞에 두지 아니할 것이요 배도자들의 행위를
미워하니 이것이 내게 붙접지 아니하리이다 (4)사특한 마음이 내게
서 떠날 것이니 악한 일을 내가 알지 아니하리로다 (5)그 이웃을 그
윽히 허는 자를 내가 멸할 것이요 눈이 높고 마음이 교만한 자를 내
가 용납지 아니하리로다 (6)내 눈이 이 땅의 충성된 자를 살펴 나와
함께 거하게 하리니 완전한 길에 행하는 자가 나를 수종하리로다 (7)
거짓 행하는 자가 내 집 안에 거하지 못하며 거짓말하는 자가 내 목
전에 서지 못하리로다 (8)아침마다 내가 이 땅의 모든 악인을 멸하리
니 죄악 행하는 자는 여호와의 성에서 다 끊어지리로다

마 13:36-50 = 행하는(41)

(36)이에 예수께서 무리를 떠나사 집에 들어가시니 제자들이 나아
와 가로되 밭의 가라지의 비유를 우리에게 설명하여 주소서 (37)대
답하여 가라사대 좋은 씨를 뿌리는 이는 인자요 (38)밭은 세상이요
좋은 씨는 천국의 아들들이요 가라지는 악한 자의 아들들이요 (39)
가라지를 심은 원수는 마귀요 추수 때는 세상 끝이요 추수꾼은 천
사들이니 (40)그런즉 가라지를 거두어 불에 사르는 것같이 세상 끝

에도 그러하리라 (41)인자가 그 천사들을 보내리니 저희가 그 나라에서 모든 넘어지게 하는 것과 또 불법을 행하는 자들을 거두어 내어 (42)풀무 불에 던져넣으리니 거기서 울며 이를 갊이 있으리라 (43)그 때에 의인들은 자기 아버지 나라에서 해와 같이 빛나리라 귀 있는 자는 들으라 (44)천국은 마치 밭에 감추인 보화와 같으니 사람이 이를 발견한 후 숨겨 두고 기뻐하여 돌아가서 자기의 소유를 다 팔아 그 밭을 샀느니라 (45)또 천국은 마치 좋은 진주를 구하는 장사와 같으니 (46)극히 값진 진주 하나를 만나매 가서 자기의 소유를 다 팔아 그 진주를 샀느니라 (47)또 천국은 마치 바다에 치고 각종 물고기를 모는 그물과 같으니 (48)그물에 가득하매 물가로 끌어내고 앉아서 좋은 것은 그릇에 담고 못된 것은 내어 버리느니라 (49)세상 끝에도 이러하리라 천사들이 와서 의인 중에서 악인을 갈라내어 (50)풀무불에 던져넣으리니 거기서 울며 이를 갊이 있으리라

고전 6:9-11 = 받지(9)

(9)불의한 자가 하나님의 나라를 유업으로 받지 못할 줄을 알지 못하느냐 미혹을 받지 말라 음란하는 자나 우상 숭배하는 자나 간음하는 자나 탐색하는 자나 남색하는 자나 (10)도적이나 탐람하는 자나 술 취하는 자나 후욕하는 자나 토색하는 자들은 하나님의 나라를 유업으로 받지 못하리라 (11)너희 중에 이와 같은 자들이 있더니 주 예수 그리스도의 이름과 우리 하나님의 성령 안에서 씻음과 거룩함과 의롭다 하심을 얻었느니라

갈 5:16-26 = 행하라(16)

(16)내가 이르노니 너희는 성령을 좇아 행하라 그리하면 육체의 욕심을 이루지 아니하리라 (17)육체의 소욕은 성령을 거스리고 성령의 소욕은 육체를 거스리나니 이 둘이 서로 대적함으로 너희의 원하

는 것을 하지 못하게 하려 함이니라 (18)너희가 만일 성령의 인도하
시는 바가 되면 율법 아래 있지 아니하리라 (19)육체의 일은 현저하
니 곧 음행과 더러운 것과 호색과 (20)우상 숭배와 술수와 원수를 맺
는 것과 분쟁과 시기와 분냄과 당짓는 것과 분리함과 이단과 (21)투
기와 술 취함과 방탕함과 또 그와 같은 것들이라 전에 너희에게 경
계한 것같이 경계하노니 이런 일을 하는 자들은 하나님의 나라를 유
업으로 받지 못할 것이요 (22)오직 성령의 열매는 사랑과 희락과 화
평과 오래 참음과 자비와 양선과 충성과 (23)온유와 절제니 이같은
것을 금지할 법이 없느니라 (24)그리스도 예수의 사람들은 육체와 함
께 그 정과 욕심을 십자가에 못 박았느니라 (25)만일 우리가 성령으
로 살면 또한 성령으로 행할지니 (26)헛된 영광을 구하여 서로 격동
하고 서로 투기하지 말지니라

- **결론**

계 4:1–5:15 = 경배하더라(14. 5:13–14)

(13)내가 또 들으니 하늘 위에와 땅 위에와 땅 아래와 바다 위에와
또 그 가운데 모든 만물이 가로되 보좌에 앉으신 이와 어린 양에게
찬송과 존귀와 영광과 능력을 세세토록 돌릴지어다 하니 (14)네 생물
이 가로되 아멘 하고 장로들은 엎드려 경배하더라

마 5:1–12 = 즐거워하라(12)

(10)의를 위하여 핍박을 받은 자는 복이 있나니 천국이 저희 것임
이라 (11)나를 인하여 너희를 욕하고 핍박하고 거짓으로 너희를 거스
려 모든 악한 말을 할 때에는 너희에게 복이 있나니 (12)기뻐하고 즐
거워하라 하늘에서 너희의 상이 큼이라 너희 전에 있던 선지자들을
이같이 핍박하였느니라

PART 20

거룩한 성

제22장
이 책의 예언의 말씀을 지키라

이미 4~5장 등에서 계시된 바와 같이 본장(22장)에서도 삼위일체 하나님께서 영원(永遠)히 경배(敬拜)받으심이 창조하시고 구속하신 목적이며, 우리의 삶의 목적이기도 하다(대소요리 문답 제1문 등 참고 = 롬 11:36; 고전 10:31; 시 73:24-26; 요 17:22-24; 계 5:11-12, 21;11, 23 등 참조)

이 책의 예언의 말씀을 지키는 자가 복이 있다(계 1:3, 14:12 참조).
내가 진실로 속히 오리라(계 22:7, 12; 1:3)
각 사람에게 그의 일한 대로 갚아 주리라(계 22:12)

❋ 1–9절. 오직 하나님께 경배하라

• 1절. 하나님과 및 어린 양의 보좌로부터

하늘보좌(4~5장, 21~22장)?
사람의 첫째 되는 목적? = 대요리 문1 (소요리 문1)

지옥행과 천국행(20~21장)

"천국 간증 집회들"이 난무하는 것에 대하여? = 개인의 신앙 경험은 될 수 있으나, 성경보다 간증에 더 관심을 기울이거나, 신뢰하는 일이 없도록 주의해야 한다('펄시 콜레' 등의 사기극, 각각 보았다는 것이 모두 다르다).

"비밀을 알아냈다, 찾아냈다" 등에 현혹되지 말라? = 오직 성경,

오직 성령, 하나님의 조명을 구하라!

4장에서 먼저 "종말"과 "하나님 나라[Kingdom of God. 천국(天國 Kingdom of heaven)]"에 대한 이해 = "하나님 나라" 백성답게 사는 "복(福)을 누리자!"[요 1:12-13; 엡 1:3-6; 계 22:11; 산상보훈(마 5-7장), 작은 소자(마 25:31-46; 막 9:41-50), 계시록 핵심?]

- **7절. 이 책의 말을 지키는 자가 복이 있으리라**

계 1:3, 14:12, 22:7, 9, 17-18 등 참조

❄ 10–16절. 이 책의 예언의 말씀

- **14절. 두루마기를 빠는 자들**

예비처에 들어갈 하나님을 경배할 자들이다(계 12:5-6, 3:10). 스테판 헬라어(Greek Text of Stephen. 1550)는 "그 계명을 행하는 자는"으로 기록되어 있다. = 계 7장 등과 함께 연구?

❄ 17–21절. 생명수

- **18절. 이 책의 예언의 말씀 = 계 1:3, 14:12, 22:7, 9 등 참조**
- **20절. 내가 진실로 속히 오리라 = 마 1:21, 23; 요 14:1–3; 계 1:4–3, 6:10, 21:1–4, 22:10–15; 마 28:18–20 등 참조**
- **21절. 주 예수의 은혜가 모든 자들에게 있을지어다**

주 예수 그리스도의 은혜는 생명책에 기록된 선택받은 자들이 누린다.

= 겸손(謙遜)히 삼위일체(三位一體) 하나님을 섬기는 은혜를 누리

자! = 계 1-5장, 21-22장 = 마 25:31-46 = 마 24:36-44(마 23:37-24:51; 막 13:32-37; 눅 17:26-30, 34-36)

〈도움 말씀〉

이 책의 예언의 말씀을 지키라(9. 1-21) = 오직 하나님께 경배하라

- 서론

사 56:1-2 = 행하라(1)

(1)여호와께서 이같이 말씀하시되 너희는 공평을 지키며 의를 행하라 나의 구원이 가까이 왔고 나의 의가 쉬 나타날 것임이라 하셨은즉 (2)안식일을 지켜 더럽히지 아니하며 그 손을 금하여 모든 악을 행치 아니하여야 하나니 이같이 행하는 사람, 이같이 굳이 잡는 인생은 복이 있느니라

마 13:1-52 = 깨달았느냐(51) = 지상천국 생활에 대한 비유

(1)그날에 예수께서 집에서 나가사 바닷가에 앉으시매 (2)큰 무리가 그에게로 모여들거늘 예수께서 배에 올라가 앉으시고 온 무리는 해변에 섰더니 (3)예수께서 비유로 여러 가지를 저희에게 말씀하여 가라사대 씨를 뿌리는 자가 뿌리러 나가서 (4)뿌릴새 더러는 길가에 떨어지매 새들이 와서 먹어 버렸고 (5)더러는 흙이 얇은 돌밭에 떨어지매 흙이 깊지 아니하므로 곧 싹이 나오나 (6)해가 돋은 후에 타져서 뿌리가 없으므로 말랐고 (7)더러는 가시떨기 위에 떨어지매 가시가 자라서 기운을 막았고 (8)더러는 좋은 땅에 떨어지매 혹 백 배, 혹 육십 배, 혹 삼십 배의 결실을 하였느니라 (9)귀 있는 자는 들으라 하시니라 (10)제자들이 예수께 나아와 가로되 어찌하여 저희에게 비유로 말씀하시나이까 (11)대답하여 가라사대 천국의 비밀을 아는 것이 너희에게는 허락되었으나 저희에게는 아니되었나니 (12)무릇 있

는 자는 받아 넉넉하게 되되 무릇 없는 자는 그 있는 것도 빼앗기리
라 (13)그러므로 내가 저희에게 비유로 말하기는 저희가 보아도 보
지 못하며 들어도 듣지 못하며 깨닫지 못함이니라 (14)이사야의 예언
이 저희에게 이루었으니 일렀으되 너희가 듣기는 들어도 깨닫지 못
할 것이요 보기는 보아도 알지 못하리라 (15)이 백성들의 마음이 완
악하여져서 그 귀는 듣기에 둔하고 눈은 감았으니 이는 눈으로 보고
귀로 듣고 마음으로 깨달아 돌이켜 내게 고침을 받을까 두려워함이
라 하였느니라 (16)그러나 너희 눈은 봄으로, 너희 귀는 들음으로 복
이 있도다 (17)내가 진실로 너희에게 이르노니 많은 선지자와 의인이
너희 보는 것들을 보고자 하여도 보지 못하였고 너희 듣는 것들을
듣고자 하여도 듣지 못하였느니라 (18)그런즉 씨 뿌리는 비유를 들
으라 (19)아무나 천국 말씀을 듣고 깨닫지 못할 때는 악한 자가 와서
그 마음에 뿌리운 것을 빼앗나니 이는 곧 길가에 뿌리운 자요 (20)돌
밭에 뿌리웠다는 것은 말씀을 듣고 즉시 기쁨으로 받되 (21)그 속에
뿌리가 없어 잠시 견디다가 말씀을 인하여 환난이나 핍박이 일어나
는 때에는 곧 넘어지는 자요 (22)가시떨기에 뿌리웠다는 것은 말씀을
들으나 세상의 염려와 재리의 유혹에 말씀이 막혀 결실치 못하는 자
요 (23)좋은 땅에 뿌리웠다는 것은 말씀을 듣고 깨닫는 자니 결실하
여 혹 백 배, 혹 육십 배, 혹 삼십 배가 되느니라 하시더라 (24)예수께
서 그들 앞에 또 비유를 베풀어 가라사대 천국은 좋은 씨를 제 밭에
뿌린 사람과 같으니 (25)사람들이 잘 때에 그 원수가 와서 곡식 가운
데 가라지를 덧뿌리고 갔더니 (26)싹이 나고 결실할 때에 가라지도
보이거늘 (27)집주인의 종들이 와서 말하되 주여 밭에 좋은 씨를 심
지 아니하였나이까 그러면 가라지가 어디서 생겼나이까 (28)주인이
가로되 원수가 이렇게 하였구나 종들이 말하되 그러면 우리가 가서
이것을 뽑기를 원하시나이까 (29)주인이 가로되 가만 두어라 가라지
를 뽑다가 곡식까지 뽑을까 염려하노라 (30)둘 다 추수 때까지 함께

자라게 두어라 추수 때에 내가 추수꾼들에게 말하기를 가라지는 먼
저 거두어 불사르게 단으로 묶고 곡식은 모아 내 곳간에 넣으라 하
리라 (31)또 비유를 베풀어 가라사대 천국은 마치 사람이 자기 밭에
갖다 심은 겨자씨 한 알 같으니 (32)이는 모든 씨보다 작은 것이로되
자란 후에는 나물보다 커서 나무가 되매 공중의 새들이 와서 그 가
지에 깃들이느니라 (33)또 비유로 말씀하시되 천국은 마치 여자가 가
루 서 말 속에 갖다 넣어 전부 부풀게 한 누룩과 같으니라 (34)예수
께서 이 모든 것을 무리에게 비유로 말씀하시고 비유가 아니면 아무
것도 말씀하지 아니하셨으니 (35)이는 선지자로 말씀하신 바 내가 입
을 열어 비유로 말하고 창세부터 감추인 것들을 드러내리라 함을 이
루려 하심이니라 (36)이에 예수께서 무리를 떠나사 집에 들어가시니
제자들이 나아와 가로되 밭의 가라지의 비유를 우리에게 설명하여
주소서 (37)대답하여 가라사대 좋은 씨를 뿌리는 이는 인자요 (38)밭
은 세상이요 좋은 씨는 천국의 아들들이요 가라지는 악한 자의 아
들들이요 (39)가라지를 심은 원수는 마귀요 추수 때는 세상 끝이요
추수꾼은 천사들이니 (40)그런즉 가라지를 거두어 불에 사르는 것같
이 세상 끝에도 그러하리라 (41)인자가 그 천사들을 보내리니 저희
가 그 나라에서 모든 넘어지게 하는 것과 또 불법을 행하는 자들을
거두어 내어 (42)풀무 불에 던져넣으리니 거기서 울며 이를 갊이 있
으리라 (43)그때에 의인들은 자기 아버지 나라에서 해와 같이 빛나
리라 귀 있는 자는 들으라 (44)천국은 마치 밭에 감추인 보화와 같으
니 사람이 이를 발견한 후 숨겨 두고 기뻐하여 돌아가서 자기의 소
유를 다 팔아 그 밭을 샀느니라 (45)또 천국은 마치 좋은 진주를 구
하는 장사와 같으니 (46)극히 값진 진주 하나를 만나매 가서 자기의
소유를 다 팔아 그 진주를 샀느니라 (47)또 천국은 마치 바다에 치고
각종 물고기를 모는 그물과 같으니 (48)그물에 가득하매 물가로 끌어
내고 앉아서 좋은 것은 그릇에 담고 못된 것은 내어버리느니라 (49)

세상 끝에도 이러하리라 천사들이 와서 의인 중에서 악인을 갈라내어 (50)풀무 불에 던져넣으리니 거기서 울며 이를 갊이 있으리라 (51)이 모든 것을 깨달았느냐 하시니 대답하되 그러하오이다 (52)예수께서 가라사대 그러므로 천국의 제자 된 서기관마다 마치 새것과 옛것을 그 곳간에서 내어오는 집주인과 같으니라

1. 오직 하나님께 경배하라(9. 1-9) = 이 책의 예언의 말씀을 지키라

왕하 17:35-39 = 경외하여(36)

(35)옛적에 여호와께서 야곱의 자손에게 언약을 세우시고 저희에게 명하여 가라사대 너희는 다른 신을 경외하지 말며 그를 숭배하지 말며 그를 섬기지 말며 그에게 제사하지 말고 (36)오직 큰 능력과 편팔로 너희를 애굽에서 인도하여 낸 여호와만 너희가 경외하여 그를 숭배하며 그에게 제사를 드릴 것이며 (37)또 여호와가 너희를 위하여 기록한 율례와 법도와 율법과 계명을 너희가 지켜 영원히 행하고 다른 신들을 경외치 말며 (38)또 내가 너희와 세운 언약을 잊지 말며 다른 신들을 경외치 말고 (39)오직 너희 하나님 여호와를 경외하라 그가 너희를 모든 원수의 손에서 건져내리라 하셨으나

시 119:1-176 = 행하는(1) = 지상천국에서의 삶

(1)행위 완전하여 여호와의 법에 행하는 자가 복이 있음이여 (2)여호와의 증거를 지키고 전심으로 여호와를 구하는 자가 복이 있도다 (3)실로 저희는 불의를 행치 아니하고 주의 도를 행하는도다 (4)주께서 주의 법도로 명하사 우리로 근실히 지키게 하셨나이다 (5)내 길을 굳이 정하사 주의 율례를 지키게 하소서 (6)내가 주의 모든 계명에 주의할 때에는 부끄럽지 아니하리이다 (7)내가 주의 의로운 판단을 배울 때에는 정직한 마음으로 주께 감사하리이다 (8)내가 주의 율례를 지키오리니 나를 아주 버리지 마옵소서

2. 두루마기를 빨라(14. 10-16) = 계명을 지켜 행하라

출 19:9-14 = 빨더라(14)

(10)여호와께서 모세에게 이르시되 너는 백성에게로 가서 오늘과
내일 그들을 성결케 하며 그들로 옷을 빨고 (11)예비하여 제삼일을
기다리게 하라 이는 제삼일에 나 여호와가 온 백성의 목전에 시내
산에 강림할 것임이니 (12)너는 백성을 위하여 사면으로 지경을 정
하고 이르기를 너희는 삼가 산에 오르거나 그 지경을 범하지 말지니
산을 범하는 자는 정녕 죽임을 당할 것이라 (13)손을 그에게 댐이 없
이 그런 자는 돌에 맞아 죽임을 당하거나 살에 쐬어 죽임을 당하리
니 짐승이나 사람을 무론하고 살지 못하리라 나팔을 길게 불거든 산
앞에 이를 것이니라 하라 (14)모세가 산에서 내려 백성에게 이르러
백성으로 성결케 하니 그들이 자기 옷을 빨더라

계 7:9-17 = 섬기매(15)

(9)이 일 후에 내가 보니 각 나라와 족속과 백성과 방언에서 아무
라도 능히 셀 수 없는 큰 무리가 흰 옷을 입고 손에 종려가지를 들고
보좌 앞과 어린 양 앞에 서서 (10)큰 소리로 외쳐 가로되 구원하심이
보좌에 앉으신 우리 하나님과 어린 양에게 있도다 하니 (11)모든 천
사가 보좌와 장로들과 네 생물의 주위에 섰다가 보좌 앞에 엎드려
얼굴을 대고 하나님께 경배하여 (12)가로되 아멘 찬송과 영광과 지
혜와 감사와 존귀와 능력과 힘이 우리 하나님께 세세토록 있을지로
다 아멘 하더라 (13)장로 중에 하나가 응답하여 내게 이르되 이 흰
옷 입은 자들이 누구며 또 어디서 왔느뇨 (14)내가 가로되 내 주여
당신이 알리이다 하니 그가 나더러 이르되 이는 큰 환난에서 나오는
자들인데 어린 양의 피에 그 옷을 씻어 희게 하였느니라 (15)그러므
로 그들이 하나님의 보좌 앞에 있고 또 그의 성전에서 밤낮 하나님
을 섬기매 보좌에 앉으신 이가 그들 위에 장막을 치시리니 (16)저희

가 다시 주리지도 아니하며 목마르지도 아니하고 해나 아무 뜨거운
기운에 상하지 아니할지니 (17)이는 보좌 가운데 계신 어린 양이 저
희의 목자가 되사 생명수 샘으로 인도하시고 하나님께서 저희 눈에
서 모든 눈물을 씻어 주실 것임이러라

3. 생명수를 받으라(17. 17-21) = 생명의 복을 누려라

시 34:8-14 = 피하는(8)

(8)너희는 여호와의 선하심을 맛보아 알지어다 그에게 피하는 자
는 복이 있도다 (9)너희 성도들아 여호와를 경외하라 저를 경외하는
자에게는 부족함이 없도다 (10)젊은 사자는 궁핍하여 주릴지라도 여
호와를 찾는 자는 모든 좋은 것에 부족함이 없으리로다 (11)너희 소
자들아 와서 내게 들으라 내가 여호와를 경외함을 너희에게 가르치
리로다 (12)생명을 사모하고 장수하여 복 받기를 원하는 사람이 누
구뇨 (13)네 혀를 악에서 금하며 네 입술을 궤사한 말에서 금할지어
다 (14)악을 버리고 선을 행하며 화평을 찾아 따를지어다

사 55:1-13 = 나아오라(1)

(1)너희 목마른 자들아 물로 나아오라 돈 없는 자도 오라 너희는 와
서 사 먹되 돈 없이 값없이 와서 포도주와 젖을 사라 (2)너희가 어찌하
여 양식 아닌 것을 위하여 은을 달아 주며 배부르게 못할 것을 위하여
수고하느냐 나를 청종하라 그리하면 너희가 좋은 것을 먹을 것이며 너
희 마음이 기름진 것으로 즐거움을 얻으리라 (3)너희는 귀를 기울이고
내게 나아와 들으라 그리하면 너희 영혼이 살리라 내가 너희에게 영원
한 언약을 세우리니 곧 다윗에게 허락한 확실한 은혜니라

요 4:1-42 = 먹는(13)

(7)사마리아 여자 하나가 물을 길러 왔으매 예수께서 물을 좀 달

라 하시니 (8)이는 제자들이 먹을 것을 사러 동네에 들어갔음이러라 (9)사마리아 여자가 가로되 당신은 유대인으로서 어찌하여 사마리아 여자 나에게 물을 달라 하나이까 하니 이는 유대인이 사마리아인과 상종치 아니함이러라 (10)예수께서 대답하여 가라사대 네가 만일 하나님의 선물과 또 네게 물 좀 달라 하는 이가 누구인 줄 알았더면 네가 그에게 구하였을 것이요 그가 생수를 네게 주었으리라 (11)여자가 가로되 주여 물길을 그릇도 없고 이 우물은 깊은데 어디서 이 생수를 얻겠삽나이까 (12)우리 조상 야곱이 이 우물을 우리에게 주었고 또 여기서 자기와 자기 아들들과 짐승이 다 먹었으니 당신이 야곱보다 더 크니이까 (13)예수께서 대답하여 가라사대 이 물을 먹는 자마다 다시 목마르려니와 (14)내가 주는 물을 먹는 자는 영원히 목마르지 아니하리니 나의 주는 물은 그 속에서 영생하도록 솟아나는 샘물이 되리라 (15)여자가 가로되 주여 이런 물을 내게 주사 목마르지도 않고 또 여기 물 길러 오지도 않게 하옵소서

요 6:25-40 = 믿는(35)

(25)바다 건너편에서 만나 랍비여 어느 때에 여기 오셨나이까 하니 (26)예수께서 대답하여 가라사대 내가 진실로 진실로 너희에게 이르노니 너희가 나를 찾는 것은 표적을 본 까닭이 아니요 떡을 먹고 배부른 까닭이로다 (27)썩은 양식을 위하여 일하지 말고 영생하도록 있는 양식을 위하여 하라 이 양식은 인자가 너희에게 주리니 인자는 아버지 하나님의 인치신 자니라 (28)저희가 묻되 우리가 어떻게 하여야 하나님의 일을 하오리이까 (29)예수께서 대답하여 가라사대 하나님의 보내신 자를 믿는 것이 하나님의 일이니라 하시니 (30)저희가 묻되 그러면 우리로 보고 당신을 믿게 행하시는 표적이 무엇이니이까 하시는 일이 무엇이니이까 (31)기록된 바 하늘에서 저희에게 떡을 주어 먹게 하였다 함과 같이 우리 조상들은 광야에서 만나

를 먹었나이다 (32)예수께서 이르시되 내가 진실로 진실로 너희에게
이르노니 하늘에서 내린 떡은 모세가 준 것이 아니라 오직 내 아버
지가 하늘에서 내린 참 떡을 너희에게 주시나니 (33)하나님의 떡은
하늘에서 내려 세상에게 생명을 주는 것이니라 (34)저희가 가로되
주여 이 떡을 항상 우리에게 주소서 (35)예수께서 가라사대 내가 곧
생명의 떡이요 내게 오는 자는 결코 주리지 아니할 터이요 나를 믿
는 자는 영원히 목마르지 아니하리라 (36)그러나 내가 너희더러 이르
기를 너희는 나를 보고도 믿지 아니하는도다 하였느니라 (37)아버지
께서 내게 주시는 자는 다 내게로 올 것이요 내게 오는 자는 내가 결
코 내어쫓지 아니하리라 (38)내가 하늘로서 내려온 것은 내 뜻을 행
하려 함이 아니요 (39)나를 보내신 이의 뜻을 행하려 함이니라 나를
보내신 이의 뜻은 내게 주신 자 중에 내가 하나도 잃어버리지 아니
하고 마지막 날에 다시 살리는 이것이니라 (40)내 아버지의 뜻은 아
들을 보고 믿는 자마다 영생을 얻는 이것이니 마지막 날에 이를 다
시 살리리라 하시니라

요 7:37-39 = 믿는(38)

(37)명절 끝 날 곧 큰 날에 예수께서 서서 외쳐 가라사대 누구든
지 목마르거든 내게로 와서 마시라 (38)나를 믿는 자는 성경에 이름
과 같이 그 배에서 생수의 강이 흘러나리라 하시니 (39)이는 그를 믿
는 자의 받을 성령을 가리켜 말씀하신 것이라 (예수께서 아직 영광을 받
지 못하신 고로 성령이 아직 저희에게 계시지 아니하시더라)

요 14:1-14 = 믿는(12)

(1)너희는 마음에 근심하지 말라 하나님을 믿으니 또 나를 믿으라
(2)내 아버지 집에 거할 곳이 많도다 그렇지 않으면 너희에게 일렀으
리라 내가 너희를 위하여 처소를 예비하러 가노니 (3)가서 너희를 위

하여 처소를 예비하면 내가 다시 와서 너희를 내게로 영접하여 나
있는 곳에 너희도 있게 하리라 (4)내가 가는 곳에 그 길을 너희가 알
리라 (5)도마가 가로되 주여 어디로 가시는지 우리가 알지 못하거늘
그 길을 어찌 알겠삽나이까 (6)예수께서 가라사대 내가 곧 길이요 진
리요 생명이니 나로 말미암지 않고는 아버지께로 올 자가 없느니라
(7)너희가 나를 알았더면 내 아버지도 알았으리로다 이제부터는 너
희가 그를 알았고 또 보았느니라 (8)빌립이 가로되 주여 아버지를 우
리에게 보여 주옵소서 그리하면 족하겠나이다 (9)예수께서 가라사대
빌립아 내가 이렇게 오래 너희와 함께 있으되 네가 나를 알지 못하
느냐 나를 본 자는 아버지를 보았거늘 어찌하여 아버지를 보이라 하
느냐 (10)나는 아버지 안에 있고 아버지는 내 안에 계신 것을 네가 믿
지 아니하느냐 내가 너희에게 이르는 말이 스스로 하는 것이 아니라
아버지께서 내 안에 계셔 그의 일을 하시는 것이라 (11)내가 아버지
안에 있고 아버지께서 내 안에 계심을 믿으라 그렇지 못하겠거든 행
하는 그 일을 인하여 나를 믿으라 (12)내가 진실로 진실로 너희에게
이르노니 나를 믿는 자는 나의 하는 일을 저도 할 것이요 또한 이보
다 큰 것도 하리니 이는 내가 아버지께로 감이니라 (13)너희가 내 이
름으로 무엇을 구하든지 내가 시행하리니 이는 아버지로 하여금 아
들을 인하여 영광을 얻으시게 하려 함이라 (14)내 이름으로 무엇이든
지 내게 구하면 내가 시행하리라

마 7:21-29 = 행하는(21)

(21)나더러 주여 주여 하는 자마다 천국에 다 들어갈 것이 아니
요 다만 하늘에 계신 내 아버지의 뜻대로 행하는 자라야 들어가리
라 (22)그날에 많은 사람이 나더러 이르되 주여 주여 우리가 주의 이
름으로 선지자 노릇 하며 주의 이름으로 귀신을 쫓아내며 주의 이름
으로 많은 권능을 행치 아니하였나이까 하리니 (23)그때에 내가 저

희에게 밝히 말하되 내가 너희를 도무지 알지 못하니 불법을 행하는 자들아 내게서 떠나가라 하리라 (24)그러므로 누구든지 나의 이 말을 듣고 행하는 자는 그 집을 반석 위에 지은 지혜로운 사람 같으리니 (25)비가 내리고 창수가 나고 바람이 불어 그 집에 부딪히되 무너지지 아니하나니 이는 주초를 반석 위에 놓은 연고요 (26)나의 이 말을 듣고 행치 아니하는 자는 그 집을 모래 위에 지은 어리석은 사람 같으리니 (27)비가 내리고 창수가 나고 바람이 불어 그 집에 부딪히매 무너져 그 무너짐이 심하니라 (28)예수께서 이 말씀을 마치시매 무리들이 그 가르치심에 놀래니 (29)이는 그 가르치시는 것이 권세 있는 자와 같고 저희 서기관들과 같지 아니함일러라(눅 13:25-27, 6:47-49 참조)

• 결론

겸손(謙遜)히 삼위일체(三位一體) 하나님을 섬기자! = 계 1-5장; 21-22장 = 마 25:31-46 = 마 24:36-44(마 23:37-24:51; 막 13:32-37; 눅 17:26-30, 34-36)

시 112:1-10 = 즐거워하는(1)

(1)할렐루야, 여호와를 경외하며 그 계명을 크게 즐거워하는 자는 복이 있도다 (2)그 후손이 땅에서 강성함이여 정직자의 후대가 복이 있으리로다 (3)부요와 재물이 그 집에 있음이여 그 의가 영원히 있으리로다 (4)정직한 자에게는 흑암 중에 빛이 일어나나니 그는 어질고 자비하고 의로운 자로다 (5)은혜를 베풀며 꾸이는 자는 잘 되나니 그 일을 공의로 하리로다 (6)저가 영영히 요동치 아니함이여 의인은 영원히 기념하게 되리로다 (7)그는 흉한 소식을 두려워 아니함이여 여호와를 의뢰하고 그 마음을 굳게 정하였도다 (8)그 마음이 견고하여 두려워 아니할 것이라 그 대적의 받는 보응을 필경 보리로다 (9)저가

재물을 흩어 빈궁한 자에게 주었으니 그 의가 영원히 있고 그 뿔이 영화로이 들리리로다 (10)악인은 이를 보고 한하여 이를 갈면서 소멸하리니 악인의 소욕은 멸망하리로다

잠 8:34 = 누구든지 내게 들으며 날마다 내 문 곁에서 기다리며 문설주 옆에서 기다리는 자는 복이 있나니

단 12:12-13 = (12)기다려서 일천삼백삼십오 일까지 이르는 그 사람은 복이 있으리라 (13)너는 가서 마지막을 기다리라 이는 네가 평안히 쉬다가 끝 날에는 네 업을 누릴 것임이니라

마 4:1-11 = 섬기라(10)

(1)그때에 예수께서 성령에게 이끌리어 마귀에게 시험을 받으러 광야로 가사 (2)사십 일을 밤낮으로 금식하신 후에 주리신지라 (3)시험하는 자가 예수께 나아와서 가로되 네가 만일 하나님의 아들이어든 명하여 이 돌들이 떡덩이가 되게 하라 (4)예수께서 대답하여 가라사대 기록되었으되 사람이 떡으로만 살 것이 아니요 하나님의 입으로 나오는 모든 말씀으로 살 것이라 하였느니라 하시니 (5)이에 마귀가 예수를 거룩한 성으로 데려다가 성전 꼭대기에 세우고 (6)가로되 네가 만일 하나님의 아들이어든 뛰어내리라 기록하였으되 저가 너를 위하여 그 사자들을 명하시리니 저희가 손으로 너를 받들어 발이 돌에 부딪히지 않게 하리로다 하였느니라 (7)예수께서 이르시되 또 기록되었으되 주 너의 하나님을 시험치 말라 하였느니라 하신대 (8)마귀가 또 그를 데리고 지극히 높은 산으로 가서 천하 만국과 그 영광을 보여 (9)가로되 만일 내게 엎드려 경배하면 이 모든 것을 네게 주리라 (10)이에 예수께서 말씀하시되 사탄아 물러가라 기록되었으되 주 너의 하나님께 경배하고 다만 그를 섬기라 하였느니라 (11)

이에 마귀는 예수를 떠나고 천사들이 나아와서 수종드니라(막 1:12-13; 눅 4:1-13 참조)

눅 11:28 = 예수께서 가라사대 오히려 하나님의 말씀을 듣고 지키는 자가 복이 있느니라 하시니라

롬 13:11 = 또한 너희가 이 시기를 알거니와 자다가 깰 때가 벌써 되었으니 이는 이제 우리의 구원이 처음 믿을 때보다 가까웠음이니라

롬 14:22 = 네게 있는 믿음을 하나님 앞에서 스스로 가지고 있으라 자기의 옳다 하는 바로 자기를 책하지 아니하는 자는 복이 있도다

약 5:8-9 = 굳게 하라(8)
(8) 너희도 길이 참고 마음을 굳게 하라 주의 강림이 가까우니라
(9) 형제들아 서로 원망하지 말라 그리하여야 심판을 면하리라 보라 심판자가 문밖에 서 계시니라

벧전 4:7 = 만물의 마지막이 가까왔으니 그러므로 너희는 정신을 차리고 근신하여 기도하라

계 22:12 = 보라 내가 속히 오리니 내가 줄 상이 내게 있어 각 사람에게 그의 일한 대로 갚아 주리라

참고 문헌

김상훈, 요한계시록 7:1-22:21, 감은사, 2022.

김여진, 주의 사랑의 계시라, 쿰란출판사, 2016.

김추성, 하나님과 어린양의 보좌, 이레서원, 2015.

김형중, 요한계시록, 솔로몬, 2010.

루이스 벌코프, 권수경, 이상원 옮김, 조직신학, 크리스찬다이제스트, 2011.

문재선, 하나님의 비밀이 나타났다, 도서출판 다림줄, 2009.

박영식, 오늘 읽는 요한묵시록, 바오로딸, 2012.

박윤선, 신약주석 요한계시록, 영음사, 1985.

손기태, 일곱 영의 비밀, 바른성경선교회, 2001.

송영목, 신약주석, 쿰란출판사, 2011.

선성종, 요한계시록 강해, 도서출판 엠마오, 1989.

이광복, 요한계시록 설교노트, 도서출판 흰돌, 1997.

이병규, 요한계시록, 염광출판사, 1992.

이상근, 신약주해 요한계시록, 대한예수교장로회 총회교육부, 신일정판사, 1986.

이필찬, 요한계시록 40일 묵상여행, 이레서원, 2018.

조용기, 요한계시록 강해, 영산출판사, 1983.

주영흠, 성경에 계시된 예수 그리스도의 재림, 도서출판 카이로스, 1991.

천정웅, 요한계시록, 말씀의 집, 1990.

렌스키, 배영철 역, 성경주석 계시록, 백합출판사, 1981.

로고스 성경사전, 리형택 편찬, 로고스, 2011.

민병석, 요한계시록별 강해노트

옥스퍼드 원어성경대전, 신약129, 제자원, 2005.

윌리엄 헨드릭슨, 김영익, 문영탁 옮김, 요한계시록 주석, 아가페출판사, 1988.

정인찬, 잭 헤이포드 책임편찬, 프뉴마성경, (주)넥서스, 2014.

풀핏성경주석, 최창수 역, 요한계시록, 보문출판사, 1983.
Barclay, The Revelation of John, 1976.
James Kallas, 박창환 옮김, 요한계시록, 컨콜디아사, 2002.
Perter S. Ruckman, 김형덕 옮김, 요한계시록 주석, 말씀보존학회, 1993
Ranko Stefanovic, 하홍팔, 도현석 공동번역, 예수 그리스도의 계시, 미주 시조사, 2011
Tim Lahaye, 김의자 옮김, 요한계시록 해설, 보이스사, 1980.
William E. Biederwolf, 김재순 책임번역, 종말론 주해주석, 가브리엘 출판사. 1986.
기독교성서대백과, 기독지혜사(디럭스바이블, 슈퍼바이블)
크리스탈강해(슈퍼바이블)
송영목 기고, 교회와 문화 제37호, 나눔과 섬김, 2016.
송영목 발제, 요한계시록을 어떻게 설교할 것인가, 개혁주의 설교학회 주최, 2015. 11. 30.
신학지남, 신학지남사, 1999년 겨울호 통권 제234호.

요한계시록 이해

1판 1쇄 인쇄 _ 2024년 7월 20일
1판 1쇄 발행 _ 2024년 7월 25일

지은이 _ 서헌철
펴낸이 _ 이형규
펴낸곳 _ 쿰란출판사

주소 _ 서울특별시 종로구 이화장길 6
편집부 _ 745-1007, 745-1301~2, 743-1300
영업부 _ 747-1004, FAX 745-8490
본사평생전화번호 _ 0502-756-1004
홈페이지 _ http://www.qumran.co.kr
E-mail _ qrbooks@daum.net / qrbooks@gmail.com
한글인터넷주소 _ 쿰란, 쿰란출판사
페이스북 _ www.facebook.com/qumranpeople
인스타그램 _ www.instagram.com/qrbooks
등록 _ 제1-670호(1988.2.27)
책임교열 _ 김영미 · 최진희

 ISBN 979-11-6143-965-5 93230

책값은 뒤표지에 있습니다.

파본(破本)은 구입처에서 교환해 드립니다.